国家"十五"重点出版工程项目

教育大百科全书

教学

[美]L.W.安德森　主编

郭华　綦春霞　译审

INTERNATIONAL ENCYCLOPEDIA OF EDUCATION

西南师范大学出版社

图书在版编目(CIP)数据

教学/(美)安德森主编;郭华等译. —重庆:西南师范大学出版社,2011.4

(教育大百科全书/(瑞典)胡森,(德)波斯尔斯韦特主编)

ISBN 978-7-5621-3844-0

Ⅰ.①教… Ⅱ.①安… ②郭… Ⅲ.①教学理论 Ⅳ.①G42

中国版本图书馆 CIP 数据核字(2011)第 059697 号

教学

主　　编:[美] L. W. 安德森
译　　审:郭华　綦春霞等
责任编辑:周安平　李远毅等
责任印制:钟孝钢
出版发行:西南师范大学出版社
　　　　　(重庆·北碚　邮编:400715)
网　　址:www. xscbs. com
印　　刷:重庆东南印务有限责任公司
开　　本:787mm×1092mm　1/16
印　　张:29
字　　数:773 千字
版　　次:2011 年 4 月第一版
印　　次:2011 年 4 月第一次印刷
书　　号:ISBN 978-7-5621-3844-0
定　　价:67.00 元

《教育大百科全书》学术指导委员会

主　任：顾明远　中国教育学会会长
　　　　　　　　北京师范大学教授

副主任：朱小蔓　中央教育科学研究所教授
　　　　谈松华　中国教育学会常务副会长
　　　　　　　　国家教育发展中心研究员

委　员：（以姓氏笔画为序）
　　　　王承绪　浙江大学教授
　　　　王炳照　国务院学位评审委员会委员
　　　　　　　　北京师范大学教授
　　　　王逢贤　东北师范大学教授
　　　　王道俊　华中师范大学教授
　　　　叶　澜　华东师范大学教授
　　　　宋乃庆　西南大学教授
　　　　汪永铨　北京大学教授
　　　　陈时见　西南大学教授
　　　　黄希庭　西南大学教授
　　　　黄　济　北京师范大学教授
　　　　董　奇　北京师范大学教授
　　　　靳玉乐　西南大学教授
　　　　潘懋元　厦门大学教授
　　　　瞿葆奎　华东师范大学教授

《教育大百科全书》编译委员会

名 誉 主 任：周远清　原教育部副部长
　　　　　　　　　　中国高等教育学会会长

编译委员会主任：章新胜　原教育部副部长
　　　　　　　　　　中国教育国际交流协会会长

编译委员会委员：黄　尧　国务院参事、原教育部副总督学
　　　　　　　　孙霄兵　教育部政策研究与法制建设司司长
　　　　　　　　张尧学　教育部学位管理与研究生教育司司长
　　　　　　　　管培俊　教育部人事司司长
　　　　　　　　杨　光　教育部社会科学司司长
　　　　　　　　姜沛民　北京市教委主任、原教育部基础教育司司长
　　　　　　　　赵书生　中国高等教育学会副会长
　　　　　　　　黄蓉生　西南大学党委书记
　　　　　　　　张卫国　西南大学校长

总译审：张斌贤　北京师范大学教育学院院长
　　　　石中英　北京师范大学研究生院副院长

《教育大百科全书》编辑出版委员会

凡　例

一、中外文

1. 本书中文采用1986年10月10日经国务院批准、国家语言文字工作委员会重新公布的《简化字总表》中所规定的简化字。

2. 词条英文标题及附录中的外文的拼写、顺序、大小写、括号、标点和版式等均根据原书相应排列。

二、专题

3. 原书所有词条按英文字母顺序排列分卷，本书另以原书专题索引为参考，按专题归类。

4. 每个专题按相应内容范畴细分若干小节，每小节按原书英文顺序排列。

三、附录

5. 词条中所引用参考文献以附录形式出现于该词条中文部分之后，并以原书版式排版，相应正文中以圆括号简单标注作者、年份及页码，或只标注年份或页码。

如：(Anderson 1961 P. 125)；(Adams 1956，Bloom 1953)

四、译文

6. 词条原文中的"/"同时有"和"、"或"的意思，译文中均予以保留，不另作他译。

如：她/他　教/学　教师/家长

7. 计量单位从原书，英制、公制均照译，原则上不另行换算。

8. 所有译者注以括号形式随正文编排。

9. 所有正文词条标题按中文标题在前、外文标题在后的次序排列。

五、译名

10. 外国人名根据新华社译名室编辑的《世界人名翻译大辞典》进行翻译，著名外国人名则采取"名从主人、约定俗成"的原则，各学科中已有定译的外国人名采取"名从主科、遵从定译"的原则。

11. 作者名及译者名出现在每个词条中文部分之后，并且作者名都给出相应原文。每个专题的译审者名只出现在该专题扉页上，不另于每个词条后标注。

12. 一般外国译名只在第一次出现时给出原文，其他个别著名人物直接译成中文。

如：亚当斯(Adams)；亚当·斯密

13. 外文人名一般只译出其姓，部分宗教人物、封有爵位的人物译出尊称"圣"或爵位名称。

14. 涉及日本及中国学者的人名时，前者以《日本姓名译名手册》(科学技术文献出版社)为主，后者以核实真人姓名为主。

如：《中华人民共和国的教育制度》的作者 Teng Teng 为滕藤

15. 外国地名根据中国地名委员会审订的《世界地名录》统一；该书未收的地名，根据通用的译名表译出；非英语国家的生僻地名则保留了原文未译。

16. 学术著作、机构团体、杂志名参照专业工具书及通用译名统一。

17. 正文括号中涉及某人的生卒年，其英文原文与生卒年之间用逗号隔开，以便与附录所引用的人名年份区分。

如：葛兰西(Gramsci，1891～1937)

六、图表

18. 词条中相关的图表来源一般根据原文注明作者、年份及页码，以便于读者查阅相关资料。

序

周远清

在当前建设小康社会的征途中，教育事业具有基础性、全局性和前瞻性的地位，关系到国民素质的提高，关系到科学技术的进步，关系到数以千万计的专门人才和大批创新人才的培养。因此，我们必须下大力气把教育事业搞好，根据经济社会发展和人的全面发展提出的客观要求，进一步解放思想，实事求是，与时俱进，在确保教育质量的前提下，继续深化教育改革，大力开展教育创新，努力形成一个比较完善的既能反映先进生产力和先进文化发展要求，又能满足广大人民群众教育需求的新型现代国民教育体系。

要建立这样一个新型的现代国民教育体系，是一个长期而艰巨的任务，不可能一蹴而就。因此，我们既应该有远大的理想，也应该有脚踏实地的精神；既要有历史的责任感，也应该有实事求是的科学态度。就当前我们的工作来说，各级各类的教育行政和科研部门，都要大兴调查研究之风，到教育实践第一线去，真正搞清楚我国国民教育体系的现状，分析哪些方面是有优势的，哪些方面已经与经济社会发展和广大人民群众的要求不相一致，因而是需要花费时间、精力和财力去改革的，还有哪些方面是原有的国民教育体系中根本没有，以至于需要我们充分地发挥教育创新精神研究部署的。到教育实践第一线去，也有助于我们切实和广泛地了解广大的教育实际工作者一些富有创造性的工作，收集和整理他们结合实际情况进行教育教学改革的经验，从而为我们的教育决策和科学研究提供大量翔实可靠的第一手材料。

要建立这样一个新型的现代国民教育体系，不大力发展教育科学事业是不行的。现代教育实践与任何其他的现代社会实践一样，既要合目的性，也要合规律性，是目的性与规律性相统一的实践活动。要想达成良好的教育目的，不讲教育科学是不行的。国内外教育实践的历史已经证明，教育实践的规模与范围越大，教育科学的重要性就越突出。因此，大力发展教育科学事业，在今天比在以往任何时候都急迫，反映了不断深化和教育改革与创新的客观需要。发展教育科学事业，需要各方面的条件和努力。在当前，特别要提倡马克思主义理论联系实际的学风，认真研究新时期有中国特色的社会主义现代化建设以及国际政治、经济与文化发展的新趋势给教育工作带来的新情况、新问题和新挑战，围绕着教育改革和创新过程中出现的又是人民群众最关心的那些基本问题和重大问题，组织攻关，协同研究，推动教育理论创新，为政府决策服务，为教育实践服务，为学生的全面发展服务。

要建立这样一个新型的现代国民教育体系，光靠我们自己的摸索是不够的，还应该在邓小平同志“三个面向”精神的指导下，学习和借鉴国际上一切先进的教育经验、理论和制度，把握并反映国际上教育改革与创新的一些共同特征，并由此探索出一条有中国特色的社会主义教育改革和创新之路。在这方面，我们既有宝贵的历史经验，也有一些值得反思和吸取的教训。回顾20世纪历史上历次大的教育变革，绝大部分都与对当时国际上先进的教育经验、理论和制度的学习有关。甚至可以说，没有这种对国际上先进教育经验、理论和制度的虚心学习，就没有清末民初中国现代教育制度的建立。但是，百余年来，我们在学习国际上先进教育经验、理论和制度时，也经常犯一些简单化的或囫囵吞枣的毛病，给教育实践带来了许多消极的后果。因此，学习国际上一切先进的教育经验、理论和制度，必须坚持“洋为中用”的原则，从中国的传统和现实出发，对它们进行辩证的分析和科学的批判，从而最大限度地有利于我国的教育改革和创新事业。

《教育大百科全书》的英文版，由联合国教科文组织、国际教育研究院组织当今世界教育界各学科的专家撰写，内容涵盖与教育相关的所有领域，将其译介成中文，可以说是中国教育界的一个福音，对于教育决策者、教育研究者以及教育管理者，该书都是一部具有重要价值的参考书。

欣闻《教育大百科全书》中文版即将出版，是为序。

中文版前言

教育是人类通过正式课堂和日常生活以获得知识、人生观和生存技能的一种历程。其意义在于通过传递历史的累积经验，既能为社会培养有效率的人群，又能为个人启智育能，使之具备新的创造力。

根据世界文明史的考察，人类的正式教育始于中国、印度和古希腊，去今约有2 300年的历史。但把教育作为一个独立的学科来进行研究，大抵还是19世纪以来的事情。应该说，这门学科被公众认可的历史远远晚于其他人文社会科学。但自公共学校普及以来，教育领域的各项研究皆取得了长足的发展，且愈来愈国际化，一些重要的研究成果为人类所普遍认同。尤其20世纪以来，各国综合国力的竞争，本质上可以说是教育的竞争。因此，各国政府对教育的重视程度、投入水平和成果质量，也基本成了衡量其现代化和文明化程度的标准之一。

各国文化传统、政治制度和经济状况的不同，反映在教育和教育研究领域是各具特色的。近20年来，随着全球化进程的加速，教育作为一个普世的主题，越来越多地受到各国政府和学界的重视。国际间的教育合作也日趋增加，各国民众和教育界人士希望了解全世界教育和教育研究现状的要求也愈趋迫切。正是在这一背景下，应联合国教科文组织的倡议，欧洲著名的教育出版集团——爱思唯尔科学出版集团（Elsevier Science Limited），在1985年首次编辑出版了这套《教育大百科全书》，并于20世纪90年代中后期全面修订（90%的词条重新撰写）再版了本套巨著。

这是目前世界上关于教育科学领域最权威也最具实用价值的一部具有理论性、学术性、工具性的全书。本套书几乎囊括了教育的所有课题，所有编委成员均由联合国教科文组织、国际教育研究院、国际教育评价协会和世界银行等权威机构推选，其条目由来自90多个国家和地区的1 000多位具有国际视野的教育专家用英语撰写。将这样一套涵盖了世界各种教育思想、理论、制度和方法，长达1 000多万字的教育百科全书译介到中国，对于我国各级各类教育管理者、教育工作者和教育理论研究者，无疑是一个福音。它有利于我们了解各国教育现状，借鉴世界先进的教育思想与体制，促进与深化我国的教育改革，从而使我国在21世纪步入世界教育强国之林。

正是基于此，西南师范大学出版社和海南出版社联合购进了本套书的中文版权，并被国家新闻出版总署列为国家“十五”重点出版工程。为作好本套书的编译工作，由教育部的相关领导及部分专家组成编译委员会，并邀请全国著名的教育学专家成立了本套书的学术指导委员会。由以北京师范大学教育学院专家为主的100多位本学科中坚学者组成了编译专家组，用长达四年多的时间完成了本书的翻译、审定和编校工作。为作好本书的出版工作，还由教育出版界的著名专家组成了编辑出版委员会。为了方便读者购买和阅读，我们将《教育大百科全书》的22个专题分册出版。在本书即将付梓行世之际，谨向所有关心、支持和参与本书编译出版的领导和专家学者表示诚挚的感谢。

本套书的英文版名为 *The International Encyclopedia of Educaiton*，为避免中文版读者将“国际教育”理解为狭义的“比较教育”与“各国教育概况”，在中文版的书名中去掉了“国际”一词。需要说明的是，作为教育学的经典工具书，本套书无论是作者国籍之多、资历之深，还是学科之广、理论之精、前沿学术之新，均为当世仅见，堪称一部国际性或世界性的教育百科全书。故在编译过程中，难免存在不妥之处，尚祈方家和读者垂教。

西南师范大学出版社

英文版前言

十卷本的《教育大百科全书：探索与研究》(International Encyclopedia of Education：Research and Studies)(以下简称《全书》)的第一版是于1980年规划、1985年出版的，其中的大部分词条撰写于1981年和1982年。它还吸纳了社会科学和人文学科中与教育问题相关的学术成果，为研究教育和从事教育事业的人士提供了丰富的信息。该书面世后，得到了教育学界的广泛好评，并且被美国图书馆协会授予了最佳参考书奖。另外，它还被《选择》杂志评选为1987年"杰出学术书籍"。

所有的人类知识领域中的学术信息永远都处在不断的流变之中。教育的实践，不仅因为立法改革之故而发生变化，而且亦因为要适应新的社会呼声、社会需求以及不同国家的不同经济状况而不断发生变化。理论正被不断地修正，新概念则层出不穷。林林总总的各类作品则伴随着或者紧跟着这些变化纷至沓来。实际上，教育领域及相关领域的学术作品可谓卷帙浩繁，完全可以与自然科学和技术领域相媲美。

教育的各个领域所发生的这种急剧的变化，于1989年和1990年先后催生了《全书》的两个增补卷。由于同样的原因，出版商和主编们都确信，现在是出版一个全新版本的《全书》的时候了。他们的这个想法，得到了《全书》第二版的编辑委员会的肯定。因此，编辑们就决定开始着手编纂《全书》的这一最新版。在少数情况下，本版只是对第一版及其增补卷中的词条进行了更新。然而，在绝大多数情况下，本版使用的都是全新的词条(90%的词条重新撰写)。

每一个主题领域，知识体系都被重新组织安排，并且特别注意了读者在第一版及其增补卷中找不到的主题。教育学的主要领域，比如教育社会学、教育哲学、教育人类学、女性教育以及著名历史人物对教育思想的贡献，都被赋予了更为显著的地位，而且都占据了相当的篇幅。

1. 作为探索、研究和对话领域的教育

《教育大百科全书》是向人们展示国际学术界对教育问题、理论、实践和制度的研究成果的最新全貌的第一次描述。因此，将教育定义为一个有关探索、研究和对话的领域，这是至关重要的。劳伦斯·A. 克雷明(Lawrence A Cremin)在他的著作《公共教育》中，将教育定义为"传播、激发或者习得知识、态度、价值观、技能和情感的有意识的、系统的且持续的努力，以及此种努力所带来的任何预料中的或者预料外的学识"。这是一个非常宽泛的定义，它将自学包括在内了。克雷明里程碑式的三卷本著作《美国教育》的一位评论家提出了这样一个问题：对教育的定义如此宽泛，难道不是几乎等同于人类学家所称的"同化"或者社会学家所称的"社会化"了吗？在那本有关公共教育的著作中，克雷明本人完全否认了这种说法，并坚持认为他提出的教育的概念要比这狭窄得多。然而，即使认同这个非常宽泛的对教育的定义，从具体的层面上来讲，"教育"到底指的是什么？它远非仅指学校以及类似的制度的功能，它是代际间的。儿童和青少年从比他们年长的人、父母以及其他人那里得到教育。父母、兄弟姐妹、同伴和朋友以及教堂、博物馆、图书馆、民间运动、广播和电视网络都是影响儿童和青少年的因素。就像学校一样，它们是按照自己的"课程"来行事的。

因此，"教育"指的是有意识地、有目的地影响或塑造儿童、青少年以及成人的行为的一门艺术(成人教育本身最近已经获得了独立的实践与研究领域地位)。从事教育者，比如父母、老师和其他负有教育责任的人，利用了观念、理论以及以研

究为基础的知识。教育理论研究的是抚养和教育其他人以及如何在一个政治的、社会的、历史的视角中塑造其他人的行为的问题。因此,父母以及老师的教育实践就包含了各种理论洞见和以前的经验之间的整合。这些洞见来自各种学科。

教育理论并不同于诸如物理学这样的一元性的、界定分明的领域。它具有多个学科维度。在法语中,教育理论被称为 sciences pédagogiques。这一术语就暗示着,教育理论包含着源自多个(已确立的)学科的知识。在德语以及斯堪的纳维亚诸语言中,Pädagogik 的含义比英语中的"Education"的含义的范围要狭窄一些。它更具体地指向学校教育,这一含义被如下事实进一步强化了:大学中的教育(Pädagogik)教席设立的目的,就是为了培训学校教师。然而,随着 Pädagoische Hochschulen(大学教育)逐步融入德国的大学,这个领域获得了一个新名称 Erziehungswissenschsften(亦即教育学),这一术语包含教育理论和教育方法。

因此,教育作为一个有关抚育和教育他人的研究领域,就是一个多学科的领域。自19世纪末以来,教育方面的学术知识,在很大程度上,是由心理学的经验研究生产出来的。在20世纪早期的德国,experimentelle Pädagogik(实验教育学)、experimentelle Psychologie(实验心理学)是同义的。在20世纪90年代早期,范围广阔的社会科学和人文科学学科构成了教育学的知识"基础":心理学、社会学、历史学、哲学、经济学、人类学和政治学。

严格的教育和一般意义上的行为矫正之间的界限是难以划定的。下面这个类比清楚地说明了这一点:对某个神经官能症患者进行治疗并对之进行训练,和对这个患者进行教育的行为之间,到底有何区别,是难以捉摸的。区分它们的标准之一是——尽管这个标准要应用起来是很困难的——"治疗"的目的(前者是为了让患者恢复某些能力,后者是为了让患者恢复精神健康)。

因此,最广义的教育,就是一个由与抚养和教育他人有关的所有现实问题构成的宽泛的领域。抚养和教育可以是正式的,比如学校教育就是如此;也可以是非正式的,比如大部分情况下在职学习就是如此。发生在家庭中或者同年龄群体间的教养就是非正式的。正如在所有重要的人类事业中一样,教育可从与其目的、过程或者结果有关的学术研究中获益。教育的目的、过程或者结果这些问题,可以由与它们有密切联系的理论研究来解决。然而,在实际的"工程设计"中,教育工作者必须利用其他领域中发展出来的概念、方法和主题,因为这些领域包含着更为定形的有关人类的知识。因此,作为一个研究和实践的领域的教育,就处在许多已经成熟的学科的交叉路口上。

克雷明曾论及"教育的生态环境",它指的是由社会中的教育机构和教育所赖以运作的社会文化及经济制度所构成的一个综合体系。同时,教育理论不是一元的,也不是界定清晰的,它有着多种学科维度。的确,正如上文所言,范围广阔的社会科学和人文学科构成了教育学的知识"基础":它们是心理学、社会学、历史学、哲学、经济学、人类学和政治学。

因此,《全书》中的教育,不仅包含从学前教育到成人教育与工作教育的正式的和非正式的实践,而且也包括与教育有关的学术学科中的知识。这一多样性使得规划一个试图包含这个领域中的所有研究和探索的大百科全书的工作,成为一项高度复杂的事业,根本无法在理论和实践之间或者学术探索及其应用之间,划出什么明晰的界限。

这里,"教育"领域被划分成许多"次级领域"。每一次级领域下都有相应的词条。其中的主要领域如下:

——成人教育
——教育人类学
——比较教育与国际教育
——课程
——教育经济学
——教育管理
——教育评价
——特殊需要儿童教育
——教育政策与规划

——教育研究方法
——教育技术
——女性与教育
——教育史
——人的发展
——教育心理学
——各国(地区)教育制度
——教育哲学
——学前教育
——教育社会学
——教师教育
——教学
——职业技术教育

2. 关于书名中的"国际"

将本书称为"国际"(英文版书名冠以 International,即"国际"一词,为避免中文版读者将"国际教育"理解为狭义上的"比较教育"与"各国教育概况",在中文版的书名中去掉了"国际"二字,以彰显该书的普适性——出版者注)大百科全书意味着,其中的词条对许多国家都具有参考价值。我们竭尽全力,力图让每个词条所叙述的主题都包含着当今的最新信息,并力争(除了其他标准以外)依据相关人士在相关问题上所具有的"世界性"知识的水平来选择作者。然而,这一大百科全书所提供的参考书的广度和多样性是有一定局限性的。首先,没有哪个人能够了解整个世界在某个特定领域中所取得的全部进展。其次,这一大百科全书是以英文出版的,这样做是为了让它拥有广泛的读者群。这要求作者必须以英语写作,但这确实可能导致这样的情况发生:某些作者尽管在他们的相关领域卓著不凡,而且知悉以他们的母语发表的学术著作,但却对以其他语言发表的某些学术研究不甚了了。事实是,经验研究成果之中有超过 80% 的部分是以英文发表的,而且大体上也都是在讲英语的国家(特别是美国)完成的。《全书》体现了这一状况。

尽管如此,全书中 1 262 个词条的作者来自 95 个以上的国家和地区。荣誉编辑顾问委员会力促全书的作者结构达致一种均衡。我们联系了诸如联合国教科文组织(特别是其下的国际教育规划协会)、经济合作与发展组织、世界银行和国际教育成就评价协会等国际性组织,让它们帮着挑选具有国际视野的作者。而且,全书还特别注意将发展中国家特别关心的词条包括进来。那些关于教育政策与规划、教育经济学、职业技术教育和比较教育学的词条,清楚地体现了这一点。

3. 全书的编纂过程

1990 年做出推出全新版本的《全书》的决定之后,两位主编随即任命了 22 个栏目编辑,并要求这些编辑提交他们打算在他们负责的部分中纳入哪些词条,并同时推荐相关词条的作者。1991 年 2 月,由责任编辑、主编和出版商代表组成的联合会议,审议并修改了这些词条清单。此次会议之后,责任编辑们就开始要求作者撰写相应的词条。作者撰写的词条提交上来之后,马上就由责任编辑评审,随后再提交给两位主编审议。有时候,某些词条没有获得通过,或者未能及时提交上来,就必须寻找新的作者。当编辑们对词条中的内容及其国际性没有把握的时候,就邀请外部评议人提出意见。一旦一个词条被两位主编通过,就马上被转到格伦达·克肖(Glenda Kershaw)那里,她领导的、位于普格曼(Pergamon)的编辑人员,马上就进行最后的审稿工作(这包括校正参考文献和索引),之后再将之交付排版和印刷。

我们利用了最新的计算机生产技术来编纂《全书》的第二版。与以前可能使用的传统编辑和排版技术相比,这次的速度和准确性都大为提高了。索引软件的使用,使得编辑人员能够在编辑过程中的任何阶段,完全控制那些复杂的索引。插图则是利用计算机设计技术制作的,这使得它们获得了高度的标准化和准确性。最后,整部《全书》的文字和插图都被记录在一个数字文件中,这样一来,其中的任何部分都可以被修改、摘取或者转化成多种媒体格式。

4. 全书的结构

要安排这一被称作"教育学"的知识体系的结构确非易事,因为这一知识体系源于许多学科。我们面临的最基本选择是,要么以学科为单位,围绕几个主题将相关词条组织成一个综合性的专题,要么让词条变得相对短小一些,以字母顺序来排列。这两种形式没有哪种是理想的。将词条组织成综合性的专题的优点是,某个领域(例如"课程")的所有信息构成了一个整体。其缺点是,某些具体的次级领域就无法作为适当的话题而得到其应得的篇幅。而且,由于某些话题与多个专题相关,因此,不论将相关话题划分到哪个专题之下,都显得有些武断。经过大量讨论之后,最终决定按照字母顺序组织各个独立的词条,同时在相关词条之间安排交叉索引。这样一种形式使得人们能够迅速查找到教育学中的典型主题和话题。这一安排使得这一点显得尤为重要:让按照字母顺序排列的词条的内容相对详尽一些,具体安排是让每个词条平均长约4 000个单词。同时,这还使得主题索引变得更为重要:实际上,主题索引成为全书的关键点之一。

成人教育的135个词条是由责任编辑阿尔伯特·图季曼(Albert Tuijnman)负责的,他担任责任编辑时,正任教于荷兰的图文特大学(University of Twente),并且自1992年中期以来一直在经济合作与发展组织中任职。

自《全书》第一版发表以来的十年之中,成人教育已经发生了许多变化。不仅其投入和参与度在全球范围内都提高了,而且这一领域本身也已经成熟起来。随着20世纪接近尾声,职业教育的重要性已经大幅提高了,而且带来了许多新的成人教育研究论题。这些变化必须反映在"成人教育"这一部分的组织结构中。

该部分的词条不仅涵盖了这一领域中的重要概念和定义,而且是从学科视角来体现其发展的。它们覆盖了世界上所有地区内的成人教育和职业教育的筹资和组织问题。同时还讨论了成人教育的主要提供者以及接受成人教育的主要人群,描述了地区性的、全国性的以及国际性的成人教育政策及项目。另外,还特别对终身发展、认知、成人学习及成人教育的理论和方法给予了相当的关注。而且,相关词条还涉及了成人教育的评价和研究方法问题,以及成人识字率的测算和继续教育的问题。由于原来被认为是相互独立的理论和实践的不断融合,以下两个方面已经得到了越来越多的关注:成人的通才教育和职业教育。

教育人类学这一部分则是由约翰·U.奥布(John U Ogbu)负责的,他任职于美国加利福尼亚大学伯克利分校的人类学系。该部分的词条主要集中在教育人类学的历史和性质、方法和概念以及实质性问题这三个主要方面上。关于教育人类学的历史的词条,解释了这一新兴领域在人类学中的兴起及其性质,以及其在教育学中日益扩大的存在与影响。任何一个新兴的次级领域所面临的挑战之一都是,发展出一个适当的方法及概念框架,以让这一领域的知识能够为改善教育而服务。那些有关实质性问题的词条则丰富了这方面的研究。

比较教育与国际教育部分则是由唐·亚当斯(Don Adams)负责的,他任职于美国匹兹堡大学的教育学院。这部分的词条涵盖了大量的历史和当代问题,并集中在三个主要方面上:界定了比较教育研究和国际教育研究的概念、方法及资料源;职业组织、政府组织和政府间组织开展的比较教育活动和国际教育活动;对与特定教育水平或功能相关的问题和趋势进行的比较分析。比较教育学和国际教育学可以看作是一个全球性的新兴领域,它获得了学术界及职业界的普遍关注,并且利用了教育学和社会科学中的理论及方法。

课程部分则是由阿瑞亚·莱维(Arieh Lewy)教授负责的,他任教于以色列的特拉维夫大学。正如《全书》第一版一样,这一部分的词条包括两个类别。第一个类别的词条,讨论的是与课程安排、课程理论的最新发展、课程研究的创造性方法以及对安排学校课程的方法的评价等方面有关的一般性问题。在这一类别的词条下,给课程评估安排了整整一小节,这一小节特别强调了质量评估问题和对计算机软件的评估问题。

"课程"部分的第二个类别的词条,讨论了各个科目的具体发展和研究。这些词条是按照学校讲授的传统科目组织起来的:母语、外语、人文学科、艺术、社会科学、数学和科学(包括技术)。此外，有一组词条还讨论了学校讲授的生存技能，比如安全教育、家庭教育、保健教育和人生教育等。

教育经济学部分则是由马丁·卡诺依（Martin Carnoy）和亨利·M.莱文（Henry M Levin）负责，二人都是美国斯坦福大学的“教育和经济学”教授。这部分的词条主要集中在教育经济学的三个主要方面：对教育进行投资时应当采取什么样的标准，以及此种投资的回报是什么？组织和生产教育的最有效方式有哪些？应当如何为教育筹措资金？

每个社会及每个个人或者家庭必须决定，应将自己的资源中的多少投入到教育上，以及投入到哪种类型的教育上。有关这个问题的词条探讨了发展中国家和发达国家中不同层次与不同类别的教育的经济回报和社会回报问题。有关教育生产的效率的词条，讨论了学校规模、学校和教育部门的组织及不同的激励计划对教育结果的影响等问题。有关应如何筹措教育资金的词条，则探讨了公共筹资和私人筹资的问题、教育的税收来源问题、政府间责任问题以及对诸如优惠券这样的市场策略的利用问题。

教育管理部分是由威廉·洛·博伊德（William Lowe Boyd）负责的，他任教于美国宾夕法尼亚州立大学的教育学院。这个专题下的词条是围绕着以下四个研究主题组织的：教育管理的理论和实践、学校的绩效及其改进、教育的管理和政策以及教育管理中的服务、任务和问题。

许多词条都有一个共同的主题：在这个社会变化日趋复杂、社会进展日益加速的时代，教育管理者如何应对人们对学校运作的效果和效率提出的更高要求。世界经济的不断重组，以及世界经济的相互间的依赖和竞争的不断加大，已经使得教育及国家劳动力的水平成为生死攸关的问题。与此同时，许多国家的政府体系和教育体系的效率，正经历着一场信心危机。结果是，政府体系和教育体系的重组和“再造”成为20世纪90年代的一个显著特征。由于同时期出现的要求学校消除它们在对待和服务各种社会弱势人群方面的不足之处的压力之故，这些雄心勃勃的计划变得更加复杂棘手了。所有这些情况造成的最终结果是，人们开始对教育政策和教育管理的方法重新思考。

教育评价部分是由位于美国芝加哥的伊利诺伊大学的赫伯特·J.沃尔博格（Herbert J Walberg）负责编辑的。这部分的词条关注的是教育评价的理论、方法及实践。这些词条表明，教育评价涉及从为评价学生而进行的信息收集到收集资料以对国家教育体系进行比较等方方面面的内容。教育评价关注的是教育产品、活动及结果的价值。教育评价为改进教育提供了丰富的信息和深刻的洞见，而且已经被越来越多地运用在教育政策的制定过程之中。这些词条清楚地说明，教育评价是从教育实践中发展起来的，但它更多地以心理学和社会科学的理论和方法为基础。

特殊需要儿童教育部分是由位于美国费城的坦普尔大学（Temple University）教育研究中心的玛格丽特·C.王（Margaret C Wang）负责编辑的。她得到了同属该研究中心的唐·戈登（Don Gordon）的有力协助。这部分的词条关注的是与对有特殊需要的儿童的教育相关的研究和实践。它们围绕着11个主题领域展开：总体情况；课程考虑；诊断和分类；提供服务的替代性方法；有特殊需要的婴儿以及学前儿童；有特殊需要的儿童及青年；轻度和中度残疾的儿童及青年；语言障碍和语言能力培育；当代的情况；教育及相关服务；职业教育和过渡性模型；天才儿童和青年。

在向所有儿童（包括学业成绩很差的儿童以及那些需要不同的、特别的支持和抚育的天才儿童在内）提供普遍的、有效的教育方面，已经取得了长足的进步，特别是自《全书》第一版出版以来更是如此。在世界上许多地方，那种试图确保儿童获得有效的学校教育平等机会的教育改革新浪潮，正致力于提高学校的教育能力，为越来越多样化的学生群体，特别是那些在以前的改革中被过分遗忘或被抛在边缘地位的有特殊需要的学生，提供更好的教育服务。

教育政策与规划部分则是由约瑟夫·P.法雷利（Joseph P Farrell）负责编辑的，他是位于加拿大多伦多的安大略教育研究院（Ontario Institute for Studies in Education）的国际教育和发展教育中心的主任。这部分的词条讨论了发达国家和发展中国家的教育政策的制定及其实施中的主要问题，这既包括正式教育中的问题,也包括非正式或成人教育的问题。其中的许多词条集中讨论了教育政策的制定和规划中的技术性问题。由于教育政策和规划是一个涉及面很广的领域,它利用了几乎所有的基础学科(例如社会学、政治学、人类学、经济学、心理学及测量和统计学等),而且它被以这种或那种方式应用到了所有的教育体系和问题之上,所以,让读者密切注意这个部分的词条之间的交叉索引是非常重要的。

教育研究方法部分则是由南澳大利亚富林德斯大学的约翰·P. 基夫斯(John P Keeves)负责编辑的。这个内容广泛的专题关注的是以下几个方面的内容:教育研究的性质、教育研究所使用的(不论是经验的还是人文的)方法以及(为研究目的而展开的、同时是评价教育实践结果的标准的)教育测量和心理测量所采用的程序及其遇到的问题。这是一个在继续飞速发展的领域:整个 20 世纪的大部分时间中,它就一直是这样发展着的。然而,最新的发展动力则来源于微型计算机的介入。自《全书》第一版面世以来,微型计算机已经大量地摆上了教育研究者的桌面。这个领域正发生着令人兴奋的变化,有时候还引发热火朝天的争论,并激发着对教育过程的全新理解。人们已经越来越广泛地承认以下这一点:教育关注的是人的特性的变化,而既受个人层面上的又受群体层面上的因素的影响的人的特性,是必须得到精确测量的。

教育技术部分是由特耶德·普洛波(Tjeerd Plomp)和唐纳德·P. 埃利(Donald P Ely)共同负责编辑的,前者任教于荷兰图文特大学的教育科学和技术系,后者任教于美国锡拉丘兹大学的教育学院。

这部分的词条被组织在五个大的类别之下:定义、概念背景及教育技术的传播;程序设计、工具和资源;教育技术实现方案;教育技术的应用及制度环境;新问题。

第一类词条将教育技术当作一种概念和领域进行了讨论,并讨论了教育技术在不同的方法(比如通过各种组织和刊物)下是如何在全世界传播的。

第二类词条集中讨论了诸如评估、设计、媒体制作、扩散和实施等教育技术程序。由于教育技术的设计过程高度依赖于良好的组织,因此这一类别还包含了有关教育技术的管理和教育技术专家经常利用的资源的词条。

第三类词条则讨论了实现教育技术的战略、工艺、材料和设备。有关教育技术的实例则是在教育技术的应用和制度环境这一类别的词条下提供的。最后一类词条讨论的是新出现的问题,比如教育技术和版权的社会因素。

女性与教育部分是由澳大利亚墨尔本大学教育研究院的政策、环境和评估研究系的加布里埃尔·拉可姆斯基(Gabriele Lakomski)负责编辑的。这是全书中新加进来的一部分,主要是为了从国际视角来说明、记录并解释女童和妇女在教育方面为什么会成功,又为什么会失败。

由于女童和妇女所处的极为不同的文化、宗教、经济及其他条件之间有着许多共同的问题,由于对许多问题的解决方案超出了这部分的范围,所以,这部分的词条是围绕三个主要类别组织起来的:相关国家中的女性教育历史;规定、塑造并探索了女性教育、男女不平等和女权主义研究的问题及概念;对那些传统上女性处于弱势的领域(比如某些课程、女性在管理层和教育业中所占的比例以及获得职业培训的机会等)的经验研究和讨论。

教育史是由西克斯登·马克隆德(Sixten Marklund)负责编辑的,他是瑞典斯德哥尔摩大学的国际教育研究所教授。这部分的词条主要归属于下列三个主要领域:第一,教育思想的历史;第二,教育制度体系及其立法史;第三,宏观教育史和教育史学。教育思想史及其应用的词条,主要介绍了一系列的自古典时代开始出现的伟大教育思想家和教育家,从柏拉图直到 20 世纪 90 年代的诸如齐奥格·克申施泰纳(Georg Kerschensteiner)和玛莉亚·蒙台梭利这样激进的教育家。教育制度体系及其立法史主要涉及的是教育政策和教育制度的历史,这被分作学前教育、初等教育和中等教育三个方面,另外还补充了一些有关特殊教育、职业教育和成人教育的历史的词条。宏观教育史和教育史学则包括与教育史学有关的词条,此外还包括当代教育史、教育研究史和课程研究与开发方面的词条。

人的发展部分是由弗朗茨·E. 韦纳特(Franz E Weinert)主持的,他是位于德国慕尼黑的马克斯·普朗克心理学研究所的主任。其中的词条覆盖了人的发展研究的三个大的方面:人的发展的基本现象、日常概念和理论;人在生命周期中的发展变化的科学模型;躯体、认知能力和性格的发展变化与发展进程。

为了体现人的发展研究的方法的多样性,第一部分的词条覆盖了研究人的发展最为重要的方法、某些与人的发展有关的日常概念以及关于人的发展的所有最为重要的科学理论。第二部分的词条则覆盖了人的发展的主要时期和阶段,这包括幼儿期、儿童期、青少年期、成年期和老年期。第三部分的词条则讨论了人的发展的主要方面,从人的发展的生物学基础和躯体变化,到认知发展的各种现象和机制,再到人的个性的某些方面的社会环境根源,可谓应有尽有。

教育心理学是由艾里克·德·科尔特(Erik De Corte)主持的,他任职于比利时的卢汶大学(University of Leuven)的教育心理学和教育技术中心。这部分总共有51个词条,这些词条描述了当今世界对人的学习的过程和结果的理解,以及对影响这种过程和结果的人内心的或个人的、环境的、文化的、社会的和教育的因素的理解。这些词条的范围并不仅限于学校学习,而是包括了在工业环境下的学习,比如成人学习。尽管这部分强调的是获得知识和认知技能的问题,它还是包括了一些关于情感方面的、社会方面的和运动神经方面的学习的词条。

自从20世纪70年代以来,教育心理学的一项重大发展是,有关学习和教育的研究越来越针对专门问题了。这种趋势在这部分得到了很好的反映,其中有一系列的词条回顾了与主要主题领域有关的研究,这些主题领域一起构成了普通教育的课程。

另外,还有几个词条对这个领域的历史进行了回顾。而且,我们尽力使这部分覆盖国际上的主要研究,同时确保不同的研究方法都得到适当的照顾。

各国(地区)教育制度是由德国汉堡大学的比较教育学教授、本书的主编之一,T. 内维尔·波斯尔斯韦特(T Neville Postlethwaite)主持的。几乎在任何情况下我们都与各国的教育部联系,让它们安排相关词条的撰写。我们向所有的作者发出一份详细的内容大纲,目的是让对所有国家(地区)的教育体系的全部描述都尽可能地有相同的结构。这要求作者撰写以下内容:其所属国家(地区)的基本背景和社会、政治及经济环境,以及这些因素对本国(地区)教育体系的影响;教育政策与规划;正规教育体系的结构和学生人数,以及对学前教育、特殊教育、职业教育及成人和非正式教育的特别说明;正规教育体系的资金来源;教师的培训和供应;课程开发程序;升学、考试和证书程序;教育评价和研究;20世纪80~90年代的主要教育改革;该教育体系到2000年以前将面临的主要挑战。

有少数国家的教育部没有给出回答。这些国家有的正发生内战、政治动荡或者干旱。某些国家的教育部确实推荐了作者,但是相关作者除了与我们写过少数几封信之外,就再也没有什么音讯了。尽管遇到了这样一些问题,全书中还是包含了142个国家(地区)的教育体系的词条。

教育哲学部分是由美国斯坦福大学的教育和哲学教授丹尼斯·C. 菲利普斯(Denis C Philips)主持编辑的。这部分包括一些很长的词条,这些词条从历史角度回顾了教育哲学、教育哲学中的分析传统和教育研究中的认识论问题。还有一些词条则关注的是地区现象,另外一些则对那些经常影响教育理论和实践的主要的宗教思想派别进行了综述。同样都源自欧洲大陆的解释学、批评理论以及后现代主义,被分别放在不同的词条中讨论。然而,主要词条讨论的却是整个20世纪英美的教育哲学所集中关注的一些具体问题:比如教育中的批判性思维、课程理论、政治和道德哲学及其对教育的影响、当代的认识论理论及其教育学分支、哲学中的实证主义和现实主义及其对有关教育研究方法的影响以及西方作家眼中的马克思的社会理论的遗产。

学前教育是由美国伊利诺伊大学的初级教育和儿童早期教育中心的主任莉莲·G. 卡茨(Lilian G Katz)主持的。这部分的词条涉及了与从出生后到小学之前的儿童的成长、发育和学习等方面有关的话题，以及与这些儿童的父母有关的问题。另外还有一些词条专门讨论了与婴幼儿和学龄前儿童有关的计划的性质。

对于致力于对相关计划的效果进行评估、测量和预测的研究人员来说，学前教育具有特殊的挑战性。学前教育的这三个方面的词条，还回顾了学前教育的评估和学前教育评估的当前趋势，并综述了对学前教育计划展开的纵向研究的结论。

全世界范围内的学前教育以及儿童早期教育方面的专家，都特别强调了家长参与以及旨在对家长抚育孩子的能力进行培训的极端重要性。我们安排了专门的词条，对这类研究成果进行了分析。此外，几乎所有的专家都一致认为，学前教育计划的质量在很大程度上是由学前教育人员的经验和资历决定的。因此，本部分亦将学前教育人员的培训的进展包括进来。

教育社会学是由位于澳大利亚堪培拉的澳大利亚国立大学的社会学系的劳伦斯·J. 萨哈（Lawrence J Saha）主持的。相关词条可以划分为三个主题：教育社会学的理论和主要领域；教育的结构和体系；关于教育过程的社会学。

对教育的社会学研究和解释被大量理论视角所主导着，这些视角全都提供了有关教育如何在社会中发挥作用的深刻洞见。因此，某些词条集中讨论了几种主要的教育社会学理论（包括古典理论和当代理论），并且还特别讨论了相关的生育理论和阻抗理论。除了一个有关教育社会学的词条之外，另有五个词条对有关成人教育、课程、学习、特殊教育和教学的社会学进行了综述。

第二个主题关涉的则是教育结构和体系问题，并且包括了诸如教育体系的不同层级之间的关系、公共和私人教育、能力追踪、教育体系的阶层现象以及教育与国家方面的词条。

最后，有关教育过程的丰富的社会学知识体系则体现在大量的词条之中，这些词条讨论了诸如教师工作和教师的过劳状况、性别差异、家庭结构、友谊模式以及课堂的动力机制等方面对学生的学业和其他在校成绩的影响。

教师教育这部分则是由美国南加州大学的罗林·W. 安德森（Lorin W Anderson）负责组织的。教师教育这一专题的词条是围绕四个主题展开的：教师教育的概念和模式、职前教师教育、在职教师教育以及特殊领域的教师教育。有关教师教育计划的管理、认证、课程和评价都在这些词条中得到了讨论。所谓的特殊领域则包括阅读、语言艺术和文学、数学、音乐、体育、科学以及社会研究。

教学也是由美国南加州大学的安德森教授负责组织的。这一专题的词条则是围绕八个主题展开的：教师和教学的概念、教师的个人特性和职业特性、课堂环境和限制、教师做出规划和决定的行为、讲课策略和教学方法、教师行为和教师与学生之间的互动关系、教师和教学效果以及对教师和教学的研究。具体的词条则覆盖了从有关“作为职业人士的教师”的理论讨论到有关“教师的管理行为”的经验分析的丰富内容。

职业技术教育是由英国爱丁堡大学的肯尼斯·金（Kenneth King）负责编辑的。这部分的词条覆盖了技术和职业技能培训的三个场所：正式的学校教育；独立的培训机构（往往由劳动部而不是教育部负责管理）；工业界和商业界内部进行的培训，这包括发展中国家的小型企业、农场和工厂的生产小组以及德国或其他国家的著名的“二元体系”。

“理论”知识和“职业”知识之间的关系是极端复杂的，而关涉它们之间的关系的国家政策，则是与诸如是否能够获得进一步的教育、工作前培训以及（对许多国家来说）受教育者的失业情况所造成的威胁等等问题紧密联系在一起的。此外，技术和职业教育往往比理论教育更加昂贵。因此，除了讨论技术和职业教育的覆盖范围、时间安排及其制度定位之外，许多词条讨论了技术和职业教育的筹资机制问题。

5. 如何使用本大百科全书

正如上文指出的，教育不是一个被某种传统的学科视角一统天下的学术研究领域。实际上，许多学术地位已经确立的成熟学科都对探讨教育中的问题有价值。划分与这些问题相关的知识体系的结构的任何企图，都会遭到数不胜数的困难。尽管本书的词条是按照字母顺序排列的，但是读者还是可能不清楚某个相关词条是否包含着他们需要的信息。因此，出版商特地准备了一卷索引卷（西南师范大学出版社与海南出版社2006年1月出版的10卷精装《教育大百科全书》将索引并在第10卷中），该索引卷包含三个层次的主题索引：名称索引、分类词条表和词条作者表。这应当会有助于克服作为一个研究领域的复杂性所引发的困难，并可引导读者快速查找到自己所需要的信息。

我们要求各词条的作者列明他们撰写的词条的关键词和关键短语，这些关键词和关键短语都是他们希望传达的信息的根本要素。这些术语就构成了主题索引的基础。接着，大量的索引专家利用一个计算机索引程序对超过1 200条的术语进行了协同一致的分析，从而制作出了一个易于使用而且全面的索引，这个索引可满足不同知识层次和不同经验水平的读者的不同要求。涉及某个问题的实质性讨论的页码索引被醒目地标了出来，而交叉索引则将读者导向相关的词条。因此，主题索引就成为使用本全书者可依赖的最重要的工具了。名称索引也提供了一个颇为有用的切入点。

分类词条表则勾勒出了本大百科全书的内容的基本结构。它以“主题词条”将相关词条组织成多个以字母顺序排列的领域，并将涉及相互关联的话题的词条安排在相关的总的小标题之下。某些内容则同时被列在多个不同的专题之下。此外，某些标题则跨越了本大百科全书为安排相关词条而按专题划分的界限。这样，读者就可以找到所有与“阅读”有关的、被安排在一起的词条，即使这些词条是由两个不同的责任编辑负责组织的。

索引卷还包括了一份列明作者及其所属机构的完整列表，并指明他们撰写了哪些词条。同时还包括了一份列明主要教育研究刊物的列表，这对于本大百科全书的读者来说，定会是一个便捷的索引工具。

为了满足读者对某个特定词条内包含的具体内容的更为深入的兴趣，通常作者都在他们撰写的词条后的参考书目之后指明了与相关词条相关的进一步的资料源，而且，还交叉索引了本大百科全书中与他们撰写的词条紧密相关的其他词条。

6. 致谢

编纂一部大型的大百科全书是一项艰巨而浩繁的工程。我们要特别感谢几个人。首先，我们要感谢巴巴拉·芭蕾特（Barbara Barrett），普格曼的编辑部主任，正是她第一次提出编纂这一新版的大百科全书。其次，我们要特别感谢责任编辑，感谢他们的责任心、能力、智慧以及他们在本书工作上所花的大量时间。再次，我们要感谢所有作者，感谢他们撰写（以及重写）相关词条。我们深深地受惠于荣誉编辑顾问委员会以及相关词条复审人的卓绝才识。另外，我们亦深深受惠于汉堡大学和斯德哥尔摩大学的许多人士，他们重打了许多有时候几乎都无法辨认的词条，并且对每一个词条所处的状况都进行了随时随地的追踪。这些人士包括：欧姆特劳德·弗里茨（Irmtraud Friz）、冈达·列姆考（Gunda Lemkau）、罗斯尼·兰宾（Rosine Lambin）、朱莉·弗雷德里克斯（Julie Fredericks）、杰德·哈里斯（Jed Harris）和克里斯蒂娜·雷昂（Kristina Rayon）。我们要感谢菲利普·阿什列特（Philip Aslett）和费昂纳·巴尔（Fiona Barr），他们承担了编纂主题索引的主要任务。最后，我们还要向普格曼的优秀的编辑队伍表示我们由衷的谢意：格伦达·科尔肖、安吉拉·莫瓦（Angela Moar）、艾丽森·唐内特（Alison Dunnett）、彼得·米歇尔（Peter Mitchell）、露茜·赫伯特森（Lucie Herbertson）以及米歇尔·惠顿（Michde Wheaton）。

托尔斯顿·胡森（Torsten Husén）
T. 内维尔·波斯尔斯韦特
（T Neville Postlethwaite）

目　录

·评价和评估

·学生的学习过程

·教师的特征

·教师工作的有效性

·教师的计划和决策

· 作为一种职业的教学

· 教学方法和教学策略

· 教学理论和模式

学生的年龄分组(Age Grouping of Students)

19世纪中期以来,多数学校为了减少学生的差异性而把他们分组,以此来使教学容易进行一些。多数学校的做法都是把年龄相同的学生分到同一年级。而作为另外一种选择,也有跨年级或不分年级的做法。这些做法取得了可观的学业成果,并且几乎总能促进学生的社会性成长。把学生分组之外的许多做法都试图同时达到既降低学生的差异性又提升他们的个人化程度的目标。然而,学校人口越来越显著的多元性以及有关学习的新知识,促使教育学家们重新审视他们的目标以及他们所推行的做法。

1. 分年级的学校

年级制教学的做法首先出现于17世纪末18世纪初的欧洲和美国。它取代了以前那种较不正式的教学安排:孩子们和年轻人数年来跟着一位学校负责人一起学习(Aries 1962)。随着时间的推移,把学生分到特定年级的教室里并规定标准课程的做法,给学校带来了一种专门性的等级结构。每一年级的课业都是成就一个有教育素养的成人的必要基石。到19世纪末,年级制的学校模仿了工厂中新兴的科层制的做法:制造过程被分解成独立的步骤以确保生产出统一的部件然后组装成完整的产品(Pratt 1983)。

教育学家们希望年龄分组能够同时降低学生及课程的差异性,能够使两者更好地匹配。课程指南指示了适合于各年级的科目、知识及技能,由此产生了相应于各年级的教科书、作业及补充资料。标准化的学业考试分数被换算为相应不同等级的分值,这样,每位学生的表现都可以在等级制的学校结构中得到评价。

无疑,有些孩子会比同龄的其他孩子学习得快一些。为了降低这种无效差异,教育家们通常是运用分轨的办法:把同一年龄及年级的孩子按照其能力、学业水平/兴趣再分成同质的小组。那些在最慢的小组里都跟不上的孩子一般都升不了级。这些留级的孩子要在下一年跟着比他们小的孩子重上一年的课程。有时候学得慢的孩子要留级好几回。教育家们一直支持这种做法,因为他们相信孩子们必须先掌握了基础知识,然后才能在此基础上增加新知识。这种做法在学校里一直是占支配地位的。

2. 年龄分组之外的选择

古德拉德和安德森(Goodlad and Anderson 1959)注意到,自分年级的学校结构形成之初,教育者们就已经对这些分组的做法提出质疑,并且寻求分年级学校之外的做法。这些另外的做法包括跨年级教室、年级交叉分组、个性化教学以及不分年级的学校。像传统的分级结构一样,这些做法也是努力去解决学生在学业成绩、能力、动机和兴趣等方面的差异问题。早期的实验者,包括美国的约翰·杜威(Dewey)、德国的彼得·彼得森(Petersen)、瑞士的玛利亚·蒙台梭利(Montesson)以及英国婴儿学校和初级学校的创始者们,寻求通过提高学生社会性以及个人的认知发展来解决与学生差异相关的问题的方案。

2.1 跨年级分班/混合分班

在许多国家,学校会把两个年级或三个年级的学生放在一个教室里,这主要是为了保持各班在人数上大体相当。同样,在一些规模很小的学校中,尤其是在美国、加拿大和许多发展中国家的人口稀少的乡村地区,由于各年级的学生比较少,便把各班合并了。由于教师授课时通常把学生再分成不同的小组教学,并辅之以分级教材,大多数跨年级教室跟传统的分级制区别不大。

2.2 不分级的学校

随着1959年《不分级的初等教育学校》的出版,古德拉德和安德森创立了一种美国初等教育的综合模式。这种模式凭借先前美国及欧洲的探索努力去克服分级制学校设计中的弊病。从本质上说,古德兰德和安德森探求这样一种学校制度,它能够“贯彻一种学生持续进步的理论:既然学生之间的差异是巨大的而且这些差异难以缩小,学校制度一定要有利于每一个学生的持续进步。因此,有些学生需要比其他人更长一些的时间来完成一定的学习过程,达到一定的发展水平”(P. 52)。由这些观念导致的初等教育学校的结构是只大略地划分为少数几个大的等级,例如只分为初小、中小和高小,在每一级里的学生年龄相差3~4岁。在这里,不同年龄的孩子都将会通过不受年级水平差别限制的课程而各自持续进步。刚开始,教师被分到一个多年级教学班,跟他们一起度过三年或更长的时间,后来,集体教学改进了这种模式。在美国实行这种做法的同时,由彼得·彼得森及德国进步学校运动所鼓吹的关于持续进步和个人发展的类似观念形成了达茨·吉普兰(Dutch Jenaplan)不分级学校的理论基础。截至1990年,达茨·吉普兰不分级学校已经超过200所(Anderson 1992)。由于存在"学生的差异是教学上的一个障碍"这种成见,毫不奇怪,大多数不分级学校都试图"减少教师所面对的学生能力上的差距"(Goodlad and Anderson 1959 P. 65)。例如,很多教育者认为语言和数学是连续性的、以技能为基础的学科,这就需要学习者是同类分组的,即便是在不分级的情形下也是如此。但是,另外一些人并不赞成任何形式的同类分组教学。他们鼓吹把不同年龄组的学生随意编排。还有一些人认为教师在安排班级时,应考虑学生的性格、兴趣和其他因素。

2.3 年级交叉分组

有一种不分级的变式是为了教授阅读和语言而对不同年级水平的学生进行重新分组。许多传统学校采纳了一些这样的计划(因起源于密苏里的杰普林,通常称作杰普林计划):学生们在他们各自的单一年级教室度过了一天的大多数时间后,再根据阅读技能被重新分组到多年级教室。因而,学校减少了学生在阅读技能方面的差异,可以为学生提供比传统的课内阅读小组所允许的更直接的授课。在不分级学校,杰普林计划解决了在阅读和语言方面摆脱分级教材和练习的逻辑困难。这种做法注重学生的学习能力和速度,而不是年龄和年级(Floyd 1954)。随后,教育者们通过区分学生技能水平、允许不同学习进度存在,然后根据技能和学习速度而不是年龄进行分组,逐渐把这种分组法应用到数学和其他课程(Provus 1960)。

2.4 混合年龄分组

卡茨等人(Katz et al. 1990)对不分年级和混合年龄分组的做法进行了比较,"前者首先是为了使同组授课的学习者具有相同的能力和发展水平而不是相同的年龄,后者是为了使不同或相同的年龄与能力的孩子在有互动的机会时获得尽可能多的知识"(P. 1)。因此,混合年龄分组对于不分年级的那种注重持续进步和预先设定的序列性课程的做法提出了挑战。

卡茨等人还认为当学生通过交谈和活动进行交流及分享意义时,他们的知识结构会得到提高,因此他也主张扩大而不是缩小一个小组中个人的差异。混合年龄分组使得孩子们可以从同龄人和成年人那里获得广泛的知识。

2.5 个性化教学

既然在不分年级的学校里重视单个的学习者而不是整个群体,个性化教学在不分年级运动的早期颇为盛行也就不足为怪了。个人导向教育(IGE)大概是在不分年级的学校体制中提供个性化教学的最具技术性的尝试(Klausmeier et al. 1977)。就像许多其他的个性化教学方案一样,个人导向教育要求学生运用适合于自己步调的学习材料、学习指南以及课前课后测验。此外,个人导向教育还特别指明每个由100位学生组成的学习组织应与由4位教师、1位组织负责人、数位教学助手及秘书组成的团队一起共同完成学习任务,并且运用适当的课程学习资料。个人导向教育的支持者认为确定学生的学习目标、估量学生能达到多少目标,以及比照这些目标和学生的学习动机、学习方式来分析他们的学业水平,是一项复杂的技术,而不分年级的体制结构与这种技术匹配得很不错。

2.6 开放式学校

开放式学校跟个性化教学相比,技术性较小,它也试图调和孩子们在学习的速度和方式上、课程以及个人目标等方面的差距(Pavan 1973)。在开放式学校里,老师"……跟个人或小组一起工作,允许同龄人进行更多的交流,相对较少地指导学生的行为,使用更多的辅导材料,对个人的响应更加频繁"(Pavan 1973 P. 340)。

3. 年龄分组以外的做法的效果

尽管年龄分组以外的做法实施得并不充分,有关研究对于它们的效果还是可以给出一些结论。已进行过的研究涉及对于学生成绩以及非认知结果上的影响。

3.1 对学生成绩的影响

就年龄分组之外的做法对于学生成绩的影响，研究者得出了相互矛盾的结论。例如，帕万（Pavan 1977）考察了传统的分年级结构和跨年级结构的比较研究，得出了这样的结论：有确凿的研究证据支持不分年级的做法所依据的理论（P. 340）。与此相反，普拉特（Pratt 1983）在考察了1981年之前的关于跨年龄分组的（其中包括帕万考察过的）研究后，指出跨年龄分组的做法与学业成绩不存在相关。

格蒂尔茨和斯莱文（Gutierrez and Slavin 1992）做了一项"最好证据"的考察。他们把不分年级的做法分成不同的种类，如：不分年级、单科项目（比如杰普林计划）以及根据技能水平重新分组的更为综合的做法等，他们的研究显示，这些做法有积极的效果。相反，与个性化教学法（包括IGE）相结合的不分年级的做法在学业成绩方面并不能产生优于年龄分组法的效果。

格蒂尔茨和斯莱文得出结论说不分年级的做法有助于成绩的提高，这是因为这种做法使得老师在讲授阅读和数学课时可以减少班内小组的数量，因而增加了学生直接接受的教学量。其他研究表明：混合年龄分组可能促进学习，因为这样的安排使得小组成员可以获得的不同知识和技能更为丰富（Rogoff and Lave 1984）。

3.2 非认知性的效果

有关社会性以及情感的影响的研究更为清晰地显示出不分年级的安排所产生的益处。例如，帕万（1973）考察了对非认知性的效果进行了测量的16项研究，指出仅有3项研究显示出传统的做法有利。更近些时候，卡茨等人（1989）通过对17项研究的考察得出这样的结论：混合年龄分组法的互动有助于相互帮助、分享以及按次序行事；这种互动为年龄较大的孩子提供了重要的领导机会，而且为年龄较小的孩子提供了参加比在同类年龄的环境下更复杂的游戏的机会。其他研究显示，学校以外的多种社会环境——包括美国的（Barker and Wright 1955）、英国的（Sluckin 1981）以及其他的非西方文化的——让孩子们得以社会化，并鼓励他们在比传统年龄分级制学校所允许的更大年龄范围内的群体中发展友谊。

4. 理论、研究以及实践上的课题

诸多因素都对学校设立分组而减少学生的差异以及采用标准化序列化的课程的做法提出了质疑，这包括：有关儿童学习的新的研究，当代学校学生越来越多样化带来的冲击，以及社会对学校提出的应该让孩子们为后工业社会做好准备的要求。比如说，认知科学上的新进展就指出了在获取知识的过程中专家与新手之间的社会性互动的重要性（Katz et al. 1990）。因此，具有不同的经验和技能的个人之间的互动可以让人们更好地学到各方面的文化知识。这一研究指出，限制差异性这一目标不仅是虚幻的，而且是妨碍学习效率的。

比如说，在多数高度工业化的西方国家中，社会多样性显著地增加了，移民们一度为同质的社会注入了新的语言和文化。由此带来的学校学生多样性的增加，或是促进了他们的学习，或是影响了他们的学习——这取决于他们所进的学校。在教育多元化的学生这方面，依据新的学习理念而实施的学校教育行为应该更得力一些。比如，罗森霍尔茨和辛普森（Rosenholtz and Simpson 1984）分别考察了一元的和多元的教室，并提出证据表明后者更有效地调和了学生之间的差异。然而，不管是传统的分年级的学校，还是许多不分年级的学校，都倾向于采用一元化的机制——都是狭隘地界定学业能力，分等级安排课程，按照相同的能力或成绩分组——所有这些都导致默许或公开地把学生分成地位或高或低的群体。

与此不同的是，卡茨等人的混合年龄分组模式更加接近于多元化的体制，因为这种模式提倡更宽泛的能力、成就以及智力的概念，提倡多样的行为评价标准以及多种获取成就的方法，提倡更高程度的学生自我管理以及同伴互动并因此而降低行动压力（Rosenholtz and Simpson 1984）。

最后，试图降低个体之间的差异性并且把学习过程标准化的学校结构与后工业时代的要求相违背。比如说,如果一个机构要在不断变化的经济、政治和社会环境中兴旺发展,那么在由不同能力和背景的人群构成的非常规环境中进行合作以及群体共同发现和解决问题就应该是必不可少的技能。总的看来,这些趋势表明教育家和研究者们应该深入检讨那种模仿集成生产模式——或者试图在此基础上加以改进的学校结构。

J. 奥克斯(J. Oakes)
P. E. 海克曼(P. E. Heckman) 著
谭斌 译

附录

Anderson R H 1992 The nongraded elementary school: Lessons from history. Paper presented at the Annual Meeting of the American Educational Research Association, San Francisco, California

Aries P 1962 *Centuries of Childhood*, Vintage, New York

Bangert-Drowns R L, Kulik J, Kulik C C 1983 Individualized systems of instruction in secondary schools. *Rev. Educ. Res.* 53:143—158

Barker R G, Wright H F 1955 *Midwest and Its Children: The Psychological Ecology of an American Town*. Row, Peterson, Evanston, Illinois

Floyd C 1954 Meeting children's reading needs in the middle grades. A preliminary report *Elem. Sch. J.* 55: 99—103

Goodlad J I, Anderson R H 1959 *The Nongraded Elementary School*. Teachers College Press, New York

Gutierrez R, Slavin R E 1992 Achievement effects of the nongraded elementary school: A retrospective and prospective review. *Rev. Educ. Res.*

Katz L G, Evangelou D, Hartman, J A 1990 *The Case for Mixed-Age Grouping in Early Childhood Education Programs*. ERIC Clearinghouse on Elementary and Early Chilhood Education, Urbana-Champaign, Illinois

Katz L G, Evangelou D, Hartman, J A 1990 *The Case for Mixed-Age Grouping in Early Childhood Education*. National Association for the Education of Young Children, Washington, DC.

Klausmeier H J, Rossmiller R A, Saily M (eds.) 1977 *Individually Guided Education*. Academic Press, New York

Newman D, Griffin P, Cole M 1989 *The Construction Zone Working for Cognitive Change in School*. Cambridge University Press, New York

Pavan B N 1973 Good news: Research on the nongraded elementary school. *Elem. Sch. J.* 73:333—342

Pavan B N 1977 The nongraded elementary school: Research on academic and mental health. *Texas Tech Journal of Education* 4:91—107

Pratt D 1983 Age segregation in the schools. Paper presented at the Annual Meeting of the American Educational Research Association, Montreal, Canada

Provus M M 1960 Ability grouping in arithmetic. *Elem. Sch. J.* 60:391—398

Rogoff B, Lave J (eds.) 1984 *Everyday Cognition: Its Development in Social Context*. Harvard University Press, Cambridge, Massachusetts

Rosenholtz S, Simpson C 1984 Classroom organization and student stratification. *Elem. Sch. J.* 85:21—37.

Sluckin A 1981 *Growing up in the Playground: The Social Development of Children*. Routledge and Kegan Paul, London

Whiting B B, Whiting J W M 1975 *Children of Six Cultures: A Psycho-Cultural Analysis*. Harvard University Press, Cambridge, Massachusetts

班级规模(Class Size)

"班级小些是比大些好吗?"这个问题在教师、管理人员和研究人员当中一直争论不断。自从《国际教育百科全书》(Husén and Postlethwaite 1985)出版以来,针对这一问题出版了大量著作,进行了一些出色的研究。小班级的支持者坚持认为,小班级授课可以提高教师的士气并给予每位学生更多的关注。最终的结果,亦即评价小班级授课的最终标准是不论全体学生还是某些特定的学生的成绩都得到了提高。尽管有研究显示出小班级授课的优越性,但这种富有意义的改革在实践起来时却要受到成本的制约以及来自传统上的阻碍。因此,最佳班级规模的问题显然不是一个简单的独立的问题,而是与许多其他问题纠缠在一起构成一个复杂的整体。

不幸的是,由于对"班级规模"这个基本概念如何加以度量没有一个统一的意见,经验研究被弄得无所适从。有些研究使用的是学校或更大的组织(比如国家)中的学生—教师比例或者学生—工作人员比例这样的量度标准。这些标准对于理解师生在教室里的互动不是那么有用(Odden 1990)。它们不能表明任何一个特定班级里的实际学生数量,而且还会掩盖各个班级之间以及不同学校之间的差异。另外,即便是班级名册上的学生数量也可能代表不了某一天实际上课的人数,或者是实际参加学习活动的人数。因此,对于理解教育过程来说,"班内"的量度标准比学生—教师比例要好。当然,对于"班级规模"的含义还需要更精确的理解。

1. 格拉斯—史密斯(Glass-Smith)元分析及其影响

有关班级规模与学业及行为之间的关系的研究几乎无一例外地都要提到经典的"班级规模与学业成绩关系研究的元分析"(Glass and Smith 1978)。作者收集并总结了近 80 项有关班级规模与学业表现之间关系的研究。这些研究来自近 90 万名学生的数据,并给出了 700 多组有关班级规模的比较关系。他们工程浩大的考察主要是要得出如下两条基本结论,"通过减小班级规模可以期望提高学生的学业成绩"(P. iv),"班级规模缩小到 20 名学生以下会有明显的良好效果"(P. v)。

格拉斯和史密斯之后,其他人也做了类似的综述性研究的工作,其中罗宾逊和维特波尔斯(Robinson and Wittebols 1986)的艰巨的工作最为引人注目。他们的结论同格拉斯和史密斯先前的发现有些矛盾,并且明确地对先前的发现做出了限定和修正:

> 现有的研究发现并不支持班级规模小本身就能导致更高的学业成绩的观点……有研究证据表明小的班级规模对于提高小学低年级的阅读和算术成绩是很重要的……有证据表明学习能力差的学生往往比学习能力中等的学生更多地受益于小规模班级。(P. 18 ~ 19)

罗宾逊和维特波尔斯强调指出小班授课未必能使不同的学生同等地受益,这是所有有关班级规模的研究都要考虑的重要因素。不幸的是,他们的考察并没有把那些设计得很好的研究与方法糟糕的研究加以区分。因此,看待他们的结论时也需要一定程度的怀疑精神。

2. 班级规模研究的方法

班级规模研究在不同的年级都做过,涉及了大量的学校,运用的分析技术也是多种多样。不幸的是,几乎有多少种研究就有多少种不同的发现。以下描述 3 种常用的进行班级规模研究的方法:社会生态学方法、成本相关的方法以及以课堂为核心的方法。

2.1 *社会生态学方法*

社会生态学方法是以历史学或者地理政治学的方法来研究班级规模。比如说,汤姆林森(Tomlinson 1988)以表格列出了从 1960 年到 1984 年美国每个班级的平均学生数量。在这期间,这个平均数在小学是从 30 下降到了 24,在中学则是从 27 下降到了 22。汤姆林森还总结了有关研究,表明在这同一时期"各年级处于不同层级的学生,在每一领域的多数学科的学术性向及学生成就的标准化考试中"得分都有所下降(P. 23)。其他国家从 1965 ~ 1985 年期间的学生—教师比例也有所下降——在低收入国家和收入中等偏下的国家下降大约 11%,在收入中等偏上的国家下降大约 19%(Lockheed and Verspoor 1991)。然而,可以用来证明班级规模与学生的学习表现之间关系的测验数据却得不到。

从美国的情形可以引申出来的结论是:班级规模大一点要好一些,或者至少班级规模小了不比大了好。然而,对于学生学习表现的下降也存在同样有说服力的其他解释。其中的一个解释是,20 世纪六七十年代美国学龄人口的构成发生了很大的变化。特别是，在美国学校就学的少数民族学生比例大大提高。这一因素以及与此同时发生的制度和文化上的许多变化可以解释学生考试成绩的下降。其中人口构成因素的影响应该与制度和文化变化的影响同样重要，如果不是更加重要的话。

国际教育成就评价协会(IEA)的研究报告也认可社会生态学的比较方法，不过是在不同国家(地区)之间的比较而不是不同时期的比较。第二届国际数学成绩研究会(McKnight et al. 1987)发现18个国家和地区中的13岁孩子上数学课时的平均班级规模有很大不同：比利时、瑞典、卢森堡的每班学生数为19~20，而在日本、中国香港、泰国和瑞士则是41~44。同时，比利时、日本和中国香港学生的平均数学成绩在这些国家和地区中属于上游，而瑞典、卢森堡和瑞士则属于下游。总的来说，根据国家之间的比较，数学成绩与平均班级规模之间没有明显的关联。这一结果在所研究的各个年龄组以及多数科目的考试上都得到重复验证。

第二届国际自然科学成绩研究会(Postlethwaite and Wiley 1991)也能得出同样的结论。对于10岁的孩子来说，中国香港、日本、菲律宾和韩国的平均班级规模是最大的，而芬兰和匈牙利则属于班级规模最小的国家。然而，研究发现，日本、芬兰、匈牙利和韩国这个年龄水平的孩子的学习成绩在国际排名中较高，而菲律宾则属于最低的之一。

研究班级规模的社会生态学方法对于许多问题还是没有给予解决。当像国家这么巨大的测量对象只用一个平均数来表达其特征时，大量的其他重要因素就被掩盖掉了。诸如教育支出、教育目标、教师准备状况以及学生特征等方面的国内差异，既会影响一个国家的平均班级规模，也会影响到平均学业水平。而且，一个国家之内班级规模往往会有很大差异。从极端的情况看，国际教育成就评价协会的教室环境研究(Anderson et al. 1989)表明，泰国的班级规模为每班有17~57名学生不等。即使在相对比较均衡的地区，比如加拿大(魁北克)，班级规模也是从24名学生到33名不等。一个国家之内学业成绩差异很大也是常有的，而绝不是例外。比如，在第二届国际教育成就评价协会的自然科学学习研究中，日本的10岁孩子在生物和物理上的单科考试中得分较高，而化学考试的得分就相对较低。因此，从整个国家的研究中寻找相关关系就模糊了在一所学校之内班级规模对个人的真正影响。

2.2 成本相关的方法

在考虑决策选择时，成本收益分析是既要考察成本也要考察结果。这一方法应用到教育上时，效果通常是依据学业成就来评估的。典型的成本收益率是依据每位学生的平均收益和成本得出的。

列文(Levin 1988)比较考察了如下4种教育改革战略的成本收益关系：跨年龄辅导、计算机辅助教学、延长每天上学时间以及缩小班级规模。有关班级规模的数据是从先前的研究中收集到的14项数值中得出的。成本的估算运用的是“因素分析方法”，就是要确定每项措施分别涉及的各项因素以及它们各自的值，然后由此确定执行该项措施的总成本。比如，要缩小班级规模涉及的因素包括：人员、设施和仪器装备等。尽管每个班减少5名学生预算下来分摊到每名学生头上的年成本不比延长上学时间或者采用计算机辅助教学所需的成本高，而要更大程度地缩小班级规模成本就会很高了。据估计，要把班级规模从35名学生减少到30名、从30名减少到25名、从25名减少到20名以及从35名减少到20名，分摊到全校每名学生每门课上的成本分别是45美元、63美元、94美元及201美元。从成本收益的角度看，在提高阅读成绩方面，缩小班级规模尤其效率不高。相比之下，同伴互相辅导的办法更为节省成本。

班级规模研究的第二个与成本相关的方法是生产函数方法。这种量化方法在很大程度上依靠多元回归分析，把一系列的输入(成本因素)同一个输出(结果)联系起来。这种方法被运用于分析班级规模时，教育过程的输出结果被假定为学生成绩。所采用的输入因素包括诸如教师的经验、教师的培训、班级规模或学生—教师比率这样的教学成本花费方面的指标。而这些教学支出又大约占整个学校总支出的2/3。假定学生家庭背景等其他输入因素保持不变，部分回归因素被认为是相关输入对学习成绩的影响的估计值。

哈努什克(Hanushek 1986)回顾了147项运

用教育生产函数方法考查如上 3 种措施的支出参数(亦即输入)的研究。所考察的这 147 项研究中,有 112 项提供了学生—教师比率与学习成绩之间关系的信息。而只有 9 项研究中显示出所预期的显著的正相关关系。哈努什克(1986)由此得出了结论,"各学校普遍实行的寻求缩小班级规模的努力看来几乎没有什么显而易见的益处"(P. 1167)。同样,教师的训练和培养也没有对学生的成绩产生所预期的积极影响,这就导致了"学校的支出对学生的成绩没有必然的、密切的关系"这样的结论。特别是,对于提高学生的学业表现来说,缩小班级规模不像是经济有效的策略。

2.3 以课堂为核心的研究

以课堂为核心的研究包括实验研究和非实验研究,目的是回答以下的基本问题:从学业/情感上的效果看,小的班级是比大的班级好吗?如果采用小的班级真的要好些的话,这样对某些以一定特征——比如学习能力、年龄、种族或者是否选了某一门课程——划分的群体会有益处吗?还有,当正常规模的班级缩小到学生较少的班级时,课堂进程的哪些方面会受到影响?

斯莱文(Slavin 1989)对班级规模的研究进行了认真的评估。斯莱文没有对这些研究进行全面的综合,而是只考察了满足以下 3 条重要标准的研究:(a) 研究应具有相当的持续性,也就是说,至少要持续一年。不幸的是,许多研究持续的时间很有限(比如说,甚至只有 30 分钟),因而不能揭示整个一学年当中缩小班级规模的决策所带来的影响——即便这种研究只是在某一年级对某一科目进行的。(b) 只考察那些班级规模有实质性的缩小的研究,这样才能对大的班级与至少小 30% 并且人数在 20 或以下的班级进行对比。这条限制就使得对研究的选择仅限于那些一般是针对美国公立学校的班级并且班级学生人数有了"真正的"减少的研究。(c) 研究应保证学生是随机安排在不同规模的班级里的,或者采取另外一种办法,把学生"搭配"好以确保学生的构成与最初是相同的。这样的研究才具有高度的内在有效性。

在格拉斯和史密斯(1978)总结的所有研究以及更近的研究中,斯莱文只挑选出 8 项符合以上要求的研究。斯莱文从这 8 项研究中得出结论说,班级规模的实质性的缩小对学生的学业成绩有积极影响,但这个影响不大,8 项研究的中值影响的大小大约是标准偏差的 1/8。另外,这个影响还是不可累积的,以后的几年里甚至会消失。最后,尽管在小的班级里教师的行为会有所改变,但这种改变是如此微小以至于不大可能对学生的学业成绩产生重大的影响。

斯莱文的结论与格拉斯和史密斯(1978)的结论以及班级规模阈值的理论都相一致。班级规模的轻微缩小只会伴随着很小的学业上的提高,甚至没有提高。然而,更大的规模的缩小也只在低年级产生微小的学业成绩的提高。以下第三部分要描述的学生—教师学业比率(STAR)项目的结果对这一发现提供了进一步的支持。

相比之下,对于中学阶段的研究结果就非常含糊。罗宾逊和维特波尔斯(1986)考察了美国的 22 项揭示 9 到 12 年级的班级规模与学生成绩的关系的研究。其中有 10 项研究涉及人数超过 45 人的班级,只有 5 项研究涉及人数不足 22 人的班级。很少有研究表明小班级或大班级更优越些,而许多研究显示小班级和大班级之间在学业成绩上没有大的差异。中学阶段班级规模研究证据上的差异不足以概括出明确的发现。

用以区分小班级和大班级的课堂进程上的差异也一直叫人难以捉摸。芬恩和阿基利斯(Finn and Achilles 1990)提出可能会受到班级规模影响的课堂进程的 3 个方面:(a) 班里的学生越少,教师就可能会越有热情,这样就可能会影响学生的学习动机;(b) 每位教师所教的学生少了,就会导致更多的师生互动以及更多的个别辅导;(c) 小班级里的学生被驱动更多地参加、参与学习活动。

在多伦多进行过一次精心设计的针对以上课堂进程的研究(Shapson et al. 1980)。62 个 4 年级教学班的教师和学生被随机分配到 4 种不同规模的班级:人数分别为 16、23、30 和 37。整个学年过程中以及学年末都进行了相关的测量。5 年级的时候,教师和学生又被重新随机分配并观测了一年。除了测量学业成绩以外,训练有素的观测者还对各个班级进行了多重的排名。排序的依据包括如下测量结果：师生互动、学生参与度、学生满意度、教学方法、学科重点的突出程度、教师物理环境、教学辅助工具的运用、课堂气氛以及课堂活动质量方面的4项指标。另外还向教师及学生进行了其他的问卷调查。

研究中对数据的分析过程是很有示范意义的，但得出的结果却是不明确的，因为多数结果都是否定性的。教师们原先预计小班级应该更加有利于个人化的科目并且在后来还声称他们的预计得到了证实。他们在较小的班级往往态度更加积极，并且由于在小班中教学和管理的任务比较轻松而感到高兴。然而：

> 对课堂进程中的变量的观察显示出班级规模的变化几乎没有什么明显的效果。班级规模并不会影响到教师们在讲授课程内容与强调课堂常规上面所花的时间。它也不会影响教师们如何选择语言互动的听众对象。也就是说，当班级规模改变时，教师们并不会改变他们分别同全班、某一群组的学生或者个别学生进行互动的时间分配的比例。(Shapson et al. 1980 P. 149 ~ 150)

另外，学生的满意度或者情感方面也没有发现什么差异，其他方面比如教师的活动、科目重点的强调、课堂气氛以及课堂活动质量上面也没有发现什么差异。沙皮森等人（Shapson et al. 1980）还发现学业成绩的差异也很微小，考虑到课堂进程上面都没有什么影响，这个结果是可以理解的。这项研究还可以清楚地说明如何理解人数从16人到37人如此悬殊的班级在操作上有何差异。

3. 学生—教师学业比率项目——一项重要的以课堂为核心的研究

学生—教师学业比率项目——关于缩小班级规模的最大的对比实验——是1985 ~ 1989年在田纳西州的76所小学进行的。在每一所学校中，进入幼儿园的孩子们被随机安排到如下3种规模的班级里：小班，注册学生数为13 ~ 17人；标准班，注册学生数为22 ~ 25人；或者，标准班加上一位教学助理。教师们也是随机安排到这些不同规模的班级里面。在控制学校设置（包括学生的社会经济地位、分摊到每位学生的费用以及学校的管理方式，但又不限于这些）的差异方面，校内的设计是非常有效的。

4年之内各个班级一直保持其类型不变——小班、标准班或带教学助理的标准班，直到学生升入3年级。每年每个班都随机分配一位新老师。每学年末所有参与实验的学生都要进行标准化的学业成绩测试。同时，在1年级、2年级和3年级的年末还要进行体现州里的阅读和算术教学目标的课程学习考试。总共300多个班级的6 000多名学生参加了这一历时4年的研究。研究的结果由芬恩和阿基利斯（1990）以及沃德等人（Word et al. 1990）发表，这一结果还在1989年秋季的《皮博迪教育期刊》(*The Peabody Journal of Education*)上被摘录。

对每个年级的横向分析发现，小的班级在孩子们每年的每项成绩测试中都具有统计学上的显著的优势。当标准化测验的分数转换成为百分数时，小班级的优势在阅读课上是6.2% ~ 10.3%，而在算术课上这个优势是4.9% ~ 11.3%。这相应于阅读课上的平均影响强度为0.23σ，而在数学上的平均影响强度为0.21σ。在课程学习考试中小班学生的掌握程度在阅读课上要高7.2% ~ 11.5%，在算术课上要高6.3% ~ 6.7%。

值得注意的是，这些效果是长达4年的时间中在很大范围内取得的，而在其中的小班里也没有提供特别的训练或者政策上的改变以帮助教师取得这些效果。这些结果提供了迄今为止有关小学各年级小班授课的优越性的最为确实的证据。相比之下，对比实验中一位全职的教师助理的作用通常是无关紧要的。

学生—教师学业比率项目的另外一些发现也很有意义。首先，在每一年级当中，班级规模和种族的某些"互动"也相当显著。各年级中的少数民族学生——其总体学业成绩要低于非少数民族学生——在小班级中要比他们的非少数民族同学显著地受益更多。在20组比较关系中有18组表明小班级对于少数民族学生的益处要比对非少数民族学生的益处更大。这强烈表明小班级对那些本来想必会学业表现最差的学生尤其会有帮助。

第二,学生—教师学业比率项目的时间纵向分析表明小班授课的益处最初出现在研究进行的第一年(幼儿园)。小班授课的优越性在一年级显著提高,但只是出现在阅读课上。此后,小班授课维持着同正常规模的班级的一种恒定的优势,在研究持续的时间内既没有显著提高也没有显著下降。

在四年级又进行了该项研究的后续部分,这回所有的学生都恢复到正常规模的班级。那些先前几年参加小班的学生在所有学业考试上的得分继续明显超出他们的同班同学。然而,这时的效果强度没有实验时的那几年那么大,这表明当初的小班授课的益处在消失。四年级的教师们还对学生抽样进行了"学生参与问卷"测量。那些先前几年参加小班的学生在课堂里和学习上更加努力,在学习上表现出更多的主动性,并且比他们的同伴更少表现出不参与或者破坏性的行为。

另外也还进行过一些其他的大规模的实证项目研究,包括印第安那州的最佳事件工程(学校评估中心 1986)。然而,迄今为止,田纳西州的学生—教师学业比率项目仍是唯一的运用了一整套科学的原理的大规模研究。

4. 其他方案及其结论

尽管缩小班级规模会有些相关的收获,但小班授课并非没有其代价和实际困难。许多人认为小班授课效率差,甚至会导致相反的效果。缩小班级规模的政策会鼓励雇佣资格不那么充分的教师,由此导致支出的提高,而对学生的学业成绩只会产生微小的效果(Tomlinson 1989)。据汤姆林森估计,美国在 1986 年要把班级的平均人数从 24 人降到 23 人,将需要增加大约 73 000 名教师以及 50 亿美元的投入,这还没有算上增加教室的费用。而要缩小到所谓"最佳数目"的每班 15 名学生这样的规模,则要花费将近 690 亿美元,并且需要增加 100 万名教师。为了要节省下 2 620 万美元,有个州真的就提议把 1 ~4 年级的班级规模由 24 人增加到 25 人,而在 5 ~12 年级则由 27 人增加到 29 人。

奥登(Odden 1990)探讨了这样一个问题:通过另外的成本较低的政策方案能不能取得缩小班级规模所取得的学生学业成绩方面的效果,或者说,通过其他的方案能不能花费同样的成本而取得更大的效果?通过考察一系列的其他方案后,他得出结论,在某些情况下采用缩小班级规模的办法是值得的,尤其是在幼儿园到 3 年级这个阶段。他推荐在学生学业只能达到年级水平之下的班级采用缩小班级规模的办法以便能够进行个别辅导或小组辅导;对于文科/阅读教学,他推荐班级规模缩小到 15 人以下并且结合个别辅导进行教学。

奥登(1990)进一步提议说以上两项实行小班授课的方案时要结合"一整套更大的综合性的战略,节省地、有策略地使用缩小班级规模的办法"(P. 223)。这些办法包括了那些已经证明对于低收入的、在人种及语言上属于少数民族的学生尤其有效的措施,也就是:3 ~4 岁的孩子的早期儿童教育,时间延长的幼儿园,计算机辅助教学,合作学习以及同伴辅导或志愿者辅导。这些措施已经证明多数都能提高学生的学业成绩至少 0. 50σ。列文(1988)和斯莱文(1989)对这些措施对于学习结果的影响进行了系统的比较研究。

值得注意的是,经过了这么多年关于班级规模问题的研究和争论后,仍未解决的问题比已经回答的问题还要多。仅在以课堂为核心的研究这一领域内,高年级里以及特定的学校科目上小班授课的效果还没有进行系统的探讨,而低年级里小班授课的过程特征也还不清楚。如果鼓励或培训教师们去适应小班环境的教学会获得什么潜在的实质效果,这一问题也还根本没有考察。

从更广阔的角度看,"小班授课值得投资去实行吗"这一问题还没有弄清楚,这首先是由于教育家们不能够给某一门或多门学科上的知识增值标定一个确切的数值。教师的态度和士气的提高的价值更加难以评估。由于有这些局限,哈努什克(1986)提出的极端的观点也就可以理解了,"不要再要求得到那些无关紧要的东西并为之付出代价"(P. 1167)。另一方面,强烈的感觉以及可靠的证据又表明缩小班级规模的确可以带来有益的效果。而且无可置疑的是,如果维持现状这些效果是不会实现的。

J. D. 芬恩(J. D. Finn)
K. E. 沃克尔(K. E. Voelkl) 著
谭 斌 译

附录

Anderson L W, Ryan D W, Shapiro B J (eds.) 1989 *The IEA Classroom Environment Study*. Pergamon Press, Oxford

Center for School Assessment 1986 *The Relationship Between Class Size and Achievement for First Grade Students in Indiana (PRIME TIME Report)*. Indiana Department of Education, Indianapolis, Indiana

Finn J D, Achilles C M 1990 Answers and questions about class size: A statewide experiment. *Am. Educ. Res. J.* 27(3):557—577

Glass G V, Smith M L 1978 *Meta-Analysis of Research on the Relationship of Class Size and Achievement*. Far West Laboratory for Educational Research and Development, San Francisco, California

Hanushek E A 1986 The economics of schooling: Production and efficiency in public schools. *J. Econ. Lit.* 24(3):1141—1177

Husén T, Postlethwaite T N (eds.) 1985 *The International Encyclopedia of Education*, 1st edn. Pergamon Press, Oxford

Levin H M 1988 Cost-effectiveness and educational policy. *Educ. Eval. Policy Anal.* 10:51—69

Lockheed M E, Verspoor A M 1991 *Improving Primary Education in Developing Countries*. Oxford University Press, Oxford

McKnight C C et al. 1987 *The Underachieving Curriculum: Assessing U. S. School Mathematics From an International Perspective*. Stipes, Champaign, Illinois

Odden A 1990 Class size and student achievement: Research based policy alternatives. *Educ. Eval. Policy Anal.* 12(2):213—227

Peabody Journal of Education 1989 Vol. 6, Fall (entire issue)

Postlethwaite T N, Wiley D E 1991 *Science Achievement in Twenty-Three Countries*. Pergamon Press, Oxford

Robinson G E, Wittebols J H 1986 *Class Size Research: A Related Cluster Analysis for Decision Making*. Educational Research Service, Arlington, Virginia

Shapson S M, Wright E N, Eason G, Fitzgerald J 1980 An experimental study of the effects of class size. *Am. Educ. Res. J.* 17(2):141—152

Slavin R E 1989 Achievement effects of substantial reduction in class size. In: Slavin R E (ed.) 1989 *School and Classroom Organization*. Erlbaum, Hillsdale, New Jersey

Tomlinson T M 1988 *Class Size and Public Policy: Politics and Panaceas*. US Department of Education, Washington, DC

Tomlinson T M 1989 Class size and public policy: Politics and panaceas. *Educ. Policy* 3:261—273

Word E et al. 1990 *Student/Teacher Achievement Ratio (STAR): Tennessee's K-3 Class Size Study*. Final summary report 1985—1990. Tennessee Department of Education, Nashville, Tennessee

教室环境(Classroom Environments)

教室的环境、风气、氛围、基调或者情调被认为对学生的行为、态度和学业成绩会产生强有力的影响。尽管教室环境是一个有些微妙的概念,20 世纪的最后 25 年来在教室环境的概念发展及其评价方面还是取得了非同寻常的进展,这些进展使得我们对于教室环境的决定因素及其效果的认识有了提高。

1. 有关教室环境评价的历史观点

莫里(Murray 1938)引入了"α 环境"一词用来描述一位客观的观察者眼中的环境,而用"β 环境"一词来描述居于其中的人所认识到的环境。许多年来,相应的两种观测工具和问卷方法一直被用来研究教室环境。

罗什先宁和史蒂文斯（Rosenshine and Stevens 1986）以及古德和布罗菲（Good and Brophy 1991）考察了数种描述和表达教室里的交流和事件的观测方案。其中最著名的方案之一是弗兰德斯（Flander）的互动分析系统（FIAS）。这一方案运用了10个范畴（比如，表扬和鼓励、提问、学生自己发起谈话等）每隔3秒钟记录一次教室里的行为。梅德莱（Medley）和米彻尔（Mitzel）构造了一种被称为观测程序及记录（OSCAR）的综合性观测方法，这种方法包括了14种范畴（比如，学生领导行为、明显的教师敌意行为、情感氛围、语气重点以及社会性组织等）。其他比较系统的观测方案还有埃默观测系统，布罗菲—古德双向互动系统以及布卢门菲尔德（Blumenfeld）和米勒（Miller）的编码词汇方法（Good and Brophy 1991）。

自从20世纪70年代以来，人们已经开发了大量的用以评估学生对于他们的教室环境的认知的问卷调查表（Fraser 1986，Frase and Walberg 1991）。问卷调查表据称具有以下优势：它们比教室观测技术实行起来更经济，它们得到的结果是以学生上过的许多次课的经验为基础的，它们能够包括所调查的整个班内所有学生的总体判断，它们会比观察到的行为更加重要，因为调查涉及学生行为的决定因素，而且人们还发现它们能够比直接观察到的变量能够解释更多的学生学习结果方面的差异。

应用最为广泛的问卷之一——学习环境详表——是作为哈佛物理学计划的研究和评估活动的一个组成部分开发出来的（Welch and Walberg 1972）。大约与此同时，穆斯（Moos）开始开发了大量的社会环境量表，这一工作最终完成了著名的教室环境量表（Moos and Trickett 1987）。这两种量表都是建立在先行者奠定的理论、概念和度量基础之上的。这些先行者有列文（Levin 1936）、莫里（1938）以及他们的后继者们（Stern 1970）。此外，运用这些调查手段所进行的研究工作也受到了以前运用构造性的观察手段进行的研究的影响。

更为新近的研究教育环境的方法涉及自然主义的询问、人种志、个案研究等技术的运用。20世纪90年代初开始，在教室环境的研究领域质性方法和量化方法相结合运用（基于观测或学生认知的方法的结合）越来越为人们所接受（Fraser and Tobin 1991）。

2. 教室环境评价问卷概述

表1归纳了几种常用的评估学生对于教室学习环境的认知的问卷。每种问卷都可以方便地进行群体管理，都可以用手工或计算机打出得分，也都经过广泛的实地验证表明是可靠的。所有问卷都包含多个变量或测度，比如，“我的班级报表”问卷包含了5项测度：凝聚力、摩擦冲突、满意度、困难、竞争。这类方法多数都有的一个显著特征是：除了一张测量对实际教室环境的认知的表格之外，还另有一张调查对于所期望的教室环境的认知的表格。有关期望的那些表格涉及目标和价值取向，调查了关于理想的教室环境的观念。

表1包括了每一种测量方法所运用的所有测度的名称、每种测量方法所适用的学校级别（小学、中学或者高校）、每一测度包含的项目数量，以及依据穆斯（1974）方案分类的测度。穆斯的3项基本尺度是：关系尺度（表示环境内部人际关系的性质和强度，评定人们参与所处环境并相互支持帮助的程度）、个人发展尺度（表示个人成长和提高所遵循的基本方向），以及系统维持与系统变革尺度（涉及环境有序、可确切预期、能够维持控制、对变革有效响应的程度）。

如上所述，学习环境详表（LEI）的开发开始于20世纪60年代，与哈佛物理学计划（Fraser et al. 1982）的评估和研究活动相关联。学习环境详表LEI包含了105项陈述（每个测度有7项陈述），对每项陈述可选择的回答有“强烈反对”、“反对”、“赞同”、“强烈赞同”。对于有些项目，打分的方向（或者说极性）是颠倒的。“凝聚力”测度里所包含的一项典型的陈述项是“所有的学生都相互非常了解”。

教室环境测度（CES）是由一项研究多种人类环境（包括精神病医院、监狱、大学居住区、工作场所等）的知觉测量的综合研究项目而来的（Moos 1974）。穆斯和特里克特（1987）最新版本的教室环境测度包含9项测度，每一测度含有10项“是、

表 1　　7 种教室环境测量工具的测度概况

测量方法	水平	测度项目划分	依据穆斯的方案分类的测度		
			关系尺度	个人发展尺度	系统维持及变革尺度
学习环境详表	中学	7	凝聚力 摩擦 偏爱 派系 满意度 冷漠	速度 困难 竞争性	多样性 正式性 物质环境 目标指向 组织解体 民主
教室环境测度	中学	10	参与度 关联 教师支持	任务指向 竞争	秩序及组织 规则明确 教师控制 革新
个性化教室环境问卷	中学	10	人格化 参与度	独立性 调研	差异
我的班级详表	小学	6 ~ 9	凝聚力 摩擦 满意度	困难 竞争性	
学院及大学教室环境详表	高校	7	人格化 参与度 学生凝聚力 满意度	任务指向	革新 个性化
科学实验室环境详表	高中 高校	7	学生凝聚力	开放性 整合	规则明确 物质环境
教师互动问卷	中学 小学	8 ~ 10	有益/友好的理解 不满的警告		领导行为 学生责任及自由 不确定性 严格

非"陈述。已出版的测量材料包括一份测试手册、一份问卷、一张答题纸,还有一份清晰的手工打分的答案。教室环境测度的一项典型陈述是"教师对学生确有个人兴趣"(教师支持测度陈述)。

个性化教室环境问卷(ICEO)与其他的教室环境测度在以下方面有所区别:它对那些使得个性化教室区别于传统教室的尺度加以评定。最新出版的个性化教室环境问卷(Fraser 1990)包含 50 项陈述,5 项测度各有 10 项。每项陈述要求在 5 个不同回答中做出选择:"几乎没有过"、"很少"、"有时"、"经常"、"很经常"。一项典型的陈述是,"不同的学生使用不同的课本、仪器以及学习资料"(差异性)。已出版的问卷材料包括一本手册和一套测试正本,依据正本可以制作数量不限的问卷和答题纸副本。

学习环境详表简化后成为"我的班级详表"(MCI)。这一测量方法适用于 8 ~ 12 岁的孩子(Fraser et al. 1982)以及初中的学生,尤其适用于那些阅读学习环境详表有困难的孩子。"我的班级详表"在 4 个方面与学习环境详表有所区别。第一,为了减少小孩子的疲劳,"我的班级详表"只包含了学习环境详表原有的 15 项测度中的 5 项。第二,陈述项的措辞简单化了,这样就使阅读变得更容易些。第三,学习环境详表原有的四分制的回答形式被简化为二分制(是—非)的回答形式。第四,学生直接在问卷上作答,而不是在另外一张答题纸上。这样就避免了把回答从一个地方转移到另外一个地方时出现的错误。这一测量方法的最新版本包含38项陈述,一个典型的陈述是"小孩会经常打架"(摩擦测度陈述)。

学院及大学教室环境详表(CUCEI)是专门为小班级(但不是为讲座或者实验课堂)而开发的(Fraser and Treagust 1986)。这是由于在小学和中学的水平上有着教室环境研究的传统,但与此同时高等教育方面的同样的研究工作却做得很少。最新版本的学院及大学教室环境详表包含了一些分别含有7项陈述的不同测度。每项陈述有4个回答("强烈赞同"、"反对"、"赞同"、"强烈赞同"),而大约半数的陈述的极性(打分的方向)是颠倒的。一项典型的陈述为"这个班级里的活动计划清楚而仔细"(任务指向测度陈述)。

由于实验设施在科学教育中关键的重要性和独特性,人们专门开发出了适合于评定高中或高等教育水平的科学实验课堂环境的测量方法(Fraser et al. 1992)。科学实验室环境详表(SLEI)有5个测度,对每项陈述的不同回答有"几乎没有过"、"很少"、"有时"、"经常"、"很经常"。一项典型的陈述为"我们开始一项活动前会知道预期的结果"(开放性测度陈述)。科学实验室环境详表所运用的一项值得注意的特别的确认程序是这一方法同时在6个国家进行了实地检验(美国、加拿大、英国、以色列、澳大利亚以及尼日利亚)。

在荷兰,为了使得教师培训部门能够在老师任职前以及在职时在师生互动的性质和质量方面给教师以有益的建议,人们开发了一种学习环境问卷。教师互动问卷(QTI)是依据了接近(协作—反对)与影响(统治—服从)的理论模型开发的,目的是为了评定如下8个方面的内容:领导、有益/友好、理解、学生责任与自由、不确定性、不满意、训诫、严格的行为。教师互动问卷总共有77项陈述(每一测度大约有10项陈述)。每项陈述都要在5点备选答项中做出选择——由"从不"到"总是"。一项典型的陈述是"他(她)生气了"(训诫行为)。教师互动问卷的有效性和可靠性在荷兰、美国以及澳大利亚的小学学生当中得到确认。

3. 教室环境研究

在几个国家中,教室环境研究方面一项最牢固的传统是,总是涉及有关学生对其教室环境的感知与其认知及情感上的学习结果之间的关系的研究。大量研究表明,学生的感知可以解释学习结果方面比较可观的差异,而这些差异通常是不能完全归结于学生背景特征的。比如说,依据多种不同的结果测量方法发现,那些被认为有着更强的凝聚力和目标指向而有较少摩擦和组织破坏的班级里,其学生的学业成绩更好(Haertel et al. 1981)。

在课程评价研究、师生对于教室环境的不同感知研究以及有关其他独立变量(比如,不同的主题)的研究中,教室环境的量度都被用来作为独立变量。课程评价研究的重要意义在于,不同课程的教室环境具有显著的差异——即使许多不同的学习结果测量方法只显示出可以忽略的差异。教育者通过同时涉及教师和学生的研究知道,老师所感知到的教室环境往往比同样的教室里的学生感知到的更为合意。有关运用教室环境作为判别变量的研究考察已经明确了教室环境与诸如教师个性、班级规模、年级水平、科目、学校环境的性质、学校类型等其他因素的不同。

4. 教室环境信息的实际应用

有关学生对于教室环境的感知方面的知识可以被用来作为反思和讨论教室环境以及进行系统的努力以改进教室环境的基础。比如,弗雷泽和弗希尔(Fraser and Fisher 1986)为改善教室环境所做的努力就运用了塔斯玛尼亚(Tasmania)公立学校的一个9年级的班上的教室环境测度。这个班上有29名男女学生,他们在学习自然科学方面能力高低不等。弗雷泽和费希尔的工作组合了以下5个基本步骤。

第一,对班上所有的学生都实施了实际的以及理想的教室环境测度测验。第二,向老师提供表示学生实际的以及理想的教室环境分数的全班平均数的各测度的概况。第三,教师就这一概况进行个人反思以及非正式的讨论,以形成决定是否该在教室环境测度的某些尺度上进行教室环境变革的努力的思想基础。事实上,老师决定进行一些努力,旨在提高教师支持以及班级秩序和组织的水平。第四,老师的这一努力进行了大约4个月。比如,要提高教师支持水平就需要教师在班上来回走动得更多以便更多地走到学生中间,比先前更多地向学生提供帮助以及跟他们交谈。第五,这一努力完成后重新进行实际的教室环境测度测验,看看学生在看待其教室环境方面与以前是否有了不同。

结果表明,在教师做出努力期间,学生对于教室环境的感知发生了一些变化。只有在教师支持、任务指向以及秩序和组织这些方面的试前—试后差异在统计意义上比较显著。这些发现是值得注意的,因为在教师试图促成改变的两个尺度上确实发现了可观的变化。另外,似乎还有一个额外的结果,就是这一努力会导致班级变得比学生所理想的任务指向更加明确。总之,这一案例研究表明,教师要运用教室环境测量手段来获得有关其班级的有用信息以及获得改善教室环境的切实基础,这些都具有潜在的可行性。

5. 未来的研究

评定学生对教室环境的感知可以涉及单个学生,也可以涉及同一班级全部学生的主体间的感知。以前的教室环境研究中,这一区别在选择恰当的统计分析单位时往往是重要因素,比如,"单个学生的测验得分还是全班的平均分"(Fraser 1986)。而如今多级分析技术的进展使得人们可以运用更为复杂的技术来分析一些教室环境研究发现的典型数据(如学生嵌套在班级里的数据)。

尽管在一项研究中将定量和定性方法结合只取得了有限的进展,但几项研究还是表明了这一目标的有效性(Tobin et al. 1990, Fraser and Tobin 1991)。比如,在一项高年级的认知学习的研究中,6位研究者在10周的时间内集中研究了两位老师的10年级的自然科学班级(Tobin et al. 1990)。每堂课都有数位研究人员观察,每天都对学生及教师进行访谈,对学生的书面作业也进行检查。该研究也包含了定量信息,这来自评定学生对其教室环境的感知的调查问卷。一项重要的发现是,在各个班级中学生对于教室环境的感知与观察者实地记录的各班学生的参与学习活动的模式是相当一致的。比如说,在一位老师的班上看到个人化的程度较高,与此相应的是她花更多的时间参加小组活动,在这些活动中她不停地在教室里走来走去与学生交流。

6. 结论

积极的教室环境本身来说通常就被认为是在教育上的理想的目标。另外,先前研究的广泛证据足以表明教室环境对于学生是否能很好地达到一系列理想的教育目标确有潜在的影响。因此,教育家们没有必要觉得他们应该在努力构造建设性的教室环境与努力提高学生的认知与情感发展水平之间做出选择。事实上,建设性的教育环境既可以被看作是达到有价值的目标的手段,本身又可以被看作是值得追求的目标。

B. J. 弗雷泽(B. J. Fraser) 著
谭 斌 译

附录

Fraser B J 1986 *Classroom Environment*. Croom Helm, London

Fraser B J 1990 *Individualized Classroom Environment Questionnaire*. Australian Council for Educational Research, Melbourne

Fraser B J 1993 Classroom and school climate. In: Gabel D (ed.) 1993 *Handbook of Research on Science Teaching and Learning*. Macmillan, New York

Fraser B J, Anderson G J, Walberg H J 1982 *Assessment of Learning Environments: Manual for Learning Environment Inventory (LEI) and My Class Inventory (MCI)* (3rd version). Western Australian Institute of Technology, Perth

Fraser B J, Fisher D L 1986 Using short forms of classroom climate instruments to assess and improve classroom psychosocial environment. *J. Res. Sci. Teach*. 5:387—413

Fraser B J, Treagust D F 1986 Validity and use of an instrument for assessing classroom psychosocial environment in higher education. *High. Educ.* 15:37—57

Fraser B J, Tobin K 1991 Combining qualitative and quantitative methods in classroom environment research. In: Fraser B J, Walberg H J (eds.) 1991 *Educational Environments: Evaluation, Antecedents and Consequences.* Pergamon Press, Oxford

Fraser B J, Walberg H J (eds.) 1991 *Educational Environments: Evaluation, Antecedents and Consequences.* Pergamon Press, Oxford

Fraser B J, Giddings G J, McRobbie C J 1992 Science laboratory classroom environments at schools and universities: A cross-national study. Paper presented at the annual meeting of the National Association for Research in Science Teaching, Boston, Massachusetts

Good T L, Brophy J 1991 *Looking in Classrooms*, 5th edn. Harper Collins, New York

Haertel G D, Walberg H J, Haertel E H 1981 Socio-psychological environments and learning: A quantitative synthesis. *Br. Educ. Res. J.* 7:27—36

Lewin K 1936 *Principles of Topological Psychology.* McGraw, New York

Moos R H 1974 *The Social Climate Scales: An Overview.* Consulting Psychologists Press, Palo Alto, California

Moos R H, Trickett E J 1987 *Classroom Environment Scale Manual*, 2nd. edn. Consulting Psychologists Press, Palo Alto, California

Murray H A 1938 *Explorations in Personality.* Oxford University Press, New York

Rosenshine B, Stevens R 1986 Teaching functions. In: Wittrock M C (ed.) 1986 *Handbook of Research on Teaching*, 3rd. edn Macmillan, New York

Stern G G 1970 *People in Context: Measuring Person-Environment Congruence in Education and Industry.* Wiley, New York

Tobin K, Kahle J B, Fraser B J (eds.) 1990 *Windows into Science Classrooms: Problems Associated with HigherLevel Cognitive Learning.* Falmer Press, London

Welch W W, Walberg H J 1972 A national experiment in curriculum evaluation. *Am. Educ. Res. J.* 9:373—383

Wubbels T, Levy J (eds.) in press. *Do You Know How You Look? Interpersonal Relationships in Education.* Falmer Press, London

教室：学生的分组（Classrooms: Grouping of Students）

如何最好地组织学生以进行课堂教学的问题激起了大量的理论上的以及意识形态上的争论。本词条将讨论学校和班级在社会组织中的国际差异，简要叙述历史文献所指出的发展趋势，考察更为新近的有关小学、中学和中等教育的案例研究和综述文献得出的发现，并推测未来的学校社会组织模式。

1. 国际差异

由于各国历史经验上的差异，不同国家的学校行使着不同的功能，比如大众教育、进入劳动力行列的通道、培养统治国家的社会精英、培育道德价值观等。因此，不同的国家便形成了不同的学校，而且各国不同层次学校之间的划分也不相同。在同一层次上，在如何对全体学生分组实施教学方面各国也存在差异。

所有社会的教育系统都要解决如何最好地对学生进行分组以使他们从教学中尽可能多地获益，对这一问题各国由于不同的社会历史背景而采取了不同的解决方案。比如说，在英国初等学校实行的“自然分流”就代表了一种同美国学校里某些形式的能力分组类似的方法。在这两个国家，老师往往会按照能力对班内学生进行分组（Jackson 1964）。然而，社会精英子弟所上的私立学校里形成了一种分层的形式，这种情形在英国比在美国更为突出。随着不同类型的学校尤其是中等学校的发展，英国以及欧洲大陆国家也出现了学生分组上的一些演变（Hamilton 1987, Kerchboff 1986）。

在依据能力对初等学校学生进行分组以实施教学的普遍趋势下，日本是一个重要的特例

(Cummings 1980)。然而,日本的学校确实以减缓教学进度、校外辅导、父母参与家庭教育等方式来应对学生多样性的问题(Mason et al. 1989)。早期的整班教学在初等学校实施之后,就被运用于各种不同的中等教育学校(Kariya and Rosenbaum 1987)。

总的来说,尽管中等教育学校是按照类型和能力划分的(就像在日本、英国以及欧洲大陆的情形),同一学校里的课程却没有多大区别。相比之下,尽管中学是属于综合性的,服务于多种多样的学生[就像美国以及(在稍低的程度上)英国的情形],然而分轨以及课程差异还是很盛行的(Oakes et al. 1992)。据报道,在以色列也有与英国类似的趋势(Shavit and Williams 1985)。

2. 评定能力分组有效性的传统研究

能力分组策略基于这样一个假设:学生要实现最佳的学习效果,教学内容就要跟学生先前的知识相匹配。然而这一假设的合法性受到了质疑。传统上,研究人员主要关注两个问题:(a) 通过分组真的可以划分出更加同质的学习者群体吗?(b) 经过能力分组后的学生真的能比那些在更加异质的群体里的可比较的学生学到更多的知识吗?

已有的研究文献包含两次主要的研究综述活动,一次是在20世纪30年代初期,另一次是在20世纪60年代初期。有关群体同质性,教育研究者们在20世纪30年代就发现,处于同一区域学生的学业表现并无高度相关,而且划分出来的学业成绩高低的班级,事实上在分布上也有很大程度的重叠。更为新近的评估继续表明群组之间的重大重叠,其中低年级的阅读教学能力分组的重叠比中年级的程度要低(Barr and Dreeben 1991)。

两个时期的研究综述者都对大量进行的准实验研究提出了批评,并着重指出不同研究所得出的结果不清晰以及不一贯。然而,尽管这两组综述者大多数时候都是基于同样的证据,他们却得出了不同的结论。比如说,许多早期的综述者得出结论说能力分组对那些学习费力的学生有利。而许多第二批的综述者却发现学习能力强的学生在同质的分组中会学到比在可比较的异质分组中更多的东西,但那些学习能力差的学生在同质分组中比在异质分组中做得更差(Barr and Dreeben 1991)。

这一种实验研究得出的结果被人们运用诸如元分析的方法加以归纳(Slavin 1990)。人们对于传统的学生分组研究的主要看法是它不能给出确切的结论。研究并没有表明能力分组具有明显的优越性。而且,人们为什么不满意于不一致的结果呢?这个问题也颇为有趣。一种社会性的安排本身并不能直接导致某种学习上的结果。其实是学生所接受的教学活动影响了他们所学的东西以及他们对所学的东西的感觉。

3. 有关能力分组方案的运行的描述

20世纪80年代及90年代的研究以思路更加广阔的方式考察了分组行为,这种考察主要集中于不同能力分组的学生接受的不同教学方式。现在已经搞清楚分在某一个能力小组(或者说轨道)在不同的学校甚至同一所学校意义并不尽相同。不同轨道或小组的学生所受到的教育有很大差异,这取决于他们所使用的课程材料的水平和质量、教师的能力以及各个班级的学生的总体特征。这些研究的综述则主要专注于案例研究和调查所得出的结果(Barr and Dreeben 1991, Oakes et al. 1992)。

对公平的关注引发了人们沿着不同路线对分组行为进行了质询,有些人超越了狭隘的意识形态方面的关注,而把能力分组上升为学校及班级的社会制度的一部分。20世纪七八十年代有些更有趣的研究是起因于对诸如课程差异及教学质量这样的机制的关注。社会背景就是通过这样的机制影响到教育及生活的改变(Alexander and Cook 1982)。比如,巴尔等人(Barr et al. 1983)力图证明课程讲授的进度受到能力分组的密切影响,而这个进度又会影响到学生的学习。

科恩(Cohen 1986)沿着略有不同的路线思考了个性化的教学形式与更为传统的教学形式相比是如何影响课堂权威、学生之间的友谊、地位的形成以及教师之间的合作。她与她的助手力图证明传统的教学形式(严格的课程任务、能力分组、比较分组)起着对学习能力差的学生赋予较低的地位的作用,因此也就压制了他们的互动以及学习的积极性(Bosert 1979)。

基于班级与学校的案例研究的解释往往将注意力集中于教学互动的质量、活动参与者的感知和态度以及他们对事件的解释。这些研究者没有假定事件是以线性的模式进行的,而是描述了活动参与者的意图以及表现学习能力或高或低的小组或班级的上课经历的诸多因素(Rist 1970, Schwartz 1981)。

探讨分组结构与学习之间的联系机制的广泛调查研究,以及大量的有关课堂实践的案例研究描述,共同给出了能力分组的运行机制(Gamoran and Berends 1987)。这方面探讨的某些主要问题包括组织模式的本质、学生分组或分轨的安置、分组方案的稳定性、课程差异、班级及分组内的教学互动以及学生的学习结果。

3.1 组织模式

尽管小学阶段的分组经常被描述为某种类型的班级内或班级之间的能力分组,而学生的经验则涉及混合的整班、能力分组以及个体的经验。能力分组常常是为了方便阅读课教学而组织起来的,有时是为了算术课的教学,但很少是为了社会以及自然课的教学。尽管学生处在异质群体(合作小组、伙伴关系、写作小组)的时间所占的比例一直非常小,但美国的个案研究表明这个比例还是有所上升。

美国的中等教育学校差异如此之大以至于他们内在地就已经分轨了——有些学校招收的大多数学生都在同一个水平上,另外有些学校则实行相当严格的三级分轨制,还有些学校在招收的学生的水平方面具有较大的灵活性。学校似乎正在脱离较为僵化的分轨制形式,而朝着依据学生课程选择来招收学生的体制发展。然而,即使这样,还是有许多机制使得分轨的现实继续保留了下来,修习提高课程的学生与修习补救课程的学生之间有很大的重叠这一事实就说明了这一点(Oakes et al. 1992)。

3.2 将学生置于不同的能力分组

小学学生有时会被依据学习能力分到不同的班级,他们也经常会在班级内被分组。把学生分班或分轨通常是管理上的事情,而在班内再形成分组就代表了一种经过交互作用而做出的决定,在这个过程中教师针对学生的特征而得出其分组模式。有些研究者考察了教师是如何对学生做出能力分组的。比如,巴尔等人(1983)发现一个班级里学习能力差的人的数量会影响阅读课所分成的小组的个数以及每个小组的相对大小。有人力图证明教师会依据诸如清洁、老实之类的特征安排班里的学生(Rist 1970)。但另外的研究者发现教师在这方面不太怎么受社会阶层或者种族特征的影响,而是更加注重有关学习成绩方面的考虑(Haller 1985, Sörensen and Hallinan 1984)。

中学课程的安排与学生的爱好相关,但诸如考试成绩、先前的安排以及指导教师的推荐等其他因素也起一定的作用(Oakes et al. 1992)。尤其值得注意的是,有关中学分轨的研究表明,学生在初中阶段对于外语、代数之类的课程的选择以及他们的能力分组可能会决定他们将来的分轨或所去的学校(Rosenbaum 1976)。

美国中等学校的案例研究表明那些社会地位较低的以及英语作为第二语言的学生在分轨时往往容易偏向于被安排到较低的分轨。尽管很难估计背景经历在多大程度上会影响学习能力对分组的决定作用,但广泛调查研究的大量证据仍支持这样一种观点:学生的学习能力以及先前的成绩比社会地位更重要(Gamoran and Berends 1987)。

3.3 分组及分轨安排的稳定性

能力分组一旦确立就相当稳定——这一主张被反复重申。然而,观察证据却表明班级内的能力分组有一些流动性,在1~3年级是20%~35%,4~7年级是10%~25%。不同的教师改变分组的模式也是不同的,能干的教师往往会让较多的学生向上流动而让较少的学生向下流动(Barr et al. 1983)。

相对而言,有关能力分组的稳定性的连续年段的文献很少。盖莫伦(Gamoran 1989)报道说从1年级到2年级学生的分组的稳定程度是相当高的,尤其是在那些2年级的安排要基于1年级的安排的学校。但在其他一些学校,学生是在标准化测验成绩的基础上重新分组的。同样的,英国的研究者也报道说小学头几年的分流变动极小（Barker-Lunn 1970）。

当分轨制更为严格而不是学生具有较大的选课自主权时，中学的分轨安排就越发显示出它的高稳定性。而且，学生在某一分轨中的稳定性受到初中阶段的课程选择在多大程度上决定将来的课程安排的影响（Oakes et al. 1992）。

3.4 课程差异

在小学及中学进行的案例研究考察了学习能力低的以及高的分组在学业任务方面的特征。从课程方面来看，学习能力低的小组的学生通常学习较少的材料，完成较容易的作业，而学习能力强的学生进行更多的训练以及技能的练习（Allington 1983，Barr and Dreeben 1991）。尽管学习内容的差异得到了强调，但这些差异同课程的相似性比起来还不是那么重大。正是这些相似性构成美国小学教学的主要特征。学校里大多数孩子使用同样的阅读以及算术教科书和学习资料。尽管不同的分组在使用学习材料时的进度会有些不同，但他们的课程任务在根本上是一样的（Barr 1992）。

在中等教育阶段，美国的学生可以得到相当大的选择自由，但需在选修课和必修课之间达到平衡。但是，不同课程的要求也有相当大的差异。一般来说，初等的课程同比较高级的课程相比会有各种课程提纲以及较容易的教科书，涉及的主题较少而且要求也低，并且相应的具体图解说明也更多。与高级课程的那种更需要花费力气的更正式的课程任务相比，强调基本技能以及对课程概念特征的浅显理解就构成了初等课程的特征。初等课程的班级还会学习较少的课文内容。而且，初等班的学生需要选的理论课程也较少，尤其是在数学以及科学课方面（Gamoran and Berends 1987）。

3.5 教学互动

案例研究还揭示了教学过程中的互动的本质。在小学阶段，阅读课能力低的分组的学生往往比那些能力高的学生受到更多的打扰，而能支配的专注的时间较少。低能组的学生更经常地进行口头阅读，他们的注意力集中在较小的印刷单位上，因而只重视到分解而不是完整意义。他们会被提问到更多的需要记忆再现而不是推理的问题。与他们的那些高能力组的同龄人相比，他们会得到教师的不同的课堂提示，在向他们讲授课程的要领时会给他们提供更多的基础准备。尽管有些研究者要求减少低能组的学生的授课时间，其他研究者却发现时间分配上没有什么差别（Allington 1983，Barr and Dreeben 1991）。

初中和高中阶段的研究得出了同样的发现。低水平班级的学生进行的问题解决训练较少，而是回答较多的预先确定答案的问题。同他们在高水平班上的同龄人相比，对其作业的性质几乎没有影响。对低水平班级的学生来说，控制和管理的问题受到更多的强调。他们与那些高水平班级的同龄人相比参加讨论较少，提出问题也较少（Oakes et al. 1992）。

中等教育阶段的解释性研究把教学过程中对待学生的方式同教师关于其学生的潜在的学习方式的假设联系起来了。由于低能组的学生被看作不愿意或者没有能力完成学业，因此就给他们安排较容易的学习任务，相应的，他们就学得少了。同样，根据来自小学方面的证据，通常会得出结论说低能组的学生受到了不公平的待遇，对他们进行的教学使得他们学得差（Allingfon 1983）。有人做出假设说低能组的学生如果参与到更有挑战性的教学过程的话就会学到更多东西。但是要得到这一假设有效的结论，低能小组以及班级首先要能够接受与他们的高学习能力的同龄人同样的教学并能够在教学过程中积极反应。

3.6 对学生的影响

学生对于朋友的选择以及他们对学校的态度也同分组、分轨安排联系了起来。随着小学、初中以及高中阶段的进行，学生所处的分组越来越决定了他们对于朋友的选择（Hallinal and Sörenson 1985）。学习能力强的分组或分轨的学生比起那些在低能组的同龄人对学校更加欢迎（Rosenbaum 1976，Schwartz 1981）。

来自小学的研究结果表明了与能力分组安排相关的学习方式的差异。而且，这一研究超越了先前的研究，它把这些差异同课程覆盖以及教学时间联系了起来（Barr and Dreeben 1991，Oakes et al. 1992）。在中等教育阶段，尽管证据不够明确，分轨安排还是会影响学业成绩（基本的认知技能以及学科知识）。然而，随着证据的积累以及研究设计越来越精密，人们越来越有理由相信与分轨安排相关的选课过程对学业成绩有影响。而且，所有证据普遍表明分轨安排会影响到对高中以上的知识的渴望以及这些知识的实际获取（Alexander and Cook 1982）。

4. 变革现存的模式

对于既成的分组实践，变革看起来较少受到经验研究的影响而更多地受到流行的观念的影响。变革过程中始终重要的一点是对于公平的关注，以及对于能力分组可能导致的实际上的隔离的关注。在美国，明确宣称的意识形态上的主张把分轨看作是违反平等教育机会的行为（Oakes 1985，Rosenbaum 1976）。同样重要的是，关于学习的行为主义的观点正在发生转移，转向强调学习的社会结构特性的观点。这种观点声称人们要学习的知识不能被分裂成与学生的学习能力相对应的具有等级秩序的碎片，由此对能力分组的基本假设提出了挑战。这些观点上的变革导致了分组程序上的更大的变化。研究者们已经开始描述这些变化及其效果。

对传统的能力分组的变化研究包括对小组协作、异质分组以及整班教学的课堂研究。研究已经表明在异质组成的小组中接受教学的小学学生可以在初级的阅读以及中级的算术方面与能力分组的学生学得一样好（Barr and Dreeben 1991）。一般说来，在那些由同伴协作群体学习代替自修学习的研究中，学生的学习成绩通常会提高。这一点一般不会受到不同的分组安排的负面影响（Slavin 1989）。

在小学三四年级以及中等教育阶段，当学生依据学习能力分班时，整班教学一直是一种很受欢迎的方法。研究已经表明异质分组的小学初级及中级实行整班级教学是有效的。实行整班教学时，或许会需要小组的群体工作来支持学习进步慢的孩子（Barr and Dreeben 1991）。

我们可以期望进一步的研究会提供更多的证据以说明分组安排的优点以及局限性。尽管目前多数现存的研究都只涉及单个班级的情况，也有研究者开始考察学校、地区以至州的范围内的分组安排方面的变革带来的结果。这些新兴的研究揭示了这一变革过程可能引起的政治上的波动以及需要予以考虑的大量与此相关的课程、教学和职业发展的问题（Anderson and Barr 1990）。

R. 巴尔（R. Barr） 著

谭 斌 译

附录

Alexander K L, Cook M A 1982 Curricula and coursework: A surprise ending to a familiar story. *Am. Soc. Rev.* 47:626—640

Allington R 1983 The reading instruction provided readers of differing reading abilities. *Elem. Sch. J.* 83: 548—559

Anderson C, Barr R 1990 Modifying values and behaviors about tracking: A case study. In: Page R, Valli L (eds.) 1990 *Curriculum Differentiation: Interpretive Studies in US Secondary Schools.* State University of New York Press, Albany, New York

Barker-Lunn J C 1970 *Streaming in the Primary Schools.* National Foundation for Educational Research in England and Wales, London

Barr R 1992 Teachers, materials, and group composition in literacy instruction. In: Dreher M J, Slater W H (eds.) 1992 *Elementary School Literacy: Critical Issues.* Christopher-Gordon, Norwood, Massachusetts

Barr R, Dreeben R 1991 Grouping students for reading instruction. In: Barr R, Kamil M, Mosenthal P, Pearson P D (eds.) 1991 *Handbook of Reading Research*, Vol. 2. Longman, New York

Barr R, Dreeben R, Wiratchai N 1983 *How Schools Work.* University of Chicago Press, Chicago, Illinois

Bossert S T 1979 *Tasks and Social Relationships in Classrooms.* Cambridge University Press, New York

Cohen E G 1986 On the sociology of the classroom. In: Hannaway J, Lockhead M E (eds.) 1986 *The Contribution of the Social Sciences to Educational Policy and Practice 1965—1985. McCutchan, Berkeley, California Cummings W K 1980 Education and Equa-*

lity in Japan. Princeton University Press, Princeton, New Jersey

Gamoran A 1989 Rank, performance, and mobility in elementary school grouping. *Soc. Q.* 30(1):109—123

Gamoran A, Berends M 1987 The effects of stratification in secondary schools: Synthesis of survey and ethnographic research. *Rev. Educ. Res.* 57:415—435

Haller E J 1985 Pupil race and elementary school ability grouping: Are teachers biased against black children? *Am. Educ. Res. J.* 22(4):465—483

Hallinan M T, Sörensen A B 1985 Ability grouping and student friendships. *Am. Educ. Res. J.* 22(4): 485—499

Hamilton S F 1987 Apprenticeship as a transition to adulthood in West Germany. *Am. J. Educ.* 95(2): 314—345

Jackson B 1964 *Streaming.* Routledge and Kegan Paul, London

Kariya T, Rosenbaum J E 1987 Self-selection in Japanese junior high schools: A longitudinal study of students'educational plans. *Sociol. Educ.* 60(3):168—180

Kerckhoff A C 1986 Effects of ability grouping in British secondary schools. *Am. Soc. Rev.* 51(6):842—858

Mason J M et al. 1989 Learning to read in Japan. *J. Curric. Stud.* 21(5):389—407

Oakes J 1985 *Keeping Track: How Schools Structure Inequality.* Yale University Press, New Haven, Connecticut

Oakes J, Gamoran A, Page R N 1992 Curriculum differentiation: Opportunities, outcomes, and meanings. In: Jackson P W(ed.) 1992 *Handbook of Research on Curriculum.* Macmillan, New York

Rist R 1970 Student social class and teacher expectations: The self-fulfilling prophecy in ghetto education. *Harv. Educ. Rev.* 40(3):411—451

Rosenbaum J E 1976 *Making Inequality: The Hidden Curriculum of High School Tracking.* Wiley, New York

Rowan B, Miracle A W 1983 Systems of ability grouping and the stratification of achievement in elementary schools. *Sociol. Educ.* 56(3):133—144

Schwartz F 1981 Supporting or subverting learning: Peer patterns in four tracked schools. *Anthropol. Educ. Q.* 12(2):99—120

Shavit Y, Williams R 1985 Ability grouping and contextual determinants of educational expectations in Israel. *Am. Soc. Rev.* 50(1):62—73

Slavin R E 1989 *Cooperative Learning: Theory, Research, and Practice.* Prentice-Hall, Englewood Cliffs, New Jersey

Slavin R E 1990 Achievement effects in ability grouping in secondary schools: A best evidence synthesis. *Rev. Educ. Res.* 60(3):471—499

Sörenson A B, Hallinan M 1984 Effects of race on assignment to ability groups. In: Peterson P L, Wilkinson C, Hallinan M (eds.) 1984 *The Social Context of Instruction.* Academic Press, San Diego

Sörenson A B, Hallinan M T 1986 Effects of ability grouping on growth in academic achievement. *Am. Educ. Res. J.* 23(4):519—542

其他参考文献

Svensson N E 1962 *Ability Grouping and Scholastic Achievement.* Almqvist and Wiksell, Stockholm

Yates A (ed.) 1966 *Grouping in Education.* Almqvist and Wiksell, Stockholm

框架因素(Frame Factors)

本词条的目的是考察那些制约但并非决定教育及课堂进程的因素（所谓的"框架因素"）。课程设置、学校法以及管理规章会被作为框架因素加以考察。框架因素要在更大范围的理论框架背景之内进行考察。与理论背景相对照的还有另外一个背景。另外我们还提供了对于框架因素研究的未来的预测。

1. 框架因素理论：范围和限制

框架因素理论所探讨的基本问题涉及现代社

会的文化再生产以及州属的学校在这一进程中的角色。框架因素理论产生于20世纪60年代，当时达勒夫（Dahllöf 1971a，1971b）提出了一个评价教育进程的模型。他的主要论点是，如果不对教与学的过程以及影响这些过程的有关因素加以考虑，要有效地比较教育的结果是不可能的。达勒夫把框架因素确定为影响教授及学习过程的因素。这些因素是教师和学生不能控制的，但是对他们的行为做出了限制。框架因素具有组织性的特征（比如学校、分流、选择学生、班级规模、师资）。达勒夫指出框架因素与教育结果之间的关系不是简单的因果关系，这样就脱离了教育研究中主流传统的试图用简单的行为主义的因果模型把组织因素以及教师学生特征与教育结果联系起来的做法。教育现象必须同时在结构层次以及社会行为层次上加以研究。

20世纪60年代后期及70年代初期，人们对于教育社会学的兴趣高涨了。马克思、迪尔凯姆以及韦伯的学说再一次被用来作为教育研究的理论支柱。框架因素理论就是受到了这种观念的影响。在隆格伦（Lundgren 1972）关于框架因素与教学过程的关系的讨论中，结构主义的观点是非常明显的。就如同社会由某些人际关系规则以及社会观念支配着一样，教学过程也是由构成有关参与者的行为规则的框架和观念支配着。教学过程可以系统地加以研究，由此发现稳定的行为模式。这些模式可以被看成是制定和掌握行为过程的底层的规则的体现。贝拉克等人（Bellack et al. 1966）的观念也被引入了——他把教育过程看成是按照特定的规则进行的教学游戏。这一观点最初是由维特根斯坦（Wittgenstein 1958）在他对语言的研究里提出来的。隆格伦（1984）做出结论说："框架被看作是基础的结构性状况的体现。因此框架因素理论是这样一种观点的一部分：即对问题保持开放，不仅对这些框架如何产生并约束可能的教育行为的问题保持开放，也对这一观点如何被超越的问题保持开放。"（P. 74）

人们进行了数次尝试以拓展框架因素的概念。现在已确定了3种类型的教学框架：物质的和行政的框架、法律的框架以及课程的框架（Lundgren 1977）。物质的和行政的框架被看作是约束过程的。法律的框架（比如记分制度、考试制度）被看作是规范过程的。最后，课程框架（体现在教学大纲、教科书以及教学材料中）被看作是支配过程中的内容的。

2. 框架因素与教学过程

在最初的模型中，达勒夫（1971b）假定：在某些框架之下，教师会运用一种被称作基准小组的教学策略。在进行基本的教学单元时，会有一个小组（学习能力较普通的10%～25%）学生充任教师决定什么时候结束一个教学单元进入下一单元的参考点。基准小组被看作是学习单元所分配的时间、要学习的内容的分量、班级里的学生所需要用来掌握学习内容的时间以及教师对于这些因素的理解等这几个方面动态的相互影响的结果。这种主张得到了隆格伦（1972）的一项研究的有力支持。班级内部会有一些差异，主要是在数量方面的。因此，当从一个教学单元过渡到下一个时，基准小组里的学生会更多地参与交流。在不同的科目、年级和国家中，这种交流模式都令人惊奇地保持稳定（Gustafsson 1977，Pedro 1981）。

古斯塔夫松（Gustafsson 1977）分析了其他小组的学生是否在班级中也扮演了重要的教学角色。她的结论是教师与学生互动的方式都是一样的，这与学生的特征没有多大关系。不过有些学生比其他人更多地参与互动。其他研究者则论证了诸如性别、社会背景之类的结构变量会影响班级内互动的模式（Pedro 1981，Pettersson and Åsén 1989）。

由这种研究传统得来的一个最为著名的结果之一是发现了"导航"这一现象。几项关于算术课的研究发现，教师在面对整个班级的学生或者与单个学生交流时，会这样构造他或她的问题——即便学生没有真正掌握理解问题所需要的前提知识也能做出回答（Lundgren 1977）。导航现象并不仅仅限于算术课，在物理课、公民课、艺术课教育中也有所发现。导航现象就是由框架造成的：框架越严格，导航现象就越经常出现。这样，学生除了掌握（或者没有掌握）课程主题以外还学到许多其他的东西。他们知道了他们是否缺乏（或者不缺乏）理解教学内容的能力,他们还学到了“教学游戏”的规则。

3. 框架因素与课程理论

不同的研究者采用不同的结构主义理论作为他们的研究基础。这一领域的大多数研究者都从根本上受到布迪厄(Callewaert and Nilsson 1980, Broady 1990)以及伯恩斯坦(Bernstein and Lundgren 1983)的影响。大量的有关社会与框架的关系的经验研究都主要集中于课程的研究,并试图发展出一种课程理论。事实上,隆格伦(1979)使用了一个非常宽泛的课程的定义,它包括了学习者在学校的引导下所经验的一切。在这个宽泛的定义下,在框架因素领域所作的一切研究工作都可以看作是发展课程理论的努力的组成部分。隆格伦(1981)批评传统的课程理论太规范化了,他宣称课程理论应该努力建立有关在某一特定的社会及特定的文化中教育过程的目标、内容和方法如何形成的知识。与隆格伦的主张相符的课程研究在学前阶段(Kallós 1978, Selander 1984)以及义务教育阶段(Englund 1986)已经做过了。

4. 未来的研究

总结在框架因素理论领域进行的研究工作,隆格伦(1984)得出结论认为,传统的理论可以作为对现存的教学游戏规则的一种替代的解释。有关要教什么以及如何去教的传统观念也能规定出教学过程。人们已经做出了一些努力去清理传统理论与框架理论之间的复杂关系(Selander 1984, Pettersson and Åsén 1989)。

许多欧洲国家正在进行教育制度改革,使之更加趋于市场导向。作为这种做法的一个结果,管理、引导及控制教学过程的某些因素可能会改变。框架因素理论——由于其广泛的理论视野和深入探讨深层社会结构的野心就非常适合于分析这些过程。把中央集权制转为分权制,对于社会变革的理解是很重要的。政府的引导控制机制如何建立,由哪些社会力量来确定这些机制?教学游戏的规则要改变吗?如果要改变的话,对于教和学带来的后果将会是什么?教学的框架改变的话将会发生什么?传统会改变吗?如果会的话,如何改变?这些都是需要回答的问题。

U. 托普(U. Torper) 著

谭 斌 译

附录

Arfwedson G 1985 *School Code and Teachers' Work. Three studies on Teacher Work Contexts.* Liber förlag, Malmö Bellack A A, Kliebard H M, Hyman R T, Smith F L 1966 *The Language of the Classroom.* Teachers College Press, Columbia University, New York

Bernstein B, Lundgren U P 1983 *Makt, kontroll och pedagogik.* Liber, Lund

Broady D 1990 *Sociologi och epistemologi. Lektions-analyses.* HLS förlag, Stockholm

Callewaert S, Nilsson B 1980 *Skolklassen som socialt system.* Lunds bok och tidskrifts, Lund

Dahlberg G 1985 *Context and the Child's Orientation to Meaning.* Liber förlag, Lund

Dahllöf U 1971a Relevance and fitness analysis in comparative education. *Scand. J. Educ. Res.* 15(3): 101—121

Dahllöf U 1971b *Ability Grouping, Content Validity and Curriculum Process Analysis.* Teachers College Press, Columbia University, New York

Du Rietz L, Lundgren U P, Wennås O 1987 *Ansvarsfördelning och styrning på skolområdet.* DsU 1987:1 Utbildningsdepartementet, Allmänna förlaget, Stockholm,

Englund T 1986 *Curriculum as a political problem Changing Educational Conceptions, with Special Reference to Citizenship Education.* Acta Universitatis Upsaliensis. Uppsala Studies in Education 25, Studentlitteratur, Uppsala

Gustafsson C 1977 *Classroom Interaction.* Studies in Education and Psychology no 1. Liber, Lund

Kallós D 1978 *Den nya pedagogiken.* Wahlström & Wistrand, Stockholm

Kallós D, Lundgren U P 1979 *Curriculum as a Pedagogical Problem.* Liber läromedel, Gleerup, Lund

Lundgren U P 1972 *Frame Factors and the Teaching Process. Almqvist & Wiksell, Stockholm*
Lundgren U P 1977 *Model Analysis of Pedagogical Processes.* Liber läromedel, Gleerup, Lund
Lundgren U P 1979 Background, the conceptual framework. In: Lundgren U P, Pettersson S (eds.) 1979 *Code, Context and Curriculum Processes.* Liber läromedel, Gleerup, Lund
Lundgren U P 1981 *Att organisera omvärlden.* Liber förlag, Stockholm
Lundgren U P 1984 "Ramfaktorteorins" historia. *Skeptron no 1. Symposions förlag, Stockholm*
Pedro E 1981 *Social Stratification and Classroom Discourse.* Liber läromedel, Gleerup, Lund
Pettersson S, Åsén G 1989 *Bildundervisningen och det pedagogiska rummet.* HLS förlag, Stockholm
Selander S 1984 *Textum institutionis.* Liber förlag, Malmö, Torper U 1982 *Tidsramar, tidsanvändning och kunskapsutveckling i den svenska grundskolan.* Liber laromedel, Gleerup, Lund
Wittgenstein I 1958 *Philosophical Investigations.* Basil Blackwell, Oxford

其他参考文献

Callewaert S, Lundgren U P 1976 Undervisningsforskning och Social Reproduktion. In: Lundberg S, Selander S, Öhlund U (eds.) 1976 *Jamlikhetsmyt och Klassherravälde.* Bo Cavefors Bokførlag AB, Lund
Dahllöf U 1970/71 Curriculum process analysis and comparative evaluation of school systems. *Paedag. Eur.* 6:21—36
Granheim M, Lundgren U P 1991 Steering by goals and evaluation in the Norwegian education system. *J. Curric. St.* 23(6):481—505
Kallós D 1973 *On Educational Scientific Research.* Report from the Institute of Education No. 36, University of Lund, Lund
Kallós D 1974 Educational Phenomena and Educational Research. In: Dockrell B, Hamilton D (eds.) 1974 *Rethinking Educational Research.* Hodder and Stoughton, London
Kallós D 1976 *The Study of Educational Processes.* Report from the Institute of Education No. 3, University of Lund, Lund
Kallós D, Lundgren U P 1977 Lessons from a Comprehensive School System for Curriculum Theory and Research. *J. Curric. St.* 9:3—20

目标结构(Goal Structures)

在每个班级,不管是什么科目或者学生是什么年龄,教师都会组织好课堂以使学生做到:(a)在小组内协调合作以确保所有成员都掌握规定的内容;(b)参加到胜一负竞争中看看谁最棒;(c)朝着自己的学习目标,以自己的节奏,在自己的空间内独立用功以达到预先设定的卓越的标准。了解如何以及何时为学生建立合作的、竞争的以及个人化的学习目标是所有教师都需要掌握的基本教学技巧。学生的学习目标中相互依赖的每一个方面都应该有自己的位置,有效率的教师会恰当地利用这3点的。为了讨论如何综合完整地运用合作的、竞争的以及个人化的目标结构,首先必须定义这些概念、讨论每一种类型的目标结构的特征并且考察有关这3种目标结构的相对有效性的研究。

课堂上进行的多数教学活动都是旨在达到某些目标,也都是在一个目标结构的引导下进行的。"学习目标"是与一种在所学科目中表明能力或者掌握程度的理想的未来状态,比如对于数学过程的概念性理解、语言的熟练正确运用或者掌握调查的程序。"目标结构"指明了学生们在努力达到其学习目标的同时在社会性上相互依赖的类型。它指明了学生之间相互交往的方式以及在教学过程中学生与教师交往的方式。

1. 社会性依赖的类型

教师用何种方式构建学生在学习目标上的社会依赖性决定着学生之间如何相互影响,而这种互动又很大程度上决定了教学的认知及情感上的效果。教师每准备一堂课时,都要就其目标结构做出决定。每一种目标结构都有它的位置。所有的学生都要学会如何与他人协同合作、如何享受竞争的乐趣,以及如何自主学习。教学过程可能没有哪个方面会比恰当运用目标结构以决定学生之间的社会性依存更加重要了。教育者要恰当地运用这些,就必须首先理解目标结构是什么。

1.1 合作学习

"合作"是指多位个人一起工作以实现他们全体以及个人生产力的最大化并达到共同的目标。因此,个人会去追求对他自己以及对所有群体成员都有利的结果。在合作的情况下,个人认识到要达到他的目标的前提是其他群体成员也达到他们的目标（Deutsch 1962, Johnson and Johnson 1991）。他们的目标成就是积极地联系在一起的,因此,个人之间会探讨他们的工作、互相帮助并且互相鼓励以努力工作。

教师可以组织合作性的课程以便学生共同学习。学生们被分配到小组,教导他们学会指定的材料并确保小组的其他成员也掌握了规定的课业,而且确保班上的其他人也都掌握了规定的课业。教师会定期检查个人的表现以确保所有学生都在学习。检查时会使用一种参照标准进行评估的系统。学生们相互探讨课业材料,解释如何完成作业,互相鼓励努力学习并且互相提供学业上的帮助。合作学习经研究发现对所有学业任务都是有效的。合作学习小组可以被用来教授特定的内容（正式的合作学习小组),来确保在直接教学时对信息的积极认知（非正式的合作学习小组),也可以用来为学生的学业进步提供长期的支持和帮助（合作基地小组)。

许多人认为他们在贯彻合作学习,而事实上他们却未得要领。一堂课要成为合作性的,必须认真组织5项基本要素（Johnson et al. 1990)。合作性课程的第一项要素是积极的相互依赖。学生们必须相信他们是以这样的方式相互联系在一起的:除非小组的其他成员也都成功,否则谁都不会成功(反之亦然)。第二项要素是面对面地促进心境的互动:学生们通过相互口头解释如何解决问题、探讨概念的本质以及学习到的策略、向他人传授自己的知识、解释现在的学习内容与先前的内容之间的联系来互相帮助、鼓励和支持。第三项要素是责任心:每一位学生的表现都需做出评估,并将结果告知其小组及本人。小组成员需要了解:(a) 谁在完成规定的任务时需要更多的帮助;(b) 他们与其他人的工作紧密联系在一起。第四项因素是社会性技巧。如果学生们不能具有并运用必需的领导才能、决策能力,建立信任、交流以及冲突管理方面的技巧,小组就不能有效地运转。这些技巧就像学习技巧一样,也需要同样有意识地、准确地教授。第五项要素是小组运行。小组通过回答以下两个问题来执行其功能:(a) 每位成员都做了的、对小组有利的事情是什么?(b) 每位成员都可以做的以使得小组明天更好的事情是什么?这种运行使得学习小组能够专注于小组的维护,促进了社会性技巧的学习,确保成员参与活动时能得到反馈,并且提醒学生实践合作所必需的小组技巧。

1.2 竞争性学习

在竞争的环境下,学生们互相赛着要达到一个只有一个人或极少数人能够达到的目标。这样学生们就得做得比他们的同伴更快更准确。一个竞争的社会环境是这样的:学生们的目标之间的关联使得他们的目标达成一种消极关联。当一个学生达到他的目标时,同他有竞争关系的所有其他人就达不到他们的目标（Deutsch 1962, Johnson and Johnson 1991)。当一堂课构造成竞争性的时候,就为每个学生设置了比班上的其他学生更快更正确地完成作业的目标。他们的作业表现会被排名(从最好表现到最差表现),而且还会根据他们的相对地位给他们分等级。因此,个人就会去追求对本人有利而对同一形势下所有其他人都不利的结果。结果,他们要么努力学习以超过他们的同班同学,要么自认为没有机会取胜而放松下来。他们自己会提醒自己努力,而并不同其他学生讨论作业的事。当需要的时候他们会去找教师寻求帮助。竞争可能只适合于需要操练或者回顾事实的任务。

如果存在竞争,就意味着必然存在可感知的稀缺性。"如果我必须打败你才能得到我想要的东西,那么我想要的东西从其定义上来看就是稀缺的。"奖励都是有限定的,这样只有少数最好的或者水平最高的人才会被认为是成功的并给予奖励。有时稀缺性是现实所规定的。比如,两个饥饿的人可能会竞争一块面包。当然,竞争也可能是人为制造的。学生们会去竞争数量有限的A。但是有多少个A其实是由教师及学校做出的主观的决定。学校制造出A的人为短缺以通过竞争激发学生努力。有许多竞争是由这样的人为的稀缺带来的。

在有关多少人会成为胜利者这方面,各种竞争会有所不同。世界锦标赛只有一个队能够赢得。而尽管确实不是每位申请入学的人都会被学院批准,但有多少申请者会"赢"下来却是各校都有差异。在选择胜利者的标准方面,各种竞争也会有差别。在许多情形下,比如艺术比赛中,获胜是基于主观判断的。而在另外一些场合,比如说田径比赛,获胜是基于客观标准的。在以上两种情况下成功的标准都是不确定的。这在于获胜所需要的东西依赖于特定的参赛者的相对水准。在参与者之间发生的互动方面,各种竞争也会有所不同。在拳击比赛中,两位参赛者在比赛的全过程中有一种直接的互动。在田径比赛中有一种平行的互动。在学院入学当中,参与竞争者可能互相从未见过面。两位投掷标枪者是轮流做同一件事情,互相没有妨碍,而两位象棋选手却是积极努力去打败对方。最后,不同的竞争还需要社会性的比较。竞争的情形中包含着强加的社会性比较。在这种情况下,参与者要面对有关他们的同伴的表现的信息。这种比较的信息是突出明显的。竞争者会得到有关他们与其他人相比表现如何的信息,不管他们是否想要这种信息。

1.3 个别化学习

在个别化环境中,学生独自学习以达到与其他人的目标不相关的独立的目标。先设定个人的目标,然后依据一套固定的标准评价各人的努力,在个人达到这些标准的基础上会给予其奖励。学生们会被告知独自学习,不要去打扰他们的邻居,并且可以向教师寻求帮助。一个人是否达到了他自己的目标对其他人是否达到了他们的目标没有影响。这样个人就会去追求对个人有利的目标,在这种情形下,某人的努力与其他人追求目标的努力是不相关的。当需要完成单一的不可分割的简单学习任务时,个别化的学习是最适当的。比如学习特定的事实,或者学会或演练简单的技能。完成这样的学习任务的指示需要明白、确定,这样学生在如何进行以及如何评价他们的努力方面才不需要进一步的澄清。这种学习方式的学习目标必须理解为是重要的而且是可以达到的。

2. 相互依赖运用于教学的重要价值

在多种多样的教学结果的基础上,产生了大量的比较合作性、竞争性以及个别化目标结构的研究(Johnson and Johnson 1989a)。这样的研究从19世纪末就已经开始了。到20世纪80年代为止,在不同年龄的学生、不同的课程领域中按照不同的任务、不同的设置分别在南北美洲、欧洲、非洲、亚洲以及中东的许多不同的国家进行了550多项实验研究和100项关联研究。如前所述,构造合作的学习环境会导致促进性的互动,构造竞争性的环境会导致对抗性的互动,而构造个别化的环境会导致学生之间没有互动。这些互动模式会影响到许多变量,这些变量可能会包含在以下3种广泛而又相互联系着的结果之内:成就及收获、参与者的关系质量、参与者的心理调适及社会能力(Johnson and Johnson 1989a)。

一起努力来达到一个共同的目标会比个人单独努力产生更高的成就以及更高的效率。这一发现得到如此多的研究的确认以至于成了社会及组织心理学最为牢固的原则之一。而且,合作性的目标结构同竞争性及个别化的学习相比,还会导致更多高水平的推理论证,新的主意和解决方案(亦即过程增益)更加经常产生,在一种场合下学到的东西向另一个场合更多地转移(以及群体向个人的转移)。任务的抽象性越高,就需要越多的解决问题的努力;任务越要求高水平的推理论证及批判性思维,就越需要创造性;任务越需要将所学到的东西运用于现实世界,合作性的目标结构就越显示出相对于竞争性及个别化目标结构的优越性。

相对于个人之间相互竞争看谁做得最好或者各自单独努力的情况,在多个人共同努力完成工作的情况下个人会更加相互关注,并且会更多地致力于对方的成功及利益。不管个人之间在智力水平、不利条件、种族身份、社会等级以及性别方面相同或者不同,这一发现都是成立的。当个人处在异质群体中时,在某项任务上的合作会使得他人产生更多的现实和确实的观点。当关系更加牢固后,缺席以及人员流动的现象就会减少,而投身于组织目标的努力、个人对组织的责任感以及承担困难任务的意愿就会增强。另外,朝着目标努力的动机和毅力、满意度和士气、为了组织的利益而承担痛苦和挫折的意愿、面对外来的批评与攻击保卫组织的意愿、倾听并接受同事的影响的意愿、对他人的职业成长和成功的重视以及生产率等都会提高。

与同伴一起合作努力并重视协作比与同伴竞争或者单独努力会导致更好的心理健康和更高的自尊。参加到与有心人的协作努力当中,致力于彼此的成功和利益,并且尊重彼此为独立和独特的个人,这样会使个人的自我力量、自信、独立性、自治力都得到提高。当个人为完成任务而共同努力时,他们要互动（掌握社交技能和能力),他们会促进彼此的成功(获得自我价值),而且他们会结成私人的以及职业上的关系（创造了健康及社会性发展的基础)。当学校以推行合作性的努力为主时,个人的心理调适及健康往往会提高。个人越多地相互协作努力,他们越会觉得自己有价值;他们的生产率越高,他们就越会接受并支持他人,他们也就越趋于独立和自治。合作的经历并非不可多得,这对于可以独立活动的个人的健康发展来说是绝对必需的。

3. 适当地运用相互依赖

在一个理想的班级中,每一种目标结构都应有它的位置。然而,这并不是说每一种结构都应得到同等的运用。教学的基本根基,所有教学所根植的深层背景,必定是合作性的。除非是在合作的背景下加以运用,否则竞争性或者个别化的目标结构会在很大程度上失去其有效性。如果没有底层的有关规则和程序方面的合作,竞争是不可能存在的。大多数竞争都会有裁判、仲裁、法官以及教师在场以确保有关规则及程序上的合作不被破坏。个人的活动作为劳动分工的一部分可以被有效地加以运用,使学生在分工中各自掌握知识和技能将在继后的合作中用得到。同时,必须认识到合作性目标结构对于教学结果有着最广泛有力的影响。而且,尽管合作性目标结构比竞争性以及个人化的目标结构都更加难于有效地贯彻,它还应当是最常应用的目标结构。竞争性与个性化的学习应该用来补充和丰富学生当中的基本的合作活动。最后,很明显,当3种目标结构恰当地整体地运用时,会比分别单独运用时有力得多。

4. 合作性学校

有关目标结构的研究适用于班级,也同样适用于学校和学区（Johnson D W and Johnson R T 1989b)。校长会构造教师之间的合作,督导会构造管理人员之间的合作。组织从最本质上来说是合作性的。学校要想保持有效率,就必须慎重地运用竞争性以及个别化的目标结构。在根本上,在合作性学习主导的班级、教师合作主导和学校、管理人员合作主导和学区等这样的组织结构中,合作是其基本的形式。

5. 研究展望

有关合作性目标结构的研究现在已经转移到考察群体中协调合作与成就、人际吸引力以及心理健康的机制上来了。有证据表明合作要达到最有效,有5项因素是必需的:积极的相互依赖、促进性的互动、个人责任感、社交技能以及群体作业。然而,这些因素中的每一项都需要进一步研究。不同的积极的相互依赖对于成就、关系及心理健康可能会有不同的影响。在群体作业对于合作的有效性的影响方面的研究进行得很少,有关不同的社交技能如何影响群体成员的行动的研究不多,目标结构对于心理调适和健康方面的研究工作也很少。最后,除了D. W. 约翰逊和R. T. 约翰逊（Johoson D W and Johnson R T 1989a）进行的一系列的研究之外,有关在什么条件下竞争性以及个别化的学习优于合作的研究工作进行得很少。

D. W. 约翰逊(D. W. Johnson)
R. T. 约翰逊(R. T. Johnson) 著
谭　斌　译

附录

Deutsch M 1962 Cooperation and trust: Some theoretical notes. In:Jones M K (ed.) 1962 *Nebraska Symposium on Motivation*. University of Nebraska Press, Lincoln, Nebraska

Johnson D W, Johnson R 1989a *Cooperation and Competition: Theory and Research*. Interaction Book Company, Edina, Minnesota

Johnson D W, Johnson R 1989b *Leading the Cooperative School*. Interaction Book Company, Edina, Minnesota.

Johnson D W, Johnson R 1991 *Learning Together and Alone: Cooperative, Competitive, and Individualistic Learning*, 3rd edn. Prentice-Hall, Englewood Cliffs, New Jersey

Johnson D W, Johnson R, Holubec E 1990 *Circles of Learning: Cooperation in the Classroom*, 3rd edn. Interaction Book Company, Edina, Minnesota

其他参考文献

Deutsch M 1985 *Distributive Justice: A Social-Psychological Perspective*. Yale University Press, New Haven, Connecticut

Hertz-Lazarowitz R, Miller N (eds.) 1992 *Interaction in Cooperative Groups: The Theoretical Anatomy of Group Learning*. Plenum, New York

Kohn A 1986 *No Contest: The Case Against Competition*. Houghton Mifflin, Boston, Massachusetts

Sharan S (ed.) 1990 *Cooperative Learning: Research and Theory*. Praeger, New York

Slavin R 1983 *Cooperative Learning*. Longman, New York

复读(Grade Repeating)

如果学生待在同一年级额外多上一年学而不是像他的同龄人那样升到更高一年级,这种现象就叫作“复读”或者“留级”。尽管留级是被当作学业失败的纠正措施来实行的,但对比研究表明,留级会使学生的成绩降低并且增加了其退学的可能性。在一般常识与研究证据相矛盾的情况下,有关留级的政策与实践处于争论之中。

1. 有关留级者的统计数字

不同的国家在每年留级的学生的比例方面差别巨大。在发展中国家,比如巴西,每年的留级率为 20% 。有些孩子在一年级要上 3 ~ 4 年(Davico 1990)。秘鲁和哥伦比亚也有着同样高的留级率,而委内瑞拉每年只有 9% 的小学生留级(UNESCO 1990)。在非洲国家,小学生留级的百分比差异较大,从大约 30% 的喀麦隆、乍得、刚果到每年只有 3% 的埃及。有些国家,比如日本、韩国、丹麦、挪威,在初等教育阶段就有自动升级的政策,因此就没有报告留级者的事例。对日本来说,自动升级的政策还适用于中等教育。

尽管从比较研究的目的来说每年留级生的统计数字是有用的,但这些数字是有欺骗性的。这些数字没有给出随着时间的推移大量学生中间发生了什么事情的精确图像。除去那些留级不止一次的学生外,要确定在上学的某个时候留过级的学生的百分比,就要把每年的留级率加起来。比如说,理论上相对较低的每年 9% 的留级率还是会在到了六年级时累积到 50% 。然而,由于留级与退学之间的紧密关联,留级的累积效果很难记载。在巴西,达维科(Davico 1990)的报告说到二年级时 50% 的学生退学或留级了,到八年级就会流失了 84% 。在美国,累积数据表明到八年级时有 18% 的学生留过级(美国国家教育统计中心 1990)。而且,谢泼德和史密斯(Shepard and Smith 1990)根据 20 世纪 80 年代期间越来越高的每年留级率估计,未来美国留级的累积比率可能会高于 30% 。

在所有可以获得统计资料的国家中,都是社会地位低的贫穷的孩子比那些出身于较高社会经济背景的孩子更可能会留级。在法国,勒瓦瑟和塞贝尔(Levasseur and Seibel 1984)报告说只有 1/3 的劳动阶级的孩子如期完成小学学业,而对职业人士和管理人员家的孩子来说这一比例是 84% 。同样,达维科(1990)报告说在巴西留级这件事主要是影响到低收入家庭的孩子。他还发现留级生比率低的学校的教师比那些留级生比率高的学校的教师受到更多更好的教育以及更高水平的训练。根据美国一项有全国代表性的对八年级学生的调查（美国国家教育统计中心 1990），来自美国、印第安、西班牙、黑人家庭的孩子比来自亚洲以及白人家庭的孩子更有可能留级。而且，父母没有完成中学学业的孩子留级的可能性是父母为高校毕业生的孩子的 3 倍。

2. 留级与退学之间的关系

如上所述，留级与退学现象是紧密相关的。1984 年联合国教科文组织（UNESCO）一项研究同时运用了留级率和退学率作为教育“损耗”的指标。加利福尼亚城市校区联合会（1985）报告说在洛杉矶退学的学生留过级的比率比正常毕业的学生多 5 倍。在芝加哥，赖斯等人（Rice et al. 1987）发现随着一项更为严格的八年级的留级政策的出台，学生退学率直线上升。

尽管所有研究都表明以上两个变量之间的强相互关系，我们观察到的关系还可能是由于留级或退学的学生本身糟糕的成绩造成的，或者是由于社会经济因素造成的。格里索姆（Grissom）和谢泼德（1989）在试图考察美国三大学校体系中留级与退学之间的可能的因果关系时运用了因果关系模型技术。在每一体系中，留一次级都会在社会经济地位以及先前的成绩因素以外又明显增加了学生退学的危险。对于同样学习成绩低而且其他的“危险”背景特征也都相同的学生来说，留级的学生退学的可能性要高 20% ~30%。比如说，在得克萨斯州的奥斯汀，学习成绩在中等以下的黑人男生退学的可能性为 45%。相比之下，有着同样的学习成绩但留级一学年的黑人男生毕业前退学的可能性则是 75%。即使在只有 4% 的年退学率的一个富裕的郊区大学区，也发现留级后会明显增加退学的危险。

3. 留级对于学业成绩以及个人调适的影响

奥尔梅斯（Holmes 1989）提供了考察留级对学业成绩及个人调适影响的实验研究的最为完整的综述。他运用了元分析技术来综合 63 项研究的结果。在每项研究中，将留级学生此后几年的表现与没有留级的相似的孩子进行对比。综合起来，这些结果表明留级对于学习成绩的平均影响是 -0.31。也就是说，在此后的几年里，留级的孩子几乎要比与他们相似的孩子在学习成绩上落后标准偏差的近1/3。与留级会提高学习成绩的解释相反，留级的学生实际上比没有留级而与他们同样的学生表现得更差。

为了试图解释这些发现，奥尔梅斯（1989）依据后续比较的类型对这些研究进行了分组。留级的一个年级里学生的成绩与他们在高一年级里的同龄人相比而进行的研究显示了最为负面的效果，可能是由于那些没有留级的或者说升了级的学生接触了更高级的课程。相比之下，运用同年级做比较进行的研究显示出留级的较为积极的效果，尤其是在留级的当年。比如说，复读三年级的学生在第二遍读三年级的时候就比相应的对照组读第一遍时要学得好。这种积极效果第一年过后就消失了，尽管这类的研究数量不多。奥尔梅斯（1989）的分析也许可以帮助解释研究结果与关于留级的一般看法之间的尖锐矛盾。留级的学生在留级的当年也许会显示出相对的优势。这样，教育者就可以坚持他们关于留级有效的看法，因为他们看到了留级的这些收获而同时又不知道随后几年的损失。

奥尔梅斯（1989）分析的研究中有 27 项测量了留级对于个人调适的效果。其影响强度（ES）为 -0.21，就是说留级的学生比不留级的学生在社会、感情以及行为的调适方面落后大约为标准偏差的 1/5。根据 11 项研究，留级的学生与对照组的学生具有本质上一样的自我概念（标准偏差为 ES =0.06）。11 项研究的平均结果显示出留级对学校的态度方面具有负面效果（标准偏差为 ES = -0.18）。

4. 有关留级的政策与实践

有关留级的国家政策与实践看起来好像更多地是受到认识与传统的影响，而不是研究证据的影响。诸如日本、韩国、丹麦、挪威以及瑞典之类的国家传统上一直沿用自动升级的政策，好像对教育质量也没有明显的损害。然而，在实行留级做法的国家，紧随旨在提高教育水准的改革努力之后出现了越来越高的留级率（Bruce 1988，Shepard and Smith 1989）。

尽管有力的研究证据表明留级会提高退学率并降低学业能力,教育者与普通公众还是继续相信留级是提高学业成绩的有效方法。比如说,安德森-莱维特等人(Anderson-Levitt et al. 1991)发现留级在法国初等学校广泛实行,教育部的咨询报告反对也没有用。尽管自20世纪70年代以来留级者的巨大数目(一度曾涉及每个年龄阶段的孩子的半数)已经有所降低,在法国留级仍然是分轨的一种隐蔽的形式——这破坏了所有孩子都接受同样的教育的目标。教育部提倡一种个人自主进度的阅读学习模式。然而,安德森-莱维特等人(1991)的研究发现教师们拒绝接受让阅读能力差的孩子升入二年级的想法。因此,教师的认识与传统的课程要求就胜过了基于研究的政策指向。

5. 留级问题的未来

由于实行留级的国家里存在着牢固坚持的留级观点,这方面不大可能轻易发生变化。加利福尼亚和马萨诸塞州开发的政策报告是可能的变革实施者的榜样,因为它们包含了两种看起来是对留级做法持批判态度的信息。第一,这些报告综述并宣传了有关留级的负面的研究发现。第二,它们提供了旨在解决低学习能力学生需要的实际替代方案。比留级更有可能成功的替代的做法包括:在低年级实行有助于学生发展的正确教学,阅读能力恢复计划以及其他有力的阅读方面的计划,跨年龄分组,正常班级内的额外帮助,上学前及放学后的辅导计划,重新设计的重视积极学习与思考而不是重视按部就班获得技能课程(George 1991,马萨诸塞州教育委员会 1990)。

L. A. 谢泼德(L. A. Shepard) 著

谭 斌 译

附录

Anderson-Levitt K M, Sirota R, Mazurier M 1991 Elementary education in France. *Elem. Sch. J.* 92(1): 79—95

Association of California Urban School Districts (ACUSD) 1985 *Dropouts from California's Urban School Districts: Who Are They? How do we Count Them? How can we Hold Them (or at Least Educate Them)?* ACUSD, Los Angeles, California

Bruce M G 1988 In Europe: Making the grade or marking time? *Phi Del. Kap.* 69(5):383—384

Davico M I 1990 The repeat and drop-out problem: A study in Brazil on the role of the teacher. *Prospects* 20(1):107—113

Freud D, Neuhaus J/Massachusetts State Board of Education 1990 *Structuring Schools for Student Success: A Focus on Grade Retention.* Massachussetts Board of Education, Quincy, Massachusetts

George C 1991 *Beyond Retention: A Study of Retention Rates, Practices, and Successful Alternatives in California.* California Department of Education, Sacramento, California

Grissom J B, Shepard L A 1989 Repeating and dropping out of school. In: Shepard L A, Smith M L (eds.) 1989 Halner A/National Center for Education Statistics 1990 *A Profile of the American Eighth Grader: NELS: 88 Student Descriptive Summary.* National Center for Education Statistics, Washington, DC

Holmes C T 1989 Grade level retention effects: A metaanalysis of research studies. In: Shepard L A, Smith M L (eds.) 1989

Levasseur J, Seibel C 1984 Réussite et échec scolaires. *Données Sociales* 5:483—490

Rice, W K, Toles R E, Schulz E M, Harvey J T, Foster D L 1987 *A longitudinal investigation of effectiveness of increased promotion standards at eighth grade on high school graduation.* Paper presented at the annual meeting of the American Educational Research Association, Washington, DC

Shepard L A, Smith M L (eds.) 1989 *Flunking Grades: Research and Policies on Retention.* Falmer Press, London

Shepard L A, Smith M L 1990 Synthesis of research on grade retention. *Educ. Leadership* 47(8):84—88

UNESCO 1984 Wastage in primary education from 1970 to 1980. *Prospects* 14(3):347—367

UNESCO 1990 *Statistical Yearbook.* UNESCO, Paris

课的结构(Lesson Structure)

一堂课的结构可能会有相当大的差异,这取决于科目、学习者的年龄与能力、学校的相关政策、教师的观念、偏爱的教学风格以及策略,可利用的时间、空间以及教学材料等资源,以及地方或中央政府设定的任何要求。本词条将讨论课的组织方式以及影响课的形态和走向的若干因素。

1. 什么是一堂课

最初,一堂课(a Lesson)就是一段阅读过程,这来自拉丁语 lectio。然而,现在阅读仅仅是众多可能的课的要素之一。当前有关一堂课的概念是相当有弹性的。它可能包含正好40分钟的时间。这段时间专门用于在实验室向一群14岁的孩子教授化学。这段时间的开始与结束是以铃声为信号的。它同样可能是从一个教学日开始到上午课间休息之间的一个半小时的那段时间。在这段时间中,一群7岁的孩子在一所实行开放式计划教学的学校里进行多种多样的活动,除了教师给出的信号以外没有什么关于活动什么时候开始或者结束的正式指令。

当学生按照个人计划活动时,一堂课的概念会延伸得更远。教育技术的发展——诸如微电脑与交互式可视光盘,学校图书馆或资料中心可供利用的录像、录音带、图书以及其他印刷或非印刷的资料——使得一组学生可以在教室里完成传统的教科书上的练习,另一组可能会跟教师一起上课,其他小组或个人则可能在资料中心研究题目或独自学习。理论上,所有这些上课方式都可以在同一堂课上发生。出于本词条的目的,我们假定大多数或者所有学生都在同一间教室或者学校里的同一个地方,在一堂课的进程中只有一位教师。

2. 影响课的结构的因素

教师们并不总是能够自由决定他们的课的结构。他们首先要受到一些宏观因素的影响,比如说政府的政策就可能决定修习课程的性质、准许学校使用的教科书甚至是教学策略。比如说,在某些国家就有国家指定的教科书的列表。另外,外国语课程的教师就必须完全或主要地使用外国语授课。在另外一些国家则地方主义盛行,教师可以有相当大的自由来决定在教室里可以进行些什么。美国是没有中央规定的课程的国家的一个典型例子,而英格兰和威尔士(随着1988年的教育法案的实施)则是由地方决定课程过渡到中央决定的典型国家。

这些宏观影响因素之外还有诸如学校政策之类的许许多多的微观影响因素。这些因素对于正式化系统教学、主题或项目教学、协同教学可能会有积极的或消极的影响。学习过程所进行的环境的性质——比如大楼或教室是宽阔并装备良好,容许自由运动及实际操作,还是狭窄别扭、限制教师们的活动范围——也会部分地决定一堂课如何构成。本词条集中讨论微观影响因素而不是宏观影响因素,尽管后者也具有相当的重要性。

2.1 计划与准备

一堂课的事前阶段(亦即它的计划与准备)会对这堂课的结构有相当大的影响。有些课可能会围绕主题放映一段录像、一项技术方案甚至诸如"鸟是昆虫吗"(或者"你如何理解'偏见'这个词")这样的一个关键问题来组织。

然而,所谓课堂内容都要包含慎重选取的目标、预先确定的教学策略以及系统地评估这样的假设并不总能经得起严格的推敲。在一项对6位有经验的芬兰教师进行的深入研究中,坎森南(Kansanen 1981)发现他们往往对他们要做的事情先在脑子里勾勒一个轮廓,而不是写下书面的计划。而且6位教师中没有一位提到过明确的目标这回事。在见习教师或者被要求去达到责任要求的教师那里才会更多地见到笔记或日志本。如果根据自己的偏好,许多有经验的教师好像都喜欢选择尽量少的正式准备,好像都愿意更加直觉而自然地组织他们的课。

2.2 学业重心

不同的科目在组织课堂方面有不同的传统。在一项有关104位教师所上的578堂课的研究中,雷格(Wragg 1973)发现,外国语课通常是以一段用外国语进行的快速的问答开始——其主要目的是复习先前的学习内容——然后才是新内容。自然科学课通常安排的时间比较长一些,这样就可以先进行初步演示说明，然后进行实际操作并简要复述所发现的现象。同样的，莱因哈德特（Leinhardt 1985）也对数学课与阅读课的研究进行了对比。在数学课上，先是短暂的陈述介绍阶段，然后是操作或实践阶段。而阅读课上多数工作都是在小组里进行的，时间持续 60～90 分钟，有些孩子是跟教师一起学习，其他孩子则是自己学习。

在许多英国的小学里会看到一种不同的课堂组织模式。雷格（1993）在一项对 32 位分别教授自然科学课或英语课的教师及其学生进行了一项研究。研究发现自然科学课教师比英语课教师更可能会给出或引出例子或总结，但自然科学课教师进行想像和口头提示的机会少得多。

2.3 分组

依据学生年龄的不同、学生参加的活动不同以及国家的不同，分组在班级里的运用会有所不同。在一项对英国小学教师的调查中，雷格（1993）发现，一堂课的 1/3 的时间是用于整班的教学——要么是教师讲述，要么是师生互动，而 2/3 的时间是用于进行个人及小组学习。与此相比，勒德（Roeder 1990）在一项对于德国中等学校的研究中发现，在所观察的 389 堂课中，只有 20 堂课说得上是包含了小组学习。

有关小组学习的效果的证据不能明确说明问题。因为教师有可能根据不同的目的划分不同规模和类型的小组。有些教师会在班级内划分能力小组，有些教师会在划分小组时有意让组里的成员能力不同。当不同能力的学生在同一班级接受班级授课时，有证据表明教师会在学生当中选择一个学习能力刚好在中等以下的“指示”或“目标”小组作为教学对象的基准。这方面的证据不仅在英国和美国有，在瑞典也有（Lundgren 1977）。布里奇斯（Bridges 1979）做出结论说课堂结构中包含小组学习会带来参与者较高的满意度、更多的讨论贡献。当小组教育具有凝聚力时，会使成员投入的热情更高。然而有关学习成绩方面的证据却不能明确说明问题。很显然，这里涉及喜好与价值的问题。因为教师可能会觉得参与团队活动以及与他人合作的能力本身就是有价值的目标。

教师教育计划（Wragg 1984）对 40 所英国中等教育学校进行了为期 3 年多的研究。研究发现，教师觉得上那种学生间能力差距较大的课是最困难的。学习能力较好的学生被认为尤其难以对付，因为他们经常会提早完成了学习任务然后就抱怨课堂枯燥无味。对此教师通常的反应是给他们布置更多的同类练习而不是扩充性的学习。

2.4 教师与学生的角色

尽管课堂结构的一些方面可以通过教师的计划和准备事先确定，但学生扮演的角色可能会很快就使这些意图被打破。一位体育教师可能会决定一堂课的最初 5 分钟用来进行热身练习，随后的 20 分钟用来做体操。然而，一旦课一开始，大多数教师都要根据事情的发展调整他们最初的想法。学生的调皮捣蛋、教师对于一项活动所需要的时间计算不准，或者是过高或过低地估计了学生在所学内容方面的能力都可能会导致计划的即兴调整。事实上，对于学生投入活动任务的程度方面的反馈保持敏感是一项比较重要的教师职业技能。

在许多国家，关于学生和教师在决定课堂活动时的角色问题存在相当大的争论。这种争论经常被套用或标定为“传统观点”与“改良观点”之争、“拘泥形式的”与“不拘形式的”之争、“独裁主义”与“宽容主义”之争。比如说，贝内特（Bennett 1976）运用了簇分析按照教师对问卷调查的反应将之进行分类。问卷内容涉及是否容许自由移动，对于学生的学习是否有定期的测验，以及教师在多大程度上教授单一科目或者教授跨学科的题目和项目。他把教师归类为“拘泥形式的”、“不拘形式的”和“混合的”3 种类型。他发现“拘泥形式的”分组在学习效果上稍有优势。不过他在后来进行的分析中修正了他的结论，发现几乎没有什么重要差别（Aitkin et al. 1981）。

然而，有关应该在多大程度上鼓励学生去自己做出选择的专业性争论还在继续，研究的成果并没有受到重视。像班托克（Bantock 1965）这样的传统主义者坚持认为教师在法律上是负责教学的、年龄也比学生大、心理上也与学生不同，因此就应该决定课的内容与结构。他主张权力是成人生活中不可逃避的一个要素，不应该对年轻人掩饰这一点。相比之下，受到杜威、福禄贝尔、蒙台梭利以及其他人的关于通常所谓“儿童中心主义”教学观点的著作的影响的课则是建立在如下主张的基础之上的：要想使学习有效，学习者本人必须成为作决定的主体。而且，看来选择也是成人生活中不可逃避的一个要素。

这样，在教师实践“儿童中心主义”教育的班级中，应该有可观的来自学生方面的自主因素。许多英国的小学教师，尤其是教5～7岁的孩子的幼儿教师，把“选择”作为课的一个重要组成部分。有些教师按照一种有时被称作“操练与摆设”的原则来安排教学日。教学中有着较多的形式性的活动，比如上午进行语言及数字的学习，下午进行学生自主选择的题目或项目。

2.5 *活动*

对于小学及中学课堂所作的观察发现，课堂活动的范围非常宽，有时即使是在同一堂课上活动也很多样。孩子们可能会阅读、写字、听教师讲、进行实际操作、在教室或学校内走动、看录像、听录音、研究多媒体包、制作东西、做科学实验、进行竞技性运动、画画、唱歌或者演戏。教师经常要用心组织课堂以保证这些活动能够在适当的地方进行，而且所有相应的设备和材料都方便拿到。在一组学生安静地读书而其他孩子又在画画的教室里，如果教师的课堂管理能力与计划能力不足的话，这两种活动就会相互干扰。教授具有不同学习能力的班级，对教师管理学生的行为及学习的能力，提出了额外的要求。

课堂活动不仅在性质上有差异，在质量上也有差异。有些教师能够成功地组织课堂，使得学生活动达到较高的水平，能够用心投入；而有些教师就不够成功。凯利（Kerry 1984）分析了中学课堂里进行的1 638次师生之间的互动，发现在54%的事例中重点在管理上，42%的情况是进行授课，但是只有4%的事例中存在激励学生进行更高水平的思考而不仅仅是回忆有关资料的情况。

2.6 *进度安排*

一堂课的进度安排问题与这一部分讨论的其他问题有很多关联。如果一个班是作为一个整体进行授课，教师就可以对讲授课程材料的速度进行直接控制，尽管没有由学习内容决定进度的明确说法——有时候是速度决定要学习的内容。当个人或者小组分别学习时，进度的决定权在一定程度上是在学生自己的手里了。这时教师的角色就变了。许多教师运用库宁（Kounin 1970）称之为“小组提醒”的方法。这是宣布对进度的总结，通常在中间进行。这是让学生们知道教师对进度进行了估计，希望某些活动应该快要完成了，或者表明教师对进度不够表示关注。

有些教师会给出定期的时间信息，告诉学生们还有多长时间用来完成其任务。这种提醒有时会被用来为一堂课结束时的修改订正或者简要重述腾出时间。在一项对教师向八九岁的孩子解释科学问题的研究中，雷格（1993）发现教师更愿意在课堂结束前留出一些时间对刚刚学到的东西进行总结（在被分析的课堂片段中约有一半的情形是这样的），引导学生进行解释的情况要少得多了。

3. 课堂结构与环境

由于学习过程所发生的环境不同，在实践上课堂结构有相当的差异。关于学习理论或个人偏好的理论可能在一个环境中是完全适合的，而在另外一个环境里则完全不合适。比如说，对如下两组学生进行比较：一组在体育课上学习投掷铁饼，另一组在外语课上操练过去时态。在这两堂课上，教师在计划和实行阶段面对的都是实践操练的问题。特别的，问题是操练应该批量进行还是分散进行，也就是说学习者要在一小段时间内进行数次重复练习还是要把这些练习分散在比较长的一段时间里。

在体育课上，诸如疲劳以及胳膊、肩部可能会受伤之类的因素排除了重复太多次的可能性。然而在外语课上却没有身体受伤的危险，尽管教师需要考虑到疲劳的问题。但是，两门课的教师都要考虑转换的问题，也就是说，在一种背景下学到的技能可以在多大程度上在另一种环境下应用。投掷铁饼是同一个运动的重复动作，而学习了一个动词的过去时态并不能保证学生能够在所有环境中运用它或者说他就掌握了其他的过去时态形式。

4. 分析方法

总的来说，课堂结构的研究者所运用的方法与课堂互动分析所运用的方法基本相同。事实上，在试图根据课堂的不同阶段对教学风格进行对照比较时，有些著名的互动分析方法已经被经常运用到课堂的不同部分，比如导论、展开、修正和总结阶段。

4.1 师生互动

在这方面有许多已发表的详表和范畴分类系统：有的是以诸如弗兰德斯（Flanders 1970）之类的班级研究者的先锋著作为基础的，有的则是特别用来研究数学课、自然科学课或者幼儿园小组的。研究通常都是先确定一个时间单位，也许是 1～2 分钟的这么一段。然后观察者要么是记录这段时间内发生的师生互动分类情况，要么是不用表而只做徒手记录。

在采用诸如弗兰德斯等人的分析系统的情况下，会采用小得多的时间单位，比如说 3 秒钟。观察者要记录最能够代表所发生的一切的任何分类范畴。他们不仅要记录互动，还要记录所观察到的活动的性质。在这种实证主义的方法之外还有一套沿用已久的替代方案。这个替代方案是以社会人类学观点为基础的。它要求观察者对课堂的每个阶段发生的事情做徒手记录，然后对参与者（也就是教师/学生）进行访谈以了解他们的想法。

4.2 学生的角度

有关师生互动的研究经常会受到批评，认为它们太多地集中于教师而对学习者的注意不够。纠正这一问题的一个方法就是研究者从学生的立场去研究课堂结构。其中一个办法就是进行"学生追踪"，也就是选择一名学生然后完全集中在他身上，记录他所发生的一切以及他所参与的程度。教师宣布的目标与所研究的学生在课堂上的实际表现之间可能会有密切的对应一致，但在主观愿望和现实之间也可能会有相当的不一致。

学生追踪的一个变通方法是选择一组"目标学生"，然后用与学生追踪同样的方法对他们进行研究，以此来了解对于不同的学生实际的课堂结构是什么样子。通常是选择 6 名学生，学习能力高、中、低的男生和女生各 1 名。这样就可以给出整个班级的有代表性的剖面图景。

5. 未来的研究

班级研究的问题之一是按照经典的实验设计去进行实验——这样就能揭示不同的课堂结构是否有不同的效果——是极其困难的。大多数研究是在自然背景下进行的，也就是在学校内进行的。研究者受到教师及学校管理者的限制。很不容易说服教师去教虚拟设计出来的课。在这种课上孩子们会以一种自然的方式做出回应，很快就以他们自然的力量、热情和对事件的反应把精心构思的设计给清理掉了。

尽管如此，教师还是可以在自己的班级实验不同的课堂结构。但不幸的是，许多人都是采用他们所偏爱的方式而不去定期重新评估这些方式。比如说，雷格（1973）在一项对 104 名见习教师的研究中发现，即使是一些初为人师者也会落入可预知的常规之中。

执行研究是非常需要的。这种研究探讨教师在多大程度上执行了他们最初的课堂计划。如果他们对计划做出了修改，他们为什么这样做？有关教师改变他们通常采用的或偏爱的课堂结构以探讨和评价替代方案的实验也很必需。关于学生角度的研究同样需要。最后，对于教师受到的约束（也就是阻碍教师及学生在条件允许的情况下实行他们愿意尝试的课堂结构的因素）的调查研究也是必需的。

E. C. 雷格（E. C. Wragg） 著

谭 斌 译

附录

Aitkin M, Bennett S N, Hesketh J 1981 Teaching styles and pupil progress: A re-analysis. *Br. J. Educ. Psychol.* 51:170—186

Bantock G H 1965 *Freedom and Authority in Education.* Faber, London

Bennett S N 1976 *Teaching Styles and Pupil Progress.* Open Books, London

Bridges D 1979 *Education, Democracy and Discussion.* National Foundation for Educational Research, Windsor

Flanders N A 1970 *Analyzing Teaching Behaviour.* Addison-Wesley, London

Kansanen P 1981 The way thinking is: How do teachers think and decide? In: Komulainen E, Kansen P (eds.) 1981 *Classroom Analysis: Concepts, Findings, Applications*. Institute of Education, University of Helsinki, Helsinki

Kerry T 1984 Analysing the cognitive demand made by classroom tasks in mixed-ability classes. In: Wragg E C (ed.) 1984

Kounin J S 1970 *Discipline and Group Management in Classrooms*. Holt, Rinehart and Winston, London

Leinhardt G 1985 Lessons, types of content in. In: Husén T, Postlethwaite T N (eds.) 1985 *The International Encyclopedia of Education*. Pergamon Press, Oxford

Lundgren U P 1977 *Model Analysis of Pedagogical Processes*. Stockholm Institute of Education, Stockholm

Roeder M 1990 *On Coping with Individual Differences in the Classroom*. Max Planck Institut, Berlin

Wragg E C 1973 A study of student teachers in the classroom. In: Chanan G (ed.) 1973 *Towards a Science of Teaching*. National Foundation for Educational Research, Windsor

Wragg E C (ed.) 1984 *Classroom Teaching Skills*. Croom Helm, London

Wragg E C 1993 *Primary Teaching Skills*. Routledge, London

教学辅助人员的作用及其使用 (Paraprofessionals, Availability and Use of)

可考的文献表明教育领域里使用教学辅助人员在全世界都是广泛采取的措施。大家普遍认为,运用教学辅助人员的最终目的是为了提高教学。教学辅助人员应该而且确实对教师以及提供给学生的教学服务的质量有着积极影响——这样的看法是很普遍的。然而,现有的关于技能、培训以及使用教学辅助人员的资料表明,教学辅助人员大多数时间都花在面向学生的直接教学活动方面了,同时却很少具备教学的技能或培训经验。本词条探讨教学辅助人员的作用、技能资格、培训以及责任并以讨论有关实践和研究的建议为结束。

1. 教学辅助人员的定义及作用

"教学辅助人员"一词用来描述帮助教师的那些没有执照的工作人员。奥托(Otto 1964)用"教学辅助人员"来描述教学队伍中没有执照的成员。这个词是1968年国际阅读协会采用的。1967年美国教育部把"教学辅助人员"的术语说法"教师助理"定义为"在教师履行其职业或管理责任时提供帮助的人"。不管是称作"教学辅助人员"还是"教师助理",这个人的首要责任就是为教师提供支持和帮助。

按照米莱什(Miles 1964)的说法,在美国有9%的初等教育学校以及18%的中等教育学校在1960~1961学年以某种方式使用了教学辅助人员。隆巴尔多(Lombardo 1981)报道说有150万有偿的以及600万无偿的教学辅助人员在美国学校工作。美国教育改善研究办公室(USOERI)提供的数据表明(一项旨在帮助经济地位低、学习成绩差的学生的联邦基金项目)教学班所雇佣的46.7%(64 500人)的人员为教学辅助人员(Birman et al. 1987)。

2. 教学辅助人员的技能资质

教学辅助人员的两个重要资质是他们的教育水平以及他们对工作的准备。

2.1 教育水平

大量研究都报道说教学辅助人员的平均教育水平大大低于他们所辅助的教师。对英国艾克森郡的课堂助教的一项调查的结果(Bassett and Woolf 1988)报道说大多数(77.8%)的调查对象都没有职业资质。弗斯特和斯托克利(Foster and Stockley 1980)在澳大利亚进行的一项研究也得出了同样的结果。在他们的研究中,118名助理中有70.3%的人只完成了中学学业,16.1%的人自称受过中等以上的教育,13.6%的人自称受过大学教育。

在美国，教学辅助人员至少必须有中学毕业证书。最近的全国 Chapter I 评估所获得的数据表明，在所有协助 Chapter I 教师的教学辅助人员中有 71% 的人既没有高校学位也没有教学证书，只有 6% 的人获得了学士学位。雷诺兹（Reynolds 1990）在南卡罗莱纳州进行的一项关于救助补偿项目的教学辅助人员的研究发现了同样的结果。在所调查的 122 名教学辅助人员中，大约有 32% 的是中学毕业生，49% 的完成了某种高校学业，12% 的是高校毕业生，6% 的自称读过研究生。更早的有关教学辅助人员的教育背景的研究也报道了同样的比例（Shank and McElroy 1970，Brighton 1972，Evans 1980，Vasa et al. 1982）。

总之，西方国家的多数教学辅助人员都有中学毕业证书。大约只有 1/6 的人得到了学院学位。

2.2　与工作相关的培训：所接受的培训量

尽管曾有过针对教辅人员进行成功的特别培训项目的报道，几乎没有什么证据表明经常向教学辅助人员提供与工作相关的培训。雷诺兹（1990）发现她所调查的教学辅助人员中大约 90% 的人都没有接受过与他们所从事的服务受助学生的工作相关的培训。瓦萨等人（Vasa et al. 1982）对管理人员、特殊教育教师、特殊教育教学辅助人员进行了调查，并报道说有 60% 的管理人员、82% 的教师以及 81% 的教学辅助人员告诉他们说没有向教学辅助人员提供过在职培训。

同样的，弗斯特和斯托克利（1980）报道说他们所调查的教学辅助人员中只有 11% 在工作之前接受过培训，不过，有大约 50% 在工作后接受过培训。最后，伍尔夫和巴西特（Woolf and Bassett 1988）报道说 59% 的调查对象参加了专门针对他们的工作的在职培训课程，37% 的人称得不到合适的在职培训。总之，不到一半的教学辅助人员能得到与他们所要从事的工作相关的培训。这个数字可能会低到 10% ~20% 的样子。

2.3　与工作相关的培训：有效性

几项有关教学辅助人员培训项目的执行及后续评估的研究报道说，培训导致了他们在辅助工作表现上积极的有意义的进步。因此教学辅助人员就应进行培训，而受到良好培训的教学辅助人员可以更好地协助教学进行。这类研究的例子包括大城市培训项目（Monk 1980）、俄亥俄州哥伦布教学助理项目（Johnson 1986）、密西西比教师助理项目后续研究（Handley 1986）以及加利福尼亚的拉美沙喷泉谷研究（Reynolds 1976）。

3. 教学辅助人员的责任

这一部分讨论教学辅助人员应该做什么以及他们实际上在做什么。

有人编辑了几套教学辅助人员所做事情的列表（Lombardo 1981，Womack 1987）。在这些列表里所列出的首要职责之一是教导孩子。其他经常被提到的职责有：用教师自制的或教师选定的材料与小组的学生一起学习，准备或组织教学，完成管理家务或秘书工作。

对于教学辅助人员能够做什么以及可能需要做什么的描述听起来是合乎逻辑的也是实际的，但是关于教学辅助人员的活动和行为我们知道些什么呢？现有的研究报道说教学辅助人员大量的时间都花在直接的教学活动上——常常是教导单个的学生或者小组的学生。事实上，格林和巴恩斯（Green and Barnes 1988）就曾经提示说教学辅助人员的角色已逐渐朝着承担更多的教学责任的方向转移。

雷诺兹（1990）比较了有关教学辅助人员的责任的两组数据：一组是通过对教学辅助人员进行调查得出，一组是通过在学校和班级里对他们进行观察得出。出自这两种来源的数据都表明教学辅助人员有超过 50% 的时间花在直接面对学生的工作上了，要么是在小组工作，要么是在进行个别辅导。

教学辅助人员自己报告说他们的时间主要分配在如下的活动当中：向大小不等的学生小组作陈述或解释（12.8%），与小组的学生一起完成教师布置的作业（25%），在教室里巡回以帮助那些需要帮助的学生（24.84%），改作业、给文章打分（13.7%），填表格、复印以及其他秘书工作（12.6%），非教学性的管理（3.6%），其他活动（7.9%）。

而观察者在如下的某些责任领域里发现时间分配略有不同：向大小不等的学生小组作陈述或解

释（2.1%），与小组的学生一起完成教师布置的作业（32.8%），在教室里巡视，帮助那些需要帮助的学生（46%），改作业、给文章打分（3.8%），填表格、复印以及其他秘书工作（8.4%），非教学性的管理（1.4%），其他活动（2.6%）。另外观察者还注意到教学辅助人员的其他两个责任领域，分别是：观察主管教师的教学活动（6.9%），管理学生的行为（4.1%）。

托马斯（Thomas 1987）在英国牛津郡一个地区的众多小学里对86位校长和82名教师进行了调查，目的是确定在这些学校里班级教师以外的人也参与其中的活动的数量、类型以及组织方式。他发现课程活动包含的范围非常广。研究结果表明课程活动中包含大约有1/3的听孩子读书这样的父母式的协助。刚好不到2/3的巡视教师以及福利助手致力于帮助有特殊需要的孩子，他们把时间相当均衡地分配在协助个人与协助小组二者之间。

桑斯特（Sangster 1989）报道了加拿大安大略省北约克地区的教师见习项目的评估结果。对19位教师中的17位所进行的访谈揭示了这些见习教师对于他们的课堂责任与活动的描述。所有的见习教师都报道说与小组学生一起工作过，76%的人报告说参加了实地考察，72%的人报告说履行了秘书责任，59%报告说与全班的学生一起工作过，47%的人报告说对指导教师进行了一般性的协助并观察了他们的行为。一半稍少的见习教师报告说他们协助过教师备课。只有1/6的人提到过暂时替教师接管班级。

特纳（Turner）和米莱什（1980）报道了澳大利亚皇后岛早期教育班级的评估结果。通过调查，从教师那里得到了有关使用教学辅助人员及学生家长志愿者的资料。调查结果显示，几乎没有教学辅助人员会花很多时间去上正式课程，93%的人会花1/4或者更少的时间从事这项活动。教学辅助人员参与非正式课程的程度要高一些，32%的人花费1/4以上的时间从事这项活动。12%的人会花费3/4的时间从事准备资料及秘书或“家务”工作，而18%的人是花费这么多的时间去履行监督（监控）责任。

家长志愿者的角色略有不同。占用他们时间最多的活动是监督责任。50%的教师报告说他们的家长志愿者要花费3/4或者更多的时间监管学生。没有报道说哪位家长花费与教学辅助人员差不多的时间去准备资料、做秘书或“家务”工作，或者去上非正式的课。

伍尔夫和巴西特（1988）对教学助手的调查发现教学助手们75%甚至更多的课堂时间都花费在教育活动上，比如和孩子们一起做数学作业或者听孩子们阅读。斯塔费尔和汉德利（Saterfiel and Handley 1983）的密西西比州教师助理项目研究显示，教学辅助人员大约85%的时间花在小组教学上。在一项后续研究中，汉德利（1986）的结果显示，74.4%的教学辅助人员报告说曾在小组中向学生介绍新的学习资料，69.2%的报告说曾面对全班补充教师的教学，54.9%的报告说曾在小组帮助孩子们学习基础技能。

瓦萨等人（1982）调查了特殊教育的教学辅助人员并得到他们报告说，他们绝大部分的时间花在向个人（34%）及小组（29%）提供直接教学上了。沙斯和米勒（Chase and Mueller 1989）对印第安那州的62个一年级和二年级的班级进行了研究。教学辅助人员最为频繁的活动是在讨论或复习课上帮助单个的学生进行练习或做作业（20%的时间）。

只有一项研究的发现表明，教学辅助人员花费多数时间履行直接教学领域之外的责任。弗斯特和斯托克利（1980）在教学辅助人员工作时给了他们一份长长的他们可能要做的工作列表，并且请他们标明哪一项工作他们是经常做、有时做还是从未做。结果发现他们最经常做的工作有：为教师复印资料，分发、收集和整理资料，为学校办公室打印及复印资料，为教师准备少数民族语言的课堂资料以及准备少数民族语言的各种通知。然而，一个有趣的发现是，干活时教学辅助人员觉得最有乐趣的任务是对学生进行直接帮助的任务。

总之，现有的研究表明教学辅助人员主要是在教学范围内履行职责，通常是在特定的教学任务中直接帮助小组的所有学生或个别学生。尽管他们有些时间是花在秘书工作上了，但这个时间比他们花在与学生互动上面的时间要少得多。

4. 对于研究的建议

基于以上所引述的研究,可以提出几条进一步研究的建议及启示。第一,应该进行一些有关在课堂上运用教学辅助人员的方法的研究。另外,还应该进行有关教学辅助人员扮演各种不同角色的效力的研究。第二,几项关于教学辅助人员培训结果的研究(Monk 1980,Handley 1986,Johnson 1986)报道说效果尚可。应该进行有关对教学辅助人员进行培训对他们的工作效力影响的研究。另外,应该考察对于教育水平及先前工作经验不同的教学辅助人员进行的培训项目的效果。这方面的资料除了可以贡献有关培训知识外,还可向持有未来的教学辅助人员应减少培训的说法提供实证支持。最后,还需要系统调查教学辅助人员的培训需求,包括他们自己认可的需求以及他们的主管人员认可的需求。

5. 对于实践的启示

学生们,尤其是那些接受补救性项目或者特殊教育项目的学生,要在有教学辅助人员帮助的个人或小组教学环境中度过大量时间。而这些教学辅助人员常常是处在合格的边缘而且只得到最低限度的培训。因此,必须解决选择教学辅助人员以及帮助他们做好工作准备的问题。尤其是,应该确立教学辅助人员的最低接受资质标准并严格对照,应该强调教学辅助人员的资格要求要与工作要求相匹配。

还应该考虑向教学辅助人员提供培训的问题,包括工作前的培训以及作为在职发展的一部分的培训。应该开发并执行持续监控教学辅助人员的工作表现的系统。最后,使得教师对监督、指导教学辅助人员并与之合作的任务有所准备这个问题,给予适当的关注。

B. P. 雷诺兹(B. P. Reynolds) 著
谭 斌 译

附录

Bassett S, Woolf M 1988 How classroom assistants respond. *British Journal of Special Education* 15(2):62—64

Birman B et al. 1987 *The Current Operation of the Chapter 1 Program*. United States Office of Educational Research and Improvement. Washington, DC

Brighton H 1972 *Utilizing Teacher Aides in Differentiated Staffing*. Pendall, Midland, Michigan

Chase C I, Mueller D J 1989 *Teacher Aides: What Do They Really Do?* Indiana University Press, Bloomington, Indiana

Clough D B, Clough B M 1978 *Utilizing Teacher Aide in the Classroom*. Charles C. Thomas Publishers, Springfield, Illinois

Evans J 1980 *Responsibilities and Training Needs of Paraprofessionals: A Survey of Those Who Work with Young Handicapped Children*. Southwestern Educational Development Laboratory, Austin, Texas

Foster L, Stockley D 1980 *A Sociopolitical Study of the Concept and Role of Ethnic Teacher Aides in Victorian State Schools*. LaTrobe University, Bundoora, Australia

Green J E, Barnes D L 1988 Do your aides aid instruction? A tool for assessing the use of paraprofessionals as instructional assistants. *Teach. Educ.* 24(3):3—9

Handley H M 1986 *A Process Evaluation of the Assistant Teacher Project during its Third Year of Operation*. Bureau of Educational Research and Evaluation, Mississippi State University, Mississippi

Johnson J 1986 *Adaptation of Curriculum, Instructional Methods, and Materials Component Instructional Aide Program: Final Evaluation Report*. Department of Evaluation Services, Columbus Public Schools, Columbus, Ohio

Lombardo V S 1981 *Paraprofessionals Working with Young Children: Infancy through Third Grade*. Charles C. Thomas Publishers, Springfield, Illinois

McManana J 1972 *An Effective Program for Teacher-aide Training*. Parker, West Nyack, New York

Miles M B 1964 The nature of the problem. in: Miles M(ed.) 1964 *Innovation in Education*. Teachers College Press, New York

Monk C C 1980 *Evaluation of the Great Cities Training*

Programs, 1979—1980. Michigan Department of Research and Evaluation, Detroit Public Schools, Detroit, Michigan

Otto H J, Sanders D C 1964 *Elementary School Administration and Organization*. Appleton-Century-Crofts, New York

Renaud A J 1976 *Paraprofessionals Math Guidebook: Selection, Inservice Workshop, and Evaluation Overview*. LaMesa Spring Valley School District, California

Reynolds B P 1990 A comparative study of the relationship of teacher aides' qualifications, performance responsibilities, and interactions with teachers to the effectiveness of selected remedial and compensatory programs in South Carolina. Unpublished doctoral dissertation, University of South Carolina, Columbia, South Carolina

Sangster S 1989 *Evaluation of the Impact of the Teacher Apprenticeship Program*. North York Board of Education, Willowdale, Ontario

Satterfiel T H, Handley H M 1983 An evaluation of placing teacher aides in elementary reading classrooms of Lee County, Mississippi. Paper presented at the Annual Meeting of the American Research Association, Montreal

Shank P C, McElroy W 1970 *The Paraprofessionals or Teacher Aides: Selection, Preparation, and Assignment*. Pendall, Midland, Michigan

Thomas G 1987 Extra people in the primary classroom. *Educ. Res.* 29(3):173—181

Turner T, Miles J 1980 *An Evaluation of Early Education Classes in Queensland*. Queensland Department of Education, Brisbane

Vasa S F, Steckelberg A L, Roning L U 1982 *A State of the Art Assessment of Paraprofessional Use in Special Education in the State of Nebraska*. Department of Special Education, Nebraska University, Lincoln, Nebraska

Welty D A, Welty D R 1976 *The Teacher-aide in the Instructional Team*. McGraw-Hill, New York

Womack S T 1987 How to maximize the use of a teacher's aide. *Clearing House* 60:331

Woolf M, Bassett S 1988 How classroom assistants respond. *British Journal of Special Education* 15(2):62—64

其他参考文献

Goodman G 1990 Utilizing the paraprofessional in the mainstream. *Supp. for Learn.* 5(4):199—204

Hilleard F M 1988 The non-teaching assistant in the special school. *Wessex Studies in Special Educ.* 5:52—61

Hulbert C M, Wolstenholme F, Kolvin I 1977 A teacheraide program in action. *Special Education: Forward Trends*. 4(1):27—31

Leleux S A 1989 Teacher assistant moderator. *Information Technology and Learning* 12(2):42—43

教室里的座位安排(Seating Arrangements in Classrooms)

本词条探讨的是有关如下几方面的内容:关于选择教室里不同座位的学生的特征,有关改变环境会提高学生的学习与互动的证据,教师通过座位安排来实现各种班级的教学目标。这里还讨论了座位安排与完成任务的行为、师生互动以及学生之间的互动关系。

即使是一个不经意的观察者也会得出这样的结论:学生坐在教室里的什么地方会影响到他或她在教室里的学习效果。座位的位置会导致教师的注意以及互动多少的不同。反之亦然,坐在某些位置的学生会更有可能注意到教师以及班级作业,因而会得到较高的分数。教室观察者还可能注意到教师会利用诸如可移动的课堂桌椅之类的物理资源来帮助学生间的互动,提高讨论课中师生互动的机会,或者改进学生的学习。

总之,这些观察结论都得到研究的支持。比如说,温斯坦(Weinstein 1979)就声称教室里的教师、学生、家具以及仪器的安排会影响教师以及学生的行为。她还注意到自从20世纪60年代以来人们对于学校建筑以及座位安排的兴趣提高了,这是由建筑设计上的变化——从单个的教室到两个或者更多的班级可以分享同一个大空间的多功能厅——引起的。

这些新的学校建筑设计背后的理念强调良好的环境对于孩子们学习的重要性。所谓良好的环境应该是让孩子们在其中能够更加积极地探索——比如配备了各种学习材料的教室——并且能够让孩子们更加容易与教师和同学互动。在家具配备上较灵活的教室里,孩子们可以单独活动,也可以小组活动。这种新设计的支持者坚持认为这样的环境可以使孩子们对于学校的态度、他们作为学习者本身以及他们的认知与社会性发展都会得到提高。随着人们探讨了座位安排以及其他教室物理环境特征方面的种种不同形式,研究者们开始得到了更多有关这些环境安排对于教师以及学生行为的影响方面的证据。

1. 教室座位位置与教师的互动及判断

孩子们坐在教室的什么地方会影响到教师与他们的互动的类型与程度。摩尔和格林(Moore and Glynn 1984)在一所国际化的城市小学人为安排了二年级和三年级学生的座位位置。通过让孩子们在教室各处移动并且观察在不同的座位安排下孩子们的行为以及教师与他们的互动,他们发现,不管学生的课堂行为有什么变化,座位的位置对于教师向孩子们提问题的频率有影响。这里引证的研究似乎表明座位的位置具有影响教师对于学生的判断以及教师与他们互动程度的可能性,这也不依赖于孩子们的个人特征。

据戴利和苏伊特(Daly and Suite 1981 ~ 1982)报道说,当只向教师提供学生的性别及学生在一张虚构的班级图表上的座位位置的信息并请教师对学生做出判断时,教师们对于那些坐在教室前面的学生会给出比对坐在后面的学生更加积极的判断,但是坐在后面的男生与座位靠前的女生得到的评价等级更高些。大概教师们对于选择教室里的不同座位位置的学生的特征持有自己不言而喻的理论。教师的个性似乎影响着他们做出判断的种类:那些对与学生交流有焦虑感的教师往往更会根据学生在教室里的位置来对学生进行区分判断。

2. 座位安排及其对学生间社会交往的影响

有几项研究主要把注意力集中在教室的座位位置与其对来自不同语言文化背景的孩子之间的友谊及社会交往的潜在影响的关系上。比如说,施密特等人(Schmidt et al. 1987)得出研究结论,教师可以通过运用混合安排模式来达到提高孩子们之间的社会交往及相互接受程度的目标。尤其是,在这些班级里,班级交往中班级成员对于少数民族学生的接受程度会提高,而且这种效果看来可以推广到其他的学校活动中去。

这些发现可以在瑟克尔和沃拉尔(Thirkell and Worrall 1989)对孟加拉的孩子所做的研究中得到印证。研究者给了孩子们一些白人和孟加拉男孩女孩座位安排的照片,然后问他们会选择什么样的座位。尽管孩子们做出了组内选择,但当问他们为什么作这种选择时,孩子们给出了诸如友好不友好、是不是好学生以及其他的实际的解释等不同理由。

埃尔宾和埃尔格内恩(Elbing and Ellgring 1977)研究了座位位置对于降低5 ~ 8 年级的学生焦虑感的影响。他们的研究结果支持这样的结论:当焦虑水平较高的孩子与焦虑水平低的孩子坐在一起时,他们的焦虑水平会降低。

当孩子可以自己选择时,他们会坐在教室里的什么地方反映了他们对于自己喜欢什么样的同班同学的一种看法(Kaufman 1974),也可以反映他们的自我观念之类的个性特征(Dykman and Reis 1979)。座位的位置还与孩子们用来回想他们同班同学的名字策略相关。在比约克隆德和泽曼(Bjorklund and Zeman 1983)的研究中,大约有一半的孩子好像是依靠班级的社会组织来帮助回忆他们的同学的名字。当问到孩子们他们根据什么记住了某些同学而不是其他同学的名字时,发现座位的安排和性别以及社会分组构成回忆的基础。由此可以得出这样的结论:教师可以利用教室里的座位位置来促进学生们之间的社会关系以及友谊的发展。

另外还有报道说座位位置可以促进具有外国语言背景的孩子们之间的语言交往。阿杰(Adger

1985）发现，当具有外国语言背景的一年级孩子整年与说英语的孩子坐在一起时，他们之间的语言交流和社会关系提高了。同样的，但所用的对象年龄更大一些的研究中把座位安排成半圆形而且没有课桌及方桌，这样来帮助班级成员互相熟悉并且在学习新的语言时不那么不自然。

3. 座位位置、学生行为以及学生成就

某些早期的教室环境研究的核心工作把注意集中在自己选择教室里的座位的学生的互动模式。比如说，贝克尔等人（Becker et al. 1973）报道说在座位位置固定的教室里，坐在教室前面几排及教室中间的学生参与课堂的程度较高，得分也更高。这些研究所提出的问题是：座位的位置与学生在这些座位上所经历的环境的性质是不是决定因素（环境决定假设），或者说，是不是正是特殊类型的学生选择了教室里的不同地方（自主选择假设）。

亚当斯（Adams 1969）注意到在座位固定的教室里大多数言语互动发生在前排以及其他各排的中间座位处。他们把这种现象称为"行动地带"。然而，并不是所有研究者都重复得到了这一结果。索尔等人（Saur et al. 1984）从他们的研究中得出结论，"行动地带"并不是在所有班级都会出现，学生座位安排以外的其他因素在决定师生互动的性质方面更为重要。

诺尔斯（Knowles 1982）回顾了格里菲斯（Griffith 1921）在学生的课堂表现与座位位置方面的独创性工作，指出，对于教室里特殊座位的影响最清楚的检验，只应从那些随机的或按名字字母顺序安排座位而不是由学生自己选择座位的研究中得到。根据这一点，列文等人（Levin et al. 1980）把最初自己选择座位的学生的表现与他们的座位被随机安排时的表现进行了对比。在自己选择座位和随机安排座位两种情况下，都是学生坐在"行动地带"或者"目标地带"时的测验分数都要比坐在边缘位置要高。施蒂尔斯（Stires 1982）对此提出反对，他说由于学生们自己知道他们正在参加一项实验研究，自我选择的因素（能力、学业水平、自我概念）在产生他们所报告的结果方面的作用可能和他们的座位位置一样有力。然而，当阿加尔沃和辛格（Aggarwal and Singh 1974）研究"前排就坐者"与"后排就坐者"的自我概念与动机倾向时，他们发现选择教室后面座位的学生具有较低的自我概念并且容易受到外在激励因素的引导，而那些坐在前面的座位上的学生具有较高的自我概念并且更多地受到内在因素的激励。

有关教室里的"行动地带"或者"目标"位置的研究所运用的结果测度不仅仅是分数、自我概念和动机倾向这一些内容。琼斯（Jones 1990）研究了目标学生（得到教师最多的注意的学生）与他们的座位位置的关系，结果发现座位位置并不会导致教师互动的量上的差异，还发现教室里没有哪个地方学生坐在那里就可能得到更多的注意。萨莫（Sommer 1989）考察了座位位置和学生的社会性倾向的关系，结果报道说坐在教室后面的学生比前面的学生知道更多的学生的名字，而在教室前面的学生更多的是学业导向的。这个结果为伍尔夫（Wulf 1977）的结论提供了支持。伍尔夫的结论说并不是物理环境本身，而是诸如较高的进取心、频繁积极的反应以及对课堂内容的兴趣这类个人因素的差异解释了研究所观察和报道的差异。

4. 运用座位安排促进作业行为，减少破坏性行为

正如以上部分所描述的，学生的个人特征会影响他们选择要坐的位置、他们在同学当中的社会交往与友谊以及与教师互动的性质。关于座位环境对行为的影响的完整图景还需要进一步考察学生们被安排到某些特别位置时的表现。如果教师的目标是要确保学生注意功课并独立用功，那么把班级成员安排到成排的桌椅上就会提高达到这一目标的可能性。而诸如把座位分组或成团这样的非正式的安排就不合适了。

有些研究者设计了研究过程来检验把学生安排在横排的座位上是否会影响到他们注意课程材料的程度。在这些研究中，研究者有时把学生从成排的座位上转移到围绕着桌子坐（Wheldall and Lam 1987），有时把他们从成排坐变到分组坐（Bennett and Blundell 1983），有时让同性的学生有时又让异性学生坐同一张双人的桌子（Wheldall and Olds 1987)。他们就这样对学生的作业行为和破坏性行为进行观察,将成排坐和其他座位安排时的观察结果进行对比。结果通常表明,当学生成排坐时教师可以提高完成的工作量,当异性的学生同坐一张双人的桌子时学生的表现会提高。当学生成排坐以及异性学生坐同一张桌子时,学生的破坏性行为也会减少。对于某些课堂教学的目的来说,座位安排本身可能在决定作业行为时成为更有力的因素,而不是学生之间的个人差异。

另外的研究表明座位安排只是决定学生行为及学习的一个因素。基尔(Gill 1977)对传统的教室和开放式计划学校的教室进行了比较。课桌分别安排得成排成列、马蹄形以及成簇。当每种座位安排模式中学生的特征都相当时,通过观察学生的行为及学习没有发现统计学上显著的差异。

5. 教师组织教室座位安排:面向未来的转变

本词条所引述的研究文献表明,学生对教室里的座位的选择与各种个人差异因素相关,比如能力、学业水平、自我概念以及动机倾向。教师也可以通过给学生分配特别的座位安排来促进某些学生的行为,比如注意课堂作业等。教师还可以通过选择某些学生坐到特定的位置上来促进男女生之间以及不同语言文化背景的孩子之间的社会交往。

这样,出于什么目的、如何安排教室里的座位就取决于教师的目标、他们为学习活动布置的条件以及他们课堂控制方面的目的。盖茨尔兹(Getzels 1974)声称不同的课桌安排反映了教师看待学生的方式间的差异。课桌固定并安排成矩形而教师在前面,就意味着把学生看成需要填充知识的空空的学习者;课桌排成方形,教师的桌子在旁边,就是把学生看成积极的学习者;圆形的安排假定学生是社会性活跃的学习者;座位可以灵活安排的开放性教室则是把学生看作寻求刺激的学习者。20 世纪 90 年代许多教室安排的重点在于通过提供充分的师生互动以及学生互动的机会来促进学生的发展。显然,固定的座位安排是不会促进这样的教学目标实现的,灵活性是互动型教室的必要前提。

罗森菲尔德等人(Roserfield et al. 1985)提供了证据表明,座位成圆形或成簇安排而不是排成行,会提高学生的认知和社会发展所必需的互动以及学生对课堂活动的参与。而且,如此安排,学生的破坏行为也不会过分。总的来说,这些发现似乎表明教师可以通过不同的座位安排来改变教室的物理环境,而不用应付难以接受的过分的破坏行为的问题。

最后,教师可能想确定学生对不同课堂活动的不同座位安排的喜好。50 个以色列班级(Raviv et al. 1990)的教师和学生被要求报告他们的教室的组织特征以及他们理想中的教室的组织特征。结果表明,同座位成排安排的教室比起来,座位分组安排的教室被形容为是更有创新性的而且更多教师对学生的支持。同样,学生们在小组就坐时比成排就坐感受到更多的新想法以及更多的密切联系。最终,教师所选择的安排教室座位的方式取决于他们的教学目标。研究证据支持这样的结论:同所有座位都排成行的教室相比,允许座位按照各种不同方式安排的教室物理环境对许多教学目标都更具有支持性。

N. M. 兰伯特(N. M. Lambert) 著

谭 斌 译

附录

Adams R W 1969 Location as a feature of instructional interaction. *Merrill-palmer Q.* 15(4). 309—322

Adger C R 1985 Improving conversational engagement in the culturally diverse classroom. Paper presented at the Annual Ethnography in Education Research Forum, Philadelphia, Pennsylvania

Aggarwal Y P, Singh M 1974 A study of locus of control and self-concept of front-benchers and back-benchers. *Manas* 21(2):1—7

Becker F D, Sommer R, Bee J, Oxley B 1973 College classroom ecology. *Sociometry* 36(4):514—525

Bennett S N, Blundell D 1983 Quantity and quality of work in rows and classroom groups. *Educ. Psychol.* 3 (2):93—105

Bjorklund D F, Zeman B R 1983 The development of organizational strategies in children's recall of familiar information: Using social organization to recall the names of classmates. *International Journal of Behavioral Development* 6(3):341—353

Daly J A, Suite A 1981—1982 Classroom seating choice and teacher perceptions of students. *J. Exp. Educ.* 50(2):64—69

Dykman B J, Reis H T 1979 Personality correlates of classroom seating position. *J. Educ. Psychol.* 71(3):346—354

Elbing E, Ellgring J H 1977 Reduction of test anxiety by modeling in the classroom. *Pscychologie in Erziehung und Unterricht* 24(1):1—10

Garza T J 1984 Beyond Lozanoz: Practical Applications of the Intensive Method in Foreign Language Teaching. Paper presented at the Annual Meeting of the Teachers of English to Speaker of Other Languages, Houston, Texas

Getzels J W 1974 Images of the classroom and visions of the learner. *Sch. Rev.* 82(4):527—540

Gill W M 1977 Classroom architecture and classroom behaviours: A look at the change to open-plan schools in New Zealand. *N. Z. J. Educ. Stud.* 12(1):3—16

Griffith C R 1921 A comment upon the psychology of the audience. *Psychol. Monogr.* 30:36—47

Jones M G 1990 Action zone theory, target students, and science classroom interactions. *J. Res. Sci. Teach.* 27(7):651—660

Kaufmann I 1974 Preferred classmates: Report on partial results of a pilot study (1968—1970). *Praxis Kinderpsychologic und Kinderpsychiatric* 23(6):220—226

Knowles E S 1982 A comment on the study of classroom ecology: A lament for the good old days. *Pers. Soc. Psychol. Bull.* 8(2):357—361

Levine D W, O'Neal E C, Garwood S F, McDonald P J 1980 Classroom ecology: The effects of seating position on grades and participation. *Pers Soc. Psychol. Bull.* 6(3):409—412

Moore D W, Glynn A 1984 Variation in question rate as a function of position in the classroom. *Educ. Psychol.* 4(3):233—248

Raviv A, Raviv A, Reisel E 1990 Teachers and students: Two different perspectives? Measuring social climate in the classroom. *Am. Educ. Res. J.* 27(1):141—157

Rosenfield P, Lambert N M, Black A 1985 Desk arrangement effects on pupil classroom behavior. *J. Educ. Psychol.* 77(1):101—108

Saur R, Popp M, Isaacs M 1984 Action zone theory and the hearing-impaired student in the mainstreamed classroom. *J. Classroom Interact.* 19:21—25

Schmidt R E, Stewart J P, McLaughlin T F 1987 Effects of two classroom seating arrangements on classroom participation and academic responding with Native American junior high school students. *Techniques* 3(3):172—180

Sommer R 1989 Classroom ecology and acquaintanceship. *Educ. Psychol.* 9(1):63—66

Stires L K 1982 Classroom seating location, order effects, and reactivity. *Pers. Soc. Psychol. Bull.* 8(2):362—364

Thirkell B, Worrall N 1989 Differential ethnic bias in Bengali and White children. *Educ. Res.* 31(3):181—188

Weistein C S 1979 The physical environment of the school: A review of the research. *Rev. Educ. Res.* 49(4):577—610

Wheldall K, Lam Y Y 1987 Rows versus tables: II The effects of two classroom seating arrangements on classroom disruption rate, on-task behaviour and teacher behaviour in three special school classes. *Educ. Psychol.* 7(4):303—312

Wheldall K, Olds D 1987 Of sex and seating: The effects of mixed and same-sex seating arrangements in junior classrooms. *N. Z. J. Educ. Stud.* 22(1):71—85

Wulf K M 1977 Relationship of assigned classroom seating area to achievement variables. *Educ. Res. Q.* 12(2):56—62

其他参考文献

Conners D A 1983 The school environment: A link to

understanding stress. *Theory Pract*. 22(1):15—20

Rivlin L G, Weinstein C S 1984 Educational issues, school settings, and environmental psychology. *Journal of Environmental Psychology* 4(4):347—364

学生多样性与课堂教学(Student Diversity and Classroom Teaching)

理论及研究方面的进展——尤其是20世纪70年代以来——带来了在理解学习的进程方面的实质性的观念上的变化,并促进了人们对特定学生特征可以通过学校教育加以改变的观点的认识。在这些特征中最为重要的是家庭特征,诸如父母的期待以及家庭的干涉(Comer 1986)、认知(或者学习的过程)(de Bono 1976, Feuerstein 1980)、智力(或者学习的能力)(Husén and Tuijnman 1991)以及学生的动机(或者学习的意愿)(Zimmerman 1986)。由于认识到这些特征的可改变性,研究者们便开始研究改变学习者个人所运用的心理过程和认知操作的方法,以及改变学习环境、修正教学策略以适应学生差异的方法(Wang 1992)。研究发现,由创造性的学校活动总结出来的实践智慧,显著地增进了人们目前对于"什么是有效的实践"以及"如何在同一教室里使不同的学生得到提高"这样的问题的理解。

尽管研究已经确认了许多与学生的学习及学业成绩上的差异相关的变量,但这些数目众多的变量却给研究者、政策制定者以及实践者带来了令人困惑的挑战。为了着手应对这些挑战,可以先把这些变量分成两类:对学生来说是内部的变量(比如说能力和动机)以及对学生来说是外部的变量(比如说教学的性质以及任务要求)。

1. 学校学习的模式

卡罗尔(Carroll 1963)向教育研究者提出了一种学校学习模式的概念。在他的模式里,他提出了6种概念。其中3种概念适用于学生差异(态度、理解教学内容的能力、毅力),而其余的3种适用于课堂环境(教学的明确性、任务的适当性、学习的机会)。这些概念成了卡罗尔模式与20世纪60年代后期至70年代期间发展起来的其他学校学习模式的分界点(Bennett 1978, Blomm 1976, Bruner 1966, Glaser 1976)。布卢姆(Blomm)的模式明确区分了两种类型的学生特征:认知类特征和情感类特征。

总结起来,所有这些模式都认可这两种类型的学习特征。比如说,就认知类特征来说,它们包括了诸如天资、先前的知识以及家庭背景之类的概念;就情感类特征来说,它们包括了毅力、自我概念以及对学校和特定科目的态度。这种承认学生之间的差异的态度与只考虑学习上的影响的较为狭隘的心理学研究形成对比。这种心理学研究往往把个人差异看作是错误的源泉,因而把注意集中在教学活动变量上。

除了学生变量以外,这些学校学习模型还都对与教室环境相关的概念给予突出的重视。这些概念在概括性上差异较大:有的很宽泛,比方像"教学事件"或"教学的明确性";有的则还狭窄,比如像"提示的运用"或者"反馈与纠正"。尽管后来的模型在个人差异变量及教学活动变量的定义方法以及二者之间的联系方式方面都有所改进,新近的模型的首要贡献还在于扩展了所考虑的影响因素的范围。

随着适应性学习的引入(Corno and Snow 1986, Glaser 1976, Wang 1992),学校学习的模式发生了更深入的进展。立足于学校实施适应性学习模式的目的,是帮助学校创造一种教室环境以使得每位学生都有最大的机会在学校获得成功。这种学习模式特别强调与教学传递系统、项目设计及实现等相关联的新变量。尤其是,它还强调格拉泽(Glacer 1982)称之为"巨大实践变量"的一些因素,这包括教师及学生的时间的有效分配与运用、实用的教室管理系统、教师对于学生学习行为及进步的系统反馈与强化、根据所发现的个别学生的学习需要进行的教学互动、能够对项目的执行及教员的需求作出很好反应的灵活的管理及组织模式。

对于学校学习模式的另一项贡献来自那些对成功学校的识别和描述感兴趣的研究者。埃德蒙兹（Edmonds 1979）的工作就是紧紧围绕着识别那些格外成功的学校——尤其是那些城市贫民的孩子所读的学校——的条件要素。布鲁克欧乌尔（Brookover 1979）、布鲁克欧乌尔和莱扎提（Brookover and Lezotte 1979）以及拉特等人（Rutter et al. 1979）对成功学校模式的研究做出了重要贡献。标志成功学校的不同类型的条件因素包括：课程的清晰程度和组织程度、学校范围内的员工发展、家长的参与和支持、学校范围内的对学业成功的注视、学习时间最大化、区域支持、明确的目标和高度的期望、有序而纪律严格的学校环境以及学校校长重视教学质量的领导方式（Purkey and Smith 1983）。

对影响学生成绩的相对重要的各种不同因素的理解以及如何在一系列教育条件与设施下最大限度地提高教育效果的实践策略方面，各种不同的学校学习模式都做出了重要贡献。以下部分对这些学校学习模式设计背后的研究基础进行了综合描述。尽管个别的研究者与实践者的工作可能分别专注于某些特定的因素或构造，这一部分的讨论则打算提供有关学习影响因素全貌的一个综合性观点。

2. 学校学习的知识基础

王等人（Wang et al. 1990）进行了学习的知识基础的考察，他的工作主要是确定与学习过程及学生成绩相关的变量。这次考察所用的数据来源有：61 位教育研究专家的等级评定、91 次综合定量研究的结果，以及 1975 年以来出版的 179 段手册章节以及叙事回顾中的发现。因此，在大量原始研究、综合定量研究以及叙事回顾的结果及其理解的基础上，这种“元考察”的研究发现形成了一种高度提炼的结果。从这些发现可以看出，在对于学生的学习产生影响的以及没有什么影响的变量范畴上，存在着相当大的一致性。表 1 提供了影响学生学习的因素的一个概括性的列表，每个因素还带有几个精选的例子。这些因素分为 6 个大范畴、30 个子范畴。

在这 6 个大范畴中（见表 1），等级最高的属于“项目设计变量”，其次是“校外环境变量”。反映教学质量的范畴——“执行、班级教学及课堂气氛变量”——则在重要性上排名第三，紧随其后的是“学生变量”。最后两类范畴——“学校水平变量”以及“州及地区变量”等级得分明显要低。

以下部分中，等级得分格外高的范畴将被突出强调。首先讨论的是分别代表计划中的教学和代表实际发生的教学的变量。然后是校外环境与学生特征变量。

2.1 项目设计变量

这一范畴包括计划中的教学活动以及实现教学所需要的物理环境。项目设计范畴（表 1 中的范畴 5）所包含的变量被分为 3 个子范畴。第一个子范畴——人口统计学及标志范畴是 3 个子范畴中等级最高的。此外，在这个子范畴中，等级最高的变量是“教学组的规模（整个班级、小组或一对一的教学）”、“教学助手的数目”以及“所需要的资源”。因此，对于教学计划设计来说最重要的方面看起来是向每一位学习者提供的教学服务的强度。教学助手越多，小组越小，或者学习材料越充足，就意味着越好的学习成果。

“课程与教学变量”的等级排列似乎表明有效的教学设计的关键在于灵活、适当地运用各种教学策略，同时保持教室环境井然有序。这一子范畴当中等级最高的变量是“运用课堂管理技巧以控制班级骚乱”。这个变量之后是“结合运用规定性教学和非正式的或者开放式教育”以及“个体差异与共性方面的信息在课程里的呈现”。这二者都与学生的多样性及个性特点明确相关。其他等级排列较高的变量涉及特定的教学策略，包括“运用掌握学习技巧”、“教学提示、执行及矫正性反馈”、“运用合作学习策略”以及“运用诊断—处方方法”。

课程计划变量中等级排列较高的有“教学材料运用不同的呈现模式的状况”以及“课程的结构化程度适应不同学习者的需要的状况”。这二者都强调向学生提供多种不同的教学材料及方法以适合不同个体差异的重要性。在这个子范畴中，等级排列最高的两项是“教学材料运用知识等级的状况”和“教学材料在认知上有效方式上的呈现”——这揭示了教学内容组织的重要性。

表 1　　**学习的影响因素变量范畴组及变量举例**

范畴/子范畴[a]	变量举例
范畴 1:州及学区变量　该组变量与州及学区水平上的学校统辖与管理相关。其中的变量包括州内课程及教科书政策、考试及毕业要求、教师许可证的发放、教师工作合同中的特定条款以及某些学区水平上的管理及财政变量。	
学区水平上的人口特征及标志变量	学区规模
州一级水平上的政策变量	教师许可证发放要求
范畴 2:校外环境变量　该组变量与家庭以及学校所在的社区环境相关。其中的变量包括社区人口特征、同辈氛围、家长的支持和参与,以及学生在校外用来参加诸如看电视、休闲阅读、做作业之类的活动的时间。	
社区变量	社区的社会经济状况
同辈群体变量	同辈人的学业志向水平
家庭环境及家长支持变量	家长介入确保完成作业
学生运用校外时间变量	学生参加俱乐部及学校课外活动
范畴 3:学校水平变量　该组变量与学校水平上的人口特征、文化、氛围、政策以及实践相关。其中的变量包括学生的总体人口特征、学校是公立的还是私立的、某个特定分类项目的资助水平、学校水平上的决策变量以及具体的学校水平上的政策与实践(其中包括家长参与学校活动的政策)。	
人口特征及标志变量	学校规模
教师—行政人员决策变量	校长积极关注教学项目
学校文化变量（对于教学及学习有益的风气）	学校范围内强调并认可学业成绩的重要性
学校范围内的政策及组织变量	学校范围内明确的纪律政策
可获取性变量	教育项目可获取(能够克服建筑、通讯及环境上的障碍)
家长参与变量	家长参与教学项目的改善及运作
范畴 4:学生变量　该组变量是与学生相关的,其中包括人口特征、学业历史以及各种社会、行为、动机、认知及情感特征。	
人口特征及标志变量	性别
地位历史变量	先前留级情况
社会及行为变量	积极的非破坏性行为
动机及情感变量	对教学科目的态度
认知变量	在教学科目领域里的特定学业知识水平
元认知变量	过程监督(计划、监管预定行动的有效性、监管行动的结果)
精神运动变量	特定教学领域里的精神运动技能
范畴 5:项目设计变量　该组变量与设计规划的教学以及实现教学的物理环境相关。其中的变量包括课程规定的教学策略以及教学材料的特征。	
人口特征及标志变量	授课群体规模（整班、小组还是一对一教学）
课程及教学变量	教学目标、内容、讲授、作业以及评估的排列安排
课程规划设计变量	预先组织准备教学材料
范畴 6:贯彻执行、课堂教学及氛围变量　该组变量是与课程的贯彻执行以及教学项目相关的,其中包括课堂常规与实践、实际发生的教学过程的特征、班级管理、学生进步的监控、所提供的教学的质与量、师生互动以及班级氛围。	
班级支持变量	建立有效的班级常规、交流规范以及程序
课堂教学变量	运用清晰的有组织的直接教学
教学量变量	执行任务的时间(学生积极参与学习的时间)
班级评价变量	把评价用作教学过程的一个经常使用的不可缺少的部分
班级管理变量	群体警醒（教师运用提问或叙述策略使全体学生保持积极参与学习）
师生互动:社会性变量	学生对教师以及其他同学的问题做出积极反应

续表

范畴/子范畴[a]	变量举例
师生互动:学业变量	经常要求学生做出详尽的内容充实的口头或笔头回答(不是一个字的回答)
班级氛围变量	内聚力(班级成员是有着共同的兴趣和价值观的朋友并且强调合作性目标)

a 每个大范畴的描述下面列举子范畴,每个子范畴都举出有代表性的变量加以说明。比如,第一个大范畴包括两个子范畴:"学区水平上的人口特征及标志变量"和"州一级水平的政策变量"

2.2 贯彻执行、课堂教学及班级气氛变量

这一范畴包括对课程及教学活动的支持、课堂常规、特定的教学、评估及课堂管理实践、教学工作量、学业上及非学业上的师生互动以及课堂气氛。这一范畴在6个大范畴中远比其他的要大。

在贯彻执行、课堂教学以及课堂气氛领域某些范畴等级排列较高,这显示出保持井然有序的教室环境、提供适合于个别学习者的需要的组织良好的清楚的教学具有重要的意义。在全部30个子范畴的等级排列中,教室管理排在第二位。其中最关键的项目是"群体警醒(教师运用使全体学生保持积极参与的提问或复述的策略)"以及"学习者责任(教师使学生总是清楚他们的学习目标和期望)"。其他的一些项目相对等级排列也比较高,比如从一种教学活动到另一种教学活动的平滑过渡、尽可能少的中断、教师对教室里发生的事情时时保持清楚的了解。

教学工作量的等级排列也比较高。这个子范畴包括直接教学所用的时间尤其是有关基本技巧的直接教学,家庭作用上所用的时间以及教学日和学年的时间。教学工作量具有重要意义这毫不奇怪,因为这一范畴在广泛运用的学校学习模型中都出现过。

师生互动的等级排列也较高,同时还有课堂气氛变量。总的来说,一个班级在这两个子范畴的项目上等级排列较高就意味着这个班级里教师经常出于教学目的与学生发生互动,而且学生们与同学一起合作、分享共同的兴趣和价值并追求合作性的目标。学生积极参加学习活动,并参与到一些班级活动决策当中。同时,班级行动具有良好的组织和计划,而且明确地以学业为中心。学习活动的目标明确清晰,教学的节奏对于大多数学生都适合。

向学生提供的教学活动的质量的等级排列也比较高。这个质量指的就是运用先进的组织手段,把学生的注意引向所学习的内容,提供清晰而且组织良好的直接教学,教学事件系统的排列,运用清晰的教学过渡手段。其他等级排列较高的变量包括:学生出错时的矫正性反馈,学业上的频繁提问,以及对技能的准确度量。最后,以下做法得到了研究的强烈支持:在有意义的情境中进行技能教学,运用好的例子和类比,以意义的理解为目标的教学,同时还有明确鼓励学生对学习过程进行自我监控、促进学习责任从教师身上逐渐转移到学生身上。

2.3 校外环境变量

这一范畴包括与家庭及学校所在的社区有关的变量。在这个范畴之下等级排列较高的变量包括:同伴的教育追求及职业追求,家长参与以确保完成家庭作业,家长参加学校会议及其他有关活动,家长对学生功课的兴趣。在许多参考资料中都提到了家庭教育环境(比如说图书及杂志的数量)并且给予了较高的等级排名。此外,学生参加俱乐部及学校课余活动的情况,以及进行休闲阅读的时间,都与学习结果有一定的关系。

2.4 学生变量

"元认知变量"是平均等级排列最高的子范畴之一。在这个子范畴中等级高的变量包括:"过程监控(计划,监控意图行为的效果,检验、修正并评价学习策略)","自我规范、自我控制策略(比如说,注意力的控制)",以及"帮助归纳形成概念的积极策略"。等级排列较高的其他学生变量包括:与同伴交朋友的积极行为及能力,持久学习的动力,完成学习任务的坚定毅力。这些变量都属于情

感类特征中的项目。与认知类特征相关的等级排列较高的变量包括：一般心智能力、从教学中获得收益所需要的基本技能水平以及在所教授的科目领域里的前期知识。

3. 对于改进实践的启示

在教室里，教师必须对各种影响因素做出反应，而这些因素又以各种各样的方式互相作用着（Lockheed and Hanushek 1988，Purves 1989，Stevenson and Stigler 1992）。尽管许多变量都与学习结果有一定的关系，但是极少（如果有的话）的单个变量会与学习有着很强的相关。在说到某个特定的变量的重要性的时候，原始研究以及综合考察的研究人员都很适当地保持了谨慎态度。然而，总起来看，现有的研究基础似乎表明许多变量对于学校学习有着有力的交互影响。

有两方面的启示是尤其值得注意的。首先，关于外围变量的重要影响（特别是，政策的、人口统计学的以及组织的变量）方面，与流行的观念相反，现有的研究基础似乎表明这些外围变量相对来说不是那么重要。对于政策和组织变量的有限影响的一个解释是，这些变量至少是与教师及学生的日常学习经验远了一步。仅仅贯彻执行某一项政策——比如说"延长教学日"的政策——并不能保证某一给定的班级的学生能够得到教师的良好授课。也就是说它不能保证教师在备课时会特别注意避免管理不善的做法以及避免课堂时间的无效利用。有效的学校政策需要教师面对班级和学生时能够有效地贯彻执行。

关于学校学习的第二个有关累积知识基础的重要发现是，有一致的证据表明家庭环境、班级管理与元认知过程对学生学习都有影响。越来越多的研究基础为教授元认知技能提供了依据，这些依据包括诸如过程监控、提高概念概括能力的策略以及自我规范与自我控制策略的元认知过程及功能，还有有效的干预。同样，教师在努力管理班级提高学生的学习时也要运用各种教学技巧、活动和行为。这方面的例子包括群体警醒、学习者责任、平稳过渡以及教师的"亲在"。最后，说明家庭环境的重要性的有关研究指出了一些可以对学生学业有帮助的家长以及其他家庭成员的特征及行为，诸如出席学校活动、对学生的功课有兴趣、监督孩子看电视、与孩子进行交谈以及确保孩子完成作业并按时上学等，这样的家长行为都对学生的学业有积极效果。

M. C. 王（M. C. Wang） 著
谭 斌 译

附录

Bennett S N 1978 Recent research on teaching: A dream, a belief and a model. *Br. J. Educ. Psychol.* 48: 127—147

Bloom B S 1976 *Human Characteristics and School Learning.* McGraw-Hill, New York

Brookover W B (ed.) 1979 *School Social Systems and Student Achievement: Schools Can Make a Difference.* Praeger, New York

Brookover W B, Lezotte L W 1979 *Changes in School Characteristics Coincident with Changes in Student Achievement.* Michigan State University, Institute for Research on Teaching, East Lansing, Michigan

Bruner J S 1966 *Toward a Theory of Instruction.* Norton, New York

Carroll J B 1963 A model of school learning. *Teach. Coll. Rec.* 64: 723—733

Comer J P 1986 Parent participation in the schools. *Phi Del. Kap.* 67: 442—444

Corno L, Snow R E 1986 Adapting teaching to individual differences among learners. In: Wittrock M C (ed.) 1986 *Handbook of Research on Teaching*, 3rd edn. Macmillan Inc., New York

de Bono E 1976 *Teaching Thinking.* Temple Smith, London Edmonds R 1979 Effective schools for the urban poor. *Educ. Leadership* 37(1): 15—27

Feuerstein R 1980 *Instrumental Enrichment: An Intervention Program for Cognitive Modifiability.* College Park Press, Baltimore, Maryland

Glaser R 1976 Components of a psychological theory of instruction: Toward a science of design. *Rev. Educ. Res.* 46: 1—24

Glaser R 1982 Instructional psychology: Past, present, and future. *Am. Psychol.* 37:292—305

Husén T, Tuijnman A 1991 The contribution of formal schooling to the increase in intellectual capital. *Educ. Researcher* 20(7):10—25

Lockheed M E, Hanushek E 1988 Improving educational efficiency in developing countries: What do we know? *Compare* 18(1):21—38

Purkey S C, Smith M S 1983 Effective schools: A review. *Elementary Sch. J.* 83:427—452

Purves A C (ed.) 1989 *International Comparisons and Educational Reform.* Association for Supervision and Curriculum Development, Cucamonga, California

Rutter M, Maughan B, Mortimore P, Ouston J, Smith A 1979 *Fifteen Thousand Hours: Secondary Schools and their Effects on Children.* Harvard University Press, Cambridge, Massachusetts

Stevenson H W, Stigler J W 1992 *The Learning Gap.* Summit Books, New York

Wang M C 1992 *Adaptive Education Strategies: Building on Diversity.* Brookes Publishing, Baltimore, Maryland

Wang M C, Haertel G D, Walberg H J 1990 What influences learning? A content analysis of review literature. *J. Educ. Res.* 84(1):30—43

Zimmerman B J (ed.) 1986 Discussions of role subprocesses in student self-regulated learning [Special issue]. *Contemp. Educ. Psychol.* 11(4)

课堂中的学生角色(Student Roles in Classrooms)

在第一版《国际教育百科全书》中,学生的角色被定义为人在某一环境当中的行为特征(Tisher 1985)。20 世纪 70 年代及 80 年代早期的研究者发现,在一般的课堂中学生承担的是一种被动的角色,他们花大部分的时间去听教师讲课(Goodlad 1984)。学生们只是在不超过 30% 的时间里谈话,而且这种谈话是遵循着米恩(Mehan 1979)所指出的教师发问—学生回答—教师评价的模式(IRE)进行的。蒂舍尔(Tisher 1985)提示说教室的环境影响了研究者所观测到的教师与学生的行为。比如说,开放式课堂中的教师比传统课堂中的教师会提问水平更高的认知性问题。因此,开放式课堂中的学生就会比传统课堂中的学生进行水平更高的回答。

1985 年以来,研究者们关于课堂中的角色与实践的观点发生了转移:从只集中关注观测到的教师与学生的行为的观点转移到同时考虑在班级与学校的社会环境下的教师与学生们的理解与观念的观点。按照这种观点,角色是由某个社会场景(比如教室)里的参与者创造的。这样,对于学生角色的理解就不仅涉及理解观察到的学生在课堂中的角色,还涉及理解教师和学生对于这种角色的假设和信念。

1. 课堂中学生的新角色

从 20 世纪 80 年代后期直到 90 年代,语文和数学课程开发的努力主要集中在创造一种更为积极的学生角色(Anderson et al. 1984,国家数学教师委员会 1989)。然而,要想让学生能够承担这样的角色,就需要对有关知识、任务及话语的传统观念进行变革。

在学生传统的被动的教室角色的背后是一种关于知识的观念,这种观念把掌握知识的权威赋予了教师。教师的角色就是向学生传递知识,而学生只是简单地接受传递过来的知识。而在新的学生角色的背后是这样一种把知识看作学习者积极构建意义的观念,而且这种构建经常是与同伴合作进行的。

在传统的课堂中,课堂任务往往包括运用基础的阅读和数学课文以及没完没了地进行技能练习的作业单。革新者们推荐教师让学生从事一种新型的任务作业,比如阅读原版的儿童文学作品,解决实际的问题,从多种角度解释课文,运用不同的策略和工具解决数学问题,做记录学习者的思考过程的日志,就学生自己选择的题目面向真正的读者写作,以及让学生自己找出并解决数学问题。

最后,在传统的课堂中,通常是教师控制着话语。他们提问他们自己知道答案的收敛性的、事实性的问题。学生们通过提供确定的答案做出回答，而很少能提出他们自己的问题（Mehan 1979）。语文教学中的新的话语模式包括了师生之间以及同伴之间的讨论会，这种讨论会为学生们提供了他们的同伴对于他们的阅读即写作的观点和解释（Dipardo and Freedman 1988）。数学课堂上的新的话语模式让学生们去探讨数学上的意义、讨论并解释他们的思路以及解决问题的策略、自己判断答案，以及自己创造和提出新的数学问题（Lampert 1990）。

1.1 学生回答以及教师诊断

积极的学生角色被设想为应该包含比通常在传统课堂中有更多的学生的反应。学生们应该有机会从事真正的任务，这包括阅读、写作、解决数学问题以及运用数学工具。尽管是教师控制课堂话语，学生也有机会提供想法。教师的任务是建构知识、分析学生的需要并开发相应的教学，同时还要努力使得学习对于学生有意义。学生的任务就是通过一种有意义的方式获得这种知识。

这种语文课项目的一个例子是"阅读复兴计划"。"阅读复兴计划"是新泽西州提出来的，目的是为了帮助学习有困难的孩子进行阅读，它的设计目标是为一年级阅读水平最低的孩子服务的（Clay 1982）。教师每天向单个的学生开 30 分钟的阅读课，在课上他们让学生读书并写下他们自己的感想。教师根据学生的能力、需要和兴趣一分钟一分钟地做出反应和调整。教师向学生介绍那些他们可能会经常读的书以提高阅读流利性。另外，学生们有机会每天读一本新书，这样可以熟悉故事的重要观点。学生们在阅读的时候，教师就观察并记录学生的材料替换、自我纠正以及忽略的地方，这样就可以有助于选择下一天的上课材料。学生们还在教师的帮助下每天编写一条消息（Pinnell 1990）。在新泽西州进行的研究表明有学业失败危险的学生参加了"阅读复兴计划"后取得了迅速的进步（Klay 1985）。俄亥俄州的研究表明参加了"阅读复兴计划"的学生考试得分比对照组的学生显著得高，而且这种收益在这一措施结束后的至少两年内还能保持（Pinnell 1989）。

史蒂文森和施蒂格勒（Stevenson and Stigler 1992）在他们所选择的日本班级的简介中描绘了一种类似的数学课教学的方法。他们坚持认为日本的班级里数学课教学的成功是与积极的学生角色的几项重要因素相关的。学生们解决的是现实世界的问题，并且操作具体的物体来模拟问题解决过程。学生们在小组或大组中讨论他们解决问题的策略。最后，教师诊断并纠正学生在小组讨论中形成的错误概念。学生们的任务是操作物体并构建陈述，教师的任务是确保最后形成正确的陈述。班级讨论强调意义，然而还是由教师控制的。

1.2 来自专家的学习策略

有些教育者试图让学生变成更加自主的积极的学习者。他们运用了被研究者证明是由专家成功运用过的设计项目的教学策略。这种项目的特点是由教师或学生直接仿效教学策略，同时学生逐渐承担更多的责任。关于知识的观念往往来自社会建构主义的观念，这种来自认知科学家们的观念似乎告诉人们教师为学习者搭建教学结构的重要性（Vygotsky 1978），即专家或者比学生更有学问的人拥有策略并把这些策略教给初学者（Romberg 1982）。构造这些任务的目的还在于促进问题解决过程逐渐内在化，它强调学习者进行元认知上的控制（Baker and Brown 1984）。课堂话语通常是由教师发起的，但是学生会逐渐发起对话并教给同伴。如果能得到有更多的专业知识的人（比如教师）的持续的帮助，学生们就可以承担积极的角色。

帕林卡斯卡和布朗（Palinscar and Brown 1989）开发了一种他们称之为"互惠教学"的模式来提高阅读理解水平及促进元认知策略的运用。他们的假设前提是学生们可以逐渐把教师模型化了的关于课文的对话内在化。课堂对话是围绕着阅读专家所运用的 4 种策略构建：总结、自我提问、预测、阐明。教师把这些策略模型化而且在学生逐渐掌握了这些策略并独立运用到他们的阅读中时提供帮助。学生们则在控制话语方面逐渐承担更加积极的角色。互惠教学显著地提高了小学及初中学生的阅读理解水平。学生们能够脱离教师独立地运用阅读策略并能向其他学生提供帮助。

"Kamehameha 早期教育计划"（KEEP）把注意

力主要集中在改变阅读课文时的话语模式，使得这种模式在文化上更加适应课堂之外的夏威夷本地人的参与结构。教师运用经验—课文—关系（ETR）方法，这种方法包括激发孩子们与课文内容相关的背景经验、准确地阅读课文文字、把阅读到的信息与先前的知识和经验结合起来。师生互动的一个特点是讲故事的模式。在这个模式下学生回答教师的问题而不必非要被点名，同时学生还会形成各自的答案。研究表明互动模式与教学目标匹配得好可以促进学习。课的社会性组织方式可以允许学生表现出主动性并支持对课文的理解掌握从教师那里转移到学生那里（Au and Kawakami 1986）。

认知导向教学（CGI）是以发展儿童解决数学文字题的策略的研究为基础的（Carpenter and Moser 1982）。CGI的研究者一开始与教师有着两个共同的以研究为基础的知识框架：(a) 儿童们用来掌握越来越复杂的解决数学文字题的方法策略框架；(b) 孩子们能够解决的问题的类型的框架。这种方法的假设是：孩子们通过一系列发展策略的过程来构建知识，教师的任务是推动促进孩子们发展越来越复杂的问题解决策略。在CGI课堂中，小学数学教学的特点是将重点主要集中在解决文字题以及其他非常规问题上，学生运用多种策略来解决问题——其中包括利用计算器以及其他数学工具，以及听学生解释并表明他们解决问题的策略和方案。CGI课堂中的学生往往会在数学解题的考试中获得比传统班级里的学生更高的得分，而记忆数字事实的能力往往更强或者同样（Peterson et al. 1989）。

1.3 学习中的合作角色

按照这种积极学习者的观念，学生们被认为是积极参与者并与学习团体中其他成员一起探讨彼此共享的意义。就像杜威（Dewey 1916）一样，这些教育者把交流既看作学习的手段又看作学习的实质内容。交流和共同体的观念联结在一起了，这就发展了杜威称之为“参与一种共同的理解”的概念。这样，教师和学生就共同对学习负责了。

在与学习团体中的其他成员的协作中，学生们自己选择任务和所用的材料并且进行相互交流与合作，从而获得新知识。学生的角色是动态的、变化的，这取决于他们所面对的课文或任务。正如弗莱雷（Freire 1986）在教巴西学生时所提倡的那样“教师不再仅仅是教学的人，而且还是在与学生们的对话当中自己也被教的那个人”（P. 67）。

在这种积极的学习者的观念的影响下，教育者们还开发出了学生自己领导的“读书俱乐部”和“文学团体”。学生们利用他们的读书俱乐部可以达到好几个目标，包括分享他们完成的课文要求的写作任务、澄清疑惑之处、讨论一本书的主题、把所讨论的课文同其他的文本联系起来、确定作者的写作目的、评论作者的得失，以及把课文内容同他们自己的个人经验联系起来（Raphael et al. 1992）。在文学团体中，学生在加入团体之前可以自己选择要读什么书。要讨论的问题的类型取决于阅读者的兴趣。这种讨论采取的形式包括：对书的内容做出反应，大声朗读他们喜爱的部分，对于他们不明白的部分提出问题。团体中的成员经常向班上的其他学生介绍他们读的书（Harste et al. 1984）。斯马果林斯基和弗莱（Smagorinsky and Fly 1992）提示说这种学生自己领导的讨论会很成功，尤其是如果教师在事先让学生弄清楚解释说明的过程的话。

同伴写作讨论会或者响应小组是由学生小组组成的，这些小组成员会对他们彼此所写的文本做出回应。迪帕杜和弗里德曼（Dipardo and Freedman 1988）提出这种讨论会的各种不同的目的是由教师和学生的目标决定的，其中包括对写作做出回应、协作思考、协作书写以及编辑所写出的文本。小组提供了一个论坛让学生们可以讨论他们的写作过程、产生想法、理解某一特定受众群的性质以及提供他们进行写作所需要的支持。成立这种讨论会的假设前提是学生们可以通过共同讨论受益，因为在对话中作者的知识大家都可以了解了，初学者的作品会通过其他成员提问、评论和建议而得到支持和提高，初学写作者还有机会把他们的书面语言用口头的方式表达出来，关于文本的讨论还可以让作者搞清楚他们的作品的价值（Florio-Ruane 1988）。研究表明合作写作或者对作品做出反应的小组可以对学生的写作有积极影响（Dahl 1988）。对话讨论的性质是学生决定对他们的文本做出什么样的修改的重要因素（Gere and Abbott 1985）。最后，对话讨论的质量会影响到个体学生的学习（Daiute 1985，Fitzgerald and Stamm 1990）。

兰珀特（Lampert 1990）讨论了数学教学的方法。在这种方法下，学习数学包括了在数学团体中学生和教师共同探讨他们彼此共享的意义的活动——这种数学团体在每个课堂中都存在。学生们担当了懂得数学并且向他们的团体中的其他成员解释并论证他们的数学思想的权威的角色。学生们的想法和知识可以拿来争论和探讨——这也是课堂对话的一个部分。团体中的所有成员都可以提供并学习到新的思考方法以及数学思想，而且不但学生进行了学习，教师也进行了学习。

2. 了解教室的意义

教育者们所构思的学生在课堂中承担更为积极的角色的方式中被描述出来的有3种。这种观念可能会导致相当不同的课堂情景——既与传统的课堂不同，各个课堂彼此也不相同。但是，这些设计者的观念如何影响课堂中实际发生的事情呢？演员们——教师和学生——如何解释和看待他们的角色呢？

尽管体现更为积极的学习者角色的新的课程、任务和对话结构都已经设计出来了，这些新的课程、任务、对话结构以及角色还是要通过参与者在他们的特定的环境中实现出来（Bruce and Rubin 1993）。学生们在每个教室中实际承担的角色取决于这些课程、任务、对话和角色结构如何在课堂中被创造和再创造出来。这其中的影响因素还包括参与者的信念以及班级中的文化氛围。

2.1 教师和学生对于科目的信念

尼克森（Nickerson 1992）考察了一些有关研究，这些研究表明根据教师设想的数学教学计划来看，英国学生与此计划有多么大的差异。她对学生的“接受”角色和“质疑”角色进行了比较，表明学生之所以承担这种不同的角色是与他们所形成的关于数学知识的想法有关的。同样，舍恩菲尔德（Schoenfeld 1992）也表明了学生的角色是如何同教师以及学生对于数学知识的现有信念交织在一起的。舍恩菲尔德的分析得出了如下的学生关于数学知识的性质的一套信念：

(a)数学问题有一个并且只有一个正确答案。

(b)解决任何数学问题的正确方法只有一种，一般来说这种方法就是教师最近在班上演示的那一种。

(c)不能指望普通学生能够理解数学，他们只是期望能够记住它并且机械地运用他们所学的东西而不必理解。

(d)形式上的证据与发现或者发明的过程是不相关的。

(e)数学是一种单独进行的活动，由个人在隔离的状态下完成。

(f)那些理解了他们所学过的数学的学生能够在5分钟甚至更少的时间内解决任何指定的题目。

(g)在学校里学到的数学知识与现实世界没有什么关系。

这些信念对学生的角色就有着明确的含义。这意味着期望学生们做的只是发现正确答案，单独学习，记住并运用教师演示过的程序，迅速有效地学习，以及把他们自己的角色看成是学校里的“学生”而不是校内以及校外的终生“学习者”。

同样，在语文领域里，孩子和成人也有一套关于课文的信念——它是什么，谁创作了它，如何评价它。在这里，这些信念同样也具有关于学生在课堂中的角色上的含义。

2.2 教师和学生关于教学与学习的信念

学生的角色以及作为课堂中积极的学习者意味着什么，这些都取决于教师和学生所持有的关于学习和教学的信念。比如说，彼得森等人（Peterson et al. 1989）观察到20位在班级内实行认知导向教学的教师中，他们的做法存在着重大差异，而这种差异是和关于学生与教师的角色的信念相关的。那些继续把他们的角色看作是要向学生呈现知识而不是倾听学生或者帮助学生构建知识的教师，在实行认知导向教学时的做法就是进行直接教学并且向学生呈现正确答案以及需要学会的正确数学方法。而那些把他们的角色看成是积极帮助孩子们构建知识的教师就创造了这样的认识导向教学班级环境：其中的每个人都会倾听学生们解决问题的策略，努力去理解孩子们的思路并且鼓励他们形成对于数学的理解。

在实行诸如“过程写作”和“互惠教学”这样的新的语文学习方法时，教师们把许多干预过程都“程序化”了，并且在他们现有的关于学习者、教师和知识的观念的基础上重新改造了这种新措施（Bruce and Rubin 1993）。比如说，弗洛里奥-鲁恩和伦斯米尔（Florio-Ruane and Lensmire 1990），就发现教师虽然采用并教授了“过程写作”的步骤，但是并没有改变他们对于“作为一个好的写作者意味着什么”的理解以及关于教师、学生和课文之间的权威关系的认识。

2.3 班级和学校里的文化

学生的角色是仅仅在学校的环境里创造出来的角色。然而，在学校里构想的学习者的角色同在工作、家庭以及玩耍环境（在这些环境中孩子们以及年轻人也是进行学习的）当中的学习者的角色是有很大不同的（Resnick 1987）。在学校以外，孩子们以及年轻人经常是在真实的场景下学习——比如说做学徒（Collins 1989），在这种情况下参与者的工作具有真实的经济价值和含义。如果学习者的角色是在一个不受学校围墙的限制的——而且包含了家庭以及其他学习环境里的经验的——社区里加以定义，结果会怎么样呢？

3. 作为学习者的孩子们及年轻人在校内外的角色转换

希思（Heath）描述了美国有效的城市青年组织在构建学习和知识的方式以及年轻人承担的角色方面，与正式的学习环境有什么不同。她坚持认为正式的学习环境——比如说学校——应该加以变革以具备如下的特征：

（a）有效的青年组织可以进行公开、坦诚的讨论，并且主要通过演示、学徒、大量练习以及同伴评价使得学习成为可能。

（b）青年组织把对知识的控制置于群体之内，因为群体成员都致力于一个中心目标。知识和技能是混合在一起的。有关民间传说芭蕾舞剧的神话的知识与特定舞蹈路线上所必需的技巧一起在这种组织里流传。

（c）学习是累积性的、多方向的，而且是通过多种不同的符号——语言的、动作的、音乐的以及视觉的——来展示的。

（d）出于一系列联合身份的不同目的和目标而对于自己作为一个学习者的了解与思考成为一个人的生活的同义语，这正如同对于自己作为一个家庭成员的了解会下意识地同个体的身份感觉融合在一起。

希思坚持认为，为了创造一种“思考、发展和学习的完美结合的生活”，必须变革学校，使得它更像一个有效的青年组织。如果这种变革成为现实，那么在新版的《国际教育百科全书》中本词条就要加以改变并重新命名，以反映与在全球环境下成长起来的年轻学习者的多层面的角色融合在一起的学生角色。

S. J. 麦卡锡（S. J. McCarthey）
P. L. 彼得森（P. L. Peterson） 著
谭　斌　译

附录

Anderson R C, Hiebert E H, Scott J A, Wilkinson I A G 1984 *Becoming a Nation of Readers: The Report of the Commission on Reading*. The National Institute of Education, Washington, DC

Au K H, Kawakami A J 1986 The influence of the social organization of instruction on children's text comprehension ability: A Vygotskian perspective. In: Raphael T E (ed.) 1986 *The Contexts of School-based Literacy*. Random House, New York

Baker L, Brown A L 1984 Metacognitive skills and reading. In: Pearson (ed.) 1984 *Handbook of Reading Research*, Vol 1. Longman, New York

Bruce B B, Rubin A 1993 *Electronic Quills: A Situated Evaluation of Using Computers for Writing in Classrooms*. Erlbaum, Hillsdale, New Jersey

Carpenter T P, Moser J M 1982 The development of addition and subtraction problem-solving skills. In: Carpenter T P, Moser J M, Romberg T A (eds.) 1982 *Addition and Subtraction: A Cognitive Perspective*. Erlbaum, Hillsdale, New Jersey

Clay M M 1982 *Observing Young Readers*. Heinemann,

Portsmouth, New Hampshire

Clay M M 1985 *The Early Detection of Reading Difficulties.* Heinemann, Portsmouth, New Hampshire

Collins A, Brown J S, Newman S E 1989 Cognitive apprenticeship: Teaching the crafts of reading, writing, and mathematics. In: Resnick L (ed.) 1989 *Knowing, Learning and Instruction: Essays in Honor of Robert Glaser.* Erlbaum, Hillsdale, New Jersey

Dahl K 1988 Peer conferences as social contexts for learning about revision. In: Readance J (ed.) 1988 *Dialogues in Literacy Research.* National Reading Conference, Chicago, Illinois

Daiute C 1985 Do writers talk to themselves? In: Freedman S W (ed.) 1985 *The Acquisition of Written Language: Response and Revision.* Ablex, Norwood, New Jersey

Dewey J 1916 *Democracy and Education.* Macmillan, New York

DiPardo A, Freedman S W 1988 Peer response groups in the writing classroom: Theoretic foundations and new directions. *Rev. Educ. Res.* 58: 119—149

Fitzgerald J, Stamm C 1990 Effects of group conferences on first-grader's revisions of writing. *Written Communication* 7: 96—135

Florio-Ruane S 1988 How ethnographers of communication study writing in school. In: Readance J (ed.) 1988 *Dialogues in Literacy Research.* National Reading Conference, Chicago, Illinois

Florio-Ruane S, Lensmire T J 1990 Transforming future teachers'ideas about writing instruction *J. Curric. St.* 22: 277—289

Freire P 1986 *Pedagogy of the Oppressed.* Continuum Publishing, New York

Garner R, Alexander P (eds.) in press *Beliefs about Text and about Instruction with Text.* Erlbaum, Hillsdale, New Jersey

Gere A R, Abbott R D 1985 Talking about writing: The language of writing groups. *Research in the Teaching of English* 19: 362—385

Goodlad J I 1984 *A Place Called School.* McGraw-Hill, New York

Harste J C, Woodward V A, Burke C L 1984 *Language Stories and Literacy Lessons.* Heinemann, Portsmouth, New Hampshire

Heath S B in press Play for identity: Where the mind is everyday for inner-city youth. In: Mangieri J, Block C C (ed.) in press *Mindfulness: Increasing Thinking Abilities.* Harcourt, Brace, Jovanovich, New York

Lampert M 1990 When the problem is not the question and the solution is not the answer: Mathematical knowing and teaching. *Am. Educ. Res. J.* 27: 29—64

Mehan H 1979 *Learning Lessons.* Harvard University Press, Cambridge, Massachusetts

National Council of Teachers of Mathematics 1989 *Curriculum and Evaluation Standards for School Mathematics.* National Council of Teachers of Mathematics, Reston, Virginia

Nickerson M 1992 The culture of the mathematics classroom: An unknown quantity? In: Grouws D A (ed.) 1992 *Handbook of Research on Mathematics Teaching and Learning.* Macmillan, New York

Palincsar A S, Brown A L 1989 Classroom dialogues to promote self-regulated comprehension. In: Brophy J (ed.) 1989 *Advances in Research on Teaching*, Vol 1. JAI Press, Greenwich, Connecticut

Peterson P L, Carpenter T, Fennema E 1989 Teachers' knowledge of students'knowledge in mathematics problem solving: Correlational and case analyses. *J. Educ. Psychol.* 81: 558—569

Pinnell G S 1989 Reading Recovery: Helping at-risk children learn to read. *Elem. Sch. J.* 90(2): 161—182

Pinnell G S, Fried M D, Estice R M 1990 Reading Recovery: Learning how to make a difference. *Read. Teach.* 43: 282—295

Raphael T E et al. 1992 Research directions: Literature and discussion in the reading program. *Lang. Arts* 69(1): 54—61

Resnick L B 1987 Learning in school and out. *Educ. Researcher* 16(9): 13—20

Romberg T 1982 An emerging paradigm for research

on addition and subtraction skills. In: Carpenter T P, Moser J P, Romberg T A (eds.) 1982 *Addition and Subtraction: A Cognitive Perspective* Erlbaum, Hillsdale, New Jersey

Schoenfeld A 1992 Learning to think mathematically: Problem solving, metacognition, and sense making in mathematics. In: Grouws D A (ed.) 1993 *Handbook of Research on Mathematics Teaching and Learning*. Macmillan, New York

Smagorinsky P, Fly P K 1992 Patterns of discourse in small group discussions of literature. Paper presented at the Annual Meeting of the American Educational Research Association, San Francisco, California

Stevenson H, Stigler J 1992 *The Learning Gap*. Summit Books, New York

Tisher R P 1985 Student roles in the classroom. In: Husén T, Postlethwaite T N (eds.) 1985 *The International Encyclopedia of Education*, 1st edn. Pergamon Press, Oxford

Vygotsky L S 1978 *Mind in Society: The Development of Higher Psychological Processes*. Harvard University Press, Cambridge, Massachusetts

班级中学生之间的性别和种族差异(Students in Classrooms, Gender and Racial Differences Among)

教育中“差异”这一概念是有问题的。在说到其他的事情时,这个词可以用来称多样性、用来表示不公平或者用来当作劣势和无能力的原因。它还是教育心理学家比社会学家或教师使用得更多的概念。后两组群体更加倾向于就学校中显示出来的不公平的权力关系来提出教育差异问题的概念,或者在探讨教育公平或不公平时使用这个概念。相比之下,心理学家倾向于集中关注心理和人际关系水平上的性别和种族,而不是把研究投入到理解社会秩序如何维持统治地位以及理解学校关系如何使现存的不公平的社会关系永存下去。另外,在教育差异的探讨中,性别研究中的分量比种族研究中的分量要重,这可能是由于种族差异比清楚明白的男女二分关系要复杂得多。

1. 历史观点

从历史演变的角度看待差异理论是很重要的。19 世纪以及 20 世纪早期所持的性别和种族劣势的生物学属性的观点,在 20 世纪后半期显得没有根据了,原因是社会的以及教育的因素显得更加重要、更加可靠也更加可接受了。关于性别和种族差异的本质以及程度问题也存在着争论。比如说,麦科比和杰克林(Macooby and Jacklin 1974)在他们对于性别差异的广泛调查中发现,男性和女性的表现差异总体上相对比较小。而且,教育对于诸如低收入以及不同文化群体的相对异质性等社会因素的影响效果使得种族差异的认定很成问题。

另外,识别差异会在一个根本上不平等的社会里增进教育平等的这种可能性也受到了挑战。

萨鲁普(Sayup 1986)提出了如下的问题:“如果社会是在权力、财富和教育等方面有差异的,从这种差异性的社会的不同部分进入教育系统的孩子们如何能够公平相处呢?”(P. 3)然而,研究者们探讨并确定了一些教育不公平的模式,他们主要是集中在性别差异上,但也对于种族差异有所考虑。这些模式都有比较详细的论述。

2. 语言

语言被认定是一种男性和白人的权力关系统治得以维持和再创造的途径。斯彭德(Spender 1980)批评了语言被用来作为使女孩或女人处于从属地位而且按照性别界定她们——既包括在教室里也包括在更广泛的意义上——的方式。通过语言反映并构造了男性主导的经验,这样女人主要是在性别或者家庭服务角色方面被得到界定的。

语言也被证明对于黑人或者少数民族学生是有问题的。比如说,美国黑人以及英国的非洲加勒比海学生所使用的方言最初被简单地认为仅仅是发错了音的、说得差的标准英语,这样,就出现了对方言给予很少尊重的语言不足假设。然而,在 20 世纪 60 年代,开始把黑人英语看作一种标准英语的正当方言的社会科学家们重新考虑了这种立场。

但是，由于对于标准英语的强调（比如说在英国国家课程中）越来越受到提倡，由语言差异引起的问题依旧存在。库珀和斯图尔德（Cooper and Stewart 1987）提出的克服这些差异的一种策略是：在对学生的讲话不做出批评的前提下指出这种差异，这样就强调了语言差异而不是语言不足。

另外，写作风格与阅读选择方面的性别差异也是很明显的。女性学生倾向于更广泛的阅读，而且，与那些倾向于把阅读主要集中在信息性、非小说性文本方面的男性同伴相比，女性从阅读中获得更多的乐趣（Gorman 1988）。有人论证这些阅读模式对于写作风格有影响，结果导致女性学生偏爱散文类型的叙述，而男性学生则偏爱事实性的、形式更为简要的交流（Stobart et al. 1992）。

3. 学生的自我概念

学生对自己先前表现的感觉如何，对其在学校中的表现是至关重要的：因此，学生自我概念差异方面的研究就有相当的重要性。然而，研究证据还是缺乏确定性：研究发现差异很大——从男女生之间在自我观念上几乎没有差异（Chapman and Boersma 1983）到男性的自我形象要高得多（Connell 1975）。

类似的研究结果也受到了挑战，如黑人孩子倾向于把自己看成失败者以及学业的失败者是由于他们的负面的自我概念以及低下的自尊。比如说，米尔纳（Milner 1983）提出对自己的肤色觉得羞耻的黑人之所以有这种感觉，是因为白人社会强迫他们接受了社会对他们的评价。相比之下，斯通（Stone 1981）却发现英国对于黑人的自我概念和自我尊严的研究还缺乏确定性而且有矛盾。按照她的观点，没有理由相信黑人孩子自我尊严较差而且具有负面的自我概念，而是负面自我概念假设模糊了什么是权力、阶级以及种族压迫这样的真正的问题。

4. 社会化

有人认为，社会化为男性和女性/成为黑人或白人的过程开始于家庭，并且从孩子诞生的那一刻就开始了。米尔纳（1983）主张社会化的过程是偏见最为重要的决定因素。同样，纳什（Nash 1979）坚持认为孩子们在开始上学之前就学着运用固定的模式看待女性或者种族差异。诸如语言、文学与艺术之类的文化因素在形成固定老套和偏见性的思维当中是起了作用的——按照惯例是运用“白”作为指代所有好的和纯的东西的隐喻，而用“黑”来表示坏和邪恶。学校容忍了这种老套的偏见而不是提出挑战。因此，就像父母会给儿子以更多的关注并更加可能斥责他们一样，很明显，学校里也采用了同样的模式来区别对待不同性别的学生。

5. 教师对于学生的看法

教师们更加倾向于斥责男生而且给予他们更多的注意，而与此同时在对待女生时则造成了她们更大的依赖性（Fagot 1977）。这样，男教师和女教师都鼓励他们的女学生形成老一套的服从与被动的特性，而却偏爱他们的男学生采取攻击与独立性的更加具有男性标志的特征（Etaugh and Hughes 1975）。

研究还表明，教师对于女学生有着更低的期望——这一点上与父母及学生本人一样，而在智力方面对男学生鼓励更多，要求也更多，还更加倾向于因为举止好或者表现整洁而夸奖女学生。教师还把男女学生引向传统的科目和职业，并且相信女性职业没有男性的职业那么重要（Arnot and Weiner 1987）。另外，他们在学校里分配任务时还有可能表现出性别主义：比如说，在小学的时候会选择女学生去帮助保持教室干净整洁，而让通常个头比女生都小的男生去搬动家具和设备（Clift 1978）。

同样，黑人和其他少数民族的孩子会被看成是问题，而不被认为有过好学校生活的潜力。教师们对于这些孩子的能力和潜在的学业成绩也抱有较低的期望。比如说，普罗克特（Proctor 1984）就发现对于学生较低的期望与少数民族群体的身份、不顺从的个性以及不标准的说话语音是相关的。目前存在着一种鼓励黑人学生去发展运动和音乐能力的趋势，以至于损害了他们的课业学习。另外，教师在规训黑人学生时明显地更加严厉，会把“坏”的行为归咎于他们所认为的黑人家庭生活方面的不当（Brah and Minhas 1985，Phoenix 1987）。

在与学生互动这方面，研究发现，教师是男性还是女性非常重要。在一项对6年级和11年级的班级的研究中，格里芬（Griffin 1972）发现男性教师往往更加直接和更加独裁主义，而女性教师则更加温和。然而，几乎没有什么证据表明男女教师在他们通常按照传统和老一套对待男女学生方面有什么差异。

6. 课程

学校的正式课程和隐性课程都得到了同样的关注。说到正式课程，教学大纲与教学内容往往排斥女孩和女人的经验——不管她是黑人还是白人，教科书与阅读材料通常描绘中产阶级家庭生活的传统观点（Deliyanni-Kouimtzi 1992）。尽管可以有所选择，女性学生往往会选人文、语言与社会科学，而男性学生会选择数学、科学以及技术科目——即使采取了各种办法来抵制这种趋势（Elkjaer 1992）。另外，隐性课程在区别对待不同性别的方式方面也对学生（和教师）造成了巨大的压力。

在制度层面上，在穿着（尤其在越来越倾向于让学生穿学校制服的英国）以及纪律上有着按照性别区别对待的规范。同样，性骚扰以及言语辱骂也被发现是学校生活的一个普遍现象（Lees 1987）。

在教学内容以及学校的教学大纲及课文中，黑人和少数民族的经验也没有被充分表达；种族主义在制度化上的做法抑制了黑人学生在攀登教育阶梯过程中的进步。比如说，有证据表明，不管其实际能力如何，黑人学生都要被分配到比同等的白人学生要低的能力分组中。因此这些学生就在如下各个方面受到限制，包括向他们开放的学校的资质水平（Wright 1987），以及将来进入高等教育和劳动力市场的渠道（Brennan and McGeevor 1990）。

7. 学生的表现与学业成绩

试图证明不同社会群体之间的智力差异的努力是徒劳的。事实上，皮金（Pidgeon 1987）坚持认为实验得出来的所有差异都是“制造”出来的而不是“自然”存在的。同样，当前文化上的假设和期望影响了实验的构造，结果就使得社会地位低的群体测验成绩较差（Gould 1981）。按照皮金的说法，差异——比如说男女学生测验成绩之间的差异——可能是由于测验项目之间的不平衡（对某一性别或另一性别更为有利）造成的。因此，只有适当的选择测验项目使得测验没有性别或者文化偏向时才可能构造“公平”的测验。

研究还发现测验的形式可能会影响男女学生之间的相对测验成绩——男性学生在多项选择题目上得分高，女性学生在短文类型的问题上表现好（Stobart et al. 1992）。关于不同人种群体对于测验的不同反应的研究则几乎没有。测验构造者现在面临着一个伦理问题：构建一种有性别和文化偏向的测验结果（正如当前的情况那样）的理论描述是不是合理的（Goldstein 1987）？或者，测验构造者是否应该努力创建一种在性别和文化上更为公平的评估模式，正如斯托巴特等人（Stobart et al. 1992）所建议的那样？

不同社会群体在不同科目上的差异，并没有引起那么多的争议。女性学生往往在阅读、拼写和语言技能方面表现较好，而男性学生——在学校的后几年当中——往往在数学和问题解决方面表现出色（Maccoby and Jacklin 1974），而且，女孩子往往小学阶段在学业上领先。对于这个现象可以感知到的一个原因是小学的气氛更加“女性化”，因而对女孩子来说就更为舒适。另外一个解释就是女孩子相对来说比男孩子更加成熟。当然了，成熟程度与学业成绩有关联的观念也受到了戈尔德施泰因（Goldstein 1987）的严厉批评。

女性学生可能会走完学校教育之路，但她们的学业成绩水平逐渐下滑，尤其是在数学与科学课上（Becker 1981）。对于这种发现人们给出了种种解释，比如说，女性学生更喜欢系列连续的学习（从一个确定的事情进行到另一个确定的事情，比如学习、记忆、重述要点），而男性学生往往采用整体性的方法（更加有探索性的，比如构造一个解释框架）。斯科特－霍迪格特斯（Scott-Hodgetts 1986）提示说男性学生学习更为成功（比如说在数学方面）可能是因为他们更加像多面手，在需要的时候能够在不同的学习策略之间转换。

另外有些研究发现女性学生比她们的男性同伴更加容易表现出“习得性无助”(Licht and Dweck 1983)。男性学生更加倾向于将成功归因于他们的能力而把失败归咎于努力不够,而女生却往往把成功归因于努力而将失败归咎于能力不足。女性学生有一种更为强烈的倾向把她们的成功看作是“好运气”之类的因素的结果,这意味着对于她们将来取得成功的能力不能确定(Nicholls 1979)。

8. 班级环境

关于混合班级的研究一再发现,男性学生得到教师的注意比女性学生要多(Galton et al. 1980)。教师往往对男生的学习看得更为重要而给予男生更多的辅导时间。然而,通常也是男生通过提问题而获得了更多的注意,或者通过其他的方式向教师提出更多的要求。教师的注意并不一定被认为是正面的。赖特(Wright 1987)在她对于英国伯明翰的一所综合学校的人种志研究中发现非洲—加勒比学生——不论男生还是女生——比他们的白人同伴得到更多的注意,但是这种注意却是让他们受到打击的,在学业成绩方面也是对他们有偏见的。

塞克斯(Sikes 1971)对七年级和八年级的一些班的研究发现,男性学生与教师之间的更多的接触不仅与学生调皮捣蛋(负面的注意)有关,也与学业语境有关(积极的注意)——这种接触有的是教师发起的,有的是学生发起的。这项研究还发现男性学生会被问到较高比例的抽象的而不是具体事实性的问题,而且他们对答案不确定时更加愿意去猜测。女性学生与教师的接触多数都是正向的,但她们在班级讨论中更加倾向于保持沉默。尽管这种班级互动的模式在所有的教育阶段都有所发现,其中还是有些具体的与年龄相关的因素。

8.1 初等教育或小学班级

布罗菲和古德(Brophy and Good 1974)对英国的小学进行的考察发现,尽管男孩子比女孩子更加经常地受到批评,但他们同样经常受到表扬——有时还比女孩子更为经常。教师不仅更多地去检查男孩子的作业,而且在课上往往更多地问他们问题。另外,男孩子更有可能喊出答案,这样就先一步得到教师更多的注意。弗伦奇等人(French et al. 1984)的一项研究同样显示出男孩子们往往更能够让他们的意见被人听见而且引起教师的注意。而且,班上某些男孩子还形成了一些策略以提高他们被教师问到问题的机会,从而就使得他们在课堂上成为全班注意的焦点。

通常说起来,小学的男孩子调皮捣蛋好像比女孩子更加经常而且更加强烈,这样就因此引起更加经常的批评和惩罚。然而,这种表扬和批评并不是在班级里所有男孩子中间平均分布的。布罗菲和古德(1974)发现很大比例的——有时甚至是大多数的——批评可能都会落到某一小组的男孩子的头上。这些男孩子就有可能被认为调皮捣蛋并且通常是学习成绩低的学生。在英国,这个群体通常包括在黑人和少数民族学生当中挑选出的过多的代表。与此同时,比例相当高的(由于学业成绩的)表扬落到了另外一小组的通常是白人并且学习成绩好的男孩子头上。

这样,总的来说,研究数据似乎表明,小学男生与女生在与教师的互动模式方面的差异既可能是由于教师对待两性有所不同的倾向,也同样可能是由于学生本身行为方面的差异。

8.2 中学或中等教育班级

正如前面所讨论的那样,女孩子在小学阶段所获得的学业上的优势在她们升到中等教育学校时就保持不下去了。而且,据称这种下滑是因为不适当的教师期望以及学校体制中的制度化的性别主义的其他方面阻碍了年纪长大了的女性学生发挥她们学业上的潜力(Becker 1981)。

值得注意的是,对于中学的早期阶段的研究发现,教师对待男生与女生时有着显著的差异——而且总是有利于男生。比如说,琼斯(Jones 1971)就发现所有的互动都对男生有利。大量的直接的问题、开放的问题以及积极的师生接触尤其值得注意。

当男性学生逐渐长大并且进入学院和大学时,一度好像存在于学生角色和男性角色之间的矛盾消失了。相反的事情却发生在了女性的身上,因为她们可以感知到作为妻子和母亲的家务角色限制了她们的职业抱负。由于学校中的学业成绩被看作是通往以后的角色（或者是负担家庭生计的人，或者是作为家庭的照顾者）的踏脚石，职业就成为学生期望的基本部分。与此同时，习以为常的学生与教师之间的互动模式仍然继续着。斯坦沃斯（Stanworth 1983）发现英国的中学女生觉得成功地参与到与教师的对话中间更加困难了，而且觉得她们更加"不可见"了。因此，斯坦沃斯的研究中许多教师也觉得回忆起女孩子的名字有困难，并且承认他们在某些情况下不能把某个女生和另一个区分开来这样一个事实。

9. 学校里的社会关系

学生在学校环境中的许多经验是由同伴群体看待他们的方式塑造出来的。现在出现了这样的证据表明学生受到这些经验的深刻影响。两项英国的研究说明了这个问题：第一项是关于青春期的女孩子的个人世界（Lees 1987），第二项是关于种族主义对于孩子们的生活的影响（Troyna and Hatcher 1992）。

莱斯（Less）的研究目的在于探讨学校里的社会关系系统，尤其是在班上男孩子如何对待女孩子以及女孩子如何做出反应。结果发现，不论属于何种社会阶级或者种族群体，青春期的女孩子对于她们的女性名誉都显得很在乎很焦虑，也就是说她们很在乎被人称作"贱女子"（到处跟人睡觉的女孩子）或者"保守女子"（不随便跟人睡觉的"好"女孩，被男孩子觉得可以娶作老婆的，而不是那种"轻易跟人睡的"）。莱斯对于这么大量的损害女人的名誉的词语做了评论，也对那些出于保护女孩子的女性名誉而对她们的自主实行的严格的控制发表了意见。

恶意的乱贴标签的行为也是影响黑人孩子的生活的一个重要因素。特罗纳和哈彻（Troyna and Hatcher 1992）在一项对以白人为主的小学进行的研究中发现，首先，种族和种族主义是学校生活中的一个重要特征；其次，具有种族主义色彩的骂人的行为是种族主义最普通的表现形式。

> 黑人孩子对于有种族主义色彩的骂人的行为的体验有很多差异。对某些人来说这几乎成了每天发生的事情。对另外一些人来说这种事情发生得不那么频繁——发生后就会作为一件重大事件被记住，而在新的社会环境下重复发生也是可能的。对所有人来说，这往往总是其他孩子对他们进行的语言侵犯中最伤人的形式。（P. 195）

值得注意的是，对于不同学校中的孩子们的不同的体验，从学校的职员——尤其是头儿（校长）——处理种族主义事件的立场的效力方面有一种解释。正如莱斯（1987）的研究所指出的那样，言语骚扰再一次被发现会引起恐惧并构造出控制黑人学生的体系。

10. 结论

男生和女生，以及不同种族的学生对于上学的经验是非常不同的。他们的教师和同学（尤其是异性或者不同种族的同学）看待和对待他们会有很大差别。他们被分配了或者自己选择了不同的课程。他们在学习上取得了水平不同的成绩——部分是由于给予他们的测验的类型和形式不同。他们发展了不同的兴趣并有不同的表现。而且他们可能会逐渐以不同的方式看待他们自己以及他们的能力。

关于性别和种族差异的研究的重要性在于这种研究所做出的发现可以提高人们对于当前学校教育系统中的不平等的认识，并且因此促使改革能够进行。然而，与此同时，提起注意并不能保证会做出必要的改善。实质性的改善可能需要目前学校在其中运作的经济和社会结构发生根本性的变革。

G. 韦纳（G. Weiner） 著

谭 斌 译

附录

Arnot M, Weiner G (eds.) 1987 *Gender and the Politics of Schooling*. Hutchinson, London

Becker J 1981 Differential teacher treatment of males and females in mathematics classes. *J. Res. Math. Educ.* 12(1):40—53

Brah A, Minhas R 1985 Structural racism or cultural

difference. In: Weiner G (ed.) 1985 *Just a Bunch of Girls. Open University Press, Milton Keynes*

Brennan J, McGeevor P 1990 *Ethnic Minority and the Graduate Labour Market*, Commission for Racial Equality, London

Brophy J, Good T 1974 *Teacher-Student Relationships: Causes and Consequences.* Holt, Rinehart and Winston, New York

Chapman J W, Boersma F J 1983 A cross-national study of academic self-concept using the Student's Perception of Ability Scale. *N. Z. J. Educ. Stud.* 18(1): 69—75

Clift P 1978 And all things nice.... Unpublished paper, Open University, Milton Keynes

Connell W F, Stroobant R E, Sinclair K E, Connell R W, Rogers K W 1975 *Twenty to Twenty.* Hicks Smith, Sydney

Cooper P, Stewart L 1987 *Language Skills in the Classroom: What Research Say to the Teacher* National Educational Association, Washington, DC

Deliyanni-Kouimtzi K 1992 "Father is out shopping because mother is at work": Greek primary school reading texts as an example of educational policy for gender equality. *Gender and Education* 4(1—2): 67—79

Elkjaer B 1992 Girls and information technology in Denmark-An account of a socially constructed problem. *Gender and Education* 4(1-2): 25—40

Etaugh C, Hughes V 1975 Teachers' evaluations of sextyped behavior in children: The role of teacher sex and school setting. *Dev. Psychol.* 11: 394—395

Fagot B I 1977 Consequences of moderate cross-gender behavior in pre-school children. *Child Dev.* 48(3): 902—907

French J, French P 1984 Sociolinguists and gender divisions: In: Acker S (ed.) 1984 *World Yearbook of Education 1983—1984: Women and Education.* Kogan Page, London

Galton M, Simon B, Croll P J 1980 *Inside the Primary Classroom.* Routledge and Kegan Paul, London

Goldstein H 1987 Gender bias and test norms in educational selection. In: Arnot M, Weiner G (eds.) 1987

Gorman T, White J, Brooks G, Maclure M, Kispala A 1988 *Language Performance in Schools.* Review of APU Language Monitoring 1979—1983 HMSO, London

Gould S J 1981 *The Mismeasure of Man.* W W Norton, New York

Griffin J 1972 Influence strategies: Theory and research a study of teacher behavior. Doctoral dissertation, University of Missouri, Columbia, Missouri

Jones V 1971 The Influence of teacher-student introversion, achievement and similarity on teacher-student dyadic classroom interactions. Doctoral dissertation University of Texas, Austin, Texas

Lees S 1987 The structure of sexual relations in school. In: Arnot M, Weiner G (eds.) 1987

Licht B G, Dweck C S 1983 Sex differences in achievement orientations: Consequences for academic clones and attainments. In: Marland M (ed.) 1983 *Sex Differentiation and Schooling.* Heinemann, London

Maccoby E M, Jacklin C N 1975 *The Psychology of Sex Differences.* Oxford University Press, London

Milner D 1983 *Children and Race: Ten Years On.* Ward Lock Educational, London

Nash S C 1979 Sex role as mediator of intellectual functioning. In: Wittig M A, Petersen A C (eds.) 1979 *Sex Related Differences in Cognitive Functioning: Developmental Issues.* Academic Press, Orlando, Florida

Nicholls J 1979 Development of perception of any attainment and causal attributions for success and failure in reading. *J. Educ. Psychol.* 71(1): 94—99

Phoenix A 1987 Theories of gender and black families. In: Weiner G, Arnot M (eds.) 1987 *Gender Under Scrutiny.* Hutchinson, London

Proctor C P 1984 Teacher expectations: A model for school improvement. *Elem. Sch. J.* 84(4): 469—481

Sarup M 1986 *The Politics of Multiracial Education.* Routledge, London

Scott-Hodgetts R 1986 Girls and mathematics: The negative implications of success. In: Burton L (ed.)

1986 *Girls into Maths Can Go*. Holt, Rinehart and Winston, London

Sikes J 1971 Differential behavior of male and female teachers with male and female students. Doctoral dissertation, University of Texas, Austin, Texas

Spender D 1980 *Man Made Language*. Routledge and Kegan Paul, London

Stanworth M 1983 *Gender and Schooling: A Study of Sexual Divisions in the Classroom*. Unwin and Hyman, London.

Stobart G, Elwood J, Quinlan M 1992 Gender bias in examinations: How equal are the opportunities. *Br. J. Educ. Res*. 18(3): 261—276

Stone M 1981 *The Education the of Black Child in Britain: The Myth of Multiracial Education*. Fontana, London

Troyna B, Hatcher R 1992 *Racism in Children's Lives: A Study of Mainly-White Primary Schools* Routledge, London

Wright C 1987 The relations between teachers and AfroCaribbean pupils: Observing multicultural classrooms. In: Weiner G, Arnot M (eds.) 1987 *Gender Under Scrutiny*. Hutchinson, London

教学的现实(Teaching, Realities of)

说到教学的现实就是要探讨教学的性质和组织——不是在理想、幻想、模型或者修辞的意义上，而是就复杂的工作状况以及它所采用的日常形式(有真正的教师、在真正的学校里的真正的教室里进行)来探讨。因此，说到教学的现实就是要描述性地谈论教学，而不是规定性的：要谈论它是什么样子多于谈论它应该是什么样子。这就是说要整体性地看待教学：把它看作是复杂的相互关联的成套的任务、目标、要求以及约束，而不是看作可以单独加以处理或改进的片段性的知识、技能或动机。因此，理解教学的现实并有效地理顺这些现实，就要求理解并理顺教师们实际在做什么，而不仅仅是哄骗或者鼓励他们把某些事情做得更好些。

1. 变革和实际性

在认识教学的现实这方面，教育改革以及更具体的教师改革常常做得很差。提高教学质量的努力往往把注意力集中在个体特征方面——更多地注意知识、技能以及个人素质，而不是注意在工作中限制或者解放教师的那些工作组织模式以及领导模式。人们通常试图证明或假定教学质量差往往是个体的知识、技能或者素质缺乏的结果(教育及科学部 1983)。这意味着一种缺失性的教学模型，在这种模型下教学质量差的原因是素质缺乏、学习上有差距或者教师的能力与要求他们完成的任务匹配不佳。

然而，教师不仅仅是技术意义上的学习者，他们还是社会性的学习者。作为社会性的学习者，教师会积极解释、理解他们工作场所的状况并根据要求做出调整。按照这种观点，有些人确认教学质量“糟糕”的原因，通常源于对教师职业要求的理由充分的、合理的反应：是来自解释方面的要求，而不是认知上的不足；是由于策略的力量，而不是由于个人的无力。这样看来，教学质量差往往是由于工作环境不利。同样，更加注重协作的、有利的工作环境以及整体性的认可、奖励及风险承担原则会提高教师的效能感(Ashton and Webb 1986)并提高他们对学生的学业成绩施加积极影响的程度(Rosenholtz 1989)。

认识到教师是社会性的学习者，使人们不仅仅注意到他们进行变革的能力，还使人注意到他们要求变革(当然还有要求稳定)的愿望(Louden 1991a)。实行教育变革及改进的政治与行政措施通常忽略、误解或者不顾教师的愿望。从这一方面看来，这些措施与教师发展的愿望常常是不一致的(Hargreaves 1993b)。变革措施通常依靠强制、约束和策略的原则来使教师进行变革。他们往往认为教育标准并不高，年轻人学业失败或者退学是由于许多教师的做法是不完善的或者不对头的。政治家和行政管理者们认为，对于这些不足以及效率差的状况应该采取激进的纠正措施，需要采取决定性的干预和控制措施以使教师技能更高，更有知识，并且更有责任心。

对于大多数教师来说，现实的变革最根本的一点就是它是否实际。按照他们这种实际性的标准判断变革，表面上看起来好像相当于检验抽象的理论对粗糙的现实的恰切性，但实际上还不仅仅如此。教师们的实际性准则当中包含了一种有力的关于什么能行得通以及什么行不通的意义。这不是在抽象意义上说的，也不是作为一种普遍的规则说的，而是对特定环境下的某一特定教师来说是否行得通。对于教师们来说，教学的现实就是教学的实际性。因此，要问一种新方法就远远不只是问它是否行得通。这还意味着要问它是否适合那个环境、它是否适合那个人、它与有关人员的目的是否一致、它对他们的利益是有帮助还是有害。

2. 承诺和目的

教学不仅仅是件技术性的事情，它还是有关道德的事情。说教学是有关道德的事情有两层意思。首先，对于孩子们的生活和发展来说，教师是最重要的影响因素之一，他们帮助社会造就了未来的一代。第二，就像许多其他的职业行为一样，教学从根本上说要在一些不可避免的不确定的形势下做出某些任意的判断。教学过程中充满着实际的判断，这些判断还是反思性的——即使仅仅是在非常短暂的意义上（Louden 1991b）。对于这些决定来说，只有极少或者说没有什么可以系统地从一种形势下运用到另一种形势的经验法则。

由于教学是一件有关道德的事情，它对于从事它的人来说就是有目的要求的。有一些事情是教师所看重的，他们要通过教学来取得这些；也有些事情是教师不看重的，他们害怕这些事情行不通或者可能会对他们所教的孩子有害。教师们的目标激发他们去做他们所要做的事情，这些目标也解释了为什么他们经常会抵制与那些目标不一致的改革。换一种方式来说，他们是忠于他们的目标的。尼亚斯（Nias 1989）描述了3种类型的教师忠诚：职业的、专业的以及事业的持久。这3种形式的忠诚并不是描述了3种教师：任何一位教师都可能展现出所有这些不同形式的要素。然而，在许多教师那里，通常是这3种形式中的一种占主导地位。

2.1 职业忠诚

职业忠诚指的是教学的传道、授业的特征，还指激发许多教师工作的关爱并接近学生的职业特征——尤其是在小学或者初等教育的水平上。吉利根（Gilligan 1982）所称的“关爱法则”（即行为的动力来自关心和照顾他人以及亲近他人的愿望）在小孩子的教师中是很重要的。尼亚斯（1989）的研究中所访谈的小学教师广泛地谈论到对他们的学生的关爱、深情甚至是热爱。伯克和弗里曼（Book and Freeman 1986）注意到，对于初等教育教师来说，关爱和照顾的目的作为进入教学行业的理由的情形比起中等教育教师来说更加普遍。在洛尔蒂（Lortie 1975）关于初等教育教师的经典研究中，关爱孩子并同孩子们一起活动所带来的开心和满足是教学工作首要的心理上的回报。

然而，教育改革往往是较少由关爱法则来推动的，而是由其反面的（可以论证为更加刻板的、男性化的）责任法则来推动。这种责任法则在计划与教学上强调职业义务和进步。从这方面来看，忽视教师的目的与职业忠诚不仅在职业上是失礼的，在实际上也是不恰当的。忽视教师的目的可能会导致教师动机下降、效力降低。尼亚斯（1991）描述了英国国家课程纲要中详细的要求规定如何在小学教师当中引起了深刻的丧失和剥夺的感觉，而且使得他们再也不能有时间以他们觉得重要的方式关心并亲近那些孩子们的个人问题了。诺伊菲尔德（Neufeld 1991）记录了一组加拿大初等教育教师中同样的感觉。由于要实行一个积极学习计划，教师们受到时间要求的限制和重压，以至于没有办法满足他们的学生的个人的情感需要。美国的阿佩尔和容克（Apple and Jungck 1992）描述了教师工作上的趋向如何侵蚀了他们以他们自己喜欢的方式关心孩子们的能力，因为他们在工作上越来越受到规定计划中的详细的按部就班的要求的限制。

对许多教师来说，关爱在感情上及道德上是他们工作生涯的核心。没有认识到关爱的重要地位的改革努力，从根本上威胁或贬低了教学的情感及道德特征。

2.2 专业忠诚

专业忠诚描述了教师要做到有学问、有能力并且在教学上有效力的承诺。专业忠诚关乎如何把工作做好。作为一种自我满意的源泉，一旦教师度过了教学工作的头几年后，专业忠诚往往会加强，教师会开始对他们自己专业上的精通、授课范围的拓宽以及即兴发挥的能力感到自豪。专业忠诚作为忠诚的首要地位在中等教育学校教师当中比在初等教育学校教师当中更为突出。在中等教育学校的教学中，职业忠诚主要集中在对科目的精通以及科目的专门知识上。致力于教授一门科目是中等教育教师进入这一职业的主要原因（Book and Freeman 1986）。而对个别学生的关爱对他们来说就没有那么重要了，这是一个使得许多中等教育学校很难成为对学生提供更多关爱的团体的老大难问题（Hargreaves 1982）。

从中等教育学校中教师对于他们的专业科目的忠诚可以看出教师的使命同教师作为一个人之间的密切关系。科目不仅仅是智力上的团体，它们还是社会性以及政治性的团体。它们赋予了教授它们的人以意义和身份。中等教育教师作为学院或大学的毕业生通过获得科目身份和忠诚而得以社会化。对他们来说不同科目的系部往往是比外部的学校更有意义更可见的团体。科目以及它们所在的系部提供了在中等教育水平上事业发展和职业上的主要分界线。

关于进行课程综合的提议对教师的科目提出了挑战，因此就不仅仅被看作是为了与这个时代的需要相一致而进行的重新构造知识和学习领域的理性尝试。它们还被看成是对事业、安全感、身份以及根本上的能力感的威胁，而且这一点也被深深地体会到了。正如哈格里夫斯（Hargreaves 1980）所指出的那样，能力焦虑——对于在同事面前显得能力不足的恐惧——可能是教学工作中最为基本的焦虑。因此，关于进行课程综合的提议就触动了教学人员当中关于职业忠诚、科目身份以及维持能力愿望的根本的基本现实。

2.3 事业延续忠诚

事业延续忠诚是指为了安定感以及内在的回报而继续从事教学工作的这种忠诚。教师可能会由于教学工作而改变忠诚，正如本身对教学工作忠诚一样。那些进入职业生涯晚期的教师，他们已经对教学工作注入了大量的时间和其他投入，并且已经建立了家庭，有了需要赡养的人、按揭消费以及其他的生活投资。因此即使革新和变化会真正威胁到他们的目的和满意度，他们也会觉得不得不继续从事教学工作。

由于这些原因而继续从事教学工作的教师是属于那些最有可能对变革不抱幻想并抱有抵制心理的。但是，对于那些处于职业生涯的中期到晚期之间的教师来说，教学工作的现实就更为复杂些。休伯曼（Huberman 1992）以对160位瑞士中等教育学校教师所做的访谈为基础进行了研究。他的研究表明大多数处于职业生涯的中期到晚期之间的教师都不大可能以极大的热情拥护变革。有两个群体——分别被休伯曼描述为“防御中心”和“放弃幻想者”——对变革持深刻批判态度。他们曾经（准确地）预言了过去的改革的失败并成功地摆脱了它们，而且现在也继续这么做；或者他们曾经对改革倾注了大量心思但却由于资源被撤走、改革破灭、革新家离开了而遭到“出卖”。

其他的教师——休伯曼称之为“积极核心”——对革新不是那么轻视，但是他们的反应和热情也是不温不火。由于见过了不少曾经的变迁，他们对于学校范围的改革抱有注重实际的态度。他们对于死亡的感觉更加强烈了，这就使得他们更愿意保持工作和生活之间的平衡，而且心态也趋于平静。而这一点发现和做法在男人那里经历的比女人要晚很多（Krupp 1989）。这些“积极核心”对变革有所准备，但是他们采取的方式是强化而不是颠覆他们过去的专业技能和努力——增加他们在课堂上的讲课的储备而不是改掉了他们以前所做的事情。处于职业生涯的中期到晚期之间的教师的教学工作的现实是这样一种状况：温和的、逐步的、有礼貌的变革会被主动接受，而那些带来剧烈变化的变革几乎肯定不能被主动接受（Fullan and Stiegelbauer 1991）。

3. 职业与生命周期对教师的影响

职业生涯中期的教学工作的问题特别指对于

教师如何教学有重要影响的更为广泛的职业与生命周期方面的影响因素。职业生涯早期的教师——尤其是发生在年轻人身上——通常是专注于班级管理以及确立能力。他们会在工作上花费极多的时间,并且一旦他们的能力确立以后就会聚集他们所有的时间、力量和忠诚来拥护革新。这样一来,他们就乐于接受革新,但同时也容易把自己耗尽(Knowles 1988)。在进入职业生涯的早期阶段时,年轻教师可能也同时处于个人自我发展的相对早期阶段。这种早期的自我发展的方式会影响他们成功、自信的与他人共事的能力,因为自我界限与自我感觉发展不良的教师在与他人共事时会害怕受到"入侵"。进入这一职业的年轻教师在这个时候尤其脆弱,因为他们进入的是一个充满复杂的责任与人际关系的职业,而且他们自己的个人成长还远远没有到成熟的时候(Nias 1989)。

然而年龄和经验的增长并不能保证带来更大的智慧:它还可能带来僵化的观点、过时的理解、教条主义以及顽固不化。比如说,斯托达特(Stoddart 1991)对通过轮换证书的培训模式进入教学工作的教师进行了个案研究。这种培训模式的设计目的就是让更加成熟更加有经验的人进入教师职业。他的研究发现:

> 这些人对教学有强烈的忠诚感以及个人品质,这种忠诚和品质是造就杰出专业人员的基础。然而不幸的是,这些品质没有通过系统的职业教育加以提升。面对教学工作中的困境,他们的资源有限,无法做出灵活的反应……他们形成了一种刻板式的实践方法,这种方法是由特定的科目课程以及他们自己的观点塑造出来的。他们应用着以及误用着这些教学方法,几乎没有什么机会来反思以及批判性地分析他们的教学行为的结果。(P. 228)

不管教师处于生命周期的哪一个阶段,都可以证明反思经验并重建经验是必要的。当教师逐渐体会到他们的生活对于他们的工作产生的深刻影响时,这种需要就感受得尤其明显。对于某种特定的信念系统及意识形态长期以来的信仰会对教师如何教学与学习留下持久的影响(Louden 1991b)。有时这种信仰的忠诚也会在宗教和精神方面对他们的工作产生重要的影响——比如说通过热切的天主教教义(Woods 1981)或者神赐原教旨主义(Stoddart 1991)。种族文化方面的依附和身份也会影响教学工作,这种情况在教师注重更为传统的、说教性的方法时最为明显。性别身份也会产生影响——尽管是以种种不同的、复杂的方式。对于许多女性来说,家庭以及家务责任把她们四分五裂(Acker 1990a),但对另一些女性来说,这些可能会成为力量、温度、支持和身份的源泉,成为能够帮助她们在工作和事业的职业漩涡中保留一些平衡感和判断力的个人之锚。

诸如亲人丧故、离婚、家庭暴力或者物质损坏之类的强烈、动荡的个人问题是教师的生活影响其工作的最为明显的情形。在学校里,教师要投入到信任和支持的合作关系中,个人生活与职业生活之间的相互交织被看作是正常的和合理的。在这些学校中,会给生病、遇到麻烦或者压力重的教师以补贴,并且给他们以支持。这里的教师可以表明他们的困境并与他人共同承担。

如果教师生活方面的研究有一个缺陷的话,那就是这种研究倾向于以一种单向的方式解释教师的生活与工作之间的关系:只探讨了生活对于工作的影响而没有反过来探讨另一面。在最糟糕的情况下,这种偏颇的做法可能会(无意中)为对于教师的问题的缺乏依据的解释提供支持——这些解释会把问题断定为个人的或者私人的问题并如此对待,而事实上这些问题的根源却在于工作场所的条件及管理(Ashton and Webb 1986)。还应记住,工作场所里发生的问题可能会对工作场所以外的生活产生深刻的影响,这一点是非常重要的。而这种影响可能是积极的,也可能是消极的。确实,未来的教师生活研究中一个优先考虑的重要方面很可能是要确定什么样的学校教育以及教师工作的模式会提高教师的生活质量而不是相反。尤其要说明,有一种情形可以把改善学校状况的研究和改善教师的生活结合起来:这要看长期下来,成功的、创新的学校是把教师一直压榨到他们的个人生活以及自我的东西什么都没有了,还是通过让教师体会到享受与自我实现的方式提高和活跃教师的生活。

4. 应对策略

教学至少部分地是一个策略的问题。教师是他们目前以及先前的工作环境制造出来的产品。他们是环境的产物。他们进行教学的方式演变为他们追求重要目标的策略。这些策略发展成为他们调整自身以适应特定压力、意外事故以及环境期望的方式。当这些压力达到极端时,教师的策略可能会不顾一切,成为纯粹的生死存亡的问题。即使在极其有利的环境下,所有的教学工作也在某种程度上是理想的目标与实际的现实之间的建设性的交易(这种交易有时是要精心算计的,有时则是常规的因而是自然而然的)。这些建设性的交易,或者说应对策略是教学工作的一个关键方面。

应对策略把教师的目的及其本人与他们工作所在的环境联系了起来。策略与环境之间的联系是复杂的,因为教师的策略受到许多其他因素的影响,比如教师个人的生活史特点、职业生涯阶段、教育目标以及学校在风气或制度上的偏向。这些复杂性可以解释为什么试图建立教学策略和环境间的一种清楚明白的一对一的对应关系的努力没有取得成功。然而,在教学工作与其他现实的联系中,教师的工作环境在影响教师的行为以及帮助形成反映他们工作特点的应对策略方面仍然是极端重要的。

5. 工作环境

有3种形式的工作环境帮助构成了教学工作的现实:持续性的环境、变化中的或者当下的环境以及可变性或多样性的环境。

5.1 持续性的环境

教学工作的持续性的环境可以通过萨拉松(Sarason 1990)所说的教学工作的基本规范性看到,也就是那些工作方面明显固定的、普遍存在的而且很难消除的特征属性,这些属性规定了工作如何去做并且不允许试图去改变它。但是,这些看起来固定的规范性有着相当具体的、深刻的历史根源(Cuban 1984)。根据教育史学家的记录,现代学校体系是随着为满足制造业和重工业的需要而设计的工厂式的大众教育体系而产生的。这种体系大批量地"处理"学生,把他们隔离开来形成名为"年级"或"标准班"的年龄分组群体,按照标准化的课程或教学大纲教授他们,并运用以教师为中心的讲课、背诵、问答作为安排方法。另外,作为这种服务于拥有广大劳动阶级的越来越整体化的社会的大众教育体系的一种补充,还存在着服务于商业及社会精英的更加精选的州立及私立中等教育。这种精英教育根植于学院派、贵族式的冥想研究的传统,脱离了实际方面的考虑,并且是立足于特定的领域——这些领域的科目可以赋予成功完成这些科目的人以文化资本。这些社会和历史状况就确定了教育的基本要素及基本假设。教师的大部分工作就在这种框架和假设下发生,这些框架和假设也为许多人规定了"真正的学校"。因此,准确的上课周期、年龄分组班级、以科目为基础的学业课程以及纸笔测验在很大程度上是特定的社会历史条件的产物。然而,这些做法又逐渐确立了一种教学以及教师工作的规范。而且这种规范很难打破或者重建——尽管刚刚兴起的后工业时代的教育要求似乎需要新的教学以及教学工作组织模式予以满足(Hargreaves 1993b)。

5.2 当下的环境

尽管教师工作的持续性环境中由于累积以及新的责任与任务的扩展形成了种种现实和规范性,这项工作还是随着校园以外的世界的变化而在其基础方面进行着变革。富兰(Fullan)和哈格里夫斯(1991)以对初等教育教师的访谈为基础,记录了如下的状况:从承担更多的"社会工作"责任的角度来看,他们的工作正在发生变化;应对班级里的学生能力和行为跨度越来越大(特别是由于要把有特殊需要的学生整合到标准班级里的趋向)所带来的挑战;更大的文化和种族多样性以及这种多样性对于更加多样和敏感的规划所提出的要求;越来越多的责任要求以及表格工作;还有需要越来越多的时间用来工作、交流、见家长、见校长、见其他同事,以此来满足学校不得不面对的越来越复杂紧迫的要求。对于这种变化中的当下的环境,两种主要的解释是专业化的解释以及强化。

围绕专业化的原则所组织的意见强调通过扩

展教师的角色而努力争取更大的教师专业化，在有些情况下则是要实现更大的教师专业化。按照这种论述的描绘，教师——尤其是初等教育教师——对于整个学校课程的发展具有更多的经验，他们更多地参与到双向支持的合作文化以及职业成长中，致力于持续的进步，投身于学校范围内的变革过程。按照这些说来，教学工作要变得更加复杂、更需要技能。从这种观点看，霍伊尔（Hoyle 1975）所称的“延伸的教师职业地位”以及尼亚斯（1989）更为慎重的措辞“有界定的专业性”就新出现的现实，又意味着一种抱负。

另一种意见大致是来自马克思主义的劳动过程理论，这一理论更多地把教学看作是一种具有自身独特的、不断变化的劳动过程，而不是一种职业或手艺。这种意见突出强调了教师工作中非专业化的趋势。教师的工作被描绘成变得越来越常规化和非技能化，越来越像等级不高的手工工人的工作，越来越不像一个自主职业的工作。教师被描述为越来越受到规定计划、制定好的课程以及按部就班的教学方法的控制。

另外，根据拉松（Larson 1980）更广泛地对于职业以及半职业的劳动过程的分析，有人宣称教师的工作变得越来越加强了，教师被期望对更大的压力做出回应而且不同的条件（最好是稳定的，最差则是在恶化）下依照越来越多的革新方案去行事。经论证，工作的强化会导致放松释放压力的时间的减少，导致缺乏时间更新提高自身的技能，导致与同事合作的机会不足，还会导致长期延续的超负荷运转——这样的结果就必须依赖外部的专家意见及材料，在工作中必须抄近路而降低了工作质量，而且还得分身承担太多的工作。按照这种观点，所谓扩展的职业化只不过是一种说法好听的把戏，是一种让教师们心甘情愿地进行合作而发挥更大的作用的策略——因为在共同的领导以及其他的名义下，教师要付出越来越多的努力。

哈格里夫斯（1992）对28名加拿大初等教育教师的状况以及他们对于教师联合会所要求的增加备课时间的理解和反应进行了调查，这一调查对于工作强化的主题提出了一些批评性的问题，并对这种做法提出了一些重要的修正意见。首先，有些教师抵制增加备课时间，因为这样做就会减少他们与自己的班级相处以及向班上的学生提供关爱的时间，这种做法损害了他们的目的和志愿。其次，通过备课时间让教师进行合作的机会以及提高专业化的做法在管理上往往不那么自然，而且控制的方式还会损害这种专业化。第三，在备课过程中教师中往往缺少组织好课堂所必需的专业知识，这就不可避免地导致项目依赖性、技能下降以及某些课堂上的质量下降。这样做的本意是要克服劳动强化的影响，结果却还是产生了同样的效果。阿克（Acker 1990b）对小学英语教师的状况以及工作进行了研究，结果提出了类似的问题，就是人们太喜欢把教师工作中的变革理解为与去技能化等同的做法。

当前教师工作中的变革不是英雄般地宣布提高专业化所能包括的，也不是从新马克思主义的劳动过程原理中衍生出来的关于劳动强化与去技能化理论所能包括的。当前我们这个社会越来越后现代，是多元性、文化多样化和信息密集的社会，其中充满着不确定性并且受到加速的变化以及时间、空间紧迫这种特征的强烈影响。在这样的社会背景下，随着教师工作改革而来的意料之外的结果、官僚政治的复杂性以及对于教学工作更高更多的期望，都有助于形成当前教师工作的环境（Hargreaves 1993a）。

6. 多样性的工作环境

正如存在着影响大多数教师并构架着他们的工作的现实、持续的以及变动的背景一样，教师工作中还有差异性和多样性的背景，根据进行教学的场所不同，这些背景会导致教学工作的现实上的差异。在一项有关中学工作环境的大型研究中，麦克劳克林（Mclaughlin 1993）抽象而具体地描述了一系列这样的背景以及它们对教师工作的影响。这些背景包括有关学生的背景、学科部门的背景，还有学校、社区以及体制的背景。

梅茨（Metz 1990）指出教师在很多方面是由他们的学生来说明的：学生成功、状况好就反映并加强了对于他们的教师的状况的认识；结果，教师有些时候就会尽力去避免与那些可能有损于人们对他们的印象的学生接触。教学工作的这一现实说明为什么许多教师要尽量避免被分派到学习水平低的班级的一个原因;也说明了为了反对这种不公平而采取不分轨或者不分流的做法是有道理的(Oakes 1985)。

正如前面所提到的,中等教育学校里的学科部门为许多中等教育教师提供了一个比起整个学校来说更直接更有意义的背景。不同的学科部门在文化氛围、领导以及支持的力度上有所差异,而且在影响教学质量以及教师革新的愿望的方式上也有差异。

不同的学科部门在他们对于教学、学科问题、评估方法以及学生分组方面的共同看法与实践做法也会有所不同。同样的革新措施,比如课程整合在不同的学科部门实施就会导致不同的现状。

在学校所在的不同社区之间也可以看到这样的差异。比如说,麦克劳克林 (1993)的研究就表明,由于学校所在社区的社会经济地位不同,教师的合作就会有非常不同的意义。在中产阶级社区学校中,合作往往集中在教学项目及学业方面。而在劳动阶级社区学校中,合作则更多地以解决学生的需要和要求为导向。

7. 文化

教师的忠诚、身份以及策略都不是单独确立起来的,而是通过与对他们有重要意义的其他人的互动而建立起来的。在这些有重要意义的其他人当中就有他们的合作者。教师与他们的同事之间的关系构成了逐渐开始被称作“教学工作的文化”的东西。

哈格里夫斯 (1993a) 区分了教师文化的两个方面:内容与形式。教师文化的内容包括:真实独立的态度、价值观、信念、习惯、设想以及做事情的方式,这些东西都是一个特定的教学群体或者更广泛的教学社区中间所共同拥有的。许多不同种类的教师文化可以而且已经通过内容做出了区分(比如说,学业基础及发展的文化、科目文化)。

教师文化的形式由这些文化的成员之间的关系模式构成。教师文化的内容就是通过这些形式才得以实现、复制和重新定义的。从这方面看来,教学队伍中信念、价值观以及态度的变化可能依赖于先前或者当时教师与其同事的关系的变化。哈格里夫斯确定了 4 种形式的教师文化:个人主义、小集团割据、合作性文化以及构造的同事关系。

7.1 个人主义

个人主义 (也称作隔绝或私人主义)的典型情形是教师主要在他们单独的班级“匣子”里自己上自己的课,很少给出或接受帮助、建议、支持或反馈,也很少参与联合计划或者关于教学实践的反思性对话 (Fullan and Stiegelbauer 1991)。对于大多数教师来说,个人主义仍然是占主导地位的文化形式。尽管个人主义有时会以职业自主的名义受到称许并被认为是正当的,但这种文化还是历史造就出来的,学校的建筑物以及时间表强化了它,教师本身也积极而有策略地把它保留了下来作为抵挡压倒一切的官僚主义的束缚的办法。另外,有些教师还会主动地选择以个人主义的方式工作,并通过这样的方式来保持对他们的学生的关爱与接触,并且从抵制群体思维的压力及文化束缚的个人孤独中体验舒适与创造性 (Hargreaves 1992)。尽管在某些时候孤独对某些个人来说在教育上好像是有益的,但普遍的个人主义的文化看起来会导致个人的不安全感、较低的风险承受水平以及教学质量下降 (Rosenholtz 1989)。

7.2 小集团割据

小集团割据的典型特征是教师分裂成为几个分离的互相竞争的子群体(比如学科部门),这些子群体在某一环境中追求不同的自我利益,而环境中的共同目的、共同理解以及跨群体的成员就很稀少了。哈格里夫斯和麦克米伦 (Macmillan 1992) 坚持认为小集团主义使得教师很难确立学校的共同目标,会导致项目及教学中的矛盾和冗余,会强化不同的科目之间以及不同的知识形式之间的令人厌恶的政治差别及地位差别,并且减少了教师跨越疆界互相学习的机会。在小集团主义的文化中,组织的整体要小于各个部分之和。

7.3 合作性文化

教师中间的合作性文化是指那种同事关系会表现为团体的帮助、支持、建议、计划、反思与反馈的原则。利特尔 (Little 1990) 确定了教师当中 4

种形式的同事关系，这 4 种关系构成了一个连续体：从松散的关系到帮助与协助、分享以及共同创作。她坚持认为只有后者才构成了一种牢固的合作形式。后者会在诸如团队教学、同行指导以及行为研究等活动中表现出来。利特尔以及罗森霍尔茨（Rosenholtz 1989）认识到这些更为牢固的形式减少了不确定性，提高了风险承受能力，培育了致力于持续进步的忠诚度，由此也提高了教师的效能感，并提高了他们的学生方面的成功（Ashton and Webb 1986）。尽管合作性学校文化的呼声在提高，这种文化在教学的文化现状中还是稀少的。

7.4 构造的同事关系

这种文化描述的是更多地靠管理上的强迫而不是很自然地形成的那种合作关系（Grimmett and Grehan 1992）。尽管它可以提供结构框架使得合作进行下去，但更多的时候这种文化是靠强力促成了合作，容纳并束缚了合作，使教师的目的服从了管理者的目的，并使教师们从事那些表面上浪费的以及分散性的努力。在诸如强制的同行指导、强迫进行的合作计划以及规定的与特殊教育教师的会面等做法中，构造的同事关系是明显的。这样一种形式的合作没有创造多少授权，却更多地制造了陷阱、诱惑和奴役。

8. 结论

在教学质量以及教师的发展这样的说辞下，占主导地位的经常是知识、技能以及能力的话语。教学质量以及教师发展面对的更多的是忠诚、环境、文化以及事业方面的现实。改革的努力终于开始致力于解决这些现实问题了。但是如果不承认还有很长的一段路要走那是不现实的。

A. 哈格里夫斯（A. Hargreaves） 著

谭　斌　译

附录

Acker S 1990a Creating careers; Women teachers at work. *Curric. Inq.* 22(2):141—163

Acker S 1990b Teachers' culture in an English primary school: Continuity and change. *Br. J. Sociol. Educ.*, 11(3):257—273

Apple M, Jungck S 1992 You don't have to be a teacher to teach in this unit: Teaching, technology, and control in the classroom. In: Hargreaves A, Fullan M (eds.) 1992 *Understanding Teacher Development.* Cassell, London

Afshton P, Webb R 1986 *Making a Difference: Teacher's Sense of Efficacy and Student Achievement.* Longman, New York

Book C, Freeman D 1986 Differences in entry characteristics of elementary and secondary teacher candidates. *J. Teach. Educ.*, 37(2):47—51

Cuban L 1984 *How Teachers Taught: Constancy and Change in American Classrooms (1890—1980).* Longman, New York

Department of Education and Science 1983 *Teaching Quality*, Cmnd 8836. HMSO, London

Fullan M, Hargreaves A 1991 *What's Worth Fighting for in Your School?* Open University, Milton Keynes

Fullan M, Stiegelbauer S 1991 *The New Meaning of Educational Changer*, 2nd edn. Cassell, London

Gilligan C 1982 *In a Different Voice: Psychological Theory and Women's Development.* Harvard University Press, Cambridge, Massachusetts

Grimmett P, Crehan E 1992 The nature of collegiality in teacher development: The case of clinical supervision. In: Fullan M, Hargreaves A (eds.) 1992 *Teacher Development and Educational Change.* Falmer Press, London

Hargreaves A 1992 Cultures of teaching: A focus on change. In: Hargreaves A, Fullan M (eds.) 1992 *Understanding Teacher Development.* Cassell, London

Hargreaves A 1993a *Changing Teachers, Changing Times: Teachers' Work and Culture in the Postmodern age.* Cassell, London

Hargreaves A 1993b Individualism and individuality: Reinterpreting the teacher culture. *Int. J. Educ. Res.* 19(3):227—245

Hargreaves A, Macmillan R 1992 Balkanized secondary schools and the malaise of modernity. Paper presented at the annual meeting of the American Educational

Research Association, San Francisco, California

Hargreaves D 1980 The occupational culture of teaching. In: Woods P (ed.) 1980 *Teacher Strategies*. Croom Helm, London

Hargreaves D 1982 *The Challenge for the Comprehensive School: Culture, Curriculum and Community*. Routledge and Kegan Paul, London

Hoyle E 1975 The study of schools as organizations. In: Machugh R, Morgan C (eds.) 1975 *Management in Education*. Ward Lock, London

Huberman M 1992 *The Lives of Teachers*. Cassell, London

Knowles J 1988 The Failure of a student teacher: Becoming educated about teachers, teaching and self. Paper presented at the annual meeting of the American Educational Research Association, New Orleans, Louisiana

Krupp J 1989 Staff development and the individual. In: Caldwell S (ed.) 1989 *Staff Development: A Handbook of Effective Practices*. National Staff Development Council, Oxford, Ohio

Larson S 1980 Proletarianization and educated labour. *Theory and Society* 9: 131—175

Little J W 1990 The persistence of privacy: Autonomy and initiative in teachers' professional relations. *Teach. Coll. Rec.* 91(4): 509—536

Lortie D 1975 *Schoolteacher*. University of Chicago Press, Chicago, Illinois

Louden W 1991a Collegiality, curriculum and educational change. *Curriculum Journal* 2(3): 361—373

Louden W 1991b *Understanding Teaching*. Cassell, London

McLaughlin M 1993 What matters most in teachers' workplace context? In: Little J W, McLaughlin M (eds.) 1993 *Cultures and Contexts of Teaching*. Teachers College Press, New York

Metz M 1990 How social class differences shape teachers' work. In: McLaughlin M, Talbert J, Basia N (eds.) 1990 *The Contexts of Teaching in Secondary Schools: Teachers' realities*. Teachers College Press, New York

Neufeld J 1991 Curriculum reform and the time of care. *Curriculum Journal* 2(3): 283—300

Nias J 1989 *Primary Teachers Talking*. Routledge and Kegan Paul, London

Nias J 1991 Changing times, changing identities: Grieving for a lost self. In Burgess R (ed.) 1991 *Educational Research and Evaluation: For Policy and Practice?* Falmer Press, London

Oakes J 1985 *Keeping Track: How Schools Structure Inequality*. Yale University Press, New Haven, Connecticut

Rosenholtz S 1989 *Teachers' Workplace: The Social Organization of Schools*. Longman, New York

Sarason S 1990 *The Predictable failure of School Reform*. Jossey-Bass, San Francisco, California

Stoddart T 1991 Learning to teach English and mathematics in an alternative route to certification. *Curriculum Journal* 2(3): 259—281

Woods P 1981 Strategies, commitment and identity: Making and breaking the teacher role. In: Barton L, Walker S (eds.) 1981 *Schools, Teachers, and Teaching*. Falmer Press, London

指定的时间和授课的时间(Time, Allocated and Instructional)

在向学生提供的教育质量的若干影响因素中,时间是最为重要的因素之一。在最为普遍的意义上,学校分配和运用时间的方式能够使学生领悟教育者所认为的重要的东西是什么。进一步说,有研究发现,时间的分配和运用总是与学生在学校中所进行的学习过程的类型和量相联系的。

1. 指定的时间

指定的时间指的是投入到学校教育或者学校教育的某些特定方面(比如说阅读、算术、艺术以及体育)的时间的量。通过把学生在校外所花费的与学校功课相关事情(比如说家庭作业)的时间也算进去,指定的时间便可增多。

对大多数情况来说,看看学校的时间进度表、日历以及有关的政策就可以确定指定的时间。学校的时间表可能是从早上9点钟开始到下午3点钟结束。在这种情况下,每个教学日指定的时间就是6个小时。在北半球,教学日历可能表明学校在9月初开学,而在5月底或者6月初学年结束。如果把休假和节假日考虑在内,一个学年大约有180个指定的教学日。联邦的、地区或州里的,或者当地的政策可能会规定学生从6岁到16岁要上学。学生们可能还会被要求学完3年的中学数学。这样,对于那些要拿到中学毕业文凭的学生来说,最少就给他们指定了11年的学校生涯,其中最少有3年是指定学习中学数学。

1.1 关于指定时间的描述性研究

各个国家在上学时间的分配上有许多不同,包括一年中学生要有多少天来上学,一个教学日要有几个小时上学,学习某一特定的科目需要几年,以及在一门科目内一年总共要花在某些特定的主题和目标上多少个小时。一般国家的学生每年在学校里的时间是192天。其中的跨度颇为明显,从加纳的每年125天(世界银行 1990)到日本的每年240天(Walberg and Fredrick 1991)。

在一天当中学生有多少小时上学这方面也存在着国家差异。日本学生每天上学的时间刚刚超过9个小时,而美国学生每天上学的时间则稍稍多于7个小时(Stigler and Stevenson 1991)。德国学生每天上学的时间可能要少到只有5个小时(Flood 1991)。研究者也注意到,同一个国家的学生每天的在校时间也有差异(Mortimore 1988)。

据世界银行(1990)估计,发展中国家学生上学时,花费在识字上面的时间大约是花费在算术上面的时间的两倍。在西方国家的小学中,这种差异甚至更大(Anderson 1994)。在这方面,安德森等人(Anderson et al. 1989)发现全国看来每天花费在数学教学上的时间都非常少,只有20分钟到50分钟。

最后,在某些特定的科目中,用于达到不同的目标、目的/主题的时间的数量也有差别。波特(Porter 1989)发现,美国的学生学习数学时,3/4的时间里教学都集中在教授包括加、减、乘、除在内的数学运算上面,而花很少时间用于理解数学概念和解决数学问题。同样,德金(Durkin 1978 ~ 1979)根据其研究得出结论说,在阅读教学中只有极少的时间是花在理解上面的,事实上大部分的时间都花在读音、认字技巧等等事情上了。

1.2 通过留家庭作业增加指定的时间

正如前面所提到的,指定的时间可能包括了也可能没有包括家庭作业的时间。无疑,家庭作业可以增加学生花费在与学业相关的事情上面的时间。当然,有多少家庭作业可以真正增加指定的时间也是要考虑的。

莱昂内和里查兹(Leone and Richards 1989)估计小学高年级和中学低年级的学生平均每周大约在家庭作业上花费6.4小时。沃尔博格和弗雷德里克(Walberg and Fredrick 1991)报道说美国的普通高年级中学生每周花费在家庭作业上的时间略少于5个小时。安德森等人(1989)发现很少有教师(8个国家中的情况是通常少于40%)每周留4次或者5次家庭作业。

基于这些估计,看来有理由得出结论:学生每周花在家庭作业上的时间不多于7个小时。这个数字略少于学生在学校里度过时间的20%。也就是说,学生在学校里每过5个小时,他们就要花大约1个小时的时间做家庭作业。从略微不同的另外一个角度看,这个数字大约是美国学生用来看电视的时间的1/5(Walberg and Fredrick 1991)。

1.3 指定的时间与学生的学业成绩

尽管指定的时间与学生的学业成绩之间的关系总是正相关的,这种相关的强度还是依赖于研究中计算指定的时间的方法。安德森和波斯尔斯韦特(Anderson and Postlethwaite 1989)总结了由国际教育成就评价协会(IEA)资助进行的一系列研究,结果发现在某一特定科目上花费的年头与这一科目上取得的成绩之间的关系是正向的。相比之下,每年花费在某一科目上的天数与相应的成绩之间基本上没有如上的关系。

尽管前一项陈述已经得到了确切的支持(Welsh et al. 1982),后面的一项陈述却与一些其他的考察结果发生了矛盾。比如说,沃尔博格和弗雷德里克（1991）发现在他们所总结的 11 项研究中，有 10 项表明增加学年的长度与学生的学业成绩是正相关的，指定的时间与学业成绩之间的平均相关为 0.22。同样，斯麦思（Smythe 1985）总结了 26 项研究，并且发现其中 23 项研究表明增加教学日或者教学周的长度与学生的学业成绩正相关，指定的时间与学业成绩之间的平均相关为 0.40。

运用家庭作业来增加用于学校和学业的指定时间的做法，导致了正向的结果。在 8 个发展中国家进行的 14 项研究中，富勒（Fuller 1987）发现有 12 项都表明家庭作业与学业成绩之间的关系是正向的。同样，斯麦思（1987）发现在 43 项研究中有 88% 的结果都表明家庭作业与学业成绩之间的关系是正向的，平均相关为 0.23。最后，库珀（Cooper 1989）发现在 20 项研究中有 14 项都表明家庭作业与学业成绩之间存在正相关，而且结果在中等教育学校阶段更为显著。

2. 教学时间

教学时间是一个合成物，包括教学日中学生接受教师教学的时间以及教师授课的课堂时间。说到教学日，其中的午饭、休息以及从一个教室到另一个教室之间运动的时间是不能算作教学时间的。说到教室里的时间，其中的考勤、规训学生、收集与分发资料以及从一种活动到另一种活动的移动（被称作“转换”）要从教学时间中扣除。

2.1 关于教学时间的描述性研究

世界银行（1990）发表的一个报告说明了在许多发展中国家指定的时间是多么容易溜走。“教学日经常开始得很晚，教师往往在星期二和星期五（逢集的日子）缺席，还有 48 个节假日要庆祝”（P.19）。工业化国家中也有同样的问题。在美国，小学中大约有 1/4 的指定时间花在了休息、午饭以及类似的活动上（Walberg and Fredrick 1991）。在英国，对于指定时间用作教学时间的比例所做出的估计与实际情况几乎是一样的（Mortimore et al. 1988）。

在教室中，有从 7% 到 27% 的时间是花在非教学事务上的。而其中低于 10% 的数字好像只能在亚洲国家中发现（Anderson et al. 1989，Stigler and Stevenson 1991），高于 15% 的数字则出现在澳大利亚、加拿大和美国（Anderson et al. 1989，Sanford and Evertson 1983）。

2.2 考勤以及教学时间的流失

教师与学生在学校的 90% 以上的时间都是在他们的教室里度过的（Anderson et al. 1989）。然而，考勤上的差异总是与学生学业成绩上的差异相关。在学生的社会经济地位一定的情况下，福格尔曼（Fogelman 1978）发现学生的考勤与他们的学业成绩之间有着显著的联系。蒙和易卜拉欣（Monk and Ibrahim 1984）得到的结论说学生的缺席可以解释 32% ~48% 的数学成绩方面的差异。最后，雷诺兹（Reynolds）和沃尔博格（1991）还发现考勤及家庭作业（参见以上部分）与科学课成绩之间的多重相关平均为 0.53，这个相关高于预测模型中所包括的所有其他因素。

2.3 教学时间与学生的学业成绩

教学时间与学业成绩之间的相关往往强于指定的时间与学业成绩之间的相关（Walberg and Fredrick 1991）。弗雷德里克（1980）发现学生成绩好的学校中指定的时间与教学时间之间的差异是 25%，而学生成绩差的学校中这个差异几乎达到 50%。

3. 结论及建议

时间在学校及教室里如何分配和运用的方式告诉了学生教育者们重视什么，并且影响到他们能够学到多少东西。时间分配到不同的科目和活动上的方式需要认真加以考察。识字的重要性真的是算术的两倍吗？艺术和体育真的在全世界的课程中都是“二等公民”吗？

一旦做出有关指定时间的决定后，注意就应该转移到把这个指定的时间尽可能多地运用于教学目的上去。在这方面，大多数改善的建议都是较为直接并且容易贯彻的。这些建议也许可以通过世界银行（1990）所提供的一套意见加以最好的总结：

> 维持教学时间需要管理上的/家长的干预，以此确保：(a) 学校在官方规定的时间都要开门，学

生都要到校出勤;(b) 在规定的教学时间内教师都要出席并授课;(c) 要避免临时的干扰,诸如管理上的或者由于来访而引起的中断;(d)在日常的天气恶劣的情况下要做出适当的安排以保证授课的连续性。(P. 20)

L. W. 安德森(L. W. Anderson) 著
谭 斌 译

附录

Anderson L W 1994 What time tells us. In: Anderson L W, Walberg H J (eds.) 1994 *Time Piece: Extending and Enhancing Learning Time.* National Association of Secondary School Principals, Reston, Virginia

Anderson L W, Postlethwaite T N 1989 What IEA studies say about teachers and teaching. In: Purves A C (ed.) 1989 *International Comparisons and Educational Reform.* Association for Supervision and Curriculum Development, Reston, Virginia

Anderson L W, Ryan D W, Shapiro B J 1989 *The IEA Classroom Environment Study.* Pergamon Press, Oxford

Cooper H 1989 Synthesis of research on homework. *Educ. Leadership* 47(3): 85—91

Durkin D 1978—1979 What classroom observations reveal about reading comprehension instruction. *Reading Res. Q.* 14(4): 481—533

Flood R 1991 Are you being served? *The Economist* 320(7722): 8

Fogelman K 1978 School attendance, attainment, and behaviour. *Br. J. Educ. Psychol.* 48: 148—158

Fredrick W C 1980 Instructional time. *Eval. Educ.* 4: 117—118

Fuller B 1987 What factors raise achievement in the third world? *Rev. Educ. Res.* 57: 255—292

Leone C M, Richards M H 1989 Classwork and homework in early adolescence: The ecology of achievement. *J. Youth Adolescence* 18(6): 531—548

Monk D H, Ibrahim M A 1984 Patterns of absence and pupil achievement. *Am. Educ. Res. J.* 21: 295—310

Mortimore P, sammons P, Stoll L, Lewis D, Ecob R 1988 *School Matters. The Junior Years.* Open Books. Wells Porter A 1989 A curriculum out of balance: The case of elementary school mathematics. *Educ. Researcher* 18(5): 9—15

Reynolds A J, Walberg H J 1991 A structural model of science achievement. *J. Educ. Psychol.* 83(1): 97—107

Sanford J P, Evertson C M 1983 Time use and activities in junior high classes. *J. Educ. Res.* 76(3): 140—147

Smythe W J 1987 Time. In: Dunkin M J (ed.) 1987 *The International Encyclopedia of Teaching and Teacher Education.* Pergamon Press, Oxford

Stigler J W, Stevenson H W 1991 How Asian teachers polish each lesson to perfection. *American Educator* 15(1): 12—20, 43—47

Walberg H J, Fredrick W C 1991 *Extending Learning Time.* United States Department of Education Office of Educational Research and Improvement, Washington, DC

Welsh W W, Anderson R E, Harris L J 1982 The effects of schooling on mathematics achievement. *Am. Educ. Res. J.* 19: 145—153

World Bank 1990 *Primary Education.* The International Bank for Reconstruction and Development, Washington, DC

其他参考文献

Ben-Peretz M, Bromme R (eds.) 1990 *The Nature of Time in Schools. Theoretical Concepts, Practitioner Perceptions.* Teachers College Press, New York

Fisher C W, Berliner D C (eds.) 1985 *Perspectives on Instructional Time.* Longman, New York

行为分析及其矫正(Behavior, Analysis and Modification of)

在教学领域,很少有什么问题能够像讨论班级管理与控制那样唤起教师那么强烈的感情。相关讨论都被归到一个宽泛的词语——“纪律”上，这个词可以指：(a) 教师用来控制他们的学生的方法；(b) 学生有效的工作及行为的一种状态；(c) 教师用来维持秩序以及适当的工作水平的手段。关于实行班级管理与控制的适当方法有许多不同的观点。这些观点包括比较人文主义的、个人化的方法——这通常是来源于后弗洛伊德主义 (Dreikurs et al. 1982) 以及其他的心理学理论 (Glasser 1969, 1985)，以及更加具有社会心理学特点的方法——这是以强调群体以及把班级作为一个系统进行的研究为基础的方法，另外还有更加行为主义的方法——这是以斯金纳(Skinner 1976) 的操作心理学为基础的。此外，新近的研究方法中采用了许多旧体系里的各种要素——这也就采取了不同程度的折中主义(Canter and Canter 1976)。

1. 教育中的操作模型

将操作心理学运用于班级实践从1940年以来就开始了。这项工作一直是既有影响力同时又经常引起争议。具体运用到班级行为时，最频繁地被用来描述这种方法的是一个概括性的词语“行为矫正”。这种方法的基础理论和历史都是来源于行为主义者和操作模型 (Skinner 1976)。运用于教育时，这个模型有4个基本原则：

(a) 强调的重点是学习的行为(也就是说，并不关注先天的或者内在的原因)。

(b) 行为的结果会影响到行为的可能性重复以及学习。

(c) 这些结果是可以改变的，从而会影响到所学习到的行为。

(d) 仔细地考察行为及其结果可以使教师能够矫正他们的学生的行为。

许多与这些原则一致的研究及学校项目在20世纪60年代后期及70年代都很著名，尤其是在美国。这些研究和项目主要是在特殊教育的背景下进行的。从那时起，这种方法论以及基本概念就更加深入到教育的主流当中了。这种方法主要是作为许多不同的方法、理论观点以及应用疗法之一进入教育的。心理学家和教师们把这些都看作是他们行业的专业工具的一部分。这些职业当中的某些人员还把行为主义看成是实行起来有困难的一个理论及实践领域。另外有些人则干脆拒绝它，因为它完全是操作性的。

2. 班级中的行为矫正

行为矫正在班级中加以运用的基础是教师要对前面所提到的原则有一个清晰的理解。明了了这一点后，在班级管理的背景下，这种方法要通过达到如下两个目标才能起作用，既要推动教师增进有建设性的、以工作为导向的行为，与此同时又要减少破坏性的以及不适当的行为的发生。对于这两个简单的目标，教师可能会有时在不同的水平上、按照不同的比例加以强调，但是它们一直都是教师强调的主要重点。事实上，这种方法在20世纪80年代期间以“断然的纪律”著称并获得突出的地位就表明了有多少教师一直很清楚他们是在“掌管”，并且意识到去避免或者处置班级中他们认为有破坏性的行为。

很值得注意的一点是，操作主义或者行为矫正以外的理论家们讨论起班级行为及其处理方法时用的是非常不同的因果观点 (Cairns 1986)。学生在班级中异常行为背后有什么心理压力、障碍或失调的问题并不是那些鼓吹行为矫正方法的人所关注的问题。学生所表现出来的能够观察到的公开行为——而不是“内在的机制”——构成了行为矫正可以处置的内容。

在班级中运用行为矫正方法时，教师的注意首先要集中在引入项目环境上(也就是班级、学校、家庭)。然后，教师需要观察学生的行为并记录需要矫正的行为。最后，教师必须确定用来改变学生行为的正确步骤。尽管这些步骤看起来很容易，实行之前对每一步还是都要仔细注意。

2.1 背景考察

班级教师要做的第一步是考察背景。当地学校董事会或者教育当局所实行的政策及实践做法都需要确切地加以评估。任何提议的计划项目都必须与当地所采取的政策保持一致。第二，教师必须与家长一起讨论提议的项目，并且向他们提供尽可能多的有关项目所采取的方法及其措施的信息。最后一点(但并非最不重要)，应该让那些行为需要矫正的孩子充分参与到项目中来，并对他们简要说明项目所采用的方法。如果项目中的孩子有着严重的问题，那么家庭、心理学家和班级教师就要一起合作，遵循一个严密的计划以及一套连贯的措施，而且他们对有关的孩子都要有充分的了解和理解。

2.2 观察孩子

观察孩子的目的是确定需要矫正的问题以及用来强化行为的恰当的措施。最初观测孩子的行为时需要注意的关键是教师要去观察、计算、记录并核对。

“观察”指的是进行实际的观测并指出教师希望促进的或者（可能性更大的是）教师发现具有破坏性而希望减少的行为。“计算”指的是系统地清点累加由教师观察到的行为。有些操作心理学及行为矫正的项目推荐说，计算时应该考虑到行为的发生率（也就是每个时间段内的发生频率，比如说每分钟20次）。

“记录”指的是对观察结果作一书面记录。这种记录可能会采取的形式有：对一周或者几天内的行为发生率绘图加以表现，用一个简单的表格呈现数据，或者其他的形式。这种记录的目的是项目开始后对行为变化或矫正进行监测。要监测变化就需要一些基准数据。所谓基准水平就是所观察到的实行改善矫正项目之前的“正常”的行为发生率。

最后，“核对”指的是核实最初的观察数据以确立真实的基准水平并做好经常检查、监测项目的进展。比如说，教师系统地观察某种问题行为的做法在最初的基准观察阶段可能会起到阻碍作用，甚至会否定进行整个项目的必要性，这也不算是什么稀奇的事情。

2.3 选择行为以及相应的措施

班级里的行为矫正项目可能会试图促进希望得到的学生行为、减少不希望看到的学生行为或者改变这两方面的某些要素。教师需要选择（在某些特定的个人化的行为矫正计划中还要确保）与学生及家长进行合作，以便决定哪些行为需要“治疗”或者说需要采取矫正行动。一般说来，情况往往是教师和家长会把注意力主要集中在那些他们希望减少或者根除的行为上面。不少适应不良、危险的或者反社会的行为往往都是那些意在完全根除或者进行修正的计划的目标。大多数强化措施在班级中的运用都是意在减少破坏性或者扰乱性的行为，而要增进那些被认为更加适合于正常的班级运作的行为。某些不受欢迎的行为包括：打架、骂人以及不停地打断别人。

教师实行一个计划，不管是促进受欢迎的行为还是减少不受欢迎的行为，都需要采用一系列的措施，如图1所示，可以在以下两个维度上采用不同的方式：伴随行为的运用或是消除，以及正向刺激或是反向刺激。

2.3.1 正向强化

伴随着行为运用的正向刺激被称作正向强化。“正向强化”这个词语被定义为这样一种刺激：当这种刺激伴随着一种行为而出现时，它会提高这种行为重复出现的可能性。在班级中可以运用的正向强化刺激有许多种类型。

非语言的强化包括手势及面部表情，比如微笑或者摆手等。通常，这些都会伴随着言语评论进行，并且是在特定的社会场景中发生。言语强化指的是深思熟虑的、伴随着行为进行的表扬或者鼓励性的话语。并不是所有的表扬都是强化。许多表扬往往是没有经过刻意选择的或者说随意的。因此，这种类型的表扬并不满足这里的定义标准。

语言强化和非语言强化都是社会性强化的表现。“社会性强化”这个词的意思是说强化刺激的含义是习得的或者说获得的。这一事实并没有削弱强化的有效性。在现代社会中，多数社会性强化刺激都被频繁地加以运用。因而，这些强化被看作是对日常生活的微妙操纵而受到批评。

符号强化是指运用某些象征符号（比如一颗

	相应的运用	相应的消除
正向刺激	正向强化	暂停或反应中断
反向刺激	惩罚	负向强化

图1 行为矫正措施的两个维度

金星,一个简单的核对符号,或者一页纸上的一个叉)作为与行为相关联的强化刺激。这些强化刺激对于学生来说应该是有意义的。这种意义可能在于它可以作为可兑换的票(比如说学生得到10颗星就可以兑换到更实在的奖品),或者意味着在班级或学校中能够参加某些活动或承担有重要社会意义的角色。行为强化刺激指的是班级中运用的某些行为,这些行为伴随着学生的某些表现给出,于是就能使得学生争着做出符合要求的表现。符号强化可以建成一个完整的符号经济体系,在这个体系里整个班级或者学校有一套符号及价值系统,就像国家的经济体系那样运行。

2.3.2 负向强化

"负向强化"这个词常常被教师或者其他人误用为"惩罚"的同义词。其实,这个词有着非常不同的含义。负向强化指的是由于某种刺激被看作是反向的或者不受欢迎的刺激而相应地消除这种刺激。比如说,某人脱掉了夹脚的鞋子(一种负向刺激)于是就觉得轻松了。这一行为就强化了这种认识:如果鞋子夹得脚痛,那就脱掉它。负向强化在班级管理中并不普遍运用。

2.3.3 暂停或反应中断

暂停指的是让学生离开教室一段时间。从图1看来,暂停相应于正向刺激随着某种行为而暂时消失。暂停是应对某些班级管理行为的一种方法。在这种情况下,学生和教师都会因正常模式"打破"一下而受益。学生一般是被送到某个位置、办公室或者其他教师那里去,在他正常上课的教室之外呆上一段指定的时间。

中断与暂停相同的地方在于它也是指相应于某种行为而暂时消除强化。但是,与中断相关联的是消除特定数量的正向刺激,而不是正向刺激消除一段时间。班级内中断的例子有:把由于实行正向强化而挣来的星或者分数给拿走。在社会上,运用中断方法的一个主要的例子就是对马路上的超速行为实行罚款。罚金(拿走钱)伴随着超速的行为而发生。因而,这种行为就导致了代价,或者说正向刺激被相应地消除了。

2.3.4 惩罚

在实施行为矫正方法时,"惩罚"这个词指的是相应于某种行为表示或者运用反向刺激。不论人们对在家庭或学校里运用惩罚持什么道德观点或个人见解,惩罚的运用总是有很长的历史,并且也有些相关的研究。大多数现代教育者都强烈地坚持认为惩罚不是个合适的办法,因此应该加以避免。

3. 贯彻实行

一旦教师分析了学生的行为、记录了行为的底线水平,并且定下了要采取的适当的措施,他或她就准备好了,可以着手执行了。在执行时有几个方面教师必须弄清楚。这些方面包括要采用的计划进度,以及项目的监控和评价。

3.1 执行的计划进度

"执行的计划进度"是对项目执行的一个描述概念,它指的是要强化的行为以及执行的频率,它还包括对于不同类型的进度计划的考虑。这些计划取决于教师是打算促进、减少还是杜绝一种行为还是一套行为。基于这些因素,几种不同的计划进度可能是必需的。比如说,年龄小的学生会对符号强化以及某些言语及行动强化做出积极反应,年龄大些的十几岁的学生在对不同的强化刺激的反应就显示出较高的复杂性。

教师们在选择执行的进度时至少有三种处理的策略。"规则、表扬、不予理睬"这个顺序意味着教师首先要建立班级的以及个人的行为规则,通过在教室中加以展示使这些规则明确下来,然后系统地往下进行——表扬那些遵守这些规则的学生,而对背离这些规则的学生不予理睬。这一策略是以麦迪森等人(Madsen et al. 1968)的早期著作为基础的,现在仍被作为一种基本方法加以提倡(Charles 1989)。这一策略的一个变式是RRP策略或者说"规则、奖励、惩罚"(rules, reward, and punishment)策略。这个变式同样是首先明确规则,并且运用表扬或奖励,但是对背离的行为不是采取忽视的态度而是做出惩罚——既不是体罚也不严重——是对不适当的行为立即给予反向的刺激。实施这种策略前,惩罚措施都由学生详细加以说明并同他们讨论过。这种策略通常针对年龄大些的学生。

另外两种策略分别是自我管理和契约管理，它们在20世纪70年代及80年代都在学校中广泛运用。自我管理的意思是学生按照达成一致的安排来执行各种类型的强化。契约管理这种策略赋予了强化过程以一种虚拟的法律责任的意味。教师和学生订立一个特定的文件，文件宣布了孩子们要执行的行为、行为的频率及水平，以及强化需要遵循的步骤。

3.2 评价项目

很重要的一点是，在评价行为矫正项目的成功与否时，最初的观测资料及所做的记录要保存下来并加以运用。在评价过程中，教师应该仔细考虑系统的运用所收集到的数据并考虑运用简单设计的实验。在整个过程中的某些阶段某些程序可能会有用，比如建立目标行为的底线水平、引入行为矫正技术、撤销这一技术（被称作“回到底线”）然后又重新实行行为矫正技术。然而，做出停止及开始的决定可能会带来更大的问题，以至于情况的变化并不见得需要做出大的调整。作任何评价都要认识到学生及家长对于项目是否成功的意见和感受。

4. 与其他方法的对比

通过行为矫正进行班级管理和控制的方法在教师、理论研究者和家长中有着很长的历史了，并且相关研究也进行得很充分，这种方法也很受欢迎。如上所述，对于这种方法也有一些批评和反对。有些质疑往往是围绕着教育者们的观念上的差异进行的。另外有些已知的问题是与执行过程相关的——这个过程被看作是完全机械的和系统化的。这些批评不能简单地拒绝或轻易地打发掉，因为有许多激烈反对行为矫正方法的从事理论研究的以及从事实际工作的教育者在致力于探讨替代的方法。

班级管理及控制方面的替代方法有很多并且很不相同。事实上，教学过程的这个方面已经产生了大量的著作、研究以及实践建议。查尔斯（Charles 1989）对其中的一些较为成功的模式（从这些模式在学校里的执行方面来说的）进行了比较粗略的考察。尽管这一著作并没有打算作详尽的考察，但它还是对比较普遍使用的八种模式进行了简洁而有用的总结（其中包括一种以行为矫正为基础的模式）。

从进行有效的班级管理的角度看，对孩子们在教室里的行为进行分析和矫正是一个需要进行研究和开发的领域。需要学生参与确定项目过程并决定相应的策略，以便联络学校和家庭。学校作为现代社会中的一个组织处于不断变动的状态中并且需要做出相应的调整，这一点对于进一步的研究是极其重要的。此外，教师和学生的相对权利问题是哲学质疑的特征，它支持对行为方法与策略的批判。在这种价值背景下能够说明行为矫正方法的价值及其适当性的研究将会非常有意义。

L. 凯恩斯（L. Cairns） 著

谭 斌 译

附录

Cairns L G 1986 Behavior problems. In：Dunkin M J (ed.) 1986 *The International Encyclopedia of Teacher Education*. Pergamon Press，Oxford

Canter L，Canter M 1976 *Assertive Discipline*. Canter and Associates，Seal Beach，California

Charles C M 1989 *Building Classroom Discipline*，3rd edn. Longman，New York

Dreikurs R，Grunwald B，Pepper F 1982 *Maintaining Sanity in the Classroom*. Harper and Row，New York

Glasser W 1969 *Schools Without Failure*. Harper and Row，New York

Glasser W 1985 *Control Theory in the Classroom*. Perennial Library，New York

Johnson L V，Bany M A 1970 *Classroom Management：Theory and Skill Training*. Macmillan，New York

Kounin J S 1970 *Discipline and Group Management in Classrooms*. Holt，Rinehart and Winston，New York

Madsen C H，Becker W C，Thomas D R 1968 Rules，praise，and ignoring：Elements of elementary classroom control. *J. Appl. Behav. Anal*. 1(2)：139—150

Skinner B F 1976 *About Behaviorism*. Vintage Books，New York

其他参考文献

Sulzer B, Mayer G R 1972 *Behavior Modification Procedures for School Personnel*. Dryden Press, Hinsdale, Illinois

班级规则和常规(Classroom Rules and Routines)

班级教师要做的一些基本的决定往往与组织管理学生的学业任务及活动以及控制学生行为有关。解决班级中的秩序问题(Deyle 1986)在很大程度上需要制定出一套可行的规则与常规并把它们教给学生(Emmer et al. 1980, Evertson and Emmer 1982)。规则与常规行使着支持与构造班级学习环境的作用,这在很大程度上就像法律和指令规范社会上人的行为一样。“以政策为导向的研究以及描述性研究都表明:正常的班级生活开始于创造出一套工作制度并制定维持制度的规则和程序,而且相当一部分的精力都要花在这个过程中”(Doyle 1986 P. 413)。尽管这个过程对教育者来说可能看起来像个常识,但站在不同的角度对规则和常规如何在班级中发挥作用的研究人员却揭示出相当的复杂性。

本词条将考察班级生活这个重要方面的有关研究视角:首先是确立“规则”和“常规”这些词汇意味着什么。我们将从 3 个研究视角简要讨论规则和常规如何发挥作用以支持或维持班级中的学习:过程—结果/行为主义视角、人种志/解释视角、系统交流视角。我们将会考察规则和常规如何确立,以及它们如何在班级中发挥作用。

另外一个重要问题关系到对已确立的规则和常规不服从的行为的处理措施,以及这些措施与各种专门设计来重新获得服从的策略有什么关联。这个问题在许多学校的纪律规划中居于核心地位,不过超出了本词条的探讨范围。然而,埃默和奥瑟克(Emmer and Aussiker 1990)已经写出了与数种常用的纪律干预措施的有效性相关的研究的重要评述。

1. 什么是规则和常规

理解规则与常规的第一步是定义它们。尽管在一些文献中这两个词语经常会交替使用,研究者以及实践者对它们加以区分还是很有益的。另有第三个词语“规程”也经常与“常规”同义使用。这两个词语之间的区别很微妙,出于本词条的探讨考虑,这里假定“常规”包括了规程。

从内容和范围上可以把规则和常规加以区分。比如说,在一家杂货店,人们必须为他们所要买走的所有货品付钱,这是明确规定的规则。而要为货品付钱,购买者就要站在某个特定的线内,这是明确的常规或者规程。在班级中也有同样层次的显而易见的规则和常规,不过像付账这样通用的规则在班级中很少见。班级中甚至像“说话之前先举手”这样普遍的规则都会常常有例外。

简单说来,规则就是对于所期待的行为的普遍准则。因此,它们负责统辖班级中的道德和伦理行为,而且往往会用具有普遍性的词语表达,比如“对你自己和他人表示尊重”,或者“到班上来要做好学习的准备”。规则是支撑所有班级行为的班级价值观。相比之下,常规则是完成某种特定任务的规程;它们是在规则所提供的价值观体系范围内如何去完成日常运转功能的方法。常规负责管辖物理关系、空间以及材料,而且往往会非常具体,比如“如果你需要帮助就举手”,“只能在上课铃声响之前用削笔刀削铅笔”。规则可以提炼成为很少的几条班级指导原则,而常规的数量就要多得多。

显然,根据这里的定义,规则和常规之间会有重叠。规则尽管说起来可以普遍适用,但诸如哈格里夫斯等人(Hargreaves et al. 1975)所做的人种志研究却表明:在实践中,在课堂的不同时刻起作用的规则会有很大差异,这就使得它们格外的情景化,因此也就更加像常规了。认为只有规则才包含班级价值观的想法也是过于简单化的,显然,制定出来并加以执行的常规也传达了在任一时间的相关信息。这一点会在以下有关人种志研究的部分中进一步详细论述。

莱因哈德特(Leinhardt 1987)从认知心理学的角度探讨了常规对于有效维持班级功能的重要性,他的研究是以埃弗斯顿和埃默(Evertson and Emmer 1982)的发现为基础的。莱因哈德特等人把规则和常规进行了对比。他们把规则定义为对行为的限制,而常规则被定义为建立起来以完成任务及实行教学的交流体系。"行为合作小册子"(P. 135)作为一种常规就起着减少对教师和学生的认知要求的作用。它是通过把某些特定的经常性的任务发展成为图解纲要从而使它自动达到这个目的。通过这些纲要教师的计划和授课变得容易了,"'把考卷交上来'这样的指令就会让所有的行动者明白期待的行为并且以一种常规的方式加以执行"(P. 138)。

莱因哈德特等人描述了3种类型的常规:管理常规、支持常规以及交流常规。管理常规包括班级内务、纪律、维修以及人员移动的任务。管理常规的一个例子是"如何排队吃午饭"。支持性常规定义并指明了要实现教学交流所必需的行为和举动,比如说"如何把考卷交上来"。交流常规说明了保证教学交流进行的互动行为。它们规定了师生之间如何进行语言接触,比如有关集体回答的常规。

规则和常规并不总是明确声明的或者由教师明白地教给学生。哈格里夫斯等人(1975)在他们进行的有关偏差行为的研究中,为了记录偏差行为而识别了规则和常规。他们发现识别这些规则和常规是一个非常复杂的任务,因为教师和学生并不能一贯地描述班级的规则和常规——尽管大多数参加者好像都能很熟练地应用规则与常规,并且对于在特定的情景下采取什么措施有着一致的理解。因此,一般说来,规则和常规是公共知识。对班级的观察以及对教师和学生的访谈揭示出一套复杂的规范和预期。这些规范和预期是高度依赖环境的,它们不仅随着环境会有很大的变化,就是在每一个环境中也会随着不同的活动而变化。

哈格里夫斯等人用"规则"这个词语既包括规则的意思又包括了常规的意思。按照这种使用他们确定出在学校运行的3个层次的规则。第一个分类是制度规则,它们规范在诸如走廊、餐厅、运动场之类的公共场所的行为。当被问到"学校规则"时,可能会被说到的往往是这些规则。第二个分类是"情境规则",这些规则只适用于特定的场所,比如说在集会上或者教室里。情境规则在某些环境里是对制度规则的补充。最后一个分类是"个人规则",这是单个的教师所独有的规则。比如说,在这个研究中就要求学生在来访者进入教室时站起来。先前一位校长在时,这个规则曾经是个制度规则。但此后除了这位教师外其他人都不再使用这条规则了,于是这就成了她的个人规则。因此,从一个班级转到另外一个班级的学生除了要满足这个班的学业要求外又有了一项任务,就是要理解不同的教师的个人规则并照其行事。

哈格里夫斯等人(1975)对班级规则进行了分组。他们的分组包括制度规则与个人规则,分别列在5个主题之下。一般说来,规则规范教师及学生的谈话、移动、时间以及师生关系和学生之间的关系。在实践中这5个主题高度重叠,多数规则都覆盖不止一个领域,各个规则要放到哪个范畴要取决于涉及该规则的环境。比如说,教师训斥两个说话的学生可以说是在运用"学生之间的关系"的规则——如果这种训斥是由于一个学生扰乱另外一个学生的学习的话。当然也可以说适用于"谈话"的规则,这表明在这堂课的这个时候讲话是不被允许的。

规则和常规可以是正式的(明确声明的、教导的、实行的)或者是非正式的(未明确声明但有关参与者对之都有预期和理解)。这两种类型的规则和常规都被透过不同的研究视角做了有代表性的研究(Everton and Smylie 1987)。基于行为心理学传统的研究考察了正式的明确声明的规则的规划、教授及其有效性。但是,许多规则与常规是班级中学生和教师默许的知识的一部分(比如说,"在这个特定的讨论中我需要举手吗?""我写草稿时需要像最后一稿那样标标题吗")。人种志/解释性研究更加可能探讨这样的规则与常规的演化。非正式的规则和常规高度依赖于环境,对于它们的确定往往需要对班级文化进行长期的观察,并对班级进行微观层次的分析。

2. 行为心理学视角下的规则与常规

过程—结果/行为主义对于规则与常规的研究重心在于那些先验的建构出来并用来组织学习环境、管理资源以及控制学生的注意力和行为的规则。他们首要关注的是规则和常规的构成。有研究表明高效率地运用课堂时间与学生更好的学业表现相关。过程—结果主义研究人员以此作为他们的理论基础,对有效地运用规则和常规如何有助于有效利用课堂时间进行了考察。"教师有多少机会高效率地运用大部分的课堂时间在很大程度上取决于教师用来构造和维持班级环境的规则和常规"(Evertson and Smylie 1987 P. 358)。在过渡转换、文书工作以及类似的课堂事件上如果有顺畅而有效的常规,那么就可以为班级的学业学习提供更多的时间。

比较有效率的班级管理者会在学年开始时花费相当数量的时间来教授规则和常规,尤其是在小学班级上,不过在中等教育班级上也会有(Emmer et al. 1980, Evertson and Smylie 1982, Leinhardt et al. 1987)。成功的管理者会花费最初几天来积极教授未来一年中要运用的常规。这几天之内的教学内容就作为一个载体来传达适当的常规。

3. 人种志/解释主义视角下的规则和常规

过程—结果/行为主义研究提供了有关规则和常规实践与学生的任务参与及学业成绩相关这方面的基本信息。而人种志/解释主义对班级交流的研究却把重心放在规模更小的样本上(经常只是一个班级),更多地注重细节,因此提供了规则和常规如何在特定的班级里起作用的信息。过程—结果研究会问诸如"什么样的规则和常规与学业成功相关?"这样的问题,而人种志/解释主义研究却要问像"规则和常规如何在这个班级中起作用?是为了谁,出于什么目的?"这类的问题。

班级交流研究者把所有的班级互动都想像成由规则支配的(Green 1983)。研究的重心也就放在支配班级中的交流互动的功能规则和期望上了。而这些规则是由教师和学生两方面构建起来的,而且在互动过程中是在不断演变的,会根据不同的任务和课堂阶段而转换和改变。而且,这些规则并不是严格地限制班级交流,而是为教师和学生提供了一个临时发挥的框架(Erickson 1982)。

有关班级交流(传达准则、规则和期望的言语的及非言语的方式)的研究表明了学生和教师如何积极交涉而构造了学习环境(Erickson 1986, Green and Smith 1983)。这些研究发现了学生要参与到课堂中去需要理解些什么以及教师如何组织这种参与。有些程式性的活动,比如如何交考卷,不需要多少理解。但是,那些非程式性的活动就需要学生正确地"读懂"要求,否则就有让他们的行为和能力得到负面评价的危险(Green and Harker 1982)。仔细观察班级活动如何演变,就可以发现班级中需要一套可见的、确立的、需要监控、矫正、改进并重建的规则和常规的体系。

这样,从人种志/解释主义的视角来看规则和常规就具有了更广泛的意义。在这一研究领域中,它们的定义被拓展了,包括了说出来的和未说出来的参与活动的准则——通常是在班级活动的微观层次上的。比如说,班级常规被假定为不仅包括了学生请求帮助时要举手这样的期望,还包括教师和学生的行为的一些微妙之处,从这些微妙之处能知道什么时候举手是适当的、谁举手会被认可以及什么时候喊叫是实际预期的行为。

哈格里夫斯等人(1975)把规则和常规看作是依赖于班级的个别阶段或课堂的情境。在他们所观察的班级中,在一堂课的5个不同的阶段中不同的规则在起作用。这5个阶段分别是进入教室、就坐/准备、上课、下课收拾物品以及离开教室。举例来说,学生在进入教室和就坐准备的阶段是被允许聊天的,但是上课阶段则是不允许的。这样的差异研究者总是能够发现。事实上,社会生态学研究就运用这种"有关适当性的规则"(Erickson and Shultz 1981)中的变换来把一堂课的序列分为几个时间阶段(Doyle 1986)。班级教师并没有明确宣布这些差异,但根据哈格里夫斯等人的观察来看,它们事实上是未经说明的准则,这些准则好像是教师和学生共同拥有的对于班级生活的预期。通过识别了未经说明的预期,这一研究指出了误解和错误传达如何得以发生,并且帮助解释了过程—结果研究的一个发现——在学年开始时用来明确班级规则和常规的那些时间对于有效的班级管理是至关重要的。

许多有关班级交流的研究考察了在特定的班级活动背景下起作用的规则,重点是放在对社会性参与的要求上。比如说,瓦拉特和格林(Wallat and Green 1979)考察了幼儿园班级中的群体互动,其中包含了表示参与结构的一些提示线索。作为一个例子,瓦拉特和格林描述了“分享时间”活动中的参与准则。活动中明确表达的规则是一次只有一个人可以说话。然而,孩子可以通过与教师的非言语交流(比如目光接触)以及言语姿态(比如在话题上停留)来成功地达到不按照次序进行的评论意见。因此,在任何时候起作用的规则都是依赖于环境的,并且是在持续进行的教师和学生互动的过程中构建起来的。此外,瓦拉特和格林还强调指出了未经说出的规则的重要性,他们特别提到:对于一个局外人来说,教师好像并没有把他们的期望加以明确,而事实上,教师和学生却都明白了所给出的言语以及非言语的信号。

人种志/解释主义研究还提供了一些其他的信息:有明确起作用的规则是如何运作的,深入到学生行为表面的背后去进行观察是非常重要的。过分强调遵守规则和常规可能会掩盖了它们是如何支持或者束缚学生的学习的。学生们可能会仅仅遵循规则而并不去进一步参与到实质性的内容学习中去。这样他们的行为就更多地成为“规程展示”或者“模拟参与”(Bloome et al. 1989)。在这种情况下,“做”常规的活动就代替了“学习”一词所定义的弄清内容的意义的活动。

4. 系统交流、规则以及常规

维贝尔斯等人(Wubbels et al. 1988)描述了可以用来理解规则与常规的第三种方法:班级互动的系统交流方法。他们把系统交流方法同其他的班级交流研究方法区分开来:前者重点强调常规和仪式的长期发展,而不是社会语言学家们所探讨的一般的短期互动单元。从系统交流的视角看来,常规是作为教师和学生努力去定义他们之间是一种什么样的关系这样一个过程的一部分而随着时间的进展而发展起来的。因此,常规和仪式就是在一个班级中随着时间的进行而发展起来的稳定的互动模式。

在同一研究的进一步解释中,克雷顿等人(Creton et al. 1989)描述了教师和学生的行为的循环作用。每一位参与者在行动时,他或她的行为就为其他的参与者的行动提供了信息,其他的参与者也会对第一位参与者的行为发出信息。因此,在常规发展和进行的过程中,不可能区分开原因和结果,看起来可能显得孤立的时间实际上是相互连接着的。班级中会发展出功能良好的常规也会发展出功能不良的常规,教师要做的事情不是去追究责任,而是要承认事实并为改进功能不良的常规做出自己的贡献。比如说,在克雷顿等人的研究中,教师就在班级中遇到了严重的行为问题。在年初,她把不适当的行为归咎于学生,对此她相应的反应就是实行看来对学生不公平的惩罚措施,这进一步加剧了学生的不良行为——而他们则把这些归咎于教师。伴随着教师和学生不断地互相指责,他们就被困在一个运转不良的常规系统之中,而这会导致行为不良和惩罚的进一步升级。当了解到这一常规如何发展的信息后,教师就能够从她这一方面打破这个系统,在这里这位教师的做法是努力寻求学生的正面行为而不是负面行为。随着时间的推移,在这种新的系统下的行为互相加强,功能越来越良好的常规发展起来了。莱因哈德特等人(1987)还记录了他们所观察的小学班级中的两个班上发展起来的功能不良的常规。

5. 结论

基于人种志/解释主义以及过程—结果/行为主义传统的研究都指出了把规则与常规作为理解班级功能指南的重要性,也都指出了只注重规则和常规本身以至于排除了课堂的内容本身的危险性。如果把关注点只集中在“做常规”而不去理解规则和常规的意义就会使得观察者、教师以及学生把规则展示看成一种理想的结果,而事实上实际的学习活动却很少或者没有发生。规则和常规可以支持教学,但是仅仅把注意力集中在这上面而不去注意它们所支持的教学和学习活动则是错误的。正如杜瓦勒(Doyle 1986)所指出的那样,在相关文献中关于班级秩序(包括规则和常规的角色)的研究和有关学习的问题的研究之间有一道鸿沟。要使得这两个研究领域都富有意义,就必须跨越这道鸿沟。

C. M. 埃弗斯顿(C. M. Evertson) 著

谭 斌 译

附录

Bloome D, Puro P, Theodorou E 1989 Procedural display and classroom lessons. *Curric. Inq.* 19(3):265—291

Creton H A, Wubbels T, Hooymayers H P 1989 Escalated disorderly situations in the classroom and the improvement of these situations. *Teaching and Teacher Education*5(3):205—215

Doyle W 1986 Classroom organization and management. In: Wittrock M C (ed.) 1986 *Handbook of Research on Teaching.* Macmillan, New York

Emmer E T, Aussiker A 1990 School and classroom discipline programs: How well do they work? In: Moles O C (ed.) 1990 *Student Discipline Strategies.* State University of New York Press, Albany, New York

Emmer E T, Evertson C M, Anderson, L M 1980 Effective classroom management at the beginning of the school year. *Elem. Sch. J.* 80(5):219—231

Erickson F 1982 Classroom discourse as improvisation: Relationships between academic task structure and social participation structure in lessons. In: Wilkinson L C (ed.) 1982 *Communicating in the classroom.* Academic Press, New York

Erickson F 1986 Qualitative methods in research on teaching. In: Wittrock M C (ed.) 1986 *Handbook of Research on Teaching.* Macmillan, New York

Erickson F, Shultz J 1981 When is a context? Some issues and methods in the analysis of social competence. In: Green J L, Wallat C (eds.) 1981 *Ethnography and Language in Educational Settings.* Ablex, Norwood, New Jersey

Evertson C M, Emmer E T 1982 Effective management at the beginning of the school year in junior high classes. *J. Educ. Psychol.* 74(4):485—498

Evertson C M, Smylie M A 1987 Research on teaching and classroom processes: Views from two perspectives. In: Glover J A, Ronning R R (eds.) 1987 *Historical Foundations of Educational Psychology.* Plenum Press, New York

Green J L 1983 Research on teaching as a linguistic process: A state of the art. In: Gordon E W (ed.) 1983 *Review of Research in Education*, Vol. 10. American Educational Research Association, Washington DC 151—252

Green J L, Harker J O 1982 Gaining access to learning: Conversational, social, and cognitive demands of group participation. In: Wilkinson L C (ed.) 1982 *Communicating in The Classrooms.* Academic Press, New York

Green J L, Smith D 1983 Teaching and learning: A linguistic perspective. *Elem. Sch. J.* 83(4):353—391

Hargreaves D H, Hester S K, Mellor F J 1975 *Deviance in Classrooms.* Routledge and Kegan Paul, London

Leinhardt G, Weidman C, Hammond K M 1987 Introduction and integration of classroom routines by expert teachers. *Curric. Inq.* 17(2):135—176

Wallat C, Green J L 1979 Social rules and communicative contexts in kindergarten. *Theory Pract.* 18(4): 275—284

Wubbels T, Creton H A, Holvast A 1988 Undesirable classroom situations: A systems communication perspective. *Interchange* 19(2):25—40

其他参考文献

Bossert S T 1979 *Tasks and Social Relationships in Classrooms.* Cambridge University Press, Cambridge

Emmer E T, Evertson C M, Clements B S, Worsham M E 1994 *Classroom Management for Secondary Teachers*, 3rd edn. Allyn and Bacon, Boston, Massachusetts

Evertson C M, Emmer E T, Clements B S, Worsham M E 1994 *Classroom Management for Elementary Teachers*, 3rd edn. Allyn and Bacon, Boston, Massachusetts

群体动力学(Group Dynamics)

群体可以定义为“两个或两个以上的相互作用的人,他们的作用方式是每个人都会影响另外一个人并受到另外一个人的影响”(Shaw 1981 P.8)。正如这个定义所表示的那样,群体是动态的。也就是说,群体的一个特征的变化会影响到其他的特征。比如说,群体交流模式的变化会改变它的规范及内聚力。

一个教育系统会包含许多群体,从班级里小的合作学习小组到大的教育者职业联合会。要理解并改善这些群体的功能运作,教育者需要了解研究者对于群体动力学有什么样的知识。在本词条中,我们将考察有关群体动力学的理论和研究发现,并且讨论这些理论和发现在5个重要类型的教育群体中的运用:(a)作为一个群体的整个学校;(b)学校子系统;(c)学生社会群体;(d)作为一个群体的班级;(e)班级内的小群体。

1. 群体的本质特征

随着列文(Levin 1948)以及其他人对于理解个人的行为如何受到他所在的群体的影响产生兴趣,群体动力学的研究开始取得显著地位。勒温等人的研究发现了有关群体及其动态互动的几个重要特征。

1.1 *群体发展*

持续研究同一个群体的研究者发现群体和个人一样,也遵循着一个发展周期。群体通常是自然发展的,也就是说,不受到外在力量的影响。比如说,来自同一个居住区的两个同龄的男孩可能会成为朋友,只需要很少的或者不需要家长的影响。另外有些组织仅仅只是为了达到一个特定目标的目的而创立起来的。比如说,一个教师把一个班分成几个小组,可能是为了分析及写一篇有关规定的短故事的报告。

群体发展的人际构成模式(Shutz 1958)呈现3个阶段,在这3个阶段中群体活动和关心的焦点分别是群体成员不同的人际需要:包容、控制和情感。在包容阶段,群体成员考虑的是这样的问题:“我在这里是不是适合?谁会接受我呢?”一旦多数成员都获得了成员身份,这个群体就会为控制的问题而努力,也就是说要发展决策准则并分担责任。在这个阶段之后,群体成员开始遇到人际友爱和密切关系的感情问题,会问到“谁会喜欢我”以及“我喜欢谁”这样的问题 。

如果指望一个群体处理超出它所达到的发展阶段的问题,那么困难就会出现了。进一步说,一个群体只有受到帮助和指导才能发展到后面的阶段,否则就会仍停留在早期的发展阶段,也就不会像一个成熟的群体那样运作。群体的目标、领导方式、交流模式、规范、内聚力以及表达冲突的方式会随着发展阶段以及它处理前面阶段的挑战的成功程度而不同。

1.2 *群体目标*

研究者已经建立了这样的理论:是共同的目标把许多个人凝聚在一起而成为一个群体。除非个人抱有作为群体成员能够达到的目的,否则他或者她就不太可能参加到或者继续留在群体中。

目标可以是具体的也可以是抽象的。如果一个目标是具体的,这个目标一旦达到了或者没有能够达到时它就会消失了。因此,教师为了一个特定的目的——诸如一场辩论或者一项班级活动——而组成的群体往往是暂时性的。而如果目标是抽象的,那个群体则可能无确定限期地继续存在,因为那个目标从未让每个人都满意地达到过。由于许多教育目标都具有模糊的特性,诸如学校进步委员会这样的群体可能会保持数年。然而,这些群体要使其个体成员保持动机并共同工作就必须形成更加具体的目标。

1.3 *群体领导方式*

肖(Shaw 1981)把领导定义为一种指向目标完成的影响过程。这样,领导就是影响群体朝着目标迈进的一位群体成员。一个群体可以有一位领导。而影响过程也可以在几位成员之间分配,每位成员可能会是对一个不同的群体目标或者指向目标的功能负责的领导。

在一项有关领导风格的先驱研究中,列文等人(1939)比较了不同群体的男孩子的行为,这些群体的领导分别具有独裁的、民主的以及放任的领导风格。他们得出的与教育相关的一个发现是:当孩子们处在具有独裁型领导的群体中时,他们会表现出比在民主型领导下的群体里多得多的敌意、侵犯行为以及代人受过的行为。

另外有些研究似乎表明当出现两种不同类型的领导方式时,群体可能会从中受益:一种是任务型领导,这种领导把注意力主要集中在群体目标的完成上;另一种是社会情感型领导,这种领导把注意力主要集中在维持成员之间的积极的关系上(Parsons and Bales 1955)。施穆克(Shmnck 1992a)坚持认为群体的社会情感方面应该受到与任务方面一样的注意和重视,除非群体领导者培养出积极的情感关系,否则负面的情感关系就会以群体冲突的形式出现。

在另外一条有趣的研究方向上,研究对比了有指定领导者的群体的行为和没有领导者的群体的行为。在没有指定的领导者的群体中,领导形式是为应对群体所面对的任务以及社会情感需要而从群体成员之中出现的。在一项这样的研究中(Carter et al. 1951)发现,自然出现的领导者会以一种比指定的领导者更加独裁的方式行事——尤其是在讨论任务的情况下。

1.4 交流

群体交流是发生在群体成员之间的言语及非言语的对话。一个群体通常会形成自己的交流网络,这种网络是成员之间的对话渠道的安排。交流网络的集中程度会有差异。在一个集中程度低的网络中,交流可以在任何群体成员之间发生。而集中程度高则意味着交流必须通过一个诸如指定的领导者之类的核心任务进行。

研究者们从人际交往过程以及小群体的表现方面比较了不同的交流网络的效果。在一项运用物理限制来代表交流障碍的经典实验研究中,莱维特(Leavitt 1951)发现,具有集中化网络的群体在完成需要群体交流的任务时,在初始时更为有效,但比非集中化网络的群体满意度要低。

萨莫(Sommer 1967)在教师的布置方面采用了莱维特的想法。他比较了学生和教师围绕着一个圆圈就座(研讨会就座方式)的教室和教师面对成排的学生(讲课就座方式)的教室里不同的交流模式。萨莫发现在研讨会式的座位安排中,直接面对教师的学生比坐在教师两边的学生参与得更积极。在讲课式的座位安排中,坐在前面的学生比坐在后面的学生参与更积极,而且坐在每排中间的学生比坐在边上的学生参与更积极。

这些发现似乎表明学生在班级交流网络里参与的能力受到他们能否被教师看到的影响。教师通常主导了教室里的交流网络(Sirotnik 1983)。在最近对一些小镇的学校的观测研究中,施穆克(1992b)发现,在他们所观察的大多数教室里3/4的话都是教师讲的,而且多数讲话都是从教师到学生的单向交流,而学生只是偶尔对教师的问题做出回答。

1.5 群体规范

施穆克和伦克尔(Schmuck and Runkel 1985)把群体规范定义为那些引导群体成员的心理过程和行为的共同期望,通常是没有言明的期望。规范只是为群体生活中重要的方面才建立起来的,它们用于某些成员可能比另外一些成员要多,它们被某些或者全部成员服从或者不服从的程度可能会不同,也可能某些成员会公开遵从但私下里却不相信它们。对于违反规范的行为,群体可能会采取温和的制裁措施也可能采取极端的制裁措施。比如说,一位女孩如果穿着套装去上学而她的同学却都穿着短裤或者休闲裤,那么她就可能成为越来越尖刻的负面评论对象。

由于规范是没有明确说出来的,它们通常需要从行为或者从成员的声明中推断出来。相比之下,规则和法律都是正式编制出来的,通常都用书面的形式。比如说,在教室里往往可以看到一系列教室规则,诸如"自己的手脚要放好"。在许多教室里,人们可以看到对这一规则的背离,于是就可以推断另有一种规范在起作用。比如说,一位男孩或者女孩与其"心上人"拉手或者拥抱、女孩抚摩或者拥抱其他的女孩子以及男孩子互相轻轻拍打胳膊或者后背都是可以接受的。

1.6 群体内聚力

群体内聚力是指群体的成员相互吸引的程度。如果群体的内聚力比较小,个体成员就会努力去提高群体内聚力,比如说通过加强交流的方式。如果这样的努力失败了,这个群体可能就会解散了。举例来说,如果一个群体的学生发现一位新同学具有非常不同的信仰或者兴趣,他们就会不再叫他或者不再跟他说话。

如果一个内聚力较低的群体勉强维持着没有解散,那么群体成员之间的互动也会是有限的、不经常的,甚至是公开敌对的。比如说,教室可能会不知不觉地把代表着相互竞争的、不同帮派或者小团体的学生分配到班里的同一个小组中去。这样的一个小组内聚力就比较低,因此不仅在达到群体目标方面没有效率,而且还会经历冲突。相反,把互相喜欢的学生分配到同一个小组会增加他们获得有效率的学习经历的可能性。

1.7 群体冲突

群体冲突是指发生不可调和的行为的一种情形,也就是说,一种行为阻碍了、干扰了另外一种行为或者使另外一种行为不够有希望或不够有效率的情形。施穆克(1992a)描述了在学校中发生的3种类型的冲突:(a)规定的冲突,这包括基于标准规则的有意图的竞争,比如在田径比赛、游戏或者辩论中的情形;(b)突然出现的冲突,其特征是计划之外的不可调和的利害争斗;(c)破坏性冲突,这包括一方有意努力给冲突的其他方带来伤害。

施穆克发现突然出现的冲突在班级群体之内和群体之间都很普遍。比如说,一位教师可能会试图帮助一位学业表现不好的学生,做法是推荐他少看电视、少参加社会交往。但是,如果这位学生非常在乎同伴对他的接受,并且愿意和朋友一起度过更多的时间,那么教师和学生就在目标上发生了突然出现的冲突。教师如何处理这种类型的冲突将会决定这一冲突是得以解决还是升级为破坏性冲突。

随着教育者们越来越明白学校里的群体之间的冲突的原因和结果,他们也形成了一项冲突解决方案。比如说,爱默生(Emerson 1990)研究了一种方案,其中小学学生在运动场上起着同伴冲突管理者的作用。他发现对同伴冲突管理者来说在角色扮演、交流技巧和问题解决技术上的过程中的训练对于方案的成功至关重要。

2. 基于学校的5种群体类型

群体动力学的法则在基于学校5种类型的群体中运行。前3种类型的群体主要在个别班级以外运作:(a)作为一个群体的学校;(b)学校子系统;(c)学生社会群体。后两种群体在班级内部运作:(d)作为一个群体的班级;(e)班级内的小群体。

2.1 作为一个群体的学校

经常会有这种说起来好听的想法:一所学校的各种成员——管理者、教师、职员、学生和家长——是一个大的群体,或者说"团体"。但是,实际上,学校中包含了各种派系、次文化、小集团以及个别的人物,他们经常相互独立操作,并且还会朝着不同的甚至是竞争的目标努力。另外,学校通常会有一些把个人互相隔离开来的沿用已久的准则。这样的准则的例子有:教师会通过禁止学生进行非正式的相互交流来保持班级里的安静及常规,教师的首要任务是处理那些负担而不是彼此之间形成密切的合作关系(Flinders 1988)。

使得学校成员不能成为一个有效的整体群体的另外一个因素是:大部分在学校里发生的交流都要通过某个关键角色——比如校长、学校秘书或者科目负责人来进行。这样,在教学人员或者管理人员那里大多数的个人之间的交流往往就很少发生,并且具有非个人化以及表面上友好"交谈"的特征。在冲突发生的时候,这些交流渠道可能就被以讨价还价和诉讼为特征(比如在教师罢工的时候)的正式渠道取代了。

每一学年开始都会有一个新的"群体"这样一个事实也增加了形成整个学校群体的难度。每年都会有些职员可能离开、死亡或者退休,同样的,学生也会毕业、退学或者换地方。

有些教育者运用组织发展的方法来解决使学校只停留在初级的组织发展水平而不能作为一个有效的工作团体来运作的问题。组织发展(OD)的主要目标是帮助学校获得解决自身的问题的能力,以使得它能够作为一个整体有效的运转来达到它为自己设立的目标。

施穆克和伦克尔(1985)开发了一套学校组织发展的理论以及有效地执行这种理论的技术。这套技术包括了各种规程,教育者们可以用来诊断他们的组织的健康状况、设计适当的组织干预措施,以便学校能够成为一个有效运作的工作群体。

在欧洲,教育领域的组织发展服务在有着民主政府传统的国家里非常盛行,尤其是在荷兰和斯堪的纳维亚(在这两个国家组织发展又经常被称为机构发展)。在德国,对于机构发展咨询服务的主要技术支持来自多特蒙德大学。斯特福德(Stratford 1987)首先在英国对学校教师进行了组织发展方面的研究工作。

2.2 作为群体的学校子系统

随着学校规模的扩大(尤其是在市区里),教育者们对于把学校的所有成员组织成为一个有内聚力的群体或者学习团体的困难表示担忧。这个问题的一个解决方案是形成学校内部较小的子系统。这样做的前提是:由于子系统的成员比较少,它可能形成比在整个学校里可能形成的群体更加有内聚力的群体。把学校重新组织成为更小的单位的运动——诸如减小班级规模的运动——部分地基于这样一个假设:通过增加群体内聚力,规模较小的群体可以促进学生学习并获得更多的自尊。

有一种类型的学校子系统被称为一个"核心",这个概念在美国的中学变得越来越普遍。比如说,一个有600名学生的学校可以形成4个分别有150名学生的"核心"。每一个核心的资源及课程都是相当类似的。在这些子系统中可能会形成群体规范。比如说,可能会有一个规范规定对待子系统内部的人要和对待外部的人有所不同。学校的职员可能会通过发起各个核心之间的竞争性活动来培育这种规范。比如说,可能会发起学生募集资金的活动,募集到最多资金的那个核心可以获得一笔特别奖金用以补充课程所需。这些活动造成不同核心中的学生之间的规定性冲突的同时,也可以起到增进核心内的学生之间的群体精神以及内聚力的作用。

另一种发展学校子系统的方法是创造选择性的学校教育项目。比如说,学校可以既容纳传统的学业项目又容纳与之并行的基于开放的学校教育理念的项目。如果两个项目由同一个校长领导,那么每个项目的教师就只负责数目较少的学生。由此我们可以猜想在每个较小的项目中会有更多的教师和学生面对面地进行互动的机会,而且这样的互动会促进群体发展。另外,子系统还定义了不同的群体目标,这些目标可能会更加容易达成,因为家长们——也可以指望学生们——可以自由选择这些目标。

对于"核心"以及选择性学校在培育群体内聚力和学生个人学业成就方面的有效性目前还没有实质性的研究。不过,形成这样的学校子系统看起来好像是改善学校氛围及学生成绩的一个很有希望的趋势,因为它们是以可靠的群体动力学原理为基础的。

2.3 学生的社会性群体

学校中许多学生所属的群体是额外的或者说主要是在班级之外运作的。这些群体分为两种类型:主要出于友谊的目的而存在的自然群体,比如帮派或小集团;专门设计出来实现某个特定的目标或者活动的行动群体,比如俱乐部以及运动队。在成年的学校职员之间或者班级内的学生之间也会形成一些基于友谊或者共同活动的群体。然而,研究者们把注意力主要集中在班级之外的学生社会性群体上面,因为这些群体比较显眼而且会对学习结果有潜在的影响。

第一种类型的学生社会性群体主要是在班级之外运作的自然群体或者说友谊群体。施穆克(1992b)在他们对小型学校进行的研究中发现,学生们把"跟朋友在一起"看作是上学最好的一件事情。学生自然群体的首要目标就是其成员之间的社会情感联系。来自不稳定家庭的以及很少得到学校教职人员的帮助和鼓励的学生通常会去寻求帮会身份,并以此作为归属某一凝聚性群体的方式(Huff 1990)。

在内聚力强的群体中,个人往往会更加严格地遵守群体的规范(Shaw 1981)。在帮会中,群体规范往往要求成员贬低学业并且在学校功课上倾注很少的努力甚至是毫不努力。比如说,维吉尔和隆(Vigil and Long 1990)描述了美国城市中作为墨西哥裔美国人帮会成员来源的亚文化群体:"就像遍及整个美国的十几岁少年的亚文化群体一样,这一群体要强调的特征主要是让其参加者与众不同。对于家人和朋友的责任不是强调的重点。学业成绩受到贬低……"(P.610)因此,在这种情况下,获得一个凝聚性群体的成员身份的代价就是接受和支持与在大文化中获得成功的准则相抵触的规范。

第二种类型的学生社会性群体是围绕着一个特定的目标或者活动组织起来的,学生们如果符合资格要求就可以选择参加这种群体。这种群体的例子包括俱乐部(比如说语言俱乐部或者计算机俱乐部)、运动队(比如说大学篮球队)、音乐群体(比如说学校乐队)、支持帮助群体(比如帮助有家庭成员酗酒的学生的群体)以及协会(比如说美国国家荣誉协会)。个人寻求这样的群体中的成员身份是因为他或她接受群体的目标或者希望参加群体实行的活动。

对于这种活动群体中的成员身份对学生的学习及其在学校中的满意度有什么影响,我们所知甚少。不过,教育者们好像应该提供形成这样的群体的机会以便学生追求其课余兴趣,这看起来是有道理的。另外,这些群体比起班级群体来更加有可能满足学生的归属、控制和情感需要。

学生与班级之外的其他学生的联系显然会影响他们在班级内的关系。如果教师对于他们的学生所属的自然的社会性群体或者活动群体有所了解,他们就会更好地理解学生在班级内的行为,并且或许会鼓励这种群体的发展。

2.4 作为一个群体的班级

研究发现,教师创造一个具有高度内聚力的班级具有教学价值。这样的班级有互相信任的氛围,教师和学生相互影响。比如说,弗雷泽和费希尔(Fraser and Fisher 1982)在一项对澳大利亚116所初级中学理科班级的分析中表明,班级的气氛和学生的学业成绩之间存在着相当可观的关系。经观测,学生在多大程度上受到鼓励参与班级讨论、一起合作并互相帮助、以个人的方式与教师互动,以及根据其自身的技能和学习风格受到不同的对待,都与他们在科学课上的学业成绩正相关。

要发展班级的群体性,教师首先要制定能够培育积极的群体动力的班级管理规程。查尔斯(Charles 1992)记录了许多种教师可以利用的不同班级管理模式。其中一个看来特别有用的模式是:教师让学生参与制定有益于促进学习的班级规则以及违反规则的处罚措施。然后这些规则就作为学生行为的规范开始运作,因为这些规则都是写下来的并且由所有学生签名了的,由此表明学生都理解了这些规则,同意遵守这些规则并且愿意在规则被打破时努力去纠正。

赫兹-拉扎劳威茨(Hertz-Lazarowitz 1992)提供了一个设计物理环境、学习任务以及班级内的教师和学生的行为模型以促进班级从较低的复杂程度向较高的复杂程度转变。复杂程度高意味着学生的学业以及社会性行为不仅能引起水平较高的思考,而且还能引起班级成员之间较高水平的互动和相互影响。

施穆克(1992a)描述了许多种帮助班级里的学生互相认识并由此促进班级群体性的发展的打破僵局的活动。竞争性游戏也可以用来达到这个目的。比如说,教师可以利用一段时间来通过口头提问帮助学生来准备测验:每一排的学生作为一个队,做出正确答案最多的队会获得一份奖励。教师可以建立这样一个规则:第一个被叫到的学生必须回答相应的问题,不过其队友可以对其进行鼓励。这种活动包含了规定性冲突。但是如果学生的表现不影响对他们的评价,这个活动还是个乐趣,并且能够帮助建立群体精神。

也可以对整个班级发起长期的活动项目以促进群体性的发展。比如说,班级可以选择一个戏剧表演然后筹备并演出,其中每个学生都单独地或者以工作团队为单位承担一些必要的任务(比如设计布景、排练某些部分等)。

最后,还可以运用整个班级的互动性活动。比如说,维伦(Wilen 1990)描述了一些规程让一个有20~30名学生的班级参与有指导的谈论,旨在提高学生们理解和分析一个专门问题的能力;还让他们参与反思性讨论旨在帮助学生进行批判性思考、参加社会性交往并为他们自己的学习结果承担责任。

2.5 班级小群体

研究发现传统班级中学生参加小组活动的时间很少。比如说,桑福德和埃弗斯顿(Somford and Evertson 1983)在一项对初中学校的研究中发现52堂数学课上只有2%的时间用于小组教学,而在50堂英语课上小组教学的时间只有1%。在他们对小规模学校进行的观察性研究中,施穆克(1992b)报道说他们在50个班级样本中只发现了5个合作学习小组的例子。

班级内小组活动发生的次数少是熟悉群体动力学的教育者们所担忧的事情,因为涉及小组活动的教学方法在目前是可以实施而且也已经证明是行之有效的方法。这些方法中有一种是小组讨论，其特征是鼓励学生之间进行对话的开放的交流网络。盖尔等人（Gall 1990）根据他们对于有关讨论教学方法研究的考察得出结论说这种方法能够提高对科目对象的掌握（尤其是那些涉及高级认知性学习的对象）、解决问题的能力、道德发展、态度的形成和转变以及交流技能。

在一项关于小组讨论过程的早期研究中，盖尔等人（1976）发现，群体规模对于有效的讨论很关键——5位成员的规模对于提高参与程度及避免僵局来说是最佳的。如果群体规模超过了这个数字，每位成员发表意见的平均数量以及参加讨论的成员的比例就会下降。研究还发现较小的讨论小组内聚力会更强，群体冲突会更小，而且更有可能自然产生出领导。

规模小的班级群体的成员可以以不同的方式合作以达到学习目标。麦卡锡和麦克马洪（McCarthey and McMahon 1992）描述了学习写作过程中的3种类型的同伴互动：同伴辅导、合作性学习和同伴协作。在同伴辅导中，群体的首要目标是让一位写作技能较高的学生去帮助另一位学生。在合作性学习中，目标则是每位学生都对共同的群体结果做出其个人贡献，同时还互相提供帮助和鼓励。最后，在同伴协作中，目标是学生在写作过程的各个阶段都密切合作并产生一种“与每位伙伴单独写作的文章有显著差异”的共同结果（P. 28）。

班级中的小规模群体需要有一些基本上清晰并为其成员所一致接受的规范。布里奇斯（Bridges 1990）确定了能够提供一套有益的小群体规范的讨论的4个特征：（a）学生互相讲话；（b）学生相互倾听；（c）学生对对方的讲话在思想及语词上积极做出反应；（d）对话交流是围绕着任务进行的。

如果群体由互相喜欢的成员构成，那么群体的内聚力就会很强。因此，教师可以通过了解一些有关学生相互之间在班级之外的社会关系方面的事情来改善班级里的群体运行。比如说，一对有着密切友谊的学生可能会倾向于只是相互之间进行联系而因此忽视了其他的群体成员。教师可以通过帮助成员确定他们觉得有吸引力而且有某种所有权的群体任务和规程来提高整个小群体的内聚力。

多数的班级里只进行了这么少的群体活动的原因之一，可能是当人们进行互动时就会不可避免地产生群体冲突。施穆克（1992a）描述了群体内可能会产生的4种类型的冲突。目标冲突是指目标本身上的不一致。规程冲突则指在达到目标的行动过程上的不一致为特征。理念冲突是想法、信息、理论或者意见上的不一致。最后，人际冲突是以个人风格及需求上的不调和为特征的，这也许是最难处理的一种类型的冲突。施穆克解释了教师如何来帮助学生确定哪种类型的冲突正在发生并运用冲突解决策略来帮助学生克服这些冲突。

3. 结论

群体动力学的原理并没有普遍地用来分析及改善学校及班级的行为过程，这在很大程度上是由于“群体性”的发展没有成为学校或班级层次上优先考虑的事情。有迹象表明这种形势正在发生变化（比如说，在美国对于立足于现场的学校管理以及合作性学习的兴趣越来越强烈）。如果继续运用这些方法，那么教育者们学习群体动力学的原理并将其应用于改善学生在班级及学校中的生活经验将是很明智的选择。

J. P. 盖尔（J. P. Gall）
M. D. 盖尔（M. D. Gall） 著
谭 斌 译

附录

Bridges D 1990. The character of discussion: A focus on students. In: Wilen W W (ed.) 1990 *Teaching and Learning through Discussion*. Charles C Thomas, Springfield, Illinois

Carter L, Haythorn W W, Shriver B, Lanzetta J 1951 The behavior of leaders and other group members. *J. Abnorm. Soc. Psychol.* 46:589—595

Charles C M 1992 *Building Classroom Discipline*, 4th edn. Longman, White Plains, New York

Emerson J M 1990 Conflict resolution for students: A study of problem solving and peer conflict management (Doctoral dissertation, University of Oregon)

Flinders D J 1988 Teacher isolation and the new reform. *Journal of Curriculum and Supervision* 4(1):17—29

Fraser B, Fisher D 1982 Predicting students'outcomes from their perceptions of classroom psychosocial environment. *Am. Educ. Res. J.* 19(4):498—518

Gall J P, Gall M D 1990 Outcomes of the discussion method. In: Wilen W W (ed.) 1990 *Teaching and Learning through Discussion.* Charles C Thomas, Springfield, Illinois

Gall M D, Gall J P 1976 The discussion method. In: Gage N L (ed.) 1976*The Psychology of Teaching Methods.* National Society for the Study of Education, Chicago, Illinois

Hertz-Lazarowitz R 1992 Understanding interactive behaviors: Looking at six mirrors of the classroom. In: Hertz-Lazarowitz R, Miller N (eds.) 1992 *Interaction in Cooperative Groups.* Cambridge University Press, New York

Huff C R (ed.) 1990 *Gangs in America.* Sage, Newbury Park, California

Leavitt H J 1951 Some effects of certain communication patterns on group performance. *J. Abnorm. Soc. Psychol.* 46:38—50

Lewin K 1948 *Resolving Social Conflicts.* Harper's, New York

Lewin K, Lippitt R, White R K 1939 Patterns of aggressive behavior in experimentally created "social climates." *J. Soc. Psychol.* 10:271—299

McCarthey S J, McMahon S 1992 From convention to invention: Three approaches to peer interaction during writing. In: Hertz-Lazarowitz R, Miller N (eds.) 1992 *Interaction in Cooperative Groups.* Cambridge University Press, New York

Parsons T, Bales R 1955 *Family Socialization and Interaction Process.* Free Press, New York

Philipp E, Rolff H G 1990 *Schulgestaltung durch Organisationsentwicklung.* Verlag, Braunschweig

Sanford J P, Evertson C M 1983 Time use and activities in junior high classes. *J. Educ. Res.* 143—147

Schmuck R A, Perry E 1992 *Organization Development and Consultancy in Education.* UCEA Center on Organization Development in Schools, Eugene, Oregon

Schmuck R A, Runkel P J 1985 *The Handbook of Organization Development in Schools*, 3rd edn. Mayfield Press, Palo Alto, California

Schmuck R A, Schmuck P A 1992a *Group Processes in the Classroom*, 6th edn. William C Brown, Dubuque, Iowa

Schmuck R A, Schmuck P A 1992b *Small Districts Big Problems: Making School Everybody's House.* Corwin, Newbury Park, California

Schutz W 1958 *FIRO: A Three Dimensional Theory of Interpersonal Behavior.* Holt, Rinehart, & Winston, New York

Shaw M E 1981 *Group Dynamics: The Psychology of Small Group Behavior*, 3rd edn. McGraw-Hill, New York

Sirotnik K A 1983 What you see is what you get—consistency, persistency, and mediocrity in classrooms. *Harv. Educ. Rev.* 53(1):16—31

Sommer R 1967 Classroom ecology. *Journal of Applied Behavioral Science* 3:328—342

Stratford R 1987 Helping schools solve problems. *British Journal of Special Education*14(3):123—126

Vigil J D, Long J M 1990 Emic and etic perspectives on gang culture: The Chicano case. In: Huff C R (ed.) 1990

Wilen W W 1990 Forms and phases of discussion. In: Wilen W W (ed.) 1990 *Teaching and Learning through Discussion.* Charles C Thomas, Springfield, Illinois

强化(Reinforcement)

强化代表了行为的发生、结果的产生以及这种行为在将来发生的可能性高低之间的一种推理关系。同样,强化的概念最初是由杰出的行为心理学家斯金纳(Skinner 1938)提出来的。斯金纳相信行为(动物的以及人类的)的原因可以通过研究行为发生的环境得到解释,尤其是可以通过考察行为与环境之间的互动得到解释。强化这一概念以及它的应用在帮助解释人类行为方面都起到了重要的作用。特别说来,正向的强化是这样一个过程——一种反应由于在时间上紧随着这种反应发生的事件而得到加强。这个事件——术语称作正向强化刺激——往往会使得被强化的行为在将来再一次发生的可能性增加。这样,当一个一直努力勤勉地写书面报告的孩子把报告交上去而教师说了“干得不错”时,“干得不错”这句表扬就可能会起到正向强化刺激的作用,原因在于这个孩子将来还可能会做出书面报告。如果这个孩子真的这么做了,教师所说的这个正向的陈述就起到了正向强化刺激的作用。要确保想要得到的行为再一次发生,重要的一点是反应出现后立刻给予正向刺激。

另一方面,负向强化刺激是这样一个过程——紧接着一种反应之后是一个事件的停止或减缩。这种事件的停止或减缩被称作负向强化刺激。比如说,如果一位成人想让孩子习惯于使用纸巾,他或她可以在这个孩子吃饭时很轻易地把他用的围兜拿走,这样就可以使孩子使用纸巾了。然而,很重要的一点是不要把负向强化刺激和惩罚混淆了,因为惩罚会导致行为的减弱。不过,像强化一样,惩罚也完全是在它对于行为产生影响的背景下被定义的。

1. 强化刺激的类型

原生的(非习得的)强化刺激是生命以及生理需要的满足所必需的那些刺激(Kratochwill 1985)。比如说,对于一个口渴的婴儿来说,牛奶就天生具有强化某些行为的能力。换句话说,原生的强化刺激本身就可以强化某些行为,它们不需要背后的原因来解释其强化某些行为的属性。食物、水、性释放、休息和睡眠,以及呼吸都是原生的强化刺激的例子。另一方面,次级的(习得的)强化刺激最初是中性的。然而,当它们和原生的强化刺激联系在一起时,它们就获得了强化某些行为的属性。有几种类型的次级强化刺激。有形的强化刺激是一个物体(比如说,一个玩具、大头针或弹子)或者一种行为(比如说,帮助教师、做游戏等)。当某种特定的行为之后给以这种强化刺激后就会提高将来发生这种行为的可能性(Heron 1987)。霍尔等人(Hall et al. 1968)的一项经典研究中调查了社会性强化刺激的运用。在这项研究中,研究者向一位教师给出了有关学生什么时候参与学习活动以及非学习活动的提示。当学生进行前一种活动时,教师就做出如下3种反应之一:(a)拍拍他们的背;(b)靠近他们的课桌;(c)运用社交性的表扬。而对非学习行为则不予注意。研究发现表明,运用社会性的强化刺激显著提高了学生用于适当的学习行为的时间。而当这种强化条件颠倒过来时(也就是说,两种行为都不给以强化),学习行为就显著降低了。

最后一种普遍的强化刺激就是“一种其有效性不依赖于一种单一的丧失的条件强化刺激”(Ferster and Culbertson 1982 P. 371)。换句话说,这些类型的强化刺激是有效的,因为它们可以起到原生的强化刺激或者次级强化刺激的作用。钱和代币券就是普遍的强化刺激的例子。

2. 强化的时间表

强化的时间表指明了某些行为什么时候要受到强化。如果每一种行为都得到强化,那么就可以得到一个连续的强化时间表。然而,如果像日常生活所发生的那样,强化是时不时地发生的,那么就只能得到一个间断的强化时间表。然而,间断的强化时间表并非表明事情都偶然发生,其实,在什么时候强化都是计划好的。从这方面看来,如果发出一定数目的某些行为后强化就会发生,那么强化就是排在一个比例时间表上了。同样的,如果必须过去一定的时间后才能得到强化刺激,那么强化就是排在一个间隔的时表上了(Deitz 1985)。最后,如果任何行为都得不到强化,就会出现灭绝状态。表1提供了一套相当完整的强化时间表。

3. 强化刺激在课堂中的运用

强化的原则被广泛地运用于学校以及其他的教育环境中,以解决如下问题:(a)发生在学校里的侵犯行为(Shapiro and Derr 1987);(b)学校氛围的改善(Coppedge and Exendine 1987);(c)学习能

表 1　　强化时间表

强化时间表类型	定义
固定比率时间表	强化发生之前必须发出一定数目的反应(比如,每第6个正确的反应会得到强化)。
可变比率时间表	强化发生随反应优先级的数目而变化(比如,平均每第13个的反应会得到强化)。
固定时间间隔时间表	指定的一段时间过后就会发生强化(比如,5分钟过后的第一个反应会得到强化)。
可变时间间隔时间表	一个恰当的反应过后会发生强化,不过强化之间的间隔是随机的(比如,一个恰当反应过后1分钟、5分钟或者10分钟之后也许会发生强化)。
并行时间表	两个或者更多的行为按照两个或者更多的间断的时间表独立的或者同时进行时发生的强化。
多重时间表	两个或者更多的强化时间表在一个随机的序列中呈现。
连锁时间表	强化的提示按照固定的次序呈现(比如,对第一个要素的强化导致第二个要素的出现)。
混合时间表	混合时间表除了没有与正在实行的时间表相关的差别刺激外,其他方面都和多重时间表相同。
前后相继时间表	前后相继时间表除了没有与要素系列相关的差别刺激外,其他方面都和连锁时间表相同。
选择性时间表	强化要么按照比率时间表的要求进行,要么按照时间间隔时间表的要求进行。
联结时间表	强化既按照比率时间表又按照时间间隔时间表的要求进行。

力差的那些学生的数学技能的提高(Ross and Braden 1991);(d)反社会行为(Bernagozzi 1991);(e)有严重残疾的学生的问题行为的环境控制(Haring and Kenndy 1990)。这些问题仅仅代表了运用强化过程加以解决的各种不同问题中的少数几个。

为了更好地说明强化的运用,以下我们将更加详细地讨论4项研究。举例来说,在美国,戴维斯和麦克劳克林(Davis and Mclaughlin 1989)发表了一种评估3个男生的破坏性行为每日报告卡。研究要求家长对积极的报告予以表扬(也就是说,给以强化),而对消极的报告予以忽视(也就是说,让它消退)。研究表明这种措施在减少学生的不当行为方面是有效的,而且同时还能促进学生们完成作业。来自家长、教师、同伴以及受试者的评估分数都支持这些措施。

在英国,兰德尔和吉布(Randall and Gibb 1987)比较了对一位有着孤独症的3岁女孩子采取的两种措施(行为管理技术,包括积极强化刺激和发展性刺激)的有效性。研究表明,运用行为管理技术在控制脾气、表达性语言以及减少强迫性行为方面都有显著效果。然而,发展性刺激(也就是玩耍以及积极的成人接触)却并没有带来显著的变化。

罗森贝格等人(Rosemberg et al. 1990)运用积极强化来教委内瑞拉的教育者们使用决断性的行为程序来维持纪律。他们运用了4种类型的强化刺激:象征性符号的强化刺激(也就是印章、证书等),社会性强化刺激(也就是娱乐活动等),提醒学生注意新规则的标志刺激,以及一种超时程序(也就是让学生从教室里离开等)。最后,在澳大利亚,克雷文等人(Craven et al. 1991)运用积极的言语反馈(比如,“莎莉,你在数学方面能做好的事情可多了,你能做加数求和,能做乘法,还能解决问题”)来提高学生关于学业方面的自我概念。在全世界范围内所进行的大量研究表明,在教室以及学校的环境中运用强化技术在处理学生的行为方面是相当有效的。

4. 可能的研究方向

在本词条中,关于强化的应用及其对于教育的重大贡献方面的记载并不多。事实上,有关运用强化原则对教学产生影响的非常大量的研究都是发生在心理学和教育学领域。不幸的是,这一领域所面临的一个主要问题是已经存在的有效技术从行为分析研究中向外传播散布。这一问题并不是一

个新题目了。卡兹丁(Kazdin 1981)就做过如下的记录:

在科学与技术学科领域,为了提高对现存的实践的总体的理解并扩展其有效性,有几个问题还需要调查研究。然而,就是在这样一个时候,在确定改善学生及教师的行为方面的技术及应用方面还是取得了值得注意的进展。在教育领域运用行为修正措施的一个主要局限是属于现有的技术向大量的其他环境中传播与扩展的问题——这些领域可能会由于运用这些技术而受益。有关传播和贯彻执行方面的问题也属于随着有效的技术发展而要求的社会与政治行为方面的问题。到目前为止,行为技术在研究项目以外的环境中还没有大规模地运用过,尽管这种技术的应用已经有力地证明了其有效性……因此,尽管在行为修正领域仍然存在着重大的问题,对于整个社会来说由于不能按照现有的技术进步采取行动也许意味着更大的问题。(P. 52)

不幸的是,自从1981年以来这种形势就几乎没有什么变化,而且这个问题还成了1991年的《应用行为分析期刊》中一期特刊讨论的焦点,在这期特刊中许多作者都悲叹行为分析技术没有能够大规模地向外传播(Geller 1991)。

就强化以及行为分析措施的扩展传播方面的研究方向来说,有几个问题比较重要。第一,由于这个问题还是行为修正的扩展的问题,因此需要对妨碍有效传播的变量进行行为分析。在许多方面,这一活动要求比这个领域里所发展的理论和技术框架更为广阔的框架。事实上,行为技术缺乏广泛的传播为发展促进这种传播的策略的需要提供了文献证据。甚至还可以找出理由证明传播的缺乏反映了强化原则在应用上的理论研究及技术研究方面的问题。

第二,有关强化以及行为分析领域的其他原则的一个可能的研究方向,是发展如何将强化应用于环境中发挥作用以解决特殊问题的总体性的认识。特别是,有关传播问题的解决办法不见得就是要进行更多的研究以表明强化会起作用,而是对现有的文献进行考察以证明它的有效应用以及它在什么条件下成功或者不成功。事实上,有关应用不成功的文献记录可能会促进理论上以及技术上的解决办法的产生。这些解决办法不仅能解决传播的问题,还能解决对于社会上有重要意义的行为的强化技术的贯彻执行的问题。

就这方面来说,还有很重要的一点是将来的研究者要更加细致地明确他们的研究条件,以增加关于如何使强化以及其他行为原则在实践上有效贯彻执行的知识。这样一个核心问题可能要求集中比过去更大的注意力来更详细地描述独立变量(Geller 1991)。

最后,行为分析家应该考虑得更广泛一些,关注实践中的心理学家和教育家们所接受的其他的理论观点。比如说,人们已经提出了许多种认知理论来解释学习过程、记忆以及许多教育领域里的其他突出的教学问题。对行为分析学家们来说,考察其他理论方法并描述各种操作技术(比如强化)可以用来解释这些基于其他理论的研究结果,或许会非常有用。这样的一种分析或许会丰富行为分析中更广泛的研究问题时的概念、理论和技术基础。

I. E. 斯兰德查克(I. E. Sladeczek)
T. R. 克拉托奇威尔(T. R. Kratochwill) 著
谭 斌 译

附录

Bernagozzi T 1991 The whole class hated Anthony. *Learning* 20(1):61—63

Coppedge F L, Exendine L 1987 Improving school climate by expanding dimensions of reinforcement. *NASSP Bulletin* 71(497):102—110

Craven R G, Marsh H W, Debus R L 1991 Effects of internally focused feedback and attributional feedback on enhancement of academic self-concept. *J. Educ. Psychol.* 83(1):17—27

Davies D E, McLaughlin T F 1989 Effects of a daily report card on disruptive behavior in primary students. *J. Spec. Educ.* 13(2):173—181

Deitz S M 1985 Schedules of reinforcement. In: Bellack A S, Hersen M (eds.) 1985 *Dictionary of Behav-*

ior Therapy Techniques. Pergamon Press, New York

Ferster C B, Culbertson S A 1982 *Behavior Principles*, 3rd edn. Prentice-Hall, Englewood Cliffs, New Jersey

Geller E S (1991). Is applied behavior analysis technological to a fault? *J. Appl. Behav. Anal.* 24:401—406

Hall R V, Lund D, Jackson D 1968 Effects of teacher attention on study behavior. *J. Appl. Behav. Anal.* 1 (1):1—12

Haring T G, Kennedy C H 1990 Contextual control of problem behavior in students with severe disabilities. *J. Appl. Behav. Anal.* 23(2):235—243

Heron T E 1987 Operant reinforcement. In:. Cooper J O, Heron T E, Heward W L (eds.) 1987 *Applied Behavior Analysis*. Merrill, Columbus, Ohio

Kazdin A E 1981 Behavior modification in education: Contributions and limitations. *Dev. Rev.* 1:34—57

Kratochwill T R 1985 Primary reinforcement. In: Bellack A S, Hersen M (eds.) 1985 *Dictionary of Behavior Therapy Techniques*. Pergamon Press, Oxford

Randall P E, Gibb C 1987 Structured management and autism. *Br. J. Special Educ.* 14(2):68—70

Rosemberg F K, Lapco A, Llorens M 1990 The teacher's role in the application of an assertive discipline program for students in a Venezuelan primary school. *School Psychology International*11(2):143—146

Ross P A, Braden J 1991 The effects of token reinforcement versus cognitive behavior modification on learning-disabled students'math skills. *Psychology in the Schools* 28(3):247—256

Shapiro E S, Derr T F 1987 School interventions for aggression. *Special Services in the Schools* 3(3—4):5—19

Skinner B F 1938 *The Behavior of Organisms: An Experimental Analysis*. Appleton-Century-Crofts, New York

其他参考文献

Kazdin A E 1989 *Behavior Modification in Applied Settings*, 4th edn. Brooks/Cole, Pacific Grove, California

Kratochwill T R, Bijou S W 1987 The impact of behaviorism on educational psychology. In: Glover J A, Ronning R R (eds.) 1987 *Historical Foundations of Educational Psychology*. Plenum New York

教师的管理行为(Teacher Managerial Behaviors)

教室环境还是一个比较复杂的环境,其中大量的学生对教师的注意力提出了无数的要求。在这种环境中的管理活动使得学习得以进行,秩序和合作就是必需的。教师的管理行为可以组织环境、确立适当的行为、防止问题发生并处理扰乱行为。这些行为可以看作是这样一个过程:开始是在学年或学期之初进行计划和准备,然后随着时间的推移而继续维护这个行为环境。

1. 教室环境

教室是忙碌的场所,其中满是孩子或少年,而且他们并不都是经过挑选进来的。达成合作使得学习能够进行是班级教师一个必要的目标。因此,提供教学和对行为进行管理是教师在班级中的角色的互为补充的两个方面。

要理解教师的管理任务的复杂性,考虑一下班级生活的几个有代表性的片段或许会有所启发——比如说,教师是在用小组授课的方式进行教学。在这种活动中,教师在教授一小组学生而班上的其他学生在独立学习。为了准备这项活动,教师需要注意以下几个问题:在什么地方给小组的学生授课,如何让学生到达及离开小组授课的地点,什么样的活动适合于那些不在小组里的学生,小组授课的学生和独立学习的学生分别使用什么学习材料,运用什么常规来进行监控并提供帮助,建立什么样的规程来管理学生说话和走动。即使像看起来简单直接的整个班一起授课的活动,也需要成熟的管理工作。必须安排好物理环境,准备好适当的材料并保证随时可用,并且明确需要学生参与的期望。

除了这些计划性的、事前可以准备的管理环节外，随着活动的实施还会有一些需要更多的临场反应的管理行为。教师需要监控学生的行为，需要一再地抓住学生的注意力，还要排除学生的打断和干扰，并且在需要的时候还得对付破坏活动。教学过程中持续进行的管理活动由于各种行为的迅速发生而变得复杂了，往往需要瞬息之间做出看来好像是反射性的决定。在教学活动积极进行的阶段，可以用来对潜在的行为进行反思斟酌并仔细平衡短期和长期效果的时间是非常有限的。

对教师管理有重要影响的班级教学的其他方面的特征包括：教学具有“群体性”，教师在大部分的工作时间都是和其他的教师隔绝的，还有学校及教学的社会的及组织的结构。在大多数学校中，教师在一天中的大部分时间都是面对群组学生实行教学的。因此，许多管理决定必须面对群组里所有学生做出并实行——即使这些决定只是涉及一个或者少数几个学生。这样，教师就必须考虑一种行为或者策略对整个班级的影响，而且教师对个别问题做出反应时还要受到必须监控整个班级的学生的限制。由于教室里没有其他的成人（偶尔的评估听课除外），教师能够接受到的反馈也很有限。

对于学生学习进展的标准化测验数据一年只有一次。在这种情况下，教师的管理行为的变化主要是受到学生的直接反应的影响。教师通常对教完整个年级要求的课程感到某些压力——尤其是在小学阶段学习基本技能的科目以及中学阶段学习为进一步提高的科目时。当学生在兴趣、性情、能力和学业成绩方面的个体差异面对僵化统一的课程要求及学习时间时，教学及管理上的问题就出现了。

2. 重要概念

长久以来，确立并维持班级秩序就一直被看作是教师的主要任务之一。尽管大多数教师可以指望从学校管理者那里得到某些帮助（主要是对付不听话的学生），可是多数教师还是接受了管理自己班级里的学生的行为这样一种责任。

2.1 教师对学生行为的控制

引申一下来看，接受确立班级秩序的任务就成为一种管理控制学生的责任。正如登斯科姆比（Denscombe 1985）所指出的那样，教师们缺乏控制学生所需要的技术和物质资源（当然在某些特殊的教育环境中会有些例外），因此他们必须依赖个人权威和个人承诺。登斯科姆比把控制策略分为以下3种普遍的范畴：统治支配、共同选择以及班级功课管理。

“支配统治”策略就是通过严格的活动、措施并坚决要求学生服从而把教师关于秩序的想法独断地强加给学生。“共同选择”则是通过让学生参与到秩序管理中来寻求合作解决问题，重点强调选择和合乎逻辑的道理而不是惩罚，因此使学生对于课程的参与更多。“班级功课管理”策略的重点放在创造让学生专注于任务的功课，因此学生对于功课结构的合作就防止了他们的不良行为。实际上，教师是通过活动的要求间接地控制了学生；通过让活动顺利进行而达成了控制，限制了学生从首要的“活动方向”上偏离，并且防止了其他竞争性的活动（Doyle 1986）。尽管这3种策略在概念上差异很大，大多数教师的实践其实都是个混合体——根据个人不同的价值观、训练及经验对3种策略不同程度地加以运用。

2.2 班级活动

活动结构（Berliner 1983）是影响教师管理行为的独特特征。一种“活动”可以被定义为在一段时间里教师和学生的行为发生的可预言的模式。活动之间的过渡以教师和学生的行为的显著转换为标志。一些较为普遍的班级活动有：教师带领整个班级进行的陈述、朗诵及讨论，小组教学及小组项目，个别的课堂作业以及考试。有些科目有其独特的活动（比如说科学实验或者合唱表演），不过大多数活动类型适合于各个科目的内容。教师必须组织好活动的顺序以便在可利用的时间之内实行适当的教学。因此，活动就是教学的建筑构件。由于不同的活动因其定义不同而需要不同的行为，教师就需要理解不同活动的行为要求并做好准备把这些教授给学生，并且监控学生是否照做，必要的时候还要重新安排。

2.3 常规和规程

有效的班级常规和规程是内行的教师所带班

级的重要特征，也是对于班级管理的重要帮助，因为它们提供了重复发生的可预期的行为模式。这些模式简化了教师和学生在比较复杂的行为环境中进行活动的任务(Berliner 1988)。一个“规程”是用来完成某个特定事情的简单行为，而一项“常规”往往是几个规程的组合。一旦学生掌握了班级中运用的常规和规程，教师的管理任务就简化了。

然而，如果对于普通进行的活动没有什么常规可以利用或者实行，那么这种结构的缺乏就会导致授课时间减少而且带来群体管理的困难。如果一位中学教师没有能够确立课堂周期开始的常规，那么学生就可能在教室里游荡，没有节制地说话，并且延误了教学的开始。与此同时，教师在管理出勤、贯彻学校关于迟到的规则、处理先前缺课的学生以及开始当天的学习内容活动方面都会遇到困难。

2.4 预防性及反应性的策略

对教师的管理行为进行概念化时经常会区分“预防”和“反应”。预防性策略包括安排物理环境、确立引导学生行为的普遍规则和常规，确定可预期的活动顺序，建立有效率的工作秩序，以及以能够让学生参与的方式安排课的进程(Emmer et al. 1989)。预防性策略的目标是建立一种环境，使其能够对学生的正确行为提供有力的提示并能鼓励学生参与班级活动。反应性策略则是在缺乏合作时加以运用。比如说，如果学生的行为影响了一个活动中恰当的行为的进行，如果对学校或者班级的规则有不服从的表现，或者如果有侵犯性或者破坏性的行为出现，就需要运用反应性策略。

反应性策略(Kerr and Nelson 1983, Stoner et al. 1991)的复杂程度会有差异。有些只需要教师极少的时间及努力，这包括目光接触或者其他的信号以及语言的停顿。还有些稍微需要花费更多的时间及投入的策略，比如暂时让学生离开一项活动，运用一项已经确立的措施，或者改变学生的任务要求。再有些策略就更加复杂、更需要花费时间了，比如组织协商决定适当的行为，主持学生或家长的会议，或者构建一个应变的管理计划以减少不良的行为并鼓励受欢迎的行为。当选择做出反应时，对教师来说最关键的考虑因素是可以用来采取干预措施的时间、问题的严重程度(它会扩展或者加剧吗?)以及这个问题能否在班级范围之内而且在活动期间内加以处理。

2.5 学业任务

“学业任务”(Doyle and Carter 1984)这个概念将管理行为、课程以及教学行为这几个领域联结在一起。学业任务是按照学生生产出来的产品或者结果(比如一篇写作范文、一道解决好的问题或者一次口头作业)以及可以用来帮助学生获得这些结果的资源来定义的。班级里的资源包括课程材料、教师、其他学生以及可以利用的时间。因此，教师管理行为就可以从使学生容易获得所需要的资源这方面支持学生的学业。

同样，依据学业任务结构让学生参与以及促进学生成功学习的程度不同，课程规划和教学也会影响到管理行为。如果一个班级里有许多学生先前的学业成绩和当前的学业任务结构很不相称，那么纪律问题就会非常频繁地发生。如果把这种情况单纯地当作管理问题或者纪律问题加以处理，那么只能触及问题的一个方面，为了更好地解决问题则必须改变课程以及分组/分轨的做法(Slavin 1989, Jones 1989)。

3. 整体性分析：教师管理行为的综合视角

有关教师的管理行为的研究进行得非常广泛并且涉及多种学科。这些研究包括了对一个或者几个班级及教师进行的详细的人种志分析；还有其他形式的自然主义的研究，比如基于社会生态心理学传统以及社会语言学传统的观察研究；也包括大尺度的过程—结果研究以及应用行为分析。另外有些研究则是各种方法的综合运用，这反映了在教学研究领域里的多学科相互借鉴。这些研究为我们提供了大量的新知识。

3.1 班级管理以及学年的开始

尽管许多班级问题的研究采取了横向研究问题的观点，但有些纵向研究还是对学年最初的几天及几个星期进行了观察，而且就教师在学年开始阶段的管理策略对他们进行了访谈(Everston and Emmer 1982)。这些研究表明，那些在学年当中把班级管理得很好的教师对于什么样的学生行为是理想的或不理想的,有着良好的成熟的概念。另外,他们对于他们在班级管理中将会用到的规程和常规都有着明确的想法。换句话说,在学生到来之前班级管理活动就已经开始了。

在某种意义上,教师所有的先前经验都会对他们形成有关班级学生的认知和行为的图像有所帮助,而且规划管理活动与思考课程及教学往往是结合在一起的。不过,显然教师还要形成一个清楚的管理体系,这包括布置物理环境(使之有利于监控而且材料容易获取,并且能够限制学生分散注意力),确定许多领域里的规程和常规(比如,某些特定活动里的说话和运动,教室外活动的纪律,处置先前缺课的学生,使用材料,交代作业),规划通用的或者特定的规则或原则(有些教师与学生合作来完成这件事),确定需要采取什么措施(奖励及惩罚),以及规划学年大约第一周之内需要首先进行的活动。这些管理方面的事情在学生到来之前就要做好,否则就会有很大的危险:学生在学年之初可能会学到不良的行为,随着学年的进行可能会对教师监控学生行为以及对问题做出反应的能力提出更高的要求。

3.2 与学生的最初见面

教师在学年开始阶段的管理行为可以大致集中在以下两个方面:让学生在班级环境中社会化,把那些体现了管理制度的规程和常规落实到位。实际上,学生们需要学习在各种活动中何种行为是适当的。当教师宣布了对于特定行为的期望,解释规程以及指导学生行动时,学生们就直接地领会了有关的准则。通常规则或指导原则是成套地呈现给学生的(或者与学生一起合作制定的)。

学生们也会从教师的反馈以及他们行为的结果中学到适当的行为。另外,学生们还会间接地领会到对于他们的期望,比如通过观察其他学生的行为以及相应发生或者没有发生的结果。班级规则是随着时间建立起来的,而且是在教师所运用的活动结构的背景下建立起来的,而不是作为一项独立于教学活动的任务单独完成的。在低年级阶段,社会化的过程要进行好几个星期甚至几个月的时间;而在高年级时,这个过程就发生得快多了,因为教师和学生都可以利用类似活动中先前的经验。

3.3 进行中的教师管理活动:维持活动顺利进行

确立适当的行为并防止不适当的行为在相当大的程度上依赖于教师让学生有效地参与到学业活动中去。在一系列非常令人尊敬的自然主义研究中,库林(Kounin 1970)和他的同事确定了一套富有意义的概念来描述群体管理策略。

在整个班级活动的过程中,教师可以鼓励学生积极参与,并通过把刚刚出现的不良行为还没有扩展或加剧时就消灭在萌芽状态来使活动免受扰乱。"重叠"的策略,也就是同时处理两件或更多的事件或情况,也可以帮助教师在忙碌的教室里维持秩序。管理的目标是活动顺利进行(其中教师引起的中断以及枝节问题尽量的少),而且充满活力(节奏轻快)。教师们还可以运用警告性或者引起注意力集中的策略(引起全班注意力的信号或者声明)、追究责任的策略(告知学生留下的作业是要检查或者观察的)以及需要学生不仅仅是被动地坐着听讲的活动形式。

较重的任务和作业形式的变化以及引起学生对于活动的兴趣和动机的教师评语,可以帮助对独立进行的课堂作业活动进行管理。活动之间的过渡阶段也会成为行为问题的来源,这些问题既会在过渡的过程中发生,也会延伸到此后的学业活动中去。不过,教师在过渡阶段通过构造和监控学生的行为可以减少这样的问题(Arlin 1979)。

3.4 教师对问题行为的管理

除了预防性管理以及通过维持教学过程中活动顺利进行而对学生的行为进行过程管理外,教师还要应对破坏性的以及其他有问题的学生行为进行管理。尽管不同国家的许多研究(Wheldall and Glynn 1989, Doyle 1986)表明,最主要的不良行为形式个别看来不是很有威胁和破坏性(比如,不按次序讲话、浪费时间、在教室里游荡),但这些问题的大量存在对于维持秩序以及进行学业活动却相当有害。另外,有些形式的不良行为——比如侵犯性的举动、对教师和其他学生行动的干扰、辱骂性的语言,或者频繁地拒绝遵守合理的班级规则和常规——也会让多数教师不同程度地遭遇到。

许多向教师推荐的策略最初都是针对特殊的人群(比如有行为障碍的学生)提出来的。一般说来,这些策略主要是从应用行为分析的领域获得启示,不过其中也包含了心理治疗和心理教育观点的某些要素(Gallagher 1988, Maurer 1988)。从应用行为分析研究文献中可以找到理论基础的特定策略的例子有,中断策略、部分排斥、行为自我记录、行为计划、个别奖励、象征奖励、群体活动奖励、目标设置、系统地保留奖励或特殊待遇、反应代价制度、提供有差别的反馈及注意,以及减少分散注意的提示。

应用行为分析策略首先是仔细评估班级环境(以及可能的外部环境)以确定有关问题行为及其结果的线索。对于可以用来替代这些问题行为的理想行为通常也会作同样的分析。然后就执行干预措施,目标通常是减少问题行为并以较为理想的行为代替。干预措施通常要求改变环境(比如教师的行为、学习材料、其他学生的行为、座位安排以及作业等)以根除不良行为的苗头并建立理想的替代行为的信号。干预措施通常包括行为结果上的改变。一般说来,对于不受欢迎的行为的强化刺激要根除,而对理想的行为的奖励要增加或强化。由于习得的行为的普遍化通常是个问题,因此为了尽可能地产生行为上的持久的改变,就需要淡化外在的强化。

治疗性干预措施往往试图在改变学生的行为的同时也改变他们的认知。尽管许多这类的干预措施是班级以外的专业人士设计出来做长期应用的,但还有些是专门为教师开发的。一个广泛应用的方法是格拉斯尔(Glasser)的"现实疗法"。

采用这种干预措施的教师首先要与学生见面。问题行为的性质澄清了以后,教师和学生一起评估这种行为是有益还是有害,以达成改变这种行为的目的。然后就改变行为和计划达成一致意见并付诸实施。如果没有能够按照计划进行就要再次开会或者产生一致同意的结果。与学生合作的假设是行为选择的问题,接受行为和责任与理解其结果应该是密不可分的。对于这种处理问题行为的方法的评价显示,它在减少许多破坏性行为方面的有效性是值得肯定的(Emmer and Aussiker 1990)。

4. 目前出现的趋势及问题

有关管理过程中教师和学生认知的研究引起了人们更多的注意。诸如教师和学生对于行为的归因、对于措施的效能的信念以及评价这样的认知过程影响着教师在管理策略方面的决策。另外,在学生对于教师的管理行为的看法方面,一些研究开始给予了更多的注意(Allen 1986),还提供了一种对于管理效果的更为均衡的看法。由于更多的对于教师和学生认知的研究由模拟和问卷的方法转变成了在班级里进行的自然主义的研究,应该会出现有关这些认知因素与管理行为和结果之间的关系的更清晰的图景。

尽管对于孩子和少年的教育是在各种不同的背景下发生的,但大多数关于教师管理活动的研究都是在传统的教室里进行的。随着越来越多的社区开始实验各种形式的学校教育,在诸如合作学习群体、计算机密集教室以及选择性学校这样的环境中进行的对于教师管理行为的考察研究将会非常有用。对于非传统环境中的管理活动的初步观察得到的结果似乎表明我们也许需要新的观念。比如,科恩(Cohen 1991)报道了在群体教学模式中,以上级命令式进行指导的负面效果。因此,对于构造活动及任务的某些强调对这种环境下的管理活动也许是不合适的。

对于教师管理行为的研究一般都没有考虑教师的感情与行为之间复杂的相互影响,这一研究领域也没有借鉴行为科学研究方面的知识进展。然而围绕着教学过程尤其是纪律的许多感情领域看来会使这一方向成为一个富有成果的研究领域。比如,坎博内(Cambone 1990)在一项历时一年的对一位教师努力管理并教授一群受到严重干扰的孩子进行的研究中,就有力地把爱作为一个核心范畴来解释教师的动机和行为。因此,在朝着更加宽广的关于相关环境、教师和学生的特征以及其背后的潜在过程的视野迈进的同时,有关教师的管理行为的知识应建立在牢固的行为研究的基础之上。

E. T. 埃默(E. T. Emmer) 著

谭 斌 译

附录

Allen J D 1986 Classroom management: Students' perspectives, goals, and strategies. *Am. Educ. Res. J.* 23(3): 437—459

Arlin M 1979 Teacher transitions can disrupt time flow in classrooms. *Am. Educ. Res. J.* 16(1): 42—56

Berliner D C 1983 Developing conceptions of classroom environments. *Educ. Psychol.* 18(1): 1—13

Berliner D C 1988 *The Development of Expertise in Pedagogy*. American Association of Colleges for Teacher Education, Washington. DC

Cambone J 1990 Teachers and teaching. Tipping the balance. *Harv. Educ. Rev.* 60(2): 217—236

Cohen E G 1991 Classroom management and complex instruction. Paper presented at the annual meeting of the American Educational Research Association, Chicago, Illinois

Denscombe M 1985 *Classroom Control: A Sociological Perspective*. Unwin-Hyman, London

Doyle W 1986 Classroom organization and management. In: Wittrock M (ed.) 1986 *Third Handbook of Research on Teaching*. Macmillan, New York

Doyle W, Carter K 1984 Academic tasks in classrooms. *Curric. Inq.* 14(2): 29—49

Emmer E T, Aussiker A 1990 School and classroom discipline programs: How well do they work? In: Moles O C (ed.) 1990 *Student Discipline Strategies: Research and Practice*. State University of New York Press, Albany, New York

Emmer E T, Evertson C M, Sanford J, Clements B, Worsham M 1989 *Classroom Management for Secondary Teachers*, 2nd edn. Prentice-Hall, Englewood Cliffs, New Jersey

Everston C M, Emmer E T 1982 Effective management at the beginning of the year in junior high classes. *J. Educ. Psychol.* 74(4): 485—498

Gallagher P A 1988 *Teaching Students with Behavior Disorders*. Love, Denver, Colorado

Jones N (ed.) 1989 *School Management and Pupil Behavior*. Falmer Press, London

Kerr M M, Nelson C M 1983 *Strategies for Managing Behavior Problems in the Classroom*. Merrill, Columbus, Ohio

Kounin J S 1970 *Discipling and Group Management in Classrooms*. Holt, Rinehart and Winston, New York

Maurer R E 1988 *Special Educators Discipline Handbook*. Center for Applied Research in Education, West Nyack, New York

Slavin R E (ed.) 1989 *School and Classroom Organization*. Lawrence Erlbaum, Hillsdale, New Jersey

Stoner G, Shinn M R, Walker H M (eds.) 1991 *Interventions for Achievement and Behavior Problems*. National Association of School Psychologists, Silver Spring, Maryland

Wheldall K, Glynn T 1989 *Effective Classroom Learning: A Behavioral Interactionist Approach to Teaching*. Basil Blackwell, Oxford

其他参考文献

Bowers C A, Flinders D J 1990 *Responsive Teaching: An Ecological Approach to Classroom Patterns of Language, Culture, and Thought*. Teachers College Press, New York

Good T L, Brophy J E 1987 *Looking in Classrooms*, 4th edn. Harper and Row, New York

Jones V F, Jones L S 1989 *Comprehensive Classroom Management*, 3rd edn. Allyn and Bacon, Boston, Massachusetts

Pitcher G D, Poland S 1992 *Crisis Intervention in the Schools*. Guilford Press, New York

教育研究向实践的转化（Research into Practice: Translating）

在教育及教育心理学领域进行了 100 年的系统研究之后，即在将近 20 世纪 90 年代，人们对于教育研究是否、怎样以及在何种条件下能够提高教育实践的水平仍然存在争议。虽然教育研究和教育实践从 20 世纪初就各自有了一些实质性的变化,但人们仍然在争论这样的问题,即科学怎样能够对真实的教育问题有所贡献。

由于教育研究向实践转化没有通用的规则或策略,所以我们应首先将注意力集中在教育理论与教育实践之间关系的一些基本问题上。我们讨论六种不同的、试图使研究成果应用于教育,特别是学校教育实践中的方法。这些方法包括:(a)应用理论知识去提高教与学的技能;(b)将教学研究应用于实践以提高教师的专业学识;(c)应用课堂学习研究的成果为能力分组、掌握学习以及适应性学提供科学基础;(d)将认知发展研究及学习的研究成果作为培训学生的学习能力和自学技能的科学信息资源;(e)应用教育研究去设计、实施和评估学校教育及教学实践的新模式;(f)将研究成果提供给实践者作为其实践的背景知识。在这些方法的基础上,对于教育研究如何与教育者建立更多的联系,以及教育实践如何在研究的基础上展开,我们提出了一些建议。

1. 教育研究与教育实践之间的鸿沟

大多数的教育及教育心理学研究的目的,多多少少是为了直接或间接地指向提高教育实践的水平。正如安德森与布恩斯(Anderson and Burns 1985)所说的,"课堂研究的初衷是要帮助教师去改善学习的条件,提高日益增多的大批学生的学习质量"(P. ix)。但是,必需的研究种类、必要的理论视野以及科学成果转化为实践以达成如此目的的方法等等,依然是没有解决的问题。

对教育现象刚刚开始进行实证研究的时候,有一种广泛的信心和希望,认为它必将会为教育实践提供一种科学的基础。例如,赖因(Rein 1893)在1893年说道:"教学的方法只有一种,那就是要依从自然,认真遵循人类自身的规律,并且依据这些规律去安排每一件事情。适当的教学程序依赖于对这些规律的发现。"(P. 107)

这些宏大的愿望似乎并没有实现,科学家和实践者都表现出了彻底的失望。人们并不清楚教师究竟如何去应用这些抽象而模糊的理论,例如由索普与施米勒尔(Thorpe and Schmuller 1954)的经典学习理论演化而来的理论。他们认为:当学习者有动机时、当学习者有充足的机会将学习任务与学习目标统一起来时、当学习者能够采用外部标准评价他们的进步时、当教学发生在不断改进的教学情境中时,教学就会特别有效。虽然这些论断是有价值的,但是无疑,如此抽象的心理学论述和如此具体的教育情境导致了教育界对学习理论的嘲讽。他们认为,学习理论家也许是唯一能从学习理论中获益的人。

问题还不仅限于学习理论的成果在实践中无法应用。专门研究教学的研究成果似乎也难以向教师提供实践指导。例如,布卢姆(Bloom 1966)在他的研究中曾概括地说道:"大班额、小班额、电视教学、视听教学手段、讲演、讨论、演示、小队教学、程序教学、指导或非指导教学程序等等,所有这些方法在帮助学生获取更多的信息或形成简单的技能方面,似乎都差不多。"(P. 217)

教育科学在教育实践中的有限应用导致了一些纯理论上的探讨,这些讨论对于如何提高研究水平或解决实践问题提供了一些帮助。以下列举了讨论的一些问题:

(a)造成科学与实践脱节的,是研究工作不到位,还是实践者没有很好理解,或是由理论知识向实践建议转化不够?这一讨论至少使人们认识到:科学家和实践工作者以各自不同的方式来认识世界,以不同的方式来界定他们的问题,并且有各自不同的话语体系。

(b)教育的基础研究与应用研究的关系如何?这一讨论在理论层面和实践层面都没有特别深入。一方面,将应用研究中与纯研究或基础研究区分是非常困难的一件事;另一方面,人们越来越清楚,两类研究成果在实践应用中都有各自的优缺点。

(c)在教育研究中更适宜采用量化研究还是质性研究?对于许多人来说,这一讨论几乎演化为一场宗教战争,即使科学理论告诉我们,在系统研究中,两种方法都是必不可少的。

2. 理论与研究

目的在于使研究成果能够获得实践应用效果的这些理论争论和许多具体的尝试,又引发了许多解决研究—实践问题的极为不同的目标。在这些目的中有两点是很特别的：第一种观点认为理论应优先，第二种观点认为实证工作应优先。

第一种认为理论是最优秀的观点，可以由穆克（Mook 1983）的话来说明。穆克与许多科学家的观点一致，他重提这句经典古训，即没有什么比一种好理论更有用。

> 最终，研究成果之所以有价值，是因为它们帮助我们理解了日常生活。理解，来自理论或结构分析；它不是对研究结果的一般抽象……那些抽象的价值被它们的成功和预测所证实，而与它的本性、代表性或毫无创造性的调查没有一点关联。（P. 386）

这样的理论模型解决了一些实践问题，例如，应用理论去更好地理解学生对他们的成功和失败的直觉解释，应用专家—新手的研究范式去评估一般能力与特殊知识在解决规定任务时的相对重要性，在社会冲突的分析中应用预测理论。

第二种观点，是更关注实证研究。这种观点强调实例，认为在实例中有竞争性理论；在实例中，情境条件决定心理过程；在实例中，描述的或因果的模式必须转换为指定的陈述。序列研究策略的目的就在于解决这些问题。例如，“由纯学习研究转向课堂的技术性研究及开发的6个步骤”的描述，希尔加德（Hilgard 1964）建议改为：步骤1，不带预见地研究学习在教育中的作用；步骤2，要研究那些与学校教材相似的学习内容；步骤3，研究与教育相关的学习，如找学生做测试，用学校教材作为学习材料，以及创设与教室情境类似的教学条件；步骤4，在专门的实验教室中对学习与教学进行研究；步骤5，在常规教室中验证学习与教学策略；步骤6，为使基于研究的教育策略能得到更广泛的使用，要开展有关的工作（P. 405～411）。

这些研究以及与此类似的序列研究策略已经被世界各地许多研究中心所采纳。当然，这些项目之间的区别太大，因而难以找到一个共同的成功策略。从根本上来说，这种方法的可能性及局限也依赖于教育研究与教育实践的最基本的关系。好的教育实践不是对科学的简单应用，也不是由应用研究成果的正确使用构成的。对于计划、分析、控制、支持、反馈以及更好地理解教育实践而言，科学最多只是提供一个重要、有用但却有限的理论基础。

基于对教育实践的不同心理学模型的比较，黑特尔等人（Haertel et al. 1983）认为，在对教育成果的解释和预测方面，科学是有局限的。他们认为：

> 课堂学习的运转是四个必要因素的功能的增加或减少——学生的能力和动机以及教学的质和量——以及4个增补的因素——课堂的社会心理环境，家庭及同辈团体中的教育刺激水平，大众传媒的普及程度。对于课堂学习而言，每一个因素都是必要但不充分的因素；对于课堂教学的发生而言，起码要满足这4个因素的最低水平。显然，这些必要因素可以被替代、补偿或在运转过程中降低频率或相互转换。

3. 教育研究与教育实践沟通的模型

在应用科学成果去解决教育实践问题方面，没有公认的正确的、有益的和适当的途径。更重要的是，各种不同的方法都显示出能够以不同的方式来应用研究成果，也可以将理论以不同的策略加以转换从而应用于实践。

3.1 从学习理论到教学技术

教育技术由一系列的规则、工具以及帮助学生能够系统、有效、经济地获得特殊学习目的的设计行为所组成。格拉泽与库利（Glaser and Cooley 1973）把技术看作是“一种工具，它将心理学家在学习上的发现有效地应用于学校教学中”（P. 855），如此标准化的技术当然应该从科学理论中直接得出并被验证。虽然技术装置并不是教育技术的必要组成部分，但常被用来减少由教师或学生造成的错误而带来的消极后果。

第一个力图以几乎革命性的机器教学技术来代替常规课堂教学的人是斯金纳（Skinner 1954），他是一个理论研究者。早在20世纪50年代，斯金纳就认为：关于学习、条件的行为主义模式及研究行为是如何通过对期望反应进行强化而形成的心理学规律，是成功而有效教学的必备条件。他认为，这些原则不能被应用于课堂教学，因为教师既不能为有效学习提供学习材料，也不能在与学习者的行为（言语的或非言语的）接触中提供必要的强化次数。所以，他建议用程序教学，并使用教学机器。

在斯金纳最初的努力之后，教育技术在20世纪70～80年代已取得了巨大的进步。计算机辅助教学，综合学习系统，智能指导教学系统，教学媒介以及智能化学习环境，是现代技术用于提高教育实践的发展、研究的几个关键词（Niemiec and Walberg 1992，Scott et al. 1992）。

尤其是，现代计算机技术为控制的、弹性的、适应性的以及智能化指导的教学系统和学习过程的技术设计提供了多样的可能性。这些方面的必备条件是概括化的学习理论和关于知识获得的专门模型，列举如下：

（a）依照能力操作来分析学习目标（学习任务的特殊性）。

（b）描述学习者的最初状态（与技能和知识相关的个体差异的特殊性）。

（c）选定有效导致知识获得的方法（教学方法的特殊性）。

（d）评估这些教学方法的有效性（学习过程的特殊性及其评价）。

虽然人们一致认为教育技术为教育提供了现代化的工具，也为以实践的方式使用研究结果提供了更好的机会，但这些技术的水平在发展中国家及发达国家是极为不同的。很明显，虽然此类技术是提高教育实践的一种方法，但并不是唯一的方法。

3.2　教学研究及教师专业发展

大量的教育研究对教育产品、教师效能以及教学质量与学习成绩之间的关系进行了调查研究。虽然实证成果非常显著，但它们的种类十分不同，且是不同研究之间的不稳定交汇。在学习的教学变量的综合效果方面，以下因素被关注（伴随着去效果强度）：强化、加速的学习计划、线索和反馈、合作计划、个人化教学、适应性教学、指导以及高水平的问题（Fraser 1987）。

如果考虑到单一教学变量的效果可以经由合并、补偿或从其他教学、学生及内容变量的交互效果来模制或调节的话（Weinert et al. 1989），那么很显然，训练单一的教学技巧并不是这些研究结果的实践意义所在。

向那些使用教学研究成果的教师提供综合的训练项目似乎更有效（Tillema and Veenman 1987）。专家教师的范式为这些研究成果的实践应用提供了一个有价值的理论前景。认知心理学的研究表明，有经验的和成功的教师与那些无经验的或不成功的教师在教育知识及教育行为上有着区别（Berliner 1992）。这一研究结果已用于教师培训计划中。

这种研究范式使得两种可选择的研究传统整合起来（Stolurow 1965）。这两种范式是“模式化教师还是掌握教学模式?”（Weinert et al. 1992）在专业化教师培训模式中，直接而系统地在课堂中进行教与学的研究并进行教师训练是可能的。此类训练不会直接导向产生一种统一的“专业教师”模式，但应该承认在教师能力训练方面还存在着个体间差异（Anderson and Burns 1985）。

3.3　课堂学习研究

对运用于大多数有关学习的经验调查研究的用词而言，课堂更多地被描述为一组有着不同学习条件的学生在同一时空下接受教学。巨大的个体差异，如认知能力、知识、技能、动机、兴趣、态度以及学习习惯等，影响着学生的学习行为及他们的学习成就。有关这些因素的相关研究是非常多的。大量的心理学理论在研究个体状态和特点与学习的相关性，并发展出了评价模式和仪器去诊断个体在学习条件与学习成就之间的差异。

卡罗尔（Carroll 1963）以他的“学校学习模式”将心理学研究应用于实践做了重要的贡献。简单地说，卡罗尔提出了这样的论断，即给予平等的学习时间，具有不同能力的学生将会在学习过程中有所差别，也就是说，一些学生将不可能达到规定的目标。为了避免这种现象，每个学习者必须得到他或她要达到特定学习目标的必要学习时间。

这一模式对后续研究产生了强烈的影响，在许多方面，已经发展得更为细致，担负起更多的意义，也更为扩展了，并被应用于不同的实践中（Anderson 1984）。例如，以下概念和程序能够纳入卡罗尔的原始模式：任务时间（一个学生真正投入到学习任务中的时间）、个别化教学系统、个别化教学、掌握学习、摆脱卡罗尔模式的学校教学、能力训练交互研究程序(Snow 1989)。这些方法都被用来解决这样的问题,即在学习结果方面的个体能力差异是否或在多大程度上能够通过教学得到缩减。

有关学业成就对能力及教学条件的依赖性的研究,引发了一些重要的实践探索。其中3个是小组学习、掌握学习及适应性学习。

关于小组学习的教育效益是有争议的,而效益的发挥依赖于若干因素。更进一步说,这些效益涉及学生及特殊标准(Slavin 1990)。性向教学措施相互作用(ATI)的成功模式还未见到。

掌握学习是要确保班级中的大多数学生都有可能达到规定的学习标准(标准化测验的正确率达到90% ~95%)。通过适度提高学习时间(约20%),以及对教学时间的正确运用,这一目标有所达成。虽然人们对正规学校的掌握学习的期望某种程度上是有争议的(Slavin 1987,Kulik 1990),但是,这一模式对于研究及实践应用都是有利的。

适应性教学是在学校学习及ATI研究的卡罗尔模式的基础上提出的。

> 适应性教学包括学习者对所处环境条件的适应,以及教师对学习者现状及在此现状基础上进行改变的环境条件的适应。教师的目的,换言之,是要使环境变得有“教育意义”,而不仅仅是以“自然的”状态面对每个学习者。(Corno and Snow 1986 P. 607)

“适应性教学”是对许多不同的标准化的及非正式的教学程序的总称,这些适应性教学要以变化的、弹性的、动态的方式满足学生的个体差异,从而为每个学生提供适当的学习条件。

3.4 培养学生的学习能力及自我教育的技能

在上述适应性教学的特征中,人们注意到,个性化教学的达成不仅要求教学要适应学生的认知水平及动机要求,而且要求对学生的学习能力及学习动机进行有意识的培养。认知心理学、发展心理学及教育心理学都有相当多的研究,明确了如何去提高学生的学习能力及学习动机。关于训练、学习如何思考、元认知技能的提高以及自我学习技能的发展等方面的研究,处于研究的最前沿。

许多理论取向的研究还包括提供结果的建议。近来,还面向小学生、中学生及大学学生进行了支持性研究。虽然这些研究已证实智慧技能和思维能力不能被训练,但这些研究还是令人信服地显示出,元认知能力及自学技能可以通过训练得到持续的提高(Blagg 1991)。当此类研究的真正目的是为学生提供一个广阔时间框架、引导学生去获得重要的特殊知识时——如果可能的话,那么,所有的学生都会受益。

3.5 研究结果在学校教育新模式中的应用

研究不仅能用于提高现有的教育情境、学校组织以及教学条件,也可用于设计学校教育的新模式。当人们还不清楚某个教育目标是否能逐渐实现,或是否能通过逐渐改变现有行为而实现的时候,这样一种变革的方法就是必需的了。对于研究结果的此类应用,理论探讨和实践经验都是有利的(Salisbury 1993)。如此的改变必须考虑到新教育系统设计的影响因素,考虑到需要采用的策略,要确定的问题以及需要完成的任务。

3.6 研究:为实践者提供背景知识

实践对研究的要求远超过对研究结果的实际应用。此外,科学和研究有一个教育功能,即它们向个体提供有关它们自己以及这个世界的知识,并要求个体理性地行动。

因为人们思考、作决定以及行动主要是基于他们拥有的知识(不论是正确的还是不正确的,全面的还是片面的,客观的还是有偏见的),因此,对于那些卷入教育过程中的人(政治家、行政官员、校长、教师、家长、学生以及研究者)而言,能够依赖可靠的和有效的信息来变革或思考他们的个人信念、直觉知识、偏见以及假设,是非常重要的,也是必要的。如此的思考不仅是反思的、负责任的、有效的个体行为的前提条件,也是教育实践者理性交流及对话的前提。虽然不可能测量教育研究功能的效果,但无疑,尽可能将研究结果转化为实践者的话语,是合理的,也是重要的。

4. 结论

研究与实践之间的关系是复杂而困难的。因

此，对于科学研究结果向实践转化，还没有简单的、一致的解决方法。但是，依然能够得出一些概括性的结论。

首先，向教育实践提供不同类型的研究。科学研究对教育实践的价值在某种程度上，并不与应用它的教育情境的典型特征直接相关。

第二，研究结果可以不同方式用于教育实践。人们注意到6种典型的方式：教育技术的发展、教师培训、对教学的信心、培养学生的学习能力、设计学校教育的新模式以及教育科学信息作为实践者背景知识的运用。

第三，提供研究成果的各种策略之间不是相互孤立的。要结合几种不同的策略来提高教育实践水平。最后，探索理论向实践转化的过程本身应成为教育研究的重要研究领域。

F. E. 韦纳特（F. E. Weinert） 著

郭 华 译

附录

Anderson L W (ed.) 1984 *Time and School Learning*. Croom Helm, London

Anderson L W, Burns R B 1985 *Research in Classrooms*. Pergamon Press, Oxford

Berliner D C 1992 The nature of expertise in teaching. In: Oser F K, Dick A, Patry J L (eds.) 1992 *Effective and Responsible Teaching*. Jossey-Bass, San Francisco, California

Blagg N 1991 *Can We Teach Intelligence*? Erlbaum, Hillsdale, New Jersey

Bloom B S 1966 Twenty-five years of educational research. *Am. Educ. Res. J.* 3(3): 211—221

Carroll J B 1963 A model of school learning. *Teach. Coll. Rec.* 64: 723—733

Corno L, Snow R E 1986 Adapting teaching to individual differences among learners. In Wittrock M C (ed.) 1986 *Handbook of Research on Teaching*, 3rd edn. MacMillan Inc., New York

Fraser B J, Walberg H J, Welch W W, Hattie J A 1987 Synthesis of educational productivity research. *Int. J. Educ. Res.* 11: 145—252

Glaser R, Cooley W 1973 Instrumentation for teaching and instructional management. In: Travers R M W (ed.) 1973 *Second Handbook of Research in Teaching*. Rand McNally, Chicago, Illinois

Haertel G D, Walberg H J, Weinstein T 1983 Psychological models of educational performance: A theoretical synthesis of constructs. *Rev. Educ. Res.* 53 (1): 75—91

Hilgard E R 1964 A perspective on the relationship between learning theory and educational practice. In: Hilgard E R (ed.) 1964 *Theories of Learning and Instruction*. The National Society for the Study of Education, Chicago, Illinois

Kulik C L C, Kulik J A, Bangert-Drowns R L 1990 Effectiveness of mastery learning programs: A metaanalysis. *Rev. Educ. Res.* 60: 265—299

Mook D A 1983 In defense of external invalidity. *Am. Psychol.* 38(4): 379—387

Niemiec R P, Walberg H J 1992 The effect of computers on learning. *Int. J. Educ. Res.* 17(1): 99—108

Rein W 1893 *Pädagogik im Grundriß*, 2nd edn. Göschen, Stuttgart

Salisbury D F 1993 Designing and implementing new models of schooling. *Int. J. Educ. Res.* 19(2): 99—195

Scott R, Cole M, Engel M 1992 Computers and education: A cultural constructivist perspective. In: Grant G (ed.) 1992 *Rev. Res. Educ.* 18: 191—251

Skinner B F 1954 The science of learning and the art of teaching. *Harv. Educ. Rev.* 24(2): 86—97

Slavin R E 1987 Mastery learning reconsidered. *Rev. Educ. Res.* 57(2): 175—213

Slavin R E 1990 Achievement effects of ability grouping in secondary schools: A best-evidence synthesis. *Rev. Educ. Res.* 60(3): 471—499

Snow R E 1989 Aptitude-treatment interaction as a framework for research on individual differences in learning. In: Ackerman P L, Sternberg R J, Glaser R (eds.) 1989 *Learning and Individual Differences*. Freeman, New York

Stolurow L M 1965 Model the master teacher or master

the teaching model? In: Krumbholtz J D (ed.) 1965 *Learning and the Educational Process*. Rand McNally, Chicago, Illinois

Thorpe L P, Schmuller A M 1954 *Contemporary Theories of Learning*. Wiley, New York

Tillema H H, Veenman S A M (eds.) 1987 Development in training methods for teacher education. *Int. J. Educ. Res.* 2(5): 517—600

Weinert F E, Helmke A, Schrader F W 1992 Research on the model teacher and the teaching model. In: Oser F K, Dick A, Patry J L (eds.) 1992 *Effective and Responsible Teaching-The New Synthesis*. Jossey-Bass, San Francisco, California

Weinert F E, Schrader F W, Helmke A 1989 Quality of instruction and achievement outcomes. *Int. J. Educ. Res.* 13(8): 895—914

其他参考文献

Bloom B S 1976 *Human Characteristics and School Learning*. McGraw-Hill, New York

Glaser R 1977 *Adaptive Education: Individual Diversity and Learning*. Holt, Rinehart, and winston, New York

Snow R E, Federico P A, Montague W E (eds.) 1980 *Aptiude, Learning, and Instruction*, Vols. 1, 2. Erlbaum, Hillsdale, New Jersey

教师是艺术家(Teachers as Artists)

"教师是艺术家"只是一个隐喻。这不是一个能够用大量证据来证明和评价的研究主题。它与教育研究的方式紧密相关,如果教学是一门艺术而不是一门科学的话,那么,教学应该由美学评论者来研究而不应由科学探究者来研究。教师是艺术家的隐喻,引入了不确定性的思想,并且,研究者需要领会这个隐喻的重要意义。

1. 弥漫的隐喻

大多数学者对教师是艺术家的讨论,缘于詹姆斯(James)的《与教师的心理学谈话》(1983)的发表。这本书1891年初次出版。詹姆斯写道:"心理学是一门科学,而教学是一门艺术:科学自身永远不能产生艺术。"(P. 15)

20世纪80年代及90年代早期对这一话题的讨论还没有超越詹姆斯,几乎没有证据表明教学是一门艺术,也几乎没有理论研究去致力于分析如此广泛使用的"艺术",其实只是一个隐喻。

得力的理论分析和实证材料的缺乏,并没有阻止许多作者使用这一隐喻。例如,一名从事英语外语教学的英国专家莫里斯(Morris 1954)有一本书名叫《英语教学的艺术》,书中说活生生的语言是"美学意义上的完美的源泉"(P. 3),教师应实现这一完美!10年过后,科尔曼(Colman 1967)说所有有能力的教师都是艺术家。他的书呈现了20种不同的教学方法,从苏格拉底教学法到杰舒特(Jesuit)教学法、蒙台梭利教学法,及至"团体教学法",结尾一章名为《成为一个艺术家》。科尔曼对那些未来教师说,"生活是变化的,而教学艺术家永远不会满足,直到他能为他的艺术发展出全部的教学方法、教学技能以及程序"(P. 168)。

20世纪70年代,特拉韦斯(Travers)和狄龙(Dillon)出版了一本书,集中讨论"教学是一门操作艺术,在这门操作艺术中,每一个演出者都必须明白他所希望扮演的角色是什么"(P. vii)。这种模式是康斯坦丁·斯坦科夫斯基(Konstantin Stanislavski)训练演员的方式,他在莫斯科大戏院开出的剧目就是要消减人为的和过分夸张的表演。斯坦科夫斯基理念的核心是,要使演员"成为"剧中人,以至于如果演海达(Hedda),女演员就必须在吃饭、睡觉、散步、穿衣以及洗澡等方面都要以海达的方式,而不以演员自己的方式来做。斯特韦拉和狄龙指出,师范生应该像演员扮演海达那样,浸到教师的角色中。这本书提供了一系列的教室微观情境,以便师范生来预演他的教师角色。

1980年,鲁宾(Rubin 1985)重新提出这一隐喻。他是为正在学习的未来教师写作的,这些"未来教师坚信教学能够成为一门艺术,而他们的目的是使自己成为艺术家式的教师"(P. iii)。在这本书中,鲁宾提出了成为艺术化教师的两条途径:

"一种是具有天生资质,主要依靠本能;另外一种是不靠先天素质,但依靠实践和努力创造出使人印象深刻的艺术。"(P. 15)

来自两大洲,写作时段跨越40年的这些著作,都把教师是一个艺术家的隐喻蕴涵其中,但没引起广泛的关注,也没有被广泛引用。他们运用了同一个隐喻 ,但不是在同一方向上使用,因为没有一个作者在索引里提到先前的研究。所有这些著作都是描述性的文章而非研究报告。在研究者中,几乎不使用这个隐喻。

2. 隐喻与研究

在1990年代早期,关于教师是艺术家的隐喻与盖奇(Gage 1978)和埃斯纳(Eisner 1977)有些关系。他们二者都致力于研究由杰克逊(Jackson 1968)开创的教学发生的研究。盖奇的研究更多涉及艺术家的科学基础而不是去探寻"艺术家"的含义是什么。埃斯纳则对教育研究及评价的艺术更感兴趣,而非对教学艺术感兴趣。

这两个先锋研究者并不孤立。对教师及教学作实证研究的学者既没有更多地使用这一隐喻,也没打算将这一隐喻用于他们的调查研究中。对这一领域的重要期刊之一《教学与教师教育》进行内容分析,可以看出,在1984~1985年的32个主题中,有288篇文章,作者来自从澳大利亚到泰国的20个不同国家,但只有一篇文章使用了教师是艺术家这一隐喻(Trumbull 1986)。《教学与教师教育》中没有一篇论文关注于埃斯纳在美学批评方面的研究工作,也没有将其作为研究教学的方法。

《教学与教师教育》对研究者来说主要是一份教育心理学背景的期刊。同样,关于教师是艺术家的隐喻也很少用于对教学作社会学分析的研究中。沃勒(Waller 1932)使用了几个关于教师的隐喻——特别是把教师作为一个陌生人——而不是教师是一个艺术家。同样,同一时期的英国教学社会学者哈格里夫斯(Hargereaves 1983)在他研究教学艺术和美学时,使用了"教学的艺术"的词句。澳大利亚的康奈尔(Connell 1985)也研究了教学的许多方面但没有涉及艺术家的隐喻。一个可能的原因是,研究者在研究教学时,没有像那些培训手册那样更常使用教学是艺术的隐喻。更进一步说,很少有作者分析他们所热衷的艺术家的类型。

3. 未能指认的艺术家

关于教学是一种艺术的说法是模糊的。运用这一隐喻的人很少去确认他们心目中的艺术家是哪一类。教师是一个演员,一个钢琴家,一个雕塑家,一个诗人,一个芭蕾舞表演家,一个音乐家,一个作曲家,一个厨师,一个剧作家,一个小说家,一个电影导演,一个芭蕾舞设计者,一个裁缝,一个时装设计师或者是一个歌唱家?教师是一个实现他人剧本的操作者,是他自己的创造者,还是一个孩子们行为的导演或引导者或设计者?一般说来,教育学者还没有区分出特别的艺术角色。还不清楚,教师应该像小说家萨林格(Salinger)那样做一个隐身者,还是像帕顿(Dolly Parton)那样做一个合群的西部明星,或是像安德鲁·戴维斯(Andrew Davies)那样做一个引导者。作者们提出了一个模糊的"艺术"概念,区别于创造及没有探究性。这个隐喻的模糊性使它很危险地与那个古老的说法——教师是培育者——联系到一起。赖斯(Lacey 1970)很早以前就对"教师是园丁"的说法给以深刻的批判:

> 教育学家乃至社会学家在提及教育过程时经常用园丁的比喻,如"培育"学生。这个隐喻总的来说是错误的。我听说园丁被那些有问题的植物搞得神经衰弱,但我没有在一所哪怕只有一个教师受持久纪律问题困扰的学校里教过或做过研究。(P. 170)

在其模糊的和修辞的意义上,教师是一个艺术家的隐喻也是错误的。

当然,这个隐喻背后的一个现实的问题,在盖奇(1978)的研究中已经涉及了。盖奇在《教学艺术的科学基础》中指出了在技巧和艺术创造的规则和模式之间存在的张力。他写道,"作为一种实践艺术,教学必须被看作一个过程,这个过程需要直觉力、创造性、即兴发挥能力以及表达能力——但这个过程也隐含着规则、模式等"(P. 15)。这种差别在有关此职业的社会学中也被广泛论及:即研究教师和教学的作者忽视了这一特征。盖奇对“科学”和“艺术”所做的比较,也被看作是技术与不确定性的差别。

4. 教学的不确定性

法国社会学家亚穆斯和佩卢瓦耶(Jamous and Peloille 1970)试图通过对每个职业的两个维度——“不确定性”和“技术性”的关注,来对职业进行新的社会学思考。盖奇那样的研究者所谓的“艺术家”,在某种程度上,就是亚穆斯和佩卢瓦耶所说的“不确定性”的技巧。

亚穆斯和佩卢瓦耶认为,所有的职业在技能和知识上都包括两个截然不同的类型:技术的和不确定性的。技术性的技能和知识是工作中明确的、由规则来管理的、能够说出来的部分。例如,一个伦敦的出租车司机必须有驾驶执照,必须通过有关“知识”的考试:对伦敦的街道、站点、旅馆、出租常规等进行详细的考核。一个律师必须熟悉法律条例和案例。一个警官必须知道如何警告嫌疑犯,而且要知道当地的法律是什么。在盖奇(1978)那里,一个教师必须知晓教材,而且要对教师效能有研究——这是科学的基础——在亚穆斯和佩卢瓦耶那里,这些都是技术性的。

不确定性是工作操作中的“隐性课程”:是工作中的缄默的、不明确的、无法测度的方面。所有的工作都包括明确的规则和“判断要求”,但敏锐的判断力、天才和不确定的艺术鉴赏力也是需要的。对出租车司机来说,与那些醉酒的乘客、野蛮的乘客、警察、其他司机以及旅馆门童成功地打交道,就要有这些不确定性的技能和知识;对一个律师来说,是与法官、当事人和陪审团打交道的知识;对警官来说,要知道什么时候警惕以及什么时候去逮捕,什么时候出动,什么时候进入,以及知道如何去对付罪犯和受害人,以及如何区分罪犯和受害人(Atkinson et al. 1977, Atkinson 1983, Atkinson and Delamont 1985)。

当教育学者说教师必须是艺术家时,他们的意思实际上是说,教学工作包括技术性的和不确定性的两个方面:缺乏这一视角,教育学研究就可能陷入困境。英美教育界对亚穆斯和佩卢瓦耶研究工作的忽视可能是由于他们(指亚穆斯和佩卢瓦耶)的法国定位,以及他们对医生的研究。教育学研究者对教师研究关注太窄,所以应该重新对其他职业进行研究以解决他们的难题。

5. 关于教学研究的教训

在教学研究方面有两个教训。首先,研究对“教育者亚文化”的假定疆界的挑战是极为关键的(Wolcott 1981)。正如沃尔科特(Wdcott)所指出的,它从教育研究外部带来一个同伴,“使我突然认识到,所有关于教师的资料都是如此集中,教师在反思主流社会以及它的教育者亚文化”(P. 253)。

第二,研究教学的不确定性方面而不仅仅是技术性方面是重要的,即使后者更容易测度。埃斯纳(1985a,1986b)最先指出美学批评运用于教育研究中的研究风格。同时,莱特富特(Lightfoot 1983)运用深描艺术刻画了她所研究的六所优秀的美国高中。这两位作者都试图去把握学校教育和教学中的不确定方面。对教师的好的研究必须把握它的不确定性方面——正如把握技术性方面一样。

S. 狄兰蒙特(S. Delamont) 著

郭 华 译

附录

Atkinson P 1983 The reproduction of professional community. In:Dingwall R, Lewis P (eds.) 1983 *Sociology of the Professions*, Macmillan, London

Atkinson P, Delamont S 1985 Socialisation into teaching:The research which lost its way. *Brit. J. Soc. Educ.* 6(3):307—322

Atkinson P A, Reid M, Sheldrake P 1977 Medical mystique. *Sociology of Work and Occupations* 4(3):243—280

Colman J E 1967 *The Master Teachers and the Art of Teaching*. pitman, New York

Connell R W 1985 *Teachers'Work*. Allen and Unwin, Sydney

Eisner E 1977 On the uses of educational connoisseurship and educational criticism for evaluating classroom life. *Teach. Coll. Rec.* 78(3):345—358

Eisner E 1985a *The Art of Educational Evaluation: A Personal View.* Falmer Press, London

Eisner E 1985b *The Educational Imagination*, 2nd edn. Macmillan Inc. New York

Gage N L 1978 *The Scientific Basis of the Art of Teaching.* Teachers College Press, New York

Hargreaves D H 1983 The teaching of art and the art of teaching. In: Hammersley M, Hargreaves A (eds.) 1983 *Curriculum Practice.* Falmer Press, Lewer

Jackson P W 1968 *Life in Classrooms.* Holt, Rinehart, and Winston, New York

James W 1983 (1st edn. 1891) *Talks to Teachers on Psychology.* Harvard University Press, Cambridge, Massachusetts

Jamous H, Peloille B 1970 Professions or self-perpetuating system. In: Jackson J A (ed.) 1970 *Professions and Professionalization.* Cambridge University Press, Cambridge

Lacey C 1970 *Hightown Grammar*, Manchester University Press, Manchester

Lightfoot S L 1983 *The Good High School.* Basic Books, New York

Morris I 1954 *The Art of Teaching English as a Living Language.* Macmillan, London

Rubin L J 1986 *Artistry in Teaching.* Random House, New York

Travers R M W, Dillon J 1975 *The Making of a Teacher.* Macmillan Inc., New York

Trumbull D J 1986 Teacher's envisioning, *Teaching and Teacher Education* 2(2):139—144

Waller W 1932 *The Sociology of Teaching.* Wiley, New York

Wolcott H F 1981 Confessions of a "trained" observer. In: Popkewitz T S, Tabachnick B R (eds.) 1981 *The Study of Schooling.* Praeger, New York

其他参考文献

Eisner E 1991 *The Enlightened Eye*, Macmillan Inc., New York

Gage N L 1989 The paradigm wars and their aftermath. *Teach. Coll. Rec.* 91(2):135—150

Nespor J, Barber L 1991 The rhetorical construction of "the teacher". *Harv. Educ. Rev.* 61(4):417—433

Wolcott H F 1990 On seeking-and rejecting-validity in qualitative research. In: Eisner E, Peshkin A (eds.) 1990 *Qualitative Inquiry in Education.* Teachers College Press, New York

教师是临床专家(Teachers as Clinicians)

有人把教师的教学工作抽象为"问题解决"或"做出决策",这种工作与医生的工作有着共同之处。这样(把教学作如此抽象)便引出了一项研究。这项研究深入分析了教师做出决策的过程,尤其关注教师得以做出决策所拥有的学生信息以及教师做出符合学生个别化需求的方式。这项研究对于了解教师的计划及教师的互动思维提供了有意义的借鉴。

1. 历史研究

把教学喻为临床决策,最初起于 1970 年。主要源于三个方面:对纯粹的行为主义教学观念的不满,对教师工作的认知方面的越来越大的兴趣,医疗教育领域对医生决策的性质及发展的研究的升温。这时,当一些教学研究还只是关注教师的课堂行为时,例如教师提问问题的类型(Rosenshine 1971),这项研究已经意识到了影响教学的更为重要的方面是认知行为,例如,在一个合适的时间向一个合适的学生提出一个合适的问题(Shavelson 1973)。这样,便大大提升了教师做出决策的重要性。这一领域的研究,自 1974 年以来,受到了美国国家教育研究所"教学研究"会议的特别支持。其中一次研讨会指出了教师在诊断儿童的学习行为及对良好学习行为的描述方面与医生在诊断与治疗方面的相似之处。这次研讨会指出,教师像医生一样,面临着了解各种不同信息的任务,而且,还要将这些信息与理论、事实以及个人信仰和期望等进行整合,以便形成判断,做出决策。

2. 研究重点及其方法论

这一研究领域已经提出了教师做出判断和决策的特征,以及影响教师做出判断和决策的因素。研究所采用的主要研究方法是"谋略法"和"事件回忆法"。在"谋略法"研究中,向教师描述问题情境,并要求教师做出判断和决策。由于问题情境的信息特征的系统变化,从而使得研究者能够理清影响教师做出判断的因素。例如,罗尔科迈波与布罗菲(Rohrkemper and Brophy 1983)提供了这样一个案例:向98位教师提供了24个描述问题学生在非合作教室情境中的简况,要求教师回答对这样的情况会做何反应。根据这些资料,研究者能够确认那些影响教师做出反应的与儿童及教室情境相关联的因素。观察资料证明,这些关系是可信的。

在"事件回忆法"研究中,将教师在教室中的互动行为,用摄像机拍摄下来,在向教师本人回放录像之后,便马上要求教师回忆他那时的想法。研究资料通常被分为认知行为(教师是做出判断或决策还是简单地表述对教室行为特征的意识)和思考内容(如课程、儿童、教师策略)。例如,莫兰-迪尔希默(Morine-Dershimer 1989)在一项对10个教师的研究中,确定了教师做出决策的几种基本类型和一节课中用于思考不同内容的时间比例。在对包含于教学计划阶段的思考与决策制定的研究中,通常要求教师大声地说出他们的计划,用言词表述那些通常被掩蔽的想法(Yinger 1980)。

对教师思维及决策制定研究中的方法论局限已经被广泛地讨论过。尤其特别关注了在谋略研究中教师做出推断的重要性,以及教师就问题情境依据已有经验和知识的整合做出判断的重要性。

在事件回忆法的研究案例中,研究者大多关注所回忆的想法的重要程度,也就是说,它们主要呈现的是已过去的活动的不全面的特征和范围而不是那时的真实想法。

3. 主要成果

这项研究的成果已关注到教师在计划和教学阶段进行思考的内容和特征。这些研究成果开辟了与教师教育及未来研究有关的教师工作的认知方面的再认识的新途径。

3.1 *教师计划*

对教师计划的描述模型倾向于把计划的过程描绘成一种线性的推断演绎过程。开始于目的和目标,并将目的和目标转换为内容和程序。当然,对教师的思维及决策制定进行研究,首先要把计划分成不同水平(如年计划、学期计划、单元计划、日计划、课计划等)。其次,较高水平的计划,重点在组织和内容;相应的,较低水平的计划,则主要关注活动的建构以及师生将做什么。与其把计划看作是一个线性的演绎推断过程,倒不如把它看作是一个创造性的问题发现和问题的解决过程更合适。在这个过程中,教师利用他们对儿童、课程、教学策略、学校设备以及教育目标的充分了解,去组织与教室情境相匹配的有效的行为。

3.2 *互动教学*

如果最初把教学看作是临床制定决策的过程,那么教师的教室行为就被看作是做出诊断判断和提出治疗方案;如果把教师的思维放在互动教学中去研究,则会发现教师在课程上其实很少做出决策。一些教师的思考重点在儿童、教学过程,而且,教师的思考既为了实现预计的活动,也为了调整活动以适应学生以及与有效建立教学常规有关的情境。

在互动教学过程中,教师似乎特别关注那些有策略意义的线索,这些具有策略意义的线索昭示着活动的进展状况以及儿童是否真正理解并能够完成这些活动。例如,隆格伦(Lundgren 1972)发现,在中学科学课的课堂教学中,教师特别注意能力较差学生的学习过程,而且按照他们的进度进行教学。布罗梅(Bromme 1987)也发现,一节课之后,中学数学教师能够回忆和评论那些学生在教学中理解和不理解的地方。这些正是课上比较有意思的地方,在这种情况下,教师发现他们必须得解释、详细描述某一问题,甚至要反复进行解释或描述。显然,教师并不把这些事件与个体学生的能力或进步联系起来看待。看来,虽然教师很少作为一个对有困难的个体的学生的诊断者和治疗者来行动,但却发展起了一套对这些困难进行理解和反应的方式,这种方式特别适合于复杂的课堂情境。

4. 教师认知概念化的新途径

把教学看作是一个临床决策的过程来研究，引领着研究者去进一步发展有关教学的概念，从而认识教师知识的复杂性及教师先前行为（如对教学进行设计）与当下行为（如在课堂上的行为）间的交互影响。帕特南（Putnam 1987）建议，诊断/治疗模式不适合有经验教师的行为，他建议建立一种基于课程理念和风格的一种替代模式。课程的原意是由需要教授的一系列目标和行为构成的独特主题。当教授这个主题时，课程理念在很大程度上决定着教师的教学程序，这一程序是为特别的课堂设计的心理计划。当教授这节课时，教师注意到不同于他习惯运用的操作线索，而去重新考虑或修正教学程序。有经验的教师似乎就是所有课程的化身，而这些理念为个性化的教学风格奠定了基础。

克拉克与英格（Clark and Yinger 1987）提供了一种替代的概念化方式，他们建议计划教学和互动教学都包含着一种设计特征。他们提出舍恩（Schon）的“行为反思”概念很好地抓住了教学的一些创造性特征。当教师遭遇一个新情境时，他们利用其过去的经验去理解这一问题并试图去解决它。这种“行动反思”引领着教师去探索确定的解决策略、掌控其影响、解释结果等，以便决定未来的行动。

5. 教师教育的意义

对专家与新手在设计和思考他们工作方面的差异的研究，以及对师范生与教学任务相关的获得知识的过程的研究，引发了对教师培训手段的考虑（Clark 1988）。尤其是，研究已经显示出教师知识的复杂性，也显示出去发展能使有经验教师的知识对新教师更有用的方式是必要的（Mcalpine et al. 1988）。在培训阶段，特别强调要给予被培训者以反思和分析的机会（Clift et al. 1990）。为师范生提供机会进行课程实践去探索教师知识及特殊情境的案例研究，为特别的决定和行为的提出提供了基础（Merseth 1991）。

6. 未来研究的趋势

关于教师思维及行为决策的研究提出了几个有关教师及其他职业所拥有和使用的知识问题。已经进行了几项有关教师知识的质的差异及知识增长过程的研究。研究已经从早先刺激反应及政策分析的方法转向更多的有效案例研究，这些案例研究包括对知识、知识的运用以及教师的知识增长的过程的细节检测（Beyerbach 1988，Calderhead and Robsin 1991，John 1991，Clift 1991）。可以预期，通过类似研究，会出现更清晰的模式，这些模式是关于师范生如何学习去教学以及他们如何在学校课程的背景下及复杂的课堂情境下向学生提供个性化的教学的。

J. 卡拉德黑德（J. Calderhead） 著

郭 华 译

附录

Beyerbach B A 1988 Developing a technical vocabulary on teacher planning: Preservice teachers' concept maps. *Teaching and Teacher Education* 4（4）：339—347

Bromme R 1987 Teachers' assessments of students' difficulties and progress in understanding in the classroom. In：Calderhead J（ed.）1987

Calderhead J, Robson M 1991 Images of teaching: Student teachers'early conceptions of classroom practice. *Teaching and Teacher Education*7（1）：108

Clark C M 1988 Asking the right questions about teacher preparation: Contributions of research on teacher thinking. *Educ. Researcher* 17（2）：5—12

Clark C M, Yinger R J 1987 Teacher planning. In：Calderhead J（ed.）1987

Clift R T 1991 Learning to teach English-maybe: A study of knowledge development. *J. Teach. Educ.* 42（5）：357—372

Clift R T, Houston W R, Pugach M C 1989 *Encouraging Reflective Practice in Education*：*An Analysis of Issues and Programs.* Teachers'College Press, New York

John P D 1991 Course, curricular and classroom influences on the development of student teachers'lesson planning perspectives. *Teaching and Teacher Education* 7(4):359—372

Lundgren U P 1972 *Frame Factors and the Teaching Process:A Contribution to Curriculum Theory and Theory on Teaching*. Almquist and Wiksell, Stockholm

McAlpine A, Brown S, McIntyre D, Hagger H 1988 *Student Teachers Learning from Experienced Teachers*. Scottish Council for Research in Education, Edinburgh

McCutcheon G 1980 How do elementary school teachers plan? The nature of planning and influences on it. *The Elementary School J.* 81(1):4—23

Merseth K K 1991 The early history of case-based instruction: Insights for teacher education today. *J. Teach. Educ.* 42(4):243—249

Morine-Dershimer G 1989 Preservice teachers' conceptions of content and pedagogy: Measuring growth in reflective, pedagogical decision-making. *J. Teach. Educ.* 40(5):46—52

Gage N (ed.) 1975 *Teaching as Clinical Information Processing: Report of Panel 6 National Conference on Studies in Teaching*. National Institute of Education, Washington, DC

Putnam R T 1987 Structuring and adjusting content for students: A study of live and simulated tutoring of addition. *Am. Educ. Res. J.* 24(1):13—48

Rohrkemper M M, Brophy J E 1983 Teachers' thinking about problem students. In: Levine J M, Wang M C (eds.) 1983 *Teacher and Student Perceptions: Implications for Learning*. Lawrence Erlbaum Associates, Hillsdale, New Jersey

Rosenshine B 1971 *Teaching Behaviours and Student Achievement*. National Foundation for Educational Research, Slough

Schon D A 1983 *The Reflective Practitioner*. Basic Books, New York

Shavelson R J 1973 What is the basic teaching skill? *J. Teach. Educ.* 24(2):144—151

Yinger R J 1980 A study of teacher planning: Description and a model of preactive decision-making. *Elem. Sch. J.* 80(3):107—127

其他参考文献

Calderhead J 1987 *Exploring Teachers' Thinking*. Cassell, London

Clark C M, Peterson P L 1986 Teachers'thought processes. In: Wittrock M C (ed.) 1986 *Handbook of Research on Teaching*, 3rd edn. Macmillan, New York

Kagan D M 1988 Teaching as clinical problem solving: A critical examination of the analogy and its implications. *Rev. Educ. Res.* 58(4):482—505

教师是专业人员(Teachers as Professionals)

长期以来人们争论教学是否是一种专业活动,但并无结果。"教学专业"这一词语不仅被教师自己广泛使用,还被其他行业的人、政治家以及媒体广泛使用。当然,教学被指称为"专业",仅是分析教学这一职业性质的切入点,因为"专业"这个词是一个隐喻,有时也指一种理念。有关"教学是专业活动"及"教师是专业工作者"的争论,主要不是语意学的问题,却引起了与教育质量相关的一些实际问题。本词条的第一部分将讨论"专业"及相关概念。第二部分将重点指出对这一术语使用的批判。第三部分,根据衡量专业的主要标准,提出一些具有启发意义的核心问题。

1. "专业"的概念

对职业区分标准进行系统的社会学分析始于20世纪早期。一些社会学家提出了一些公认的标准,这些标准完全适用于那些正当的职业,而对那些"半"专业或"准"专业则相应降低要求。这样,不同的职业就被放置到一个预设的类目中,而教学通常被划到"半专业"范围。"新兴专业"是指那些在预设类目中不断上升并完全符合职业标准的职业,这一上升过程通常称作"专业化"的过程。支持一个职业专业化需求的理念倾向于符合这样的假设,即提升等级以符合标准,这样,这一职业所提供的服务质量就需提高。虽然这是正常的，但并不能将之看作是公理。因此，由词语的角度来看，“专业主义”有时被用于指称某种职业的专业化计划的说辞或策略。而“专业性”则指技能水平及所提供服务的质量。

标准是由不同的人设计的，因此，这些标准的内部一致性问题经常受到质疑。事实上，也可能有相反的解释，而且也有证据证明其内部的高度相关（Hickson and Thomas 1969）。如果不是对标准系列中的任一项内容作剖析，或试图与之唱反调的话，那么，根据功能主义对于专业的论述，大多数标准都有代表意义。这一理论认为，专业是那样一些职业，即它的成员具有能够实现其社会功能的高的知识及技能，这种社会功能是良好社会运转的核心。霍伊尔（Hoyle 1980）总结了这一理论，并列举了它所提出的标准：

（a）专业是能够发挥重要社会功能的职业。

（b）这一功能的实现需要相当级别的技能。

（c）技能操作的情境有新问题需要解决的情境，而非完全的常规情境。

（d）因此，虽然通过经验来获得知识是重要的，但这种接受类型的知识对于专业的要求是不充分的，而且实践者必须具备完整的系统知识。

（e）系统知识的获得以及特殊技能的发展需要长期的高等教育。

（f）教育及培训的阶段也是职业价值社会化的过程。

（g）这些价值将当事人的利益置于中心，某种程度上，这是职业的显著的伦理特征。

（h）以知识为基础的技能是在非常规情境下使用的，因此，对于专业人员来说，拥有实践的自主权是必要的。

（i）由于专业实践是如此特殊，因此，有组织的专业应在相关的公共政策制定中有较强的影响力，应具有对专业责任活动的高度控制，还应具有与此情形相一致的高度自治。

（j）长期的培训、责任以及以顾客为中心等特征从高特权及高级别的酬劳中得到了回报。

虽然社团间有所不同，教学也与这些标准中的一些相符，但并不符合其全部标准。更进一步说，即使与教学相符的那些标准也并不总是与教学完全相符。这些标准不仅是社会学理论的产物，也是专业精英为自己群体成员利益与雇用者及政府进行谈判的指标。

2. 对“专业”研究的传统方法的批判

对研究“专业”的传统社会学方法，已经提出了几种批评。首先，关于“专业”的争论是一种盎格鲁—撒克逊现象，而且与欧洲情境（在那里，专业人员大多是公务员）很少关联。而且，专业主义是与特定历史阶段相关联的理念，这种专业主义的理念已见衰落（Perkin 1989）。

第二，功能主义的解释是去历史的。它低估了这样一种现象的程度，即重要专业的当下的高地位的获得更多地应归功于其所提供的服务对市场的控制力，而不是归于接受其服务的一般公众的看法（Larson 1977）。

第三，只有少数人可能成为专业人员的争论，是一场关于投票或文凭的争论，而不是对能力的精确描述（Sykes 1987）。

第四，这些标准来自对那些通过控制市场已获得地位的职业结构的分析，来自这些职业中精英的理性思考，而不是对专业工作的评价。因此，这些标准与现实只存在有限的关系。一个例子是，从业者的自治权实际上是保护其免负责任的一种形式（Bessant and Spaull 1972）。

最后，“专业”一词，无论是专业精英还是政府，都在以修辞的和理念的方式来使用它（Ozga and Lawn 1981），是对学校水平层面进行控制的一种策略（Shanker 1985）。

“专业”这一概念导致了更多的歧义，于是，人们建议应综合思考这个概念。不太激进的建议是，社会学家应关注专业人员实践了什么。有关专业实践的一些优秀研究采用了功能主义尚未意识到的不同方法。不过，由于出现了自主权、知识、对当事人的责任以及一些相关的其他问题，“专业”这一概念至少提供了一种具有启发意义的视角。当然，还要重新认识现有的其他方法——著名的劳动过程观点——来自布雷弗曼（Braverman 1974）的研究。

3. 与"教学作为一种专业"相关的问题

这一部分指出了与"教学作为一种专业"相关的问题，围绕着专业的五个关键标准展开讨论：社会功能、知识、从业者的自主权、团体自主权以及专业价值。

3.1 社会功能

无疑教学发挥着重要的社会功能，因为无论在发达国家还是发展中国家，教育都是一个关键的社会过程。功能主义者认为，教学缺乏像药科、法律、牙医及其他类似职业的社会地位，因为教育较少居于社会需求的中心。这一观点很难获得事实支持。社会地位的差别更多的是由于其他因素（例如，教学专业的规模、教师的特征、与顾客的关系以及教师工作的条件等等）而不是社会功能的重要性。教育以及教学对于良好社会的重要性是显而易见的。

教育意义的增长与职业（特别是在文凭的意义下）强度相关。当然，有一些因素妨碍了公众对教育重要性的理解。其中之一与时间有关。教育的作用通过时间来累积，而且是许多教师努力的结果，因此，难以确认个体的贡献。而且，集体教学也妨碍确认某教师对个体学生成绩的贡献。

教学与那些提供可见的服务结果的重要职业不同。一般来说，一般意义上的教学服务是不可见的。所有专业的大多数工作是常规的，而且，在实践方面，这些专业几乎没有变化。当然，也有例外。当这些事情的后果尤其对医生、律师的顾客，以及会计和建筑师的顾客具有重要意义的时候。但这种事情很少发生在教师身上。也许是这些事情的重要性被这些重要专业的精英过分强调，而且被媒体强化的结果。不过，教学对于全体社会的健康及对个体幸福的贡献是难以估价的。

3.2 知识

人们仍在广泛争论教学专业的知识基础问题。有关教师需要具备所要传播的学科知识的问题，人们已不再争论。但是，关于是否应具备所谓的"教育理论"的知识，教师自己及局外人也都还有相当的怀疑（Jackson 1987）。教师们面临着这样一个问题：如果他们批判这个理论，意味着他们所受的培训与实践无关，那么他们就否定了自己是传统意义上的专业人员。如果教学只是一个具有有限规范的、基于经验的技能，那么，这个职业就无法与制作铅球的手工业者或发动机机械师相区别。

当然，关于教师专业知识的问题是复杂的。在不同类型的理论知识之间，简单地说，如教育学的、课程的以及教育社会学理论之间，一直没有做出必要的区分，虽然它们有不同的功能。另一个困难是，理论—实践的争论在很大程度上与如何设法将既有的、系统的、加工过的知识传授给学生的努力联系在一起。当然，"教师"的教育学知识基础是在其实践中被重新概念化了的（Calderhead 1987）。

实践的社会维度，在过去的教育理论中是一个被忽视的因素，而现在则与医学、法律、建筑及其他领域相联系而被重新认识。特别是在那些对于教师的持续专业发展做出决定的国家，教师显示出由"受限制"到"扩展"的专业特性（Hoyle 1974）。然而，还存在着一个矛盾，即这种发展的形式并未提升教师的社会地位。必须注意的是，至少在某些系统里，出现了相反的倾向，而且导致了对缺乏技能的教师的更强的控制（Apple 1987）。

3.3 从业者的自主权

从业者大多看重他们的自主权。当然，没有人能期望得到完全的自主。关于自主权的争论是相当复杂的，自主权在各个不同水平上都受到限制。自主权会受到国家限制，受到行政官员或校长的限制，受到当地社区或同辈的限制。系统不同，模式也就不同。例如，法国教师的自主权受国家的限制，但他们对专业化的态度，使其体会不到受限制。在这个框架里，与行政官员及同事相比，法国教师经验到一种高度自主。法国教师与其他国家，如英国的教师相比，他们的专业角色观较窄（Broadfoot and Osborn 1987）。

对教师自主权进行限制的一个重要问题是由行政提出的。官僚限制与专业自主之间的理论冲突，是社会学的一个历史问题。官僚限制与教师工作的自由之间的冲突，依赖于一系列因素，这些因素在不同系统中也有变化（如校长是被看作行政人员，还是被看作领导教育专业化的人员，学校中的等级级别，教师评价的性质以及校长的管理风格）。

虽然校长的权威与教师的自主权间的冲突有可能出现且会变得尖锐，但在实践中，实际的冲突部分被学校的结构及广泛接受的规范所限制。学校被松散地组织在一起，学校的各组成部分——单位与人——相对独立于中心。教学不是一个能被严密控制的活动。因此，在控制与自主之间寻求平衡的倾向受到支持，这样，行政官员与教师有其各自适当的影响范围，并且通过谈判和微观政治学来超越冲突或产生解决冲突的需要，当然，这种冲突解决的方式需要在相互妥协的情况下产生（Hanson 1979）。然而，相对于管理者的角色，教学的层次更为分明，不同地位的条件出现了，而且专业与行政之间的关系变得更模糊了。当这种情况发生时，管理的而非教学的专业因素变得更显著。

相反，对教师自主权进行限制是固有的，不仅在官僚的模式中，而且在由同事控制的团体组织模式中也受到限制。在许多系统中，当教师在课程发展、团队发展、组织发展及同伴欣赏计划中进行合作时，出现了更为独立于教师的运动。这些也许对个人自主权是不利的，而且传统专业模式中的因素可能消失，一种新的模式“团体专业化”将要出现。要讨论的是，一些在个体自主权中被忽视的因素可能会得到提升（Anderson 1987）。

3.4 团体自主权

与那些重要专业相比，教学在获得自治地位并独立于国家方面是不成功的。在大多数国家，教师的公务员身份使人们期望教师去执行由中央政府颁发的教育政策。有组织的职业被政策控制的程度在不同国家及不同时代都不同。几乎没有这样的系统：教师已经成功地获得自治权，招募成员并训练他们，影响政策，决定完成任务的模式。教师通常被组织进工会而不是专业团体，这样便形成了他们与国家的关系。

然而，在有些国家，教师们已经享受到了教育实践所带来的巨大影响，教育实践在一些西方国家于20世纪六七十年代达到了巅峰状态。20世纪90年代，这一运动走了回头路。这是一个重利的时代，也是一个强烈反对专业社会的时代。因此，虽然教学立志追求一个独立的专业地位，这一地位在历史上无处获得，但是现代社会却激烈地排斥它。确实，教学曾经努力与之竞争的那些专业，现在正追求更大利益，并试图削弱其自主权。

3.5 专业价值

虽然职业可根据一系列特殊的价值进行区分，但对职业的一般方面或教学的特殊方面做出结论是不可能的。这个领域本身还不完善。也许专业的核心价值是“以顾客为中心”，但也有人认为，与商业活动一样，利益是专业的核心价值。而且，在顾客为中心的价值中，手工业者及服务行业的价值与专业工作者的价值相同。

难以判定教师的中心顾客是谁，因为教师有多元的顾客——包括学生、他们的父母以及国家——在利益冲突中寻求平衡也很困难。在许多社会，教师的道德准则已建立起来，但它们的出处却不同（如教师工会、国家、独立委员会）。因此，这些准则并不相同，特别是在同事间的关系及与顾客间的关系上，哪个具有优先权。尽管一些哲学家关注这些问题，教学专业的道德基础还需进一步发展（Langford 1978）。

4. 结论

按一般的说法，人们把教学看作一个专业。当然，出于许多原因，它的地位还不像其他专业那么样高，这与一些因素，如规模、成员特征与顾客的关系性质以及教师的工作条件有关。

有这样广泛的争论，即教师提高其社会地位的程度仍然受到限制（Bull 1990），而且争论的中心在于教师作为专业工作者所能提供的服务质量。一些仍然使用“专业”一词的作者注意到，固有的专业精英思想与提高对顾客服务质量的积极策略不同（Burbules and Densmore 1991）。另一方面，另一些人继续关注教师的专业化的提高，并将之作为提高教育质量的前提（Holmes Group 1986）。由于“专业”一词仍存在争议，因此，其在争论中的用法必须由辩论双方来澄清。

E. 霍伊尔（E. Hoyle） 著
郭 华 译

附录

Anderson L W 1987 The decline of teacher autonomy:

Tears or cheers? *Int. Rev. Educ.* 33(3):357—373

Apple M W 1988 *Teachers and Texts: A Political Economy of Class and Gender Relations in Education.* Routledge and Kegan Paul, New York

Bessant B, Spaull A D 1972 The myth of the teaching profession. In: Bessant B, Spaull A (eds.) 1972 *Teachers in Conflict.* Melbourne University Press, Carlton

Braverman H 1974 *Labor and Monopoly Capital.* Monthly Review Press, New York

Broadfoot P, Osborn M 1987 Teachers'conceptions of their professional responsibilities: Some international comparisons. *Comp. Educ.* 23(3):287—301

Bull B 1990 The limits of teacher professionalization. In: Goodlad J I, Soder R, Sirotnik K P (ed.) 1990 *The Moral Dimensions of Teaching.* Jossey Bass, San Francisco, California

Burbules N L, Densmore K 1991 The limits of making teaching a profession. *Educational Policy*5:44—63

Calderhead T 1987 *Exploring Teachers' Thinking.* Cassell, London

Hanson E 1979 *Educational Administration and Organizational Behavior.* Allyn and Bacon, Boston, Massachusetts

Hickson D J, Thomas M W 1969 Professionalization in Britain: A preliminary measurement. *Sociology* 3(1): 37—53

Holmes Group 1986 *Tomorrow's Teachers: A Report of the Holmes Group.* Holmes Group Inc., East Lansing, Michigan

Hoyle E 1974 Professionality, Professionalism and control in teaching. *London Educational Review* 3(2): 13—19

Hoyle E 1980 Professionalization and deprofessionalization in education. In: Hoyle E, Megarry J (eds.) 1980 *World Yearbook of Education*, 1980: *The professional Development of Teachers.* Kegan Page, London

Jackson P 1987 Facing our ignorance. *Teach. Coll. Rec.* 88:384—389

Langford G 1978 *Teaching as a profession.* Manchester University Press, Manchester.

Larson M S 1977 *The Rise of Professionalism: A Sociological Analysis.* University of California Press, Berkeley, California

Ozga J, Lawn M 1981 *Teachers, Professionalism and Class: A Study of Organized Teachers.* Falmer Press, Lewes.

Perkin H 1989 *The Rise of Professional Society: England Since 1880.* Routledge London

Shanker A 1985 *The Making of a Profession.* American Federation of Teachers, Washington, DC

Sykes G 1987 Reckoning with the spectre. *Educ. Researcher*16:19—21

其他参考文献

Friedson E 1986 *Professional Powers.* University of Chicago Press, Chicago, Illinois

Halmos P (ed.) 1973 *Professionalization and Social Change: Sociological Review Monograph 20.* University of Keele, Keele

Leggatt T 1970 Teaching as a profession. In: Jackson J A (ed.) 1970 *Professions and Professionalization.* Cambridge University Press, Cambridge

Lortie D C 1977 *Schoolteacher: A Sociological Study.* University of Chicago Press, Chicago, Illinois

教师是研究者(Teachers as Researchers)

自从埃利奥特(Elliott 1985)在第一版《国际教育百科全书》中探讨了教师是研究者这一词条以来,对教师是研究者这一观点进行重新认识和学习已成为一种国际运动。本词条从以下3个方面总结了教师是研究者运动的产生、分化及意义:课程发展、专业的及结构性的批判以及社会改造。因为人们认为教师研究者是在更大的社会背景下来(a)提升他们的实践;(b)改变他们工作的环境;(c)理解他们的实践。因此,本词条的组织不倾向于线性的排列,而代之以不同的架构方式。

1. 课程发展

课程发展研究是人们所熟知的“行动研究”的根源，也使得其在过程模式（Stenhouse 1983）中将教师概念化为研究者。这一领域的工作既催生了部分教师对当下课程的改造（初级研究），也催生了来自学术团体对教师研究的关注（次级研究）。

1.1 行动研究

用于探究社会行为的不同程序的实验社会科学已由社会心理学家库特·列文（Kurt Levin 1946）在美国推广开来。科里（Corey 1953）运用这个概念来提升学校实践。他和他在哥伦比亚教师学院的同事与公立学校的教师合作进行有关课程计划的行动研究。在20世纪50年代后期的后人造卫星时代，在传统的研究、发展及传播模式之后，对课程计划也有了初级投入。在被看作“非科学的”研究的气氛下，行动研究变成了“研究和发展的互动”，并通过教师培训传播其研究成果。当然，更多的联邦基金研究支持正规的讨论会，在这些会议中，教师被鼓励去研究与他们的实践相关的主题。正是在美国的课程改革运动中，教师作为研究者被首次广泛关注。

1.2 教师作为研究者

有人认为，斯腾豪斯（Stenhouse 1983）是在东安吉利亚（East Anglia）大学提出教师是研究者这一概念的。作为学校人文计划的领导者，斯腾豪斯认为教师的权力和自主权是课程发展和革新的基础。像科里一样，斯腾豪斯使用了发展和检测课程假设的科学方法，但他认为将研究结果运用于课堂是有限的。他还对把操作与操作者隔离的观点提出了质疑。斯腾豪斯拒绝课程发展的“目标模式”（Tyler 1949），而主张教师参与课程开发的“过程模式”，在这个活动中，专业发展与课程发展融合在一起，共同发展。

1.3 过程模式的发展

在20世纪70年代晚期和80年代初，有3个因素使得行动研究成为过程模式的重要部分：(a)运用量化研究及实验方法论对地方教育情境进行研究的困难；(b)对整合人类经验的课程理念的逐渐接受（Schwab 1973）；(c)对后人造卫星状态的、专业的和政治的反应成为提升和改造课程的途径。斯特豪斯的同事埃利奥特（1991）强调研究的解释学性质。他认为行动研究是一种教育学研究范式及教学模式。他强调教育学研究应由行动研究来规范：“一个道德的科学范式是，教师是研究的主体，而不是那些学术人。”（McKernan 1991 P. 23）

1.4 初级及次级研究对课程发展的影响

初级研究是指教师在课程方面所做的改造。在公立学校教师提供的报告中（Philadelphia 1984），在大学教师对他们的课程实践所做的描述中（Lampert 1989），以及在文本中对教师研究者和学者行为作详细区分的总结中，都有类似的研究实例。在教师研究者所需的技能要点（Hopkins 1985），在关于教师研究者的认知发展的讨论中（Oja and Sumlyan 1989），在对教师网络的描述（Smith et la. 1991）以及对教师—大学团体的理解中（Carini 1988），都能发现次级研究（即对教师研究的讨论）的例子。

这项研究工作的大量结果已经改变了人们对教师作为专业课程发展者的态度。它还影响到合作研究模式，影响到强调“教师赋权”的学校重建计划。基于课程的教师研究的最好的一个例子，是“海湾地区写作计划”（BAWP），这一计划提升了实践并引向理论的、专业的及结构性的变革。来自此计划在美国的实施情况报告，涵括了初级总结（Fecho 1992）及对计划参与者的意识形态差异的次级分析（Schecter 1992）。

2. 专业的和结构的批判

借鉴英美课程发展研究的成功，20世纪80年代兴起了试图通过结构的和专业的批评去努力提升实践的社会环境或条件。

2.1 结构性批判

凯米斯（Kimmis）和他在澳大利亚迪金（Deakin）大学及其他地方的同事明确提出了批判教育学的模式。他们的基本观点是“要创造更好的教育，光有新点子是不够的。教育实践、学校模式以及教育组织必须做出相应的变革以确保发展”（Kimmis and McTaggert 1988 P. 34）。

教师是研究者的重要观点,即关注教育结构中渴望的和可能的变革,已在英国及其他国家提及。例如,南阿普顿(Southampton)大学的西蒙斯(Simons 1992)提到了在教师研究运动中的合作,即在教师研究运动中,既要考虑课程研究者的实践取向的观点,也要考虑批判研究者的结构观点。她指出,从外部改造学校是不可能的,也不能简单地要求合作。在机构内及合作领域都存在着结构特权、等级以及领地,因此,结构的及专业的关系必须改变。

2.2 对专业主义和专业化的批判

索克特(Sockett 1989)把教育学者的注意力引向关注教学的专业主义需要及一个人成为专业人员所经历的专业化或社会化过程。教师研究是这两个过程的重要组成部分。奥地利的波施(Posch 1992)也提及了教师研究对于教师职业的重要性。他认为,教师专业化涉及对学生专业化的教师研究。

挑战并变革工作条件(包括课程)的重要专业人员——师范生与有经验的教师,是专业和结构的批判的重要力量。关注教师教育的女性主义者帮助教师去发展激进的教育学或"教学方式——这种教学方式能够使学生看到影响他们生活的社会结构的不平等"(Middleton 1992 P.18)。

2.3 对工作环境及专业的影响

虽然师范生作为批判的研究者的观念还不普及,但学校及专业重建的新政策已提及这一工作对结构和专业变革的影响。在美国,保持和重塑州负责制计划的加利福尼亚决策,是在教师研究对其做了可能性及局限性研究之后出台的(Ashton et al. 1990)。

当然,许多来自专业的及结构的批判观点的改革还少具公共性而多个体性。例如,波士顿女教师团体(Freedman et al. 1983)用了三年多的时间为她们的日常工作进行了一场孤立的战斗,并研究了她们的工作条件如何影响着作为教师的她们。像其他创造了相同结构的团体一样,他们的专业工作比课程更重要。他们关注于创造参与者能够考虑自身利益并能创新课程的条件。

3. 社会改革

由社会改革的观点看来,教师作为研究者的重点在于:学校和教学在社会中如何形成,以及对于改革来说,需要什么样的认识论观点。在有些国家,社会的关注点是日渐觉悟于民主观念与主流的现实和压力之间的鸿沟。在美国,由于人权运动和妇女运动的兴起,即使是挑战静态知识观和社会规范的普通教师发展课程计划也未能免受审视。社会改革的两个板块是认识论批判及性别问题。

3.1 认识论批判

教师作为研究者的观点同时发展出了基于知识特权观的哲学批判。例如,布鲁纳(Bruner 1985)质疑了范式的或"理性的"的知识观的权力,并讨论了与之相反的权力:知识的叙述观。哈丁(Harding 1991)认为自然科学的客观性立场是对主流权力、白人社会及男性社会的维护。别列尼基(Belenky 1986)则对将女性置于其他人之上的特权的另一种认识方式提出了质疑。正如卢尔德(Lourde 1984)所提出的那些关于认识及知识表达的不同文化方式,也批判了知识获得的社会性。最后,许多批评或明或暗地对控制社会结构和研究方法的等级分离提出了质疑(Winter 1987)。

3.2 性别问题

泽克纳(Zeichner 1990)提及了在教育改革的第二次专业运动中女性教师的重要性,并对问题的社会的及认识论的特征提出了挑战。泽克纳强调:"教学不只是工作,它还是性别的工作。"(P.36)尽管他希望在教师赋权运动的压力下实现社会改革和解放,但他也提出了担心。他指出,除非教师研究参与到教师工作之中而不是在教师工作之外的附加,否则课程改革的任务就不能达成。

霍林斯沃思(Hollingsworth)指出,教师作为研究者的运动带来了一种女性主义的视角。在社会背景中了解教师的个人地位(例如,世界上大多数教师是女性),对研究进行理解,对教师在建构和批判知识的能力的欣赏,对课堂教学诸因素的整合等等,这些都意味着教学即研究。因此,教师是教育学和社会改革的研究者——这是埃里奥特早先从课程角度提出的观点。

3.3 社会改革的影响

来自社会改革观点的初级研究的极佳例子是最近出现的(Newman 1990)。此项工作的公开性,表明教师对解放工作的日渐参与。更进一步说，不仅仅是教师研究者引导了他们自己的专业运动，而且他们正在参与早先由大学研究者把持的国家和国际的研究讨论会。例如，自 1989 年以来，美国教育研究协会已设立了一个关于教师研究的特殊协会。美国读写教学国家研究中心于 1992 年成立了教师研究所。这些只是教师作为研究者的运动在社会改造过程中产生影响的极少数的例子。

教师作为研究者的概念在所有教育领域改革的国际运动中处于中心地位：研究、教学、专业化、它的道德追求以及它对社会的影响。有些人也许担心，教师赋权及社会改革的政治意义会导致一种全新的、未知的、我们不熟悉的认识论的和社会规范的世界。其他人可能会考虑正在发展的教师作为研究者的普遍性会在学校内部产生另一种形式的权力和等级。如果是这样的话，这个概念就可能被转义，被裁剪，从而变得对实践的提升没有意义。当然，对于产生现存学校结构及社会新产品而言，它可能会成为一个新的过程。这些趋势在努力解决这些焦虑的文章中已经见到了。清楚的是，这一运动是社会进入到后信息时代的大变革的一部分——而且教师作为研究者不再处于边缘状态。

S. 霍林斯沃思（S. Hollingsworth） 著

郭 华 译

附录

Ashton D et al. 1990 *Where Do We Go From Here in the California Mentor Teacher Program?: Recommendations by Seven Mentors.* Stanford/Schools Collaborative, Stanford University, Stanford, California

Belenky M F, Clinchy B M, Goldberger N R, Tarule J M 1986 *Women's Ways of Knowing: The Development of Self, Voice, and Mind.* Basic Books, New York

Bruner J S 1985 Narrative and paradigmatic modes of thought. In: Eisnes E (ed.) 1985 *Learning and Teaching the Ways of Knowing, 84th Yearbook of the National Society for the Study of Education.* University of Chicago Press, Chicago, Illinois

Carini P 1988 Prospect's documentary processes. Unpublished manuscript, Bennington, Vermont

Clandinin D J, Davies A, Hogan P, Kennard B in press *Learning to Teach: Teaching to Learn Stories of Collaboration in Teacher Education.* Teachers' College Press, New York

Corey S 1953 *Action Research to Improve School Practices.* Teachers College Press, New York

Delpit L 1986 Skills and other dilemmas of a progressive Black educator. *Harv. Educ. Rev.* 56(4):379—385

Elliott J 1991 *Action Research for Educational Change.* Open University Press, Milton Keynes

Fecho B 1992 The way they talk: An English teacher ponders his role. Paper presented at the Ethnography in Education Research Forum, University of Pennsylvania, Philadelphia

Freedman S, Jackson J, Boles K 1983 Teaching: An imperilled "profession." In: Shulman L S, Sykes G (eds.) 1983 *Handbook of Teaching and Policy.* Longman, New York

Harding S 1991 *Whose Science? Whose Knowledge? Thinking from Women's Lives.* Cornell University Press, Ithaca, New York

Hollingsworth S 1992 Learning to teach literacy through collaborative conversation: A feminist approach, *Am. Educ. Res. J.* 29(2):373—404

Hopkins D 1985 *A Teacher's Guide to Classroom Research.* Taylor and Francis, London

Kemmis S, McTaggert R 1988 *The Action Research Planner*, 3rd edn. Deakin University Press, Geelong, Victoria

Lampert M 1989 Research into practice: Arithmetic as problem solving. *Arithmetic Teacher* 36(7):34—36

Lourde A 1984 *Sister Outsider.* The Crossing Press, Freedom, California

Lewin K 1946 Action research and minority problems *J. Soc. Iss.* 2(4):24—46

McIntosh P, Style E, Tsugawa T 1992 *Teacher as Researcher.* National SEED Seeking Educational Equity and Diversity, Wellesley College Center for Research on Women, Wellesley, Massachusetts

McKernan J 1991 *Curriculum Action Research: A Handbook of Methods and Resources for the Reflective Practitioner*. St. Martin's Press, New York

Newman J D (ed.) 1990 *Finding our Own Way: Teachers Exploring their Assumptions*. Heinemann, Portsmouth, New Hampshire

Oja S N, Smulyan L (eds.) 1989 *Collaborative Action Research: A Developmental Process*. Falmer Press, London

Philadelphia Teachers' Learning Cooperative 1984 On becoming teacher experts: Buying time. *Lang. Arts* 61 (7): 731—736

Posch P 1992 Teacher research and teacher professionalism. Paper presented at the Int. Conf. Teacher Research, Stanford University, Palo Alto, California

Schecter S R 1992 Ideological divergences in teacher research groups. Paper presented at the Ethnography in Education Research Forum, University of Pennsylvania, Philadelphia

Schwab J 1983 The practical 4: Something for curriculum professors to do. *Curric. Inq.* 13(3): 239—265

Simons H 1992 Teacher research and teacher professionalism. Paper presented at the Int Conf Teacher Research, Stanford University, Palo Alto, California

Smith H, Wigginton E, Hocking K, Jones R E 1991 Foxfire teacher networks. In: Lieberman A, Miller L (eds.) 1991 *Staff Development for Education in the 1990's: New Demands, New Realities, New Perspectives*, 2nd edn. Teachers College Press, New York

Sockett H 1989 Practical professionalism. In: Cass W (ed.) 1989 *Quality in Teaching*. Falmer Press, New York

Stenhouse L 1983 Research as a basis for teaching. In: Stenhouse L (ed.) 1983 *Authority, Education and Emancipation*. Heinemann, Portsmouth, New Hampshire

Tyler R W 1949 *Basic Principles of Curriculum and Instruction*. University of Chicago Press, Chicago, Illinois

Weiner G 1989 Professional self-knowledge versus social justice: A critical analysis of the teacher-researcher movement. *Brit. Educ. Res. J. 15*(1): 41—51

Winter R 1987 *Action-research and the Nature of Social Inquiry: Professional Innovation and Educational Work*. Gower, Brookfield, Vermont

Zeichner K M 1990 Contradictions and tensions in the professionalization of teaching and the democratization of schools. *Teach. Col. Rec.* 92: 363—379

关于教学的综合研究(Teaching, Synthesizing Research on)

每年都有上百项的教学研究项目完成。国际会议上有许多教学研究的论文。成打的学术期刊发表着有关教学研究的文章。几本完全手册把千页的篇幅留给教学研究。所有这些研究的目的是什么?担负着为教育实践做决策的人如何从这庞大数目的研究中得到最好的建议?研究者自己研究得出的结论是怎样建立在20世纪发表的如山的研究成果之上的?这些问题是那些力图对教学作综合研究的人提出的。在20世纪70~90年代,关于教学的综合研究已经变成了一个重要的、引人争议的研究主题。本词条介绍几种不同的方法,对每一种方法都介绍其主要人物、评论、优点及缺点。

1. 对教学进行综合研究的重要性

任何研究主题,无论是"硬的"自然科学,还是"软的"社会科学,其结论在不同的研究中总是不同。结论有时能支持既有的假设,有时却不能。结论对假设的支持,有时是有力的,有时又是很微弱的。有时一项研究的结论确实与另一项研究的观点相矛盾。导致这些现象的原因是很多的。

研究得以进行的社会及文化背景在研究结果的获得中扮演着重要的角色。例如,在某些文化背景下,孩子向成人(例如教师)提出问题,被认为是不礼貌的。因此可以预料,研究将会发现,在这种文化背景下,学生在课堂上提出问题的频率要远远少于另一种文化背景下(不存在提问的礼貌问题)的学生。

检验某个假设或回答某个问题的研究结果,依赖于研究所用的概念及方法论的不同。例如,教师在课堂上经常问一些文法问题。探究教师提问与学生学习间关系的研究者,就得决定是否去解释类似的问题。他们的研究结果部分地依赖于他们所做的决定。

想要以一种艺术的状态去研究教师问题或其他教学问题的研究者,必须意识到这些类型的变量并开发出相应的程序以使得出普适的结论。同样,从研究中寻求指导的教育实践者必须了解这些因素对研究结果的影响。当人们根据不同的、错误的研究结果来行动时,可能会导致灾难性的后果。另一方面,有着显著提高的专业实践则得益于综合研究的适当结论。

贾科尼亚和赫奇斯(Giaconia and Hedges 1987)声称,综合研究有3个目的:(a)概括多种研究的结果;(b)评价不同研究结果的一致性;(c)解决不同研究间结论的矛盾(P. 124)。而且,他们认为,综合研究的"谨慎从事"从以下两个主要原因来说是重要的:

> 首先,旨在寻找科学基础的教学效果研究,其目的之一在于积累知识。因此,这一领域应该在对其他研究进行综合研究(积累有关某一主题的知识)的方法中保持同样的严格程度,即这种综合研究必须对最初的研究进行研究。第二,综合研究的实践应用显示出在研究过程中保持高标准的重要性……将研究主题与证据相联结以及解决常有的研究结果间的矛盾的综合研究方法是非常重要的,它能帮助公共政策制定者在获得某种处理方法的真实影响是什么,变量间的关系的真实程度是什么之后,并得出正确的结论。(P. 124)

2. 综合研究的方法

贾科尼亚和赫奇斯(1987)总结了综合研究的四种方法:叙述法、计量法、运用合并方法进行显著性测验的方法以及元分析或效果质量方法。此外,还有由沃尔博格(Walberg 1986)所提倡的质性研究法。

2.1 叙述法

叙述法"是对研究课题及特殊主题的言语描述,常按每项研究的开始时间以及得出结果的时间顺序来排列"(Giaconia and Hedges 1987 P. 128)。沃尔博格(1986)称叙述法为"综述",以区别于"综合研究",因为它们很少对研究进行量化分析。然而,他们经常对研究进行概述和评价。麦高(McGaw 1985)称叙述式研究是"传统的",在这个过程中,他看到了"必要的指导"而缺乏方法上的独特性。他举了一个例子:不同的综述者用同样的研究去支持相互矛盾的结论。麦高认为,叙述法最大的问题是如何处理大量的相关文献,并在一般方法论的基础上做出选择。尽管存在这些缺陷,贾科尼亚和赫奇斯却看到了叙述法的优点:(a)"对研究特征的细致、丰富的描述",是那些"严重依赖于报告结果的方法"所不能提供的;(b)按时间顺序来表述研究课题,能够指明有关某一主题知识的演进情况;(c)综合2~3个没有直接关系的研究领域的能力。

比德尔和安德森(Biddle and Anderson 1986)将传统的综述看作是为读者提供以下的好处:

> 便捷地从会议中得到的资料,对这一领域的概念化指示,在已发表的研究中讨论方法论的优劣,对资料中主要发现及难题进行概述,为解释性理论的构建提供建议,通过对初始资料进行探索发现更多的信息……它们可能……帮助初学者转向这一领域,使读者警惕沿用至今研究中存在的弱点。(P. 235)

当然,叙述法也有缺点,正如雅克松(Jackson 1980)所发现的,当他分析了87篇综述文章后,发现这些研究的程序几乎没有什么不同。韦克斯曼(Waxman)和沃尔博格(1982)分析了19篇关于教学过程—结果的综述,也得到了同样结论。

2.2 计量法

计量法,也被称为"计分法","基于报告结果的指向及统计显著性对研究进行分类"(P. 129)。莱特(Light)和史密斯(Smith)对计量法的看法是:

> 对所有根据一个依存变量和一个特殊的独立变量得到资料的研究进行检验。可以确定三种可

能的结果。独立变量与依存变量之间存在着显著的正相关、负相关,或无显著相关。与这三种结果中任一种相符的研究的数量,就被计数了。如果有大量的研究属于其中一种情况,而很少的研究属于另外两种情况,那么,这种分类模式就是赢者。这种分类模式也被看作是对独立变量和依存变量间真实关系的最好评价。

贾科尼亚和赫奇斯(1987)认为,计量法是研究独特主题的课题数量的。他们认识到了这种方法在速度及描摹方面的优势,但认为这种方法在信度方面存在缺陷,不能指明影响的规模、不能解决矛盾的结果、不能评价结果间的一致性。麦高(1985)认为,计量法对结果极为重要,所得结果很大程度受样本规模的影响,以至于"从大量的研究中得到的结论,将被描述为一个简单的结果,即它们有统计意义"(P. 3322),而且,关于数量的一般解释可能是错误的。在这一点上贾科尼亚和赫奇斯得出结论说:"为了样本规模及效果显著(教学效果研究的典型意义),增加捆绑在一起进行研究的课题数目,那么计量法做出的处理结果的可能性会趋于零!"(P. 131)

2.3 运用合并方法进行显著性测验的模式

这种方法要"合并关于同一个研究问题而进行的若干研究的显著性(如 p 值),或合并那些通常用来描述显著性的统计指标"(Giaconia and Hedges 1987 P. 132)。罗什先(Rosenthal 1978)对这些方法进行过详细的描述,包括加入表格、p's、t's、Z's、Z's 的加权值以及检验 p 和 Z 的平均数这样一些程序。结合显著性测验的方法,通过集中若干研究的样本数,从而减轻初始研究中样本规模小的问题,因而增强其处理结果的可信度。贾科尼亚和赫奇斯(1987)验证了三种方法,他们也承认,这种方法掩盖了不同研究结果之间的不一致性,不能指明处理效果的显著或者变量之间的相关度。

2.4 元分析或效果质量方法

"元分析"这个词最早由格拉斯(Glass 1976)用来指称用量化的和统计学方法所做的综合研究。从那时起,这个词就主要被用于效果显著性的统计方法中,即贾科尼亚和赫奇斯(1987)将之确定为"一个经过标准化处理的数字指标,能显示处理效果的强度,也可反映不同研究中的变量,或从研究中得出的独立成果间的关联程度"(P. 133)。可以将一些研究合并起来计算一个关于处理效果及相关程度的总体指标。通常最常用的指标是相关系数和平均数的标准误差(有效范围)。

这些指标的普遍价值有这样的优点,即不依赖于样本规模,也不依赖用于测量依存变量的任何特殊测验的改变。科恩(Cohen 1969)提出了用于评价由相关系数的普遍性来标示的效果显著性的指标:

最小的效果:　0.1
中等效果:　0.3
最大效果:　0.5
要达到的效果大小:
最小的效果:　0.2
中等效果:　0.5
最大效果:　0.8

贾科尼亚和赫奇斯(1987)解释了这些指标在评价单个研究效果、综述研究结果及解决不同研究结果的矛盾性方面的价值。但当它所具备的优点不适用于其他研究时,不可避免地招致了批评。例如,比德尔和安德森(1986)指出了元分析的 6 个潜在问题:

如果人们只是关注结论和有效的证据,如果只是在术语、概念及方法间建立简单的关系,如果对偏差案例不感兴趣,如果对理论特别不感兴趣,以及——所有这些——如果人们只想从研究中获得简单的结论,那么,元分析是有吸引力的。一旦人们开始质疑这些假设,元分析就变得不再有魅力了。

对元分析最尖锐的评论之一是斯莱文(Slavin)写的一段话:

就我的判断而言,元分析表达了科学的一定的古旧色彩,使得许多读者忘记了元分析不比原来的研究好,使得读者关注于一些不合格的效果。当然,如果在元分析的过程中不考虑互动以及不创设

变量出现的条件的话,这些结果通常是不能被确切地理解的。(P.12)

麦高(1985)注意到用于元分析的独立变量的概念的同质性问题,通过观察"在任何综述中研究的原始数据不被准确调整,只要被认为是'水果'就用来统计'苹果'和'橘子'一共有多少"(P.3323)。贾科尼亚和赫奇斯(1987)认为,对元分析的许多批判也适用于其他方法。

2.5 质的综合研究

米莱什与休伯曼(Miles and Huberman 1984)认为,质性研究者需要发展出能与他人共享的、明确的方法去获得综合研究的结果。沃尔博格(1986)观察到,一些质性研究者试图从多个案例研究中得出概括,但据引证,格林(Green 1982)是他知道的对教学进行综合的案例分析时唯一提出并使用了一种明确方法的研究者。对这一方法做了扼要的描述之后,沃尔博格评论道:格林报道了"许多深入细致的、有用的观察,而这些观察能够显示出其对不同情境和研究的概括"(P.216)。

3. 对教学的综合研究

运用多样的方法(不只是叙述法)对教学进行综合研究的努力,可能始于罗什先(1971)采用计量法进行的研究。很快,其他研究也开始这样做,20世纪90年代早期,以这些方法进行综合研究的几十篇报告及几本书已出版了。

3.1 不同综合研究方法的比较

在教学综合研究方法的发展方面,最有意思的一个研究是有关教师间接指导与学生成就关系的一项研究。邓金与比德尔(Dunkin and Biddle 1974)将叙述法与计量法相结合,综合了29项对此关系作研究的研究报告。这些研究中的20项一致提到了这一领域的线性关系。邓金与比德尔发现,20项研究的大多数(15项)不存在显著相关,有10项存在显著的正相关(运用2种不同方法对间接指导进行测量所得到的结果表明,其中5项在2种方法中都有显著的正相关)。盖奇(Gage 1978)运用了显著性测验程序对上述提到的19项研究结果进行了综合研究。他发现,在这些研究中,两个变量间存在着显著的统计学关系(Glass et al. 1977)。运用元分析对这19项研究进行综合研究,发现从幼儿园到6年级,相关性非常小(r=0.16),但从7年级到12年级,存在中等相关(r=0.30)。这一事件表明,综合研究所用的程序,影响研究的结果。贾科尼亚和赫奇斯(1987)似乎认为,格拉斯的元分析在3种方法中是最有价值的,因为它提供了一个效度指标,同时发现了研究背景与结果的关系。

同一研究选择不同方法的第二个例子是,教师所提问题的认知水平与学生成就的关系。起初,温(Winne 1979)将叙述法和计量法相结合,并将其用于18个实验。他发现,15%的实验结果不支持高认知问题,25%的实验支持事实性问题,60%什么也不支持。当然,温无法对二者间(问题的认知水平与学生成就)关系得出一个"有力的结论"。两年后,雷德菲尔德与鲁索(Redfield and Rousseau 1981)报告说,他们运用元分析对最初的18项研究中的13个进行了研究,其相关性是0.73,这表明,对高认知问题的喜欢度是中或高的。

用不同方法对教学进行综合研究的第三个例子是,开放课堂教学对学生学习的影响。霍维茨(Horwitz 1979)、彼得森(Peterson 1979)和赫奇斯等人(1981)展开了这一研究。霍维茨运用计量方法总结了大约200项研究的结果,大多数研究是将开放教育模式与传统教育模式进行对比。他总结道:就学术成就、自我概念、焦虑与调适以及控制结果等方面而言,两种方法不存在显著差异,但就对学校的态度、创造性、独立性与自信、好奇以及合作等方面,结果显示,开放教育模式更有效。

彼得森(1979)运用元分析对霍维茨分析过的45项研究进行了再研究。她没把霍维茨研究中涉及的但不具统计意义的博士论文或研究放在内。她发现,就大多数学生的学习结果来看,两种方法都没有多大意义。就数学、阅读以及写作成就而言,虽然传统教育模式更好些,但也只有0.1的效度。对于控制及焦虑的效度是趋于零。开放教育模式在创造性、对学校的态度及好奇心方面效度稍高,平均在0.1到0.2之间。开放教育在独立性、对教师的态度方面效度最高,平均在0.33到0.5之间。

最后，赫奇斯等人(1981)运用被彼得森(1979)改良过的元分析，并在后者的样本中加入了大约90篇博士论文进行研究。就学生的调适、学生的态度、好奇以及一般心智能力而言，赫奇斯等人发现，平均效度大约在0.2，并且都支持开放教育模式。就合作、创造性以及独立性而言，平均效度在0.25到0.33之间，也支持开放教育模式。对于语言、数学以及阅读成就而言，虽然结果支持传统教育模式，但平均效度几乎近于零。

贾科尼亚(1987)对这三种研究做了如下概述：

首先，一般而言，开放教育相对于传统教育而言，更支持非学术成就测验。传统教育仅在传统的学术测验方面比开放教育有效。就许多学生的学习结果而言，在开放及传统教育模式之间，存在零差异。第二，这些一般结论……必须认识到这样一个事实，即开放教育模式的效果是极易变化的。(P.250)

3.2　对教学综合研究的综合研究

布罗菲(Brophy 1989,1991)及韦克斯曼(Waxman)与沃尔博格(1991)的著作中包括了大量的有关教学综合研究的例子。此外，巴尔(Ball 1991)综合了关于教师学科知识方面的研究，而史密斯与尼尔(Smith and Neale 1991)则收集了有关教师学科知识在初等科学教学中的研究案例。现在已经到了这样一个阶段，因为对原初的教学研究进行的综合研究是如此之多，以至于对综合研究进行再综合的研究已经变得很普及了。贾科尼亚(1987)的研究是一个很好的例子，当然，也有其他人的研究。也许，最全面、最好理解的是安德森与布恩斯(Burns)的研究(1989)。

在其著作的最后一章，安德森和布恩斯把他们的研究定位为"对研究综述的综述"。20世纪70年代到80年代之间，有关教学的研究获得了急剧的增长，在这种情况下，安德森和布恩斯决定，用早期在7项研究中曾经用过的综合研究方法来对教师、教学以及教学活动进行概括性的研究。经过努力，安德森和布恩斯在教师研究、教学及教学活动方面分别得出4个、5个、5个结论。以下是每一项研究结论的列举：

对于什么是优秀的、好的或有效的教师，还没有普遍认同的定义。(P.343)

教师特质不能直接由学生成就来界定。(P.345)

教师从新手到专家的进步，要经历几个可预期的阶段。(P.345)

教师在课堂上扮演着中心的、指导的及积极的角色。(P.346)

个别的教学行为差异与学生成就差异并不存在确定的关系。(P.348)

把教学看作是功能性的而非行为性的观点，更能导致对教学的一般理解，特别有利于有效教学的创设。(P.350)

学科内容的教学，隐含着教学活动的某些其他成分——如果不是全部的话。(P.351)

当课堂以讲授、复述、作业为主时，通过改变形式来提高学生的成就水平是微乎其微的。(P.352)

教学活动的时间、内容以及活动的步调与学生的成就水平相关。(P.353)

4. 结论

几十年的教学研究，几乎没得到什么概括性的结论，人们可能会相当的失望。安德森和布恩斯(1989)认为他们的结论是"相当保守的"(P.354)，而且肯定会有人不接受这种保守。例如，王(Wang)与沃尔博格(1991)考察了1 000多位教育学家的观点，得到了大约40项他们认为"极其重要"的、有关教学活动及教学的变量，但是，沃尔博格(1986)认为他的"对10年来教育研究的有选择的概述"并未取得"令人印象深刻的"结论(P.224)。基于众多专家不一致的观点，似乎可以得出这样的结论：对教学的综合研究需要学者们对用于综合研究及再综合研究的程序及方式进行探讨。

M.J.邓金(M.J.Dunkin)　著

郭　华　译

附录

Anderson L W, Burns R B 1989 *Research in Classrooms: The Study of Teachers, Teaching, and Instruction.* Pergamon Press, Oxford

Ball D L 1991 Research on teaching mathematics: Making subject-matter knowledge part of the equation. In: Brophy J (ed.) 1991

Biddle B J, Anderson D S 1986 Theory, methods, Knowledge, and research on teaching. In: Wittrock M (ed.) 1986 *Handbook of Research on Teaching*, 3rd edn. Macmillan, New York

Brophy J 1989 *Advances in Research on Teaching: A Research Annual*, Vol. 1. JAI Press, Greenwich, Connecticut

Brophy J 1991 *Advances in Research on Teaching: A Research Annual*, Vol. 2. JAI Press, Greenwich, Connecticut

Cohen J 1969 *Statistical Power Analysis for the Behavioral Sciences.* Academic Press, New York

Dunkin M J, Biddle B J 1974 *The Study of Teaching.* Holt, Rinehart, and Winston, New York

Gage N L 1978 *The Scientific Basis of the Art of Teaching.* Teachers College Press, New York

Giaconia R M 1987 Open versus formal methods. In: Dunkin M (ed.) 1987 *The International Encyclopedia of Teaching and Teacher Education: Research and Studies.* Pergamon Press, Oxford

Giaconia R M, Hedges L V 1987 Synthesizing research evidence. In: Dunkin M (ed.) 1987 *The International Encyclopedia of Teaching and Teacher Education: Research and Studies.* Pergamon Press, Oxford

Glass G V 1976 Primary, secondary and meta-analysis of research. *Educ. Researcher* 5(10):3—8

Glass G V et al. 1977 Teacher "indirectness" and pupil achievement: An integration of findings. Unpublished manuscript, University of Colorado, Boulder, Colorado

Green J L 1982 *Research on Teaching as a Linguistic Process: The State of the Art.* University of Delaware, Newark, Delaware

Hedges L V, Giaconia R M, Gage N L 1981 *Meta-analysis of the Effects of Open and Traditional Instruction.* Final Report, Stanford Program on Teaching Effectiveness, Meta-analysis Project, Vol. 2, Stanford, California

Horwitz R A 1979 Psychological effects of the "open classroom." *Rev. Educ. Res.* 49(1):71—86

Jackson G B 1980 Methods of integrative reviews. *Rev. Educ. Res.* 50(3):438—460

Light R J, Smith P V 1971 Accumulating evidence: Procedures for resolving contradictions among different studies. *Harv. Educ. Rev.* 41(4):429—472

McGaw B 1985 Meta-analysis. In: Husén T, Postlethwaite T N (eds.) 1985 *The International Encyclopedia of Education: Research and Studies*, 1st edn. Pergamon Press, Oxford

Miles M B, Huberman A M 1984 Drawing valid meaning from qualitative data: Toward a shared craft. *Educ. Researcher* 13(5):20—30

Peterson P L 1979 Direct instruction reconsidered In: Peterson P L, Walberg H J (eds.) 1979 *Research on Teaching: Concepts, Findings, and Implications.* McCutchan, Berkeley, California

Redfield D L, Rousseau E W 1981 A meta-analysis of experimental research on teacher questioning behavior. *Rev. Educ. Res.* 51(2):237—245

Rosenshine B 1971 *Teaching Behaviors and Student Achievement.* National Foundation for Educational Research, Slough

Rosenthal R 1978 Combining results of independent studies. *Psych. Bull.* 85(1):185—193

Slavin R E 1984 Meta analysis in education: How has it been used? *Educ. Res.* 13(8):6—15

Smith D C, Neale D C 1991 The construction of subjectmatter knowledge in primary science teaching. In: Brophy J 1991

Walberg H J 1986 Syntheses of research on teaching. In: Wittrock M (ed.) 1986 *Handbook of Research on Teaching*, 3rd edn. Macmillan, New York

Wang M C, Walberg H J 1991 Teaching and educational effectiveness: Research synthesis and consensus from the field. In: Waxman H C, Walberg H J (eds.) 1991

Waxman H C, Walberg H J 1982 The relation of teaching and learning. *Contemp. Educ. Rev.* 20:103—120

Waxman H C, Walberg H J (eds.) 1991 *Effective Teaching: Current Research*. McCutchan Publishing, Berkeley, California

Winne P H 1979 Experiments relating teachers'use of higher cognitive questions to student achievement. *Rev. Educ. Res.* 49(1):13—49

其他参考文献

Cooper H 1982 Scientific guidelines for conducting integrative research reviews. *Rev. Educ. Res.* 52(2): 291—302

Cooper H 1984 *The Integrative Research Review: A Systematic Approach*. Sage Publications, Beverly Hills, California

Hedges L V, Olkin I O 1985 *Statistical Methods for Metaanalysis*. Academic Press, Orlando, Florida

Hunter J E, Schmidt F L 1989 *Methods of Meta-analysis: Correcting Error and Bias in Research Findings*. Sage Publications, Newbury Park, California

Light R J, Pillemer D B 1984 *Summing Up: The Science of Reviewing Research*. Harvard University Press, Cambridge, Massachusetts

课堂评价(Classroom Assessment)

教师在收集、综合及解释资料以帮助其做出决策时,要运用课堂评价。如果从教师做决策的角度,而不是从特殊的证据收集技术来看,课堂评价涉及的范围很大。有效教学评价的目的及有用信息收集的技术都要相当地进行扩展。

课堂评价的教师中心观,源于教师对课堂进行严密监控的变化,且需要执行一定的决策。杰克逊(Jackson 1990)、洛尔蒂(Lortie 1975)及布洛(Bullough 1989)报道了教师的课堂生活。卡拉德黑德(Calderhead 1987)、克拉克与彼德森(Clard and Peterson 1986)、埃勒巴兹(Elabaz 1991)、法伊曼-尼姆塞和弗洛登(Feiman-Nemser and Floden 1986)、舍恩(Schon 1983)研究了教师的思想过程。有关教师及教学的一般文献也可见到(Anderson 1989, Wittrock 1986)。

这一研究得出了4个结论,这些结论为思考课堂评价的性质及维度提供了有意义的视角。首先,课堂既是社会环境也是学术环境。要想在课堂中成功,教师必须知道他的学生的社会的、个人的以及情感的特征,正如了解他们的学术特征一样。第二,课堂是一个非正式的、经验的、以人为中心的环境,教师要在这样的环境下做出决策。第三,教师要做出的决策大多数是即时的、实践的,即要考虑特殊的学生及情境。做出课堂决策必须考虑学生以及情境的独特性,因此需要教师依赖他们的天赋以及关于学生及课堂情境的实践知识。第四,教师既是课堂社会的评价者也是参与者,这对教师在收集及解释评价信息方面的客观性提出了要求。

虽然对课堂评价的一般的、低调的目的有助于教师做出决策,但还有许多不同的决策以及决策的情境在定义着课堂评价的性质。教师课堂决策的一般分类已得到确认。一种分类是基于社会的/个人的、教学的以及行政的教师决策(Airasian 1991a),另一种分类则依据决策在教学之前、之中或之后的发生来进行划分(美国联邦教师教育评价国家联合会 1990)。虽然这两种分类存在巨大分歧,但在本词条中对基于教学之前、之中及之后的评价分类,介绍得更多一些。

1. 教学之前的评价

在教学开始之前,教师必须作两种评价:(a)了解学生的特征、需要以及能力;(b)对教学进行设计。

1.1 了解学生的特征

当把学生组织到以交流、秩序、共同的目标为特征的课堂社会之前,教师必须了解学生的独特的优点、缺点以及个性。这个发生在所有的社会情境中的"品评、判断"他人的过程,用来形成理解和期望,以便建立和谐的关系并指导未来的互动。由于课堂的社会互动及学术情境，因而需要教师对学生的个人的、社会的及学术的特征做出评价并形成相应的对策。这些决策是教师在与学生互动、管理学生、为学生作计划或进行教学时，需要依靠的理解、期望、互动模式及实践知识（Feiman-Nemser and Floden 1986，Elbaz 1991）。

许多类型的信息用于形成这些"判断"对策，包括对学科进行检测获得的正式信息，听说的信息，学生的穿着、他们的朋友以及兄弟姐妹的过去表现。教师主要通过自然观察收集这些信息。通过一至两个星期，大多数教师能够详细描述每个学生的个性的、社会的及学术的优缺点。这些最初的、策略性的理解，在学生的就学阶段都保持着相对的稳定，指导着教师与学生的未来的学术的及社会性的交往。

尽管是教师给出的信任及判断，但这些最初的理解和期望的效度及信度也是有限的（Airasian 1991a），教师在学年初始阶段用来形成决策的多数证据，是基于自发的、非正式的观察，这些观察与学生或其他人的观察很少相同。而且，教师对学生的判断也很少与他们所观察到的信息相关，例如当教师通过依赖于对学生的衣着、同辈群体伙伴、在课堂上的姿态以及家庭作业的整洁度来判断学生的能力和动机的时候。最后，这些很快就做出的，而且是基于较少的行为例证的对学生特征的最初印象，引导人们去考虑评价证据的信度。这种考虑是合理的，因为在学校的最初几天里，学生的行为并不典型。

1.2 教学设计

设计及进行教学的过程对教师是很重要的，部分是由于它们占用了教师的大量时间，但主要是因为它们是教师职业满意的主要来源（Lortie 1975）。当教师设计教学时，他们既要考虑学生的特征（如能力水平、学习习惯以及准备状况），也要考虑教学资源（如教材、时间、空间、设备、本学科的先前教学经验等）。综合这些信息做出一个计划，指出教学活动的性质以及学生将要实现的目标。教学设计的最初动机是通过减少其对教学的无把握及焦虑，熟悉即将呈现的材料以及确认教学开始的方式，从而帮助教师获得对教学过程的控制（Clark and Peterson 1986）。

在教师设计教学时所要考虑的材料中，没有比教科书更重要的了，更确切地说，没有比用于学科教学的教学资源包更重要的了。在大多数年级的大多数课堂中，传统的教科书已被教学资源包所替代，教学资源包用附加的教学及评价资源如教学目标、每日课时计划、章节及单元概述、章节测验、实践作业单、动机行为、同步练习等等，对教科书做出补充。教学资源包能够在很大程度上提供教师设计、执行及评价教学所需的所有资源。研究发现，大多数初等学校学生的学习时间及教师的教学时间——高达 75% 的时间——用于教科书的学习（Stodolsky 1988）。如果考虑到许多教师必须为每日课时计划做大量的准备，那么对已做好的教学设计及活动的高度依赖也就可以理解了。

虽然教学资源包提供了准备、实施及评价一节课所需的所有资源，但教师仍需决定这些材料的哪些部分适用于自己的特殊情况及学生的情况。教科书或教学资源包倾向于为更大范围的学校、教师及班级服务。他们并不是为满足每一个使用者的独特需要及状况而设计的。因此，教师的责任是，运用诸如清晰、可理解、关联性以及学生的状况等标准来为自己的学生及课堂情境去寻找适当的教学资源包（Airasian 1991a，Brophy and Alleman 1991）。无论教师是自己完成课时计划还是从教学资源包中选择课时计划，教师都有责任去收集和检验关于学生的需要、能力及学习习惯等的评价信息，也有责任去收集和检验有关教学资源的评价信息，以便决定哪个教学计划是最恰当的。

因此，在教学开始之前，教师必须做出成熟的评价并做出决策。他们必须对学生的学术及个人特征有充分的了解，以便使他们能够创造一种课堂的社会情境，这种社会情境鼓励交流、秩序和学习。一旦课堂社会被组织起来，教师开始执行他们计划的教学任务，这是一个他们在学校中每日都要重复的任务。在执行计划时，教师要考虑并将有关学生及教学资源的信息整合到适当的教学计划中。

2. 教学中的评价

在教学过程中，教师有两种活动。一是完成其在准备阶段所做的或所选择的教学计划，二是对计划的完成情况进行评价并做出决策。因为教学的动态特征，教师就必须高度依赖非正式的观察及提问来收集做出决策的信息。他们通过学生的面部表情、姿势、参与、眼神交流、行为以及提问或回答，来明确课程的进行情况。他们认为在教学时"读解"学生，对于他们制定决策是必要的（Clark and Peterson 1986，Jackson 1990）。

教师掌握信息以便对课程、学生学习以及课堂管理做出决策。课程决策要考虑到材料、教育目标、活动的适当性以及学生表现的情况。学习策略要考虑学生是否理解或掌握了教学的要点。管理策略要掌握学生是否集中于课程或是否需要重新回到课程学习中来。

在教学进行中所做的评价是正式的。其目的是要掌控，如果必要的话，还要修正教学过程。在教学进行过程中所做的大量的非正式评价，给决策的制定带来了两个问题（Airasian 1991a）。第一，对于他们教学的适当性及其对学生学习的影响方面，教师的评价可能缺乏客观性。因为教师的职业满足感主要来自教学成功，因此，他们很难对其做客观的观察与判定。对教学及学习所做的每一个肯定性评价，教师（部分）都会受到激励。

第二，教师在教学过程中进行评价所用指标的不全面性也带来相应的问题。因为教学是基于活动、互动的过程，因此，教师关注对过程本身的评价以及学生对它的当下反应是理所当然的。然而，这样的关注，却忽略了学生学习过程的结果。许多教师得出结论认为，学生的反应、关注以及参与并不必然意味着他们正在学习。要增强在教学进程中做出评价的效度，不仅要收集有关学生对过程的反应，还要从过程中了解他们的学习信息。口头提问及书面作业（包括家庭作业）是用于评价的最可行的方法。

3. 教学之后的评价

教学完成后所做的评价常用来形成分级、分班或升级等策略。教学后评价教师的重点在于：教师以其在学校组织中的法定地位而做出的终结性的、行政的决策。这些决策的优势在于能够评价学生在教学过程中学到的内容、技巧以及行为。

通过教学后评价所做出的决策既是公开的也是重要的。它们被记录进学校档案，向家庭汇报阶段性的学校报告，并由学生、家长及教师来讨论其所反映的对学生进行综合评价的重要性，这样的综合评价能够影响学生当下的生活状态、未来的教育层级，在某些情况下，甚至能影响其一生。因此，用于教学之后收集有关学生成就信息的评价程序，极为依赖那些能够发现"过硬"的、通常是数字的表现信息的正规方法。

教学完成之后所进行的评价，有两个特征值得注意。首先，教学后所做的评价常常成为决策下一环节设计的基础。也就是说，存在着一个联结教学前、教学进程中及教学后各评价策略的循环圈。第二，在教学后对成就所做的有用的、终结性评价，依赖于教师在教学前及教学进程中所做的许多评价。为确保对教学完成后学生的学业成就进行解释及决策的有效性，以下这些活动是必要的：教师在教学前及教学程中了解学生的状态及需要，规划适当的教学活动及相应的结果，提供有效教学，构建或选择评价程序以评价学生学了什么、客观地评分、公正地给出等级和分数。如果在这些步骤中有一个或几个环节存在问题或不恰当，那么，教学后评价及对策的有效性就会消减。

在教学完成之后进行学习评价的主要目的是给学生一个平等的机会去确认自己从教学中学到了多少。正式评价技术能够用来达到这个目标。这些技术是传统的课程及教科书的进行教育测验的重点（Airasian 1991b）。这些技术包括：教师自己制作的或教科书提供的纸笔测验，表现性评价以及标准化测验。在许多教科书中都有对评价主题的一般讨论，如书写测验项目、表现的观察或评定、测验得分、等级与分数以及测验管理等。很少有教师在这些评价或其他的评价领域中受过正规培训（Schafer and Lissitz 1987）。

用于教学后的大多数评价，是教师自制的或是由教科书提供的纸笔成就测验（占用一个单元或章节）。之所以大多数教师自制的或教科书提供的测验倾向于评价低水平的记忆学习，主要是由于这些行为类型最易编制测验项目。虽然教科书提供的测验的有效性使得他们拥有方便的评价材料资源,但这些测验仍需按照课堂教学的特殊目标及教学重点来检验。一般而言,教师越是在教学中超越教科书,教科书所提供的测验的效度就越低。

许多学业成就难以用纸笔测验进行有效评价。例如,这样的方法不能用于评价表现性活动,如,使用显微镜、口头阅读与表达、切片、拍球,或在小组活动中的合作等等。对这些行为的最好评价是,当学生表现时,对其作正式观察及评定(Burstall 1986)。虽然教师在教学前及教学进程中所做的大多数评价,也是通过观察学生表现性的活动、收集信息而做出的,但与教学后进行成就评价所用的正式的、有计划的观察相比,这些观察主要是非正式的、无计划的、自发的。在对学生学习的评价中,鼓励用表现性评价来替代以往对纸笔测验的过分依赖(国家测验委员会 1990)。

标准化测验是用于在教学后形成有关学生决策的第三种正规评价类型。标准化测验可用于许多目的,但无论它在什么时候或什么地方实施,都要以同样的方式实施、评分和解释。大多数标准化测验提供如下的信息,即一个特定的学生与全国范围内的同伴相比,他的学业成就如何。虽然这些测验的结果并不影响教师的行为决策,但是家长、学生及学校管理者对其很重视。

总之,主要有三种评价:在教学之前、教学进程中及教学之后所做的评价。这些评价与按照时间、目的、证据收集技术、正式性以及成长记录等为标准划分的评价不同。所有这些评价都能了解学生学习及课堂互动的结果。总之,它们反映着教师课堂评价行为的丰富性、复杂性及重要性。

4. 课堂评价的解释

在将评价信息用于形成决策之前,教师必须对之进行解释。解释是教师进行判断的主观过程,在课堂中,解释既受教师对学生进行评判的策略的影响,也受到教师对儿童、学校及学习的个人理论的影响。在这个框架内,可对教师的解释及决策的做出进行一些指导(Airasian 1991a)。首先,评价信息是对学生的习得行为及现在的状态的描述,因此,教师不应当将评价信息解释为学生天生的"潜力"或"有能力",或解释为学生未来的行为方式。

第二,所有的评价信息都包含一些错误的或不准确的信息,因此,只能将这些信息解释为对学生特征和学习进行评估的一种参照而不是准确的指向。一些评价失误是随机而难以控制的,而另一些失误则与一些因素有关,如教师的偏见或者对学生行为的不恰当的例举。因此,在对学生的评价中,小的差异不应作为显著的或有意义的差异。

第三,单一评价对于做出一些重要决策,如分级或升级是不够的。信息的多元来源比单一评价更有效、可靠,特别是当所做的决策对学生具有重要意义的时候。因此,对于任何单一来源的评价信息都要作进一步的证实。

第四,评价用来描述表现,但不对它进行说明。评价能够确认一个学生在数学测验中是如何做的或者学生们的学习行为如何,但这种评价本身不能说明为什么这个学生和这个班级会如此反应。因此,要说明评价结果就需要收集更多的相关信息。

这些指导建议教师在解释评价信息时应当:将解释建立在多元来源信息之上;认识影响学生表现的文化及教育因素;考虑造成学生不同表现的情境性因素;认识任何单一评价只是对某种表现的一种判断,而这种表现会随着学生及课堂环境的变化而发生变化。

5. 课堂评价的道德方面

教学既是现实的,也是道德的事业。教师是专业人员,他们在课堂里拥有极大的自主权,他们具有学生所不具备的知识,他们有权做出影响学生生活的决策。这样,像其他专业人员一样,教师也要对他们的学生负道德责任(Fenstermacher 1990)。在评价及决策领域方面,教师的道德责任涉及对评价信息的收集与恰当使用。因此,教师对自己的行为要负责,如尊重学生的差异,在分级和评价学生时要公正,为做出基本决策收集信息,正确解释信息,以及尊重学生的隐私。

P. W. 艾拉塞亚(P. W. Airasian) 著

郭 华 译

附录

Airasian P W 1991a *Classroom Assessment*. McGraw-

Hill, New York

Airasian P W 1991b Perspectives on measurement instruction. Educ. Meas.: *Issues Pract.* 10(1):13—16

American Federation of Teachers National Council on Measurement in Education National Edcuation Association 1990 Standards for teacher competence in educational assessment of students. *Educ. Meas.: Issues Pract.* 9(4):30—32

Anderson L W 1989 *The Effective Teacher*. McGraw Hill, New York

Brophy J E, Alleman J 1991 Activities as instructional tools: A framework for analysis and evaluation. *Educ. Res.* 20(4):9—23

Bullough R 1989 *First-Year Teacher. A. Case Study.* Teachers College press, New York

Burstall C 1986 Innovative forms of assessment: A United Kingdom Perspective. *Educ. Meas.: Issues Pract.* 5(1):17—22

Calderhead J (ed.) 1987 *Exploring Teachers' Thinking.* Cassel, London

Clark C M, Peterson P L 1986 Teachers'thought processes. In: Wittrock M C (ed.) 1986

Elbaz F 1991 Research on teachers'knowledge: The evolution of discourse. *J. Curric. Stud.* 23(1):1—19

Feiman-Nemser S, Floden R E 1986 The cultures of teaching. In: Wittrock M C (ed.) 1986

Fenstermacher G D 1990 Some moral considerations in teaching as a profession. In: Goodlad J L, Soder R, and Sirotnik K A (eds.) 1990 *The Moral Dimensions of Teaching.* Jossey-Bass, San Francisco, California

Jackson P W 1990 *Life in Classrooms*, 2nd edn. Teachers College Press, New York

Lortie D C 1975 *Schoolteacher. A Sociological Study.* University of Chicago press Chicago, Illinois

National Commission on Testing and Public Policy 1990 *From Gatekeeper to Gateway: Transforming Testing in America.* Boston College, Chestnut Hill, Massachusetts

Schafer W D, Lissitz R W 1987 Measurement training for school personnel: Recommendations and reality. *J. Teach. Educ.* 38(3):57—63

Schon D A 1983 *The Reflective Practitioner. How Professionals Think in Action.* Basic Books, New York

Stodolsky S S 1988 *The Subject Matters. Classroom Activity in Math and Social Studies.* University of Chicago Press, Chicago, Illinois

Wittrock M C (ed.) 1986 *Handbook of Research on Teaching.* Macmillan, New York

提问策略(Questioning Strategies)

人们对教师提问策略的兴趣非常浓厚。如果将"提问技术"作为关键词在"教育资源信息(中心)"(ERIC)上搜索,我们会看到,自1982年以来的10年间,每年有超过100篇的研究报告及专业论文。此外,有关提问策略的教师手册还不断出版。

大量的文献反映出"问题"在教学过程所处的中心地位。已经发现,根据学科和年级的不同,教师口头问题占课堂教学时间的6%~16%(Doneau 1985),学生要花更多的时间来回答课堂作业、家庭作业及测验中的书面问题。

20世纪80年代早期,大多数研究者采用量化方法来描述教师的提问行为,并确认哪些提问可以提高学生的学术成就。从80年代早期开始,质性研究者对教师在课堂上的问题的含义及其情境做了许多研究。由哲学家、社会语言学家、认知及社会心理学家以及传统的量化研究者合作开展的一项对课堂提问的国际性的研究(Dillon 1988)表明了研究的范围之广。社会语言学研究(Carlesn 1991)对教师的提问实践拥有特别丰富的新见解。本词条要对量化及质性研究成果进行综合讨论,并特别关注多诺(Doneau 1985)综述以来所发表的研究成果。

1. 问题类型

1.1 低认知及高认知问题

以前对教学的最重要的研究之一,是西罗特尼科(Sirotnik)及其同事对1 000多个美国教室的课堂教学(从幼儿园到高中)情况的观察。他们发现教师的问题“几乎都是封闭的和事实性的”(P. 29)。一项对佛罗里达课堂(Micceri 1990)的大规模研究以及在捷克斯洛伐克、德国和印度所进行的课堂研究中(Klinzing and Klinzing-Eurich 1987)得出了相似的结论,正如20世纪的其他研究一样。

教育学家对这些研究结果的反应是激励教师去提具有高认知水平的问题,以为这种实践改变可以提高学生的学习水平。对这种假设的检测最近由桑姆森等人(Samson et al. 1987)进行了元分析。他们得出结论认为,教师对高认知水平问题的一般强调对学生的成就有一定的正面影响。

卡尔森(Carlsen 1991)与罗迪(Rhody 1987)提出,桑姆森等人及其他基于各自研究结论之上的、关于高认知问题的影响作用的研究,主要存在以下6个问题:

首先,一些学生对教师提出的高认知问题不能给出高认知的回答(Dantonio and Paradise 1988)。结果,如果教师只增加其对高认知问题的关注,那么,这种变化对提高学生的学习是不充分的。教师也需要运用一些技巧,如延长等候时间和正确反馈,来帮助学生理解问题并产生恰当的反应。

第二,教师在教学过程中提了过多的事实性问题,在实验条件下强调这些问题对他们来说是太容易了。在实验中被要求强调高认知问题的教师,必须对他们的教学行为作更大的调整。于是,他们可能不能有效实现实验条件。

第三,研究者脱离教学情境来对教师所提问题的认知水平进行分类。这样,他们进行分类的基础主要是问题的形式和内容。例如,以“WHY(为什么)”开始的问题常被划到高认知水平一类。然而,有些学生只需要简单回忆以前学过的内容就可回答此类问题。如果是这样的话,研究者的分类就是无效的。

第四,高认知水平的问题很难变化。在对学生学习的影响方面,一个高级认知问题也许不如一个有挑战性的低认知水平问题更有效(例如,一个要求回忆并将几个有关联的事实进行综合的问题)。同时,一个高认知问题可能难到不管学生如何努力也回答不出,所以,学习就不会发生。高认知问题的这个方面的问题在以往的研究中还没有给予充分的关注。

第五,在过去的研究中所用的许多成就测验,是根据学校的课程来设计的,强调知识与技能的获得。这些测验对于评价高认知问题的教学效果可能是不适当的,因为,有些问题可能主要为了提升学生对知识和技能的获得,而高认知问题则倾向于提高学生的思考能力。思考技能测验的近来发展(Clark 1992)显示出似乎要揭示教师强调高认知提问的效果。

最后,现在的许多研究是基于布卢姆(Bloom)及其同事(1956)所提出的分类学而将教师的提问分为低认知或高认知。然而,这个分类学不是从教学及学习理论中生发出来的,因此,它不为决策哪些问题能在低认知过程被回答、哪些能在高认知过程被回答提供坚实的基础。

这六个问题可能解释了为什么研究显示高认知问题仅有一定的正面效果。在未来的研究中解决这些问题可能会带来更积极的效果。同时,现有的研究结果也提出建议:教师在提出低水平问题之外,要增加提出高级认知问题的频率。

1.2 复述的问题与讨论的问题

社会语言学家通过对教师提问发生的情境进行研究而对它有了进一步的理解。对他们来说,情境有两个含义:提问者或应答者开始说话时所处的情境,以及说话者在提问或回答的过程中所创造的情境。课堂教学的一个重要特征是参与结构,即说者和听者的序列,以及他们进行讨论的规则(Carlesn 1991)。

课堂上的主要参与结构是复述(Gall and Rhody 1987,Sirotnik 1983),其特征是,教师经常提问,并常以快速的方式检测学生对权威资料(特别是教科书)中的信息的掌握情况。教师几乎全面控制着复述。他们能够提问,而学生则不能。这样,教师有权决定问题的内容,并对学生的回答做出反应,而学生则只能回答。当被教师要求去听师生的其他交流时,学生的角色是被强迫去回答问题。

研究者(Eddinger 1985)发现,复述比其他教学方法(不包括教师提问)更能提高学生的学习水平。同时,在复述的过程中多提问比少提问更有效(Rosenshine 1987)。

研究者正在探讨包括完全不同的讨论模式而不只是复述模式的课堂参与结构。例如,尼斯特兰德和加莫兰(Nystrand and Gamoran 1991)在八年级和九年级的英语课堂里研究了"实质性参与"谈话的发生。这种类型的课堂参与结构的特征是,教师提出真实的问题(即要求学生表达自己观点的问题),对学生的观点作积极反应,并根据学生所说的内容提出新的问题。

在巴西小学的科学课上(Kleiman 1990),在美国初中(Rogers 1987)和高中(Alpert 1991)的文学课上,其他研究者也研究了类似的谈话模式。在对高中的研究中,研究者看到了一个另类的教师,这个教师在提问中为学生的个人知识及情感留下了空间。例如,问"你对什么人感到抱歉吗?""你想要伊莉沙与弗雷迪结婚吗?""你明白他的方法不如她的方法可行吗?"(P. 359)同时,在这个教师的课堂上,讨论是用非正式的、日常语言来进行的。

已开展了一些研究项目,致力于发展和检测那些以讨论模式代替复述模式的教学方法。例如,伍德等人(Wood et al. 1991)有一个案例研究,他们对一个初等学校的教师培训了整个一学年的"合作对话",这种"合作对话"的模式是基于建构学习理论提出的。采用这种课堂参与结构,这位教师运用了不同的教学活动,如通过向学生提问以帮助她理解学生在解决数学问题时的思考过程。当某个学生的理解是不正确或不全面的时候,这位教师通过进一步提问及提供更多的信息来"商讨"出一个更好的理解,而且总是在对学生来说是有意义的讨论框架内进行的。

这个研究中的合作对话不同于传统的数学课上的复述模式,在复述模式中,教师提问的意图是得出一个数学问题的答案而不是答案背后的思考过程。此外,在复述模式中,教师对一个错误答案的典型反应是,提供一个正确答案或请另一个学生来回答,而不是向同一个学生提出相关的问题以理解他的思考过程。

对于这一替代性提问过程在提高学生学习水平方面的作用还知之甚少。当然,它们的目标及参与结构类似于讨论方法的批判性特征。因此,用"讨论的问题"来表示在讨论模式中教师提问的特征。

对讨论方法的研究已经证明了它对各种教学目标的效果,特别是对高级认知学习(Gall and Gall 1990)的效果。关于讨论方法的这些正面结论也意味着:类似的技术——实质性的参与谈话、真实的问题、合作对话等——也会有同样的效果。

复述及讨论所包含的不同的课堂参与结构可能解释由狄龙(Dillon 1985)做出的结论,即教师提出问题会引起学生简明、扼要的回答,而教师的陈述则引起冗长的、复杂的回应。教师的陈述意味着要引起讨论,而提问则明显跟随着复述模式。如果这样,就可以理解,教师的提问只能引起学生的简单回应。能够引发学生间讨论的思考性问题是更有效的。狄龙(1991)建议,教师的偶尔评论以及其他技术将引发学生的进一步讨论,而且不会丧失以学生为中心的讨论模式的特征。

1.3 与测验相关的问题

教师要进行阶段性的测试以评价学生的学习水平。如果某个试测题目在教学中由教师以问题的方式提出过,那么,研究者将之归类为"有意的"题目。相反,要求学生复述信息或观点的"附带的"题目,教师在先前的教学中并不作提问。

研究发现,当先前的教学在阅读过程中要求复述(Wixson 1983)或包括提出问题时(Hamaker 1986),学生在"有意的"测试题目中比在"附带的"题目上做得好。这一发现支持通常的观点,即如果教师想使他的学生在测试中做得更好,他们就"为考而教"。在实践中,这种做法导致复述作业及模拟试卷的出现,即要求学生回答与考试有关的问题,而问题与那些即将出现在考试中的问题相似。

2. 提问的情境因素

直到20世纪80年代早期,研究者与实践工作者仍没有系统地考虑过教师提问行为的情境。这种情境是变化的。90年代早期,越来越多的文章开始讨论影响提问的目的、内容及效果的各种情境因素。

2.1 学生特征

研究者发现,教师的提问模式以他们是与高成就的还是低成就的学生进行交往而发生变化。在这一研究的综述中,古德和布罗菲(Good and Brophy 1987)发现,教师很少要求低成就学生回答问题,或只给他们较短的时间去回答问题,并较少给他们反馈,对他们的答案也很少去提升。

教师的提问行为也受学生性别的影响。巴尔珀和恰迪纳尔(Barba and Cadinale 1991)发现,高中学校的科学教师要求女学生回答问题要比对男学生的要求少得多,而且很少问她们高认知水平的问题。女学生更可能给出任务相关的答案,更愿意通过举手来引起教师的注意,她们很少成为"重点"学生(指在一节课上与教师有4次以上的交流)。巴尔珀和恰迪纳尔建议,这种性别偏见的提问模式有可能妨碍女学生去钻研科学课程。

麦卡提等人(McCarty et al. 1991)所做的综述研究发现,美国本土学生很少对复述性问题作出反应。他们愿意去解决基于探究的社会研究课程的问题,社会研究课程强调教师提开放性的问题,学生归纳一分析原因并进行问题解决。他们的研究发现,在这种情况下,学生对教师提问的反应有戏剧性的提高。麦卡提及其同事致力于对这种提高作一种比较,他们将美国本土学生在教室外自然情境下的学习风格与新课程及教师提问过程下所要求的学习类型进行了比较。

欧和梅森(Au and Mason 1983)发现复述模式对本土夏威夷学生同样没有效果。当教师提出问题并允许学生使用夏威夷人的方式来表达——如孩子们一起说(只要学生愿意,他们可以自由发表意见,即使他盖过了另一个孩子的声音)时,他们的学术表现就提高了。

2.2 教师特征

卡尔森(Carlsen 1992)发现科学教师对学科的了解情况影响他们的提问实践。对科学有较少了解的教师更倾向于依赖教科书,提低认知水平的问题,不鼓励学生提问。具备更多学科知识的教师(不局限于对教科书知识的了解),则提一些需要学生运用综合信息来回答的问题。

在德国关于提问研究的综述中,克林青和克林青-伊乌雷希(Klinzing and Klinzing-Eurich 1987)总结道,提问的频率与教师的性别无关,但与教师的经验有关。有经验的教师提更多低认知水平的问题,而且问题指向全班学生。教师经验的多少在其所提的高认知问题的频率方面没有差异。

2.3 课堂参与结构

课堂参与结构也是课堂教学的一个重要情境因素,因为它确定着师生的角色以及他们相互交往的规则。如上所述,复述的课堂参与结构将教师提问置于中心地位。其他的课堂参与结构则为学生提供了更多的提问及表达的机会,正如上文提及的讨论方法那样。互动式教学方法(Palincsar et al. 1989)与这两种方法截然不同,它的参与结构将学生看作是中心提问者。在互动式教学中,学生在小组内阅读材料,并且轮流当"教师"。当一个学生轮到当教师时,他请其他学生对这一段阅读材料提出问题。这种方法的特征是,学生自己提出问题,并由他们自己回答。翁(Wong 1985)总结了有关学生提问的27项研究,发现其中大部分方法都对学生的阅读理解有积极作用。

参与结构可以是高度个别化的,如在一对一指导的情况下,或者在计算机终端前学生回答由一个教学软件程序提出的问题的情况下。关于参与结构的后一种类型有几项研究,包括由希亚昂(Shiang)和麦克丹尼尔(McDaniel)以大学生为被试所进行的实验。学生个体与计算机屏幕进行交流,计算机呈现文本内容,并穿插着低认知水平的问题、高认知水平的问题或者是激发学生提出自己的问题。在3种实验条件下,学生在对文本内容的批判性思考方面没有显著差异。也就是说,希亚昂和麦克丹尼尔的实验结果引起人们思考:当计算机越来越被用于教学活动中时,将学生与同伴及教师隔离的参与结构的有效性如何。另一种参与结构,如让学生组成小组来回答计算机提出的问题可能更有效。

2.4 教学序列

小学及中学的教学一般以2~5周为单元进行组织。在教学过程中,教师提问的目的及内容是否有变化,或是否应该变化,研究还很少。一个例外是,教师通过提问来复习先前教过的内容(Rosenshine 1987)。这一研究发现,教师通过使用本单元及不同单元间学过的内容来提问,能够提高学生的学术成就。阶段测试的问题也起到复习的作用,同样也是有效的(McKenzie 1973)。

高尔(Gall)和罗迪(1987)综述了有关在课堂教学的不同阶段的问题类型的有效性。结论是:教师应提出那些能引起学生积极操作与先前教学中的智力思考有关的问题,也应该问一些能够检查学生是否在获取教学中应掌握的知识与技能的问题。最后,他们应提供课堂作业及家庭作业,以便进行课后实践。

2.5 学科及年级

对于教师的提问实践是否在不同的学科及年级间有所不同,以及对一门学科或年级有效的提问实践对其他学科或年级是否也有效等问题还很少有研究。西罗特尼科(1983)提到了对美国课堂的一项全国研究,研究发现,教师在5门学术性学科(数学、英语、社会研究、科学和外语)中所提的低认知水平的问题,在初中及高中几乎没有变化。在所有这些学科及年级中,用于此类问题的课堂时间比例是5%~9%。而用于讨论(可能还包括用于高认知水平问题)的课堂时间则有很大的不同。在高中,用于讨论的课堂时间比例中数学是最低的(2%),社会研究是最高的(10%)。

为确证提问技术对阅读及数学的基本技能的有效性,还做了扩展性研究(Rosenshine 1987)。还很少有对学校其他学科进行研究的。肖德龙(Chaudron 1986)对有关第二语言学习的研究所做的综述表明,这种研究是需要的,因为第二语言教学中提问的许多方面在许多研究提问的文章中并没有提及。

3. 帮助学生回答问题

即使教师问与教学相关的问题,这也不意味着学生一定能够回答或从中学到什么。教师对问题的表述,要求学生回答问题的方式以及对学生回答的反应等等,都影响着这些问题是否能帮助学生的学习。

3.1 提出清晰的问题

教师提问的清晰性明显地影响学生对问题的回答。有着复杂的语法结构或包含抽象语言的问题,对有些学生来说是不清楚的。提出多元问题(例如,在要求学生回答之前,提出若干问题)是影响清晰性的另一个障碍,因为学生难以从冗长的表述中提炼出核心问题。博格等人(Borg et al. 1970)观察到,在小学教师中有很多这样的行为:在一节20分钟的课上,平均提14个多元问题。这种行为在德国教师中也存在。赖特和纳托尔(Wright and Nuthall 1970)发现,多元问题越多,学生对某个单元内容的学习就越差。

3.2 等候时间

提出一个问题后,教师必须决定在要求学生回答之前要停顿多长时间。一般来说,在请学生回答之前,教师的等候时间少于1秒,但研究发现,至少要等候3秒,问题才会更有效。在这项研究的综述中,托宾(Tobin 1987)发现,等候时间的延长增加了课堂上学生回答的次数及长度。此外,研究显示,学生回答的复杂度及认知水平也有提高。有些研究还发现,学生的测验表现也更好。

托宾认为,延长等候时间之所以有这些积极的效果,是因为它为学生提供了思考的机会。另一个解释是,延长等候时间创造了宽松的氛围,从而有助于思考。相反,少于1秒的等候时间能够提高某些学生的焦虑水平,从而降低了学习愿望。

3.3 请学生回答问题

在复述性的参与结构中,教师每提出一个问题,一般只请一个学生回答。这样,给予学生口头表达的机会就非常有限。其他的参与结构给学生更多的机会去回答教师提出的问题。那些请单个学生回答问题的小学教师与那些请所有学生以非言语姿势(如"如果你认为这儿将要下雨,请举手")(Mckenzie 1979)回答每一个问题的教师不同。要求所有的学生而不是单个学生回答问题,会导致更多的任务行为、更少焦虑、更好的学术成就。

马哈蒂等人(Maheady et al. 1991)评价了一种称之为"聚头"的合作学习方法,这种方法给所有学生以回答教师准备的问题的机会。在这种方法中，能力不同的4位学生组成一个小组。

每个小组中的每位学生都有一个号码，从1号到4号。在一节课的提问阶段，学生们被要求“将头聚在一起”去想出一个最好的答案，并确信小组内的每个人都知道这个答案。然后，教师选择一个号，请每个小组中这个号码的学生来回答问题。与要求单个学生回答问题的复述方法相比，“聚头”方法导致更多学生的任务行为，更好的测试表现，对教学更高的满意度。

3.4 对学生的回答作反应

教师对学生回答的典型反应是简单地重复这个答案。博格和他的同事（1970）发现，小学教师在一节20分钟的课上，平均重复学生答案达31次。通过接受并提升学生的答案来对之反应，可能是更有效的方法。布罗菲和古德（1986）对有关这种技术的研究进行了综述并得出结论：它对学生的学术成就及态度有积极的影响。

对学生回答的另一个有效的教师反应是表扬。当然，布罗菲（1981）的综述表明，表扬只有在特殊的及有信度的情况下，才有效果。他发现，表扬并不是对所有学生都有效。表扬对那些感到不安全的或来自低社会经济地位家庭的学生是最有效的。

罗什先宁（Rosenshine 1987）在他对有关教学基本技能及概念和过程的教学所做的研究综述中发现了另外一种对学生回答进行反应的有效技术。如果学生的回答是正确的但又有犹豫，教师要确认这个答案的正确性并解释为什么是正确的，就会有效。如果学生的答案是错误的，教师的有效反应是提供一个正确反馈，这个反馈可以通过提出简单的问题（也被称为“探测性问题”），提供暗示或重新给出信息等形式进行。

3.5 训练学生回答问题的技巧

教学技巧如等候时间、表扬、正确的反馈等，要使学生满意地参与到课堂提问的复杂过程中，可能是不够的。学生可能要求有明确的教学教他们如何回答问题。拉斐尔和旺纳科特（Raphael and Wonnacott 1985）开发并测试了一种以此为目的的程序。通过认识每一种问题与课文内容及学生个人知识的相关度，小学生被训练去回答3种类型的阅读理解问题。拉斐尔和旺纳科特发现，这种训练程序提高了学生回答问题的能力。

4. 训练教师的提问技巧

格利斯曼等人（Gliessman et al. 1988）对26种有关训练教师去增加其提出各种问题（主要是高认知水平的问题及探测性问题）频率的研究进行了元分析式的综述。这些研究令人信服地表明，为此目的的训练是有效的。令人惊讶的发现是，它不必提供实践机会来提高教师对提问技能的使用。以教师的观点来看，确认、分类或构建问题的例子就足够了。他们综述的另一个发现是，这种训练对于有经验和没有经验的教师，小学教师和中学教师，具有同等的效果。

克林青（1990）对20世纪70年代早期以来在西德进行的一些有关训练的扩展研究进行了综述。许多研究涉及了训练教师教学技巧——包括提出高认知水平的问题及探测性问题，以及强调间接教学（包括接受和运用学生的观点）——的工作情境。这个训练程序包括理论学习、自我分析、案例解析、区别培训以及反馈控制实践。克林青由综述得出结论认为，教师通过培训提高了提问技能，而且认为培训得非常好。

克林青及格利斯曼所做的综述研究的一个缺陷是，他们仅提出了对教师提高技能培训的当下的或短期的效果。除了由博格（1972）所做的3年跟踪研究之外，关于这种培训的长期效果还研究甚少。博格发现，大多数提问技能的长期效果是通过基于微型技能的在职训练项目获得的。

5. 实践的意义

研究者正就教师提问策略展开新的研究。他们的研究还未对教师的实践产生确定性的指导。但他们建议，教师应该思考在课堂上如何计划及行动：如何提出低认知水平及高认知水平问题，采用复述性还是讨论式参与结构，如何清楚地表述问题，学生回答之前应等候多长时间，单个学生还是小组回答问题，如何对学生的回答做出反应，在特殊的教学情境中如何调整提问策略。如上所述，已经开发了一些手册及培训方法来帮助教师提高他们做出及执行这些决定的技能。

M. D. 高尔(M. D. Gall)
M. T. 阿特罗－波纳姆(M. T. Artero-Boname) 著
郭 华 译

附录

Alpert B 1991 Students'resistance in the classroom. *Anthropo. Educ. Q.* 22(4):350—366

Au K H, Mason J M 1983 Cultural congruence in classroom participation structures: Achieving a balance of rights. *Discourse Processes* 6(2):145—167

Barba R, Cadinale L 1991 Are females invisible students? An investigation of teacher-student questioning interactions. *School Science and Mathematics* 91(7):306—310

Bloom B S (ed.) 1956 *Taxonomy of Educational Objectives, Handbook I: Cognitive Domain.* David McKay, New York

Borg W R 1972 The minicourse as a vehicle for changing teacher behavior: A three year follow-up. *J. Educ. Psy-chol.* 63(6):572—579

Borg W R, Kelley M L, Langer P, Gall M 1970 *The Minicourse: A Microteaching Approach to Teacher Education.* Macmillan, New York

Brophy J E 1981 Teacher praise: A functional analysis. *Rev. Educ. Res.* 51(1):5—32

Brophy J E, Good T L 1986 Teacher behavior and student achievement. In: Wittrock M C (ed.) 1986 *Handbook of Research on Teaching*, 3rd edn. Macmillan, New York

Carlsen W S 1991 Questioning in classrooms: A sociolinguistic perspective. *Rev. Educ. Res.* 61 (2): 157—178

Carlsen W S 1992 Subject-matter knowledge and science teaching: A pragmatic perspective. In: Brophy J E (ed.) 1992 *Advances in Teaching. Vol 2: Teacher's Subject Matter Knowledge and Classroom Instruction.* JAI Press, Greenwich, Connecticut

Chaudron C 1986 The interaction of quantitative and qualitative approaches to research: A view of the second language classroom. *TESOL Quarterly* 20(4): 709—717

Clark J L 1992 The Toronto Board of Education's benchmarks in mathematics. *Arithmetic Teacher* 39 (6):51—55

Dantonio M, Paradise L V 1988 Teacher question-answer strategy and the cognitive correspondence between teacher questions and learner responses. *J. Res. Dev. Educ.* 21(3):71—75

Dillon J T 1985 Using questions to foil discussion. *Teaching and Teacher Education* 1(2):109—121

Dillon J T (ed.) 1988 *Questioning and Discussion: A Multidisciplinary Study.* Ablex, Norwood, New Jersey

Dillon J T 1991 Conducting discussions by alternatives to questioning. In: Wilen W W (ed.) 1991 *Teaching and Learning through Discussion.* Charles C Thomas, Springfield, Illinois

Doneau S J 1985 Soliciting in the classroom. In: Husén T, Postlethwaite T N (eds.) 1985 *The International Encyclopedia of Education: Research and Studies.* Pergamon Press, Oxford

Eddinger S S 1985 The effect of different question sequences on achievement in high school social studies. *Journal of Social Studies Research*9(1):17—29

Gall J P, Gall M D 1990 Outcomes of the discussion method. In: Wilen W W (ed.) 1990 *Teaching and Learning through Discussion.* Charles C Thomas, Springfield, Illinois

Gall M D, Rhody T 1987 Review of research on questioning techniques. In: Wilen W W (ed.) 1987 *Questions, Questioning Techniques, and Effective Teaching.* National Education Association, Washington DC

Gliessman D H, Pugh R C, Dowden D E, Hutchins T T 1988 Variables influencing the acquisition of a generic teaching skill. *Rev. Educ. Res.* 58(1):25—46

Good T, Brophy J 1987 *Looking in Classrooms*, 4th edn. Harper and Row, New York

Hamaker C 1986 the effects of adjunct questions on prose learning. *Rev. Educ. Res.* 56(2):212—242

Kleiman A B 1990 Cooperation and control in teaching: The evidence of classroom questions. ERIC Document Reproduction Services No. ED 329 121, Washington, DC

Klinzing H G 1990 Research on teacher education in West Germany. In: Tisher R P, Wideen M (eds.) 1990 *Research on Teacher Education: International Perspectives*. Palmer Press, London

Klinzing H G, Klinzing-Eurich G 1987 Teacher questioning. *Questioning Exchange* 3:1—16

Maheady L, Mallette B, harper G F, Sacca K 1991 Heads together: A Peer-mediated option for improving the academic achievement of heterogeneous learning groups. *Rem. Spec. Educ.* 12(2):25—33

McGarty T L, Lynch R H, Wallace S, Benally A 1991 Classroom inquiry and Navaho learning styles: A call for reassessment. *Anthropol. Educ. Q.* 22(1):42—59

McKenzie G R 1973 Quizzes: Tools or tyrants. *Instructional Science* 2(3):281—293

McKenzie G R 1979 Effects of questions and test-like events on achievement and on-task behavior in a classroom concept learning presentation. *J. Educ. Res.* 72 (6):348—351

Micceri T et al. 1990 Consistent patterns in observed teacher performance: Results from a large-sample multiyear study. ERIC Document Reproduction Services No. ED 317 600, Washington, DC

Morgan N, Saxton J 1991 *Teaching Questioning and Learning*. Routledge, London

Nystrand M, Gamoran A 1991 Instructional discourse, student engagement, and literature achievement. *Research in the Teaching of English* 25(3):261—290

Palincsar A S, Ransom K, Derber S 1989 Collaborative research and development of reciprocal teaching. *Educ. Leadership* 46(4):37—40

Raphael T E, Wonnacott C A 1985 Heightening fourth-grade students'sensitivity to sources of information for answering comprehension questions. *Read. Res. Q.* 20 (3):282—296

Rogers T 1987 Exploring a socio-cognitive perspective on the interpretive processes of junior high school students. *English Quarterly* 20(3):218—230

Rosenshine B V 1987 Explicit teaching. In: Berliner D C, Rosenshine B V (eds.) 1987 *Talks to Teachers*. McGraw Hill, New York

Samson G E, Strykowski B, Weinstein T, Walberg H J 1987 The effects of teacher questioning levels on student achievement: A quantitative synthesis. *J. Educ. Res.* 80(5):290—295

Shiang C P, McDaniel E 1991 Examining the effects of questioning on thinking processes with a computer-based exercise. *J. Educational Computing Research* 7 (2):203—217

Sirotnik K A 1983 What you see is what you get—consistency, persistency, and mediocrity in classrooms. *Harv. Educ. Rev.* 53(1):16—31

Tobin K G 1987 The role of wait time in higher cognitive level learning. *Rev. Educ. Res.* 57(1):69—95

Wixson K K 1983 Questions about a text: What you ask about is what children learn. *Read. Teach.* 37(3): 287—293

Wong B Y L 1985 Self-questioning instructional research: A review. *Rev. Educ. Res.* 55(2):227—268

Wood T, Cobb P, Yackel E 1991 Change in teaching mathematics: A case study. *Am. Educ. Res. J.* 28(3): 587—616

Wright C J, Nuthall G 1970 Relationships between teacher behaviors and pupil achievement in three experimental elementary science lessons. *Am. Educ. Res. J.* 7(4):477—491

学生的分级与评价(Students, Grading and Evaluation of)

在美国,教师用于认定学生等级(或分数)的体制类别,常由所在区域或学校来决定。大多数教师很少选择是用“A 到 F”或“优秀—良好—满意—不满意”制,还是用分数(例如 0 ~ 100)制。当然,教师在某个体制内可以决定对学生等级的认定。

1. 学生分级的对比类型

认定一个学生的等级包括几种典型的(比较)类型。学生的课堂表现可与其他学生的表现(常模参照的分级)进行比较,也可与既有的优秀、掌握或最低能力标准(标准参照的分级)作比较,还可与学生自己在表现中的态度、努力或者提高程度相比。每一种对比类型都有其优缺点。

1.1 与其他学生的比较

分级的方法常被称为"抛物线分级"。在抛物线上分级的意思是:对一个学生的等级认定,需要参考班里其他同学的表现。与其他学生的表现进行比较,而不考虑他们的绝对表现水平,从而将班里的学生按一定比例认定为A级、B级、C级、D级和F级。一个学生正确答出了测试项目中的50%可能得到A、F或其他等级,这是依据他的50%的得分与班里其他学生的分数进行比较得出的。鼓励抛物线分级的学校,可能会建议根据学生所占比例,来确定他们可能得到的分数。例如,各有10%的学生被定为A级和F级,各有20%的学生被定为B级和D级,剩下的40%被定为C级。

这种体制的主要优点是简化了分级策略,不需要特别考虑什么样的分数分到什么样的等级,而是参考分数的分布情况来做出等级认定(例如,前10%的学生可以得到A级)。考虑到分数的分布遵循常态的或铃状分布规律,因此,可以根据平均数标准差来决定分数的等级分配。例如,表1显示了根据分数的正态分布决定的5个等级列表中学生所占的比例。

统计技术(Kubiszyn and Borich 1993)可能被用于选择或校正测试项目,从而确保所需的正态分布

表1 基于标准差的学生分布

标准差	等级	学生约占比例(%)
+1.50	A	7
+0.75 至 +1.49	B	16
平均数 ±0.74	C	54
-0.75 至 -1.49	D	16
-1.50	F	7

或铃状分布。当然,在实践中,抛物线上的分级也常用于非正态分布,但可通过去掉平均数周围的不对称的零散分数从而得到所期望的比例。

这种分级体制也有缺点。首先,这种方法难以考虑到班级里的所有的能力水平差异。设想,如果这个体制用于一个极有天赋的班级里会发生怎样的情况。这个班的学生没有谁曾得过B以下的等级,突然,77%的学生变成了C到F的学生。无论学生的成就如何,在这样的体制下,一些学生永远得A,一些学生永远得F。

另一个缺点涉及指定的比例:为什么5%得A,而不是15%得A?这些所获得的比例或者标准差,通常是被武断设置的。更进一步,一个A的意义也许是不明确的:得A的学生掌握了所有的课程内容了吗?或者,班里的其他学生是低能的?这样的体制难以指明绝对成就,从而使得年级间及学校间的比较难以进行。

1.2 与既有标准的比较

在这种方法中,有可能所有的学生或根本没有学生得到A级或F级,或二者间的其他等级。班级里其他学生的表现与某个学生的等级无关。与之有关的只是,此学生是否达到了确定的成就或表现标准。这种方法有时被称为"标准参照的"方法。在一个标准参照的体制里,按照答对项目的比例来确定等级。回答正确率达到85%或以上者,可得A,正确率75%~84%的可得B。依此类推区分出C、D和F。因此,一个学生作答的正确率在79%,就可得到一个B,无论其他学生做得是否更好、更差或与这个学生一样。这个方法的成功运用需要了解学生的成就或表现水平的情况,从这些情况中可以预测出学生在测验中的难点。

这一体制有以下几个优点。首先,理论上说,所有的学生都可能获得高等级,只要他们表现出足够的努力(假定高分的比例是有理由的)。第二,等级的确认被简化了。一个学生作答的正确率是75%或不到75%,这很容易认定。而与其他学生进行比较,一旦期望的比例达到,就无需讨论去确认等级。最后,假定学生的能力水平保持恒定,测试保持相对的效度及难度,那些致力于提高教学效果的教师就能看到,随着时间的推移,学生的等级

会提高。

这一体制也有一些缺点。建立标准是困难的。"A"级标准在不同学校、不同时间、不同学生、不同社会、不同课程中都不同。例如,同一标准的保持,对于能力较差的班级与中等水平的班级具有相同的意义吗?另一个局限是,有些家长及行政管理者难以接受可以令每个人都得"A"的分级体制。

1.3 资质比较

资质是潜能或能力的另一种称谓。在基于资质的一种分级方法中,学生既不与其他学生比较,也不与既有的标准比较,而是与他们自己比较。也就是说,等级是根据他们的成就与其潜能之间的接近程度来认定的。因此,有着高资质的学生达到了高成就水平则获得高分等级,因为他们应该发掘他们的潜能。那些高资质但只达到中等成就水平的学生得分较低,因为他们的成就在其潜能之下。资质中等、成就也中等的学生也可以得到高分等级,因为他们也被认为是达到了自己的潜能水平。虽然这一体制看起来很有吸引力,但仍存在问题,请参见表2。

表2表明,基于学生成就与其资质一致性的等级确认思想,也许适用于高资质学生而不适用于低资质学生。如果一个学生的资质非常低,似乎这个学生就应该获得低于其资质的成就。这样,这个学生总是获得期望的或高于期望的水平,这种方法对于中等及高能力水平的学生就不公平。更重要的

表2 资质、成就及分数间的关系,基于资质成就比较的分数体制

态度水平	成就水平	分数
高	高	高
	中	中
	低	低
中	高	高
	中	高
	低	中
低	高	高
	中	高
	低	高

也许是,这种方法使得对等级的解释更复杂了。例如,一个C等,对于高资质学生来说,可能意味着掌握了70%,而对一个中等资质的学生来说,可能只有60%,而对一个低资质的学生来说,也许只有50%。同样的等级意味着完全不同的绝对成就。

另一个缺陷是,在重复测试中,低资质学生的成就分数倾向于提高,而高资质学生的分数则倾向于降低。这一现象被称为"趋中"——成就分数越高,越可能"回归"或倒退到全部学生在另一次考试中的平均成绩。最后,这种方法与前面提到的两种方法相比,需要更复杂的成长记录。

1.4 与努力的比较

努力的成就比较方法与资质的成就比较相类似。获得测验平均分数但需努力学习的学生会得到高等级,而同样是获得平均测验分数但无需努力的学生获得较低的等级。

基于努力的分级方法也存在着几个问题。首先,对努力还没有可接受的测评方法。不像资质,有着可信而有效的测评,对努力的最好的评估是非正式方法。第二,当一些学生因为快速获得优秀而受打击,而另一些学生则由于用很长时间去掌握概念而受到奖励。第三,再一个问题是分级本身也许并不代表学术成就。努力不可能与学术成就一致,更难对等级确定做出解释。最后,成长记录也是复杂的。

基于努力的分级方法的优点是,可以提升低动机学生的动机水平。当然,它也可能打击那些很快明白了这一体制不公正的聪明学生。无论如何,分级的主要功能——提供有关学术成就的反馈信息——很少让使用这种方法的教师领会。

1.5 成就与提高相等

这种方法通过确定从教学初始到教学结束学生所获得的提高程度来确定等级。通过前测和后测,表现出最大进步的学生得到最高等级。当然,对于那些在前测中表现好的学生就存在不公平的问题。这些学生的提高似乎普遍低于在前测中做得差的学生。当使用这种测试方法时,更熟练地学习者有时会在前测时故意"表现差"以达到目的。另一个缺点是前面提到的回归平均数的统计问题以及在构建及前测管理方面的额外负担。

1.6 选择最好的方法

因为每一种方法都有其优点及缺陷,许多学校及地区都采用多元分级制,例如,采用成就和努力来分级,或采用成就、努力及提高来分级。只要等级的成就部分只反映成就,那么,这种体制就是成功的。但这种体制的两个缺点被忽视了。首先,增加了需要确认及解释的等级的数目,导致成长记录的增加且需要及时向他人汇报等级。第二,除非每一等级的目的是可以用报告卡清楚说明的,那么,多元分级体制很难使家长接受。当学术成就的反馈是主要目的时,与既有标准的比较便是一个可供选择的方法。

2. 符号类型

在分级体制内部,会使用不同的符号。常用的类型是字母等级、数字等级、通过—未通过等级以及检查表。

2.1 字母等级

字母等级是最普通的等级类型。75%以上的美国高中使用字母 A—F 来报告分数(Kubiszyn and Borich 1993)。有时,加号或减号被用于在两个字母等级间作更精细的区分,从而提供了 15 个独立的符号。这种体制由于其变量(优秀、良好、满意、不满意)的优点而被广泛采用和推广。

首先,字母体制可以被广泛理解。至少在最一般的意义上,学生、教师、家长、行政管理者以及雇主理解等级 A 代表优秀或杰出的表现,而等级 D 到 F 代表边缘的或差的表现。第二,这样一个体制是简洁的,只需要一两个空格去汇报一个年级阶段的综合分数。第三,这个体制有可以轻易区分的可供选择的水平,而不需要解释的帮助。

当然,这个体制也有其局限。首先,字母等级的特殊含意在不同班级、不同学校是不同的。不同的学校和地区倾向于使用不同的分级体制,也倾向于将一个等级的不同部分联合起来,或为其赋予不同的权重。结果,等级 A 在一个学校或学区所代表的表现与另一个地区的等级 B 甚至等级 C 相似。第二,字母等级无法清楚表示学生成就的真实水平。一个"低 B"的学生与另一个"高 B"的学生在成就上常存在着相当的差异。最后,平均的字母等级常会对学生真实成就存在信息缺损或误读。当要对字母等级平均时,有必要回头去看数字等级以便获得"正确的"平均等级。

2.2 数字等级

这一体制经常用 100 来表示最高分,汇报卡常用字母等级来表示数字等级的范围。例如,A(90~100),B(80~89),C(70~79),D(60~69),F(60 以下)。

数字等级有 3 个主要优点。首先,像字母等级一样,它为一个学期或一个学年的工作提供了一个方便的综合分数。第二,它不像字母等级,它能够方便地进行平均而获得一个"正确"的最后分数。第三,他能被广泛地理解——大多数学生和家长理解 95 分与 75 分之间的实质差异。

这一体制也有其缺点。首先,要区分的数目太多,以至于对于一个未受培训的使用者来说,便不能够对其做出准确的区分。例如,几乎没有人能够在 61 到 100 分之间做出准确的 40 个区分。也就是说,它不可能确定在 67 与 68 或 95 与 96 之间是否真的存在差异。第二,与字母等级一样,人们不可能知道一个等级的意义是什么,因为标准在不同的学校可能有相当大的不同。

2.3 通过—未通过等级

通过—未通过(P—F)是另一种等级符号系统。当然,现在很少有学校用这种方法,因为它有许多缺点。主要的缺点是这种符号系统不能提供充分的信息。"P"能表示在班级中处于优秀及边缘地位的各种学生的表现。这使得雇主及行政官员难以对求职者做出评价。学生自己也常抱怨信息的缺乏,也就是,他们不知道他们到底怎么样或者他们还需提高多少。最后,在这一体制下,学生只做最少的努力就能获得一个"P"。

2.4 检查表

常用检查表来补充字母等级或数字符号等级体制。因为字母和数字符号都难以确定一个学生能做什么或不能做什么。许多报告卡用技能检查表(例如独立性、彻底性、努力)来补充每个学科所用的等级符号。检查表也用于提供学习者的非学术性方面的信息。例如,检查表常用来确认行为、社会性技能、责任及组织性等领域的问题。运用检查表能够为字母或数字等级提供有用的补充，能够传达出关于学生的更详细的信息，而不会混淆一个学生的所有成就水平。有关这一体制及分级符号的更详细的讨论可见库比斯仁和博里切（Kubiszyn and Borich 1993）的研究。

3. 分级的新趋势

在分级与测验方面的最新趋势是“学习的表现性评价”。随着霍斯尼克（Resnick L and Resnick D 1989）的研究，学习的表现性评价主张对学生学习的评价要以口头报告、扩展计划、工作档案袋、科学探究、创造性的分数及原始文稿，以及运动模式等方式来进行。这些以及其他公开的类似方式试图要测定：获得的知识“点”能否在一个不同于其获得知识的情境中成功地转化，做出“综合表现”。表现性评价要按照学生工作的步骤来进行，需要几个小时或几天。根据教师的指导，学生去选择任务或计划，并用一系列公开的指标来证明他们的能力。

表现性评价的目的是削弱人为知识的重要性（由于对“对—错”选择、多元选择以及一些论文类测验的极度依赖，这些知识的重要性被无意间提升了），而增强与真实的专业及属于成人社会的社会责任相关的言语解释、批判性思考，以及问题解决的重要性。第二个日的是要消除在学生分级中传统的考试技能所占据的重要性，这对于那些考试技能较弱的学生而言，尤其有意义。

学习的表现性评价涉及以定等级的方式来运用检查表、等级或数字符码，并且鼓励经由对特殊产品的评估来指明学习者是否符合既有标准。例如，一个典型的“产品”也许需要学习者自己去完成一项科学探究、缩略模型或者文学创作，这需要一些必要而充分的条件（如理论理解力、计划、设计、对程序和仪器的使用，以及可能的替代解决方案）。这一活动需要与既有的指标或模型作比较，定出等级，获得一个独特的成就符号。

学习的表现性评价不是一个新的分级方法，而是对高级认知过程（如制定决策、问题解决、独立的判断以及创造性）的强调增强了。由于这个原因，它分享了通常用于分级的既有标准方法以及检查表报告方法。

学习的表现性评价的一个显著特征是展示出实情，即所获得的成就等级要在分级报告中被分别报告，而不是以某一字母等级来报告。

G. 博里切（G. Borich）
T. 库比斯仁（T. Kubiszyn） 著
郭　华　译

附录

Kubiszyn T, Borich G 1993 *Educational Testing and Measurement: Classroom Application and Practice*, 4th edn. Harper Collins, New York

Resnick L, Resnick D 1989 *Assessing the Thinking Curriculum: New Tools for Educational Reform.* University of Pittsburgh, Learning Research and Development Center, Pittsburgh, Pennsylvania

其他参考文献

Lyman H B 1986 *Test Scores and What They Mean.* Prentice-Hall, Englewood Cliffs, New Jersey

Popham W J 1988 *Educational Evaluation*, 2nd edn. Prentice-Hall, Englewood Cliffs, New Jersey

学业学习时间（Academic Learning Time）

学业学习时间是一个心理学概念，这一概念的提出，旨在对学生在课堂教学的日常活动情境中所发生的学习进行描述。这一概念与一种课堂学习模式密切相关。在这种课堂学习模式中，课堂教学过程和环境（包括教师的作用和行为）对学生成绩的影响往往受学业学习时间的左右。有时候，虽然我们很难将学业学习时间这个概念从此种课堂学习模式中分离出来，但是，就研究而言，我们更强调对学业学习时间的研究，而不是对这种教学模式的研究。而从当前的目的来说，我们强调的是前者，而非后者。

学业学习时间这一概念是在20世纪70年代中期出现的，这一概念的提出对以下问题的解决是非常有意义的，如对教学模式建构的尝试、经验的验证以及教师的促进学生知识获得的技能。当时，人们关注对教学行为的研究，特别对教师与学生互动中相对变化迅速的教学行为研究更为重视。也就是说，教师们常常从一堂课到另一堂课，甚至在一堂课中改变提问的策略或者不断进行教学分组等等。然而，传统上对学生学习的评价却停留在纸笔测验上，这一评价方式对持续一个学期或一个学年中知识的根本性变化是敏感的，但对知识在分秒之间、在一天中的变化却反应迟钝。即使这不是一个典型案例，行政性的、反复的纸笔测验的干扰也导致了这种方法的无效。因此，在对含义准确、变化迅速的教学行为与意义宽泛、变化迟缓的成绩测试分数间关系的每一种测定，都可能有问题。

一个更大的问题是试图建立教学行为与测验成绩之间的直接联结。因为，学生是通过他们自己的行为进行学习的，不管这种学习是显性的还是隐性的，如果教学行为影响了学生的学习，它们一定会在教学活动之中（或之后）首先促成学生行为和思维的变化。要对日常教学行为和学生学习之间的关系进行理解，就有必要对学生的思维和行为进行表征，至少要拓展到教学事件中去。那些试图在教学行为与测验成绩之间直接建立联结的尝试使得学生的思维和行为不能进行表征，而且，很难获得有效教学的结构。在这种情况下，学业学习时间，是作为学习的一项先进指数出现的，有助于解决课堂教学和学习中的一些问题。

1. 定义

学业学习时间是指学生高质量地完成一项学业任务所花费的时间（Fisher et al. 1980）。在一个特定的学习日中，一些特定的时间是属于课程领域的。在美国的学校中，这些时间最初是由教师根据学区或者州教育机构颁布的指导方针来分配的。对学生来说，在一个学习日中，分配到某一内容领域中的时间构成了这一内容领域中学业学习时间的上限。从多方面原因考虑，一名学生将用所分配时间的一部分来完成手头的学业任务，而对这些用来完成任务的时间来说，学生只能将其中的一小部分成功地运用。而正是后面提到的这一小部分教学时间，即当学生用最高的成功率完成学业任务时，才可称为学业学习时间。学生在这种状态下花费的时间越多，学业学习时间越会增加，学生学到的东西就会越多。

学业学习时间也被认为是学生在学业任务中的时间分配、学生投入时间的比率以及成功率这三个因素相互作用的产物。在大多数美国的学校中，班级与班级之间的时间分配是不同的，但是，除了因为学生离开学校的各种变化外，在同一个班级里的学生在时间分配上是相同的。但在同一个班级中，学生与学生之间投入时间的比率以及成功率是不同的，同样，班级与班级之间也有差异。结果是，学业学习时间成为以上 3 个因素的产物。而且，不管是在一个班级中，还是在班级之间都表现出明显的变化。

综上所述，从某种意义上说，学业学习时间是一个独立于学科考虑的、概括性的概念。然而，在大多数情况下，教育者们对特定领域中的学习感兴趣，如数学；也对数学班级教学中此类学习与教学的关系或者数学学习结果的测量（即成绩测试分数或行为测量）感兴趣。在数学学习中，学业学习时间的作用是时间分配、投入数学学习任务的时间比率以及完成此类任务的成功率。如果学生对非常特殊的领域感兴趣，比如，对二进位数字的学习，那么，二进位数字的学业学习时间应该同样是由以下因素构成的：时间分配、学生投入时间的比率以及成功率等。

在一个特定的学习领域中，学业学习时间是日积月累的。从课堂学习的这一范围来讲，学生的差异反映在学生在这一领域中的学习成绩和分数上。由于学业学习时间受到课堂教学的限制，学生学科领域的学业成就依赖于学生在正规教育中所花的主要时间。因此，与以时间为测量标准的课堂学习时间相比，学校之外的学习环境力量相对薄弱。

2. 相关概念

对时间变量的发展和运用，即用事件或状态的一段时间来描述学习和学习环境的一些特征直接建立在约翰·卡罗尔（Carroll 1963，1985）。也有一些将时间变量运用于教育的更早的研究（Morrison 1926）。然而，大多数现代的研究可以追溯到卡罗尔学校学习模式。这一模式最初是在外语学习情境中开发的，之后又广泛运用到其他的学习情境中，卡罗尔在这一模式中提出了5个概念，其中的3个都表示为持续的时间。

在这一模式中，其中的两个变量——持续性和学习机会——已经被一些研究者以多种方式运用。学习的机会最初被看作是学习一项任务的时间总量（Carroll 1963），与时间分配这一概念是相同的。事实上，学习机会和时间分配不是同一个概念。与普遍性相反，他们包含有不同的内容，时间分配更具有特殊性，更关注教学中的学科内容。

学习者愿意积极参与学习的持续性和时间总量表现出与完成任务的时间、积极学习时间以及任务时间的相似（Anderson 1984，Berliner 1990，Carroll 1985，Harnischfeger and Wiley 1985）。任务时间是教育者们惯用的一个术语，有时，它常常和学业学习时间相混淆。学业学习时间和任务时间是不同的，它指的仅仅是任务时间的一部分，是学习者以最高的成功率完成任务的时间，也就是说，学业学习时间是任务时间的一个子概念。

如果不提及任务，任务时间的内涵远远比其外延丰富。在教育实践中，似乎有这样一种倾向，人们更看重时间的量而减少了对任务完成质量的重视或者是对花在任务上的时间的关注。任何将所有的学习任务设想为具有同等质量，或者将任务质量简单地附属于一段持续时间的设想都过于简单甚至荒谬。

在定义学业学习时间中，将成功率作为一个因素的目的是想通过有关任务质量的一个不成熟的细目来整合，虽然很牵强（Marliave and Filby 1985）。成功率这一因素的参与使卡罗尔模式的整个概念变得更加复杂，但是却很现实。卡罗尔坚持认为，最重要的并不是时间总量，而是花费在适当环境中的时间总量。因为学业学习时间概念中包括成功率，所以，人们对任务质量的一些问题做了尝试研究。在这一过程中，卡罗尔模式中一些有关学业学习时间的易混淆的问题已经分别作为教学质量和学习者理解教学的能力被表征出来。

成功率既是对教师决定完成何种任务的反思，又是对学习者理解教学任务的反思，而且它趋向于昭示任务对学习者的适合程度。所以，不同的学生在同一项任务或一系列的任务中的成功率是不同的。结果是，学业学习时间将教学质量问题、学习者的特点和课程整合为一个概念。用这一方式将学校中三四件平常的事整合到一起是许多人的责任和义务（Harnischfeger and Wiley 1985）。然而，它还是保持了卡罗尔模式的精神，虽然它并不是通过一个强烈的"实际花费时间"的判断，进而对时间进行全面考虑（卡罗尔模式中的记数极其简单而且追求平衡）。用这种方法来分析学业学习时间，目的是创造学习的一种动态目录。这种目录一方面与狭义的教学行为相关，另一方面与时间"整合"以便于和传统的学业成就测验相吻合。虽然开发学业学习时间的研究小组想使这一概念的定义完全一致，他们想完整地拥有一个蛋糕并完整地吃掉它，但是，经验表明，各种构成要素被分割地测量并被分别分析说明（Fisher et al. 1978）（因为各种测量问题，学业学习时间并没有直接作为一个变量进行评定。人们总是直接测量这一概念的各个要素）。

作为学业学习时间的一个要素，成功率的第二个问题是如何更进一步精确化。人们从广义上将成功率分为3类。高成功描绘了这样一种情境：学生们能很好地完成任务，偶尔出错；低成功描绘的情境指的是学生不能很好地理解任务但能在碰巧的水平上做出正确的反应；中等程度的成功是指学生只是部分地理解了任务，介于高成功与低成功之间。学业学习时间的概念指出，在高成功率下，完成任务的时间越多则代表学习的更多。然而，这意味着并不是所有的学习者完成任务的时间都是高成功率的。如果一名学习者仅仅完成的是一些简单的任务，他或她并没有受到新材料的挑战，那么，学习会很少发生。一般说来，高成功率任务和中等成功率任务之间的平衡往往会产出最多的学习成果，相反，低成功率任务则不利于学习。

从对学业学习时间的粗略估计来看，虽然任务分配的平衡问题并不十分突出，但这一概念也是非常重要的，因为从学生、学科和教学发生的背景来看，此类平衡问题是大不相同的。在介绍一种或多种新的任务时，任务的挑战性有强弱平衡，也可以在课程的运行或者在提供有关任务的、适量的相对独立的实践中来思考。

3. 研究

人们已经用多种程序对学业学习时间的因素进行测量,典型的如用教师日志、及时地调查或直接观察等对时间分配进行估计。对完成任务效率的测量主要依靠直接观察,而对成功率的测量主要源于直接观察和学生的纸笔测验。一般来讲,与学生投入时间的比率和成功率相比,对时间分配的测量相对容易,而且具有较高的信度。在课堂教学中,当学生几乎没有公开的反应时,对学生投入时间的比率和成功率这两个变量的评估相对较难。

直到20世纪90年代早期,在大多数受过程—结果框架引导的系列研究中,案例研究和描述性研究数量逐步增加。同时,数量被引进到时间分配和时间管理的研究中。在此类研究中已经将数量引进到对成功率的研究中。这些研究被引进到美国,并反映在美国基础教育和中等教育的实践中。研究结果大致在以下一些杂志上的文章、章节以及书中得以体现(Anderson 1984, Fisher and Berliner 1985, Wittrock 1986)。

3.1 学业学习时间因素的分布特征

描述性研究衍生出学业学习时间要素的相关信息,特别是在基础教育的班级教学中。也许,最为醒目的结果是所有学科领域实践中的时间分配在班级大小之间的变化,还有,在同一个班级或者几个班级之间学生投入时间的比率和成功率的变化。在一所学校的同一个年级水平中,发现同一学科领域中的时间分配不同是正常的,这主要受学生因素的影响。

中等学校的学生常常用3/4的时间来参加学校的任务,从班级平均水平来讲,有时会高达0.90,也有时会低到0.50。一个班级中,学生投入时间的比率变化经常是很大的。在很多研究中,同一个班级投入时间的比率的变化已经因为组织管理的不同而显示出巨大的变化。例如,在学生投入时间的比率方面,教师指导下的小组总是比独立工作的小组要高。

即使是在人们常常提到的有关成功率或者是错误率的一般研究文献中,此类研究也是比较薄弱的。因为从普通的班级教学中获取的数据是非常少的,即使有数据,不同的测量方法和班级情境,也使得人们只能更多地对数据作简单处理而无法去比较。在加利福尼亚的小学中,从学业学习时间的原始研究来检验教学的基本技能,从高成功率的任务到中等成功率的任务,时间的比率大约是1:1。

3.2 学业学习时间和成就

学习随着时间的推移而不断地发生,而且没有时间就没有学习。因此从逻辑上讲,在某一特定领域中,学习所花费的时间与成就之间的关系是成正比的。尽管这种逻辑关系已经存在,但依然有来自不同国家的一大批研究者对学生的成就测量、时间分配以及完成任务的时间等之间的关系或者此类问题的一些变化进行研究。相关分析的大量运用、学习机会的测量以及学习时间的测量在学生的成就研究中已经显示出积极的相关。对这些研究结果的持续研究将会运用到更大的背景和更多的学科中,必然会得出更多的结论,也会将此类研究更广泛地推广。

在加利福尼亚的小学基本技能学习的背景中,开发这一概念的研究小组对学业学习时间与学生学业成就之间的关系进行评估。总体来讲,在纸笔成绩测试的分数中,学业学习时间的所有因素变化的总量大约在10%。这一评估表明学业学习时间在关注学业成绩之后的重大贡献,但是,并没有尝试对测量的错误进行调整。学业学习时间(一般是对教学时间的评定)和学生学业成绩之间最明显的关系反而是不正常的。在这些研究框架中,有很少,甚至有任何简单的对班级教学现象的测量也远比仅仅关注成绩水平而更显示出希望。

3.3 学业学习时间和教学过程的变量

学业学习时间受许许多多因素的影响,它与教学过程变量的关系也已经受到较多的关注。一般来说,受教师与学生实质性的互动总量的影响,学生投入时间的比率已经显示出不同。例如,学业监控和反馈似乎与学生的参与有积极的正相关。在一些研究中,人们已经对学生的成功率与教学过程变量之间的关系进行检验,然而,研究结果有时也是不一致的。

4. 未来研究

对学业学习时间和其他很多基于时间的概念的一些早期研究都是在这样一种情境下进行的，这种情境一般存在于课堂学习中的直接教学以及其他一些原始地依赖于“叙述”这一隐喻的师生关系中。正当一些国家的教育研究者们开始在教育学，特别是一些基于建构主义原则的模式中开始研究、拓展他们的观点时，也有一些研究者却已丧失了对这一问题的研究兴趣。然而，随着学生在课堂中学习范围的不断拓展，学业学习时间将继续成为一个有意义的概念。

学业学习时间的一个最明显的特征是学生的成功率，在课堂学习研究中，人们已经试图尝试将班级任务的特征直接包括在内。对学业学习时间这一方面的研究已经指明了方向，而且取得了一些重要的进步，教育者们需要对课堂任务有更多、更好的理解。人们应该去研究、发现一些方法，从认知与社会两个层面将课堂任务情境下的学习概念化。多伊尔(Doyle 1983)对学业工作概念化的研究为这一领域的研究提供了一种视野，提供了一些对课堂任务和任务结构的研究(Fisher and Hiebert 1990，Mergendoller 1988，Stodolsky 1988)。所有这些研究为学生和教师所从事的课堂学习的研究指明了前进的方向。从这点来说，课堂学习与教学的研究主要关注一些概念和概念之间的关系、学生与教师的思维和行为。如果要对课堂任务研究进行更广泛深入的考察，主要应在以上所关注的问题和社会与认知任务之间寻求一种平衡，这些任务是教师和学生都能参与的，而且在任务情境下，所有这些思想、行为和任务都能镶嵌其中。

C. W. 费希尔(C. W. Fisher)　著

王文静　译

附录

Anderson L W (ed.) 1984 *Time and School Learning*. St. Martin's Press，New York

Berliner D C 1990 What's all the fuss about instructional time? In：Ben-Peretz M，Bromme R (eds.) 1990 *The Nature of Time in Schools*. Teachers College Press，New York

Carroll J B 1963 A model of school learning. *Teach. Coll. Rec.* 64：723—733

Carroll J B 1985 The model of school learning：Progress of an idea. In：Fisher C，Berliner D (eds.) 1985

Doyle W 1983 Academic work. *Rev. Educ. Res.* 53：159—199

Fisher C et al. 1978 *Teaching Behaviors，Academic Learning Time，and Student Achievement：Final Report of Phase III-B，Beginning Teacher Evaluation Study*. Far West Laboratory for Educational Research and Development，San Francisco，California

Fisher C et al. 1980 Teaching behaviors，academic learning time，and student achievement：An overview. In Denham C，Lieberman A (eds.) 1980 *Time to Learn*. National Institute of Education，Washington，DC

Fisher C W，Berliner D C 1985 *Perspectives on Instructional Time*. Longman，New York

Fisher C，Hiebert E 1990 Characteristics of tasks in two approaches to literacy instruction. *Elem. Sch. J.* 91：1—13

Harnischfeger A，Wiley D 1985 Origins of active learning time. In：Fisher C，Berliner D (eds.) 1985

Marliave R，Filby N N 1985 Success rate：A measure of task appropriateness. In：Fisher C，Berliner D (eds.) 1985

Mergendoller J (ed.) 1988 Schoolwork and academic tasks. *Elem. Sch. J.* 88(special issue)

Morrison H C 1926 *The Practice of Teaching in the Secondary School*. University of Chicago Press，Chicago，Illinois

Stodolsky S S 1988 *The Subject Matters*. University of Chicago Press，Chicago，Illinois

Wittrock M C (ed.) 1986 *Handbook of Research on Teaching*，3rd edn. Macmillan，New York

其他参考文献

Bennett N，Desforges C，Cockburn A，Wilkinson B 1984 *The Quality of Pupil Learning Experiences*. Erlbaum，London

Ben-Peretz M, Bromme R (eds.) 1990 *The Nature of Time in Schools*. Teachers College Press, New York

理解的教学与测评(Comprehension, Teaching and Testing for)

本词条将阐述教学情境中有意义学习的中心环节的"理解"。本词条将首先描述人类理解的基本特征,将理解看作某种智力构建过程。基于这些考虑,本词条将讨论教学为这种建构过程提供指导的可能性。然后描述对"理解"的特定方面进行检测和评估的方法。最后指出进一步研究的一些设想。

1. 人类理解力的要素

要了解人类的理解能力就必须对"理解"的主要要素有一定的了解,下面阐述关于"理解"的五个基本要素。

1.1 追寻意义

教育的一个中心任务就是帮助人们在复杂而真实的符号世界中确定自己的方向,帮助人们理解这个世界中多种多样的现象。理解力可以视为人类最紧要的智力活动,因为它容纳了感知、记忆、思维和问题解决能力。人类总是假定关于世界的信息是能够被理解的。巴特利特(Bartlett 1932)曾经把这种基本的人类学倾向称为"追寻意义"。在人际交往中,内容层面的理解和交际层面的理解是有所区别的,有人只能理解内容所传达的信息,而有人能理解信息的意图。

1.2 智力建构

20世纪80年代早期以来的解释学、心理语言学、认知心理学和人工智能等领域的研究成果,促成了有关理解的建构理论的形成(Bransford 1979, Hormann 1978)。该理论认为,理解是一种主动的、基于目标的建构。这种具有内在连贯性的心智活动以新近获得的信息和原有知识为基础。在多数情况下,言语信息的理解一直被作为分析理解力的范例,而其他的理解形式,如情景理解或社会行为的理解,则很少受人关注。

1.3 内外影响的互动

理解并非单一的活动。受到内外部条件影响的不同层面信息加工过程间的复杂互动导致了理解(Engelkamp 1984)。一方面,理解活动通常由外部信息引起,这些外部信息为智力构建提供材料。教学可以通过在适当的学习环境下传授一定的语言或图案信息来影响这些智力建构的过程。另一方面,理解力是由内部条件所调控的,尤其受原有知识、目标、兴趣和期望的影响。为了达成理解,学生可能将新信息同化到原有知识结构中,也可能使原有知识结构顺应新的信息。不过,当学生力图将新的信息与原有知识整合起来,以便获得有意义的新信息时,有时会造成误解(当学习者以自己的方式理解被给予的信息时,可能会误解教师的意旨)。新旧知识的整合需要基于知识的推论且有元认知过程的调控。

1.4 无止境的理解过程

理解基本上是一个永无止境的过程,内松(Neisser 1976)曾经提出"理解环"用来解释理解。原有知识影响新信息,而新信息又扩大了原有知识,扩大了的知识结构又影响到随后的理解过程,并导致知识的再调整,如此反复循环。理解变得更深刻还是更肤浅,取决于循环的次数。由于这些实际的原因,个人可能会中止进一步理解的努力,然而,已经被了解的材料总能够被放入一个新的情境,从而以另一种方式或在更深层次上被重新理解。

1.5 情境依赖性

信息总是嵌于影响其意义的情境中(Bransford 1979)。例如,行动总是根植于社会情境中,单词总是处于句子中,而这些句子又都处于文本中,如此等等。相应的情境是用来避免模棱两可和误解的,理解的情境依赖性是情境学习和认知训练中的一个主要问题。

2. 为理解而教

只有激励学习者个人亲自投入到某种心智建构过程时,教学才可能促进理解。一方面,学习者需要足够的引导来使新信息与原有知识发生联系。另一方面,心理建构过程需要一定程度的个人自由，这种自由使学习者不受无端的限制。在必要的教学引导与必要的认知独立性之间，应找到一个平衡点。

2.1 原有知识的激活

有意义的学习并不意味着学习者仅仅采集孤立事件的信息，而是把零散的知识组装成连贯的更高级的知识结构。连贯知识的形成需要激活先前的知识。根据奥斯贝尔（Ausubel 1968）的认知归类理论，教师应该使明晰、稳定和确切的概念变得活跃起来，从而使新信息在学习者的知识结构中获得支撑。利用先行组织者，这种激活为知识的进一步调整提供了一个大体框架。这个观念在“精致教学理论”中也能找到类似的说法（Reigeluth 1983）。根据这一理论，原有知识由更早的知识结构激活，后者为新信息的整合提供了概念框架。这种知识结构包含了一些简单的核心概念并具有语义上的相互关联性。与之相应，教材首先应该以某种非精致的、粗略的方式呈现，然后逐渐增加更详尽的解释。

通过运用例子也能够达到激活先前知识的目的。例子有助于说明抽象的陈述，它通过个人化的方式去感染学习者而使教学更加生动。不过，学习者容易孤立地看待某个例子而意识不到与更一般内容的联系（Marton and Wenestiun 1978）。尽管如此，具体例子还是比直接讲述抽象信息更强烈地影响人的理解。所以，一般的建议是，以典型的例子开始，然后逐步消退其典型特征。

2.2 理解活动的激发

在学习者能够做的和实际做的两者之间通常存在差异。学生认为理解不过就是被动地吸收那些来自教师或课本的知识，而不是一个自我生成性的建构过程。这导致了一个问题，就是如何促进学习者参与适当的理解活动。要达到这一目的，教师可以运用发生型或探究型教学方式，而不是仅仅在先行组织者或原有知识的帮助下传授现成的知识结构。在这里，学习者需要依靠自己的努力去发现知识之间的本质的内在联系。教师要求学生独立地建构问题情境，从所提供的实例中把握总体的关系，从中提出假设并验证假设（Wagenschein 1989）。求知的动机通过减少认知冲突而得到加强（Berlyne 1960）。在这种“弱结构”的学习情境里，学习者一般智力水平和学习效果之间具有较高的相关性，在“强结构”的学习情境中则较低。

理解活动也可以由诸如提出教育目标之类的辅助活动或其他附属问题而引起。教师能够通过提出将要完成任务等相关信息来明确教育目标。这些信息为学习者提供了一个指引学习进程的方向。然而却有一个危险，就是学习者可能过于关注那些事先提出的目标，从而他们有可能仅仅把注意力集中在那些与目标有关的内容上而忽视其他信息，结果导致不能发现更深层次的结构。

恰当的辅助问题可以引起思考或更深层次的探究过程，激发认知冲突或者开阔已经获得的理解。罗特科普特（Rothkopt 1970）曾经使用“探究活动”这个词用于由辅助问题引起的这种深层次的探究。为了促使连贯知识的形成，可以提出一些问题以便特别指向较高级的知识结构的建立。有些问题可以在教学之前提出来，从而可以突出那些相关内容的有意识学习。一方面这些问题可以通过对所教内容的扼要重复而引起有意识学习，另一方面这些问题可以通过引发特定的认知定向而引起无意识学习。学习者由此可能在后续学习的教学过程中遇到相似的问题并相应组织他们的探究活动（Rickards and Denner 1978）。

此类辅助手段的运用必须恰当地加以权衡，必须与学习者的认知探究能力相适应。过多的教育目标和辅助问题会让学习者无所适从而不是给予帮助。此类辅助手段的效率似乎呈某种倒 U 形。在有利条件下——比如已经具备足够的个人学习准备，结构较好的教学材料和充分的学习时间——辅助手段可能没有什么效果，因为它们并非出自实际的需要。在不利条件下，辅助不足也可能没有效果，因为这些辅助手段不能被恰当利用。不过，在一般的学习环境中，辅助手段对理解和学习是应该有积极效果的（Hartley and Davies 1976）。

2.3 认知转移控制和自我调控

作为一种智力建构，理解是一个目标指向性的过程。学习者有能力将他们的认知过程与情境条件及预期要求保持一致。为了获得灵活而具有适应性的认知过程，需要有某种调控理解和监控自己学习过程的元认知策略。弗拉韦尔(Flavell 1979)曾经强调元认知(即关于人类认知的知识)的重要性,以便调整监控自己的学习过程。不过,元认知是否重要这个问题目前正处于争论中。即使是专家,他们也难于描述他们的元认知的自我调控。而且,已有的有关元认知的知识很少被使用。

对认知过程的调控通常是自动完成的。只有在当自动程序无法解决理解问题时,认知过程才由元认知加以调控(Brown et al. 1986)。然而,学习者在评价他们的理解力时经常持不适当的标准。他们很少意识到他们并没有真正理解。他们只是在某个层面而非整体上建立了知识的连贯性。要么,他们意识不到前后矛盾,却想当然地认为他们理解到位。格勒贝格等人(Glenberg et al. 1982)称之为"认知幻觉"。

2.4 策略训练

通过教给学习者某些策略,可以使他们掌握各种防止肤浅理解的方法(Mandl and Friedrich 1992)。其中一些策略训练项目,比如可以通过让学习者自我提问或使信息相联系的方式,来引导学习者重视核心信息。学习者也可以在诸如绘制程序等技能的帮助下,独立地总结他们已经理解的知识。通过绘制程序,学习者以图表的方式描绘出学习内容的高级结构。结果得到二维的图表,以表格的形式表示某一学科领域的基本结构,这可被视为图表总结(Anderson 1979)。此类程序要求学习者超越个别层面的内在联系,而把注意力转移到更高级的总体联系上。掌握这种技能并能有效地利用,通常需要长时间的集中训练。其他的策略训练项目强调时间部署、集中处理、自我感知、动机情感等因素,以及个人的学习风格和小组学习的社会心理学等方面(Mckeachie et al. 1985, Weinstein 1988)。

有关策略训练项目效能的研究表明,这种训练对于缺乏经验的学习者通常有积极的效果。然而有经验的学习者却从中获益甚少,或者表现出理解力和学习成绩下降。有经验的学习者通常都有特定的学习习惯,相对来说不易改变。如果某些训练项目要取得相对积极的学习效果,它就必须在确定新的学习方法之前去除原有的学习习惯。而且,学习者必须在策略训练过程中将注意力集中在教材上,同时也要专注于将要获得的学习技能上。注意力的分散会导致对教材的认知能力下降,使得学习表现暂时欠佳。当把总体联系的形式用于缺乏经验的学习者身上时,策略训练项目才可能是最有效的。

在某个特定学习环境的压力下,学习者通常丢掉新获得的策略,重新使用自己原来的学习方式。这项研究成果表明,策略的间接提升是必要的。即把学习者置于某个学习环境中,给予某些能够激发他进行学习活动的任务。通过这样的间接训练,策略的获得成为教材学习的副产品。策略不应仅仅用于实践。为了增强运用策略的愿望,学习者还应该相信策略的有效性。而且,策略的运用依赖动机迁移、归属信念以及学习者的自我观念(Borkowske 1988)。为帮助效率低下的学习者克服与学习有关的负面情绪,理解的策略需要由社会情绪处理策略来加以补充。

2.5 定位

理解的情境依赖性意味着认知过程存在于日常生活情境中。因此,必须考虑到理解的社会方面。帕林卡斯卡(Palincsar)和布朗(Brown)的"相互教学"强调了这个观点。"相互教学"通过将理解活动置入社会环境中,教师和学生交替在课文部分对话、总结、预测、提问,必要时归类,这种互动为个体学习者提供了多种消除误解的可能性。

理解的情境依赖性特别强调情境学习。根据这种观点,在目标定向活动的有意义的真实情景中,才能更好地进行理解。这些活动为认知训练提供了可能性,比如教师向学生呈现一种特定行为(范例),并提供某种完成这种行为的定向基础(脚手架)。然后,学生在教师的观察和支持(指导)下自己学习这个动作。学生越是能胜任这项任务,他们得到的帮助就越少(淡出)。在这里理解被看作一种文化适应过程来说明学生怎样吸收知识,获取能力和增强对社会群体的信心(Colins et al. 1989)。

3. 理解的评估

理解无法直接评估,而只能衡量其作为先决条件的各种表现。这些表现物可以在理解过程中

(在线)或理解后(离线)加以衡量。用来评估理解的方法只是说明了这些复杂的理解过程的某些方面(Anderson 1972, Ballstaedt and Mandl 1988)。

3.1 问题

回答问题或许是评估理解的最古老最常用的办法(Graesser and Black 1985)。这些问题不仅需要回忆事实,而且需要超出先前知识的其他过程。开放型问题和封闭型问题之间有着明显的区别,开放型问题可以自由发挥,而封闭型问题只能选择一个答案。多选题在评估中是很有效的。根据所提供的可能答案的多少和其中正确答案的多少,能够区别出此类问题的多种变化形式。编辑多选题的困难在于找出可供选择的答案,这些答案需要更高级的认知过程来检测它们的正确性。

3.2 自由回忆

用自己的语言对所学内容进行自由回忆也是评估理解的常用方法。相应的评估要考虑到反应的质量和数量,特别是回忆的连贯和一致。假定学习者对当前呈现的信息已经形成一个概念框架,理解就能够使学习者正确地重现信息。当需要时,学习者就能够描述这些信息。当然,不同的学习者对内容会得出不同的结果;他们运用不同的语言,会产生不同的句子。这种创造可被视为对先前知识进行整合的证明。不过,有时理解和记忆之间的联系不很密切。有些内容学习者理解了也会忘记,而有些内容学习者没有理解却不会忘记。

3.3 总结

从大量信息中总结出最重要的要素,这对笔试尤其适用。同样,总结的质和量都是很重要的。总结出的概要必须涵盖最重要的信息,并且要连贯通顺。总结是评估理解的非常有效的指标,因为智力建构需要高度连贯的信息加工过程。总结中要对归纳过程进行详细分析,并进行一系列诸如删除、筛选、融合和概括的宏观操作。

3.4 出声思考

这种方法要求在解决任务的过程中,口述正在进行的认知加工活动。为了在将来进行评估,有必要对现有资料进行备忘、记录。出声思考只有在仅有一个学习者的情况才会有可能实现。而且它要求依据分析的不同目标,开发出系统的定量和定性的评估标准。这种方法一般要耗费大量时间,但它能够对理解或误解的实际发展进行在线洞察(Graesser 1981)。

备忘录提供了反映不同理解过程的丰富鲜明的高质量资料。这些理解过程包括知识的激活、推论、一致关系的建立以及元认知。尽管如此,出声思考只不过显示所有理解过程的冰山一角,更多的理解萦绕在学习者的脑海而无法用语言表达出来。此外,已在进行的智力过程能够不被曲解地用语言表达出来,这一核心假设已经不断地受到质疑。异议在于,持续的口头表述实际上干扰了理解过程。

3.5 完形填空测试

完形填空试题的标准形式是在一篇与某科目相关的课文里,每五个单词中有一个空缺,要求学习者填出空缺的单词。正确填空的比例被作为衡量理解的手段。完形填空有多种变体(五个词中空缺一个,或者给出了课文或句子的片断,要求学习者将其恰当地补充完整)。当要求在空白处画上正确的图画或表格时,完形填空也可用来进行理解的视觉评估。对于用完形填空来衡量理解,存在着不同的看法。有些研究者认为根本不能用它来衡量理解。在做完形填空试题时,猜测起了什么作用仍然是个问题,因为根据上文内容和语言学知识,许多空白在没有理解文章意义的时候也一样能够填出来。

3.6 结构显示

此类评估程序可视为一种心智投射技能的变体。作为一种理解过程的结果,学习者可以将作为概念的词写在卡片上,并依据内容的联系,将这些词连结在一起。通过这种方式,学习者将自己的知识具体化。这种评估程序已经被标准化,但根据不同目的可以很容易地更改(Scheele 1992)。令人遗憾的是,没有发展出一套建立在理论基础上的关系。定量或定性的标准的可能性是多样的,与内容相关的分析也是多方面的。可以设想出衡量知识内在一致性及其差异的措施,也可以运用内容分析将概念归类。结构显示表明了一致关系,能够被用于知识诊断。如果与某个主题相关的先前知识在学习之前就已经得到展示,那么教学中所学到的新概念之间的相互联系就可以被确认。

3.7 运用

多数情况下,对在某种活动中所理解的知识的运用是评估理解的最有效的方法。例如做实验、使用仪器以及其他类似的活动均可使用这种方法。这种方法的质量可以通过错误的数量,所需的时间或其他适当的标准来判断。使用录像技术可以重复观察,并且可以慢放。因为这个过程需要个人专门的时间,做出评估也需要大量的时间,所以很少将其实际应用在对理解的评估上。此外,成功地表现出某种行为有时是建立在程序性知识而非概念性知识的基础上。在这种情况下,被测者即使没有掌握某种行为的意义也能做出正确的举动。因此,必须建构任务,从而使它们只有在对整个情境理解的情况下才可以得到解决。

4. 前景

关于理解的教学与评估的进一步研究,应该更深入地分析理解认知、动机、情感和社会方面之间的相互关系。并且,研究不应局限在言语理解上,因为非言语理解过程在教育中也起着重要的作用。

在理解的自我调控中,认知和元认知过程是相互影响的。为了促进理解活动,需要对这种相互影响作进一步的分析。这里有一个与此相关的问题,即如何将理解和学习策略的直接训练与此种策略的间接支持相结合。另外还有一个重要的问题,即对某个学习团体来说,如何将认知定向策略和动机定向的支持策略完美结合。

为理解策略提供间接支持与理解教学的情境学习方法有紧密的联系。在这两种情况下,教学与真实的社会情境相连接。由于理解经常在社会情境下被评价(交际确认),对它进行正规的目标测试只能起有限的作用。这个领域的复杂性要求进行多学科的研究,比如认知心理学、心理语言学、教育心理学和教学设计等。

W. 施劳茨(W. Schnotz)
S-P. 巴尔斯达特(S-P. Ballstaedt) 著
刘良华 译

附录

Anderson R C 1972 How to construct achievement tests to assess comprehension. *Rev. Educ. Res.* 42(2):145—170

Anderson T H 1979 Study skills and learning strategies. In: O'Neil H F, Spielberger D (eds.) 1979 *Cognitive and Affective Learning Strategies*. Academic Press, New York

Ausubel D P 1968 *Educational Psychology: A Cognitive View*. Holt, Rinehart and Winston, New York

Ballstaedt S-P, Mandl H 1988 The assessment of comprehensibility. In: Ammon U, Dittmar N, Mattheier K J (eds.) 1988 *Sociolinguistics. An International Handbook of the Science of Language and Society*. Walter de Gruyter, Berlin

Bartlett F C 1932 *Remembering. A Study in Experimental and Social Psychology*. Cambridge University Press, Cambridge

Berlyne D E 1960 *Conflict, Arousal, and Curiosity*. McGraw-Hill, New York

Borkowski J G, Weyhing R S, Carr M 1988 Effects of attributional retraining on strategy-based reading comprehension in learning-disabled students. *J. Educ. Psychol.* 80(1):46—53

Bransford J O 1979 *Human Cognition: Learning, Understanding, and Remembering*. Wadsworth, Belmont, California

Brown A L, Armbruster B B, Baker L 1986 The role of metacognition in reading and studying. In: Orasanu J (ed.) 1986 *Reading Comprehension. From Research to Practice*. Erlbaum, Hillsdale, New Jersey

Collins A, Brown J S, Newman S E 1989 Cognitive apprenticeship: Teaching the crafts of reading, writing, and mathematics. In: Resnick L B (ed.) 1989 *Knowing, Learning, and Instruction*. Erlbaum, Hillsdale, New Jersey

Engelkamp J 1984 Verstehen als Informationsverarbeitung. In: Engelkamp J (ed.) 1984 *Psychologische Aspekte des Verstehens*. Springer, Berlin

Flavell J H 1979 Metacognition and cognitive monitoring: A new area of cognitive-developmental inquiry. *Am. Psychol.* 34(10):906—911

Glenberg A M, Wilkinson A C, Epstein W 1982 The illusion of knowing: Failure in the self-assessment of comprehension. *Memory and Cognit.* 10(6):597—602

Graesser A C 1981 *Prose Comprehension Beyond the Word.* Springer-Verlag, New York

Graesser A C, Black J B (eds.) 1985 *The Psychology of Questions.* Erlbaum, Hillsdale, New Jersey

Hartley J, Davies I K 1976 Preinstructional strategies: The role of pretests, behavioral objectives, overviews and advance organizers. *Rev. Educ. Res.* 46:239—265

Hörmann H 1978 *Meinen und Verstehen. Grundzuge einer psychologischen Semantik.* Suhrkamp, Frankfurt

Lehtinen E 1992 Lern-und Bewältigungsstrategien im Unterricht. In: Mandl H, Friedrich H F (eds.) 1992

Mandl H, Friedrich H F (eds.) 1992 *lern-und Denkstrategien.* Hogrefe, Gøttingen

Marton F, Wenestram C G 1978 Qualitative differences in understanding and retention of the main points in some texts based on the principle-example structure. In: Gruneberg M M, Morris P E, Sykes R N (eds.) 1978 *Practical Aspects of Memory.* Academic Press, London

McKeachie W J, Pintrich P R, Lin Y G 1985 Learning to learn. In: d'Ydewalle G (ed.) 1985 *Cognition, Information Processing, and Motivation.* North-Holland, Amsterdam

Neisser U 1976 *Cognition and Reality. Principles and Implications of Cognitive Psychology.* Freeman, San Francisco, California

Palincsar A M, Brown A L 1984 Reciprocal teaching of comprehension-fostering and comprehension-monitoring activities. *Cognition and Instruction* 1(2):117—175

Reigeluth C M (ed.) 1983 *Instructional-design Theories and Models: An Overview of Their Current Status.* Erlbaum, Hillsdale, New Jersey

Rickards J P, Denner P R 1978 Inserted questions as aids to reading text. *Instr. Sci.* 7(3):313—346

Rothkopf E Z 1970 The concept of mathemagenic activities. *Rev. Educ. Res.* 40(3):325—336

Scheele B (ed.) 1992 *Struktur-Lege-Verfahren als DialogKonsens-Methodik.* Aschendorff, Munster

van Dijk T A 1980 *Macrostructures.* Erlbaum, Hillsdale, New Jersey

Wagenschein M 1989 *Verstehen lehren.* Beltz, Weinheim

Weinstein C E 1988 Assessment and training of student learning strategies. In: Schmeck R R (ed.) 1988 *Learning Strategies and Learning Styles.* Plenum Press, New York

概念学习的教学与测评(Concept Learning, Teaching and Testing of)

概念表征着全部学习内容的基本要素。在一般的学习内容中,概念是对事物、符号和事件的分类。这些事物、符号和事件因为具有共同的特征而集合在一起。教育的一个重要目标就是为学生营造一个学习情境,使他们既能容易地学习新概念,又能提高已获得的概念的应用水平。本词条旨在为改进概念的学习和使用提供教学设计的指南。

1. 设计纲领总览

概念学习能力包括3个基本的认知行为:(a)了解给定概念的特征及其与学习内容之间的联系;(b)运用所给定的概念;(c)知道何时何地以及为何使用这个概念。这些认知行为只有在意义联系中才更容易掌握。也就是说,概念教学不仅仅是纯粹的信息传递。教学应该尽可能地利用学生已有的知识,把概念置入一个具有意义和可能的使用情境中。比如,以当前环境或文化审视历史(事件)概念时,它们就会充满意义。在设计概念的教学时,一般包括学习目标设定。它们整合了意义获得行为与使用概念的认知策略的改进与扩展(例如回忆、问题解决、创造性思维)。

与概念学习一样,教学设计运用于概念时包括了3个主要活动:(a)对学习环境的目标的识别;(b)对将要学习的概念进行分析和排序;(c)安排教育活动,包括选择适当的指导策略和实施手段(比如报告、印刷资料、电化手段),考虑到本节所涉及的范围,选择实施手段的设计进程容不赘述。

2. 目的和目标准备

目的通常与某个课程领域相关联。它是对教育总体效果的主要反映。它可以被分为概念获取目标及概念应用的认知策略的改进目标两大类。通过这主要的两大类,目标可以直接说明需要被掌握和改进的行为类型。因为行为根据结果的复杂性而发生变化,所以目标通常被用来说明所期望的行为类型。本词条所选择的标识方案受当前教育目的的影响,而当前教育目的与高级认知技能和高级认知策略的改进相联系。通过与学习的情境目标直接相联系,也为教学目标与教学方案直接相联系提供了可能。

表1给出了一个教学设计(ID)模式。此模式显示出认知学习理论与规定的教学策略直接相关。除了各种不同的记忆系统与教学策略的直接连接以外,教学设计模型还包括对正规课堂教学时间的直接参考。模型中给出的时间集中在与获取和运用知识相关的目标上。时间的分配取决于基于中心目标基础上的具体课程情境。本ID模型的主要内容包括:记忆系统、学习目标、教学时间、教学方案。

2.1 记忆系统

本节所附表格与认知学习理论直接相关。由于ID模式的目标同时包括知识的获得和运用,所以记忆系统涉及知识存储和激活的长时记忆子系统。知识存储系统由3种基本的知识类型组成:

(a)陈述性知识,了解信息是什么。

(b)程序性知识,知道如何使用信息。

(c)情境知识,知道何时、何地、为何使用给定的概念和相关的认知技能。

知识的激活系统由一些认知策略构成。这些认知策略与回忆、问题解决和创造性等过程有关。

2.2 学习目标

学习目标的目的在于进一步阐明知识获取和运用的课程目标。目标在概念教学设计中是很重要的,因为它们提供了分配教学时间和识别特定教学策略的手段。这里有五个学习目标:言语信息、智力技能、情境技能、认知策略和创造过程。

言语信息是学习者获取对某一特定信息领域内概念的了解和认知(像陈述性知识)。

智力技能是指学习者获取正确使用某一特定信息领域内概念的技能(像程序性知识)。

情境技能主要是指学习者对某种知识的内在组织的获得能力和理解能力(情境知识)。知识的内在组织是指信息的基本结构,是一种复杂的认知技能。这些认知技能提供了在回忆、问题解决和创造等过程中运用知识基础的必要手段。情境知识是对给定知识基本结构的某种评定、估价、感觉和认可,比如,仅仅知道如何给例证分类或如何使用某个概念并不意味着学习者知道应在何时、何地和为何运用特定的概念。

认知策略既涉及这些策略的改进与发展,又包括它们向特定认知技能领域的扩展。因此,这一学习目标涉及教育中的两个重要问题,首先是认知策略的阐明,它将使学生具备扩充的特定领域的情境知识(认知技能)。其次是关于差异与整合的认知能力的发展。这些能力为有效地使用和改善知识基础提供了认知工具,所以它们对于任何追求高级认知的教育目标都是必要的。

创造过程涉及教育中最让人捉摸不透的目标:创造力的发展和改善。创造力是一种双重能力:(a)建构知识以解决来自外部环境的问题;(b)建构知识及问题,通过问题的建构来解决问题。标准在知识和问题的建构中是必需的,通过它可以作出始终如一的判断。共有两类标准,第一类标准是使用时可保持高度的一致性,与之对应的是那些与问题和(或者)知识同时发展的标准,这些标准一贯被使用且效果较佳。学生应当熟悉前一类标准,并且知道发展后一类标准的必要性。

2.3 教学时间

实现知识获得与应用的认知目标的一个关键因素是:为达到规定目标而分配时间。比如坦尼森和拉施(Tennyson and Rasch 1988)建议,如果要提高问题解决的能力和创造力,在教学时间的分配上就得有一个显著的变化。他们建议改变传统的教学时间,70%的时间用于与情境知识的获得和认知策略的发展有关的情境学习,而不是70%的时间用来学习陈述性知识和程序性知识。

表 1 **教学设计(ID)模式**[a]

模式内容	教育目标				
	知识获取			知识运用	
记忆系统	陈述性知识	程序性知识	情境知识	认知复杂性	认知建构主义
学习目标	言语信息	智力技能	情境技能	认知策略	创造过程
教学时间	10%	20%	25%	30%	15%
教学方案	说明性策略	练习策略	问题指向性策略	复杂 动态策略	自我引导经验

a Tennyson 1992

运用坦尼森和拉施所建议的教学时间的分配，那么学习时间就可以被分为两个长时记忆的子系统:知识存储和激活。如表 1 所示:时间的分配要依据上一部分规定的认知目标。在存储系统中，学习时间被分配在以下三个构成知识基础的记忆系统中:10% 的陈述性知识、20% 的程序性知识、25% 的情境知识。

由于组织知识基础及对组织好的知识基础的获取是必要的，情境知识应该与其他两种知识的学习时间大体相当。知识基础的根本价值在于它的组织作用和获取功能。没有情境知识的坚实基础，知识的运用、进一步阐释和扩展就会受到极大限制。

对于获取知识的目标，学习时间应主要分配在情境知识而非信息量上。在高层思维情境中(包含问题解决和创造性思维)运用知识基础时，陈述性知识和程序性知识就被证实为一种相互影响的互动过程。分配给陈述性和程序性知识的时间应该集中在建立某个知识概念的基础上，这个最初的和必要的基础能够运用于问题情境中。也就是说，学习时间中应该包含让学习者在使用所学概念时获得经验的机会。

表 1 列出的学习时间并不意味着从陈述性知识到情境知识的知识获取是一个单向进程。相反，它们却代表着在重复的学习情境里全部的学习活动，学生们在这种情境中持续吸收各种形式的知识。例如，如果学生具备充足的背景知识(如与结构主义形成对比的建构主义的发现法)，他们就可以在获取陈述性知识之前学习情境知识。

3. 概念分析

教学设计的一个重要组成部分就是对即将学习的概念进行分析。这里共有两种基本类型的分析:(a)内容(任务)分析，着重阐释概念的批判性特征，并依据高级的与低级的组织对特征之间的关系进行界定;(b)情境分析，主要分析概念的记忆或知识基础组织。第一类分析法确定概念的外部结构(类别或层次)，但是又独立地分析它是如何存储在人类的记忆中的。然而，关于人类记忆的认知心理学研究却表明，某种知识基础中的概念的内部组织更多的是建立在使用需要上，而非建立在标识特征或类别/层次的联系上(Fodor 1983)。也就是说，知识基础的使用是由于它的组织情境而不是信息量的多少。知识基础组织意味着需要某个关于概念的情境分析来更好地理解它们可能存在的内部组织(Garner 1990)，更好的记忆组织或许意味着在诸如问题解决和创造思维这类高水平认知活动中知识基础的更好的理解性(Harre 1984)。

为了理解知识基础组织的性质，认知心理学家分析了问题的复杂性和个人试图解决所给问题的途径(Klahr et a. 1987)。通过分析问题，确定所运用的概念是可能的。通过分析解决方案，在给定的问题情境中确定那些概念之间的联系也是可能的。概念教学意味着教学中概念的次序应该部分基于其内部情境联系和外部组织结构(Bereiter 1990)。一种假设认为，因为外部组织独立于运用的需要，所以对内部可能存在的联系的分析就会改善新概念的最初组织，从而能对其更有效地使用。

当课程目标包括了问题解决、决策制定、困扰解决等认知技能的使用和改进时,第二个分析法,即情境分析法就被提了出来。情境分析法包括5个基本步骤:(a)确定即将学习的概念所运用的情境。情境是对概念的有意义的运用。比如,模仿比赛、分角色表演或个案研究都呈现出意义情境,提供了教学工具。(b)确定与情境相关的复杂问题(问题解决方案需要不止一个概念)。在与给定情境相关的问题被确定的地方,这一步骤需要遵循某种掌控办法。(c)确定每一个问题用于问题解决或决策制定的概念。(d)确定用于解决各种问题的可能的概念集合。即在某个情境中特定概念可以用于特定类型的问题,而其他概念可以用于其他类型的问题。(e)根据持续增强的复杂性排列这些概念集合。比如第一个集合或许只包括两个概念,而更复杂的概念集合或许包含另外的概念。在情境中分析问题,确定概念及其所应用的组织(如集合),为有序安排教学去改进更高层次的认知,提供了一种手段。换句话说,对教学的有序安排除建立在知识获取的改进上之外,还建立在改进知识运用的目标上。

4. 教学方案

本节阐述了通过对经验的研究而建立的教学策略,目的在于促进概念学习。对不同策略的选择是依据学习目标和学生的背景知识。对于背景知识最少的学生,教学计划很有可能要运用所有的策略才能保证学生获得适量的陈述性和程序性知识。然而对于在目标课程范围内拥有良好知识基础的学生,教学计划要更多地强调发现教学。

4.1 说明性策略

说明性策略的种类代表着那些被设计出来为陈述性知识的学习提供情境的教学变量(见表1)。基本的教学变量为将要学习的概念提供情境。也就是说使用先行组织者既为特定领域的抽象组织提供了一个精神框架,又为概念提供了一个意义情境。除了为信息提供情境之外,意义可以通过将情境与学生的背景知识相适应来进一步得到增强。

情境不仅建立了学习领域的初始组织,而且暗示了概念的理论特性的来龙去脉以及知识在特定时空中的评定标准、价值、适宜性等(Bereiter and Scardamalia 1989)。将情境向着学生的背景知识作个性化处理会通过在当前记忆内连接易被激活的知识来促进对信息的理解。由此,新知识就会直接与已存在的知识发生联系或相结合。

遵循对概念的情境介绍,有5个附加的说明性变量被用来呈现概念,它们以扩展现有知识和帮助建立新知识的形式出现。这些变量如下:

(a)标签。虽然只是一个简单的变量,但经常有必要对某个标签的来源做出详细说明,以使学生不会只设法记忆一个没用的单词。

(b)定义。定义的目的就是在长时记忆中将新概念与现有知识联结。否则定义就不会传递任何意义。也就是说,学生应该事先知道概念的重要特征。要进一步增强对新概念的理解,除这些重要特征(必备知识)外,定义还可以包括与学生的背景知识或个人知识相关的信息。

(c)最佳例子。为帮助学生建立某一领域内概念的初始原型和抽象观念,应首先提供陈述清晰的说明性例子。

(d)说明性例子。其他的例子应该提供对概念逐渐有分歧的阐述,或许也存在于选择性的情境中。

(e)实用的例子。这个变量提供了一个说明性情境。在这个情境中,例子以陈述的形式呈现给学生,用来阐明其运用。它的目的是帮助学生理解概念在特定情境中的运用(如智力技能)。比如,要学习一种数学解题过程,可以向学生呈现说明性问题解题过程的步骤,与此同时给出每一步的解释。以这种方式,学生可以更清楚地了解数学题的解题步骤而不会产生可能的误解或过度概括。

4.2 练习策略

练习策略的种类包括各种各样的变量和条件。这些变量和条件能够被设计成无数的教学方法来促进对程序性知识的学习。之所以用到"练习"一词是因为它的目的是为了使学生学习如何正确使用程序性知识,所以它要求在学生学习(如问题的解决)和教学系统的监管之间要有经常的互动。练习策略应设法创设一个教学情境。在这个情境中,学生学习将程序性知识运用于以前未遇到的概念中,与此同时,教学系统严格监管着学生的学习活动,这样既能防止又能纠正对程序性知识可能存在的误解。

这一策略中基本的指导方式是提出前所未遇的问题。其他方式包括对学习者反应的评估手段(如形式认知)、建议(指导)、基本信息的阐述(如课文密度)、信息形式、问题数量、说明性信息的运用、错误分析和先前获得的信息的更新与矫正。

4.3 问题指向性策略

问题指向性策略涉及问题指向技巧(如模仿)。通过呈现需要学生通过记忆搜索来确定和唤起适当的知识以提出解决方案的问题,模仿提高着知识基础的组织与理解。在这种情境下,模仿是一个问题而非对某种情境或现象的解释性说明(Breuer and Kummer 1990)。

一般说来,问题指向性策略主要是指学生在解决特定领域的情境问题时试图运用他们的陈述性知识和程序性知识。问题指向性模仿为学生提供了问题情境,它要求学生做到:(a)分析问题;(b)确定问题的概念化特征;(c)确定解决问题的特定目标;(d)提出解决方案。与获取程序性知识的练习策略不同的是,问题指向性模仿了需要对特定领域中陈述性知识和程序性知识进行运用的现实情境。这样,就把学生置于一个问题解决情境中。这个问题解决情境需要在特定信息领域的概念中建立认知技能(比如情境知识)。

4.4 复杂、动态的问题策略

复杂、动态的问题策略要求学生在为复杂的、动态的问题寻求解决方案时运用他们的所学知识。这种学习过程会提高学生的认知能力(像差异和融合,见表1),在提高认知复杂性的教学设计中应考虑5个基本特征:

(a)情境对于学生来说是有意义的,学生应对此感兴趣。

(b)情境允许学生通过自己的认知努力来建构概念,并在提出解决方案和制定决策时运用这一知识。

(c)情境为学习者提供了一个反应灵敏且富于变化的环境。在这个环境中,学生可以接收与自己持续发展的认知技能和认知策略相应的反馈。

(d)情境允许学生从知识的运用和提高转向知识的获取,再转向知识运用,如此反复。正是这从一个过程(运用)到另一过程(获取),从有差异的信息的运用到认知策略中概念的结合,在这个动态变化过程中,帮助学生克服厌烦情绪并激发他们的兴趣。

(e)脱离知识的获取,情境而独立地衡量认知策略运用的程度。

复杂、动态的模仿在诸如政治和经济等领域内已经得到了发展。每一个模仿都从一个复杂的方案开始,这个方案包括个人的信息调查和决策制定过程。模仿敏锐地反映出学生在制定决策的过程中对变量地位的改变及对呈现情境条件的改变。模仿可以是无限的,只是所有加入的决策能使所描述的情境发生不同的并且通常是新的地位变化。这个描述的情况可以被学生再次"完善"或"优化"。模仿的特征将学生牢牢地卷入其中,也导致知识和认知策略间运动的不断需求。此外,在合作性学习小组中组织学习和思考过程对认知活动也提供了支持。这些学习小组为训练学生的解说能力、辩论能力、判断能力和适应能力提供了机会。

4.5 自我引导的经验

教育的一个重要目标就是促成学习者的发展。他们不仅要学会运用现有知识也要学会创造新知识。此类教学策略的目的就是为学生提供一个拥有指导机会的情境,提高他们建构新知识的能力。

认知建构的过程很大程度上能够通过自我引导的指导活动而得以改善。它需要一个资源丰富和时间充裕的学习环境,从而使学生为事先确定和自我确定的试题寻求答案。虽然认知建构主义在没有计划的情境中有可能发生,但计划的指导情境可以帮助建立领域中心范围。比如,如果兴趣范围是社会学研究,那么情境就可能包括对在这一领域的知识创新有利的资源而非在物理学领域。

一些有关写作的研究项目已经显示出由于使用电脑打字处理系统,使得学生基本的写作技能和创造性都得到提高(Reed 1992)。在计划性不强的环境中,如电脑互动游戏,人们发现个体为了继续改进自己的成绩而建构必要的概念。比如,电脑互动游戏中有许多被学生掌控的丰富的智能体系设备,并且允许学生对这个智能体系提出质疑。

一个混合的初始学习环境会刺激某个领域内的专家和初学者之间的互动。这样,学生会人为地改变创建新知识所必要的学习时间。人为情境的总体形势使这一领域中对虚拟现实技术的兴趣特别高。学生可以有机会去探索这一领域的任何方面而不受限制,而在真实环境中这些限制可能是固有的。

5. 概念评估

对概念的评估应发生在学生评价的四个阶段中,从课前指导(出于评估起始行为的目的)到课程结束后(出于评估教育目标的目的)。因此,教师应把评估看作课堂教学不可或缺的组成部分。

5.1 课前教学评估

在向学生讲授概念之前,教师应该评价一下学生的初始知识。如果可能的话,理想的评估方案应包括对两类知识的评价:先前知识和必要知识。对先前知识的预测及衡量会决定教授什么概念和是否有必要纠正误解。对必要知识的预测和衡量会决定在开始对即将学习的概念作正式教学之前所需的矫正指导的量。此外,对能力和综合成绩的课前教学评估会帮助老师针对学生建立适宜的难度等级。

5.2 教学中的评估

概念教学中一个主要考虑的问题就是为了使学生达到掌握的程度(如对所学概念的成功使用)所需要的指导量。在教学过程中对学习的评价将帮助确定所需指导量。评估方法应集中在有可能对进步和努力做出评价的结果上。这种类型的评估应该与问题指向性策略和复杂动态策略的教学方案相结合。

5.3 教学后的评估

在多数情况下,除非教师相信学生对概念运用已经掌握了,否则,学生就不应该被要求参加后期测验。学生和教师应当对进步和努力的状况了如指掌,这样后期教学检测才能对学生获得的最大成就做出真正恰当的评价。对学习目标的检测方法包括学习的最终效果和标准化的目标测试。常模测试对于课程目标的评估或许是有用的(比如校区成果目标)。

5.4 课程结束后的评估

评价学生在学校是否成功,经常是看学生在标准化测试中的成绩,这种标准化测试通过课程的设置达到评估学生的目的。在这种测试中,学生个体的知识被与众人作对比。这种测试得出的信息很少能确定特定的概念知识。不过,课后评估能使学生明白他们的综合成绩在同伴中的相对水平。

6. 结论

概念教学和评估在一个综合的教学计划内被审视时会得到提高。就是说,一个教学计划同时提供了概念的认知和运用。当学习者能够在将来的情境中使用概念时,它们才会有价值。本词条所描述的教学设计模式,专门为概念教学和评估而设计。此模式符合知识获取与运用的教育目标。所提供的指导方针是灵活的,教师可以根据特定的情境灵活掌握。同样,指导方针是教师要掌握的工具,并在很大程度上根据教师的使用经验而得到完善。

R. D. 坦尼森(R. D. Tennyson) 著

刘良华 译

附录

Bereiter C 1990 Aspects of an educational learning theory. *Rev. Educ. Res.* 60:603—624

Bereiter C, Scardamalia M 1989 Intentional learning as a goal of instruction. In: Resnick L B (ed.) 1989 *Knowing, Learning, and Instruction: Essays in Honor of Robert Glaser*. Erlbaum, Hillsdale, New Jersey

Breuer K, Kummer R 1990 Cognitive effects from process learning with computer-based simulations. *Comput. Hum. Behav.* 6:69—81

Fodor J A 1983 *The Modular Theory of Mind: An Essay on Faculty Development*. Bradford Books, Lexington, Massachusetts

Garner R 1990 When children and adults do not use learning strategies: Toward a theory of settings. *Rev. Educ. Res.* 60:517—529

Harré R 1984 *Personal Being: A Theory for Individual Psychology*. Harvard University Press, Cambridge,

Massachusetts

Klahr D, Langley P, Neches R (eds.) 1987 *Production System Models of Learning Development*. MIT Press, Cambridge, Massachusetts

Reed W M 1992 The effects of computer-based writing tasks and mode of discourse on the performance and attitudes of writers of varying abilities. *Comput. Hum. Behav.* 8:97—120

Tennyson R D 1992 An educational learning theory for instructional design. *Educ. Technol.* 32(1):36—41

Tennyson R D, Rasch M 1988 Linking cognitive learning theory to instructional prescriptions. *Instr. Sci.* 17:369—385

其他参考文献

Alexander P A, Judy J E 1988 The interaction of domainspecific and strategic knowledge in academic performance. *Rev. Edcu. Res.* 58:375—404

Merrill M D, Tennyson R D, Posey L 1992 *Teaching Concepts: An Instructional Design Guide*, 2nd edn. Educational Technology, Englewood Cliffs, New Jersey

Tennyson R D 1990a Cognitive learning theory linked to instructional theory. *J. Struct. Learn.* 10:249—258

Tennyson R D 1990b Computer-based enhancements for the improvements of learning. In: Dijkstra S, van Hout Wolters B H A M, van der Sijde P C (eds.) 1990 *Research on Instruction: Design and Effects*. Educational Technology, Englewood Cliffs, New Jersey

Wertsch J (ed.) 1985 *Culture, Communication, and Cognition: Vygotskian Perspectives*. Cambridge University Press, Cambridge, Massachusetts

创造力的教学与测评(Creativity, Teaching and Testing for)

各个年龄层的人都经常会遇到各种问题和情况,这就需要人们做出决策。为人类条件的提升创造机会,并使人们理解生活中的各种现象。每天他们都必须以新的或不同的方式行事,因为当前的所有知识和技能不足以使他们解决遇到的问题或应付复杂的情况。因此,解决这类问题或情况需要人的创造力,也就是具有创造性或适应性的思维和行为。

创造性思维是可以教育、提高和培养的,它是一种复杂的认知活动,包括了对大量知识基础、批判思维技能、决策制定技能和元认知控制过程的发展和有效利用。本词条将集中探讨:(a)创造力的定义、模型和理论;(b)创造力的评估方法;(c)创造力的教育与发展方法。

然而与智力相比,创造力很少像智力一样仅仅局限于认知或智力的功能与行为上,相反,研究人员和理论家倾向于将人格、一些动机因素、认知过程(或许事情的中心)、压力、情境、环境或时代条件、偶然因素甚至发挥创造力所产生的产品或后果作为创造力定义的一部分。

创造性、发明性、新颖性的思维和行为只有在某些特定领域中才能被理解的可能性是存在的。科学领域的创造性功能可能是独一无二的,并与政治学、法理学和艺术学中的创造性功能在心理上完全不同。许多有关创造力的研究都只局限在特定领域,且很少在寻找领域间的普遍性上付出努力,在创造性研究领域也存在着一个显著的倾向,即通过研究处于创造性功能顶端的人(比如领导人或各个行业的杰出个人)寻求对创造过程的深入了解。

1. 定义、概念、模型和理论

弗农(Vernon 1989)曾认为,关于创造力人们有个共同的认识,那就是创造力是一种"人所具有的产生新颖的有创意的想法、洞察力、重新建构、创造发明或创造艺术品的能力,所有这些由于具备科学的、美学的、社会的或技术的价值而被专家认可"(P.94)。另一方面,盖茨尔斯(Getzels 1975)声称"关于创造力没有被普遍认同的定义"。相反,盖茨尔斯认为创造力概念倾向于效果指向性、过程指向性或者建立在主观经验上。

托兰斯(Torrance 1979)曾给出过一个关于创造力的定义,他认为这个定义对理解、预测和发展创造性行为有所帮助。托兰斯认为创造力包含着一整套能力、技巧和动机,而且它与问题的处理有着千丝万缕的联系。关于后一点托兰斯认为“没有对问题的认识与了解、没有关于这个问题的一些定义以及解决这个问题的责任感就没有创造性思维”。

作为创造性研究和理论发展的主要领导人物之一的阿马贝尔(Amabile 1987)曾经提出过一个最简单、最直接的定义:“如果对一个开放性任务采取新颖而适当的解决方法,那么这个结果或反应就是创造性的。”(P. 227)她争辩说,这个定义符合关于新颖、正确或有价值以及非规则系统或启发性品质的标准。在别处她又说,“在一定范围内如果适当的观察者独立地认为某个产品或反应是创造性的,那么它就是创造性的”。

特雷菲格等人(Treffinger et al. 1990)提出了一个关于创造性思维的综合理论模型(见表1)。

这个模型主要试图解释创造力是一系列有助于生成性思维的主要过程或问题解决的认知过程。作为生成性思维的一个基础,创造力提供了一个包括信息和技巧、动机和情绪、管理和元认知的系统。在创造性思维中,这些中介性的“工具”技巧是特殊的创造性(或发散性)思维能力和重要的思维技巧。最后,模型中提供了一些问题解决和决策制定的综合方法。

从定义以及附上的模型可以看到,创造力是一个非常复杂的现象。它主要表现为存在于个体内部的一系列活动过程。在个体内部,创造性或适应性行为是某些综合的认知技巧或能力、人格因素、动机或风格、策略和元认知技巧。然而,创造力也可以来研究,一方面研究创造者的产品、想法和表现对周围世界的影响,另一方面研究他们周围的环境情况或压力。当一个人意识到创造过程就是在诸如科学、艺术、人类学和商业的不同领域以不同元素或因素的相互作用来表现时,对创造力会有最好的理解。

2. 创造力评估

考虑到涉及环境压力、过程和产品的创造性模型和概念的复杂性,对创造力的评价也是同等的复杂。因此,单个或单组测试手段可能是不恰当的,因此,人们大多致力于使用各式各样的手段来评价创造力,这些手段主要是有关(或结合)个体和他们的认知能力、性格特征、动机或背景经验。

比如霍切瓦尔(Hocevar)和巴彻勒(Bachelor)提出了“测量创造力研究的分类法和评论法”。他们提供了8类创造力评估方法:(a)检测发散性思维;(b)调查态度和兴趣;(c)调查性格;(d)调查、履历;(e)由教师、同伴和监管人制定级别;(f)判断产品;(g)杰出才能;(h)自我报告创造性活动和成绩。同时他们提供了每一类的主要手段的示例。

霍切瓦尔和巴彻勒提出了一个采用若干子测验而对创造力评估详尽分析的方法,这种子测验来自对托兰斯的创造力思维测试和沃勒克与科根(Wallach and Kogan 1985)的创造力系列在一个路径模型中起确定作用因素的分析。

写作是结果的变量。他们总结说,托兰斯的创造性思维测试和沃勒克和科根的创造力系列的口语流畅性测验是极为有效和可靠的。

2.1 产品评估

阿马贝尔(1990)成功地让被试制作产品并通过“专家”判断评定他们的创造性。阿马贝尔的报告显示出各“专家”判断达成了令人满意的高度的一致。

奥坎和贝塞莫尔(O'Quin and Besemer 1989)发展了创造性产品语义学等级(CPSS),CPSS是基于最早由贝塞莫尔和特雷菲格(1981)提出的创造性产品分析模型(CPAM)。CPSS由71对两极形容词组成,而这些形容词又分为11个亚等级。每个亚等级测量CPAM的一个方面,虽然有一些关于它的可靠性和有效性证据的报道,两位作者还是建议就像被测的创造产品所显示的那样,要想更全面地理解创造力的本质就需要作更多的研究工作。

2.2 自我报告测评

柯顿(Kirton 1987)通过区分两极类型的心理功能:创新者和适应者,成功地说明了创造力评估的问题。柯顿认为,“适应性是当人面临问题时求助于他所属群体的传统规则、经验和观念时所采取的独特行为……”(P. 294)相反,“创新性是当人面临问题时,试图对其进行调整或重组并以新视角去

表 1 **产出性思考的组织结构**

C. 综合的方法

解决问题	决策制定
理解问题	确立目标
确定明确的目的或目标	描述背景、情境和障碍
描述一个机会、思考或挑战	收集相关信息
收集整理相关数据	详细说明和分析可选行动
解释特定问题	概述可能的结果
产生思想	预测每个结果的得与失
为行动制定计划	选择最佳行动
评估有希望的解决办法	发展实施计划
建立接受模式和创立计划	
监察实施和反馈	

B. "工具"技能　　　　↑

创造性思维	批判性思维
流利	概述某个认知任务或问题
灵活	理解，诠释信息
原创性	判断信息的准确性相关性
阐明和综合	辨别假设和偏见
好奇心	取得和评估归纳性结论
对许多观点、矛盾点的发散性	推断理由和结论有效性判断
处理复杂性、紧张和模糊情况	采用策略对思想或论点进行比较、对照、精练和/或强化
冒险	
想像力和幽默	
发现"关键"和"建设"性解决方案	

A. 基础　　　　↑

知识基础（专业技能而非仅仅机械知识）		动机和性情	管理或元认知体系
内容	战略和智力技能	性格 风格 态度 自信 自尊 毅力和集中的精力 坚定的个人责任感 摆脱障碍的自由 支持性情境	目标确立 可能的战略 选择或使用战略 反馈 监控或自我检查评估

解决它所采取的独特行为”(P. 294)。柯顿发展了一种完善的理论基础结构用于适应者—创新者概念,同时它也是评估建构行为的出色工具。

另一种被广泛使用的创造力评估方法是“发现创造才能的群体分析法”(GIFT)。这个方法提供了3套年级标准:K—2、3—4和5—6,并分别拥有32、34和33个条目。对于像“我喜欢画画”和“我问许多问题”这样的自我描述性和个人经历性条目,学生回答“是”或“否”。针对更高年级标准的其他方式也得到了发展,“GIFFI—Ⅰ发现兴趣的群体分析法,用于6~9年级;GIFFI—Ⅱ,用于9~12年级和大学生”。戴维斯特和里姆(Davist and Rimm 1989)在报告中提出,7个国家的大量研究表明其可靠性和有效性系数相当高,从而对GIFT作为创造性能力评价手段起到了支持作用。

2.3 环境评估

阿马贝尔和格内斯基韦克兹(Amabile and Gryskiewicz 1989)做了关于创造性环境等级发展的报告“工作环境分析”(WEI)。WEI主要关注最有可能影响创造性思维形成的工作环境中的因素和条件。他们的结论是,目前的使用表明WEI是可靠和有效的手段。

2.4 系列评估

米尔格拉姆(Milgram 1990)在她自己的研究项目中发展了一系列的检测法。第一个是具有“宽泛的解决标准”(即所有反应都是深思熟虑的)的思维流畅性标准化检测。第二个检测法包括对口头和非口头问题的清晰的界定,并提出如真正解决问题的方法一样的非凡的、高质量的问题解决方法。第三个检测法是自我报告式的经历性问答,它既评估创造性表现又评价休闲活动。米尔格拉姆报告说在开展研究中她的检测法展示了足够充分的有效性和可靠性。

智力结构(SOI)测验(Meeker et al. 1985)派生于吉尔福特(Guilford 1967)的研究和理论公式,并作为创造性或发散性思维的检测手段受到人们欢迎,然而几位研究者针对构成SOI理论框架的检测和因素分析提出了严肃的问题。克拉瑞齐奥和梅伦斯(Clarizio and Mehrens 1985)披露了针对SOI测验的研究结果和来自与测验相关的出版物的证据,他们的结论是:SOI测验中存在着重大的心理测验弱点,严重地限制了它们的有效性。

2.5 创造力和创造性成就的测评

用来评价创造性的测验会预测或连接现实生活中的创造性成就吗?对创造性测试一个主要的批评就是它们做不到。不过,陶兰那(Torrana 1975)却争辩说,运用创造性思维的陶兰那检测法而做的大量研究清楚表明,在一个相当长的时期内,他的方法对现实的创造性成就具备可预见的有效性,这些标准是占有的创造性、写作的创造性和被报道的创造性成就。

2.6 检测方式列表和评论

关于创造性检测有一些目录和评论可以作为指导初学者和研究人员选择评估创造力以及它的相互关系和构成要素的工具,霍切瓦尔和巴彻勒(1989)对最有前途的手段作出了相当全面的排列和评价。其他的评论和列表包括彼得罗斯科(Petrosko 1978)、卡尔特绍尼斯和霍尼威尔(Kaltsounis and Honeywell 1980)教育检测服务机构(1987)。

3. 创造力教学

人能否在教学下变得更有创造性,进行更好的创造性思维,发明或设计更有创造性的产品,进行更有创造性的写作或表演?如果答案为“是”,那么应如何最好地开展教学?我们教学努力的实质或课程是什么?如何或用什么样的教学方法才能最高效地进行创造性思维教学?

3.1 创造力教学模式

或许指导创造性训练项目的开发者的最好线索来自创造力或创造性思维过程的理论或模型。举例来说,斯皮德尔等(Speedie et al. 1973)对关于创造力和问题解决的理论和研究文献做过考察。基于这种考察和对儿童创造性和问题解决能力检测分数所得的大量数据的要素分析,他们归结了11种技能或策略作为问题解决和创造性思维的关键要素,它们是:

(a) 察觉到问题的存在。

(b) 使疑问规则化以便于阐明问题。

(c) 确定造成问题的原因。

(d) 识别问题的相关方面。

(e) 判断要解决问题是否需要更多信息。

(f) 确定特定问题。

(g) 阐明目标或所期望的解决方案。

(h) 重新规定或创立熟悉对象或概念的新用途。

(i) 看到可能发生行为的暗示。

(j) 从若干可能的解决方案中选择最不平常的一个。

(k) 察觉到问题解决方案会带来的后果。

胡茨和费尔德哈森(Houtz and Feldhusen 1976)创立了一种训练计划,并向四年级的孩子教授这些技能,六个星期后他发现他们的创造力得到了长足进展。

厄本(Urban 1990)考察了来自创造力和理论发展的研究成果的文本,提出了一个可以作为创造力训练综合指导的创造力模式。这个模式包括认知和非认知因素并概述了能力或过程的 6 个主要方面:(a)总体知识基础;(b)特定领域知识基础;(c)发散性思维能力;(d)任务执行;(e)动机;(f)对模糊性的忍耐力。从这个模式中,可以得出创造性思维的认知和非认知因素的指南。

3.2 发展创造力计划(方案)

创造性问题解决法是传播最广的创造性教学模式之一。伊萨克斯(Isaksen)和特雷菲格(1985)出版了一套综合的训练材料。他们的成果是建立在帕勒斯(Parnes)所发展的创造性问题解决模式和资料上。帕勒斯(1975)考察了关于创造力的历史和研究成果并得出结论:创造力是非常易于教授的,形成的技能在现实生活中是极为有用的。就在最近,帕勒斯(1987)又考察了关于创造性教学的研究成果,特别是通过创造性问题解决模式,再次得出结论:效果实际上都是积极的。

或许最广为人知的创造力训练体系是迪·波诺(De Bono)的 CORT 方案(1976)。这个方案包括一整套可以在课堂上被老师和学生使用的训练材料。侧面思考和寻求选择是这一方案的一个主要目标。它可用于范围较大的年龄层(8~17 岁),不过对于 10~12 岁年龄层可能是最有效的。这种课程可用于任何一个学科,孩子们 4~6 人一组,每节课约 35 分钟。这一方案在全世界得到广泛推广和使用,虽然研究得很少,但是已逐渐被接纳或被倡导就是创造思维教学领域的一个重大成功。

普度创造性思维方案(Feldhusen 1983)是一套有 36 个单元的关于创造力技能和个人因素的指导方案。每个方案都围绕着一个历史人物展开:政治家、科学家、发明家、先驱者或著名的运动员。他们的生活和创造力被作为对创造性思维进行讨论的范例和媒介。许多研究表明,在发展创造性思维技能和动机方面,这个方案是有效的。

3.3 对创造力教学效能的考察

托兰斯(1987),一位毕生研究和发展创造力训练方案的教育家,对创造力教学的资料、计划和研究活动做了全面的考察,总共审察了 142 个研究项目。除做出了有充足证据表明创造力是能够被教会的这一结论外,托兰斯还报告了成功的训练方案,这个方案强调认知技能和个性因素,提供良好的动机条件,使学生积极融入创造性的思维过程。

费尔德哈森和克林肯比尔德(Feldhusen and Clinkenbeard 1986)考察了为创造力教学设计的指导材料,着重研究了材料的质量和它们指导有效性的证据。他们发现,大量发表的材料既没有经过评估或研究也没有建立在创造力、创造性思维或创造性过程等的理论模式之上。尽管如此,他确实也发现了材料中一些好方案的基础核心,像生存性思维方案(Covington et al. 1972)、普度创造性思维方案和想像力表达(Davis and Dipelo 1973),这些方案都是建立在创造力的理论模式上并且具有指导性。

最后,罗斯和林(Rose and Lin 1984)使用迁移分析来评价创造力研究。他们的结论是:多数创造力训练方案对于言语流畅性和独创性是有着积极的效果,但对于形象创造力几乎没有影响。

4. 结论和未来指向

创造性思维和创造性问题解决能力是人类认知和行为的可教方面。此类教学的目标既是认知的又是非认知的。大量有关个性、动机、风格、元认知和态度等方面与创造力紧密相连。

在特定领域或学科背景及在帮助学生认识到现实条件下创造力的潜在应用性中,应着重强调对创造力的学习。发展创造力应被看成通往成人的创造性成就和自我实现的长期过程。

J. F. 费尔德哈森(J. F. Feldhusen) 著

刘良华 译

附录

Amabile T M 1987 The motivation to be creative. In: Isaksen S C (ed.) 1987 *Frontiers of Creativity Research*. Bearly Buffalo, New York

Amabile T M 1990 Within you, without you: The social psychology of creativity, and beyond. In: Runco M A, Albert R S (eds.) 1990 *Theories of Creativity*. Sage, Newbury Park, California

Amabile T M, Gryskiewicz N D 1989 The creativity environment scales: Work environment inventory. *Creat. Res. J.* 2(4):231—253

Besemer S P, Treffinger D J 1981 Analysis of creative products: Review and synthesis. *J. Creat. Behav.* 15 (3):158—178

Clarizio H F, Mehrens W A 1985 Psychometric limitations of Guilford's Stucture-of-Intellect model for identification and programming of the gifted. *Gift. Child Q.* 29(3):113—120

Covington M V, Crutchfield R S, Olton R M, Davies L 1972 *Productive Thinking Program*. Brazelton, Berkeley, California

Davis G A, DiPelo G 1973 *Imagination Express: Saturday Subway Ride*. DOK, Buffalo, New York

Davis G A, Rimm S B 1989 *Education of the Gifted and Talented*, 2nd edn. Prentice-Hall, Englewood Cliffs, Nwe Jersey

deBono E 1976 *CORT VI, Teacher's Handbook, Thinking Action*. Pergamon Press, New York

Educational Testing Service 1987 *Annotated Bibliography of Tests: Creativity and Divergent Thinking*. Educational Testing Service, Princeton, New Jersey

Feldhusen J F 1983 The Purdue Greative Thinking Program. In: Sato I S (ed.) 1983 *Creativity Research and Educational Planning*. Leadership Training Institute for the Gifted and Talented, Los Angeles, California

Feldhusen J F, Clinkenbeard P M 1986 Creativity instructional material: A review of research. *J. Creat. Behav.* 20(3):153—182

Getzels J W 1975 Creativity: Prospects and issues. In: Taylor I A, Getzels J W (eds.) 1975 *Perspectives in Creativity*. Aldine, Chicago, Illinois

Guilford J P 1967 *The Nature of Human Intelligence*. McGraw-Hill, New York

Hocevar D, Bachelor P 1989 A taxonomy and critique of measurements used in the study of creativity. In: Glover J A, Ronning R R, Reynolds C R (eds.) 1989 *Handbook of Creativity. Assessment, Research, and Theories*. Plenum Press, New York

Houtz J C, Feldhusen J F 1976 The modification of fourth graders' problem solving abilities. *J. Psychol.* 93 (2):229—237

Isaksen S. Treffinger D J 1985 *Creative Problem. Solving: The Basic Course*. Bearly, Buffalo, New York

Kaltsounis B, Honeywell L 1980 Additional instruments useful in studying creative behavior and creative talent. Part 4: Non-commercially available instruments. *J. Creat. Behav.* 14(1):56—67

Kirton M J 1987 Adaptors and innovators: Cognitive styles and personality. In: Isaksen S G (ed.) 1987 *Frontiers of Creativity Research*. Bearly, Buffalo, New York

Meeker M, Meeker R, Roid G 1985 *Structure-of-Intellect Learning Abilities Test (SOI-LA)*. Western Psychological Services, Los Angeles, California

Milgram R M 1990 Creativity: An idea whose time has come and gone? In: Runco M A, Albert R S (eds.) 1990 *Theories of Creativity*. Sage, Newbury Park, California

O'Quin K, Besemer S P 1989 The development, reliability, and validity of the revised creative product semantic scale. *Creat. Res. J.* 2(4):267—278

Parnes S J 1975 AHA! In: Taylor I A, Getzels J W (eds.) 1975 *Perspectives in Creativity*. Aldine, Chicago, Illinois

Parnes S J 1987The creative studies project. In: Isaksen S G (ed.) 1987*Frontiers of Creativity Research*. Bealy, Buffalo, New York

Petrosko J 1987 Measuring creativity in elementary school: The current state of the art. *J. Creat. Behav.* 12 (2): 109—119

Rose L H, Lin H T 1984 A meta-analysis of long -term creativity training programs. *J. Creat. Behav.* 18 (1): 11—22

Speedie S M, Houtz J C, Ringenbach S, Feldhusen J F 1973 Abilities measured by the Purdue Elementary Problem Solving Inventory. *Psychol. Rep.* 33 (3): 959—963

Torrance E P 1975 Creativity research in education: Still alive. In: Taylor IA, Getzels J W(eds.) 1975 *Perspectives in Creativity*. Aldine, Chicago, Illinois

Torrance E P 1979 *The Search for Satori and Creativity*. Creative Education Foundation, Buffalo, New York

Torrance E P 1987 Teaching for creativity. In: Isaksen S G (ed.) 1987 *Frontiers of Creativity Research*. Bearly, Buffalo, New York

Treffinger D J, Feldhusen J F, Isaksen S G 1990 Organization and structure of productive thinking. *Creat. Learn. Today* 4(2): 6—8

Urban K K 1990 Recent trends in creativity research and theory in Western Europe. *Eur. J. High Abil.* 1: 93—113

Vernon P E 1989 The nature-nurture Problem in creativity. In: Glover J A, Ronning R R, Reynolds C R (eds.) 1989 *Handbook of Creativity*. Plenum Press, New York

Wallach M, Kogan N 1965 *Modes of Thinking In Young Children*. Rinehart and Winston, New York

批判性阅读的教学与评估(Critical Reading: Teaching and Assessing)

在一般的文学写作及阅读教学中,人们是根据个人对文学作品的反应以及对规范的、非小说类作品的理解来定义批判性阅读。但是,阅读已经被重新定义为批判性社会阅读能力的一部分,这种阅读能力可以对原文的思想和文化要旨进行分析和评估,还可以对文章在社会现象、关系和个性方面所使用的语言及推论技巧进行理解。本词条讨论传统的方法并将其与现代批判性阅读中的"批判式教学法"和"讨论分析法"相比较,指出教学和评估的未来方向以及尚未解决的问题。

1. 批判性阅读的传统方法

使用"批判的"这个词作为现代课程和教学中的一个主要用词曾引起历史上的争论。约翰·杜威(John Deway)和其他20世纪早期先进的教育学家用这个词来表明这样一种需要:即社会分析的教学能使学生参与到工业发展和社会变革中去。当然,国家教育体系在多大程度上鼓励或否定学生对权力和财富的分配进行批判,是根据历史和政治条件而变化的。从这个角度来看,就不奇怪课程的社会批判方法仍然是一个正在被争论的问题:从鼓励学生参与对文化、经济和政治结构进行直率的批判,到运用个人的"思维技巧"及对信息的权衡,从而运用更加中立的方法来进行阅读。

在美国、英国、澳大利亚、加拿大和新西兰的教育界,批判性阅读的方法在中学里的英语语言和文学研究中、在小学里的阅读和语言艺术教学中已经被广泛地接受。因此,应用于教育领域的许多批判性阅读方法已受到文学批判理论及阅读心理理论的指导。

从20世纪60年代早期开始,中学英语教学就受到强调读者对文章的感情反应的价值和变化等文学研究方法的影响。在美国和英国,由路易·考森巴尔特(Louise Kosenblatt)、斯坦利·费斯(Stanley Fish)、大卫·布莱奇(David Bleich)及其他人提倡的反形式主义文学理论以及发展个性和表达的先进教育目标,极大地促进了这一运动的发展。由于对传统的及经典的文学研究方法的批评,因而许多用于教师教育与课程开发的方法都强调个人对作品的反应(Willinsky 1989)。在这些模型中,批判性阅读是根据对"经验"和"理解"的浪漫主义文学标准来概念化的,而不更多强调传统的古典流派的文学欣赏和艺术再现。这种用于中学文学学习的方法与儿童早年阅读和写作中以儿童为中心的方法相关联,这是一种以“意思表达”和个人成长为主的文学方式。

从对文本和主体的社会学理论和后结构主义理论来看,对这些模式的批评有几个要点。首先,有关学生对文学作品的创造性反应的研究,没有充分考虑学生以说或写的形式来反应的方式,正是在教室,实际上是在更大文化背景下的权力关系下形成并进行评估的(Gilbert 1989)。而且,与古典主义的先驱一样,这些方法开始于对文学作品的崇拜,而教室实践的结果不可能提出一个特定的文本或流派应该首先被研究的原因,也不可能把个人的反应作为处理文本及身份的适当而有效的方法。

对个人反应模式的一种更深刻的批判,来自那些拥护以心理学为基础进行阅读教学的人们,他们认为,以文学教学为重点忽视了学生们运用非小说类文本去获得和分析学科知识的需要。这些批判是呼唤中学在“内容领域”进行阅读理解的指导性教学的基础。当然,更进一步说,阅读心理中的批判文学的概念在理论上和实践上都是受到限制的。当提及批判文学时,批判性阅读被理解为对文本的“更高级”的理解,比如做出语意预测的能力,用以指明或构建可选择的结果以及作者的意图,或者准确地指出明见与偏见。在《阅读研究手册》中,批判性阅读仅有两种解释。贝克和布朗(Baker and Brown 1984)把批判性阅读作为中立的、获得信息的过程模式的一种补充阅读。因此,批判性阅读“不仅以作者的方式赋予材料以意义,而且还超越给定信息,从而批判性地去评估它”(P. 356)。他们进一步观察到,在美国的大多数阅读项目中,批判性阅读的训练被大大延误,与对比翻译和再现教学相比,批判性阅读的教学是不受重视的。

但是,这些传统阅读教学的缺点并不简单地是一个训练重点和时间安排的问题。阅读心理学和教育学的研究在很长的一段历史时期内把常规的社会和文化问题搁置在教学的范围之外,就像从属于同类技巧的获得物一样,被描述为“基础的”、“功能的”或“更高级”的文本处理策略。历经长达一个世纪的历史,“基础”阅读课程都遵循着那种把教学和学习看成是从价值和意识形态分离出来的科学过程的“专家统治”的方法(Luke 1988)。这些理论和实践上的重要缺陷,仍是阅读的认知方法及心理语言学方法的特征。

例如,阅读的计划理论认识到了结构、由读者带人文章的特定文化背景知识以及文本所需知识之间的关系。但是,这种模式无视人们认为知识和文本是意识的产物,即无视特定的知识结构是按照社会权力的构造进行运作的特点(Freebody et al. 1991)。如此,心理学的阅读观点往往倾向于把社会和文化知识个人化和个性化。当理解能力和批判方法被定义为对个性化知识来源的个人安排时,不可能有阅读的社会批判模式。

这里描述的两种传统的阅读方法现在仍然属于课程开发及改革的领域。事实上,许多发展中国家的教育系统为了应付大量的文学教育问题,已经向以个人成长和心理学为基础的阅读课程转型了。虽然它们制定出十分不同的教学理论和教育哲学,但这些方法都以相似的途径来建构阅读:按照学生的内心感情和认识过程来构建。读者的反应和心理学方法所要忽略的是对阅读和文本的两个关键方面的认识。首先,阅读不是一个个人的行为而是一种社会的实践,不是一个个人选择和喜好的问题,而是一个学习明白事理的社会的阅读习惯的问题。第二,文本不是一个永恒的艺术实体或中立的信息容器,而是在不同社会团体思想、个性和权力进行再生产的重要场所。

2. 阅读和批判教育学

阅读和写作都是及物动词,也就是说,文本总是讲世界上发生的事情。据此,阅读总是与社会的问题和价值相联系。这种见解是巴西的教育学家保罗·弗莱雷(Paulo Freire)批判传统文学教育的核心。弗莱雷(1970)认为学校倾向于建立在一种“堆积”教育的模式基础上。在学校里,学生们被铸造成被动的、空的容器,被填充上老师们认为是正确的知识和技巧。在这种教育传递模式中,阅读和写作的文本和作品类型是由外部的教育机构强加给学生们的,一般而言,它们与学生的生活、经历及需要当下解决的问题没有联系。弗莱雷认为在第一世界和第三世界国家的教育系统中，这些方法导致失败、异化，即使在这些方法成功的地方，也有不被认可的、带有政治态度和消极状态的文学形式。

对弗莱雷来说，文学具有蒙蔽世人、为人类结构及其元素进行命名和重新命名的潜力。批判性阅读是使得世界进行细致分析及进行社会活动的一种方法。弗莱雷提出了一种批判教育学，即以教学生去“通过阅读来认识世界”为中心的教育学。阅读是一种获得批判意识的方法，是塑造个人生命的力量和思想的理解；写作是对被压抑的声音、地位、利益和行动的可能性的一种澄清、表达和解放的方式（Freire and Macedo 1987）。

自从20世纪60年代和70年代以来，在诸如巴西、秘鲁和莫桑比克这些国家最初运用弗莱雷的写作教育法以来，批判教育学已经在美国和英国的教育机构中得到运用，包括成人扫盲运动、作为第二语言教学的移民英语和早期的写作课程。这种模式的中心特征是阅读教学必须与写作同时开始，尤其对那些学习者日常生活经验和问题进行命名的那些关键用词。把对生活的描述、观察、详细叙述和个人叙述形式表达出来的文本，变为学习批判性阅读的文本，变为使个人传记与更大的社会结构、问题发生关联的文本。

弗莱雷的模式是公开的意识形态、是政治的。与强调功能技巧的阅读方法截然不同，也与那些要求技巧的现有训练不同，他提出一种旨在达到“个性、理解、为改变权力结构不平等的社会关系和实践而行动”的教育学（Lankshear and Lawler 1987 P. 74）。弗莱雷模式的核心就是重点强调个性的政治。

对批判教育学的理论和实践已经出现了几种批评。弗莱雷式教育学开始于假设一种建立在共同经验基础上的、联合的主体，进而有理由认为它的教学方法是反映了被压迫的“声音”的真实性、可靠性和接近性。这种立场与女权主义者所认为的妇女的个性是社会化构造的、是多重的，不是固定的和一致的而是易变的和持续变化的过程的观点，形成鲜明对比（Luke and Gore 1992）。一种相关的看法讨论了教师/领导在批判教育学的中心地位和中立性，以及他用相同的操纵和家长式的替代品把占统治地位的思想排挤出去的风险。最终，在“声音”上的教学重点面临如此的风险：一方面掩盖专门的技术、风格与口头语言的极大差别，另一方面掩盖专门的技术、风格与书面语言的极大差别。

许多批判都建立在后结构主义者和女权主义者的教育理论的基础之上，这些理论认为，个性、日常社会关系以及对社会与物质现实的理解是在各种类型的论述中和通过各种论述而构建的。正是这种洞察力深入到话语、文本和本文的基本作用中去，而文本是那些以批判语言意识和话语分析为表现形式的方法的基础。

3. 批判性阅读与话语分析

如果以批判教育学的观点对话语的基本作用进行重新认识的话，那么，对语言、话语和文本的解释和说明方法就会有很大的差距。批判教育学保留了一个教学上的、处于边缘地位的和受压抑的“自我”的表达和协商的重点。它终止有关专门写作及文本技术需要直接训练和明确知识的缺点。因此，它预设与这些风格和技巧相抗衡的批判性的和有力的能力，可以从一种以“声音”为中心的教育学中引申出来。

书面文本不是关于社会和自然界的中立的、现实的、透明的窗户，它们也不仅仅是思想形态和价值、主要的事物或其他东西的工具或容器，它们是有折射作用的，也就是说，它们积极地构建和描绘这个世界。然后，批判性阅读要求认识到并且利用文本和话语构建和定位人类主体和社会现实所使用的技巧。作为话语批判的批判阅读模式已经开始着手使学生们从事批判性阅读、写作和言语的实践，因而文本和言语所表达和描绘的政治力量和知识之间的关系就具有突出的地位（Baker and Luke 1991）。建立在文本和话语基础上的教学，旨在让学生们深入了解文章是怎样形成的，更专业化来讲，要让学生了解文章是怎么吸引和操纵读者的。在此过程中，它的目的是使读者直接和积极地参与到当代文化的话语政治学中，目的是开放教学场所，使另类阅读和写作成为可能。

话语分析的阅读方法的理论参数是从后结构主义者的话语理论、功能语言学和新马克思主义学者的文化研究中提取出来的。克雷斯(Kress 1985)概括地指明了文本是如何构造出"主体立场"和"阅读立场"的。也就是文章既在呈现又在构建社会和自然世界中的"主体",并且定位和构建一种模式化的读者。文章的词汇、句法和语义工具描绘了一个"可能的世界",且规定读者以特殊的方式去阅读和解释这个可能的世界。因此,批判性阅读的话语分析方法包括理解单词和语法结构是如何形塑世界的图景、人类的力量、原因和结果,诸如此类。它也指出文本中运用的许多语言技巧是用来界定和操纵读者的(如:祈使语气、代名词)。

费尔克拉夫(Fairclough 1989)认为通过这种文本分析可以产生"批判性的语言意识",这种意识是学生读者了解社会权力是怎么通过日常语言实践来运行的先决条件,通过文本分析,培养对更广泛的文本和话语进行分析的能力。对比上述的模式,话语分析的阅读方法不是为了有效地理解、维持写作的"权力"、"声音"的解放,或发展"解构"的深奥技巧。这种方法开始着手教授作为"一种理解文章是怎么成为可以供批评、争执和争论的公共艺术品"的批判性阅读(Freebody et al. 1991 P. 453)。

与之相关的另一种看法是,吉(Gee)以话语批判的形式来定义批判写作。话语是从系统的和相互关联的表述和文本中建立起来的。它们包含的知识领域可能是学科的(如物理学、社会学),制度性的(如政府、工厂)和以社会为基础的(如大街上的或家庭中的谈话)。当情境及文本得以扩展,话语就与行为、知识、价值、行动的文化和亚文化方式紧密联系在一起。吉认为社会的和学术的、占统治地位和处于附属地位的话语都有自我批判的有限的能力,而且要以话语来批判话语是很难的,部分的原因是因为:要参与讨论和解释社会,就需要一个人在给予的首要原则和定义的范围之内来活动。

吉(1990)用接近于多重话语的方式来定义批判写作,"我们只能讨论一种正在'解放'(强有力的)的写作,如果它能被用作一种'元语言'的话……为了批判另一种写作以及把我们构造为人并把我们定位在社会中的方式"(P. 153)。根据这个定义,批判性阅读包含的远远不止一套分析技术的发展或个别观点或思想的掌握。它要求达到并具备多重话语以阅读、批判、预言和重新构建其他的话语,尤其是那些往往被看作是超越批判的"真理"的占统治地位的文化团体和文本。

为话语分析的批判性阅读方法而开发的课堂框架和实践,包括一节课里阅读多篇文章,并对相互矛盾的方面进行讨论,鼓励另类阅读和写作,这些阅读和写作试图引入与文本有关的社会及与文本呈现相类似的话语、描绘历史的前景、文本的文化脉络以及研究结论。这种教学开始于几个引导性的原则。首先,强调将文本和话语并列放在一起,以了解"互相对照阅读"(Freebody et al. 1991),从而达到产生差别、冲突和争论——目的是为了教授批判性阅读。第二,能够通过讲授明白清楚的知识以及突出文本的意识形态,为课堂讨论提供信息。

4. 结论

关于什么能被视为文学文化中的批判性阅读的问题,不能仅通过参考文字描述的特征以及对思维过程的文学的或心理的描写或文本的语言描述的特征来确定。国家、社会和学校系统如何决定去改变阅读的社会实践,是常规文化和社会学意义上的决策,这些决策与既有文化中的权力和知识的分配相联系(Luke 1993)。西方后资本家文化中心放在符号的变化上,在那里信号、符号和话语已经成为经济交换和价值的主要模式。阅读对于日常生活、童年、工作和休闲的活生生的现实参与显然是必不可少的,但是具有讽刺意味的是,为了成为一名功能上的读者可能使一个人更容易受到消费文化的话语和文本的影响,这种消费文化在各个方面建构和定义着读者的个性、行为以及他们对"现实"的意识。也就是说,从文本中获得初步翻译的、实用的和语义的技巧,去构建和使用含义也许显得很有用,但事实上也许是使一个人走向提供错误信息和自私的多重渠道(Freebody and Luke 1990)。

在这种文学环境中,传统的读者反应和综合教学也许会陷入满足社会参与及公民需要的缺陷中。批判性阅读需要清楚地理解：文本是如何形成思想的，以及阅读是如何潜在地通向构建、重建社会和自然世界的。可以重新塑造课堂教学以使学生能够“不同地”阅读和写作、理解、讨论和反对那些文本用来定位和构建它们的身份和关系的那些技巧。

在澳大利亚和英国，教授批判性阅读的话语分析框架已经有了重大进展，尤其是在文学研究和“批判语言意识”的另类方法方面。但是一系列的关于教授批判性阅读的内容和程序的问题需要继续进行调查和革新。一个中心议题是由保守政府和地方学校机构把持的教育系统的非中立性的、公开的意识形态方法。在这种情况下，在美国和英国都已显示出，强调社会分析和意识形态批判的批判性阅读课程也许必须被纳入到先进的个人成长模式（Edelsky 1991）和强调明确的语言系统知识的课程（Carter 1990）中去。

这些尝试提出了有关课程中批判的中心性和程序的问题。传统的人本主义者和以技术为基础的阅读项目，倾向于推迟对文本批判分析的介绍，而假定在学生可以理解文本的更大的价值和意识形态之前需要基础的阅读和写作技巧，虽然有研究表明，在儿童早年就有理解和谈论记叙文的批判阅读能力（Daries 1987，Gee 1990）。如果儿童在入学前的学习活动中就已形成了阅读是一种社会的、团体的和智力的实践所具有的功能意识、使用意识和潜在意识，那么，在各个阅读教学阶段，尤其在初级教学阶段就教授重写和质疑文本的批判方法就有了理论上的和实践上的依据。

最终还没有解决的问题与评估有关。阅读评估在很大程度上受标准测验的阅读心理理论及相应模型的限制。也就是说，在教室和更正规的评估环境中所做的阅读内容，已经被扩展的测试装置的测验内容驱赶出去了。伴随正规学校教育的需要，就会导致课程和教学的内容被可以测试的东西驱赶出去的状况。正如这里所显示的，可以被心理测试的内容不包括批判的、思维的和话语分析的阅读方法。而且，在传统方法的范围内进行评估，掌握批判阅读成功与否要通过学生阅读文学作品如文章、杂志和作品片断的写作进行，也可通过阅读理解的标准测试来评价。

从20世纪80年代早期开始，就已经有了为发展阅读评价所做的广泛努力，即对学生及文章的情境变量所做的质性的、描述的、感性的评价。这些努力包括：文化适应实践和任务、在儿童早期所进行的面对面的任务评价、成人扫盲研究中案例研究方法，以及课堂观察技巧（Lytle and Schultz 1990）。当然，评估批判性阅读的合适的、可信的方法仍然有待开发。这些方法要求对出现的定义、文本的情境和批判性阅读的目的有一定的效度。例如，弗莱雷式的效果或者借助定义的话语分析方法，则不能通过传统的纸笔测验工具加以评估。对这些课程的评估还需要有关的信息，如学生是否已经具备了一种清楚的社会分析方法和相应的行动计划，或者学生是否能够解构文本的意识形态。所有的阅读评估都是建立在对学生谈话和写作所做的理论观察上。因此，对批判性阅读再定义的检测的必要性，需要发展另外的、革新的评估方法。

A. 卢克（A. Luke）著
C. 沃尔顿（C. Walton）著
王文静 译

附录

Baker C D, Luke A (eds.) 1991 *Towards a Critical Sociology of Reading Pedagogy*. John Benjamins, Amsterdam

Baker L, Brown A L 1984 Metacognitive skills and reading. In: Pearson P D (ed.) 1984 *Handbook of Reading Research*. Longman, New York

Carter R (ed.) 1990 *Knowledge about Language and the Curriculum*. Hodder and Stoughton, London

Davies B 1987 *Frogs and Snails and Feminist Tales*. Allen and Unwin, Sydney

Edelsky C 1991 *With Literacy and Justice for All: Rethinking the Social in Language and Education*. Falmer Press, London

Fairclough N 1989 *Language and Power*. Longman, London

Freebody P, Luke A 1990 Literacies programs: Debate and demands in cultural contexts. *Prospect: J. Aust.*

TESOL. 5(3):7—16

Freebody P, Luke A, Gilbert P H 1991 Reading positions and practices in the classroom. *Curric. Inq.* 21: 435—458

Freire P 1970 *Pedagogy of the Oppressed.* Seabury Press, New York

Freire P, Macedo D 1987 *Literacy: Reading the Word and the World.* Bergin and Garvey, South Hadley, Massachusetts

Gee J P 1990 *Social Linguistics and Literacies: Ideology in Discourses.* Falmer Press, London

Gilbert P H 1989 *Writing, Schooling and Deconstruction: From Voice to Text in the Classroom.* Routledge and Kegan Paul, London

Kress G 1985 *Linguistic Processes in Sociocultural Practice.* Oxford University Press, Oxford

Lankshear C, Lawler M 1987 *Literacy, Schooling and Revolution.* Falmer Press, London

Luke A 1988 *Literacy, Textbooks and Ideology: Postwar Literacy Instruction and the Mythology of Dick and Jane.* Falmer Press, London

Luke A 1993 *The Social Construction of Literacy in the Primary School.* Macmillan, Melbourne

Luke C, Gore J (eds.) 1992 *Feminisms and Critical Pedagogy.* Routledge, New York

Lytle S L, Schultz K 1990 Assessing literacy learning with adults: An ideological approach. In: Beach R, Hynds S (eds.) 1990 *Developing Discourse Practices in Adolescence and Adulthood.* Ablex, Norwood, New Jersey

Willinsky J 1990 *The New Literacy: Redefining Reading and Writing in the Schools.* Routledge, New York

其他参考文献

Baker C D, Freebody P 1989 *Children's First Schoolbooks: Introductions to the Culture of Literacy.* Basil Blackwell, Oxford

Johnston, P 1984 Assessment in reading. In: Pearson P D (ed.) 1984 *Handbook of Reading Research.* Longman, New York

Shannon P 1989 *Broken Promises: Reading Instruction in Twentieth-Century America.* Bergin and Garvey, Granby, Massachusetts

学习策略的教学与测评(Learning Strategies, Teaching and Testing for)

学习策略包括思维、情感和行为。它能够促进知识和技能的获得,或促进一个人的知识基础的重构。传授和评估这些策略是为了帮助学生成为更具策略性的学习者,即让学生愿意和能够对他们的学习承担更有意义的责任。

在策略学习的教学中有两个基本方法可以应用。一是支撑法,即给一堂课或某门课程设置一些附加物。这些附加物可以安排到讨论会或工作坊以关注特别的策略,也可以安排进学期或学年课程中用于发展更宽泛的策略和技能。二是元课程方法,即将学习策略的教学和常规内容的教学相结合。这种方法可以把学习策略融合到课程内容中,也可以结合进更大范围的学习策略中,或者把两种方式结合起来。

策略学习的评估主要包括使用自我报告法作为诊断投射方式,从而辨清与学生学习成就相关的各种领域的强项和弱项。这些评估方法可以用来帮助学生更清楚地意识到他们当前学习的自我调控状态。它们也有助于制定增强学生学习策略的计划。本词条主要论述学习策略的教学和评估中的问题和方法。

1. 成为策略学习者的重要性

教育不仅仅是增加书本知识和技能。学生还必须学习如何组织自己的学习活动。策略学习者想知道如何承担责任使学习在学术和非学术背景下都最优化。在一个急剧变化、日益技术化的世界里,策略学习与终身学习有着巨大的联系。

2. 策略性学习者的特征是什么?

作为熟练的策略学习者意味着什么呢?首先,策略学习者至少需要具备五项不同的知识作为基础,他们要求并结合这些知识基础以满足教育的或行为的目标。它们是:有关把自己作为学习者的知识,有关不同学术任务类型的知识,有关获取、同化和应用新的学习策略或技巧的知识,分辨重要内容的知识,关于对当前和将来情境中都有用的知识的认识。不过,知识本身对于专门技能来说是不够的。熟练的策略学习者也必须懂得如何同化和应用他们的知识和技能来实现他们的学习目标,还应知道如何监控他们的学习进度以便在发生问题时能调整做法。

除了知道学什么和如何学以外,学生还必须愿意学。高效率的学习要求技能和意志要素的结合。相互作用的学习动机和积极情绪来源于许多因素。这些因素包括目标制定、目标分析、目标实施、结果预测、结果归因、兴趣、评估、手段和实用价值等。

最后,策略学习者还要具备元认知意识和调控策略,用来整合、协调和管理他们的学习和研究。这种自我调控包含许多互动的活动,彼此之间都有动态的影响。这些活动包括:制定达到目标的计划;选择特定的策略或技巧以实现目标;运用选定的方法执行计划;在形成性和终结性评价的基础上监控进展;如果必要,调整计划、方法甚至最初目标;评价做过的事情来决定其是否是实现未来相似目标的好方法。评估整个过程能够协助学生形成一套有效策略的方法。这些方法可用于将来出现的相似情况中。

3. 学习策略的教学

可以设计不同的指导方式来强化学生的策略学习。大体上,这些方式可分为两种类型:支撑指导和“元课程”。

3.1　支撑指导方式

支撑指导方式是指能够持续一小时到一年的独立式介入。时间短一些的形式,像关于教科书阅读策略的一小时研讨会,通常只关注某个特定策略或相关的成套策略。此类项目通常是由学习援助中心(负责学生事物的行政单位)赞助开展,或者是由学术机构或部门作为辅助性项目来教授。

支撑指导方式的第二种类型是指把向学生提供策略指导纳入正规课程内容的学习。通常这种指导方式用于注重策略学习和研究的特殊补充或实验室部分,或者作为所谓“额外指导”方法的一部分。比如,美国的许多初等学院的数学课都提供特殊的课时,集中讲述如何学习和研究数学。

附加物指导的第三种类型最为广泛。它包括采取长期介入的方式,帮助学生在各种领域成为更具策略性的学习者。通常此类介入方式采取学期或学年制课程,并可能加进了学分。在下面的介绍中,有一个关于学期制介入指导范例的介绍。

3.2　范例研究:一门传授学习策略的课程

澳斯汀的得克萨斯大学教育心理学系设置了一门学期制的策略学习课程。这个课程满分 3 分,根据等级设定在每周的星期一、星期三和星期五各用一小时。这一课程使用了本词条开头讲述的技能、愿望和自我调控要素。

3.2.1　学生来源

各种各样的学生都参加了这一课程,包括入学时被断言为在学业上容易遭受失败的学生,入学后学业上经历过困难的学生和仅仅是为了提高分数的学生。班级规模是每班 25 名学生。

3.2.2　指导者

这门课由研究生来教。他们接受过高级培训,要么通过来自相似课程的先前经验,要么通过在教这门课之前的一学期旁听这一课程。所有的新指导者都配有一名顾问。在每周举行的特别会议上,所有的指导者必须参加并考虑下周的课程,回顾评论过去一周的教学,讨论存在的所有问题。

3.2.3　课程内容

课程内容集中在学习策略的全部 3 个要素上:技能、意志和自我调控。课程的前 3 天用来作情况介绍和摸底测验。摸底测验的所得数据有助于指导者和学生明确学生的强项和弱项。这种方式被用于诊断的目的,有助于确定衡量将来成长和成就的基线(下面还会描述所用的特定方式)。

课程的第一周向学生提出了一个策略学习模式。其中将学生设定为他们学习的组织者,并向学生介绍了策略学习的知识、元认知、动机和调控等要素,而且让学生知道,他们将学习如何制定常见的学习任务的管理和实施计划。这些任务包括在课堂上或读书时做笔记,课堂听讲,完成课业计划,课堂发言，备考和考试以及完成学期计划。

作为这个过程的一部分，还向学生解释了策略学习者具有目标指向性，并在追求他们的研究和学习目标的过程中运用策略。为了帮助学生开始进入学习角色，下一个主题就是目标的确定、实施和分析。关于目标确定和实施的讨论会引起其他主题。这些主题与学习的动机和学习的积极情绪相关。在学生控制下的动机要素，例如功效期望、评价、归因和实用价值等都将被讨论。

几星期后，一个持续时间为一学期的计划被引入。为此，要求学生们选定另外一门他们正在学习的科目，并为课上布置的某一个任务选择一个目标。目标通常包括在测验、考试或试验项目中获取某一个等级之类的事情。目标设定后，学生为了达到他们的目标就要完善、实施和监控一项计划。这一计划的目的在于鼓励学生把课程中已涉及的和即将涉及的主题结合起来。若干个这样的课时周期有助于学生设计、实施和修订他们的计划。

纵观整个课程，所有的主题反过来又都与策略学习模式相联系。于是学生们就会得到一个可以使他们领会新信息的纲要，而且这个新纲要会随着他们理解的深化而得以精炼。课程后半期有这样几个特定论题：知识获取策略，理解和长时记忆的关系，阅读前、阅读中和阅读后策略，时间的安排和计划延误的处理，注意力和精神集中，记笔记，听课技巧，备考和考试以及处理学习压力等。

课程的评估是在最后一星期进行。以至于学生看到他们在哪些方面取得了进步。学生们也会收到一些关于他们想继续努力的领域的反馈信息。这些反馈信息来自大学的学习技能中心或一些单独学院的其他特别援助计划。

3.2.4 评估

具体的评估标准是根据每学期提出的研究需要和课程发展需要而确定的。不过，一种策略学习的评估方法和一种阅读理解法一直被沿用。这种策略学习的评估方法叫做学习和研究策略调查（LASSI）。LASSI 有 77 项条款，是关于策略学习的诊断描述性的自我报告法。它集中在能够通过教育介入加以改变和提高的思维能力和行为能力上。

阅读理解可以通过内尔松 - 丹尼（Nelson-Denny）阅读理解测验中的 E、F 形式（Brown et al. 1981）加以评估。随机挑选半数学生接受某种形式的前测，再接受与之相应的后测。对于每一个大学阶段，都有相应的国家标准（例如大学一年级学生、大学二年级学生）。

3.2.5 课程评估

评估这一课程有多种多样的方法。这些方法包括课程指导者的调查，学生的学期表现（如课堂考试、所选择的家庭作业、持续一学期的计划），学生在学完本课程后的其他学期课程中的表现，用于后测的前测手段的变化。指导者和课程本身都受到大多数学生的好评。

平均来说，参加这一课程的学生的平均等级分数（GPAS）低于同等水平的其他学生 0.5 分（4 分制）。在参加这一课程后的学期里，他们的平均等级分数与同等水平的其他学生已经没有差异，并且这种变化在后继的学期中一直得以保持。实际上，对于大学一年级新生和二年级的学生来说，他们的进步是随时间的推移而加快的。学生们在 LASSI 和内尔松 - 丹尼阅读理解测验中的得分也发生了显著的变化。对自我概念和元认知意识的测量结果同样如此。

3.3 元课程

如果没有对如何学习的材料进行指导就传授课程内容，就好像给某人高级的个人电脑系统却没有任何关于装配和使用的指导一样。有效的指导包括负责帮助学生研究如何学习课堂材料（Entwistle and Tait 1992, Svinicki 1991, Weinstein and Meyer 1991）。正如策略学习者为自己的学习负责一样，优秀的教师为学生提供许多机会发展和承担这种角色。当学习策略指导与常规的学期课程相结合时，那么策略指导就成了“元课程”。

元课程包括对策略学习的所有方面的策略指导：技能，意志和调控。例如，老师可以向学生详细阐述有关理解记忆所学内容的学习策略。他们也可以帮助学生形成有关动机的策略。这种策略可以激发、保持和强化对课程内容的兴趣和自我效力。他们还可以教一些抽象概念，要求学生在生活的具体情境中运用这些概念。

教师可以帮助学生设定该课程的个人目标。

此外，他们还可以要求学生监控自己的目标，反思自己成功的水平。他们也能够提供给学生一些组织工具（这些工具可以用来计划他们的课程学习和评估他们的进步），从而帮助学生调控自己的学习策略。

指导学生如何学习课程材料是向学习者迁移职责的关键方面，因为这一过程包括传授承担责任所必需的技能。就像王和佩韦尔尼（Wang and Peverly 1986）所认为的一样，如果好学生被认为是动机明确的、积极的、有计划的和机智的，那么他们就应该学习担当这些角色的技能。此外，把学习策略的教学作为一门课程不可或缺的一部分，就要考虑到以有意义的方式使用特定课程和特定领域的策略。作为课程任务的一部分，学生学到的许多学习技能也可能迁移到其他课程和工作情境中（Entwistle and Tait 1992）。

最后，学生在学习课程主题时由于得到策略支持而产生的收益也会扩展到教师身上。教师会越来越清楚学生的学习方式和应用于特定课程中的特定学习策略的效果。

3.4 案例研究：财政学专业课堂中的元课程

基恩（Keane）教授讲述财政学专业的一门入门课程。除了教给学生各种政府的经济条例和机构外，她也教学生如何学习课程材料。基恩教授详细介绍这门课的目标后，开始了她的元课程。对本课程的介绍以后，她要求每一个学生（共有70人选这门课）提交一份长达一页的说明书，阐明希望这门课将如何帮助他们完成学业和达到专业目标。

基恩教授坚持向学生传授可能的动机策略，以保持他们对这一门课的兴趣。她鼓励学生提供有趣的课程主题（例如，报纸、杂志文章、卡通等），以有助于班上的同学喜欢学习这些材料。在上课过程中，基恩教授重视询问学生他们如何看待当前的主题对他们选择职业的作用（背景知识）。

在开始新的主题之前（内容知识），她也引导学生主动解释一些基本概念或回顾以前的主题来检查先前学过的知识。与此同时，她明确地要求全体学生认真思考他们已知的信息有多少，在什么地方可能适用其他的背景信息。此外，她也要求他们反思为什么不知道这些信息（自我知识），比如，他们对主题感到迷惑吗？他们在课程阅读中落后了吗？或者他们对课堂不感兴趣，一直在做白日梦吗？

基恩教授对课程内容的讲解是与如何理解学习内容的讲解结合在一起的（策略知识）。比如，通过有意义的记忆方式，帮他们复习了一套政府制定的难记的规章。基恩教授明确地告诉学生，应在他们的笔记中突出什么样的信息，或提示做笔记的策略。比如，“为了参考你的笔记，你可能想着给手册里的一些规章标号”。

最后，基恩教授与学生共同使用她的有组织的课程计划。这样学生就能够针对考试制定最佳学习方式，使用课本和辅助读物，追求他们的课程目标。她布置的一项期中作业就是每个学生索取一张一定要采访的人的名片，以完成最后的课程计划。在收集完所有卡片后，她问学生，“这项作业对你们的计划有什么帮助？”许多学生谈到它是如何帮助他们避免了拖延时间，或进行采访并非他们最初想像的那么容易，他们很高兴没有等到期末才进行。课堂总是以讨论这些经历能够如何帮助他们更高效地完成将来的任务结束。

4. 学习策略的评估

对学生学习策略的评估有多种形式，其中大多数都包括某种类型的自我报告（Garner 1988）。因为不可能直接观察认知过程，多样化的评估手段就被交叉用来获取学生使用策略的证据。

4.1 评价学习策略的方法

使认知和元认知策略具体化有3个主要方法：出声思考程序、面谈和策略运用调查。“出声思考”程序要求学生在完成某项实际任务时，描述他们的所想所做。他们的言语与活动同时发生，而且只有在作口头汇报时间过长时才被打断。经过本质上多样的指导和调查，学生的口头汇报得以被引导（Garner 1988）。比如，学生或许被要求“在完成阅读作业时说出你想到和所做的所有事情”。

面谈这种方法被用于引出学生的回顾性报告。这种回顾性报告是学生陈述关于最近或过去的一些时间里的一次任务的所想所做的情况。它集中在学生已经完成的认知和元认知活动上。这种方法有时也用于搜集有关假想的或典型的情况(学生没有直接体验过)的数据。面谈比"出声思考"程序更具有组织性,因为至少一些问题或测验是提前计划好的。其他的资料,比如学生的笔记或学习情况的录像也可以用来激起回忆(Garner 1988)。

策略运用调查与访谈相似,因为它们都要求学生对过去的、假想的或典型的情况做出反应。然而与访谈不同的是,策略运用调查通常以书面形式开展。书面形式的一个优势在于,调查可以由单人组织,而且也可用于学生群体。

评估策略学习的 3 种形式应当谨慎地组织和运用。学生不应汇报他们无法演示的策略,而应当汇报他们有可能用到的而不是认为应该用到的策略,还应该鼓励学生汇报他们认为可能太明显或不重要、不值一提的策略(Garner et al. 1983)。鉴定自我报告最重要的方式就是搜集多方面来源的资料(Ericsson and Simon 1984),特别要将自我报告与诸如学生的课堂笔记、考试或书面作业的成果相结合(Ganner 1988)。

4.2 策略运用调查实例:学习和研究策略调查

LASSI 是一种诊断性评估。它用来帮助学生(和他们的老师)确认他们在 10 个与学习策略的技能、愿望和自我调控因素相关方面的优势与劣势。它在美国约 1 500 个高等机构中被以不同方式加以运用,其中包括作为学习策略课程中的前测或前测(后测)标准。LASSI 为以下 10 种项目提供了标准分(与分数相对应)和国家标准:态度、动机、时间管理、焦虑、专注、信息处理、选择关键信息、辅助学习、自我检测和考试策略。

态度项目包含说明学生对大学的态度和兴趣以及他们对在校取得成功的一般态度的条款(条款实例:我对于自己应该具有什么样的教育目标感到困惑和犹豫不决)。动机项目说明了学生努力完成学业任务时的勤奋、自律和愿望(条款实例:当功课难度比较大时,我要么放弃要么只学习简单部分)。时间管理项目条款说明了学生对时间管理的使用原则和方法,用以帮助组织和控制他们的时间(条款实例:只有当面临考试压力时,我才会学习)。焦虑项目条目指的是学生对学校和他们所表现的担心程度(条款实例:对表现差的担心会干扰我对考试的专注)。专注项目条目是指学生把注意力集中到学习任务上去的能力,包括学习活动(条款实例:我发现在听讲时我会想到其他的东西,并没有真正去听老师在讲什么)。信息处理项目是指学生会在多大程度上使用想像的和言语的详尽描述以及组织策略和推理技能来帮助联结他们已知和未知的知识(条款实例:我把所学的东西转换为自己的话)。选择关键信息项目用来测量学生为将来的学习选择重要信息的技能(条款实例:学习中,我经常因为细节问题感到迷茫,常常只见树木不见森林)。辅助学习项目用来衡量学生使用和创建有利于支持和加强意义学习的辅助手段的能力(条款实例:我使用特殊的帮助,比如我的课本里的斜体字和标题)。自我检测项目是指像复习和练习之类的理解监控法(条款实例:读书时我会习惯性地停下来,并在头脑中回顾或复习书上所写的东西)。最后一个等级项目:考试战略,指的是学生对备考和考试策略的使用(条款实例:在将我的学习与不同类型的课程相适应方面,我感到有困难)。

在恩特威斯尔(Entwistle 1992)关于学生学习的专题文章中,可以找到一个设计的调查实例,用来衡量策略学习和学习途径。

5. 结论

策略学习者能够为自己的学习负责并知道如何帮助自己达到学习目标。考虑到策略学习对教育中的成功和终生学习目标实现的重要性,学生们学会如何保质保量地学习就显得尤为重要了。同样老师也有责任帮助他们的学生成为更讲究策略的学习者。

C. E. 温斯坦(C. E. Weinstein)
D. K. 迈耶(D. K. Meyer) 著
刘良华 译

附录

Biggs J B 1987 *Student Approaches to Learning and Study*. Australian Council for Educational Research, Melbourne

Brown J I, Bennett J M, Hanna G 1981 *Nelson-Denny*

Reading Test, Forms E and F. Riverside Publishing, Chicago, Illinois

Entwistle N J 1992 Student learning and study strategies. In: Clark B R, Neave G (eds.) 1992 *The Encyclopedia of Higher Education.* Pergamon Press, Oxford

Entwistle N J, Tait H 1992 Promoting effective study skills. In: Cryer P (ed.) 1992 *Learning Actively on One's Own.* CVCP Universities'Staff Development and Training Unit, Sheffield

Ericsson K A, Simon H A 1984 *Protocol Analysis: Verbal Reports as Data.* MIT Press, Cambridge, Massachusetts

Garner R 1988 Verbal-report data on cognitive and metacognitive strategies. In: Weinstein C E, Goetz E T, Alexander P A (eds.) 1988 *Learning and Study Strategies: Issues in Assessment, Instruction, and Evaluation.* Academic Press, San Diego, California

Garner R, Wagoner S, Smith T 1983 Externalizing question-answering strategies of good and poor comprehenders. *Read. Res. Q.* 18(4): 439—447

Pintrich P R (ed.) 1991 Special issue: Current issues and new directions in motivational theory and research. *Educ. Psychol.* 26(3 and 4)

Svinicki M D 1991 Practical implications of cognitive theories. In: Menges R J, Svinicki M D (eds.) 1991 *College Teaching: From Theory to Practice. New Directions for Teaching and Learning.* Jossey-Bass, San Francisco, California

Wang M C, Peverly S T 1986 The self-instructive process in classroom learning contexts. *Contemp. Edcu. Psychol.* 11(4): 370—404

Weinstein C E. Palmer D R, Schulte A C 1987 *LASSI: Learnmg and study Strategies Inventory.* H and H Publishing, Clearwater, Florida

Weinstein C E, Meyer D K 1991 Cognitive learning strategies and college teaching. In: Menges R J, Svinicki M D (eds.) 1991 *College Teaching: From Theory to Practice. New Directions for Teaching and Learning* (45). Jossey – Bass, san Francisco, California

Weinstein C E, Van Mater Stone G 1993 *Broadening Our Conception of General Education: The Self-regulated Learner*, New Directions Series. Jossey-Bass, San Francisco, California

Zimmerman B J, Schunk D H 1989 *Self-regulated Learning and Academic Achievement: Theory, Research, and Practice.* Springer-Verlag, New York

记忆力的教学与测评(Memory, Teaching and Testing for)

学生在校学习要记住大量的资料。有时这种需要是明确的,因为学生是在有意地试图记忆资料。而在其他情况下,记忆则是偶然的,就像学生记住因其他目的而曾读过的课本信息,或回忆与某个作为学校作业的一部分已经解决了的科学问题或算术问题相关的信息。一般来说,有两个被经常提到的因素影响着对新资料的记忆,它们是:新信息与先前知识是否一致或相关;新信息是如何被处理的(比如,是否或哪些认知策略会在记忆材料时用到)。与先前知识一致或相关的信息比那些与先前知识不一致、不相关的信息更容易记忆。就信息的处理来说,信息的编码过程(如学习过程中的活动)和检索过程(如测试过程中的活动)都是决定其在长期记忆中如何被组织和在多大程度上被记住的关键因素。

简言之,“大脑的所知所为对其所学所记有着巨大的影响”(Flavell 1985)。然而,一个人是否会使用他所掌握的策略并把对这些策略的运用与其他知识相协调却取决于第三个因素——元认知能力。元认知能力指的是能够意识到在何时、何地及以何方式使用和接受(如自我调控)不同的策略和各种不同的知识。

有关记忆的一个关键问题是对它的评估是否对所有已学到的东西都是敏感的。测试的类型和测试所激发的信息处理与学习中发生的信息处理,具有某种一致性,经确认为已经“记住了”的信息的数量和类型会随这种一致性程度的变化而变化。比如,如果测验激发起检索过程以补充学生学习时的编码过程,记忆量很可能就会高一些。虽然多数记忆力测验都集中在记忆成果(如可被记住的东西)上,但在20世纪七八十年代,对产生记忆信息的过程的测量研究越来越受到重视。

记忆力的科学研究是一个具有百年以上传统的极具技术性的领域,这要追溯到19世纪末期德国人艾宾浩斯(Ebbinghaus)的经典性研究上。通过使用策略将新知识与先前知识相联系来提高记忆的艺术有着相当古老的历史。古希腊人就曾使用过很重要的记忆技术(Yates 1966)。实验心理学家和认知心理学家对记忆力的不懈研究取得了杰出的成果,而且这些成果已经用在提高对教育性内容的记忆力上,关于这方面的报道不时出现在有关教育心理学的主要刊物上。虽然可能不会为一个具有漫长历史的领域的彻底讨论提供任何有用的东西,但我们接下来还是要对在当代对记忆力的研究中与教育相关的几个最重要的问题作一简要讨论。

1. 无意识记忆与有意识记忆

据说当学生没有意识到所学材料会用来测试记忆力时,无意识记忆才会发生。而当他们意识到会用来测试记忆力时,学习就成为有意识的了。在学习是有意识而非无意识的时候,即便学龄前儿童也会更倾向于努力试图用记忆策略来记住材料(Bake-Ward et al. 1984)。一般情况下,有意识记忆通常要好于无意识记忆。仅仅通知学生将会有记忆力测试通常就能使他们增强提高记忆力的认知活动,从而提高他们的记忆能力。

2. 先前知识在决定记忆力高低因素中的作用

记忆力通常会受到新信息与长期记忆中已存储信息之间关系的影响(如先前知识)。举例来说,假如孩子们已经了解了印尼文化,然后又接触了一个与印尼有关的新故事,那么对新故事的记忆将会受到先前所学的有关知识的影响。对新故事的编码有时会因为要与先前知识取得一致而被歪曲(Brown et al. 1977)。学生更有可能会学习与先前知识相关的材料而不是与先前知识无关的材料。比如,学音乐的学生学习与音乐有关的句子很容易,棒球球迷能够很快地对有关棒球的信息进行编码,只有在当学音乐的学生同时也是棒球球迷的时候,他们才能很轻松地对有关两种内容的信息都进行编码(Kuhara-Kojima and Hatano 1991)。

最重要的发现之一是,即使学龄前儿童也会依靠组织有序的先前知识来促进他们对新信息的编码和检索。例如,学龄前儿童使用他们在生日晚会和在快餐店吃饭的知识来记忆与这些事情有关的故事。人们发现学龄前儿童的回忆经常包括与先前知识一致的信息,而这些先前知识并不包括在将要学到的故事中(Hudson and Nelson 1983)。

材料是否或在多大程度上被编码和检索更多地取决于它与先前知识的一致性而不是学习者的其他特征,如智商。举例来说,高智商但足球知识很少的孩子比智商稍低但对球赛了如指掌的孩子在记忆一个与足球有关的故事时要记得少(Schneider et al. 1989)。

3. 策略加工对记忆力的作用

在20世纪七八十年代,詹金斯(Jenjins 1974)和弗拉韦尔(Flavell 1985)持这样一种观点,即记忆力是由学习者学习过程中的行为决定的。因此,如果给出一组单词并指导学生数出每个词中的辅音数量,学习者稍后就会回忆不出这些单词,但会记住在这一组单词中是否有5个辅音的单词出现的频率比有3个或7个的单词要高。与此相反,如果要求某人给出描述这一组中每个名词所指事物的图像(如猫的图像,如果"猫"一词出现在这组词中),那么稍后他就会记住许多具体的单词,但很有可能难以确定有3个、5个或7个辅音的单词在这一组词中出现的相对频率。

关于人的记忆是否取决于他所实施的特定的认知加工这一争论已经引起了两种类型的研究。第一种是与人们试图学习材料的过程相关的研究,第二种是关于是否可以教给儿童和成人比他们天生具有的更高效的策略的研究。对第一个问题的研究,已有相关研究表明多种记忆策略在人的儿童和青少年时期会随着年龄和教育程度的增加而更有可能被自然地加以运用(Schneider and Pressley 1989)。即便如此,青少年和成年人还是经常无法使用有效的记忆策略,虽然经过教导之后,他们完全能够实施这些操作(Pressley et al. 1983)。

什么是策略？策略是由凌驾于作为任务执行自然结果的进程之上的认知操作构成的，其范围包括从一个操作到一系列相互依赖的操作。策略能达到认知的目的(如理解、记忆)，也是潜在的有意识可控制的活动(Pressley et al. 1984 P. 4)。因此，一个人读一遍书，可以用自然的方式，也可以用特定的策略来辅助阅读以记住读的内容。在这里有一点很重要，那就是对于年龄小一些的学生来说，这种在阅读中提高记忆力的策略好像会随着自身的成长而提高，虽然许多成年人在运用下面引用的策略和阅读中的其他策略时，从对它们具体的指导中也能受益(Pressley et al. 1991)。

虽然存在许多变化，但相对来说，不同类型的编码策略几乎没有被研究者系统地研究过(Pressley et al. 1982, Pressley et al. 1989)。

3.1 预演策略

当给出要学习的信息列表时，10 岁大的孩子比 5 岁大的孩子更有可能一遍遍重复列出的资料，预演是年龄稍大的孩子和成年人在学习轻易列出的资料时常用的策略。

3.2 组织和重组策略

当需要记住的资料含有与先前知识有关的语义因素时，一种重组策略会增加编码的容易度。比如，如果向学习者提供一份杂乱无章的项目列表，但其中的项目可以被分为交通工具、家具、玩具和食品等类，对这些种类的重组就能够有助于加强学习。

3.3 精加工策略

学习者经常会通过把新信息与已知信息相联系的方式对要学习的新材料进行详细阐述。如果给出一长串成对事物，如针—气球、桌子—椅子、狗—汉堡包等，那么对这些事物的记忆就会通过想像两个事物之间的意义关系而得到提高。比如，学习者会想：针会刺破汽球，椅子在桌子下面，狗喜欢吃汉堡包。

通过精加工也可以学到新的东西。给加拿大学生呈现大量有关他们国家中某个省的信息(比如，哥伦比亚省比其他省有着更多的工会成员)，这些学生就能够通过自我追问为什么建立在自己先前知识基础上的这些事实是有意义的这一方式来记住这些信息(比如，为什么在哥伦比亚省有许多工会是合理的？哦，那里一定有许多罢工，而且有大量的在西海岸渔业和航船业工作的码头装卸工人)。对于成年人来说，除非在运用详述策略学习将要获取的信息上给予特别的指导，否则他们经常无法与自己的先前知识作这样的联结(Pressley et al. 1991)。

3.4 先前知识激活策略

如果人们在对其加工之前先将与要学习的内容相关的知识激活，那么他们对于这部分材料的记忆就会受到影响。因此，如果在阅读关于一所房子的描写之前就要求学习者激活关于夜晚盗贼的先前知识，那么对这一段落中与夜晚盗贼相关的信息记忆就会更有效地被编码。同样，如果在阅读相关材料之前就敦促学习者激活与买房有关的信息，那么这一信息就会更有可能在阅读时被记住(Anderson et al. 1977)。

3.5 意象

从帕维欧(Paivio 1971)的有关双重编码理论的启发性研究开始，人们就认识到对即将学习的材料进行视觉(如想像)和言语编码有利于学习和记忆。这种效果已经被实验性工作(如列表学习)和更多有意义的生态学工作所证实(如从相关联的课文中学习)。

3.6 概括

试图确定有意义的材料的主要思想会增强对于此内容要点的记忆。这种策略可能会自然地或在教师的督促下发生。

3.7 转换记忆法

在学习各种不同类型的资料时有各种各样的记忆"花招"。于是，当记忆以全而有序的条目列表时，英语学习者可以用与 1、2、3 等数字押韵的单词来帮助记忆。比如，学习者可以想像第一个条目列表与小圆面包有关系(one and bun)，第二个与一只鞋(two and shoe)有关系，第三个与树(three and tree)有关系。这样，在回忆时学习者就会想到这首诗："1 是个小圆面包，2 是只鞋，3 是棵树"，并会伴随着小圆面包、鞋和树的图像。这种检索性活动允许对项目列表中的前 3 项进行回忆。另一种转换记忆法是关键词记忆法,此种记忆法自20世纪70年代末以来一直得到广泛研究。关键词记忆法对学习单词是很有用的,对学习不熟悉的单词项(如孔雀石是一种绿色矿石)的意义也是一样。学习者会想到一个与新单词读音相似的熟悉单词或短语。然后,学习者就会组建一幅包含"关键词"所指事物和孔雀石意义的要素的图像。从中可以看到迈尔正在放飞一只绿色的风筝,风筝的尾巴是由一块块绿色的矿石制成的。

3.8 信息检索策略

除了信息编码策略,记忆力也会受到信息检索过程中所用策略的影响。因而,同一篇对一所房屋的描写,同样的人在不同的情况下会有不同的记忆。比如,在测验中暗示学生从夜盗的视角回忆这篇描写和在测验中暗示学生从房屋购买者的视角回忆这篇描写,学生的回忆是不同的(Anderson and Pichert 1978)。有时儿童会以图像的形式对信息进行编码,但是在测验时又往往会"忘记"去回想他们创造的图像。他们对这种信息的记忆是能够用具体的指导来大大增强的,这种指导就是检索和使用他们在对信息编码时创造的图像(Pressley and Levin 1980)。总之,各种检索策略的使用在小学期间会随着学生自身的成长而增加(Kobasigawa 1977)。

3.9 记忆策略的学习

儿童和成年人都能够接受教导以使用记忆策略。虽然策略的实施最初是缓慢而有意的,但随着练习的进行,它会比最初获得时要容易得多。换句话说,随着练习的进行,策略的实施会自动实现(Anderson 1983)。在需要运用策略来解决复杂任务而这些任务需要大量策略的协调运用,那么,这种自动化就将是不可或缺的。如果这些策略与其他先前知识结合起来使用,结果将是对新内容的有效学习。

4. 策略和其他知识的配合使用

任何综合性的记忆任务,比如记住有关非洲殖民化的历史章节内容,都要求各种不同的策略的运用与先前知识的激活相结合。此类学习需要在多大程度上使用策略和在多大程度上激活先前知识部分地取决于每种能力的发展程度。

一个具有广泛的非洲殖民化知识的学生会利用这一背景迅速地理解这一章的新材料并使之与先前知识结合。不过,像前面所建议的那样,这个学生有可能是被敦促着尽可能完全地利用自己的先前知识(如通过详述策略的暗示作用)。而明确且广泛地运用其他策略对这个学生来说或许是没有必要的。对于另外一个缺乏非洲殖民化知识的学生来说,对这一章中新材料的记忆可能要在更大程度上依赖于像意象、归纳和重组一类的策略的运用。

虽然理论家们仍存在争论:有人认为策略可以提高记忆和记忆力,有人认为知识有助于提高记忆和记忆力,但流行的观点认为最好的记忆应把策略和先前知识都包括在内。这两种操作必须以互补的方式和谐地结合在一起(Baron 1985, Brown et al. 1983, Pressley et al. 1989a)。

5. 元认知和自我调控

虽然经过具体的指导,学生能够实施多种记忆策略,但是一旦取消这种指导性暗示,他们就不会再继续使用这些策略,这种现象很典型。这种在策略使用上的失败可分为维持性失败和转移性失败(前者如策略在相似任务中的运用,后者如策略在新任务中的泛化)。因此,教给学生要使用策略绝不意味着学生在相似或新的环境中也能继续使用策略。

许多理论家和研究者认为,只有当学生在多种场合的多种任务中进行过大量实践后,才会拥有持久使用策略的能力。这类实践能够使学生提高对何时何地使用所学策略以及如何使这些策略与新情况相适应等问题的理解能力。好的策略使用者具有关于如何恰当使用策略的广泛而细致的元认知知识(这些知识存储于长期记忆中)。但遗憾的是,许多成年人没有关于他们所获得策略的细致的元认知理解力,也没有能够用来指导策略有效实施的理解力(Dixon and Hertzog 1988)。

虽然长期理解对于作为技术性理解和记忆一部分的策略和其他知识的调节来说是必不可少的,但其他类型的元认知也是至关重要的。能够意识到正在学习的内容是否能够真的学会(这被称为自我监控)是策略运用中的一个关键的决定性因素。要是意识到当前的努力不会达到学会的目的就应该尝试使用不同的策略。不过,大量的数据表明,儿童和成年人并不能总是精确地对他们当前使用的策略和其他认知过程的有效性进行监视(Ghatala 1986,Pressley and Ghatala 1990)。

简言之,在理论层面上,可以比较容易地用实例说明长期元认知和短期元认知在对策略和认知进行大体调节中所起的关键作用。元认知知识中的代沟和监控中的困难都是常见的现象,这一事实与经常的观察结果是一致的,那就是,成年人的学习和认知活动通常并不具有有效的策略性(Pressley et al. 1992)。

6. 对记忆力的评估

测试记忆力的传统方式就是向学习者布置一项记忆任务,随后进行一场针对任务内容的记忆力测验。比如,已有许多这样的实验室研究,在实验时学习者拿到一些单词列表(其中的单词如:狗、桃、收音机、小汽车、灯……石头、书)。对某一单词列表的一个回忆性测验要求学生记住这张表上的单词项目,一系列回忆性测试就会要求学生按顺序记忆表上的项目。后面的识别性测试会向学生提供另外一张单词表,并要求学生识别出第一张表中的单词(例如,"猫"这个词在表上吗?"小汽车"呢?"石头"、"桃"呢)。

一般来说,记忆力测验的要求越高,为了做好测验题,学生对信息的编码就必须越完整。也就是说,一系列回忆性测试比单一的回忆性测试需要更完整地对信息进行编码。而识别性测验一般要比回忆性测验需要的编码程序少,虽然也有例外,比如当识别性测试中的分散性题目与原始列表中的项目非常相似时。

单词表中已被记住的特定项目和记忆这些项目的方式经常能够显示出对信息处理的方式。因此,如果表上的单词是杂乱无序的但回忆却以类别的形式发生(比如集中回忆食物,集中回忆交通工具),那么就可以推知重组发生了。不过人们通常搞不清重组是发生在编码过程还是发生在检索过程中(Lange 1978)。如果与原始列表中的项目语义相关的项目出现在识别性测试中(像"岩石"出现在单词表中,而实际上原始列表中的单词是"石头"),这就表明对学习列表项目的编码激发了记忆系统中的"扩散活动"。也就是说,在单词表中读到"石头"这个词,激发了在长期知识储备中与之相联的知识"岩石"(Anderson 1983)。

许多人争辩说使用检测得出的数据可以推断出关于学习的过程依靠的是信息加工的间接手段。在20世纪七八十年代,更多直接的信息处理方式得到了发展和验证。如果给学习者一张项目列表,我们就可以测出这张表格中各个项目所用的时间,并从所用时间上推断出所用的学习策略(Belmont et al. 1978)。比如,如果在记完表中的第一项后有个短暂的停顿,第二个后有稍长的停顿,第三个后停顿又稍长一些,如此类推,我们就可以得出结论说学习者是在随列表项的依次呈现而逐一累述(比如,看到"狗"时念"狗",看到"桃"时念"狗""桃",看到"收音机"后念"狗""桃""收音机")。口头协议分析法(Ericsson and Simon 1983)是现在正在使用的另外一种用来分析学习中的信息加工过程的方法。这种衡量法,要求学习者在使用时要边想边说,口头表达出自己在学习新材料时正在做的事情。

总而言之,学习者现在有好几种方法可以用来改善记忆过程。这些方法既包括像记忆力测验结果分析这样较为间接的方法,也包括像时间分析法和口头协议这样较为直接的方法。作为最引人注目的现象,在弄清记忆任务时使用信息加工的最有力的证明是在几个检测结果统一支持一种过程诠释时,比如,当记忆检测结果(如列表中的分类项一起被记住)和口头协议分析(如学习过程中将列表项加以分类的报告)相一致时。这些各种各样的测验方法让我们洞察对材料的信息加工过程,这些材料包括从实验室列表到相关联的课文,种类各不相同。

7. 结论

本文中不同的题目都是相互关联的。对策略的积极运用和联结新旧知识的努力通常发生在一项记忆任务引起的有意识学习中而不是在学习的需要还不明确(也就是说记忆是无意识的)时。随着20世纪70年代早期以来检测结果分析程序和学习模式的极大扩张,记忆中先前知识和策略的作用因为对记忆进行评估的复杂性大大增加而变得明显起来。不过,由于心理学家改善着越来越多的直接手段(如协议分析,暂停时间分析),人们对间接手段的依赖性正变得越来越小。

直接和间接分析共同显示出,记忆力在其最佳状态下,包括对策略和多种先前知识的复杂而详尽的全面阐述。此外,老练的学习者不仅能够意识到何时使用何种策略才是适宜的,而且也能精确掌握当前正在使用的策略和先前知识会在何时促成对新内容的有效记忆。

遗憾的是,随着对记忆操作过程评估的持续复杂化,记忆力发挥中的不足也变得更加明显。能够完全有效并自我调控地使用记忆策略和先前知识来增强对重要新内容的记忆是很少见的。不过,值得庆幸的是,许多记忆策略都能够教给儿童和成年人。为了能自觉并恰当地使用这些记忆策略,学习者需要不断加深对广泛而长期的指导和实践的理解。

M. 普雷斯利(M. Pressley) 著
P. 凡·米特(P. Van Meter)
刘良华 译

附录

Anderson J R 1983 *The Architecture of Cognition*. Harvard University Press, Cambridge, Massachusetts

Anderson R C, Reynolds R E, Schallert D L, Goetz E T 1977 Frameworks for comprehending discourse. *Am. Educ. Res. J.* 14(4):367—382

Anderson R C, Pichert J W 1978 Recall of previously unrecallable information following a shift in perspective. *J. Verbal Learn. Verbal Behav.* 17(1):1—12

Baker-Ward L, Ornstein P A, Holden D J 1984 The expression of memorization in early childhood. *Journal of Experimental Child Psychology*37(3):555—575

Baron J 1985 *Rationality and Intelligence*. Cambridge University Press, Cambridge

Belmont J M, Butterfield E C, Borkowski J G 1978 Training retarded people to generalize memorization methods across tasks. In: Gruneberg M M, Morris P E, Sykes R M (eds.) 1978 *Practical Aspects of Memory*. Academic Press, London

Brown A L, Smiley S S, Day J D, Townsend M A R, Lawton S C 1977 Intrusion of a thematic idea in children's comprehension and retention of stories. *Child Dev.* 48:1454—1466

Brown A L, Bransford J D, Ferrara R A, Campione J C 1983 Learning, remembering, and understanding. In: Flavell J H, Markman E M (eds.) 1983 *Handbook of Child Psychology. Vol1: Cognitive Development*. Wiley, New York

Dixon R A, Hertzog C 1988 A functional approach to memory and metamemory development in adulthood. In: Weinert F E, Perlmutter M (eds.) 1988

Ericsson K A, Simon H A 1983 *Verbal Protocol Analysis*. MIT Press, Cambridge, Massachusetts

Flavell J H 1985 *Cognitive Development*. Prentice-Hall, Englewood Cliffs, New Jersey

Ghatala E S 1986 Strategy-monitoring training enables young learners to select effective strategies. *Educ. Psychol.* 21:43—54

Hudson J, Nelson K 1983 Effects of script structure on children's story recall. *Dev. Psychol.* 19(4):625—635

Jenkins J J 1974 Remember that old theory of memory? Well, forget it! *Am. Psychol.* 29(11):785—795

Kobasigawa A 1977 Retrieval strategies in the development of memory. In: Kail R V, Hagen J W (eds.) 1977

Kuhara-Kojima K, Hatano G 1991 Contribution of content knowledge and learning ability to the learning of facts. *J. Educ. Psychol.* 83(2):253—263

Lange G 1978 Organization-related processes in children's recall. In: Ornstein P A (ed.) 1978 *Memory Development in Children*. Erlbaum and Associates, Hillsdale, New Jersey

Levin J R 1983 Pictorial strategies for school learning: Practical illustrations. In: Pressley M, Levin J R (eds.) 1983 *Cognitive Strategy Research: Educational Applications*. Springer-Verlag, New York

Paivio A U 1971 *Imagery and Verbal Processes*. Holt, Rinehart, and Winston, New York

Pressley M, Levin J R 1980 The development of mental imagery retrieval. *Child Dev.* 51(2):558—560

Pressley M, Heisel B E, McCormick C G, Nakamura G V 1982 Memory strategy instruction with children. In: Brainerd C J, Pressley M (eds.) 1982 *Verbal Processes in Children: Progress in Cognitive Development Research*, Vol 2. Springer-Verlag, New York

Pressley M, Levin J R, Bryant S L 1983 Memory strategy instruction during adolescence: When is explicit instruction needed? In: Pressley M, Levin J R (eds.) 1983 *Cognitive Strategy Research: Psychological foundations*. Springer-Verlag, New York

Pressley M, Forrest-Pressley D L, Elliott-Faust D J, Miller G E 1985 Chidren's use of cognitive strategies, how to teach strategies, and what to do if they can't be taught. In: Pressley M, Brainerd C J(eds.) 1985 *Cognitive Learning and Memory in Children*. Springer-Verlag, New York

Pressley M, Borkowski J G, Schneider W 1989a Good information processing: What it is and what education can do to promote it. *Int. J. Educ. Res.* 13:668—678

Pressley M, Johnson C J, Symons S, McGoldrick J A, Kurita J A 1989b Strategies that improve children's memory and comprehension of text. *Elem. Sch. J.* 90(1):3—32

Pressley M, Ghatala E S 1990 Self-regulated learning: Monitoring learning from text. *Educ. Psychol.* 25:19—34

Pressley M, El-Dinary P B, Brown R 1992 Skilled and not so-skilled reading: Good information processing and not so-good information processing. In: Pressley M, Harris K R, Guthrie J T (eds.) 1992 *Promoting Academic Competence and Literacy: Cognitive Research and Instructional Innovation*. Academic Press, San Diego, California

Schneider W, Kørkel J, Weinert F E 1989 Domain-specific knowledge and memory performance: A comparison of high-and low-aptitude children. *J. Educ. Psychol.* 81(3):306—312

Schneider W, Pressley M 1989 *Memory Development Between 2 and 20*. Springer-Verlag, New York

Yates F A 1966 *The Art of Memory*. Routledge and Kegan Paul, London

元认知策略的教学与测评(Metacognitive Strategies, Teaching and Testing for)

元认知主要指人类的推理过程,这种过程对于解决那些不完全发展的和不完全自动化的程序的问题是必要的。这种过程的知识和对它们的控制或调节,典型地属于元认知概念类。本词条将阐述与元认知教学和评估相关的六个问题,这些问题是:

(a)应该教给学生元认知的哪些方面的知识?

(b)谁比较有可能从元认知指导中受益?

(c)元认知指导的基本原则是什么?

(d)元认知指导以多长时间为宜?

(e)教给学生元认知时使用什么任务?

(f)应在什么地方进行元认知教学?

以上问题的答案主要基于一系列相互关联的调查研究结果(De Jong 1978, DeJong and Simors 1988, Simons and De Jong, Simons 1989, Simons and Lodewijks 1987, Vermunt and Van Rijswijk 1988)。为了支持对其中一些问题的回答,本词条也引用了一些其他的调查研究成果。然后,又探讨了若干方法论问题,并向读者提供了一系列将来进行元认知学习的指导方针。

1. 应该教给学生元认知的哪些方面

选择包括元认知指导在内的学习内容并不是一件容易的工作。通过考查不同群体学生在元认知方面的高级与低级表现的差异,我们能够选出适宜的内容。在理想状态下,对低级表现学生不使用的元认知过程类型的诊断能用来进一步强化从两者的对比中得出的最初证据。

内容的第二个来源来自理论的和经验的文本中的信息,从这种文本中,可以呈现出三种策略和技能:意识到相关的规则制定过程,拥有制定规章的技能,技能处理的有效性和运用。这些策略和技能构成元认知指指导计划的基础。

2. 谁可能从元认知的指导中受益?

教给学生他们已经掌握的技能和策略不大可能很有效,但如果学生缺乏一些基本的认知技能和情感控制,那么元认知指导要取得成功也会遇到阻碍。比方说,对于缺乏基本阅读知识的学生来说,他们不大可能从针对提高学习技能或自我调节阅读技能的指导中受益。与之相似,不相信有可能调节他们的学习和不喜欢所学策略的学生也不大可能从元认知指导中受益。

那么,理想的学生是那些缺少元认知技能和策略但在其他方面又不欠缺的学生。因此,对学生的知识和情感基础进行诊断,对于成功运用元认知指导来说就显得必要了。

3. 元认知指导的基本原则

从当前对元认知教学和学习的研究中我们可以得出一些原则,下面是其中最主要的几项:

(a)要学习活动和过程,而不是学习结果,这一点一定要强调(过程原则)。

(b)学习活动是有主题的,要帮助学生意识到自己的学习策略,自我调控技能,这些策略之间的关系和实现学习目标的技能(反思策略)。

(c)有关学习活动的认知,元认知和情感要素之间的互动是主要的基本的(情感原则)。

(d)要时常提醒学生不断意识到知识和技能的应用及功能(功能原则)。

(e)教师和学生应努力在有情境的实践中去进行迁移和概括(转移策略)。

(f)学习策略和自我调控技能需要在充足的时间内、适当情境中,有规律地进行练习(情境原则)。

(g)学生应该被教会如何调节、诊断和修整他们自己的学习(自我诊断原则)。

(h)指导应以这样的方式来设计,即在学习活动的质与量之间要有完美的平衡(活动原则)。

(i)学习活动的责任应逐渐地转移到学生身上(支柱原则)。

(j)特别对于年轻些的学生来说,与父母和其他成年人的关系应得到重视,这样才能监督针对自我调节的学习的最初尝试(监督原则)。

(k)学生之间的合作和讨论是必要的(合作原则)。

(l)需要更深层认知处理的更高级认知学习目标应被强调(目标原则)。

(m)新的论题是在它成为现存知识和先前认识的固定部分时被学到的(先前认识原则)。

(n)指导要依学生当前的概念而量身定做(学习概念原则)。

并非所有的指导项目都要包括所有以上原则。不过,越多依据以上原则的项目就有可能越有效。

4. 元认知指导所需的时间

大体而言,在大多数指导项目中分配给元认知指导的时间太少,这种断言并不就是说短期培训项目没有效果。一项对成年学生学习外语单词进行的研究表明,一小时内就获得了让人难忘的效果(Simons and De Jong)。然而,与此同时,对于年龄小些的儿童,能力欠缺的和有学习障碍的学生,短期项目总的说来成效不大。较长的指导比短的可能更有效,虽然目前仍需要对元认知教学指导项目的最适宜时间进行研究。

5. 元认知教学的作业

用于元认知教学的作业应该具有生态有效性。换句话说,它们应该与学生在校内外经常遇到的任务类似。如果可能的话,学生应该在学校就掌握这些作业并以此为依据来系统地监督和评价他们的表现。没有达到这些标准的作业经常被认为与学生无关。

此外,布置给学生的作业应该难度适中,如果作业太容易,学生就会依赖日常和自动的程序而不必进行过程调整。过于困难的作业也是有问题的,比如当成绩好和成绩差的学生都同样被布置了一项很难的作业,成绩差的学生就不会去做,学习好的学生则会不顾是否努力有效、是否有进展的事实,而一直试图完成这一作业(Simons and Liew-On

1991)。

最后,布置给学生的作业应与"现实世界"的作业类似。虽然从检查迁移和概括能力等问题的实验研究视角来看,不相似的作业是适宜的,但也必须认识到,从指导中的作业转到极不相似的作业,对于大多数学生来说,发生学习迁移的可能性是极其微小的。

6. 元认知教学的"地点"

由于用于元认知教学的作业应当尽可能具备生态有效性,因此这些作业应最好在学校的课程中布置。不过,将元认知指导寓于学校教学之中并不是没有问题,它常使学生感到困惑,因为除了仅仅学习和解决问题之外,还要求学生调节与学习和解决问题有关的过程。

普拉沃特(Prawatt 1991)为这种两难境地提供了一个解决方案。他建议发展"浸入式"方法,教师在学生无需要太多注意的情况下激活学生的调节技能。结果是,这些技能在最初阶段并没有被学生看作是竞争性任务,只有在它们经过学生的实践和显示出有效性时它们才会引起学生的注意。

7. 元认知研究的方法论问题

在1990年的辩论中,为了对元认知有更大的理解,有几个方法论问题需要解决。这些问题可分为三类:实验设计、实施的精确性、对元认知效果的评价。

7.1 实验设计

一个重要的问题就是恰当地控制群体的构成。由于只有缺乏一定策略和技能的学生才应该接受指导,因此最好的控制群体应包括同样缺乏教学的策略和技能但并没有被挑选出来进行指导的学生。当然,在这种情况下,随机分组是必要的。

当布置随机分组不可能时,已经掌握了技能的成绩好的学生就可以被看作"控制群体",虽然从传统意义上讲这些学生并不构成控制群体,但他们比完全没有"控制群体"显然要更好,元认知指导的目标就是把成绩好的学生的有规律运用的策略和技能教给成绩差的学生,从这方面来说,成功的元认知指导应该用来减少或消除需要元认知指导的差生和不需帮助的优生之间的最初差异。

7.2 实施的精确性

第二个方法问题涉及是否指导性项目的设计者们所设想出的元认知指导事实上只在实验班存在而并不会出现在控制班里。有许多有意的介入被完全曲解的例子。在其他的案例中,虽然研究者极力反对,但控制组学生还是被给予指导,最终学生自己也会由于无法胜任或完成所布置的任务、或者无法运用提供的材料或获得指导帮助而扭曲这些介入活动。

7.3 对元认知效果的评价

第三个方法问题发生在对元认知指导效果的评估上。通常元认知指导的目标是以"处理"术语来陈述的,也就是说,指导要用来改变学生处理信息的方式(总结信息,监督他们对信息的获取),在影响学生学习效果的因素中,元认知指导只起到间接的作用。过程评估并不总是很容易设计,很有效地使用或依其技术质量来说,并不是很有效果(例如,有效性、可靠性)。尽管如此,适当的评估技术的可用性及对它们的运用是理解元认知和改进元认知指导的关键。

8. 元认知指导未来研究的准则

基于前面的讨论,这里提供一套对意在增加或改进元认知的研究进行设计的指导方针:

(a)发展一种最有可能产生所期望结果的指导性计划,并在系统渐进地实施之后检查计划要素的有效性。

(b)通过比较优生与差生、熟练者与新手及各种理论框架作品之间的差异,得出指导计划的内容。

(c)发展一项指导计划,并至少应包括以下的目标:元认知意识、规则技能、学习技能和情感——动机技能。

(d)在评价计划的效能时,要用缺乏策略和技能(这些策略和技能是计划的目的或目标)的学生。这需要对学生当下的元认知水平做出判断。

(e)扩展计划所包括范围以确保学生拥有合理的机会来获取所教的元认知策略和技能。

(f)在计划实施中和完成后都要对其效能进行

评估。

(g)合并具有生态效应及多样和难度适中的计划任务。

(h)使用效能评价手段来评估直接成绩,学习的“近迁移”和学习的“远迁移”。使指导情境化会推进“近迁移”,而策略与技能的非情境化为促进“远迁移”。要确保对学习过程进行监督,而不是学习的产品或结果。

(i)在现实的学校环境中,使指导与元认知相结合,将学生溶入元认知学习中。

(j)运用控制组,控制组由相似的学生组成(被给予随机分配或控制组的学生)或由成功实施计划基准的优生组成。

(k)要监督计划的实施以确保其按预期的设想执行,同样也要监督控制群体以检查他们有可能被教授的策略和技能。

9. 结论

能够理解和调节人类思考什么和如何思考,对于大大提高教师的教学能力是极其重要的。向学生提供元认知策略和技能使得他们能够协调和满足范围广泛的教育情境和形势的需要。虽然一些学生看起来几乎很自然地运用此种策略和技能,但大多数学生在遵循高效元认知指导原则的情况下,他们能够被教会掌握和运用这些策略和技能。

P. R. J. 西蒙斯(P. R. J. Simons)　著

王文静　译

附录

De Jong F P C M 1987 Differences in the self-regulation processes between successful and less successful students and the prediction of learning performances in the case of comprehension and learning of text. In:Simons P R J, Beukhof G (eds.) 1987 *Regulation of Learning.* SVO-Selecta, The Hague

De Jong F P C M, Simons P R J 1988 Self-regulation in text processing. *European Journal of Psychology of Education* 3(2):177—190

Prawatt R 1991 The immersion approach to learning to think. *Educ. Researcher*

Salomon G, Perkins D N 1989 Rocky roads to transfer: Rethinking mechanisms of a neglected phenomenon. *Educ. Pcychol.* 24(2):113—142

Simons P R J 1989 Modifying the regulation processes of learning: Two exploratory training studies. *Canadian Journal of Educational Communication*18(1):29—48

Simons P R J, Lodewijks J G L C 1987 Regulatory cognitions during learning from text. In: De Corte E, Lodewijks H, Parmentier R, Span P (eds.) 1987 *Learning and Instruction: European Research in an International Context*, Vol. 1. Leuven University Press/Pergamon Press, Oxford

Simons P R J, Liew-On M 1991 Breadth of orientation: Individual differences and training. In: Carretero M, Pozo M, Pope M, Simons P R J (eds.) 1991 *Research on Learning and Instruction.* Pergamon Press, Oxford

Simons P R J, De Jong F P C M in press Self-regulation and computer-aided learning. *Appl. Psychol.*

Vermunt J D H M, Van Rijswijk F 1988 Analysis and development of students'skill in self-regulated learning. *High. Educ.* 17(6):647—682

其他参考文献

Bereiter C, Scardamalia M 1989 Intentional learning as a goal of instruction. In: Resnick L B (ed.) 1989 *Knowing, Learning, and Instruction: Essays in Honor of Robert Glaser.* Erlbaum, Hillsdale, New Jersey

Collins A, Brown J S, Newman S E 1989 Cognitive apprenticeship: Teaching the crafts of reading, writing, and mathematics. In: Resnick L B (ed.) 1989 *Knowing, Learnign, and Instruction: Essays in Honor of Robert Glaser.* Erlbaum, Hillsdale, New Jersey

Flavell J H 1979 Metacognition and cognitive monitoring: A new area of cognitive -developmental inquiry. *Am. Psychol.* 34:906—911

Palincsar A S, Brown A L 1989 Instruction for self-regulated learning. In: Resnick L B, Klopfer L E (eds.) 1989 *Toward the Thinking Curriculum: Current Cognitive Research.* Association for Supervision and

Curriculum, Arlington, Virginia

问题解决能力的教学与测评(Problem-solving, Teaching and Testing for)

有关问题解决的教学和评估已经成为教育的中心问题，就像查尔和西尔弗(Charl and Silver 1989)所说，“从1980年起，有关问题解决的教学和测评就成为教师、教师的指导者、课程制定者和教育管理者们有着浓厚兴趣的话题。许多教育者逐渐认识到问题解决在课程中的重要作用”(P.5)。国内国际上对教育进展的评估也对提高人们对评估和提高学生解决问题能力的兴趣做出了贡献。

1. 问题解决在哪些方面可以被教授

“问题解决能力”一词有几个定义并与各种不同的理论结构相融合。通过在历史背景下审视现代研究就会增强对问题解决能力研究的理解。

1.1 “可教授的问题解决”的定义

问题解决教学可以用不同的方式来定义。从一个狭隘的角度来看，问题解决能力教学的目的是要提高学生在包含日常问题(与学生在被指导过程中遇到的一致或相似的问题)在内的记忆测试中的成绩。比如，做像 56 - 43 = ____ 这样的两位数减法练习就有可能提高像 67 - 42 = ____ 这类相似练习上的成绩。

从某种视角来看，问题解决能力教学的目标就是要提高学生在迁移包括非常规问题(即此前没有解决的问题)在内的测试上的成绩，比如帮助学生增强对两位数值理解的以概念为基础的指导，会使学生能够将他所学到的像 56 - 43 = ____ 这样的两位数减法的运算方法用来解决像 567 - 423 = ____ 这类的三位数减法。与被称为“记忆教学”的狭隘性相比，这种可被称为“迁移教学”的更广阔视角与问题解决的定义更加一致。因此，问题解决教学被恰如其分地定义为教会学生有能力解决他们从来没解决过的问题。

1.2 “可教授的问题解决”的理论框架

迈耶(Mayer 1989, 1992) 在为问题解决能力教学设计有效的计划时，总结出三个主要问题：教什么，如何教，在哪儿教。首先，问题解决能力可以被作为一个单一、整体的能力来教学，可以通过训练和练习得到加强(比如数学解题技巧和语言技能)，或者作为一个更小的组成技能的集合来教学，这些技能可以被分别教授(比如如何阐述问题，如何设想解决方案，如何监控某人的理解)。第二，问题解决能力可以通过强调问题解决能力的成果来教学(像得出正确答案)，或通过强调问题解决能力过程来教学(也就是用来得出正确答案的方法或步骤)。第三，问题解决的教学可以在一个综合的、没有领域限制的情境中进行，以期在跨领域情形中或在像数学、理科、文科或写作等特定学科领域情境中提高迁移能力，使得学生能够在某个特定领域内也能运用问题解决能力策略。虽然对成功和失败的(未证明的)问题解决计划的回顾并没有给这些问题提供明确的解决方案，但研究表明，当问题解决教学集中在教学综合技能而不是单一的抽象能力，集中在过程而非结果，集中在特定领域而非无情境限制环境时，其效果是最佳的(Mayer 1989, 1992)。

1.3 “可教授的问题解决”的历史

一个教育工作者始终关心的问题就是如何将问题解决教给学生(Chipman et al. 1985, Mayer 1989)。在18世纪早期，人们创办了拉丁语学校来为学生提供适当的“思维习惯”(Pippa 1980)，在20世纪80年代和90年代早期，学者们又发展了更多适当的思维技能项目。然而遗憾的是，对于许多问题解决课程来说，研究者们并没能找到令人信服的证据来证明在某一领域内提高问题解决的尝试会顺利地迁移到其他不同的领域中(Mayer 1987)。大体上，可迁移的问题解决技能教学的尝试，从教育心理学的角度来看，它的历史是让人失望的，这使得迈耶极力反对“问题解决的可教方面的令人难以捉摸的探索”。不过与此同时，一项有关问题解决项目的调查让人们完全看清了有效的问题解决指导的特征。

第一个对在校学生进行问题解决教学的重要尝试是拉丁语学校运动(Rippa 1980)。拉丁语学校的动机原则是正规训练的教义。这一思想认为，像拉丁语和几何学这样的学科学习应该能够提高学生的智力训练，由此从总体上改善他们的思维。虽然这一教义在20世纪上半期仍旧是广为流行的理论，但桑代克和他的同事们（Thorndike and Woodworth 1901）进行的调查研究却没能找到学习拉丁语会对其他领域的学习和问题解决能力有积极影响这一思想的经验支持。基于这些发现，桑代克提出了同等要素理论，认为学习的迁移只有在当特定成分既是先前学习材料的一部分又是新学习材料的一部分时才会发生（Singley and Anderson 1989）。

在20世纪30年代和40年代，教育工作者在工业界首创了创造力培训计划（Crawford 1954，Osborn 1963）。早在1931年，克劳福德（Crawford 1954）就在一个工业环境内开设了教授创造性思维的课程，包括帮助设计师为改善产品而创造新点子的技巧。此后不久，奥斯本（Osborn 1963）帮助开设了培养头脑风暴的创造力课程。在这个课程中，一组学生尽最大可能多想出主意而不去评价其中的任何一个。遗憾的是，关于此类计划几乎没有留下任何科学数据（Bouchard 1971，Weisberg 1986），而且基于实验室研究的成果也使人对头脑风暴之类的技能的有效性产生了怀疑（Taylor et al. 1958，Weisskopf Joelson and Eliseo 1961）。

在20世纪50年代，问题解决能力计划开始出现在大学里。比如布卢姆和布勒德（Bloom and Broder 1950）就向大学生讲述如何通过描述在解决特定领域中的问题时运用的思考过程和倾听专家自己解决问题的过程，并将两种描述相比较来解决考试中遇到的问题。结果显示，这项计划在提高学生考试成绩方面是成功的。因此在这种情况下，问题解决能力的指导就通过集中于综合技能，强调过程和学科领域内的教学达到了成功计划的3个标准。

在20世纪60年代，问题解决能力计划是为中小学而开发的。比如创生性思维计划（Covington et al. 1974）就通过让小学生阅读一系列有关神秘故事的类似卡通的图书，教给小学生诸如想点子、问问题和重新阐述问题的技能。学生们有机会去模仿书中一些人的思维过程，比如两个孩子和一个叔叔，在试图揭示故事的神秘性时他们也就描述了自己的思维过程。评估研究已经显示这项计划提高了学生在解决像图书中出现的问题的能力，但没有更多的证据表明在其他方面他们的问题解决能力也提高了（Mansfield et al. 1978）。这项计划也达到了成功计划的三个标准：诸如关注“提出假设”之类的综合技能、模仿他人思维过程和提高特定领域内的问题解决能力。

从20世纪70年代起，发展了各种不同的计划被运用于学校，它们包括CORT（DeBono 1985）、手段扩充（Fauerstein et al. 1985）和奥德赛计划（Chance 1986）。CORT计划通过向学生描述技能、在解决特定问题时运用技能时给学生以指导，从而教给学生诸如如何建立目标，如何对某一观点进行评价等特定的技能。虽然这一计划在全世界的学校被广泛使用，包括它的发源地英国，但却没有关于该计划有效性的适当的证据，从而也就没有对有效性的支持（Polson and Jeffries 1985 P. 445）。手段扩充计划是从以色列发展起来的多年性计划，对象是那些学校行政管理人员可能认为智力迟钝或缓慢的学生。通过与指导教师的互动，学生们学会如何解决包括空间和数学等非言语智力测试中可能出现的各种不同的问题。虽然这项计划需要大量时间，但评估研究却显示这种训练对于学生的空间、数学和非言语推理能力有积极的效果。

最后一项奥德赛计划是从委内瑞拉发展起来初级水平计划，目标是教会学生总结模式一类的具体技能。通过与同伴、指导者的互动，也通过自己的努力，学生学会解决一系列诸如决定在一系列几何图形后会出现什么等等的问题。经过一年的训练，参加训练的学生比没有参加训练的学生在解决诸如训练中给出的问题时表现要好得多，但在解决与训练中不相似的问题时，表现只是略好一点。从对思维技能计划的研究中得出的模式为：在具体领域内，运用建立在过程基础上的方法教会学生综合技能是可能的。

2. 问题解决的可检测方面

对问题解决能力的测评是指，评价一个人在多大程度上能够成功地解决问题，或指描述一个人用以解决问题的过程。一个测试作为反应评估手段的例子是一个多项选择检测,这项检测会给学生一个算术故事题,并要求学生选择正确答案。大体上,这种方法关注问题解决结果,使用需要单项答案的短小题目及不需大量迁移过程的问题。一个测试作为过程描述方法的例子是一项成绩测试,这项测试给学生一些实验室设备像烧杯、天平和点滴器等,并要求学生决定三张纸巾中的哪一张含的水分更多(Baxter et al. 1992)。一般来说,这种方法重在强调问题解决的过程,涉及需要不止一个单一答案的现实问题,并要求问题解决者能够想出新颖的解决方式(Wiggins 1989)。

问题解决的评估涉及三个方面:检测什么,如何检测和何处检测。首先,检测可以集中在列表显示正确和不正确的反应数量上,也可以集中在问题解决者使用的认知过程和策略上。如果检测集中在解决问题的成果上,那么题目就要求有一个最终的答案。与之形成对照,如果检测集中在问题解决过程上,那么题目就会对诸如问题解决者如何阐述问题,如何制定解决方案,以及如何监督解决问题的进展之类的过程进行评估。其次,至于如何检测,测试题可以给出一系列短小的题目,对单独技能进行检测或者要求问题的解决者在各种不同技能相互交织的现实课业中进行更高级的问题解决。再次,在何处检测的问题,牵扯到是依靠指导中提供的常规问题还是依靠要求问题解决者想出新颖的解决方法的非常规问题。虽然问题解决测试传统上侧重于常规的短小问题的正确回答的数量,但近期的趋势却涉及描述人们在非常规的现实问题上的认知过程(Baxter et al. 1992, Frederiksen and Collins 1989)。

大体上,有利用价值的问题解决测试应该是有效的、可靠的和客观的。有效性是指测试要去评估它预期要评估的东西。因此,比如说数学测试中就不能完全只要求对所记忆的历史事实进行回忆。成绩测试通过运用现实的任务有可能增强其有效性,而传统的多项选择测试题如果只对个别技能进行单独评估,那么就会缺乏有效性。由于这一原因,成绩测试就可以被看作称为可信的评估的例证。而且,由于题目的制定可以随被测者的行为而变化,比如举手回答的情况或能够互动的影碟系统,这就要考虑到成绩测试被看作动态评估的例子的情况(Compione and Brown 1987, Feuerstein 1979)。可靠性是指检测结果应该是一致的,也就是说在每个测试中,一个人的得分大体上是相同的。因为以成绩为基础的测试要顾及许多关于答案的可选择方法,它们就可能不如传统的检测方法可靠。不过我们可以运用几种不同类型的问题来部分地弥补这一缺憾。客观性指的是不同的分数或等级应该得出相同的结果。虽然多项选择测试有着高度的客观性,但有着明确规定的编码程序能够使得以成绩为基础的测试取得可被接受的客观性。

3. 结论

问题解决的教学(要求要理解教学内容)与问题解决的测试(要求详细阐明所学内容)有着错综复杂的关系。如果问题解决教学的目的是提高学生在遇到新问题时的认知处理能力,那么问题解决评估的目的就是要描述学生在解决问题时所使用的认知程序。尼克森(Nickerson 1989)指出:“对能够更好地评估思维的测试的需求被广泛认可。”为满足这种教育需求,就要在将来对问题解决的教学和评估方面有所发展。这些发展包括设计和运用教师为更高级思维而编写的测试题,同时也包括大规模标准化的测试项目中的更高级思维(Linn 1991)和运用检测来诊断出能够被矫正的问题解决处理中的不足(Bejar 1984, Brown and Burton 1978)。

R. E. 迈耶(R. E. Mayer) 著

王文静 译

附录

Baxter G P, Shavelson R J, Goldman S R, Pine J 1992 Evaluation of procedure-based scoring for hands-on science assessment. *J. Educ. Meas.* 29:1—17

Bejar I I 1984 Educational diagnostic assessment. *J. Educ. Meas.* 21(2):175—189

Bloom B S, Broder L J 1950 *Problem-solving Processes of College Students: An Exploratory Investigation.* University of Chicago Press, Chicago, Illinois

Bouchard T J 1971 What ever happened to brainstorming? *J. Creat. Behav.* 5(3):182—189

Brown J A, Burton R R 1978 Diagnostic models for procedural bugs in basic mathematical skills. *Cognit. Sci.* 2(2):155—192

Campione J C, Brown A L 1987 Linking dynamic assessment with school achievement. In: Lidz C S (ed.) 1987 *Dynamic Assessment: An Interactional Approach to Evaluation Learning Potential.* Guilford, New York

Chance P 1986 *Thinking in the Classroom: A Survey of Programs.* Teachers College Press, New York

Charles R I, Silver E A (eds.) 1989 *The Teaching and Assessing of Mathematical Problem Solving.* Erlbaum, Lawrence, Hillsdale, New Jersey

Chipman S F, Segal J W, Glaser R (ed.) 1985 *Thinking and Learning Skills. Vol. 2: Research and Open Questions.* Erlbaum, Hillsdale, New Jersey

Covington M V, Crutchfield R S, Davies L B, Olton R M 1974 *The Productive Thinking Program.* Merrill, Columbus, Ohio

Crawford R P 1954 *The Techniques of Creative Thinking.* Hawthorn, New York

DeBono E 1985 The CORT thinking program. In: Segal J W, Chipman S F, Glaser R (eds.) 1985 *Thinking and Learning Skills. Vol. 1: Relating Instruction to Research.* Erlbaum, Hillsdale, New Jersey

Feuerstein R 1979 *The Dynamic Assessment of Retarded Performers: The Learning Potential Assessment Device, Theory, Instruments, and Techniques.* University Park Press, Baltimore, Maryland

Feuerstein R, Jensen M, Hoffman M B, Rand Y 1985 Instrumental enrichment, an intervention program for structural cognitive modifiability: Theory and practice. In: Segal J W, Chipman S F, Glaser R (eds.) 1985 *Thinking and Learning Skills. Vol. 1: Relating Instruction to Research.* Erlbaum, Hillsdale, New Jersey

Frederiksen J R, Collins A 1989 A systems approach to educational testing. *Educ. Res.* 18(9):27—32

Linn R L 1991 Dimensions of thinking: Implications for testing. In: Idol L, Jones B F (eds.) 1991 *Educational Values and Cognitive Instruction: Implications for Reform.* Erlbaum, Hillsdale, New Jersey

Mansfield R S, Busse T V, Krepelka E J 1978 The effectiveness of creativity training. *Rev. Educ. Res.* 48 (4):517—536

Mayer R E 1987 The elusive search for teachable aspects of problem solving. In: Glover J A, Ronning R R (eds.) 1987 *Historical Foundations of Educational Psychology.* Plenum, New York

Mayer R E 1989 Teaching for thinking: Research on the teachability of thinking skills. In: Cohen I S (ed.) 1989 *The G. Stanley Hall Lecture Series*, Vol. 9. American Psychological Association, Washington, DC

Mayer R E 1992 *Thinking, Problem Solving, Cognition*, 2nd edn. Freeman, New York

Nickerson R S 1989 New directions in educational assessment. *Educ. Researcher* 18(9):3—7

Osborn A E 1963 *Applied Imagination.* Scribners, New York

Polson P, Jeffries R 1985 Instruction in general problem solving: An analysis of four approaches. In: Segal J W, Chipman S F, Glaser R (eds.) 1985 *Thinking and Learning Skills. Vol. 1: Relating Instruction to Research.* Erlbaum, Hillsdale, New Jersey

Rippa S A 1980 *Education in a Free Society: An American History.* Longman, New York

Singley M K, Anderson J R 1989 *The Transfer of Cognitive Skill.* Harvard University Press, Cambridge, Massachusetts

Taylor D T, Berry P C, Block C H 1958 Does group participation when using brainstorming facilitate or inhibit creative thinking? *Admin. Sci. Q.* 3(1):23—47

Thorndike E L, Woodworth R S 1901 The influence of improvement in one mental function upon efficiency of other functions. *Psychol. Rev.* 8:247—261

Weisberg R W 1986 *Creativity: Genius and Other Myths.* Freeman, New York

Weisskopf-Joelson E, Eliseo T S 1961 An experimental study of the effectiveness of brainstorming. *J. Appl.*

Psychol. 45:45—49

Wiggins G 1989 A true test:Toward more authentic and equitable assessment. *Phi Del. Kap.* 70(9):703—713

学生的认知加工和学习(Student Congnitive Processing and Learning)

在20世纪中期,关于学习和教学如何促进学习的观念经历了一个变化过程。一种新的学习观——认为学习者适应教学环境中展开的事件——代替了那种把学习者的行为看成是被教学刺激所控制的观点(Anderson and Gates 1950)。深入到这种适应过程的研究的目的是找出设计教学环境的原则,这些原则可以详细说明"能最有效地在个体内植入一种学习意向的经验……一个知识体最容易被学习者所掌握的结构化方式……表征将要学习的材料的最有效顺序……在学和教的过程中奖励与惩罚的本质和步骤"(Bruner 1964)。心理学与教学研究间的重新联合,将在更广泛的认知革命背景下遍及教育心理学领域(Glaser 1982)。经过了40年的研究积累之后,关于学习、教学和学习者的观点将会极大地发展。

引领理论和研究的新的学习观把学习者描述为积极探索的行动者。认为学习者是"积极的"暗含着他(她)持续不断地投入到对自我和环境的认知之中。认知中相互起作用的因素是学习者的知识智力结构和学习者当前对环境中的事件、人物和事物的感知。这些感知以学生现有知识的形式发展着。因此,这一观念强调学习者的现有知识在教学中固有的中心作用。这种现有知识是作为理解教学的背景和在学校科目中建构新成果而起作用的。

把学习者的特征描述成"探索的"的观点,强调当学生参与到教学环境中时其所建立的假设框架及检测所起的中心作用。理论上说,学生就身边的问题创造临时性模型和理论:例如,怎样参加一门探索课程,怎样解释为什么一些重的物体会漂浮,怎样得到同伴的接受和怎样获得个人满足。探究现象的方式、系统模型和理论是所要学习的事物本身,也能成为学生探究的对象。

最后,承认学习者是"行动者",就是承认学生不只是观察周围事物并从中接受可以获得的信息。学生不只是观察与接受,他们也朝着预定目标以及从同伴、一篇课文或者教师那里所暗示的方向迈进。这样,学习者在教学环境中塑造和采取自己的行动。这些身心行动引出他们为指导随后的思想和行动而寻求的信息。通过这种方式,学生共同创造了包含教学任务和产生有指导意义的学习的事件。

1. 描绘认知和教学的框架图

为了描述当学习者参与教学时认知操作的认知方式和信息种类的特征,许多模型已经被提了出来。先于本词条的文献资料在温(Winne 1985,1991a,1991b)和维特罗克(Wittrock 1986)那里得到了总结。图1提出了一个描绘学习者在教学中的一个认知活动模型。

它包括三大类变量:学习者的特征、教学任务的特征和当学习者与教学任务相互作用时发生的事件。其他当代的教学认知模型的差异基本上在于其所归入到不同类的变量上。图1中的变量也是其他模型中的变量的代表,它们显然不是详尽无遗的。

图1不能被理解为它表明变量值或变量之间的关系是静态的。变量之间一直是相互决定和相互作用的。也就是说,一类变量中的一个变量的变化可以影响同属一类的其他变量,而且可能影响其他类中的变量。依次地,被影响的变量可能会导致其他变量的变化,包括最初被关注的那个变量。在这个互相决定的系统中识别出一个单一的"原因"是困难的,因为在观察变化时选择哪一部分是任意的。比如考虑某课本某章的某一节标题的情况。在学生阅读这一章时,似乎是这个标题(任务环境的一个特征)引导学生去检索(当学习者与课文相互作用时发生的一个事件)一些特定的现有知识(学生的一个特征)。然而,在此之前,当课本的作者在写这一章的时候,插入这个标题(任务环境的一个特征)的决定,可能是作者建立在对一个普通读者可能拥有的现有知识(学生的一个特征)的估计和关于怎样引导学生去检索现有知识才能帮助他

们构建对这一章中的信息的理解(当学习者与课文相互作用时发生的一个事件)基础之上的。那么,在这一过程的早期,学习者的现有知识的特征通过影响作者在课文中插入标题而影响任务环境。

2. 学习者的特征

学习者的特征为学生怎样互动地理解和确定教学任务的性质提供了资源也设置了限制。在信息加工模型中,这些特征主要有两大类:(a)进行信息加工的认知系统的特征;(b)学生记忆中再现的知识(信息)类别,这两大类特征既是信息加工的产物又是信息加工的工具。

2.1 信息加工系统

人的心智是一个生理和物理系统。因此,它的功能部分地受到人的物理结构的影响(Newell 1990)。当学习作为人类生理系统特征的部分功能时,那些特征很少对课堂学习或自学产生直接的、能被观察到的影响。然而,这里有两个例外值得注意。

工作记忆被比喻为信息加工的心智场所。它的信道容量或广度是有限的。这种容量是大脑的神经生理特性和被加工信息的特征相联合的功能。大约5±2个信息加工事件可以被同时执行,比如在记忆中保存概念性知识或以程序性知识为基础执行某种惯例。知识的结构性越强——概念性知识的模块化或图式化,程序性知识的序列化和自动化——工作记忆的容量就越大。这就解释了与新手相比,专家怎么会显得有更强的工作能力。事实就在于专家在大约相同的"心智容量"里使用了高度结构化或自动化形式的知识,而新手则在其中加工"密度"相当低的信息。总之,工作记忆的特性和信息的结构的特征的相互作用共同影响着教学中学习的信息加工过程。

在教学中,心智的物理特性会明显地影响信息的加工过程,这种影响在学习者神经有问题时,尤为明显。

2.2 知识

知识的形式和关于知识的理论是大量的(Alexander et al. 1991)。图2通过区分知识的两种呈现形式——陈述性的和程序性的,知识的两种意识水平——内隐的和外显的,知识的三类信息——概念性的、元认知的和社会文化的,修正了亚历山大(Alexander)等人的模型:

陈述性知识是描述性信息或"是什么的知识"。它是静态的,除非通过学习而改变它,许多术语描述陈述性知识在记忆中被组织或贮存的组织状态。比较常用的术语是类比、模块、概念、框架、意象、隐喻、命题和图式。

程序性知识是一些规则,经常被称作"条件—行动"规则或"如果—那么"规则。因为只要特定条件得到满足,这种知识就会起作用。一种类型的程序性知识根据一些情形的特性而对它们进行区分。条件性知识被认作这一类的典型,因为它定义了什么时间、什么地点和为什么陈述性知识或一个

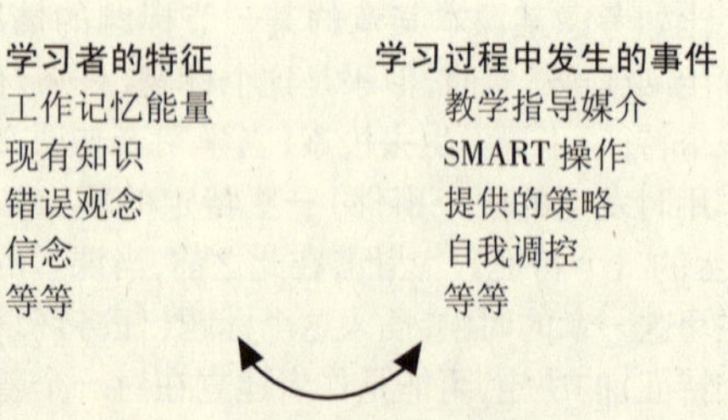

图1 教学信息加工的情境模型

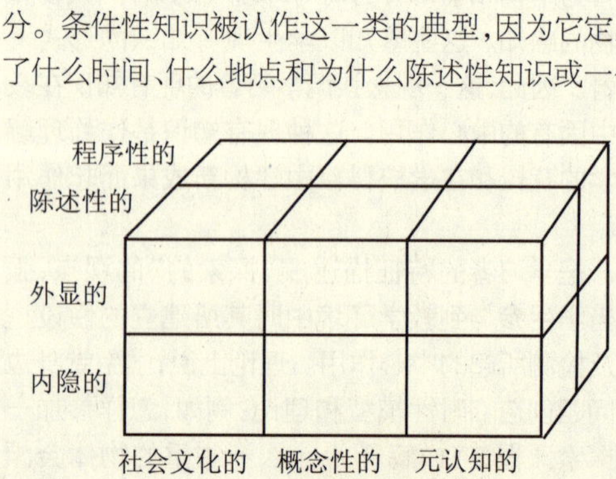

图2 知识多面体的面

规则是相关的。条件性知识在学生使用认识策略中扮演着中心角色。第二种类型的程序性知识被简单地认作一种规则。它作用于转化知识的信息，比如把信息转化成一种可视图像。程序性知识构成学生行动过程的基础，例如在为学习作准备时组织材料和周围环境。应用程序性知识所获得的结果的确定性可以变化。因此，产生确定性成果的程序有别于可以预见结果但不能确定最终结果的启发法。一些规则的条件由其他规则的执行而得到满足，这样的一系列规则被称为生产式系统。

内隐知识(Polanyi 1960)是学习者拥有的影响认知加工但学习者没有真正意识到的知识。它之所以被认为存在是因为迄今为止还不可能以外显的可以报道的知识形式的术语来完全说明信息加工过程及其成果。伊朗－尼加德(Iran-Najad 1990)假设存在着学生通过经验积累的认知性局部的和相对独立的程序的知识单元。这些单元是“动态的”，也就是说，它们自动地加工信息并且与工作记忆中发生的加工过程同时进行，但又置于工作记忆之外。这种知识的动态成分可以构成内隐知识。因为它们独立于工作记忆之外，所以解释了内隐知识是显而易见的难解之迷。

显性知识是学习者可以有意识地审查的知识，包括通过变成“思维的对象”而转变成显性形式的内隐知识(Prawat 1989)。亚历山大等人(1991)区分了两种显性知识：概念性知识和元认知知识。这两种知识又可以进一步细分。

根据亚历山大等人的看法，概念性知识有两大类。首先是内容知识，它是学生拥有的关于他或她的物理的、社会的和精神的世界的知识。它可以被非正式地使用，尤其在学校情境中，它可以被正式归入到学习领域，比如拼字、科学、音乐、体操和艺术。话语知识是概念性知识的第二个主要类别。它描绘关于语言的一般形式和功能的信息，以及其他的用来表征和传达概念性知识的符号系统。在正式研究的领域，话语知识对那个领域来说可能是独一无二的，也可能加强在那个领域中开发新知识的程序。例如，在科学研究中，文本结构、数学公式和图解符号系统的混合体可以在学术课本中找到。这些同样的话语结构被科学家广泛地用来作为拓展他们研究领域的知识的工具。

正如上面描述的那样，学生现存的或现有的内容知识对于信息加工过程和成果获得有着巨大的影响(Perkins and Simmons 1988)。错误概念会阻碍对教学中呈现的信息的准确理解。同样，学生也许在转化和综合以不同话语体系所呈现的信息方面有困难，比如文字和数学表达(Dee Lucas and Larkin 1991)。因为他们缺少关于这两个体系是怎样一致的知识。有了关于这些结构是什么和它们是怎样被用作图式而建立和检查理解的指导，在回忆、问题解决和迁移中，积极的效果就能被观察到(Cook and Mayer 1988, Fuson and Winis 1989)。

元认知知识就是为学习者提供积极地探索知识的方式的那种知识。它是对知识的反映进行描绘的二级建构或关于知识的知识，以及学生调节认知和行为的程序。由于元认知是一种需要努力的有意识的认知，图 2 中和内隐知识相交的单元被重新塑造以显示这个模型的各个因素不是完全独立的。亚历山大等人(1991)区分了相互联系的元认知知识的 4 个方面：任务知识、自我知识、策略知识和目标与计划。

任务知识是学生观察任务所在环境和任务自身特征的知识。它是由学生的与类似于当前提到的与这个任务相关的现有知识以及由老师、同伴或任务方向提供的知识所组成的一个混合物。任务知识的典型方面包括：对任务进展和最终成果进行评估的标准数量和明晰度、为完成任务所分配的时间、完成任务可以获得的资源，以及完成任务的时间表及相关反馈信息。这些种类的知识为作业创造了一个稳定的背景要素。在有可以获得的资源和反馈的情况下，也创造了关于怎样去完成任务和与标准相关的作业进程的新的合宜的知识。

学生对任务可能有错误观念，它妨碍教学目的的实现。例如，安德森等人(Anderson et al. 1991)发现，低成就预期的一年级学生在处理阅读中的课堂作业任务时经常带着他们要“把作业完成”的理解而不是去理解任务中的信息，并且去发展策略以便完成那些被安排的任务。在这个例子中，学生对任务完成过程及其结果的评估标准的看法与从阅读中发展概念性知识和为阅读理解而强化程序性知识是对立的。

自我知识是由学生特有的对主题和教学任务的动机倾向以及学生关于学习的特征性信念组成的。这种知识对学习者采用何种目标和计划有着根本性的影响。温(1991b)描述了动机倾向的4个组成成分。"动因"是学生觉察到的与在特定任务中将要达到的目标相联系的价值,包括肯定的、中性的和否定的价值。"效能判断"是学生对在任务环境中实现目标的技能、能力和力量的信念,它与资源和制约因素相联系。产出是学生预想的专注于任务而可以获得的结果,这种专注借助于应用在进行效能判断时考虑过的知识和技能。"归因"是确定原因,比如个体能力或任务难度。这些原因解释为什么执行任务会产生预期的(或意识到的)结果。所有这种动机性知识结合成了一个任务的效用图景,它是相对于其他达成这一任务或其他任务的方法的。

策略知识是关于怎样在促进理解、学习、记忆和迁移的任务中加工信息的知识。更具体地说,策略知识是由认知程序组成的。学生用它们来建构和加工概念性知识以及发展和细化,加工策略知识本身。有四种主要的认识策略类型能够被识别出来,每一种可以再分为两种任务水平,即基础的和复杂的(Weinstein and Mayer 1986)。复述策略强化记忆,比如动脑筋复述信息或抄写课文。精细加工策略为编码建构联系,比如发展记忆术或利用现有知识使用类推法汇编新材料。组织策略促使汇编的新信息形成模块和图式,比如深化分类或转化和拓展新呈现的信息以形成空间地图。监控策略识别出作业中的缺点并指出改进它的修正之处。

要有效地使用策略知识,学生必须融合几种知识。首先,他们需要关于作为任务焦点的主题的概念性知识以及关于策略的概念性知识。后者包括策略的组成部分或步骤的知识(陈述性成分)、关于怎样执行这些步骤的知识(程序性成分)和关于在围绕特定任务所给定的环境中哪些策略合适的知识(条件性成分)。最后,他们需要关于任务、学习者自己、在任务情境中策略的执行和每一策略对作业的影响的元认知知识。

目标和计划是学生作为积极探索的行动者创造的心智构想。目标是表达将要达到的状态的多面体,它用前面讨论过的各种知识内在地融合了引起感情的因素(表达感情和情绪的信息)。计划是一种智力安排,它的范围涵盖着由小而集中的一个步骤的规则到重大的被精心策划的事件。计划为学生的信息加工提供了一个规划,设想学生如何实现教学任务。目标是学生专注于一项任务的"作为动机的原因",而计划为学生提供用于实现目标的教学知识。

社会文化知识是积累起来的态度和信仰的集合体,它是学生在一个社会文化环境中已经获得的经验结果。就它与教学的关系而言,它是教学的形式、内容和功能。这种教学已经从学生过去对多样化的教学任务的参与中得到了发展。社会文化知识典型地处于内隐水平,然而,它可以被直接地陈述出来,因此变得明晰起来。但是,作为内隐知识,社会文化知识能够影响信息加工,尽管学生并没有意识到它。

例如,奥托尼(Ortony)等人的一项研究显示,经常专心于轮流进行言语回击的被称作"玩十二打"的游戏的非裔美国儿童在文学任务中理解比喻性语言时很有优势。更一般地说,学生的包含着不同的社会文化规则的经验会影响他们辨认讲述者或讲演者对语言文字工具的应用的能力,以及辨认人物角色对强调不寻常事件的社会规则的背离的能力(Beach and Hynds 1991)。因此,内隐的社会文化知识的不同会影响学生从任务中收集什么和他们怎样判断任务的完成情况。

3. 教学任务和学生认知

教育学生是一种有意识的行为,教育者在此过程中努力改善学生需要的认知资源以便执行任务。如果教学是有效的,那么学生会发展出比完全自学更多的知识。也就是说,教育者假定,通过安排学生与课程信息的相遇和引导他们认知性地处理主题事物,教育目的的实现会比让学生自学更有效。因此,从教育者的角度来看,教学由以下几个要素构成:(a) 慎重安排;(b) 教学环境的特征;(c) 引导;(d) 学生能力的改变;(e) 执行;(f) 反映教学目标的特定任务。从学生的角度来看,参与教学有3个主要的方面:教学协调、学习和显示成绩。

对应于教学要素中的(b)和(c),学生观察教学环境的特征并决定如何利用它们。学生的感知和教师的引导相匹配是有效教学的第一步。比如,课文的作者可能用标题标示课文中的章节,或者教师用过渡性陈述去结束一堂课的部分内容并导入新的内容或活动。这些信息或教学调整是教师用以改善学生从课文中可能学习的东西的环境特征。

为了使教师的教学意图能够实现,学生必须把这些交流看成是一种特殊的信息,即将要学习什么和学习的方法的信息,而且,学生必须选择应用特殊的认知过程以便使现有知识与接下来所呈现的新的主题事物结合在一起。在实现这一任务的过程中,学生决定是否以及怎样参与教师创造的教学事件。

对应于教学中的(d)部分的是学生在教学环境中可以利用的、与现有知识一致的信息加工过程或学习。为了从课文或课堂中学习,学生必须在工作记忆中建构临时性的知识结构。例如,假设一个有用的图式,以理解课文中接下来所呈现的信息和课堂接下来的部分。然后,当面临有用的新信息时,学生必须把它与现有知识结合起来以便改变和拓展它。构成学生参与信息加工过程的这些动态事件形成了本词条第5节的主题。

对应于教学中的(e)和(f)部分的,是学生通过努力执行反映教学目标的任务来证实学习这一工作。例如,阅读了一篇课文或参与了一堂课的活动之后,学生可能被要求讨论和解决教师提出的问题,或设计一个要求运用刚给出的信息的活动。

4. 任务特征

因为任务的特征比起学生的特征相对地比较容易操纵和控制,数以千计的研究论文描述了数以千计的实验。在这些实验中任务特征均被当作独立的变量来研究。为了组织这种无限的多样性,任务的5个方面可以被区分出来:任务执行的条件,任务执行的操作,操作的结果,提供关于结果的反馈信息的评估,测定成绩的标准(Winne 1991b)。

温和马克思(Winne and Marx 1989)认为存在3种课堂任务执行的条件。它们包括将要学习的内容(陈述性知识和程序性知识)、设置(可利用的资源、社会特性和时间分配)和呈现方式的性质(媒介、目的和执行的提示)。那些面临学术性任务的学生发展了一种尝试性模式,以此来表征他们对于这些条件的理解。这调节着学生的目标、计划和对那些条件做出反应的认知加工的发展。

任务条件与学生决定一项任务的"认知负荷"的信息加工过程互相作用。认知负荷可以被认为是相对于学生的信息加工系统的性能而要求的一个比率。最适当的负荷值小于1但不能远小于1。各种变量的结合,比如信息呈现的频率、信息显示的持续时间、信息的意义、数量以及信息的复杂性,在操作上决定了一项任务的认知负荷。正如在本词条2.1中提到的,信息加工的性能是和学生现有知识的组织化程度或灵活程度相联系的。

任务的另一个重要方面是执行任务操作的控制点。教学模式在发现式环境与严重说教的环境之间变动。在前一种模式中学生控制大部分的任务操作;在后一种模式中教师控制教学事件。如果控制权交给学生,认知负荷就增加。因为学生必须控制大部分的信息加工。在多数情况下,当学习者被给予控制权时,他们常常在完全获得这个主题的知识之前就退出了任务。

5. 教学中的学习动态

本节检验图1中的变量与变量的种类之间的动态的相互作用。分两部分来描述:学习操作和促进自我调节。

5.1 学习操作

温(1991a)描述了学生在完成任务时运用的5种基本的认知操作:激活、监控、聚类、重演和转化。它们结合在一起形成了SMART操作。激活操作把信息从长时记忆中转移到工作记忆中,使它成为"思维的对象"。监控操作对活跃在工作记忆中的各项的特征进行匹配或比较。聚类操作在各项信息之间形成新的联系,重演操作使信息保持在工作记忆状态并把它转化到长时记忆中。最后,转化操作对信息进行解码。

这些SMART操作在一个学习任务中结合起来创造出3种主要的策略(Zimmerman 1989)。行为策略导致明显的行为的选择以进行某项任务。例如，学生在解答一篇课文中的问题之后可能通过寻找答案来寻求反馈。环境策略是学习者改变任务的条件以使它们更为有用。例如，学习者可能会更靠近教师，以得到更多的注意。最终，隐蔽策略是学习者用以引导学习的认知序列。例如，学习者可能会在内心总结一篇课文中的一节以提高理解。

虽然高度自动化的策略是内隐的，如当专家从事任务时没有对专门技能形成挑战，但是，当学习者遇到新材料或进行任务迁移时，要想获得更大的成就，就需要使用精确明晰的策略。当教育旨在帮助学生获得大量自动化内隐策略时，有效率的学习者同样必须有意识地调节自己的学习以应对挑战性的教学任务。这样的学习者被称作自我调节者(Paris and Byrnes 1989，Zjmmerman 1989)或自我指导者(Wang and Palincsar 1989)。

在自我调节学习的模式中，学生首先理解任务的条件。接着，以下三者在学生对任务要求的理解和他采纳的学习目标之间进行调适：对任务目标的价值感(动因)、对能力和学习的控制的判断(效能判断)和对学习中努力与能力的作用的信念(归因)。例如，面对低的成功预期，学生可能会选择逃避任务。相反，如果任务的目标有高的透发性而且学生有适度的自信，认为通过努力成功是能够获得的，树立一个目标来理解是可能的。

基于他们所采取的目标，自我调节的学习者会以现有知识为基础提出行动计划。这种计划的核心特征是依据目标来监控中间产物从而获得反馈。渐进地，学习者通过调整知识、动机性信念、目标和策略对那些反馈做出反应。因此，以学习者、任务和发生在学习中的事件等的动态参与为基础。伴随着任务的互动使“策略性地”展开着。

鲁梅哈特和诺尔曼(Rumelhart and Norman 1978)描述了3种机制，通过这些机制可以获得新的学习成果并在这过程中整合现有知识。积累机制包括用现有的一般图式监视新信息和把新材料编码成那个总体结构的特殊例子。当新信息与现有的图式不一致并重新组织现有知识以顺应新信息时，调整机制就起作用了。例如，一个把“狗”的概念进一步概括为包括所有长毛的、四条腿的动物的小孩，需要调整一个图式以把狗和猫区分开来。最后，当任何一种图式都不能完全包含新信息时或当现有图式不能充分地使新知识有意义时，重构机制就变得必要了。在这里，学生通过聚集现有知识或通过产生一个新的图式来建构全新的知识结构。

珀金斯和西蒙斯(Perkins and Simmons 1988)描述了与鲁梅哈特和诺尔曼的学习机制并列的3类错误概念。简单化的错误概念的特征是背景知识不充分。这些错误概念能够通过积累来进行弥补。形式化的错误概念出现在学生具有公式化的知识却难以运用或迁移的时候。调整图式，比如通过类推，能够弥补这个问题。最后，复杂化的错误概念是那些复杂的公式化知识有错误的概念。修正这些错误概念要求对整个概念框架进行重构并产生个体范式的转换。

5.2 促进自我控制学习

为了帮助学生发展自我调节学习，关于认知策略外显的教学应当与主题事物结合在一起。通过这种结合，主题事物的知识与关于策略的陈述性和程序性知识以及条件性知识同时增长。对于在具体条件下何时运用特殊策略的选择问题，条件性知识能够给予指导。为了在教学中促进学生的迁移和独立使用策略，需要教给学生元认知策略，因为它能够引导学生计划如何达成任务和监控加工过程(Wang and Palincsar 1989)。教给学生积极的动机信念，比如将成就归因于策略的有力运用，是促进自我调节的另一重大因素(Paris and Byrnes 1989)。

学生独立使用策略的一个基础性假设是他们有意识地并且反思性地选择策略。萨洛蒙(Salomon)和珀金斯(1989)强调在区分两种迁移中有意识地选择策略的重要性。“低途径迁移”可以通过包含着在各种情境中运用知识的重复经验得到促进。结果是，在学生已经经历过的任务条件范围内，他们能进行自动化迁移。与此相比，“高途径迁移”要求学生慎重地抽象出应用策略的原则。在教学中促进这种反思要求学生去弄清这些原则的来龙去脉，并超越他们过去的经验去扩展这些原则的应用范围。在此分析中，实现高途径迁移的过程就是认知策略的独立运用。

6. 结论

通过把学生看作是一种建构知识的积极探究着的行动者,而不是一个纯粹的信息接受者,信息加工理论已经开始强调学生的现有知识的作用和通过学生参与教学而创造成果的过程的作用。为了实现这些理论,研究者们已经设计和测试了描述现有知识的特征和描述信息处理过程的系统。现代理论同样把教学看作是一种教学环境的特征与每个学生的现有知识之间的相互作用,而不是对学生的一种单向的训练作用。学生的教学事件和学习方法的自我调节之间的调整被认为是影响成果发展的强有力的因素。一个重要的进步已经在知识领域中获得了。这种知识能够在调整教学和调节知识建构的信息加工过程中指导学生。这些领域的持续研究有助于在理论上和实践上理解教学如何针对学生的个体差异来提高其有效性。

P. H. 温(P. H. Winne)
D. L. 巴特勒(D. L. Butler) 著
刘良华 译

附录

Alexander P A, Schallert D L, Hare V C 1991 Coming to terms: How researchers in learning and literacy talk about knowledge. *Rev. Educ. Res.* 61(3):315—343

Anderson G L, Gates A I 1950 The general nature of learning. In: Henry N B (ed.) 1990 *Learning and Instruction*, 49th Yearbook of the National Society for the Study of Education, Pt 1. University of Chicago Press, Chicago, Illinois

Beach R, Hynds S 1991 Research on response to literature. In: Barr R, Kamil M L et al. (eds.) 1991 *Handbook of Reading Research*, Vol. 2. Longman, New York

Borkowski J G, Wehing R S, Carr M 1988 Effects of attributional retraining on strategy-based reading comprehension in learning-disabled students. *J. Educ. Psychol.* 80:46—53

Bruner J S 1964 Some theorems on instruction illustrated with reference to mathematics. In: Hilgard E R (ed.) 1964 *Theories of Learning and Instruction*, 63rd Yearbook of the National Society for the Study of Education, Pt 1. University of Chicago Press, Chicago, Illinois

Cook L K, Mayer R E 1988 Teaching readers about the structure of scientific text. *J. Educ. Psychol.* 80(4): 448—456

Dee Lucas D, Larkin J H 1991 Equations in scientific proofs: Effects on comprehension. *Am. Educ. Res. J.* 28 (3):661—682

Fuson K C, Willis G B 1989 Second graders'use of schematic drawings in solving addition and subtraction word problems. *J. Educ. Psychol.* 81(4):514—520

Glaser R 1982 Instructional psychology: Past, present, and future. *Am. Psychol.* 37:292—305

Iran-Nejad A1990 Active and dynamic self-regulation of learning processes. *Rev. Educ. Res.* 60(4):573—602

Newell A 1990 *Unified Theories of Cognition.* Harvard University Press, Cambridge, Massachusetts

Ortony A, Turner T, Larson-Shapiro N 1985 Cultural and instructional influences on figurative language comprehension by inner-city children. *Research in the Teaching of English.* 19(1):25—36

Paris S G, Byrnes J P 1989 The constructivist approach to self-regulation in classrooms. In: Zimmerman B J, Schunk D H (eds.) 1989 *Self-regulated Learning and Academic Achievement.* Springer-Verlag, Berlin

Perkins D N, Simmons, R 1988 Patterns of misunderstanding: An integrative model for science, math, and programming. *Rev. Educ. Res.* 58:303—326

Polanyi M 1966 *The Tacit Dimension.* Anchor Press, Garden City, New York

Prawat R S 1989 Promoting access to knowledge, strategy, and disposition in students: A research synthesis. *Rev. Educ. Res.* 59:1—41

Rumelhart D E, Norman D A 1978 Accretion, tuning, and restructuring: Three modes of learning. In: Cotton J W, Klatzky R (eds.) 1978 *Semantic Factors in Cognition.* Erlbaum, Hillsdale, New Jersey

Salomon G, Perkins D N 1989 Rocky roads to transfer:

Rethinking mechanisms of a neglected phenomenon. *Educ. Psychol.* 24:11—142

Wang M C, Palincsar A S 1989 Teaching students to assume an active role in their learning. In: Reynolds M C (ed.) 1989 *Knowledge Base for the Beginning Teacher.* Pergamon Press, Oxford

Weinstein C E, Mayer R E 1986 The teaching of learning strategies. In: Wittrock M C (ed.) 1986 *Handbook of Research on Teaching*, 3rd edn. Macmillan Inc., New York

Winen P H 1985 Cognitive processing in the classroom. In: Husén T, Postlethwaite T N (eds.) 1985 *The International Encyclopedia of Education*, 1st edn. Pergamon Press, Oxford

Winne P H 1991a Instructional psychology and a model of teaching. In: Short R H, Stewin L L, McCann S J (eds.) 1991 *Educational Psychology: Canadian Perspectives.* Copp Clark Pittman, Toronto

Winne P H 1991b Motivation and teaching. In: Waxman H, Walberg H A (eds.) 1991 *Effective Teaching: Current Research.* McCutchan, Berkeley, California

Winne P H, Marx R W 1989 A cognitive-processing analysis of motivation within classroom tasks. In: Ames C, Ames R (eds.) 1989 *Research on Motivation in Education: Goals and Cognitions.* Academic Press, San Diego, California

Wittrock, M C 1986 Students'thought processes. In: Wittrock M C (ed.) 1986 *Handbook of Research on Teaching*, 3rd edn. Macmillan Inc., New York

Zimmerman B J 1989 A social cognitive view of self-regulated academic learning. *J. Educ. Psychol.* 81: 329—339

学生对课堂的感知(Student Perceptions of Classrooms)

与较早把学生作为信息的被动接受者的行为主义观点相反,20世纪后期的教学和学习理论认为学生是积极地融入自己的学习之中的,并认识到了学生对课堂感知的重要性和关联性。虽然在《教学研究手册》(Wittrock 1986)第三版中明确表示出了对学生感知的兴趣,但在第一版和第二版中却很少提及。对与学生感知相关的因素及学生感知与学生成果之间相关联的因素,已有大量的深刻研究。

两类研究很好地证明了学生感知的重要性。首先,在许多国家开展的研究已经显示出教师与学生在感知上一贯存在着差异,那么对学生而非对教师感知的重视在试图提高和理解课堂学习时就会更有效果。其次,学生感知会帮助人们解释在学生的能力、教学方法和课程材料等因素之外学生所获得的学习效果(Fraser 1986, Schunk and Meece 1992)。由于教师的行为只有被学生意会时才被认为与学生相关,因此学生的感知就可作为指导与学习效果之间的调节因素。

申克和米斯(Schunk and Meece 1992)曾经编辑了对学生的自我感知(他们对能力、兴趣和目标的感知)和社会感知(对教师、同伴、事件和境遇的感知)的研究成果集。除了提供证据证明学生感知的有效性外,这本研究成果集还表明学生的感知不仅会影响自己的行为,而且感知本身也受到学生特征和情景暗示的影响。比如,已有材料证明,当学生的才能一定时,学生感知的性别差异(Meece and Courtney 1992)及他们对课堂风气的感知与学习效果密切相关(Fraser 1986, Haertel et al. 1981)。

1. 衡量学生对课堂的感知

20世纪60年代后期,学习环境调查法就作为哈佛大学工程物理学研究和评估活动的一部分被使用(Welch and Walberg 1972)。大约与此同时,摩斯(Moos)开始开发适用于广泛而多样的人文环境的社会风气等级,包括适用于学校情境的课堂气氛等级在内(Moos and Trickett 1987)。其他评估学生课堂环境感知的手段包括:个人化课堂环境问卷调查、课堂调查、学院和大学课堂环境调查、科学实验室环境调查和教师互动问卷调查。有关这些方法的运用的研究,弗雷泽(Fraser 1986)和沃尔博格(Walberg 1991)曾做过考察。

2. 与学生感知相关的因素

弗雷泽(1986)将39项研究制成表格,其中学生对课堂的感知在以下几种情况被作为从属的变量使用:

(a)课程评估研究。

(b)对师生针对实际环境和意愿中环境的认知差异的调查。

(c)涉及其他独立变量的研究。

作为对创新和新设课程进行评估过程标准是一种有用的但却被极大忽视学生感知的运用。一项涉及对澳大利亚科学教育计划进行评估的研究显示,与控制组相比,ASEP班上的学生认为他们的课堂更令人满意,更具个性化和拥有更好的物质环境(Fraser 1986)。这项评估及韦尔奇(Welch)和沃尔博格(1972)对美国哈佛大学工程物理学的评估的重大意义在于,学生对课堂的感知随课程的不同而显现出差异,即使在不同的学习效果评估显示出有可以忽略不计的差异时也不例外。

评估感知的大多数手段在评估实际情况和意愿中的情况时以及针对教师和学生时会有不同的形式这一事实,使得我们要对师生的感知差异及实际情况与师生意愿中的情况差异进行调查。费希尔(Fisher)和弗雷泽(1983)的研究显示,首先学生们更喜欢比他们所实际感知的环境更积极的课堂环境;其次,在相同的课堂上,与学生相比,教师会觉得课堂环境更积极。这些研究结果与在美国、以色列和澳大利亚(Fraser)的学校课堂里和其他诸如医院病房和工作环境等场合下所做的研究是一致的(Moos 1974)。

在一项由维贝尔斯(Wubbels)及其他人(1992)在荷兰进行的研究中,多数教师(70%)比他们的学生觉得课堂环境更有利,然而,另一些教师(30%)的感觉却比他们的学生更消极。总体看来,这项研究表明教师的感知部分是由他们对学习环境的理想形成的(就是说,教师的理想会误导他们对实际学习环境的感知)。教师与学生感知上的平均差异大小取决于教师,学生的感知与那些较少做出提高学生认知和情感的行为的教师的感知差异较大,而与那些较多做出此类行为的教师的感知差异较小。

弗雷泽(1986)对第三组研究所做的分析显示,不同国家的研究者把学生的感知作为研究中的标准变量来使用,这些研究意在明确感知是如何随教师人格、班级规模、年级高低、学生性别、学科、校级环境及学校类型等因素的变化而变化的。在美国进行的有关小学升中学这一转换过程的研究已经显示,当学生由规模较小的小学升入规模较大按系别组织起来的初级中学时,他们感到课堂环境是退化的(Midgky et al. 1991)。这种下降可能归咎于教师与学生之间欠积极的关系,以及学生被减少的课堂决策机会。

3. 学生感知和学习效果之间的联系

以往研究的一个重要的传统表明,学生对课堂环境的感知在认知和情感学习效果中导致了重要差别,而且与学生背景特征无关。从这项研究中我们可以得到这样一个实践启示:即可以通过创设有益于学习的课堂环境来提高学生的学习成就。

弗雷泽将40项研究编制成表格,这些研究在多个国家对学习成效的课堂感知效果进行了调查。这些研究涉及不同认知和情感效果标准、学生感知手段和来自多个不同年级的学生样本。

先前研究中的发现在一项元分析结果中被凸显出来。这一结果涉及12项研究中的734个相关因素,这些研究涉及8个学科领域的823个班级和来自4个国家的17 805个学生(Haertel et al. 1981)。后测的成绩与学生对课堂的感知有密切关系,并且在年龄稍大的学生样本中及群体样本如班级和学校(与个体学生对照)作为数据分析单位的情况下,总体上相关更高。尤其是在学生们认为有着更强的凝聚力,更让人满意,学习目的更明确和较少混乱与不和的班级中,各种不同的评估方式都得出了更高的成绩。在尼日利亚、以色列、英国、加拿大、美国和澳大利亚等国进行的一项实验室研究中,学生对理论与实验相结合的情境感知的提高使学生的感知更为积极(Fraser et al. 1992)。

弗雷泽和费希尔(1983)在探索是否学习效果既依赖学生对实际课堂环境的感知,又依赖学生的喜好与实际环境的一致这一问题时,运用了人一环境互动结构。总之,研究发现,在预测学生重要的情感和认知目标成绩时，实际环境和学生偏爱的环境之间的相似性与实际环境会同等重要。

4. 目前动向和将来发展方向

虽然有众多的有关发展动向与方向的推测，本节只简要列出了3个论题，它们是学校心理学、建构主义学习环境和等级标准的个人形式。

4.1 学校心理学

考虑到学校心理学者不断变化的角色，对学生课堂感知的研究为这样一个领域提供了一个很好的例子，那就是提供对学校心理学可能有价值的大量思想、技能和研究发现。传统上，学校心理学者倾向于更多关注或特别关注（有时）他们在评估和提高学业成绩和其他有价值的学习成果方面的作用。理解学生对课堂的感知，能使学校心理学家对课堂生活细微而重要的方面变得敏感起来。伯登（Burden）和弗雷泽报道了在英国运用学生感知来帮助教师改变课堂互动风格以及利用学生对实际环境和意愿中环境感知的差异作为指导课堂改进的基础的几种方式。

4.2 建构主义学习环境

传统上，教师设想他们的作用应是展示或传播他们知识的逻辑结构，指导学生通过理性质询来发现以法律、纪律、规章和规则体系等形式表达出来的既有的普遍真理。历史、哲学和社会学领域的发展使得教育家能够更好地理解知识发展的本质。在个体学习者层面，现在已经意识到：理解性学习是一个与个人先前建构的知识总体相关联的经验世界的意义通晓（或有意的问题解决）的认知过程。这一意义通晓过程涉及积极的协商与一致性的建立。研究者对学生感知的特定教室环境与建构主义认识论的一致性进行评估需要一个新的学习环境手段来协助，而且，为了帮助教师反思他们的认识论假设、重塑他们的教学实践，人们开发了构建主义学习环境（CLES）调查。CLES包括四个等级：自主、先前知识、合作和反思（Taylor and Fraser 1991）。

4.3 学生感知等级的个人形式

当运用现有的课堂环境手段来区分课堂内部亚小组（如男生、女生）之间的差异，或用其来建构个体学生的个案研究时，就存在着一个潜在的重大问题。这个问题是，其中的条目的表述方式只是把个体学生对课堂的整体感知引发出来了，这与该学生对自己在课堂内的角色的认知有着明显区别。比如，课堂环境手段的传统群体形式的项目会征求学生关于“课程是不是很难”或“老师对学生是不是友好”之类的意见。与之形成鲜明对比的是，个人形式中的同样项目会征求这样的意见是否“我认为课程难”，或者是否“老师对我友好”。

对“目标学生”的研究为学生的认知方式提供了一个鲜明的例子：班级内部特定的亚小组学生因为教师对他们的区别对待而感知到不同的亚环境（目标学生是指在整个课堂活动期间垄断了言语互动的学生）。研究发现目标学生比非目标学生感知到了强烈得多的参与欲和规则的透明度。而且这些感知与来自课堂的观察是一致的，即教师对目标学生指引了更多的问题并且允许他们（而不是其他的学生）在没有被问到的情况下将答案大声说出来。与之相似，托宾等人（Tobin et al. 1990）的个体学生的个案研究显示，感知的理解性差异在一定的学生中间是存在的。且这种差异与教师对学生个人的期望和态度是一致的。两项研究的发现使得对新一代学生感知手段（能够在班级内部辨别个人或亚小组之间的感知差异）的需要变得紧迫起来。

弗雷泽以及他人（1992）发展并证实了关于科学实验室环境调查（SLEI）的实际和个人意愿两种版本平行的班级和个人形式，并且还报道了这种新的个人形式的3种用途。第一，班级形式的学生感知比个人形式感知的分数更有体系上的优势，或许这意味着当课堂作为一个整体被学生感知时，学生对它有着更超然的观点。第二，像假设的那样，感知的性别差异在个人形式上比在班级形式上要大一些。第三，虽然在科学实验室研究条件下，学生的学习效果与班级和个人形式的感知是相对应的，但是普遍的分析结果却表明，每一种形式都可能产生不能被其他形式解释的学习成果变量。这一发现证明，分别发展班级和个人形式的决定是正确的。

5. 结论

学习成效评估本身并不能完全描绘教育过程，

因此学生对课堂的感知也应仅用来提供有关课堂生活细微但重要方面的信息。不过，由于教师和学生对于同样的课堂学习环境有着体系上不同的认知（玫瑰色眼镜现象），所以学生对课堂的反馈对于教师研究、教师队伍发展及学校进步的努力来说就显得重要了。

B. J. 弗雷泽（B. J. Fraser） 著
王文静 译

附录

Burden R, Fraser B J in press Use of classroom environment assessments in school psychology: A British perspective. *Psychol. Sch.*

Fisher D L, Fraser B J 1983 A comparison of actual and preferred classroom environment as perceived by science teachers and students. *J. Res. Sci. Teach.* 20 (1): 55—61

Fraser B J 1986 *Classroom Environment*. Croom Helm, London

Fraser B J in press Classroom and school climate. In: Gabel D (ed.) in press *Handbook of Research on Science Teaching and Learning*. National Association for Research in Science Teaching, Washington, DC

Fraser B J, Fisher D L 1983 Student achievement as a function of person-environment fit: A regression surface analysis. *Br. J. Educ. Psychol.* 53(1): 89—99

Fraser B J, Walberg H J (eds.) 1991 *Educational Environments: Evaluation, Antecedents and Consequences*. Pergamon Press, Oxford

Fraser B J, Giddings G J, McRobbie C J 1992 Assessment of the psychological environment of university science laboratory classrooms: A cross-national study. *Higher Ed.* 24: 431—451

Haertel G D, Walberg H J, Haertel E H 1981 Socio-psychological environments and learning: A quantitative synthesis. *Br. Educ. Res. J.* 7(1): 27—36

Meece J L, Courtney D P 1992 Gender differences in students' perceptions: Consequences for achievement-related choices. In: Schunk D H, Meece J L (eds.) 1992

Midgley C, Eccles J S, Feldlaufer H 1991 Classroom environment and the transition to junior high school. In: Fraser B J, Walberg H J (eds.) 1991

Moos R H 1974 *The Social Climate Scales: An Overview* Consulting Psychologists Press, Palo Alto, California

Moos R H, Trickett E J 1987 *Classroom Environment Scale Manual*, 2nd. edn. Consulting Psychologists Press, Palo Alto, California

Schunk D H, Meece J L (eds.) 1992 *Student Perceptions in the Classroom*. Erlbaum, Hillsdale, New Jersey

Taylor P C, Fraser B J 1991 Development of an instrument for assessing constructivist learning environments. Paper presented at the annual meeting of the American Educational Research Association, Chicago, Illinois

Tobin K, Kahle J B, Fraser B J (eds.) 1990 *Windows into Science Classrooms: Problems Associated with Higherlevel Cognitive Learning*. Falmer Press, London

Welch W W, Walberg H J 1972 A national experiment in curriculum evaluation. *Am. Educ. Res. J.* 9 (3): 373—383

Wittrock M C 1986 Students' thought processes. In: Wittrock M C (ed.) 1986 *Handbook of Research on Teaching*, 3rd. edn. Macmillan, New York

Wubbels T, Brekelmans M, Hooymayers H P 1992 Do teacher ideals distort the self-reports of their interpersonal behavior? *Teaching and Teacher Education* 8 (1): 47—58

其他参考文献

Raudenbush S, Bryk A S 1986 A hierarchical model of studying school effects. *Sociol. Educ.* 59(1): 1—17

书面作品的教学与评估（Written Composition, Teaching and Testing for）

书面作品包括写作的所有方面，从儿童最早拼写字母和单词的努力到年龄大些的学生或成年人为各种不同读者（如教师、自己、同伴、社区成员和雇主）、为各种不同目的（如展示知识、娱乐、在课程中学习和做生意等）所写的日益复杂和范围不断扩展的作品。虽然与写作相关的确切价值及因此对写作不同方面的重视会随国家的变化而变化，但一般认为学校要教授和评估有关写作的各个方面。

在各种情况下，写作都被看作是语言学习的一方面，它与听、说、读是相联的。全面学习语言和写作的特别训练是一个持续的发展过程，需要得到教育工作者的始终理解和支持。无论在何种时刻，教育者都要去理解和鼓励写作者从事范围广阔的问题解决过程。创设一种教学指导环境，以提供持续的时间及某一特定阶段的写作过程，并使教师与学生一起工作。总之，他们必须组织写作活动，鼓励学生从事写作并激发学生的写作欲望。在学生写作时，教师还必须做出安排，以便学生能接收到有益的反馈。

1. 学习写作作为学习语言的一部分

学习写作的最佳途径是与读、说、听的学习同步，因为和它们一样，写作也是语言学习的一部分。如果写作水平没有被置于完全的语言背景中来考虑，那么在写作中浮现出的问题经常被误解为“写作水平问题”，其实它们和写作水平本身几乎没什么关系。比如，断章取义的写作可能来源于歪曲的思想，而并非写作的困难。

和说话一样，写作也是语言产品的一种形式。由于言语最先被学到并不需要抄写，因此，有时作者会发现，通过交谈，甚至自言自语来暂缓誊写，先去酝酿并凝练写作思想对他们是有帮助的。实际上，非常年轻的作者能够通过听写从而完全跳过誊写过程的方式，而将他们的思想变成铅字。在课堂上，学生通过一对一的会谈课，与教师、朋友，在小组中或课堂探讨中，讨论他们的作品，而受益匪浅。正像莫菲特和瓦格纳（Moffett and Wagner 1992）所解释的，“独白、写作的基本行为，来自对话”。

正如读和写在与说和听相联系时得到了最好的发展一样，书写能力也在读和写相结合时得到了最快的提高。在早期的书写能力学习中，写作经常帮助学生来破译印刷代码，认清发音和字母的联系从而促进读写能力的提高。当学生阅读自己的作品时，阅读总是与写作有着必然的联系，因为要想写好，一个人必须学着成为自己作品的细心而又敏感的读者。通过阅读，作者会悟出书面语言中的声音与节奏的意义。读写是紧密联系在一起的，一种技能建立在另一种之上，这样的活动包括师生对话记录和其他学生之间的写作交流。在这些活动中，读者写，作者读，同时作者经常会根据他们刚刚读到的东西来修改他们的作品。至于其他有关在课堂上将听、说、读、写相结合的实用建议，可参见布里顿（Britton 1989）以及莫菲特和瓦格纳（1992）的相关著作。

2. 写作的发展

儿童的写作技能会随时间的进展而得以发展和成熟，但并非所有的儿童都以相同的顺序来发展，也不会以同样的方式去学习。儿童学习写作是建立在对语言的已有了解之上。他们带着对语言各种不同的体验和知识进入学校，教师要帮助学生在他们现有知识上有所建树，关键是要理解他们的知识和经历。

比如在小学阶段，故事通常是儿童早期通往阅读与写作的入口（Dyson and Freedman 1991）。讲故事是人类文化中普遍存在的现象，儿童一般带着相当具体的有关故事是如何组织和如何起作用这样的想法进入学校。然而，故事在不同的文化里有着不同的作用和不同的形式。特别是在多元文化背景下，儿童可能会带着各种不同的校外经验故事进入学校（Heath 1983）。

在写作学习早期，教师要懂得如何帮助孩子开发他们带到学校的描述性知识，特别是当这种知识与学校阅读图书的叙述不同或与学校所希望孩子写出的描述种类不同时。由于写作的进展依赖于过去的知识，从而对教师来说，关键是要知道他们的学生确实懂得什么而不是他们有什么还不懂。

年轻人正在学习用第二语言进行写作时，发展过程就变得更加复杂了，对于这些作者来说，教师对学生第一语言的写作情况的了解以及对他们如何建构母语写作技能的了解是十分重要的（Valdis

1992）。

考虑到作者是带着各种不同的但又是有意义的语言经验开始学习写作的，因此，很难对写作的发展进程做出总括性结论。况且写作是如此复杂以至于让人对其发展进程一筹莫展。首先，大多数人从来都没有完全掌握任何类型的写作类型。甚至连职业小说家都感觉到他们应能写出更好的记叙文，并且知道他们的一些努力比其他作家更成功。一些商务信函要求有非常复杂的修辞步骤，而有经验的职业作家却常无法使读者接受他们的思想。当然，许多人确实能做到会拼读他们所需的大多数单词，能写出完整的（如果不总是优雅的）句子，能以相应的闲情逸致创作出对他们来说是常规的作品。

尽管写作的全部太过复杂而无法对其发展进程加以陈述，但其中一些部分是如何发展的，人们还是有所掌握（Dyson 1987）。比如，对于字母书写系统的语言来说，儿童很早就会学到字母和发音是相对应的，而且字母可以被组合在一起构成单词。当孩子们首先开始将发音与字母相结合时，他们会使用"臆想的拼读法"。这种"臆想的拼读"被模仿并且为儿童提供了理解"声音—符号"关系的重要线索。随着他们写作能力的发展，儿童便会逐步开始使用常规拼读。

没有哪种特定的论述形式本质上比其他形式更困难，然而在每种形式内部却有着不同层次的复杂性。就是说，故事并不比议论文更容易写，但年龄小些的儿童比大些的儿童写的故事和议论要简单得多。作者们逐渐地学会概括总结他们的个人经验，将他们所读到所经历的一手材料融入到自己的写作中，学会使用结构复杂的更长的句子，在一定程度上深化自己的思想并不断参与范围更广的决策过程。

3. 写作过程

写作包括构思、起草、修改，作者在解决其作品问题时，便穿梭于写作的这 3 个方面（Hayes and Flower 1980）。当学生参与这种扩展的问题解决过程时，写作就成为帮助他们牢固掌握复杂思想的有力工具。研究者发现，当教师忽略了解决这种复杂的问题时，"写作过程指导"就会走样，因为问题解决是扩展写作过程的中心并且有利于学生遵循相对固定的程序（比如，星期一构思，星期二起草，星期三修改，星期四编辑）（Dyson and Freedman 1991）。这种固定的程序与作家流畅的写作方式背道而驰。对教师来说，他们更愿意把作者参与复杂的解决问题过程看作是支持作者写作的一类，而不是把这一过程作为一套应予以遵守的步骤（构思、起草、修改）。

对这一问题解决过程的特定本质的研究显示，即使给出同样的题目，不同的作者也会解决不同的问题。正如作者会以不同的方式发展，他们在写作上也是不同的。虽然这一过程因学生的不同而不同，但变化并不是个人化的而是归类的，因此，教师所要做的，就是在课堂上区分确认不同的写作类型。

4. 写作的教学

教师在努力创设支持写作的教学与学习的课堂时，至少面临两个重要问题：第一，他们必须考虑如何让学生写他们感兴趣的、在某种程度上他们感觉与自己相关的、并能从中学到东西的题目。第二，当学生写作时，教师需要安排能使学生写出最好的作品并有益于其将来写作的题目。

4.1 创设课堂

阐明第一个问题的主要困难在于，大量学校中的写作都被限制在特定的读者和目的上，学生们大多是写给老师或考官，并主要是为了获取分数（Britton et al. 1975），这种受到限制的"学校写作"无法让学生感兴趣，因为他们只是为了完成学校作业而写作，而并非智力或情感的投入。

许多活动能够用来为学生的写作扩展读者量及其功用，且帮助其参与到学生的活动中。比如，希思和曼吉奥拉（Heath and Mangiola 1991）曾经安排在学校遇到学习困难的 10 岁大的孩子来辅导刚刚开始学习读写的 6 岁大的孩子，目的是激发大些的学生的写作学习兴趣。当中的一组小家庭教师为 6 岁孩子的父母写了一本书，解释父母们应如何协助他们对孩子进行辅导。

在另一种情况下，母语为非英语的社区大学生学习他们社会的语言而且认真考虑对语言运用的不同变化，及其在特定背景下使用的适宜性。他们对语言运用的研究成为他们各自学习写作课程的基础。弗里德曼（Freedman 1989）描述过一次美英两国旧城区中学生之间的读者交流情况：学生为对方创作扩展的作品——自传、有关他们学校和社区情况的书、针对少年游客的导游手册和少年杂志。列文（Levin）及他人（1985）在电脑网络设立了一个新闻机构，成员包括来自全世界的学生。

尽管这些活动在理论上是站得住脚的，但没有案例显示有积极投入和动机强烈的学生，相反，使这些活动进入生活的方式都是在具体的教室里进行的。一般说来，当这些活动成功时，写作就与其他语言紧密结合；当学生从事于有意义的项目时，他们也在忙于复杂的写作；他们被赋予充分的时间来写作，他们参与写作的构思，在创作时接受帮助。

电脑的日益广泛运用开始影响有兴趣的学生在学校进行写作的可能性。除了列文和他的同事们描述的国际网络以外，超媒体项目为写作提供了融合美术、声音和印刷为一体的新形式。而且，网上发表文章使得校报和其他内部专业出版物的存在成为可能。最后，电脑的使用使得多元课堂出现了，这可以使学生在课堂上共同写作和分享计算机资源的同时具备个性特征和合作精神（Greenleaf 1990）。

写作也可以被用作帮助学生学习数学、理科、文科或其他科目内容的有用工具。对于帮助学生理解复杂的思想来说，写作是有用的，但在对事实的学习上却没有多大作用（Langer and Applebee 1987）。此外，当学生写作涉及新概念时，教师就会获得他们的学生理解什么和不理解什么的反馈。

4.2 向作者提供反馈

在课堂上支持写作教学的第二个问题是，作者在写作时所接收到反馈的类型。除了对他们的写作有着天生的兴趣之外，作者们还需要尽力写好每篇作品或作品的某些方面，这些特定方面对于他们来说挑战性太大，除非他人帮助否则无法单独胜任。然后他们就会处于维果茨基（Vygotsky 1978）所称的“最近发展区”范围之内。这个发展区域是指当学生无法单独胜任某项工作，但在更加熟练的协助者的帮助上可以完成这一工作的状态。假设作者处于这种状态，那么就是到了需要更熟练的协助者提供帮助的时候了。

来自美英两国教学专家的观点认为，对学生效果最佳的帮助就是在写作过程中个性化的教师的口头反应（Freedman and McLeod 1988）。大体上，老师的这些反应会让作者们明白他们是否正以预想的方式表达他们想要表达的东西。老师们发现与每一个学生讨论他们所写的每一篇文章是很困难的，特别是当课堂规模较大时。不过，有些教师曾经演示过向他们的学生提供这种重要反应的方式（Freedman 1987，Sperling 1990）。写作过程中的另一种反应来自同伴，他们经常被教师组织起来组成同伴小组。这种小组在学生们产生思想时是最有效用的，不过它们在提供对文本草稿的反馈意见时可靠性要低一些（DiPardo and Freedman 1988）。

反馈的传统形式，即教师在每篇习作写完之后在学生试卷上的评语，是用处最小的一种反馈。这类评语通常都伴随着对习作的评分，很多教师都谈到过在看到学生瞥了一眼试卷分数然后将写满注解的试卷掷进垃圾箱，甚至根本不看一眼教师的评语时的沉重心情。对教师评语的分析表明：这些评语经常是更多地用来表明分数的合理性，而不是教给学生东西（Sommer 1980）。当学生确实读过老师的评语时，他们还经常产生误解（Sperling and Freedman 1987）。

有关教师对学生在写作上帮助的实质的问题也浮现出来。对于写作的教学应该有多明确还有不同的意见，特别是当说外语或说不标准的方言的学生在学习用正规的书面语写作时。总的说来，建议教师在学生写作接近尾声时再对其错误进行正式纠正，这样起草时的流畅性才能得以最好的保证。不过，德尔皮特（Delpit 1988）却争辩说，在写作过程早期对流畅性的强调经常会出现黑人英语方言的正确性，这就是代价。无论这个问题应怎样解决，一个又一个的研究已经证明仅仅让学生完成语法书或练习册上的技能练习并不能帮助他们在写作时使用正确的语言形式。相反，纠正是最好的教学,即在学生写作的情况下,教师也应给予学生他们实际上写了什么的反馈(Elley et al. 1979)。

5. 对写作的评估

考虑到学习写作的复杂性,我们就不会对评估学生写作能力的难度感到惊讶。由挑选出来能够代表学生最佳努力成果的大量学生作品样品的作文集,提供了评估个人写作能力和写作渐进发展过程的最有效数据。作文集已经被用于国家级评估[比如英国中等教育大奖(GCSE)],州级和校区评估(比如佛蒙特州)写作评估计划和地方学校用来跟踪学生进步情况的评估(比如小学语言记录)。编辑作文集能够对教师良好的指导提供支持,因为教师和学生要在一起编写且学生在此过程中会对自己的进步做出评估。

对作文集进行评估的途径已经有不同的设想。英国中等教育大奖对整个作文集给予单字母打分,佛蒙特州的方法提供了一定数量的解析分数,其中一些用来给个人作品打分。小学语言记录运用了更多描述性方法来测评,并不要求标准分数。遗憾的是现在却有一种远离这种既有效又适用于教师却用费时而昂贵的评估法的趋势。

另外一些大规模的评估法包括在一定时间限制内收集学生按布置的题目所写的文章并对其评分这一方法。例子有美国进步教育的国家级评估(Applebee et al. 1990),在英格兰和威尔士有国际教育协会写作评估研究(Gubb et al. 1987),这些检测只用来衡量学生的写作技能这一狭窄方面,一般用来在团体中对学生进行评估,以便于为政策制定提供信息,而并非为了对学生个人做出判断。

6. 将来的趋势

由于研究活动的进展和实践的改变,书面语的教学和评估,近年来十分活跃。这一进步将需要以更快的速度继续向前发展。"地球村"被持续发展和更加即时的通讯能力紧密相连,写作在这种全球通讯(像卫星电视剧本、电子网络传送的信息、传真的通知、信函和其他文件以及幕后操纵商务的许多其他方式)中起着主要的作用。在21世纪日益临近的时候,写作正在全球范围内起着越来越重要的作用,未来的研究将需要检查这些变化中的功用,并将不得不考虑学校将如何为明天的儿童作最好的准备以迎接全球化需要。

S. W. 弗里德曼(S. W. Freedman) 著

王文静 译

附录

Applebee A et al. 1990 *The Writing Report Card. 1984—88: Findings from the Nation's Report Card.* Educational Testing Service, Princeton, New Jersey

Britton J 1989 Writing and reading in the classroom. In: Dyson A H (ed.) 1989 *Collaboration Through Writing and Reading: Exploring Possibilities.* National Council of Teachers of English, Urbana, Illinois

Britton J, Burgess T, Martin N, McLeod A, Rosen H 1975 *The Development of Writing Abilities: 11—18.* Macmillan Education Ltd, London

Delpit L 1988 The silenced dialogue: Power and pedagogy in educating other people's children. *Harv. Educ. Rev.* 58:280—298

DiPardo A, Freedman S W 1988 Peer response groups in the Writing classroom: Theoretic foundations and new directions. *Rev. Educ. Res.* 58(2):119—149

Dyson A H 1987 Individual differences in beginning composing: An orchestral vision of learning to compose. *Written Communication*4:411—442

Dyson A H, Freedman S W 1991 Writing. In: Jensen J, Flood J, Lapp D, Squire J (eds.) 1991 *Measures for Research and Teaching the English Language Arts.* Macmillan Inc., New York

Elley W B, Barham I H, Lamb H, Wyllie M 1979 *The Role of Grammar in a Secondary School Curriculum.* New Zealand Council for Educational Research, Wellington

Freedman S W 1987 *Response to Student Writing.* National Council of Teachers of English, Urbana, Illinois

Freedman S W 1989 Exchanging writing, exchanging cultures. *The National Writing Project and the Center for the Study of Writing Quarterly*11:1—2

Freedman S W, McLeod A 1988 *National Surveys of Successful Teachers of Writing and Their Students: The United Kingdom and the United States* (Technical Report No. 14). Center for the Study of Writing, University of California, Berkeley, California

Greenleaf C 1990 Computers in context: An ethnographic view of changing writing practices in a low-tracked, ninth-grade English class. Doctoral dissertation, University of California, Berkeley, California

Gubb J, Gorman T, Price E 1987 *The Study of Written Composition in England and Wales.* NFER-NELSON, Windsor

Hayes J R, Flower L S 1980 Identifying the organization of writing processes. In: Gregg L W, Steinberg E R (eds.) 1980 *Cognitive Processes in Writing.* Erlbaum, Hillsdale, New Jersey

Heath S B 1983 *Ways with Words.* Cambridge University Press, Cambridge

Heath S B, Mangiola L 1991 *Children of Promise: Literate Activity in Linguistically and Culturally Diverse Classrooms.* National Education Association, Center for the Study of Writing, American Educational Research Association. Washington, DC

Langer J, Applebee A 1987 *How Writting Shapes Thinking.* National Council of Teachers of English, Urbana, Illinois

Levin J, Reil M, Rowe R, Boruta M 1985 Muktuk meets jacuzzi: Computer networks and elementary school writers. In: Freedman S W (ed.) 1985 *The Acquisition of Written Language.* Ablex, Norwood, New Jersey

Moffett J, Wagner B J 1992 *Student-Centered Language Arts, K12*, 4th edn. Boynton/Cook Heinemann, Portsmouth, New Hampshire

ILEA 1988 *The Primary Language Record: Handbook for Teachers.* ILEA Centre for Language in Primary Education, London

Sommers N I 1980 Revision strategies of student writers and experienced adult writers. *College Composition and Communication*31(4):378—387

Sperling M 1990 I want to talk to each of you: Collaboration and the teacher-student writing conference. *Research in the Teaching of English*24(3):279—321

Sperling M, Freedman S W 1987 A good girl writes like a good girl: Written response to student writing. *Written Communication* 4(4):343—369

Valdés G 1992 Bilingual minorities and language issues in writing: Toward professionwide response to a new challenge. *Written Communication*9(1):85—136

Vermont's writing Assessment Program, Pilot Year 1990—1991. The vermont Department of Education, Vermont

Vygotsky L S 1978*Mind in Society: The Development of Higher Psychological Processes.* Harvard University Press, Cambridge, Massachusetts

Wolf D P 1989 Portfolio assessment: Sampling student work. *Educ. Leadership*46(7):4—10

其他参考文献

Daiute C 1985 *Writing and Computers.* Addison-Wesley, Reading, Massachusetts

Hillocks G Jr 1986 *Research on Written Composition: New Directions for Teaching.* ERIC Clearinghouse on Reading and Communication Skills, Urbana, Illinois

教师发展(Teacher Development)

教师发展是指其专业的成长,教师专业上的成长体现为获得成熟的经验及系统地反思其教学。本词条介绍了一种教师发展的理论模型并分析了影响教师发展的重要因素。本词条根据检验促进教师成长策略的有效性来做出相应的推断。

1. 概念及相关术语

利特尔(Little 1992)研究表明,教师发展以4类成长为标志:知识的成长、技能的成长、判断力的成长(与课堂有关的一切)以及教师共同体的成长。莱特伍德(Leithwood 1992)提出了6种不断递进的教师发展综合水平:(a)发展生存技能;(b)胜任教学的基本技能;(c)扩展教学的适应性;(d)获得教育上的专业指导；(e)促成同事专业的成长；(f)训练领导、参与决断的能力。显而易见，莱特伍德的分析中隐含着一个价值判断，即在专业发展方面，领导才能的训练是专业训练的最高层次。并非所有教师认同这一价值预设，许多专业教师看来更乐意致力于全身心投入教学。

“教师发展”不同于两个意思相近的概念：职业发展和教职员进修。职业发展是指职业生涯周期中经验的变化。这类经验的成长有几个清晰可见的阶段特征。教职员进修为教师群体提供在职培训计划，它只是有助于教师发展的系统的措施之一。

2. 教师发展的影响因素

有3种因素看来会影响教师发展：教师个人因素、教师生活工作场景因素以及为促进教师发展而采取的特殊干预因素。图1表明，在复杂的情境中，这3种因素彼此相互作用、互相影响且循环往复影响教师发展。教师个人因素和生活场景因素将在下文予以考察。为促进教师发展而采取的干预因素将在本词条的最后加以分析。

2.1　个人因素

很多研究者采用一种发展的眼光来考察影响教师发展的个人因素，尤其是按照时间顺序考察个人发展情况，比如自我、道德、人际交往、认知、职业以及动机的发展等(Burden 1990)。在这些因素中，起最重要角色的因素是教师的认知、职业和动机的发展。

2.1.1　认知的发展

通常，教师的认知发展在某种程度上被等同于

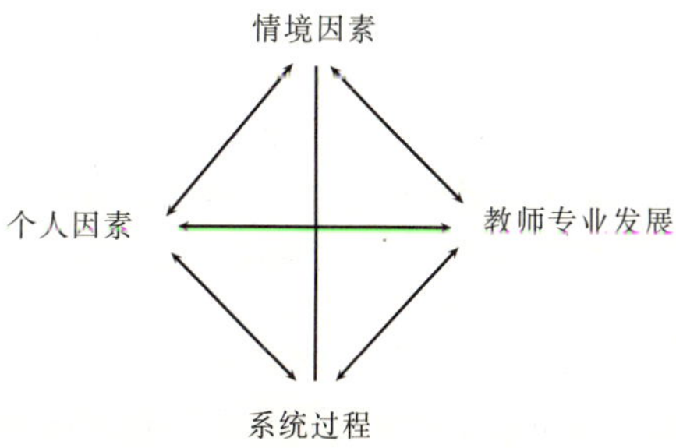

图1　影响教师发展的因素关系图

教师概念思维能力的发展。基于洪特(Hunt)在概念发展方面的研究工作，格利克曼(Glickman)在1981年提出抽象思维的低中高3种水平。低水平的教师思维比较具体，概念辨别水平低，倾向于简单地看待问题；而那些高水平的教师能进行抽象的思维，能看出不相关的要素之间的联系，喜欢探索复杂性。

概念思维水平的研究表明，高水平的教师相对于低水平的教师，在教学体系中显得更适应、更灵活、更富有同情心、更宽容，能提供更多的适应不同学生特点的学习环境，为多种族学生提供有效的学习环境，并乐于学习发现模式。虽然看起来认知水平难以改变，但斯普林瑟尔和蒂斯－斯普林瑟尔(Sprinthall and Thies-Sprinthall 1983)提供的证据显示，将人们放在一个重要的位置上扮演重要的角色(例如顾问)，并且对其认知反应加以连续的引导和不断的支持，认知发展就较容易实现。

2.1.2　职业发展

根据上文提到的，“职业发展”表示贯穿教师整个职业生涯的成长经历。许多研究者调查发现了教师职业生涯中的发展与停滞规律，分别使用不同的术语描述发展进程。在这些研究者的概念表述中胡伯曼等人(Huberman et al. 1989)的研究看来是最严格的。

胡伯曼在职业生涯发展的理论和研究假设中，根据教学经验的逐年积累提出了专门职业发展的5个阶段。“职业入门”是指从第1年到第3年，这段时间属于适应和探索阶段。适应的问题在职业入门时期常被人们提起，许多教学新手谈到他们和学生组成研究小组一起探索问题。从教学生涯的第4到第6年，教师进入职业的稳定期，这一时期教师的教学形成了确定的做法，教师对教学逐步熟练精通。

从第7年到第18年，教学生涯进入一个岔口，一些人将这一时期看作是试验并付诸行动的时期，他们尝试新的做法，发展他们自己的理念并且面对体制上的障碍；另一些人认为这一时期是自我怀疑和重新评价的时期，他们厌倦了教学体制，其中一部分人试图更换职业。

岔口同样出现在教学生涯的第19年到第30

年间。随着他们意识到自己与学生之间有了更大的距离,对许多人来说,这一时期处于随遇而安自我接受自我满足的阶段。对另一部分教师而言,这一时期他们倾向于保守,常常抱怨,批评领导、同事和学生。

2.1.3 动机的发展

动机指的是内部的驱动力,它促使人实现预期的职业目标。格拉索恩(Glatthorn 1990)曾确认有多种因素影响教师的动机水平。第一类因素是支持性的环境,它包括以下几个特征:(a)和学生及家长有着积极而主动的关系;(b)现场有效的领导能力;(c)充分的物质条件;(d)良好的校风;(e)能处理的教学任务。

第二类因素是有意义的工作,教师要有适当的自信心,相信自己工作的意义。

第三类因素是教师的信念系统。下面这些信念对高水平动机来说是基本的:"我能胜任","我能如愿地完成工作","我的成就能获得预期的报答"。其中报答尤其重要。在美国,相比外在的酬劳(如提高薪水),教师更多地被内在的报酬(比如学生学业的提高)所激励(Dilworth 1991)。但是比较法国教师和英国教师可以发现,内陆的法国教师很少认识到教学可以促进有意义的生活,更多地将教学仅仅看作谋生的手段(Broadfoot and Osborn 1987)。

第四类因素是教师目标。当教师的目标被同伴所分享,当教师的目标设计过程是合作的产物,当教师的目标是特殊的,当教师的目标是富有挑战性的并且是能够完成的,教师的动机水平趋向于更高。

教师动机水平的最后一类因素是反馈的类型与频率。许多研究暗示,当教师连续地给予学生学习以评价并且每当学习提高就给予一个正反馈,这时教师的动机水平提高得更快。从行政和管理人员那里得到的连续而积极的反馈能够增强教师的动机水平。

2.2 相关的因素

相关的因素包括那些所有影响教师发展的环境因素。麦克劳克林和塔尔贝特(McLaughlin and Talbert 1990)区分出5种内在的相关因素。最远的影响因素(但不一定是影响最小的)是社区与社会。渐近的因素是学校体制或学校行政层面、学校、教学小组或部门以及教室等。

2.2.1 社会和社区

尽管社会和社区的因素在有关教师发展的文献中并未给予大量的关注,但是很显然它们确实是重要的影响因素。社会看待教师和教学的一般方式很大程度上影响了教师看待自身发展的方式。在这一点上路易斯(Louis 1990)讨论了民族间的差异。

在丹麦,一般的看法是教师有共同的责任承担他们的工作。他们的专业知识被予以高度的评价。由此,人们期望教师有责任设计自己的职业生涯。在法国,教学被看作包含高度分析技能的职业,教师自治受民事服务机构和协会规则的保护。虽然制度是高度集权的,但是政策并不过多限制教师职业的发展。日本实行的是第三种模式。根据路易斯的描述,日本的文化将教师看作具有良好技能的专家,他们的行为常受集体职业行为规范所激发。日本教师常常自愿结合在一起以周末研究小组的形式探讨问题。

2.2.2 学校体制

学校体制是影响教师职业发展的另一层面的因素,它通过多种方式来影响教师发展。在学校体制中,教师督导和评价政策既限制又促进了教师发展。学校体制的实施关系到全体教师的发展,同样影响教师的成长方式。20世纪80年代期间,基于全体教师发展的计划放在了教师的直接教学技能的发展上,重点回顾那些有着丰富教学经验和熟练教学技能的教师,解剖他们的内在成长历程。

2.2.3 学校

学校水平是影响教师发展的第三个层面的因素,相比其他因素而言,受到更充分的研究。研究表明,一般而言,有两个要素影响着学校水平:学校文化(体现在它的价值和行为规范上)和学校领导的性质。

有关学校文化的研究表明有五种信念影响教师的发展(Fullan 1990;Corcoran 1990;Rosenholtz 1989,1990;Rutter 1987)。首先学校是合作的共同体,人们相互信任,分享权力。他们以共同的价值聚合在一起，形成学校共同体的特征。然而，哈格里夫斯（Hargreaves 1992）认为，存在着这样的危险，在整齐划一的训练下，行政人员的强制要求造成表面的合作，他称之为“设计的合作”。

关于学校文化的第二种信念是学校有着共同的目标。罗森霍尔茨（Rosenholtz 1989）研究了八所初等学校，发现强烈的目标认同引导校长和教师共同建设动态的、有意义的共同体，其中教师的职业发展被认为是专业主义的要点。第三种信念是学校通过解决存在的问题就能获得发展。而且，专业人员必须花一定的时间去解决学校自身的问题。第四种信念是学校里的所有人都能获得成功。相应的，人们对自己和他人有很高的期望。最后，行政人员和教师们相信教育是他们的最高价值。他们追求的是提高教育的方法，而不仅是结果本身。

许多著作中提到了学校领导对于促成教师发展的重要性，莱特伍德（1992）的研究或许最充分系统。他将教师发展看作是学校领导最核心的功能。为了更好地实现学校领导的功能，他提出了4个方针：（a）以完整的人看待教师，注重技能提高的同时要重视教师心理的发展；（b）建立基于协作规则和专业质询的学校文化；（c）诊断教师发展的起点；（d）重建行之有效的行政手段以谋求有力的教师发展策略。

2.2.4　教学小组或部门

教师同事也能影响教师发展。同事间的影响有3个关键的途径：办公室同事间非正式的交流影响教师作决定，教师相互影响并形成显著的教学风格，他们建立并强化有关同事互动及专业发展的非正式规范（Glatthorn 1990）。约翰逊（Johnson 1990）则强调教学部门在内部协调和外部辩护方面对教师发展的重要影响。

2.2.5　教室

影响教师发展的最后也是最及时的层面是教室。一方面，教师面对学习动机不明的学生，面对难以把握的讲授和训练，几乎发现不了专业发展的需要。另一方面，正像利伯曼和米勒（Lieberman and Miller 1992）所讨论的，那些促进学生解决问题、提供机会给学生从事初步的研究、像对待教师一样对待学生、将社区生活与学校生活联系起来的教师，确实通过教学获得了成长。他们主张，围绕丰富多彩环境的学习将以令人瞩目的崭新方式促进教师的发展。

3. 促进教师发展

针对影响教师发展的诸多因素，学校行政、监督人员以及教师需要做什么才能促进教师的发展？下面的3个观点旨在回答这个问题：教师发展的基本促进手段、可选择的教师发展路径以及教师发展的可能未来。

3.1　教师发展的一般途径

20世纪90年代前的几十年，许多发达国家的学校管理和行政人员以行政诊断和教师评价作为促进教师发展的初步手段。成功经验表明，通过这种办法能造就有能力的富有经验的教师。

3.1.1　行政督察

行政督察有许多形式，几乎所有的形式都包括几个共同的要素：实地观察前的会议，教室现场观察，对观察所得数据的分析，观察之后任务完成情况的报告会议。回顾1973年至1983年的25份研究报告，帕万（Panvan 1983）得出结论，行政督察没有什么效果。她还指出许多研究中的方法论缺陷。与此相反的是，回顾从1978年至1981年的研究，亚当斯（Adams）和格利克曼（1984）得出结论，行政督察模式对教师态度和行为有积极的影响。

除了上述这些相互矛盾的看法之外，行政督察受到了其他方面的质疑。格拉索恩（1990）指出，行政督察存在着这样一些缺点：（a）不恰当地关注教学基本技能；（b）不能区分有经验的教师和初学者的需求；（c）由于过于看重这一办法，导致实施中经常出现肤浅和浅薄。持有同样看法的是，斯迈思（Smyth 1989）发现，这一办法使得教师失去了原初的合作平台，退化到观察和监督的复杂程序中。

3.1.2　教师评价

20世纪90年代早期，教师评价曾受到广泛的关注，尤其是在美国，对教师责任的关注在一定程度上导致了教师评价的发展。在教师评价的标准形式中，一个行政人员或管理者借助于“记分卡”观察课堂，“记分卡”中列了一些松散的标准，这些标准源于对教师效力的研究。评价者观察课堂，完成“记分卡”，并召开商谈会议与教师交换意见，而不是像过去那样只是发布“好的或坏的消息”。一般情况下，评价者在一学期中给出两到三个评价性的观察，然后做出累积性评价，以决定教师的任期、去留、提升或维持原状。

关于教师发展的这些评价和检查过去几乎完全被否决了，尽管学校系统声称设计评价过程是为了提高教育效果（Gliekman 1991）。斯托尔斯基（Stodolsky 1990）曾指出这些评价活动诸多的重大局限。首先，他们不能促进教师的思想；其次，他们不能为教师的思路提供信息；第三，他们也不能提供给教师与同事、学生及家长打交道的信息。

根据上述观点，该领域的专家提出了另一些可供选择的方案。它们是：(a)使用教师的自我评估；(b)职业上的累积发展；(c)教师成就测试的管理，用于检测教师的技能、知识；(d)使用一种关注成长，而非评价本身的目标系统（Millman and Darling-Hammond 1990）。

3.2 针对教师发展的其他备择方案

用于教师发展的四个备择方案得到广泛的认可，分别是：自我指导式发展、合作式发展、以变革为导向的群体发展以及新的角色扮演。

3.2.1 自我指导式发展

在自我指导式教师发展的模式中，教师自己在职业发展中扮演着关键的角色。教师的发展目标来源于一种或多种渠道，这些渠道有：学校发展计划，先进的教学技能，教师所应当承担责任的学科，学生方面的新知识。然后，教师可以确认下列内容：达到目标的途径和方法、所需资源、对成绩进行评价的方式。在这样一个自我指导式的发展模式中，校长或指导者作为“提供便利的人”发挥作用——他们阐明目标和方法，提供资源，参与评价过程。

克拉克（Clark 1992）设计了一套实施自我指导式教师发展的指导原则，包含下列内容：“写下你自己的教育信条”，“依靠自己的力量开始”，“制订一个五年计划”，“看看自己的后院（把自己的课堂视为成长发生之地）”，“寻求支持”，“力求最好（敢于追求质量风险）”，“最终，敢于自吹自擂（让他人了解自己的成绩）”。

那些提倡使用自我指导发展模式的人说自己使用的这一模式是有效的。但一个潜在的弱点是发展要求客观的反馈，而一些自我指导发展模式无法提供反馈。

3.2.2 合作式发展

格拉索恩（1987）使用“合作式专业发展”这一术语来描述他的同事发展模型。在这种模式里，教师以小组为单位开发并运用各自的专业成长方式。他们从几种备选方案中选择一种：专业对话——以直接影响教师的当前教育问题展开有组织的讨论；课程发展，即课程单元和教学素材的合作式发展；同辈监督，即通过教师群体发展和同事的辅助而达到特殊教学技能的发展；行动研究，即对现实问题的合作式探究。

几种方案的试行结果表明，看起来合作模式仅仅在下列情况出现时才有效果。第一，合作模式本身是从合作的组织氛围中发展起来的，而不是一种“人为的平等合作”。第二，能够得到管理者的大力支持。第三，给予教师充分的时间。第四，为教师提供成功实施此发展模式所需的必要培训。

3.2.3 以变革为导向的群体发展

本研究领域的一些专家推荐这种以变革为导向的群体发展模式。这些专家不是为了回应所谓的时尚才提出教师群体发展项目的，他们认为所有的教职工发展都应该与学校发展的过程直接相关。有些人设计实行了这样的项目并宣布获得了初步成果，富兰（Fullan 1990）就是其中之一。在富兰提出的模型中，“教师是学习者”这一理念被视为联合课堂发展和学校发展的关键链条。经过变革过程的三个阶段（发动、实施和制度化），教师们相互合作以发展一些技能和知识，由此才能影响学校的重大变革措施和学校发展的长期过程。

3.2.4 教师的新角色

对教师角色的扩展，被视为对学校发展和教师成长都有益的一种方法。比如“职业提升”策略为教师提供了丰富的机会来做出决策，从而导致教师获得有意义的专业成长。康利（Conley 1991）认为学校管理的4项内容可能会增强教师的参与：指示（如明确教师任务）、组织（如为教师和学生做日程安排）、支持（如指导）、控制（如绩效评估）。她还指出，在所有这些成分中，关键的问题并不是“参与”，而是“影响力”。也就是说，关键问题是教师有没有获得对决策过程的不断增强的影响力。

3.3 教师发展的未来方向

从更广阔的社会和职业背景中的趋势来推断，20世纪90年代的几种教师发展理论比较相似。首先，教师职前教育和在职教育间的合作会不断加强。对“专业发展学校”（承担教师职前教育大部分功能的学校）的广泛接受和这种学校所获得的早期成功将鼓励教师培训机构形成这样一种观点，即将专业发展视为由实践经验获得的一种连续的、协同良好的结果。

第二，普及将技术作为教职工发展项目的核心方式。硬件已经达到了这样的水平：教师可与专家进行远程联系并相互影响，可以加入到全国范围内的专业网络中去，可以观察并评判自己的教学过程，可以通过电子刺激信号进行学习，还可以重新获得合成信息。学校系统是否有这样的资源、意愿或专门知识，则是不一定的。

最后，应与其他人力服务机构的专业人员进行更多的接触和合作。教育者认识到这样一个事实，贫困和无知这样的问题并不会被完全隔绝在教室之外。因此，美国的一些学校系统已经带头将当地的学校作为一个向家庭提供服务的中心。如果服务能被置于同等地位的话，从逻辑上来说，下一步就是教师、社会工作者、治疗学家以及医生进入到合作的专业发展中去。

A. 格拉索恩（A. Glatthorn） 著

杨旭东 译

附录

Adams A, Glickman C 1984 Does clinical supervision work? A review of research. *Tennessee Educational Leadership* 11:28—40

Broadfoot P, Osborn M 1987 Teachers' conceptions of their professional responsibility: Some international comparisons. *Comp. Educ.* 23(3):287—301

Burden P 1990 Teacher development. In: Houston W R (ed.) 1990 *Handbook of Research on Teacher Education.* Macmillan, New York

Clark C M 1992 Teachers as designers in self-directed professional development. In: Hargreaves A, Fullan M G (eds.) 1992 *Understanding Teacher Development.* Cassell, London

Conley S 1991 Review of research on teacher participation in school decision-making. In: Grant G (ed.) 1991 *Review of Research in Education*, Vol. 17. American Educational Research Association, Washington, DC

Corcoran T B 1990 Schoolwork: Perspectives on workplace reform. In: McLaughlin M W, Talbert J E, Bascia N (eds.) 1990 *The Contexts of Teaching in Secondary Schools.* Teachers College Press, New York

Dilworth M E 1991 *Motivation, Rewards, and Incentives.* American Association of Colleges for Teacher Education, Washington, DC

Fullan M G 1990 Staff development, innovation, and institutional development. In: Fullan M G, Joyce B, Bruce B B 1990 *Changing School Culture through Staff Development. Yearbook of the ASCD.* Association for Supervision and Curriculum Development, Alexandira, Virginia

Glatthorn A A 1987 Cooperative professional development: Peer-centered options for teacher growth. *Educ. Leadership* 45(3):31—35

Glatthorn A A 1990 *Supervisory Leadership.* Scott Foresman, Glenview, Illinois

Glickman C D 1981 *Developmental Supervision.* Association for Supervision and Curriculum Development, Alexandria, Virginia

Glickman C D 1991 Pretending not to know what we know. *Educ. Leadership* 48(8):4—10

Hargreaves A 1992 Cultures of teaching: A focus for change. In: Hargreaves A, Fulan M G (eds.) 1992 *Understanding Teacher Development.* Cassell, London

Huberman M 1989 The Professional life cycle of teachers. *Teach. Coll. Rec.* 91(1):31—57

Huberman M et al. 1989 *La Vie des Enseignants.* Delachau xet Niestle, Lausanne

Johnson S M 1990 The primacy and potential of high

school departments. In:McLaughlin M W,Talbert J E, Bascia N 1990 *The Contexts of Teaching in Secondary Schools.* Teachers College Press,New York

Leithwood K A 1992 The principal's role in teacher development. In:Fullan M,Hargreaves A (eds.) 1992 *Teacher Development and Educational Change.* Taylor and Francis,London

Lieberman A, Miller L 1992 Teacher development in professional practice schools. In:Levine M(ed.) 1992 *Professional Practice Schools* Teachers College Press, New York

Little J W 1990 Conditions of professional development in secondary schools. In:McLaughlin M W,Talbert J E, Bascia N (eds.) 1990 *The Contexts of Teaching in Secondary Schools.* Teachers College Press,New York

Little J W 1992 Teacher development and educational policy. In: Fullan M, Hargreaves A (eds.) 1992 *Teacher Development and Educational Change.* Falmer Press,London

Louis K S 1990 School anc community values and the quality of teachers' work life In:Mclaughlin M W,Talbert J E,BasciaN(eds.) 1990 *The Contexts of Teaching in Secondary Schools.* Teachers College Press,New York

McLaughlin M W,Talbert J E 1990 The contexts in question: The secondary school workplace. In: McLaughlin M W,Talbert J E,Bascia N (eds.) 1990 *The Contexts of Teaching in Secondary Schools.* Teachers College Press,New York

Millman J,Darling-Hammond L (eds.) 1990 *The New Handbook of Teacher Evaluation.* Sage,Newbury Park, California

Pavan B N 1983 Clinical supervision:Does it make a difference? Paper presented at annual meeting of the Council of Professors of Instructional Supervision, DeKalb,Illinois

Rosenholtz S J 1989 *Teachers'Workplace: The Social Organization of Schools.* Longman,New York

Rutter R A 1987 *Facilitating Teacher Engagement.* National Center on Effective Secondary Schools,Madison,Wisconsin

Smyth J 1989 Problematizing teaching through a"critical" perspective on clinical supervision. Paper presented at meeting of American Educational Research Association,San Francisco,California

Sprinthall N A,Thies-Sprinthall L 1983 The teacher as adult learner:A cognitive-developmental view. In:Griffin G (ed.) 1983 *Staff Development* (82nd yearbook of the National Society for the Study of Education). University of Chicago Press,Chicago,Illinois

Stodolsky S S 1990 Classroom observation. In:Millman J,Darling-Hammond L (eds.) 1990

其他参考文献

Feiman S, Floden R E 1981 *A Consumer's Guide to Teacher Development.* Institute for Research on Teaching,East Lansing,Michigan

Hughes P (ed.) 1991 *Teachers' Professional Development.* Australian Council for Educational Research, Hawthorn,Victoria

教师的专业知识(Teacher Expertise)

"经验"(experience)和"专业知识"(expertise)两个单词的词根是一样的。一度这两个词代表着同样的意义。一位经验丰富的工人,比如啤酒工人、制革工人、珠宝加工工人等,所拥有的知识远比一般人更为丰富。协会和行会,通过他们的学徒制度,使本行业中那些有老资格的成员们以"专家"的形象出现。但是很明显,有经验的人中间也分不同层次和等级,其中一些比另一些更有地位,因此并非所有有经验的个体都可以成为该行业的专家。这样,"专业知识"的概念逐步从"经验"的概念中间分离和独立出来,但二者显然不可分割,后者几乎毫无疑问地成为前者的基础。专家们通过某种特殊的经验获得他们的特殊地位。在他们获得能力的领域里,发展中的专家可以比其他人从经验中学到更多的东西。

尽管人们一般都很崇敬专业知识,但直到最近,心理学家和其他人才开始系统地研究它。而事实是,心理学中的某些领域与同时代的学术性专业知识相关,比如对天才白痴的研究;也与对复杂技能习得的训练性研究相关,比如医疗诊断或者电子系统修复性诊断;还与精神运动技能习得的研究相关。19 世纪、20 世纪之交时威廉姆·布赖恩(William Bryan)和他的学生诺布尔·哈特(Noble Harter)对报务员的训练进行了研究,成为精神运动技能习得研究的杰出代表。该研究揭示了专业知识生成和发展过程中练习、组织和自动性的重要作用。

> 学习者开始必须一次应付 18 个,现在则必须应付更多,一次有 36 个。他必须将工作系统化以便完成,必须养成一系列的习惯以便应对一系列的任务。能做到这一点,他就成为自己职业领域中的专家……自动性不是天赋,但确是天赋得以实现的途径。(Bryan and Harter 1899 P. 375)

1. 示范性技能的发展

在教学及其他诸如计算机程序编写、护理、飞机操控、国际象棋等领域中,人们可以习得经验。习得经验的过程也是个体增长处理其任务的能力的过程。与常识和实验数据相吻合的有关技能习得的心理学理论,通常将发展分为三个阶段或水平:新手阶段,此阶段中犯错比较频繁;中间阶段,此阶段巩固学习的阶段,自动性得到发展;最后,对一些勤奋努力学习技能的个体而言,会到达高水平表现的阶段。德雷富斯等人(Dreyfus H L and Dreyfus S E 1986)提出的发展模型稍微复杂一些,也有所调整,将教育学专业知识和习得方面的知识融合了进来。这个启发式的模型将个体的发展过程分为从“新手”到“专家”这五个阶段。

1.1　阶段一:新手水平

在这个阶段,一位教师可以被称为“生手”或者“新手”。学校和教室环境中发生的平常事将被忽略,同时需对所要完成任务的要素进行分类和学习,还要知晓一系列对多种情境适用的通用法则。新手教师要接受如下概念的意义,如“高难问题”、“辅助支撑”以及“学习障碍”等等。新手还要学会遵守如下规则,如“对正确回答给予表扬”、“提出高难问题后等待 3 秒”以及“永不批评学生”。这是一个学习目标事实和情境特征的阶段,是一个获得经验的阶段。正是在这个阶段中,真实世界中的经验对学习者而言显得比语言信息更为重要。见习师范生和许多参加工作不满一年的教师应该都属于新手之列。

1.2　阶段二:高级起步者水平

随着经验的积累,新手逐渐成为“高级起步者”[对教师从新手向高级起步者阶段转变的个案研究可参见布洛(Bullough)在 1989 年的研究项目]。工作满一年或两年的教师多处在这个发展阶段。在这个阶段,经验可以与语言表述的知识融合在一起,由此情节性知识和个案性知识得以建立。不同情境中的相似性经提炼而被确认。如果没有那些可与目前经验发生关联的对个人有意义的过去事件和个案的存在,个体将无法产生自信,不知道什么该做什么不该做。在教育中高级起步者可能会不知如何处理儿童对教师权威的挑战,比如神经质地试图引起教师注意或者吹嘘他们自己的优异成绩。在这个阶段,随着情境对行为的引导,战略性知识,即何时应忽略或者打破规则以及何时应该遵守规则,也得到发展。比如说,教师认识到并非所有的表扬都能取得预期的效果,比如能力偏低的孩子会把老师的表扬解释为教师预期值较低。教师也会认识到对表现一贯良好学生的偶尔错误进行批评会取得相当的激励作用。经验会影响行为,但是高级起步者可能仍不知道什么才是重要的。

新手和高级起步者,尽管他们积极热情地参与到学习的过程中来,但经常无法对他们的行为负完全责任。这种失败产生的原因在于他们仅仅是对事件进行分类和描述、遵循规则并对情境进行认知和确认,但他们还没有积极地通过个人力量来对正在发生的事件进行确认。这种对教室中教学行为承担完全个人责任的情况只能发生在个体发展出对个人力量的感觉之后,发生在他们对个体行为做出自愿选择之后。而上述情况就发生在下一个发展阶段里。

1.3 阶段三:胜任水平

有了更多的经验,有了成就动机,绝大多数教师从"高级起步者"变为胜任者。但并非所有的高级起步者都可以到达这一水平。研究表明有些教师的表现持续低于胜任水平(Borko 1992,Eisenhart and Jones 1992)。人们相信许多工作满2~3年的教师,以及绝大多数有经验的教师,都可以达到胜任水平。

就某项技能而言,达到胜任水平的人有两个明显特征。第一,他们对自己所要做的事情会做出明确的选择。他们有理性的目标,选择合理的方式来达到自己心目中的目标。第二,通过自己的技能,他们能够确定什么才是重要的。通过自己的经验,他们知道什么应该引起自己的注意而什么可以忽略。结果,他们也就学会避免时间安排和目标确定方面的错误。在这个阶段,教师们学会自己做出课程和教学方面的决定,比如根据特殊的教学情境和特定的学生群体来决定何时应停留在某个主题上,何时应该进入下一主题。

在掌握周遭事务时,教师们更自主地按照各自的计划执行,且只对自己选择的信息做出反应。因此,处于胜任水平的教师倾向于对所发生事情产生更强的责任感。他们并不能超然事外,因此往往对自己领域中的成功和失败产生情感上的变化,这种情绪与新手和高级起步者阶段的教师不同,往往比后两者更强烈。他们也会对自己的成功和失败留下更鲜活的记忆。处于胜任水平的教师仍在迅捷性、流畅性和灵活性方面存在欠缺。

1.4 阶段四:精通水平

大概在从教的第五年,部分教师会进入发展过程中的精通阶段。此阶段中个体的直觉知识和实践知识显得非常突出。打个比方,就好像在学习舞蹈时,有这样一个点,经过这个点后,个体不再考虑自己需要在舞步中进行哪些调整,不再数着脚步以便跟上音乐节奏,而是发展起一种直觉性的感觉。

此外,在经验的财富之外,处于精通水平的个体已经逐步能够对所遇情况以全局性观点来加以认识。他们可以认识到不同事件之间的相似性,而这是新手无法认识到的。比如说,处于精通水平的教师会注意到今天的数学课有问题,问题的原因与上星期拼写课失败的原因相同,而他的这种认识并非通过有意识的努力而发生的。在范式分类的更高水平,分离事件间的相似性可以被理解。这种对范式相似性的全局性认识使得处于精通水平的教师能够对事件发展做出更精确的预测,因为他们有过类似的经验。

1.5 阶段五:专家水平

如果说新手教师往往是深思熟虑的,高级起步者阶段的教师富有洞察力,胜任水平的教师富有理性,精通水平的教师直觉水平高,那么处于专家水平的教师往往被归于不按理性行事之列。专家们对情境有直觉性的领悟,似乎以一种非分析的和非深思熟虑的方式来做出恰当的反应。他们的行为表现非常流畅,就好像绝大多数人不必在讲话时选择词汇或者走路时控制脚步一样。人们往往是以完全不费力的自然方式来说话和走路的。

专家们行为表现的方式与新手或胜任水平的教师们在质量上完全不同。一位科学课的老师说自己今天的课程进行得非常顺利以至于自己从来不必特意去教。这样的教师就是专家。专家不会特意选择行为的内容或加以特别注意。他们的表现完全不费力气,非常流畅,并且以一种非理性的方式表现出来。说它非理性,是因为难以将其简单地描述为推理性或分析性行为。虽然专家的行为都不包含计算和仔细的考虑在内,但当然不能说它是不理性的,虽然它已经超越了理性的通常意义。对专家行为的深入考察可以参见舍恩(Schon 1983)著作中对实践性知识的讨论,也可以参见波利亚(Polya 1954)著作中对问题解决过程中缄默性知识之角色的分析。

专家们从事的工作通常是顺利的。当事情进行得非常顺利时,专家们不以通常方式解决问题或做出决定。异常的情况发生时,事情不按照计划演变或者异常情况引起注意时,专家们也会通过深思熟虑的分析过程来解决问题。但当事情进行得顺利时,专家们很少会对自己的行为进行反思。

2. 对教师专业知识的描述性命题

教师专业知识发展理论对于教师教育和教师

评价问题的思考有启发性价值。自20世纪80年代以来多方积累的数据也支持这种理论(Berliner 1987,Bents et al. 1988)。比如,M.本茨和R.本茨(Bents M and Bents R 1990)研究了发生在新手教师、高级起步者阶段教师和专家教师阶段间的转换,并且证明了这些阶段存在的合理性。在发展过程中,教师中心或自我中心的新手教师成长为更加以学生为中心的高级起步者阶段教师,再成长为更加完整个体的专家教师,研究者描述了这些阶段之间所发生的转换的特点。

几乎所有对教育学专业知识的研究都是小范围的、根据经验而非实验得出结论的。但是,这些研究也有一些共性,对教育学中的专业知识也有大量确定而有力的见解。其中一些将专家们的共同点提炼出来,另一些则特别关注教学领域的独特性。

2.1 命题一:领域和情境

第一个命题就是专家主要在他们各自的领域和特定情境下显示出超越常人的能力。

齐等人(Chi et al. 1988)和格拉泽(Glaser 1987)认为专家主要是在特定领域中发挥作用,因为他们在某些领域中的经验远远超过其他人。在1988年莱斯高尔德(Lesgold)和他的同事所做的研究发现,专家层次的放射线学者应该观察过至少10万条X射线。国际象棋方面的专家至少已花费1万到2万小时的时间来观察棋局(deGroot 1965,Newell and Simon 1972,Chase and Simon 1973)。对人体机能的复合性领域投入足够多的时间,这样的人能够在某一领域中脱颖而出也就不奇怪了。

时间和经验在教育学专业知识的发展中也起着相似的作用。情节性的报告表明直到积累至少5年的工作经验之后,教师的表现才能达到顶峰。有10年经验的专家型教师,至少已经以教师身份在课堂中度过1万小时,之前还以学生身份在课堂中度过1.5万小时,虽然后一段时间积累的经验常常为人所忽略。经历本身当然不足以使一位教师成为专家,但几乎所有的专家型教师都有非常丰富的课堂工作经历。

通过足够长的经历而获得的针对特殊领域的特殊知识,与特殊的情境具有相当紧密的联系。比如说,专家型教师曾指出他们的专业知识在一定程度上依赖于对自己学生的了解程度。他们了解自己所教学生的认知能力,这使得他们能够洞察学习内容的深度和水平。他们了解学生本人,因此在课堂中他们不必依赖类似官僚体制和控制的正式机制之类的手段。最后,他们的学生也了解他们,而且对这些教师的教学会有特定的期待。专家型教师的学生会期望自己获得良好的教学效果,期望学到更多的东西,即使这样需要他们花费更多的精力甚至达到自己的能力极限(Berliner et al. 1988)。

2.2 命题二:自动性

第二个命题是,专家们通过重复那些完成目标所需的操作而发展出自动性。

格拉泽(1987)将专家型阅读者在阅读中表现出的有效解码技能视为自动性的一种表现方式,专家借此将自己大脑中的存储单位解放出来以应对情境中其他更为复杂的特点。存在于专家型教师中的这种自动性,或者说惯例化,也起到同样的作用。比如说,莱因哈德特和格里诺(Leinhardt and Greeno 1986)在对初等学校数学课程的研究中将专家型教师的课堂作业的口头评语与新手教师进行比较。他们发现,专家型教师的评语相当简短,花费的时间也只有新手教师的1/3。这样的专家能够通过点名了解学生的出勤状况,能够了解谁做了或者没有做作业,也能够分辨出哪些学生需要在后续的课程内容上获得额外的帮助。她透过行为来引发出正确答案,并通过控制来使所有的家庭作业得到订正。此外还要说明的是,她是以一种相当轻快的节奏进行这一切的,但绝不会使课堂失去控制。

相反,当新手教师在数学课上对课堂作业进行口头评价时,她不能了解谁完成或者没完成作业,点名也有困难,她的问题也是不明确的,从而导致自己对作业难度的误解。重要的是,新手教师表现出了对例行程序的不熟悉。看起来,新手教师没有习惯性的行为方式。因此,学生就无法确定自己在课堂中的角色。其他的研究也证明了这个命题,如布鲁克斯和霍克(Brooks and Thawke 1985)、卡特等(Carter et al. 1987)、克拉贝和图尔格伦(Krabbe and Tullgren 1989)以及霍金斯和夏普(Hawkins and

Sharpe)所做的研究。

2.3 命题三:任务要求和社会境况

第三个命题是,专家型教师在解决问题时对任务要求和社会境况更敏感。

在一项对有经验的物理教师和新手物理教师的研究中豪斯纳和格里菲伊(Housner and Griffey 1985)为有经验教师对任务要求和社会境况所具有的敏感性提供了研究证据。他们发现,在对教学进行计划的过程中,有经验的教师和新教师对信息发出要求的数量是大致相同的。两组人分别对有关所要教的学生的数目、性别、年龄等方面的信息提出了要求,但是在两个领域中有经验教师比新教师提出了更多的信息要求。他们要求知道所要教的学生的能力、经验和背景。实际上,作为研究对象的8位有经验的教师中有5位在做作学计划前要求看看教学所要使用的设备,而新教师中没有人提出这样的要求。

有经验的教师对教学所处的社会和物理环境比较敏感。在实际的教学过程中,他们比新手教师更频繁地调整教学,使用社会情境中的线索和提示来指导自己的互动性教学决策。运用对学生表现的判断作为调整教学的依据,有经验教师比新手教师高24%;把自己对学生参与程度的判断作为调整教学的依据,有经验教师比新手教师高41%;把自己对学生感受到的愉悦程度的判断作为调整教学的依据,有经验教师比新手教师高79%;把自己对学生情绪和感觉的判断作为调整教学过程的依据,有经验教师比新手教师高82%。

新手教师将学生对教学活动的语言描述作为自己调整教学活动的首要依据。他们对这类线索和提示反应的频率比有经验教师高出131%。很显然,新手教师主要是在被要求时才会改变自己的行为。但是,他们似乎不能对学生发出的有关教学进行方式的社会性线索进行解码和理解。与此不同,有经验教师对情境中的社会性线索更为敏感,他们将这些线索作为自己调整教学的依据。有关对任务要求和社会环境的其他研究可参见尼尔森(Nelson 1988)、库欣(Cusing et al. 1989)、霍金斯和夏普的研究。

2.4 命题四:机动性与灵活性

第四个命题是,在教学中专家们比新手教师更加机动和灵活。

格拉泽(1987)指出专家们在教学计划和实际进行的过程中都比较机动。他们利用新的信息,很快地发现有关问题的新表述和新解释。博尔科和利文斯顿(Borko and Livingston 1988)使用"即兴表演者"这一术语来说明专家型教师授课的机动性特征。他们发现专家型教师在拥有良好构思的教学"概括剧本"的同时,在执行方面却会因对学生行为随时做出反应而变得非常灵活。

斯坦福大学的教授理查德·斯诺(Richard Snow)曾经用这样的比喻来描述教学,"教师就好像一只贝叶斯牧羊犬"。在一定程度上,教师或者说牧羊犬的这个形象使得学生或者说羊群能够自由活动,而一旦学生离开太远,教师会将他带回群体中。教师可以是灵活、机动的,但基于过去经验的记忆(对先验概率的贝叶斯计算),教师也会将学生保持在一条能够到达适当目的地的道路上。

2.5 命题五:解决问题的途径

第五个命题是,专家们表述问题的方式与新手教师有质的不同。

齐等人(1988)指出专家们对问题理解的深度似乎强于新教师。专家们使用的概念和原理与待解决的问题更有关联。新手教师的理解似乎处在更肤浅的水平,也更少表现出原理性推理。

尼尔森(1988)进行了一项以专家型物理教师和新手物理教师为对象的研究。她的结论认为专家型教师在对适当的教学原理应用方面表现出比新手教师强得多的多样性。专家们也更具创造性,在表述教学问题的方式上更透彻,对自己提出的每个问题都提供了多个解决方法。相似的,彼德森和科梅乌克斯(Peterson and Comeaux 1987)发现有经验教师所做的评语反映了一种潜在的知识结构,而新教师所做的评语未能反映出这一点。

专家型教师在对学生回答问题时所用的概念进行推论时也表现出不同。对学生思考方式以及这些想法与特定数学或科学课程内容如何相互影响等问题,专家们似乎有丰富的知识。另外,专家们似乎可以通过学生可能使用的错误算法进行思考。在处理学生错误因而了解学生易犯错误类型方面,专家们有更丰富的经验。新手教师很少会讨论学生解决问题时所使用的错误算法。

2.6 命题六:解释的范式

第六个命题是,专家型教师具有迅速而精确的范式认知能力。新手教师却缺乏一贯正确理解个体经历的能力。

对提示的准确理解和对范式的认知减轻了个体认知处理过程中的负担。快速的范式认知使得专家型国际象棋选手发现棋盘上有可能发生问题的区域。新手在认识这样的范式方面比不上专家,而且即使他们认识到这样的问题,他们也鲜能对局势做出正确的推断。

新手以及其他缺少经验的教师对课堂信息作出可靠解释的能力恰因其缺乏经验而受到相当的限制。与教育学事件相关的信息可能非常丰富且复杂,以至于新手教师和高级起步者型教师对所获得信息的内容无法取得一致意见。在一项研究中,被试需要同时控制三个电视监控屏幕。看起来高级起步者型教师在理解自己通过教室观察所获信息和为教室内发生事件提供合理解释方面存在困难(Sabers 1991)。作为一个小组,这些工作不满一年的教师似乎无法理解自己看到的事物。他们无法同时控制这3个监控器。因而,他们常常报告自相矛盾的观察内容,而且对自己所要观察的事物及其意义表现出困惑。

卡特等人(1988)也发现了专家型和新手教师在理解能力方面的差异。在他们的研究中,新手教师、高级起步者型教师和专家型教师被要求观察一系列描述某高中科学或数学教学的幻灯片。教师们可以进行远程控制,而且被告知可以以他们自己喜欢的速度来看50张左右的幻灯片,可以在他们自己觉得有趣的地方停下来作注释或评论。研究发现,在关注同一张值得评论的幻灯片和做出同样的评论方面,专家组教师比其他两个组的教师具有更高的一致性。

专家型教师中这种差异性的减少是值得特别关注的。这意味着他们已经学会关注同样的事物并且以同样的方式对视觉刺激进行解释。这种在注意力集中程度和解释所关注事物的方式方面的相似性正是人们在拜访某位眼科专家或汽车机械专家时希望看到的结果。新手或高级起步者或其他任何处于技能学习早期阶段的人,还没有获得足够的经验来达到这一水平。

2.7 命题七:意义与范式

第七个命题是,专家们在其经验领域里领悟出了有意义的范式。

专家们的高级感知技能是非常突出的,但没有理由说专家们拥有天生的高于常人的感知能力(Chi et al. 1988)。相反,他们的超常之处可以归结为经验对感知能力的影响。在研究过10万条以上的X射线或者花费超过1万小时来观察学生之后,信息的内容和信息被解释的方式对任何希望从自己经验中学习的人来说都会发生变化。持这种观点的卡特等人(1988)要求专家、新手和高级起步者型教师分别观察一些课堂的幻灯片并对自己所看的内容进行描述。幻灯片在屏幕呈现的时间很短。新手和高级起步者型教师对幻灯片的反应无疑是描述性的,通常相当准确。与这些新手和高级起步者型教师的典型文字描述不同,一些专家型教师常对自己所看到内容做出推论式的反应。对于专家而言,重要的信息就是对教学有重要意义的信息,比如学生的年龄或者他们从事的教和学的活动。他们能够比新手教师感知到更为有意义的范式。

在任何领域中,专家们可以从自己所面临的现象、困难中抽取信息,也可以从部分用来对自己专业领域中现象赋予意义的概念和原则中抽取信息。这意味着各个领域中的专家们都可以被看作组织管理严密的处理器。他们对出现在各自专业领域中的刺激赋予意义。

2.8 命题八:问题解决的个性特征

最后一个命题是,尽管专家们在问题解决的开始阶段比较慢,但他们为自己试图解决的问题带来了更为丰富和更为个人化的信息。

在汉尼宁(Hanninen 1985)对天才教育领域专家型教师和次专家级教师的研究中,新手教师用来阅读某一问题情境并开始写下针对某一特定儿童的问题解决办法的平均时间是2.6分钟。在天才教育领域无背景但有教学经验的教师平均花费3.0分钟。而那些在天才教育领域内有经验或专业知识的教师平均花费9.8分钟。这就是说，从开始了解问题到开始提出解决办法，专家型教师花费的时间是其他两组教师的3～4倍。当一个人对教学或其他领域有更多了解的时候，他需要更多的时间来表述问题，需要更多的时间来获取有助于处理问题的相关知识。如果一个人拥有的知识积累不够丰富的话，自然就不需要花费太多的时间来收集相关信息。

在开始着手解决所面临问题的时候，与新手不同，专家们可以借助丰富的个人知识。彼得森和科梅乌克斯（1987）发现有经验教师"常常给出针对问题的详细解答，对自己的决定或评价也会给出更多的支持性理由"。尼尔森（1988）发现专家们"对情景中的数据给予更长时间和更详细的分析，在对不同教学要点的描述方式上更富有创造性、更透彻，对问题提供更多的解决办法，对学生个体的不同需要更为体贴，而且能够运用更多的正确的教学原则"。

3. 结论

把握专家教师们的独特教学表现是比较困难的。到目前为止所有这些研究规模都比较小，基本上是定性的，高度解释性的。此外，这些研究大都倾向于描述性而非实验性。因而，对"专家型教师"和"胜任水平教师"进行恰当定义是有难度的，这样的问题又导致理论发展方面的困难。

另一方面，对那些把专业知识发展看作是有启发性而非科学精确理论的人而言，这个问题并不是不能克服的。我们应该持有这样的观点：判断一种理论，不应从其真实性出发，而应从其有用性着眼。这种5阶段理论与数据十分契合，因而为教育家和研究者正确理解教师教学知识和技能发展过程提供了可能。

对这个领域的研究进行归纳并不是非常困难。格拉泽（1987）在对多个全异领域中专业知识的研究中提出的命题与针对教学的研究的结论具有很高的一致性。因而，教师专业知识提供了一个有趣的案例，贯穿多个不同领域的许多有缺陷的研究却产生了一个具有一贯性的知识体系，产生了一种研究教学专业知识获得过程的启发式理论。

无论是在物理学、医学诊断、国际象棋领域，还是在教学领域中，那些在任务完成中表现突出的个体，都是很有趣的，也提供了包含特殊知觉性、概念性和心理动力技能的心理学课题。当人们有动机、有机会去掌握某些领域的专门知识，他们能够达到胜任、熟练的程度，也能够达到普通人不易达到的专家层次。

D. C. 伯利纳（D. C. Berliner） 著

尤 秀 译

附录

Bents M, Bents R 1990 Perceptions of good teaching among novice, advanced beginner, and expert teachers. Paper presented at the meeting of the American Educational Research Association, Boston, Massachusetts

Berliner D C 1987 In pursuit of the expert pedagogue. *Educ. Researcher*. 15:5—13

Berliner D C et al. 1988 Implications of research on pedagogical expertise and experience for mathematics teaching. In: Grouws D A, Cooney T J (eds.) 1988 *Perspectives on Research on Effective Mathematics Teaching*. National Council of Teachers of Mathematics, Reston Virginia

Borko H 1992 Patterns across the profiles: A critical look at theories of learning to teach. Paper presented at the meeting of the American Educational Research Association, San Francisco, California

Borko H, Livingston C 1988 Expert and novice teachers'mathematics instruction: Planning, teaching, and postlesson reflections. Paper presented at the meeting of the American Educational Research Association, New Orleans, Louisiana

Brooks D M, Hawke G 1985 Effective and ineffective session opening teacher activity and task structures. Paper presented at the meeting of the American Educational Research Association, Chicago, Illinois

Bryan W L, Harter N 1899 Studies of the telegraphic languae: The acquisition of a hierarchy of habits. *Psychol. Rev.* 6:345—375

Bullough R 1989 *First Year Teacher*: *A Case Study*. Teachers College Press, New York

Carter K, Cushing K, Sabers D, Stein P, Berliner D C 1988 Expert-novice differences in perceiving and processing visual information. *J. Teach. Educ.* 39 (3): 25—31

Carter K, Sabers D, Cushing K, Pinnegar P, Berliner D C 1987 Processing and using information about students: A study of expert, novice, and postulant teachers. *Teaching and Teacher Education*3: 147—157

Chase W G, Simon H A 1973 Perception in chess. *Cognit. Psychol.* 4: 55—81

Chi M T H, Glaser R, Farr M 1988 *The Nature of Expertise*. Erlbaum, Hillsdale, New Jersey

Cushing, K S, Sabers D, Berliner D C 1989 Expert-novice research studies: Implications for teacher empowerment. In: Kerrins J A (ed.) 1989 *Empowering the Teaching Learning Process*, Proc. 6th Annual Conf. on Issues and Trends in Educational Leadership. Colorado Springs, Colorado

deGroot A D 1965 *Thought and Choice in Chess*. Mouton, The Hague

Dreyfus H L, Dreyfus S E 1986 *Mind over Machine*. Free Press, New York

Eisenhart M, Jones D 1992 Developing teacher expertise: Two theories and a study. Paper presented at the meeting of the American Educational Research Association, San Francisco, California

Glaser R 1987 Thoughts on expertise. In: Schooler C, Schaie W (Eds.), *Cognitive Functioning and Social Structure over the Life Course*. Ablex, Norwood, New Jersey

Hanninen G 1985 Do experts exist in gifted education? (Unpublished manuscript, University of Arizona, Tucson, Arizona)

Hawkins A, Sharpe T in press Field system analysis: In search of the expert pedagogue. *The Journal of Teaching in Physical Education*

Housner L D, Griffey D C 1985 Teacher cognition: Differences in planning and interactive decision-making between experienced and inexperienced teachers. *Research Quarterly for Exercise and Sport*56: 44—53

Krabbe M A, Tullgren R 1989 A comparison of experienced and novice teachers'routines and procedures during set and discussion instructional activity segments. Paper presented at the meeting of the American Educational Research Association, San Francisco, California

Leinhardt G, Greeno J 1986 The cognitive skill of teaching. *J. Educ. Psychol.* 78: 75—95

Lesgold A et al. 1988 Expertise in a complex skill: Diagnosing X-ray pictures. In: Chi M T H, Glaser R, Farr M 1988

Nelson K R 1988 Thinking processes, management routines, and student perceptions of expert and novice physical education teachers. (Unpublished dissertation, Louisiana State University, Baton Rouge, Louisiana)

Newell A, Simon H A 1972 *Human Problem Solving*. Prentice-Hall, Englewood Cliffs, New Jersey

Peterson P L, Comeaux M A 1987 Teachers'schemata for classroom events: The mental scaffolding of teachers'thinking during classroom instruction. *Teaching and Teacher Education* 3: 319—331

Polya G 1954 *How to Solve It*. Princeton University Press, Princeton, New Jersey

Sabers D, Cushing K, Berliner D C 1991 Differences among teachers in a task characterized by simultaneity, multidimensionality, and immediacy. *Am. Educ. Res. J.* 28: 63—88

Schon D 1983 *The Reflective Practitioner*. Basic Books, New York

Shuell T 1990 Phases of meaningful learning. *Rev. Res. Educ.* 60: 531—548

教师观念和观念系统(Teachers' Beliefs and Belief Systems)

在为解决政治、社会、经济、环境问题而奋斗的过程中，发展中国家和发达国家都有一个典型的做法，即呼吁学校提供解决的办法。在20世纪80年代后期和90年代早期，这种呼吁导致了学校去努力进行变革或重组，而这种努力促使教育研究者加快速度去寻求一些神奇的改革或重组的"灵丹妙药"。

许多研究者通过寻找概括和归纳教师的重要技能来对此做出回应。一些对过去改革或重组具备经验的人则做出了不同的反应。他们将注意力转到归纳和概括更有力的"意愿"方面来。这些研究者（Sarason 1983）特别关注教师观念，关注教师的观念如何对学校改革及重组的态度、目的及行为产生的重要影响。

1. 观念的本质

观念传达了"个体对某对象之原因的认识方面的信息，观念的对象可以是一个人、一群人、一个机构、一种行为、一项政策以及事件等等，与原因相关的也可以是任何事物、特点、特性、质量、品质、结果"（Fishbein and Ajzen 1975 P. 15）。在理解观念在学校改革和重组过程中所起的作用时，有3个问题是必须提到的：第一，观念的强弱依据个体对某一特定对象属性的确信程度而不同。教师的一些观念，特别是关于学生及其学习过程的观点，也许顽固到难以甚至不可能改变的地步。第二，观念的种类多种多样：描述性的观念来自个人观察，推论性的观念来自对这些观察结果的推论，而信息性的观念来自外部资源。第三，随着时间的推移，相关观念之间开始产生关联并形成一个系统或网络。一旦这样的观念系统形成，如果某种观念所处系统不发生改变，那么教师的这个观念就难以发生改变，甚至是不可能发生改变的。

2. 教师的观念

在教师观念方面，流行的研究主要关注的是教师对学生在课堂成就方面抱有的推论性观念。比如克拉克和彼得森（Clark and Peterson 1986）曾关注过教师对学生成就之原因以及教师在对学生成功或失败应负责任方面的观念。对学生能力和努力的认识，对学习任务的认识，以及对运气的认识会影响教师的品质，而教师的自我观念会影响教师的责任观念。一些教师——自我服务者——相信他们应该对学生的成功而非失败负责；另一些教师——自我保护者——的观念正与此相反。

教师在学生能力和努力方面以及在服务或保护自我方面的观念，不仅仅对教师在学生成就方面的观念来说非常重要，而且对教师在学生成就动机方面的观念来说也是非常重要的（Stipek 1992）。许多教师认为，在学校的成就环境下，能力比努力更重要。实际上，他们认为儿童是带着幼稚的能力观念进入学校的，而在学校中，努力也非常重要。这种幼稚的观念必须被一种更为成熟的观念所替代。在这种更成熟的观念中，能力与努力是互相分离的，能力稍占优势。还有，这些教师对能力之优先地位的看法，使得教师能够通过显示自身能力强来为自己服务，也使得教师可以不必显示自己能力不强从而保护自己（Ames and Ames 1984）。在这样以能力为中心的教室中，教师可能会忽略那些能力不强的孩子，而将注意力集中在能力比较强的个体身上。

对教师观念和观念系统的绝大多数表述都存在以下3个问题：第一，这是个民族中心主义的问题。大多数这样的研究来自西方、来自发达国家，特别是美国。第二，这些表述很少能说明过去的教师对自己的描述性观念的推论性观念。用人种志学者的语言来说，绝大多数描述都是外部的或者说是"非位的"，只有很少是内部的或者说是"着位的"。第三个问题是种种表述倾向于关注教师对其工作内容的一小部分的观念和观念系统。虽然学生学习过程管理和课堂成就在大多数教师日常工作安排中占重要位置，而那些对学习者的管理和教室纪律方面的问题常常更为重要。

幸运的是，有些研究开始关注上述问题了。在民族中心主义研究的前沿，对西方的、工业化的观念表述作补充的著作已经出现。比如说，托马斯（Thomas）已经把有关西方儿童发展的比较性理论（Thomas 1992）与东方儿童发展的理论（Thomas 1988）联系在一起。看起来，这样的补充对跨国研究特别重要，因为这些研究已经开始挑战那些基于西方教师观念和观念系统研究之中心范例（即归因理论之范例）所得结论的跨文化有效性。东方教师对学生的明显努力给予的评价比西方的同行要高（Stevenson and Steigler 1992）。

在研究的前沿，教学文化方面的专家如法伊曼－尼姆森和弗洛登（Feinman-Nemser and Floden 1986）将关注点转向教师的描述性观念。以色列学者弗勒玛·埃勒巴兹（Freema Elbaz 1991）的著作就是一个例证。埃勒巴兹提出，在其他事物中，教师拥有多种类型的实践知识，这些实践知识包括自我的、环境的、客观事物的、课程发展的以及他们用来理解和组织课堂的教学方面的知识。这些信息被组织到一个层级中去，这个层级的底层是实践（行动）的通用法则，中间是实践准则（对行动的看法），顶部是镜像（对行动的预期）。教师的描述性知识在形成他们自己的镜像并进而形成各自的实践准则和通用法则方面起到重要的作用。

最后，在这项工作的前沿，教师教育方面的专家（Lanier and Little 1986）特别是教学社会学家（Rosenholtz 1991）已经开始建立一个更广泛理解教师观念的理论框架。基于教师工作的本质铸就了教师观念的本质这样的假设，这些学者将研究焦点集中于理解教学作为一种职业的本质所在。这是一个复杂而不确定的职业，是一种拥有谆谆教诲观念的职业，正是这种观念导致了教学中提倡连续性而反对变革。

3. 教学社会学和教师观念

教育社会学家们所描绘的图景，与沃勒（Waller 1932）提出的观点一样受到广泛的尊敬，至少在美国教师中是这样。沃勒抓住教师工作的基础，将其表述为致力于将核心文化价值观传递给那些被教师认为未受教育的学生们。由于学生们被认为会对这些价值传递进行抵制，教学的本质就成了一种日常制度性控制的形式，这种控制的目的就是确保年轻的意志将会屈服于年长的智慧。

比如说，以德雷本（Dreeben 1970）和洛尔蒂（Lortie 1975）的著作为标志，学者们试图把美国学校中教师向学生传递的一些核心价值观明晰化，把教师教诲学生时面临的约束明晰化。诸如成就、个人主义、世界主义和排他主义等价值观，仍旧在教室中被传递给学生。此外，他们也在一种文化中传播，教师在这种文化中感受到了要求学生学习的内部压力，也感受到了对他们行为进行抱怨的外部压力（Cusick 1983）。保持一种内部希望和外部现实之间的平衡只是某种程度的伪装，保持这样的伪装会导致教师的自我焦虑、自我怀疑以及加剧教师的脆弱性（Doyle 1986）。

从本质上来说，许多教师也许会在传递这些价值观方面求助于实践以减轻自己的个人心理问题。基于“学生能力是课堂生活的必要条件”这一观念而进行的课堂实践，诸如竞争和问题追踪（Oakes 1985），肯定是吸引人的。人们相信能力强的学生在行为和智力方面的要求比能力弱的学生要少（Cooper and Tom 1984），因此通过确认学生能力的高低和鼓励能力强的学生、打击能力弱的学生，教师可能从本质上创造出更多的自我保护，也可能造成自我服务的班级状况。他们也可能因看到自己工作的模糊的社会关系而更脆弱，并集中关注此工作的认知方面，要求获得由能力强的学生的学习过程可能提供的各种各样的精神回报。

其他社会学家也开始为教师观念和观念系统研究提供比较大的理论框架。一项特别相关的研究通过对教师和其他职业的比较将学者们的分析进行了归纳，如洛尔蒂将教学与其他职业进行比较。在这种理论框架下，教师被视为广义上的工人，学者将研究焦点集中在他们工作的本质和与工作相关的观念上。其中一些学者特别关注教师如何工作以及与工作相关的观念如何影响其学生工作的本质和与工作相关的观念本身。由于教师在一定程度上是学生的第一位老板，此理论框架中的学者还想知道他们属于何种类型的老板。

比如安尼恩（Anyon 1981）曾通过在不同类学校中工作的教师来研究学生的社会化过程。教师们有在工人阶级学校中工作的，这类学校大多数学生的父母都是非熟练或半熟练工人；还有在中产阶级学校中工作的，这类学校学生家长中既有熟练蓝领工人，也有白领工人；还有公共学校的教师、社会工作者、会计和中层经理；还有在富裕职业层的学校中工作的，这类学校学生家长大多是高薪医生、电视工作者或广告经理人；还有室内装修设计师；

最后是在管理精英学校中工作的教师,这类学校学生父母至少都是跨国公司或金融公司副总。安尼恩发现每种类型学校中的学生都按照一定规则完成社会化并形成了相应的社会层级的观念,这些观念是物质和文化资本所有权、工作和社会权力结构、工作活动内容和过程方面的。这样的发现再一次表明:教师按照能力水平来组织课堂工作的观念是正确的。高阶层职业的确更倾向于能力强的学生而非能力弱的学生。因此,在强调能力的过程中,教师通过复制学校之外的真实工作世界并将之引入教室而简单地完成了他们的文化传承工作。

但是,安尼恩的发现对意义构建过程提出了重要的警告:只关注能力的观念可能使学生准备去从事最好的工作是中产阶级工作。在其他事物方面的观念——创造力、个人奋斗主义和社会责任——是帮助学生分别为专业型和精英型工作作准备的,因此基于其他而不仅仅基于能力的课堂建构是有意义的。

4. 教育研究者和教师观念

本词条显示研究者正在把观念看作对优秀学校进行研究的"灵丹妙药"。他们用来对教师观念和观念系统进行研究的一些理论框架在这里被提到。迄今为止,这些理论框架表明:至少西方教师相信并有理由相信他们的课堂首先应当按照学生的能力标准来进行组织。

最近以来,已经开始了严肃的研究,对教师的能力倾向、自我中心观及观念系统进行了简单的刻画。许多研究依然关注认识的原因和内容,但不仅是对西方教师的观念和观念系统进行研究,同时还研究了其他地方的教师观念和观念系统。许多研究是从教师自己的视角出发来进行的。在这两个方面,学者们的著作都受到欢迎,例如埃勒巴兹(1991)致力于建议全世界的教师都发出"声音",特别是批评性的声音,从而去描述他们在学校中做了什么以及为什么做这些。

研究者们有这样的印象,即仅仅依赖他们的研究来描述教师观念和观念系统并向实际工作者提供意见,是不正确的。研究者们需要来自实践者、工作者的声音。原因很简单。教师观念和观念系统根植于他们的个人经验,因而,他们对变革往往有很强的抵抗性。但是,这些经验是教师工作所在的学校情境的副产品。如果学校实践者没有获得能够帮助他们对过去的经验进行反思的当下情境的外部信息,或没有得到预示新经验的有关新情境的外部信息,那么风险就在于,研究只能使情境具体化而非改革或重组它。

20 世纪 90 年代早期的美国,确实在进行着这种情境具体化的过程,主流学者不断报告说教师观念系统比较封闭,特别是在有关学生能力和学生控制等方面(Cusick 1983)。其他学者则不断指出这样的观念并非学校困境的变革或重组的解决之道,而是此种变革或重组的起因。他们指出,这样一种关于能力的观念只会针对一小部分学生组织教学过程和激起学习动机,却破坏了其他很多学生的学习。他们还指出,这样一种控制的观念减轻了教师的自我负担,却扩展了大多数儿童的自我负担(Glasser 1990)。

我们应该注意到上述的后一部分学者。在与教师的交流中发现观点的部分策略必然是带有修辞色彩的。很久以来,我们一直知道有关学生能力和学生控制的观念可能是有缺陷的。但是研究者们一直避免以一种教师可以理解并喜欢的方式与他们分享这些知识。弗洛登(Floden 1985)提出了一些有启发性的观点,这些观点有助于影响研究者的叙述方式并使他们的叙述能够被人了解,也使他们的叙述为人所乐于了解。

但是,改变教师对于学生能力和学生控制的观念和观念系统的大部分策略,必然是实质性的。修辞或者说表达方式必须被运用来帮助发掘出其他可供选择的学校教育观念,在这样的学校教育中,能力之外的因素如努力,才是真正起作用的。这些观念的中心应该是系统的、信息的观念,从而去检验并在必要的条件下挑战教师们对学生、学生学习及学习动机所持有的描述性的、推论性的观念。

5. 结论

阿蒂尔·福沙伊(Arthur Foshay 1973)也许是第一位认识到关于儿童及其学习能力的观念及观

念系统暗示性的有经验的美国学校改革家。而他的同事本杰明·布卢姆(Benjamin Bloom 1990)也许是第一位提醒研究者发现自己对儿童及其学习能力所持有的暗示性观念和观念系统的人。

布卢姆在其里程碑式著作《人类特征与学校学习》的前言中概括了以下一些观念和观念系统:

当我第一次进入到教育研究和测量的领域中时,占优势的观点是:

1. 有好的学习者和差的学习者之分。

这被认为是对个体品性的一个相当永久的观点。同样,下列观点也很有市场,即个体所拥有的学习能力不同,且可以通过使用适当的智力、态度或成就测验来确定其数量标度。此外,人们还相信好的学习者可以学会更为复杂和抽象的概念,而差的学习者只能学会最简单和最具体的概念。全世界的学校系统都是在这种组织教学、选拔系统和分级系统的基础上建立的,甚至课程也是在这个基础上建立的。

在20世纪60年代早期,我们中的一些人开始对学校学习的卡罗尔(Caroll)模型感兴趣,而这种模型正是在下面这种教学的基础上建立的。

2. 有快的学习者和慢的学习者之分。

当我们还没有完全搞清楚学习的等级是否会成为个体的长期特性时,我们致力于寻找一些途径来使速度慢的学习者获得所需的额外时间和额外帮助以便他们能够达到一定的成就标准。在不同国家的教育实验机构和实际课堂中,这样的研究都表明速度慢的学习者可以和速度快的学习者取得一样好的效果。当慢速学习者与快速学习者达到同样的成就标准时,他们看起来能够学会同样复杂和抽象的概念,他们也能够同样好地保持这些概念——虽然事实是他们的学习花费了更多时间,获得的帮助也比他人更多。此外,他们对自己已经达到成就标准的学校课程的兴趣和态度也与那些快速学习者同样积极。

在过去的10年里,我和我的学生做了一些研究,而这些研究引导我们发现下面这个观点。

3. 如果提供适宜的学习条件,大多数学生在学习能力、学习速度和进一步学习的动机方面都很相似。

这样的研究对前两个观点特别是对学习能力高低的永久性和学习速度的快慢特性提出了质疑。但是,研究者也指出,当学生得不到适宜的学习条件时,他们之间在学习能力、学习速度和进一步学习动机方面的区别就会越来越大……正是这项我们相信的研究对人的本质、人的特性和学校学习方面的主流观点进行了深入的思考。(Bloom 1976 P. 10)

正如布卢姆的引文中提到的,对学生及其个体间差异特别是其能力差异的观念,一度曾经在教育研究者中占有绝对优势。在20世纪90年代早期,有关学生及其能力相似性特别是其能力和学习动机方面相似性的观念,开始为人们所认识。

教育研究者可以发挥作用来使以上有关世界性学校改革和重组的观念由边缘进入到中心位置。毕竟,实质上所有学生都可以学到最好这样一种观念为很多学生提供了学校教育的机会,而这样的机会一度是为极少数学生保留的。关注大多数而非极少数,这在道德上也是有意义的。

J. H. 布洛克(J. H. Block)
K. 赫兹利普(K. Hazelip) 著
尤 秀 译

附录

Anyon J 1981 Social class and school knowledge. *Curric. Inq.* 11:1—42

Ames C, Ames R 1984 Systems of student and teacher motivation: Toward a qualitative definition. *J. Educ. Psychol.* 76(4):535—556

Bloom B S 1976 *Human Characteristics and School Learning*. McGraw-Hill, New York

Clark C M, Peterson P L 1986 Teachers'thought processes. In: Wittrock M C (ed.) 1986 *Handbook of Research on Teaching*, 3rd edn. Macmillan, New York

Cooper H M, Tom D Y H 1984 Teacher expectation research: A review with implications for classroom instruction. *Elem. Sch. J.* 85:77—104

Cusick P 1983 *The Egalitarian Ideal and the American*

High School. Studies of Three Schools. Longman, New York

Doyle W 1986 Classroom organization and management. In: Wittrock M C (ed.) 1986 *Handbook of Research on Teaching*, 3rd edn. Macmillan, New York

Dreeben R 1970 *The Nature of Teaching, Schools and the Work of Teachers.* Scott-Foresman, Glenview, Illinois

Elbaz F 1991 Research on teachers'knowledge: The evolution of a discourse. *J. Curric. Stud.* 23: 1—19

Feinman-Nemser S, Floden R E 1986 The cultures of teaching. In: Wittrock M C (ed.) 1986 *Handbook of Research on Teaching*, 3rd edn. Macmillan, New York

Fishbein M, Ajzen I 1975 *Belief, Attitude, Intention, and Behavior.* Addison-Wesley, Reading, Massachusetts

Floden R E 1985 The role of rhetoric in changing teachers' beliefs. *Teaching and Teacher Education* 1: 19—32

Foshay A W 1973 Sources of school practice. In: Goodlad J I, Shane H G (eds.) 1973 *The Elementary School in the United States, The 72nd Yearbook of the National Society for the study of Education.* University of Chicago Press, Chicago, Illinois

Glasser W 1990 *The Quality School. Managing Students Without Coercion.* Harper and Row, New York

Lanier J E, Little J W 1986 Research on teacher education. In: Wittrock MC (ed.) 1986 *Handbook of Research on Teaching*, 3rd edn. Macmillan, New York

Lortie D C 1975 *Schoolteacher. A Sociological Study.* University of Chicago Press, Chicago, Illinois

Oakes J 1985 *Keeping Track. How Schools Structure Inequality.* Yale University Press, New Haven, Connecticut

Rosenholtz S J 1991 *Teachers' Workplace.* Teachers College Press, New York

Sarason S B 1983 *Schooling in America: Scapegoat and Salvation.* Free Press, New York

Stevenson H, Steigler J 1992 *The Learning Gap.* Summit Books, New York

Stipek D 1992 *Motivation to Learn*, 2nd edn. Prentice-Hall, Englewood Cliffs, New Jersey

Thomas R M 1992 *Comparing Theories of Child Development*, 3rd edn. Wadsworth, Belmont, California

Thomas R M (ed.) 1988 *Oriental Theories of Human Development.* Peter Lang Publishers, New York

Waller W 1932 *The Sociology of Teaching.* John Wiley and Sons, New York

教师的知识(Teachers' Knowledge)

虽然长久以来研究者一直对有关教师知识方面的问题很感兴趣,但这个领域中的研究直到1983年至1992年的10年间才真正算是丰富多产的。当教学方面的研究从观察教师行为转向研究教师的那些伴随自身行动的思考和决策过程时,与那些影响教师决策的知识和信念有关的问题便迅速突显出来。与教师所知内容、教师如何获取并储藏知识,以及这些知识如何影响教师在课堂中的表现等问题相关的课题,在所有与教师职业的最初准备及持续的职业发展等相关著作中居于核心地位。

研究者们对教师知识的这种持续不断的兴趣也伴随着这样一场运动,在这场运动中,几个国家对教学的专业性予以了确认。某种职业以一种特殊的专业知识为重要基础,这是此种职业成为一种专业的重要特点。自20世纪80年代早期以来,对教师知识的兴趣被一些实践的、政治的以及学术的兴趣所推动。在范围、结构的形式和与课堂实践的关系方面,人们都对"教师的知识"进行了研究。本词条将分别对这些研究进行引述,但实际上这些课题有很多都是相互关联的。

1. 教师知识的范围

大量的研究者已经提出了有关教师知识范围的理论框架(Carter 1990, Leinhardt and Smith 1985, Wilson et al. 1987)。尽管这些理论比较分散,但通常大家都认为知识在实践中是相互交织在一起的。以下6个领域的知识可能构成教师的知识范围:(a)有关教学内容的知识;(b)有关学习者和学习过程的知识;(c)普通教育学方面的知识;(d)有关课程的知识;(e)有关教学情境的知识;(f)有关教师自身的知识。

教学内容方面的知识既包括学科方面的知识,也包括更明确的学科教学法知识。后者被称为"学科教学法知识"。有关学习者和学习过程的知识包括学习理论方面的知识,学生身体发展、社会性发展、心理发展以及认知发展方面的知识,动机理论和实践方面的知识,还包括学生在种族、社会经济及性别等差异方面的知识。普通教育学方面的知识包括课堂组织和安排的知识、一般教学法的知识。课程方面的知识既包括课程发展过程方面的知识,也包括本年级及各年级的学校课程方面的知识。

教学情境方面的知识包括教师所处的复杂的、内在的情境方面的知识,这样的环境包括教师工作的学校、学区或地域以及国家或地区。教学情境方面的知识还包括教师对学生及其家庭的了解,也包括教师对地方社区的了解。这方面的知识还包括对某一特定国家的教育的历史基础、哲学基础、文化基础等方面的了解。最后,有关教师自身的知识包括教师对他们的个人价值观、个性、优势弱点,他们的教育哲学、有关受教育对象的教育目标以及教学目标方面的知识。

所有这些方面的知识对于教师的工作都是非常重要的,但研究者主要是将注意力集中在教学方面的知识、普通教育学方面的知识以及有关教师自身的知识方面。比如说,教育心理学领域内的很多研究者都关注有关学习者和学习过程的课题,却只有相当少的课题直接关注教师在这个领域中了解或相信什么。因此,本词条将就3个方面的内容进行讨论。

1.1 有关教学内容的知识

人们直观上认为,学科内容方面的知识对好的教学极为重要,而有关的早期研究却并未发现教师知识和学生学业成绩之间的关系。稍后的研究批评了早期研究在概念理论框架方面的缺失,将注意力转移到教师在学科内容方面的知识和教学安排、教学过程间的关系上来(Leinhardt and Smith 1985, Shulman 1987)。一系列重要的定性研究表明:教师在自己所要教的内容方面的知识影响着教师的教学内容,也影响到教师的教学方法。

在为学生开发课程的过程中,教师倾向于强调那些自己更为熟悉和了解的领域中的知识而忽视那些自己不太了解的领域(Carlsen 1991, Smith and Neale 1991)。教师在学科内容方面的知识可能还会影响他们开发某学科课程潜力的方式方法(Ben-Peretz 1975, Gudmundsdottir 1990, Wilson and Wineburg 1988)。举例来说,对中等学校社会课教师的研究表明,教师自己的学科背景是如何影响他们调整某种特定课程从而使该课程适应其各自的学科知识的(Wilson and Wineburg 1988)。

教师的学科知识还影响了他们的交互式的教学。教师在学科内容方面的知识影响他们对学生呈现特定领域知识本质的方式。举例来说,巴尔(Ball 1991)的研究证明,在数学方面存在概念理解弱点的教师会以武断而不灵活的方式来对学生呈现数学知识的本质。教师的学科知识也会影响他们为学生提供有新意的解答或组织活动的能力(Leinhardt and Smith 1985, Smith and Neale 1991),还会影响他们向学生提问的方式(Carlsen 1991, Hashweh 1987)。再比如,卡尔森(Carlsen 1991)在一项对科学科目新教师的研究中发现,在自己不太了解的领域中,教师会问一些认知水平比较低的问题,而在他们觉得自己非常了解的领域中,教师会问一些更高水平的问题。

对教师的学科知识的研究还揭示出教师们拥有自己所教内容方面的教学法知识,术语上称为"学科教学法知识"(Shulman 1987)。对学科教学法知识的研究,检验了教师在如下领域的观念和概念:学科内容教学目标、学生对特定学科专题内容的理解与误解方面的知识、与特定内容有关的课程与教学方面的知识。这些领域的研究表明,教师的学科教学法知识会与教师的教学计划、课堂教学发生关联。大多数研究者发现教师自己对某学科教学目标的理解和他们的教学实践之间存在很强的一致性,那些有经验的教师更是如此。数学方面的研究也表明,在教师的学科教学法知识和学生的学习之间存在着一定的联系(Peterson et al. 1991)。

1.2 普通教育学方面的知识

普通教育学方面的知识包括有关课堂组织和

管理方面的知识及课程结构的一般知识。课堂知识领域的研究者们将研究的焦点集中于教师在教学过程中就建立和维护秩序所做的努力上。成功的课堂组织者是那些与学生发出的信号更为调和、对学生中的主流表现和课堂活动的目的更为了解的教师(Carter 1990)。此外,高效能的教师在学年之初就顺利地建立了课堂活动的程序(Leinhardt et al. 1987)。

与教师所建立日常程序方面知识相关的是教师对于课的结构的一般知识,它包含这样一些必要知识:有关课的计划与课的教学的知识,在一节课的不同部分之间顺利转换所必需的知识以及对教学内容进行清晰解释并呈现给学生所必需的知识(Leinhardt and Smith 1985)。虽然这种知识被认为是一般知识,但很可能,在课的结构的知识与所教内容之间存在着内在联系。

最后,对有关教学的专业知识方面的研究结果表明:有经验的教师对课堂信息的处理不同于新教师。比如,观看课堂活动的幻灯片时,有经验的教师更容易确认教学模式,并对其观察到的课堂活动作出推论;而新教师往往会对课堂活动提供更多语言上的、肤浅的描述。

这类的许多研究更关注教师在课堂里做了什么以及他们如何处理信息,却不那么关注他们在课堂组织和管理方面所具备的外在和内在的知识。一些研究者已经探索了课堂管理与教师对自己角色的内在隐喻之间的关系。这些研究者提出,教师的课堂管理发生变化的前提就是这些隐喻发生变化。

对教师在不同教学策略或教学方法方面的知识进行的研究是相当少的。教学方面进行的相关研究的一条线是试图分离出高效能教师使用的一般教学策略(Brophy and Good 1986)。这项研究进行了对特殊教学行为和学生成就之间关系的一系列概括,但它并没有探索教师所知所信如何导致他们使用某种教学策略。对教师教学计划行为的研究表明,教师围绕课堂活动的发展进行各自教学计划的组织(Clark and Peterson 1986),但几乎没有什么研究揭示出教师对教学方法等课题是如何考虑的。

一些研究者提出,教师在教学方法方面的知识按照不同主题被组织进教师自己的课程脚本中(Putnam 1987),教学内容和教学方法都包括在这些脚本之中。欧洲的论辩传统也强调将课程和教师观念中的方法进行综合(Hopmann 1992)。教学方法方面的知识可能会受以下内容的"过滤性"影响——教师对所要教的特定内容和他们自己对教授该内容的特定教学目标,这表明在学科教学法知识和普通教育学知识的这个方面之间仍存在鸿沟。

1.3 有关教师自身的知识

在一项对教师知识的早期研究中,埃勒巴兹(Elbaz 1983)指出,教师关于自身的知识是教师实践知识的一个重要方面。这种有关教师自身的知识包括教师对自己价值观、目标、生活哲学、风格、个性、优缺点等与教学相关的内容的了解和认识。一些研究者描述过教师如何提取并使用这种个体知识来解决课堂的问题并在他们的实践中反思这些知识(Lampert 1985)。其他一些研究者记录了有关个体及自我认同方面的知识是如何在学会教学的过程中形成的(Britzman 1986),以及教师个体价值观是如何隐蔽在其他形式知识如学科教学法知识之中的(Gudmundsdottir 1990)。有关教师隐喻的研究也强调了教师的潜在观念对理解教师如何看待自己的教学实践是非常重要的(Munby 1986)。

有关教师自身的知识与上述讨论的其他领域的知识在很多重要的方面都不同,例如,它既不是理论知识也不是抽象的知识,而是一种更为个体化的从而也不可避免地更为异质性的一个知识领域。对教师知识的许多领域的研究表明,有关教学的抽象的或理论性的知识需要经过教师自己的价值观、目标、个体哲学等的过滤才能发挥作用,这使得一些研究者认为,教师知识的所有方面都根植于教师个体视角及个体经验之上(Clandinin and Connelly 1987)。这条研究线索表明了个体经历在教学过程和学习教学的过程中的重要性。

1.4 综合知识领域及新知识的创造

为了分析的目的,每一知识领域被单独加以研究,但在教师实际的运用过程中,这些知识领域间的界限并不是非常明晰的。比如说,普通教育学知识分类之下的课的结构方面的知识，是与学科教学法知识相互影响并决定着实际要教的教学内容。在针对特定专题形成教学脚本的过程中，课程方面的知识、学科教学法知识以及普通教育学知识都发挥着作用。教师需要在不明确的情境中获得大量的不同领域的知识并对之进行综合，这样的要求对教师的学习过程有着重要意义。在孤立状态下传授这些知识可能会扭曲知识应用的相互关联的性质，并对教师在实践中对不同领域知识进行整合造成困难。

有关教师知识方面的论著也揭示了教师知识的动态本质。教师的知识不是静态的。在教学及对教学进行反馈的过程中，教师形成了对教学内容、学习者以及他们自己的新的理解。教师能够从很多来源获得知识，他们也能够在教室的“考验”中创造新的知识。

2. 教师知识的形式及其与课堂实践的关联

研究者已经对教师知识的不同形式进行了论述。一些研究者认为，教和学的一般性原则知识是需要的；而另一些研究者则认为，教师知识本来就是情境化和个体化的，它们以隐喻或图像的缄默形式存在，或以故事、个案的显在形式存在。在描述教师知识的各种不同形式时，这部分运用了布鲁纳(Bruner 1986)对教师的范例性和叙述性知识进行区分的方法，对教师知识的两种普遍形式进行了描述。

知识的范例性形式强调在广泛变化的情境中都适用的普遍化法则和原则。自然科学领域的知识被认为是范例性知识。相反，知识的叙述性形式与情境紧密相关，具有情境特殊性。对教学的研究经历了由探索范例性知识向对叙述性知识产生兴趣的转变，这个转变已经影响到了对教师知识的研究。

2.1 *知识的范例性形式*

一些教学领域的研究者认为教师需要拥有教学方面的科学原则，这样的一些知识应是业已被证明适用于多种情境的知识(Gage 1978)。这些研究者强调有关教、学的建议性知识所具有的力量。比如说，一些原则可能由有关“等候时间”的建议构成，而这样的等待是为了鼓励高级思考的发生。这些原则可能由对有效教学的大规模研究项目(Brophy and Good 1986)得出，并直接被教给教师。

此领域中的一些研究者认为，研究知识可以经由为教师提供其在教学中运用的新原则或准则而直接影响实践。大量的试验性研究都试图向有经验教师传授由相关课堂研究得出的普遍性原则。很多这样的研究在短期内是成功的，但没有什么证据可以表明教师在很长时间之后仍会运用这样的教学原则。

也有人提出了范例性知识可能对实践发生影响的其他形式。一些研究者认为，教学方面的研究结果可能影响教师对课堂行为的分析，而不会直接指挥教师的教学实践(Fenstermacher 1986)。由研究得到的知识可能会通过影响教师观念或将新知识、新观念引入教师的分析过程而对课堂实践产生影响。理论性知识因此成为知识的一种而非单一来源，这种知识可以指导教师在课程和教学方面的决策行为。大量有关知识运用的研究表明，教师通过他们自己的观念和所处情境来筛选并详细了解那些可概括的原则，如此，对研究性知识的运用能够确保正确理解建议性知识与课堂实践间的关系。

2.2 *知识的叙述性形式*

另一种研究却反对普适性知识的观念，并提出教师知识天生就具有个体性并以一种故事或叙事的方式被组织起来(Clandinin and Connelly 1987, Elbaz 1991)。这些研究者笃信教师的知识可以通过教学中他们自己的故事而被最好地理解，这些故事既保留了教师的声音，也保留了教师的观念。个体实践知识领域的研究者们强调，教师知识中的大部分具有先天的缄默性，它们包含在那些组成教师工作的仪式、程序和时间周期上，根植于特殊的地方环境中。

从这一观点来看，知识存在于课堂实践中，知识和课堂实践之间的分类并不是轮廓清晰的。有些学者承认知识和实践之间的清晰界限，但认为实践对于知识的影响力与知识对实践的影响力是同样的。对于个体实践知识的研究目的并不在于纠正教师的观念并对课堂实践进行阐述。对个体实践性知识的描述提供了一条途径来对教师个体实践赋予意义,而读者也可以通过反思个体实践中所遇相似问题而从叙述性知识中学到相应的内容。

叙述性知识的另一种形式可能以个案知识的形式出现。个案知识由特定教育情境的大量个案中蕴涵的经验构成(Shulman 1991)。与个体实践性知识一样,个案知识也是先天地具有情境性并与环境紧密相关的。研究结构不良领域(如教学和医学)的知识获得的研究者认为,这些领域中的知识是由概念和个案组成的网络。越来越多的一般概念被纳入来自实践知识的例子。这些结构不良领域中的实践者必须将多种知识领域整合到不断变化的情境中去。从他们自己的课堂实践经历中,教师建构着对课堂情境的一种情境理解,这种理解使得他们在面对新情况时可以分辨出其中的熟悉因素。于是,对个案知识进行推理的过程就可能具有分析的特性。

正像个体实践知识一样,个案知识也通常以一种叙述性的方式被表现出来。但是,这种叙述性个案大多数是有着明显的教学法目标的。那些倡导在教师教育中运用以个案为基础的方法的人们强调:在学习如何去教的过程中案例是有价值的。案例可以为后来者提供处理某特定教学情境问题方面的先例,从而影响教学实践。倡导者们认为,使用案例教学法也可以促进教学分析方法的形成。本领域的大多数研究者强调针对相似现象使用多样化案例,以便更准确地表现实践的复杂性。

3. 教师知识研究的未来

对教师知识的研究在教师教育和教师职业持续发展中都具有重要的意义。教师需要知道什么以及他们如何才能最好地组织这方面的知识等等,是决策者和教师教育工作者都面临的关键问题。对教师知识的内容、形式和来源的考虑会变得逐渐重要起来,因为它成为教师教育改革的推动力量,成为创造一种教学专业所获要素的推动力量。

未来的研究将需要对教师知识的所有领域做更进一步的探索,这些领域包括课程知识、有关学习者和学习过程的知识、教育环境方面的知识等。在上述每个领域里都已经有论述性的著作存在,但一些问题仍然没有得到回答,比如说我们还不知道教师对学生激励问题的了解程度。记录上述所有领域中教师的已有知识是非常重要的,因为教师的已有知识和观念会影响他们未来对知识的获取。

未来的研究还需要探索教师知识、学校环境和学生学习之间的联系。比如说,在对学科内容方面教师知识的研究中,大部分关注的是教师在学科内容方面所掌握的知识与他设计教学计划、实施教学过程之间的关系,除了少数例外,其他研究都很少关注这些知识与学生学习之间的关系。随着研究者以越来越复杂的方法来评估学生的学习,教师知识与学生知识之间的关系也会得到越来越有效的研究。

最后,教师知识领域的研究者必须不断了解知识及认知的本质方面的研究新进展。认知心理学和人类学方面的研究结果已经证明认知的本质与环境相关,这个发现在教师知识领域的研究得到直接的应用。特殊领域中知识获得方面的研究结果,也在教师知识领域的研究中得到应用。批判理论家和女权主义理论家都认为未来的研究应关注相互冲突的认识论课题。最后一点,认知的叙述性方面的研究结论也会继续影响教师知识领域的研究。

P. L. 格罗斯曼(P. L. Grossman) 著

尤 秀 译

附录

Ball D L 1991 Research on teaching mathematics: Making subject matter knowledge part of the equation. In: Brophy J. (ed.) 1991

Ben-Peretz M 1975 The concept of curriculum potential. *Curric. Theo.* 5:151—159

Berliner D C 1986 In pursuit of the expert pedagogue. *Educ. Researcher*15(7):5—13

Britzman D P 1986 Cultural myths in the making of a teacher: Biography and social structure in teacher education. *Harv. Educ. Rev.* 56(4):442—456

Brophy J E, Good T L1986 Teacher behavior and student achievement. In: Wittrock M (ed.) 1986 *Handbook of Research on Teaching*, 3rd edn. Macmillan, New York

Bruner J 1986 *Actual Minds, Possible Worlds.* Harvard

University Press, Cambridge, Massachusetts

Carlsen W S 1991 Subject matter knowledge and science teaching: A pragmatic perspective. In: Brophy J (ed.) 1991

Carter K 1990 Teachers'knowledge and learning to teach. In: Houston W R (ed.) 1990 *Handbook of Research on Teacher Education.* Macmillan, New York

Clandinin D J, Connelly M F 1987 Teachers'personal knowledge: What counts as personal in studies of the personal. *J. Curric. St.* 19(6):487—500

Clark C M, Peterson P L 1986 Teachers'thought processes. In: Wittrock M (ed.) 1986 *Handbook of Research on Teaching*, 3rd edn. Macmillan, New York

Elbaz F 1983 *Teacher Thinking: A Study of Practical Knowledge.* Croom Helm, London

Elbaz F 1991 Research on teachers' knowledge: The evolution of a discoures. *J. Curric. St.* 23(1):1—19

Fenstermacher G D 1986 Philosophy of research on teaching: Three aspects. In: Wittrock M (ed.) 1986 *Handbook of Research on Teaching*, 3rd edn. Macmillan, New York

Gage N L 1978 *The Scientific Basis of the Art of Teaching.* Teachers College Press, New York

Gudmundsdottir S 1990 Values in pedagogical content knowledge. *J. Tearch. Educ.* 41(3):44—52

Hashweh M Z 1987 Effects of subject matter knowledge in the teaching of biology and physics. *Teach. Teach. Educ.* 3(2):109—120

Hopmann S 1992 Starting a dialogue: Roots and issues of the beginning conversation between European didaktik and the American curriculum tradition. Paper presented at the annual meeting of the American Educational Research Association, San Francisco, California

Lampert M 1985 How do teachers manage to teach? Perspectives on problems in practice. *Harv. Educ. Rev.* 55(2):178—194

Leinhardt G, Smith D A 1985 Expertise in mathematics instruction: Subject mater knowledge. *J. Educ. Psychol.* 77(3):247—271

Leinhardt G, Weidman C, Hammond K M 1987 Introduction and integration of classroom routines by expert teachers. *Curric. Inq.* 17(2):135—176

Munby H 1986 Metaphor in the thinking of teachers: An exploratory study. *J. Curric. St.* 18(2):197—209

Peterson P L, Fennema E, Carpenter T P 1991 Teachers'knowledge of students'mathematics problem-solving knowledge. In: Brophy J (ed.) 1991

Putnam R T 1987 Structuring and adjusting content for students: A study of live and simulated tutoring of addition. *Am. Educ. Res. J.* 24(1):13—48

Shulman L S 1987 Knowledge and teaching: Foundations of the mew reform. *Harv. Educ. Rev.* 57(1):1—22

Shulman L S 1991 Toward a pedagogy of cases. In: Shulman J (ed.) 1991 *Case Methods in Teacher Education.* Teachers College Press, New York

Smith D C, Neale D C 1991 The construction of subjectmatter knowledge in primary science teaching. In: Brophy J. (ed.) 1991

Wilson S M, Shulman L S, Richert A E 1987 150 different ways of knowing: Representations of knowledge in teaching. In: Calderhead J (ed.) 1987 *Exploring Teachers' Thinking.* Cassell Education, London

Wilson S M, Wineburg S S 1988 Peering at history through different lenses: The role of disciplinary perspectives in teaching history. *Teach. Coll. Rec.* 89(4): 525—539

其他参考文献

Britzman D P 1991 *Practice Makes Practice: A Critical Study of Learning to Teach.* SUNY Press, Albany, New York

Brophy J (ed.) 1991 *Advances in Research on Teaching, Volume 2: Teachers'Knowledge of Subject Matter as it Relates to their Teaching Practice.* JAI Press, Greenwich, Connecticut

Calderhead J (ed.) 1991 *Teachers'Professional Learning.* Falmer Press, London

Grossman P L 1990 *The Making of a Teacher: Teacher*

Knowledge and Teacher Education. Teachers College Press, New York

Shulman J (ed.) 1991 *Case Methods in Teacher Education.* Teachers College Press, New York

教学的社会地位（Teaching: Social Status）

教学的社会地位是指教学作为一种职业在整个职业等级体系中的相应位置。本词条始于对职业地位和声望概念的探讨。其次，通过职业声望研究，来揭示不同社会的职业等级体系下教学的地位。最后，运用3个方面的理由来解释教学的相应声望。

1. 地位和声望的概念

在日常用语及社会学的文献中，术语“地位”、“威信”及“声望”常被作为同义词使用。在个别的社会学家那里也有着不同的内涵。但是本词条中将简要地澄清这些术语在不同用法下的矛盾内涵。

个体的社会地位——他的社会地位不同，在一定程度上，取决于一些因素，包括财富、教育、性别、种族和生活方式。然而，在许多发达社会和发展中社会中，地位的主要决定因素是职业。虽然许多个人的因素促成了个体在共同体中的声望——例如一个教师如何通过他出色的工作为社区服务——但是这些职业中的个人因素相比于整体成员的因素就显得微不足道了。

由于职业地位是通过一种职业与其他职业的比较得出的，所以职业地位的改变取决于社会中其他成员所认可的职业形象。但是由此来决定职业形象和地位的本质是很困难的。一个人可以分析人们有关职业的一般看法，通过媒体来考察职业形象，或者使用其他方法。到目前为止在方法的探索中最复杂的研究是由考克森和琼斯完成的（Coxon and Jones 1978, 1979）。

术语“职业声望”常用在一些研究成果中，这些研究成果要求人们根据一些“高”和“低”的标准及职业的等级次序回答其心目中不同职业的社会地位。全世界已经有超过100个这样的研究。职业清单在排列和内容上有所变化。采取分类的样本也由于所使用的工具不同而有所变化。

在这一研究方式下，“学校教学”术语实际上出现在所有的研究中。有时它作为单个的职业出现，但是在另外的研究中它又是可以分解的。在职业声望的早期研究中，有一项研究特别区分了小学教学和中学教学的职业声望。许多现代的职业地位研究，包括了职业等级序列中百余种职业——通常依据少量的有关个人地位的样板外推——不仅区分了教师的分类，而且区分了校长的分类。但是，本词条中除了特别注明的情况将集中于教师的一般分类。

2. 教师的职业地位

一些研究侧重在职业地位的国际比较上，并且自始至终地验证并及时地指出职业的等级制度与经济发展地位的高相关，而无关其地理位置。这些研究中最细致的分析是由特赖曼（Treiman 1977）完成的，他回顾分析了53个国家的85项研究。这些研究的中值相关系数是0.81。虽然相关性很高，但是仍然显示了由于国家、地区、回答者特征的不同而带来的差异。

特赖曼将这些研究转化成一个通用的尺度：国际职业地位标准测量表（SIOPS）。在SIOPS中，表1里包括了几种教学职业的分类。

根据SIOPS和其他尺度提供的教师职业地位数据，可以得出以下一些结论：

（a）教学职业的地位在整个职业范围内是比较高的。

（b）教学职业的地位在公共和个人服务职业范围内相对是比较高的（相对护士、社会工作者及警察等职业）。

（c）教学职业的地位比熟练的技术人员和白领职业要高。

（d）教学职业的地位低于某些专业人员（如医生、律师、建筑师）。

教学职业内部的等级如下：

（a）校长的地位要比任课教师高。

（b）教师等级从高到低分别是：大学、中学、小

表1　从"国际职业地位标准测量表"中挑选出来的20种职业

	等级分	等级次序
法官	78	1 =
医生	78	1 =
大学教授	78	1 =
建筑师	72	4
牙医	70	5
理疗师	67	6
飞行员	66	7 =
中级公务员	66	7 =
电机工程师	65	9
高中教师	64	10 =
药剂师	64	10 =
牧师	60	12
测量员	58	13
小学教师	57	14
社会工作者	56	15
护士	54	16
演员	52	17
学前学校教师	49	18 =
房地产代理商	49	18 =
警察	40	20

资料来源：Treiman 1977

学、婴幼儿学校以及幼儿园（Bernbaum et al. 1969）。

职业地位的变动需要根据文化的差异来解释，然而更多需要解释的是职业地位超越时间和空间而相当稳定的原因。以下提供了3种解释，虽然他们之间不一定相关。

3. 教学的社会功能

通常的解释是职业的社会地位反映了该职业对于社会福祉的贡献。这种解释反映了"功能主义者"的立场。

然而，针对这一立场有一些不同的看法。其中一种看法是：那些高地位职业的从业人员，他们的成功得益于稀缺的市场，他们的能力因用于特别的地方而获得成功（Larson 1977）。当然，针对职业地位超越时空的高相关性，上述看法适用于以结构功能主义者来解释历史上出现的专业能力的一致性。

在社会地位等级中教学的地位低于高级专业人员，这一事实需要有一种批判式的眼光来审视功能主义者的意见。在功能主义者看来，在发达和发展中社会，教育是一种关键的社会功能，教学提供了延续和提高生活质量必备的知识和技能。从这一点看，功能主义者观点的说服力显然不如"教学这一行当产生的社会效益不如高级专业大"这一看法。教学的社会效益不如高级专业大，这一看法有两个相关的理由：教师的社会特征和作为职业活动的教学的本身性质。

4. 教学的社会特征

推进教学职业的社会地位的主要障碍在于，到目前为止教学是规模最大的职业。由于教师职业规模巨大，虽然总体的经费很高，但是教师个人的薪水相应地低于其他高级专业人员而不能令人满意。而且，由于大量的新教师不断补充进来，教师的社会地位相比于那些招募新人比较少的高级专业，自然就不会有大的起色了。教学职业的社会特征中最重要的是社会阶层背景、性别和学术成就。

4.1　社会阶层背景

教师的社会阶层背景，一般而言低于从事高级专业的人员。据说这对教师社会地位的形成是个不利的影响。然而，这只是泛泛而谈，有关教师的社会阶层背景很难说清楚，特别是随着时间的推移会有一些变化。相应地很少有研究涉及教师在发达社会中已经承担的角色，很少有研究（Betz and Garland 1974）考虑到随着时间的推移职业结构的变化。例如，在发达社会已经由技能手工职业转向技术服务职业和准专业职业。

根据上述对发达国家情况的广泛的理解，教师来源于广泛的社会阶层，但是随着时间的推移，来自最低和最高阶层的人比较少，来自中等背景的则比较多。而且，与男教师相比，女教师来自更高一点的社会阶层，与初等学校的教师相比，中等学校的教师来自更高一点的社会阶层。这两个结论看起来与初等学校拥有更多比例的女教师这一事实相矛盾。而数据显示，初等学校女教师有更高的比例与中等学校相当数量的男女教师来自更高的社会阶层，这两者相互抵消，上述的矛盾现象就可以得到合理的解释。

有效的数据显示，20 世纪 40 年代以来，教师的社会阶层背景有所提高（Havighurst and Levine 1979；Bassett 1958，1971）。例如在英国，第二次世界大战前初等学校教师的社会阶层背景与高选择性的中等学校教师的社会阶层背景是不同的。但是第二次世界大战后，随着中等教育面向所有人开放，在综合的学校系统中，教师的社会阶层背景差异不大了（Floud and Scott 1961）。这一趋势随着中等教育的开放性而继续发展着。

4.2 性别

在决定教师职业地位的因素中，性别因素是相对独立地发挥作用的。一种观点认为，由于家长的倾向左右了社会的评价，教师中女性相对高比例不利于教师的社会地位。然而这种观点无论正确与否都很难验证。人们仅仅能举例描述，有些较低比例女性的职业（比如医生和律师）相比另一些较高比例女性的职业（比如教师、护士及社会工作者等）拥有更高的社会地位。

因为在所有社会的教师行业中女性都占据着优势，所以人们不能通过比较来验证上述命题。然而，人们能举例说明，西方社会医生行业相比苏联的医生行业拥有较高的社会地位，而苏联医生行业中女性占据优势。与上述例子相应的是，初等学校的教师中女性比例高，相比男性比例高的中等学校其社会地位就比较低。但是性别与社会地位的关系是相当复杂的，其中涉及了文化和经济的因素。

4.3 学术水平

在所有的学校的评价指标中，教师的学术水平被认为高于社会的平均水平，而低于高级专业人员的学术水平。例如在英国，教育学院教育学士和工艺学学士的课程水准低于大学里文学士和理学士的课程水准。而且文学士与理学士毕业后继续一年的教学训练课程（来自相对较低的社会阶层背景），相比从事其他职业而言通常获得较低的成就（英国高等教育委员会 1963）。

5. 教学活动的性质

用阶层、性别和学术成绩等教师特征，有助于揭示教师的社会地位。然而，尽管有关数据显示教学和其他职业之间的这些社会差异，但是这些差异并不十分显著，并且可能正在消失。而且目前看来，由于市场资源和机会的不等，这些数据缺少足够的说服力。影响教师社会地位的其他因素可能内在于教学作为一种职业活动的性质和实际状况中。

作为一种职业活动的教学，有三种内在的因素影响着教师的社会地位。这些因素被用来说明教学的社会地位低于其他高级专门职业活动。

5.1 知识和技能

教师所需的知识、技能的层次被认为低于那些高级专门职业所需的知识、技能。从这个意义上讲，高社会地位与职业的专门化联系在一起，这一点是非常重要的。这一因素也能用来解释中学教师的社会地位高于小学教师和幼儿教师。而且不能确定教育理论和实践的积累对于教师社会地位的损益。

5.2 工作环境

在组织结构中师生之间持续经常的关系不同于那些高级专门职业活动中专业人员与顾客的关系。教师发现他们的工作环境不利于教师社会地位的提高。

5.3 顾客

也许影响教师社会地位低于其他专门职业的最基本的因素是教师直接的顾客是学生。除此之外，事实上每个完全意义上的成年人在工作中都有类似的直接的教师经验。因而，事实上每个人从某种程度上说当他们超过老师后他们就成功地完成了学业。根据霍伊尔（Hoyle 1969）的说法，教师处于多种尺度的中间位置：介于孩子和成人之间（“小孩中的大人，大人中的小孩”），介于教学和工作之间（“有能力就干活，没能力就教学”），介于道德理想主义与现实主义之间（学校是“美德的博物馆”）（Waller 1965），介于知识的传播与创造之间（教师是传播他人思想的工具）（Geer 1966）。

上述这些事实揭示了学校工作的经验及教师社会地位难以提高的奥秘。而且事实表明当学生被强制受教育，不情愿读书时，教师通常只是寻求维持现状，问题显然恶化了。顾客的因素对于教师地位的提高是个重要的因素，而在其他专门职业或半专业中，顾客的管理很少会是个问题。

6. 结论

教师职业的声望在所有的标准中处于上层。教师的社会背景趋于中游,这意味着教师职业在上层社会存在一定的或相当的变动性。教师的执教资格像他们获得的报酬一样有着较高的标准。教师的社会地位低仅仅是相对于那些高级专门职业而言的。在这个意义上教师地位的提高受到了一定的限制。这些限制源于职业的差异,这些差异体现在教师的形象和他们的工作性质上。尽管各国在教师职业声望等级方面具有很高的相关性,但是国家间的一些变化显示教师地位并非完全一成不变。

E. 霍伊尔(E. Hoyle) 著
杨旭东 译

附录

Bassett G W, 1958 The occupational background of teachers. *Australian Journal of Education*. 2:79—90

Bassett G W 1971 The occupational background of teachers: Some recent data. *Australian Journal of Education*. 15:211—214

Bernbaum G, Noble G, Whiteside T 1969 Intra occupational prestige differentiation in teaching. *Paedag. Eur.* 5:1—59

Betz M, Garland J 1974Intergenerational mobility rates of urban school teachers. *Soc. Educ.* 47:511—522

Committee on Higher Education 1963 *Administrative, Fiancial and Economic Aspects of Higher Education* (Robbins Report), Appendix 2B. HMSO, London

Counts F A 1925 The social status of occupations. *Sch. Rev.* 33:20 21

Coxon A P M, Jones C L 1978 *The Images of Occupational Prestige*. Macmillan, London

Coxon A P M, Jones C L 1979 *Class and Hierarchy: The Social Meaning of Occupations*. Macmillan, London

Floud J, Scott W 1961 Recruitment to teaching in England and Wales. In: Halsey A H, Floud J, Anderson C A (eds.) 1961 *Education, Economy and Society: A Reader in the Sociology of Education*. Free Press, New York

Geer, B 1966 Occupational commitment and the teaching profession. *Sch. Rev.* 77(1):31—47

Havighurst R J, Levine D U 1979 *Society and Education*, 5th edn. Allyn and Bacon, Boston, Massachusetts

Hodge R W, Treiman D J, Rossi P 1966 A comparative study of occupational prestige. In: Bendix R, Lipset S M (eds.) 1966 *Class, Status and Power: Social Stratification in Comparative Perspective*, 2nd edn. Free Press, New York

Hoyle E 1969 *The Role of the Teacher*. Routledge, London

Larson M 1977 *The Rise of Professionalism*. University of California Press, Berkeley, California

Treiman D J 1977 *Occupational Prestige in Comparative Perspective*. Academic Press, New York

Waller W 1965 *The Sociology of Teaching*. Wiley, New York

课堂观察(Classroom Observation)

结构观察是用来监控课堂事件的,它要求观察者对课堂上的事件安排到预先定义的各种类型中去。这些事件可以用机械的方法(如胶卷、磁带和录像带)来记录并进行编码,或者是观察者在课堂现场同时进行记录和编码。因此这个过程包括3个阶段:(a)当事件发生时以系统的方式记录下这些事件;(b)对这些事件进行编码归入预先确定的种类;(c)随后对这些事件分析并给出对教师—学生交互作用的描述。

结构观察也指系统观察或者是更特定的交互作用分析,尽管后者的术语更典型地用于来自弗兰德斯(Flanders)交互作用分析类别系统(FIAC)的观察系统。根据弗兰德斯(1964)的观点,交互作用分析是"提供教学众多方面中的某几个方面的一些信息和分析言语交流的内容自由特征的一个专门研究程序"(P. 198)。因此,结构观察技术也用来监控非言语行为,弗兰德斯的方法论定义现在看来似乎太狭窄了。

1. 结构观察的起源

这些结构观察技术最初的出现，可以追溯到20世纪20年代早期美国国家研究理事会下的儿童发展委员会。这个委员会赞助了一些在托儿所和幼儿园所进行的关于教学方法的研究。研究者发现进行即时观察和记录下这些幼儿的行为是非常有必要的。起初，观察者准备了要记录这些观察行为的日记本和叙述的日志，但是这种用来收集叙述性材料的纯粹小册子使得这项任务非常复杂。奥尔森（Olson 1929）介绍了一种时间取样的记录方式，每隔固定的时间间隔就记录特定类型的行为。工作人员在儿童发展运动方面对行为进行分类时，必须在直接的教学行为即学生被告知如何去做和间接的教学即学生只是询问而决定是由他们通过各种讨论达成一致来将这两者区分开来。

到了20世纪70年代早期，一本关于美国观察系统的文集列举了92种工具手段（Simon and Boyer 1970），这些工具大部分来自FIAC（Rosenshine and Furst 1973）。弗兰德斯系统已经受到了广泛的批评，然而，因为这些工具最初是为相对静止的班级设计的，所以有局限性。在这种班级里，教师站在学生前面，学生站成一排完成教师安排给他们的主题相同的任务（Hamilton and Delamont 1974）。随着课堂组织的"开放"或是非正式的方法的增加，大量的各种各样的观察方法也在产生和发展。例如，在20世纪80年代，一项对英国观察研究的综述（Galton 1979）中确定了只有两种系统是来自FIAC的。这项针对在学校教育初级阶段的研究表明：大部分的研究是用非正式的方法进行的。最近的一些关于不同方法的讨论可以参考克罗尔（Croll 1986）、安德森和布恩斯（Anderson and Burns 1989）的研究。

2. 结构观察的特点

结构观察涉及低水平推论的测量（Rosenshine 1970），这种测量要求发展精晰的标准来把各种事件归到各种类别中去。如果提供的标准对于不同的使用者来说都足够详细明确的话，那么不同的观察者应该对相同的事件做出一致的描述。所以一个成功的综合观察系统最重要的一个要求就是在观察者之间要达到高度的一致性。

尽管标准的种类选择和定义可以带有很大的主观性，它反映了那些构思这个系统的人的价值观，但是在某种意义上，技术是客观的，这是因为描述课堂生活的用语是被清晰定义的。因此，只要这个系统是被正确地使用的，它就不会受个别观察者的个人偏见所影响。这与人种志的研究方法是一个鲜明的对比，人种志方法的研究者尽管有时候他们呼吁在逐渐把焦点集中到某些有意义的特征之前要对课堂有一个总体的观察（Hamilton and Delamont 1974），但是实际上他们只能提供一个有偏见的总体观察，因为很少能得到为别人考虑的支配选择的标准。

当安德森和布恩斯（1989）对建立在不同理论观点基础上的大量的方法进行比较时，大多数的现代观察表格实际上是由种类和符号系统组成的（Croll 1986）。在符号系统中，行为的选择依赖于确定特定的目的是否最为有用。在课堂研究中，那样的一些变量之所以被选定是因为这些被认为是和学习结果或者在教师和学生之间的系统的差异有关的。

3. 数据收集

高尔顿（Galton 1987）在一个课堂事件的长期记录中列举了大量可以用到的方法，因而能使观察者以比在现场记录情况下少得多的压力下去做后来的分析工作。其中两个最经常用到的方法就是磁带和摄像机。这种方法有其自身的优点和缺陷。

由于手提摄像机相对便宜，人们较常使用这种方法来记录课堂事件。这种方法最主要的优点是它提供了长久的视觉和声音记录，能够放映和重放，并能进行编辑。这就增加了观察者在后来的分析中达成一致的可能性。与这种优点相对的是照相机的高选择性的代表性，照相机不会告知观察者在课堂其他部分正在发生着什么事。例如，小学生对其他学生的作业感兴趣这一类的目标行为将很难用摄像机来进行录制，因为观察者不能确定学生是否在考虑在教室的其他地方教师和另外的学生正在发生的事情或者这个学生是否完全地感到心烦意乱。

一种克服这些困难的努力尝试就是有时使用两台照相机,一台集中注意着教师或者是特定的学生,另一台使用广角镜以提供整个班级的一个总体视角。然而,这样的安排却是使学生和教师分心的一个潜在因素,它获得了可靠性但却使有效性降低了。

另外一种获得视觉线索的方法是使用有同声装置的随停框架照片(Adleman and Walker 1974)。由于使用无线麦克风而大大增加了这种系统的灵活性,这种无线麦克风可以允许教师在教室周围自由地移动并能减少背景噪音的问题(Bennett 1985)。然而,将一盘录音带转录成一个长的记录过程是比较乏味和费时的。

转录一盘一小时的录音磁带估计几乎要花一个高效的打字员一周的时间。研究要涉及大量的教师,因此一般倾向于赞成直接观察的方法,因为转录和处理数据付出的代价太大了。更重要的是,当观察者在记录正在发生的事件时,观察者在教室中待一段时间后的那种现场感将有利于使他能鉴赏到存在于学生和教师之间的那种相互理解,这使得特定的行为更容易被解释。当调查关注的是教师和学生之间的关系时,私人间(Adleman and Walker 1975)的玩笑是一个特征,这种理解特别重要。

关于这一普遍的观点被认为是可取的,至少在调查的早期阶段,只有在关注儿童的语言时才使用长久的记录。爱德华兹和韦斯特格特(Edwards and Westgate 1987)详细描述了研究中所涉及的方法。

4. 受训练的观察者

根据弗兰德斯(1967)的观点,在使用系统观察时,受训练的观察者的一个最主要的问题就是“把人变成机器”(P. 158)。通常的训练技术就是在一段时间内用教育——测验和反馈——再教育的循环关注某些范畴。亚斯曼(Jasman 1980)给出了这种过程的细节。

安德森和布恩斯(1989)为一个综合的训练计划提供了许多建议。他们尤其注意在不要求观察者有很高的资格、很有经验的情况下,系统观察的优点,因为训练趋向于更为严格。因此,这个方法非常适合用于观察在学校同事中很有威信的教师。

通常录音磁带和录像带记录是在给观察者介绍特定范畴的问题时用的,在训练学期末也可用另一盘带子来测验观察者是否达到一致的可接受的水平。在开始,提供给观察者一些简单的例子是非常重要的,这可以保证大多数的观察者将达到总体的掌握,因为那些在训练中没有正确辨认行为的观察者能经常把相对的反应发展成为观察手段。给观察者尽可能提供在课堂情形下的编码经验也是非常有用的。如前面陈述的那样,要辨认一个在录像带背景下发生的行为通常是比较困难的,这反过来也就意味着做出使用特定范畴的决定并不像受训练者希望的那样清晰。

一旦最初的训练完成,进入观察学习的复习进修阶段也是非常重要的,这个时期观察者可以检查那些目录以及它们的可靠性。这个时期可以阻止所谓的“观察者飘浮”,也就是当观察者已经接受了与自己特定行为不一致的标准时,逐渐修正这些标准行为以达到和自己的观点一致。

5. 信度和效度

大多数的研究都用与观察者的一致性程度作为一个测验的信度。最简单的一致性的测量就是两个观察者所观察的机会一致性的百分比。然而,他们没有考虑到这样一个事实,即在两个随机类别编码的观察者之间,仍然会因为偶然的事件而有相同的类别编码。斯科特(Scott 1955)系数是一个更严格的测验信度,可以纠正这种偶然事件的效应。然而,这种方法的一个缺点就是它不允许在观察者一致性的研究中对大量教师进行观察。梅德莱和米策尔(Medley and Mitzel 1963)提供了几种建立在多元分析基础上的设计,在这些设计中,由两个观察者在一特定时间调查一个教师,每次观察都是成对进行的。这一设计也可以用来评价教师的稳定性系数。

克罗尔(1986)认为绝对一致性,即在这种情况下与观察者的个人的编码是相关的,要比边缘一致性更有效,边缘一致性只能比较每一个类别的总的频次而不管观察者是如何达到的。然而,克罗尔劝告说:一些系统,特别是那些使用大范围抽样的程序,阻止了绝对一致性的计算。克罗尔(1986)还警告在信度系数内,不要把许多类别部分描述成一个单一变量,而应该看作是有单独系数的单独变量(Harrop 1979)。

如果不是由观察工具的创始者来使用这些工具的话,那么就出现了调查者内部的一致性问题,因为尽管每个组可以达到很高的观察一致性,但是对这些类别的解释是不同的(Rosenshine and Furst 1973)。安德森和布恩斯(1989)认为在特定的情况下,与客观性即所谓的观察者一致性相比,观察者测量中的客观性问题更加重要。在某些情况下,观察者之间的差异掩盖了调查者真正要解释和需要调查的差异。然而,在大多数结构观察的情况下,观察者之间的差异被认为是误差。一些观察系统的设计发展者提供了录像带中一些已经进行过编码的例子,以供那些新手可以检查他们与实验带制作者的一致性程度(Eggleston et al. 1975)。

如果观察的类别明确、清晰,在观察者的一致性很高的情况下,许多研究者关心的只是观察工具的有效性。然而,观察工具越复杂,这种想当然的有效性越是不明智、不可取。在这种情况下,可以用其他可以选用的方法。

当群集分析用于研究教师风格的类型或是学生的类型时,观察者要写一些有关教师和学生的描述性叙述(小案例研究)。这些叙述可以和来自群集中的描述进行前后对照(交叉引用)。这样的描述也可以反馈给那些要求知道他们的特定风格的教师或是用来辨别在他们课堂中所出现的特定类型的学生。

当两个不同的观察系统存在一个相似点时,它们在同一个班级使用得到的结果可以进行比较。当这种交叉有效性的类型是罗什先宁和弗斯特(Rosenshine and Furst 1973)介绍的那种时,只有很少的研究尝试做这项任务。然而,在ORACLE研究中,用两种工具(手段)来观察教师和学生,而且对教师和学生观点的不对称课堂行为进行了比较(Galton et al. 1980)。同一项研究也使得通过教师和学生活动比较和对比观察到的"真正的课程"成为可能。

安德森和布恩斯(1989)认为在一些背景下,对于显著的不同学科问题的研究,调查交叉班级的不一致性要比寻求去淹没或是消除这些差异更为重要。他们认为因为收集的数据量是有限的,所以交叉机会的不一致性比交叉班级的不一致性将更容易出现问题。

安德森和布恩斯(1989)得出结论说,测验有效性的最重要的一点是教师的信息接收。在这一点上,安德森和布恩斯(1984)引用了教师在研究发现呈现后经常的评论,"你已经在我的教室里"。在英国教室中有关来自ORACLE和PRISMS研究的报告中也发现了类似的反应(Galton et al. 1980, Galton and Patrick 1989)。

6. 编码和分析

在任何的观察系统中,对行为进行编码就必须用到离散分析单元。最简单的就是以某种形式的时间抽样为基础,这个时间单元可以从弗兰德斯使用的3秒到梅德莱和米策尔(1958)OSCAR量表中使用的5分钟。每个系统都有它自己的基本规则,这些规则包括在开始和结束的连续时间单元的区别和处理那些从一个时间单元到下一个时间单元重叠的行为的问题。时间单元的选择是非常重要的,这样观察的行为通常就不会在下一个时间单元中重叠出现,因为,研究发现,当这种情况发生时,观察者之间的一致性程度会迅速降低。当一个稳定的有节奏的记录能够记录的话,观察者的一致性程度就会提高。

记录行为有各种方法,克罗尔描述了这些方法的使用细节(1986):包括事件抽样(记录任何时候发生的特定事件)、瞬时时间抽样(只记录在特定的时间间隔段内发生的事件)、扫描(记录在预定的时间间隔内出现特定行为活动的班中的个体数量)、连续记录(作正在进行的记录和记录活动发生变化的那个时间),最后,还有一种很少使用的方法,1—0时间抽样,即记录在给定的时间内特定行为第一次发生的情况。

如果以时间抽样的方法来记录抽样行为在课堂中发生的总体行为代表性程度的话,很显然,记录的结果依赖于时间间隔的长度。如果间隔太短，观察者有可能要出错；如果时间间隔太长，观察者可以精确地记录行为，但又会低估行为总体的发生频数。

因此，当观察者必须做出困难和复杂的决定时，一些研究者宁愿采用1—0时间抽样程序，在这种情况下，观察者只要在给定的时间单元内记录一次行为的发生就可以了。如果时间间隔短的话，1—0时间抽样就近似于课堂活动的连续性记录。在长的时间间隔内——例如，埃格尔斯顿等人(Eggleston et al. 1975)使用的5分钟时间单元——记录的是最小的发生频数。因此，那样的数据不能够用来评估在教室中个别类别(行为)的总体发生情况。

克罗尔(1986)和邓克顿(Dunkerton 1981)对1—0时间抽样的批评有必要得到纠正，他们认为那样的系统在描述课堂行为的一般方面是不令人满意的。然而，当教师中的歧视行为很少时，比如说，在一堂科学课上，教师很少去鼓励学生作假设(Eggleston et al. 1975)，这种方法在对教师作区别对待这一点上有一些优点，与此同时，它允许观察者有足够的时间去辨认和编码这些稀少而又复杂行为之间的相互作用。

人们针对编码系统偏离其目标这一点进行了批评，因为在计划中仍然存在大量使用的类别范畴。然而，那样的一些类别范畴的呈现与计划所设计的目的是无关的。通常，发生在那些类别范畴中的行为主要来强化观察的可靠性，因为当他们关注的结果和信度降低时，不能连续进行编码的观察者会变得焦躁不安。然而，那样的系统确实有它应用的局限性。只有在观察系统中行为的复杂性和变化要求观察者有时间在更有难度的编码领域做出决定的情况下，这种方法才是比较可取的。

最简单的分析就是在描述水平上的操作以及针对有关不同事件的发生频次或者是不同活动所占的时间比例所进行的分析。后者的分析通常是时间抽样系统的产物。

更加精确的量表可以用来显示在特定的某个时间及时地确定要发生的特定的事件。时间抽样系统，如果是间隔非常短的话，还可以用来确定发生的事件的顺序，因为观察者记录某个类别(范畴)的变化比在定义的时间段内抽样一个行为要有效得多。

用不同类别每次记录一个新的行为要用到所谓的“自然单元”。在这里研究者的问题是确定一套规则，用以定义在特定的类别范畴下用来编码的课堂事件单元。史密斯和缪克斯(Smith and Meux 1962)把这些自然单元定义为“插曲”或是“独白”，一个插曲涉及一个以上的说话者，而独白只是一个人的表现。然而，辨认这些事件本质的最基本的规则使得观察者在课堂现场使用那样一个系统，这是有困难的。正是由于这个原因，自然单元对于转录记录的分析是最为常用的。观察者可以不断放映和重放记录，直到对每个事件的分类达到普遍一致的认同。

在使用自然单元的时候，插曲的总数代表了记录的行为的总数，因为每一个插曲只作一个记录。在那样一个情况下，可以得到一些事件顺序的记录，但最通常的做法是计算每个类别范畴的记录的点数并用观察到的分析单元总数来除。用自然单元方法时，这个比率近似地代表了总的行为在特定的类别范畴中发生的比例。如果用更长的时间单元，在使用点—时间抽样程序时，比较总点数在特定类别范畴中比率和记录到的总点数又能用来解释占一定比例的行为。

那种在一个时间单元里经常发生的事件，可能只得到一次编码的1—0时间抽样方法，不能给出特定行为发生频数的绝对值。相反，最小发生频数的估计可以用观察单元的总数除以某个类别范畴的总点数来得到。最简单的分析方法就是弗兰德斯的方法(1964)。用一个10×10矩阵，每个事件可以相对编码成前述的交互作用状态。想把这种程序应用范围扩大到超过两个类别范畴的模型中去的尝试是不成功的。由于这个原因，克罗尔(1986)提出了个人能力发展图的使用。

安德森和布恩斯(1989)提出了涉及分析诸如那些与从结构观察中得到的大量数据有关的一些重要问题，特别是数据聚合和数据变形的程序以及用以在不同变量之间建立关系的方法，包括多元回归的使用和在标准测验中观察过程和课堂结果之间进行关系分析时用到的协方差分析。

不管是录像带的还是磁带的转录说明课中,应该多注意的是教师和学生之间的前后变化特征。一旦适合单元已经确定,那么就可以观察到这些单元在不同模式中的顺序。不幸的是,研究者倾向于使用不同的单元作这种分析。史密斯和缪克斯(1962)提出的"插曲"就变成了纳托尔和劳伦斯(Nuthall and Lawrence 1965)研究中的"事件",而其他人称之为"教学变动"(Bellack et al. 1966)。因此,不同研究之间的比较是困难的,尽管按照一连串的顺序行为来解释有效的教学行为比按照简单的频率单元来解释更为让人信服,但是从20世纪70年代早期以来在这方面的进展很小。

7. 普遍性的结论

不管存在什么样的困难,在收集系统观察的数据上人们还是具有持续不断的兴趣。美国教学研究的一个综述评论中列举了自从罗什先宁评论(Rosenshine and Furst 1973)发表以来这方面进行的大量的研究。根据布罗菲和古德(Brophy and Good 1986)的观点,现在已经有一些关于在标准化阅读、语言和数学计算测试中如何提高学生成绩的有效教学策略的强有力的证据。英国的一些研究(Galton 1989)也出现了类似的证据,尽管罗什先宁告诫,越是复杂的智力活动,直接的教学策略有效的可能性就越小。随后(Galton and Patrick 1990)的观察研究就比较少去集中注意教学行为而考察课程的各个方面,这支持了安德森和布恩斯(1989)的教学任务,特别是学科主题的性质,很大程度上教师相互作用的频数和类型的观点。

展望未来,研究可能会关注两大主要领域。其中第一个是教师发展的模式本身。在20世纪90年代的大量研究都集中在新手和专家型教师的差异上(Berliner 1992)。然而,发展阶段的干预信息现存很少。所以,结构观察系统的设计和使用显得更为重要,它可以对这些不同发展阶段做区分。此外,建立在相联系的绩效标准上的对教师报酬系统政策上的关注,这意味着结构观察系统将在评价系统中和学校观察方面起着越来越重要的作用,而对学生学习策略相关的更重要问题上的视察研究会削弱。

M. 高尔顿(M. Galton) 著
徐志芳 译

附录

Adelman C, Walker R 1974 Stop-frame cinematography with synchronized sound: A technique for recording in school classrooms. *Journal of the Society of Motion and Picture and Television Engineering* 83: 189—191

Adelman C, Walker R 1975 *A Guide to Classroom Observation*. Routledge, London

Anderson L, Burns R 1989 *Research in Classrooms*. Pergamon Press, Oxford

Bellack A A, Hyman R T, Smith F L, Kliebard H M 1966 *The Language of the Classroom*. Teachers College Press, Columbia University, New York

Bennett N 1985 Interaction and achievement in classroom groups. In: Bennett N, Deforges C (eds.) 1985 *Recent Advances in Classroom Research* monograph No 2, *British Journal of Educational Psychology*. Scottish Academic Press, Edinburgh

Berliner D 1992 Some characteristics of experts in the pedagogical domain. In: Oser F, Dick A, Patry J (eds.) 1992 *Effective and Responsible Teaching: The New Synthesis*. Jossey-Bass, San Francisco, California

Brophy J, Good T 1986 Teacher behaviour and student achievement. In: Wittrock M (ed.) 1986 *Handbook of Research on Teaching*, 3rd edn. Macmillan, New York

Croll P 1986 *Systematic Classroom Observation*. Falmer Press, London

Dunkerton J 1981 Should classroom observation be quantitative? *Educ. Res.* 23: 144—151

Edwards T, Westgate D 1987 *Investigating Classroom Talk*. Falmer Press, London

Eggleston J F, Galton M J, Jones M E 1975 *A Science Teaching Observation Schedule*. Macmillan, London

Flanders N A 1964 Some relationships among teacher influence, pupil attitudes and achievement. In: Biddle B J, Ellena W J (eds.) 1964 *Contemporary Research on Teacher Effectiveness*. Holt, Rinehart, and Winston, New York

Flanders N A 1967 Problems of observer training and reliability. In: Amidon E J, Hough J E (eds.) 1967 *Interaction Analysis: Theory, Research and Applications*. Addison-Wesley, Reading, Massachusetts

Galton M 1979 Sytematic classroom observation: British research *Educ. Res*. 21:109—115

Galton M 1987 An ORACLE chronicle: Adecade of classroom research. *Teaching and Teacher Education* 3 (4):229—312

Galton M 1989 *Teaching in the Primary School*. David Fulton, London

Galton M, Patrick H (eds.) 1990 *Curriculum Provision in the Small Primary School*. Routledge, London

Galton M, Simon B, Croll P 1980 *Inside the Primary Classroom*. Routledge and Kegan Paul, London

Hamilton D, Delamont S 1974 Classroom research: A cautionary tale. *Res. Educ*. 11:1—15

Harrop L 1990 Unreliability of classroom observation. *Educ. Res*. 21(3):207—211

Jasman A 1980 Training observers in the use of systematic observation techniques. In: Galton M, Simon B, Croll P 1980

Medley D M, Mitzel H E 1958 A technique for measuring classroom behavior. *J. Educ. Psychol*. 49:86—93

Medley D M, Mitzel H E 1963 Measuring classroom behavior by systematic observation. In: Gage N L (ed.) 1963 *Handbook of Research on Research on Teaching: A Project of the American Educational Research Association*. Rand McNally, Chicago, Illinois

Nuthall G A, Lawrence P J 1965 *Thinking in the Classroom: The Development of a Method of Analysis*. New Zealand Council for Educational Research, Wellington

Olson W C 1929 *The Measurement of Nervous Habits in Normal Children*. University of Minnesota Press, Minneapolis, Minnesota

Rosenshine B 1970 Evaluation of classroom instruction. *Rev. Educ. Res*. 40:279—300

Rosenshine B, Furst N 1973 The use of direct observation to study teaching. In: Travers R M W (ed.) 1973 *Second Handbook of Research on Teaching: A Project of the American Educational Research Association*. Rand McNally, Chicago, Illinois

Scott W A 1955 Reliability of content analysis: The case of nominal coding. *Public Opinion Questionnaire*19:321—325

Simon A, Boyer E G (eds.) 1974 *Mirrors for Behavior: An Anthology of Classroom Observation Instruments*. Research for Better Schools, Philadelphia, Pennsylvania

Smith B O, Meux M 1962 *A Study of the Logic of Teaching*. Bureau of Educational Research, University of Illinois, Urbana, Illinois

代课教师(Substitute Teachers)

在很多国家当常规的课堂任课教师缺乏的时候,就会用代课教师。只有在那些教育发展非常迫切需要诸如足够的设施、合理的班级规模、适当的教学材料和训练有素的教师去从事教育,代课教师才成为课堂教学中的一个因素。本词条的目的是:(a)讨论教师缺课和代课教师的关系;(b)描述代课教师的特征;(c)探究代课教师遇到的问题;(d)调查雇佣代课教师的相关的花费代价。

1. 教师缺课和代课教师

在一学期中教师缺课占学校工作日的比例大约在7% ~10%之间(Brace 1990, Trotter and Wragg 1990)。引起教师缺课的原因是因教师所在学校而变化不定的。在美国,当教师因为个人原因和职业原因利用合同的规定而离开时,代课教师就会更经常地使用(Deay and Bontempo 1986)。在英国当常规的任课教师在培训的时候就会起用代课教师进行教学服务(Trotter and Wragg 1990)。拉丁美洲农村地区的教师经常因为要到比较远的官方中心去听报告或是开会而要缺课。而肯尼亚农村地区的教师可能要去参加另外一份工作而离开教学一段时间。在许多发展中国家,教师的缺课经常是由教师居住的地点、可依靠的交通工具、公路的存在和当地的条件情形等所决定的(Montero-Sieburth 1989,Roy 1980)。

像教师缺课的原因一样,弥补教师缺课的方法也是很多样的。在大多数发展中国家,那里可以得到一张经认可的代课教师的列单,当可能需要用到代课教师的时候可以通过不同的行政程序联系到他们。教师会对保护他们自己的替代者负责,校长或者是他们指派任命的教师可以接触联系,或者是某个特定地区或是整个地区的官方雇佣者可以为几所学校召唤这些代课教师。该行政区的规模大小通常是决定遵循的程序的一个因素。大的行政区域可能就会有一个正规的集中化的程序(Koelling 1983)。

在少数的发达国家,代课教师并不是很容易得到的。在这些国家因为一般的初等教育已经普遍实施,所以对教师的需要超过了供应(Hajjar 1983)。一个班级的规模通常是70个学生甚至更多,学校通常实行两班或更多班次的轮班制(British Council 1985)。因此,安置员工是一个最主要的问题,合格的代课教师也不是那么容易得到的。当教师旷课的时候,学生就由临近班级的教师或者是班级中较年长的某个学生来管理(Montero-Sieburth 1989)。

2. 代课教师的特征

许多代课教师是认证合格的教师,但是当前由于各种原因而不是全职教师。他们可能是最近刚刚搬迁,或者是要抽出时间来照顾家庭,或者是退休,或者只是要中断这个职业休息一下。许多没有得到资格认证的代课教师也是受过大学的培训或是得到大学文凭的。在某些情况下,准备将来从事教学工作的大学生会被召去做代课教师(Morris 1981)。有时候也邀请图书管理员、法律顾问或者是放弃计划时间或是取消课的任课教师来担当代课教师(Meara 1983)。大多数代课教师是有广泛教学经验的女性(从事教学1~30年)(Trotter and Wragg 1990,Rose et al. 1987)。人们来从事代课工作有许多的原因。特罗特和雷格(Trotter and Wragg 1990)发现时间安排上的灵活性和报酬是吸引很多人从事代课工作的最普遍的两大原因。一个人时间上的需求可能让他排除去做全职性的工作(如要照顾孩子和年老的父母)。时间安排上的灵活性允许这些人以一份兼职工作为基础,还可以选择他们要做的其他的工作。同时,虽然代课教师和那些全职教师的报酬比起来是不等的,通常是每天平均25美元到50美元,这样的薪酬足够可以吸引一大群的兼职人员(Koelling 1983)。

预备教师去代课的一个原因就是,当管理者寻找兼职教师时通常会优先考虑代课教师(Rose et al. 1987)。退休教师和其他退休工作人员去从事代课工作是因为这个工作使他们跟孩子和学校有联系,同时可以允许他们有时间去追求自己的兴趣爱好。

3. 代课教师的问题

代课教师经常是在不便或有困难之时被邀请到一个不熟悉的地方和他们不认识的人一起去做一项他们也许有也许没有准备的工作(Simmons 1991)。因而,尽管在上文中提到了他们的各种优点,在被调查时,提到一些代课的不利的地方也是不足为奇的。特定的因素使得代课这份工作不会有太大的压力和紧迫感。没有给他们或是给他们很差的备课教案,让他们在其资格或是专长之外的领域教学,以及给他们很少或是没有有关座位表、班级规则和课程表的有关信息是代课教师的主要的忧虑(Johnson 1988)。

特罗特和雷格(1990)发现列出的代课教师缺乏学校、他们的同事和特定儿童的一些困难的有关信息,而这些正是代课教师的存在的最大的缺陷和不足。这些研究重复了迪尔伊和邦滕波(Deay and Bontempo 1986)的研究,他们俩发现代课教师非常需要下面这样一些信息,它是根据代课教师的偏爱列出来的:(a)课堂计划和程序;(b)学校规则和规章;(c)他们的职业角色;(d)学习经验的组织和管理;(e)纪律程序;(f)学习者个体差异的知识;(g)学校计划方面的知识。这些问题反映主要涉及对直接的课堂情境的关注和如何维持学习的正常秩序和连续性。先前缺乏这些领域的信息将使得代课教师的时间使用效率减低,也使他们的工作开展更加困难。

代课教学经常是一种边缘性的有益的活动。克利夫顿和兰巴兰(Clifton and Rambaran 1987)发现代课教师经常经历焦虑和感受不到满意感、缺乏竞争力以及不被视为教育团体中的一部分。他们认为自己在学校中只有很低的地位和声望,同时感到他们在课堂上的努力不被理解。还有,这项研究中的代课教师提到在工作中他们很少收到正面的反馈。他们感到学校的校长和其他的学校员工把他们看作是不值得花时间和努力的"一天"雇员。因为他们在学生的发展中没有真正的威信,有时候他们感到学生不把他们看作是教育框架中的合法成员,所有这些因素合在一起就产生了问题。

4. 代课教学相关的花费

与代课教学有关的花费有两类:财政上的和教学上的。在两类中,财政上的花费是容易评价的,因为用在弥补教师缺课和雇佣代课教师上的特定数量的钱是可以追查的。比如,由梅亚拉(Meara 1983)在伊利诺伊斯州的芝加哥花了三年多的时间进行调查的一项研究中发现一年用在教师旷课和引进代课教师(如代课工资、病退和对员工从常规岗位转来教学的补偿)方面的财政花费近5 400万美元。这个花费约占支付教师薪水年度预算的8.4%。

在纽约市进行的一项研究支持了芝加哥的发现(Willerman and McGuire 1986)。在这项研究中,发现每年代课教师的花费有约7 150万美元,这个数字约占支付教师薪水年度预算的9%。因此,代课教师的花费是涉及螺旋上升的学校预算的主要行政因素。

尽管在财政上的代价是很大的,但教学上的代价可能更大而且是很难加以计算的。课堂时间部分地是由在课堂中发生的活动决定的。因而学生的学习成绩是直接和课堂中时间的分配和使用方式相关的(Fisher and Berliner 1985)。学校是有时间倾向的,学校中的时间不应当在闲散、厌倦或是消极中被浪费掉(Pronovost 1986)。

不管是在一个有训练合格的代课教师比较发达的国家还是在一个教师缺课时由年长学生来管理的欠发达的国家,与代课教师相联系的一个基本的问题是,它经常会导致在部分学生引起一些边缘性的功能活动(Koelling 1983)。当正常的任课教师缺席时就会产生学习连续性上的断层,通常用繁忙的作业安排来代替有意义的学习活动来占据学生的时间,使他们保持安静。假如学生平均起来要化10%的学校时间与常规的任课教师以外的其他人在一起的话,那么相当大的有意义的学习经验的损失可以认为是由代课教师教学上的损失相联系的。

5. 代课教学的未来

代课教学的未来可以概括为3个方面。第一,当发展中国家能够更好地提供高质量教育服务时,当教师必须缺席时,能够维持学生有意义学习的基础的合格代课教师的获得将成为教学中一个更重要的问题。第二,让代课教师与学校这个团体完全融为一体的做法将有可能导致部分代课教师承担更大的义务和责任,最后为他们的学生提高教育的机会。第三,当为教育质量提供的花费增加和对高成就学生的需求增加时,当教师缺席时,代课教师维持学习的连续性的更好的方法必将被发现。有关的政策和实践,比如可能要涉及召开特定人员发展成代课教师会议,发展独立的代课教师资格认证系统,为一个特定的学校或是要满足的地区培养地区性的代课教师,以及在代课教师正式工作前预先为他们提供更为全面的信息等将贯彻和实施。

L. W. 安德森(L. W. Anderson)
C. 卡登纳(C. Gardner) 著
徐志芳　李雨竹　译

附录

Brace D L 1990 Establishing a support system for substitute teachers. *NASSP Bull.* 74(526):73—77

British Council—English Language and Literature Division 1985 *English Teaching Profile*: *Malawi*. British Council, London

Clifton R A, Rambaran R 1987 Substitute teaching: Survival in a marginal situation. *Urban Educ.* 22(3):

310—327

Deay A M, Bontempo B T 1986 Helping substitute teachers contribute to school effectiveness. *Clearing House* 59(8):359—362

Fisher C W, Berliner D C 1985 *Perspectives on Instructional Time*. Longman, New York

Hajjar H 1983 *Intensive Training Courses on Microplanning and School Mapping Report*. (Omdurman: Democratic Republic of Sudan). International Institute for Educational Planning, Paris

Johnson J M 1988 Apprehensions of substitute teachers. *Clearing House* 62(2):89—91

Koelling C H 1983 Substitute teachers—School policies and procedures in the north central region. *Education* 104(2):155—171

Meara H 1983 *Class Coverage in the Chicago Public Schools: A Study of Teacher Absences and Substitute Coverage*. Chicago Panel on Public Shool Policy and Finance, Chicago, Illinois

Montero-Sieburth M 1989 *Classroom Management: Instructional Strategies and the Allocation of Learning Resources*, BRIDGES Research Report Series No. 4. Cambridge Institute for International Development, Harvard University, Cambridge, Massachusetts

Morris J E 1981 The use of student teachers as substitutes: A survey of practices and opinions. *Teacher Educ.* 17(2):22—32

Pronovost G 1986 Introduction: Time in a sociological and historical perspective. *Int. Soc. Sci. J.* 107:5—18

Rose T L, Beattie J R, White R 1987 *Current Practices and Procedures in the Use of Substitute Teachers*. Office of Special Education and Rehabilitative Services, Washington, DC

Roy A 1980 School and communities: An experience in rural India. *Int. Rev. Educ.* 26(3):369—378

Simmons B J 1991 Planning to improve the quality of the substitute teacher program. *NASSP Bull*75(531): 91—98

Trotter A, Wragg T 1990 A study of supply teachers. *Res. Papers Educ.* 5(3):251—276

Willerman M, McGuire J 1986 Substitute effectiveness in a school for behaviour disordered students. *Planning Changing*17(4):233—238

教师评价(Teacher Evaluation)

教师评价的过程可以分为两步:第一步是要获得每个要评价的教师的相关信息;第二步是要用这些信息形成一个对教师的评价性判断。尽管在如何使用这些信息来对教师进行评价方面可能还存在疑问,但有一点是毋庸置疑的,即评价的有效性是建立在信息的准确性和适当性为基础上的。本词条只涉及第一个步骤。本词条描述了现有的用于获得信息的一些程序,对如何提高信息的准确性和适当性的方法也进行了讨论。

1. 信息的类型

在理想情况下,所有的教师评价都应该以教师的有效信息为基础。然而,因为在做出决定的时候并不总是能够得到教师直接的有效信息,所以许多教师评价是以教师的能力或是教师的业绩为基础的。

假如不对教师工作进行现场观察,教师业绩的相关信息是不容易获得的。正式参加工作前的教师是否能获得教育学生和教学候选人的资格取决于他们在人为或是"考试"情境中所体现的能力。

大多数关于在职教师的决策(比如关于聘用、解雇、任期、提升的决定)都必须在没有教师对学生影响的信息的情况下做出。想要获悉教师评价的那些决策只有以教师业绩为基础。

使用教师的能力和业绩来进行教师评价隐含着两个假设。第一个假设是假定教师的有效性是由他在工作中获得的业绩的好坏程度决定的。第二个是假定教师在工作中获得的业绩的好坏程度是由教师的能力所决定的。如果这些假设是有效的,那么假定以教师能力和业绩信息为基础所进行的评价包含有教师有效性信息就似乎是合理的。

2. 教师能力的评价

以教师能力信息为基础的评价可能而且也通

常被用于两个目的。一是监控接受职前教师教育计划和教师能力提高计划的学生的进步情况。大多数的信息是用衡量知识的笔试形式来获得的。

在世界许多地方,政府部门有这样的职能,即通过判断来阻止那些能力不足或是不合格的教师进入教学领域。因而他们要求所有教师在获得教师资格证或许可证之前要提供证明其能力的证据。尽管一些部门认为从职前教育计划毕业便能够证明教师的能力,越来越多的政府部门则要求这些教师候选人通过一次或更多的为此特定目的而设计的考试,即教师能力测试。

2.1 教师能力测试

一个典型的教师能力测试通常包括对两种知识的测量:学科知识和专业知识。学科知识考试通常包括教师将来有望要教的特定科目的知识和任何一个受过教育的成人所应当拥有的一般知识。教师要教的特定科目的相关知识理所当然是很重要的。而一般知识的重要性则反映了大多数教师要成为教学指导者这样一个角色的事实。对于许多孩子来说,教师可能是他们有机会较近观察到的第一个受过教育的成人。

专业知识包括与那些人们认为能够有效帮助学生向重要的教育目标进步的教师行为有关的知识。虽然大多数这种知识来自教师在专业中的经验积累,但仍有一些是来自对教学赖以存在的教学原则的系统研究,还有一些是来自所谓的过程——结果研究,即这种研究要揭示教师行为和学生学习两者之间的关系(Brophy and Good 1986)。在20世纪90年代早期,一些研究已经发现了学生课堂活动和学生学习两者之间的关系(Berliner 1990)。然而,很少有人赞成教师的专业知识比容量性知识重要这种观点。

2.2 教师能力考试的有效性

在美国只有一项教师能力考试,这项考试使用了很久,因此国家教师考试中心(NTE,1940~1976年称为教育考试服务中心)足以能够得到这项考试的分数有效性的大量有用信息。由于人们的关注以确保这种考试的内容代表了当前最好的教师专业智慧,所以与其他类似的考试相比,这种考试的内容效度至少是比较高的。

对所谓的NTE的公共考试的预测效度的研究已经有50项。在这些研究中,加权公共考试(WCE)的成绩与教师业绩同教师有效性的测量是相关的。通过对这些研究的回顾,我们并没有发现有证据表明在WCE成绩与教师业绩评估或者是WCE成绩与教师有效性的相关度大于零(Quirk et al. 1973)。

这些发现并没有为在这种或是其他教师能力考试中包含有教师有效性信息这一假设提供经验性支持。

2.3 改进教师能力测验

说明这些发现的一个方法是对学术性知识即在笔试表现中有用的知识,和功能性知识即在课堂表现中有用的知识加以区分。NTE有很高的内容效度(如它的内容包含了大多数教育家认为对教师是非常重要的知识)的事实可以证明它所测的是学术性知识。而它只有很低的预测效度(如这种知识的拥有量和课堂表现没有太大的关联)这个事实则可以证明它并没有测到功能性知识。

这种区别所隐含的含义对于指出将来改进和提高教师能力测验的努力方向的作用是很明显的。测验内容方面的变化不太可能增加测验的内容效度或是预测效度。然而,在测验对学生在处理现有知识方面的要求加以修订则可能会增加预测效度。现在的考试项目要求未来的教师应用他们的知识来解决教学问题。但是,当未来的教师试图把同样的知识应用到他们在课堂中碰到的类似问题时,正确回答那些考试项目所用的技能是没有用的。

很显然,是应该抛弃那些充满着多项选择题的考试小册子的时候了,而代之以其他形式。在新模式、顺序和利用新技术工具如个人电脑、录像带和影碟录音等诸如此类而产生的新形式中我们有可能会找到一种替代品。

以能力测验成绩为基础的教师资格认证的替代物是以绩效为基础的教师资格认证。所有的候选教师能够在未经能力论证的情况下教授1~3年。在这段时间里,将一次或多次评价他们的表现。如果评价是令人满意的,教师就能够得到教师资格认证或教学许可证。

这种方法有两个缺陷。一是它的花费很高。

另一个是为了达到资格认证这个目的，而允许教师在不具备教学能力的情况下从事3年的教学。

2.4 教师能力评价的问题

关于教师能力测验中所测量的专业知识的无用性的一些基本问题已经提了出来。有人怀疑是否任何事都是可知的；另有人虽认为是可知的，但是对知识的数量是否真的那么关键提出了质疑。换言之，是否让一个知道所有所教知识的教师去教就比一个对此一无所知的人去教更有效呢？

回答这个问题的依据是教学是否是一门所谓的学问非常高深的职业。这个职业的本质是其从业者通过对他人施以一套专门的但又是不完整的（如并不包含解决那个领域中所有问题的方法）知识体系去帮助他人处理某一类有难度的问题。如果教学是一种职业，那么其成员应该有责任去知道和使用任何所应知道的知识，然而这是永远都无法达到的。

另一个有关教师专业知识本质的问题也已经被提出来了。与这个问题相联系的是，这种能力对于不同学科和年级甚至是同一科目或年级中的不同课题的有效教学是否必需，也许这种能力有很大差异，以至于根本无法编制有效的公共测试。然而，我们必须代之以许多不同的测验工具以对不同学科和专题的教学能力进行评估。一个利用多重工具全国性的教师评价发展项目已在进行之中（Haertel 1991）。

因为这些设想的焦点集中在教师的优点上面，所以它们对于要描述的项目来说也许是合适的，但是它们对于关注进入这一水平能力的现有能力测试的使用却又是不合适的。优秀只能来自广泛的经验，对所教知识可能高度具体化，对于这一点已经得到了广泛的认同。然而，教师在没有任何经历之前获得的从事教学所需的生存技能可能与要教授的具体内容只有很少的联系。

3. 教师表现的评价

自从有了教师的评价，教师的表现就会以这种或那种方式受到教师雇佣者、学生家长和学生自己等人的评价。而且，很少有人怀疑这些评价的有效性。

几乎任何人通过对教师几分钟的观察就会明确形成关于教师如何“好”的印象。在大多数的教育中，人们就是这样来评价教师的。在许多学校里，督导者仍然是通过观察以形成一个对教师的大致印象。人们越来越关注一些督导者使用这种方式来评价教师的能力，这就导致人们开始采用多因素教师评价量表。

3.1 教师评价量表

多因素教师评价量表是评价者在观察教师时所使用的一种工具。这种工具细化了所要观察行为的数量和观察的持续时间，并界定了要进行观察和判断的表现的各个方面。它同时也提供了一些数字或图的量表，以供评价者对要判断和评价的各个因素作记录。评价者就按量表来对每个项目的价值进行评定而不考虑评价其他项目。

通过把独立项目的评价结合起来就形成一个对教师的综合性评价。有时教师在单个项目上的情况会被用来诊断教师困难和计划矫正行为。

3.2 教师评价的有效性

因为被评价的教师表现的各个方面是预先决定的，故我们应该减少或是消除评价者对用评价量表进行评价的有效性的影响。如果评价的项目反映了人们公认的与教师有效性有关的表现的各个方面的话，则其有效性要进一步加强。

正如测验的内容效度有赖于其所含项目一样，评价量表的内容效度也是同样的。因此，一个有效的教师能力测试中的项目应和一个有效的评价量表上的项目相一致或对应。人们在评价量表的编制方面投入大量的才智和精力，以确保量表上的项目合成了能够得到的最好的知识和当前最受认可的有效教师表现。最好的一些量表可以说有很高的内容效度（Kowalski 1978）。然而，就像教师能力测试的情况一样，评价量表的内容效度并不能保证其预测教师有效性的效度。

因此，通过测量评价与对教师有效性的直接测量是否相关而经验性地确定每个评价量表的预测效度是非常重要的。现有这方面的研究报告非常少，已报告的研究的发现也总是消极否定的。现在的经验性证据表明督导者对教师表现的评价和直接测得的教师表现两者之间的相关为零。因此，它们显然并没有包含原先假设认为所应包含的教师有效性的相关信息(Medley 1987)。

这些发现的一个可能的原因是评价者因为对教师评价的整体印象歪曲了对某些个别项目的评价,也就是我们所说的晕轮效应(Cooper 1981)。晕轮效应表明,在同一评价者用不同项目对一个教师所作评价之间存在着过高的相关。如果发现教师评价量表的不同项目之间相关极高的话,那这是不正常的。有效的评价的关键就在于要减少或消除这种晕轮效应,只有这样评价才能依赖于他们所要测量的项目内容。

3.3 改进评价

提高教师评价的有效性的一个最实际的方法就是采取措施以减少晕轮效应对评价的影响。当观察不到与所要测量项目相关的行为时,晕轮效应最容易歪曲评价。在那样的情况下,评价要么是建立在和项目无关的行为基础之上的,要么是建立在评价者对教师的总体印象基础之上的,而这两者都不可能产生有效的评价。

发生这种危险的情况首先取决于评价量表本身的项目。所用的评价量表应当尽可能地包括期望教师经常发生的行为,这样就有可能使评价者在每一个被评价的教师的课堂中看到这些行为。观察持续的时间和频率应当为量表上每个项目相关行为的发生提供足够的机会,评价者也能经过充分的训练、实践、再训练,以使这些相关行为发生时他们能够看到并辨认出来。

3.4 表现评价中的问题

一个更加极端的措施就是完全地放弃教师评价量表,代之以"低推论观察进度表"。一个"低推论观察进度表"由一个可观察的行为项目列表构成。当一个行为项目发生时,它就被观察者记录下来。还没有清楚的迹象表明评价是以哪些因素为基础的或者是哪个项目是和哪个因素相关。将客观的得分记录下来就可以得到因素的分数(Medley et al. 1984)。

这类工具较少出现效度问题,但是推广它的花费要比评价量表多,而且对课堂行为的复杂性也不是很敏感。然而与评价量表相比,它们的分数不太容易受晕轮效应的影响。另外,与教师评价量表不同,在研究中它们能够预测教师的有效性(Brophy and Good 1986)。

4. 教师有效性的评价

教师评价是以教育目标成就测试中对学生的提高的测量为基础的,建立在这个基础上的教师评价作为解雇、聘用、任期和提升教师的基础,对非专业的公众而言具有很大的呼吁作用。这种通过所教的学生的成就测试成绩来获得教师的有效性信息的方法是有效的,但是教育者仍是因为以下几个原因而不愿使用这种方法。

4.1 教师有效性的测量

在评价教师有效性之前必须对它有一个明确的定义。这个定义必须通过所要达到的结果及学生所要完成的成绩等可测项目来详细说明。我们通过选择一个最后成绩的有效测验将这一结果细化为可测项目。所选测验应对要在学期末接受评价的教师所教授的一个班级里的学生施测。这个测验的成绩用来作为后测成绩。

受到教师影响的那类学生应通过明确一种或更多的可测的学生特征来定义。这些特征中最重要的就是学生的能力,我们通过在学期的开始对学生的分数进行一次成就测验(前测)来定义学生的能力。这个测验应该是和后测相对应或尽可能相似。在这个过程中或许也会用到其他的学生特征,如性别、种族和对学校的态度。

我们应运用每个班级学生的前测和后测成绩建立一个班级内的回归方程,通过这个方程可以从每个班的前测成绩来预测将来的后测成绩。当特定的前测成绩(或是一组成绩)代入到这个方程中去时,应可以得到学生后测成绩的估计值。因为不同的班级的方程是不同的,所以不同的班级所期望的结果也是不同的。

根据每个班级的学生的前测成绩,期望的后测成绩可以估算出班中学生有可能学到多少知识。不同班级间的期望值不同,部分是由于教师有效性的差异,部分是由于班级本身之间的差异。

在各种班级特征中最有可能影响到学生学到的知识的多少是班级内学生平均能力和能力分布的范围。班级的前测成绩的平均数和标准差在这些因素中是比较方便测得的。我们通过在小组教师内建立一个班级间回归方程来处理这两个因素的作用,以通过班级特征来预测所期望的后测成绩。把一个班级的特征代入这个等式时,就有望得到班级里已限定学生所期望的后测成绩的又一个估计值。

当从班级内回归方程得到的后测成绩估计值减去从班级间回归方程得到的后测成绩估计值时,此二者之间的差异可以用来解释那个班级的教师教学的有效性。如何使这种估计较为精确,则要依赖于有多少影响学生学习的班级特征已经被识别出来并已被排除。

4.2 效度问题

用成就测验来测量学生的学业成绩过程的有效性并不能保证以测验为基础的教师有效性也是有效的。相反,把学生的成绩用于那样的目的几乎必定会破坏测验的有效性。

举例来说,假如当学校的管理者注意到作为学校测验项目一部分的年度阅读测验的成绩正在下降这一情况后,他就宣布在学校里开展一场改进阅读教学的运动。自此以后,对所有的阅读教师的评价都要以学生在测验中的成绩为基础,对那些其学生成绩低于平均水平的教师将会给予额外的帮助。其目的当然是为了提高阅读教学的水平。

如果过去的经验具有指导意义,那么在此种情形下,学校中的阅读教师(即使不是全部也是大多数)就会从原来教学生怎样成为一个更好的阅读者变成现在开始教他们怎样在阅读测验中取得更好的成绩。这样不但不会改进并提高阅读教学的质量,反而会使学校里的阅读教学质量下降。但是,管理者不会知道这种情况,因为他采取的行为已经破坏了阅读测验的有效性。如果他们要测量阅读成绩的话,分数不仅不会下降,反而会开始上升。在这种情况下,测量的是教师提高学生测验成绩的效果如何,而不是他们教授学生阅读的效果如何。

4.3 教师有效性测量的使用

如果只有当学生的学业成就测验分数用于其他目的而不是用于对个别教师的评价时,来源于学生成就测验的分数才可以作为教师有效性的有效测量。也许构成评价的最重要的方式是监控,如果必要的话,可以提高用于教师评价的评价量表的效度。

如果像现在学校正在实行的那样,为了其他目的而给学生进行一连串例行公事的成就考试,那么就会很容易得到需要的数据而且很少或不需要额外的花费。从测验数据中得来的教师评价和教师有效性的测量二者之间的简单相关系数会清楚地显示出来,较为有效的教师是否正如他们所应该得到的一样,能够比较为无效的教师得到更高的评价,如果他们(较为有效的教师)不能够得到较高的评价,那么,个别项目的评价与教师有效性的同样测量之间的相关可以用来识别那些并不起作用的项目,从而可以对其进行修正和替换。这样做的时候,没有必要指出保护匿名教师的重要性。

5. 结论

关于教师应如何来评价或者是应该用哪一种评价这一问题,人们都没有达成一致意见。本词条的主要目的是描述大多数教育学者获取用以作为教师评价基础的信息的程序,并提供强化这些程序的建议。

除了最开始的评价教师的程序以外,所有程序都假定有专业知识的存在,这种知识能在帮助学生达到预定的教育目标方面使教师有效性最大化。教学能力可定义为两种知识,即学科知识和专业知识的拥有量,在这种意义上讲,培养计划就是用来帮助学生变得更有能力。未来的教师在获得教师资格认证前要证明其拥有作为教师的最低能力。用于收集教师能力评价信息的工具主要是笔试,即教师能力测验。

一旦教师被认为是有能力的,是否聘用他们就由他们在工作中应用这些知识的能力的评价来决定。收集教师表现评价信息的主要工具是观察工具,即教师评价量表。最后,教师有效性的评价是通过收集教师对某一类特定学生朝向预定教育目标所表现出的进步的影响的有关数据来进行的。收集教师有效性相关数据的程序对于核实和增加学科知识是最为合适,这种知识是评价教师能力和教师表现的基础。

D. M. 麦德利(D. M. Medley)
D. M. 谢恩(D. M. Shannon) 著
徐志芳　李雨竹　译

附录

Berliner D C 1990 What's all the fuss about instructional time? In: Ben-Peritz M, Bromme R (eds.) 1990 *The Nature of Time in Schools: Theoretical Concepts, Practitioner Perceptions.* Teachers College Press, New York

Brophy J E, Good T L 1986 Teacher behavior and student achievement. In: Wittrock M C (ed.) 1986 *Handbook of Research on Teaching*, 3rd edn. Macmillan, New York

Cooper W H 1981 Ubiquitous halo. *Psych. Bull.* 90 (2):218—244

Educational Testing Service 1940—1976 *The National Teacher Examinations.* Educational Testing Service, Princeton, New Jersey

Haertel E H 1991 New forms of teacher assessment. *Rev. Res. Educ.* 17:3—29

Kowalski J P 1978 *Evaluating Teacher Performance.* Educational Research Service, Arlington, Virginia

Medley D M, Coker H 1987 How valid are principals' judgments of teacher effectiveness? *Phi Del. Kap.* 69 (2):138—140

Medley D M, Coker H, Soar R S 1984 *Measurement-based Evaluation of Teacher Performance: An Empirical Approach.* Longman, New York

Quirk T J, Witten B J, Weinberg S F 1973 Review of studies of the concurrent and predictive validity of the National Teacher Examinations. *Rev. Educ. Res.* 43: 89—113

其他参考文献

Bell L (ed.) 1988 *Appraising Teachers in Schools: A Practical Guide.* Routledge, London

Gorth W P, Chernoff M L 1985 *Testing for Teacher Certification.* Lawrence Erlbaum Associates, Hillsdale, New Jersey

Millman J, Darling-Hammond L 1990 *The New Handbook of Teacher Evaluation: Assessing Elementary and Secondary School Teachers.* Sage Publications, Newbury Park, California

Mitchell J V, Wise S L, Plake B S 1990 *Assessment of Teaching: Purposes, Practices, and Implications for the Profession.* Lawrence Erlbaum Associates, Hillsdale, New Jersey

Poster C, Poster D, Benington M 1991 *Teacher Appraisal: A Guide to Training.* Routledge, London

Smith D C (ed.) 1983 *Essential Knowledge for Beginning Educators.* ERIC Clearinghouse on Teacher Education, Washington, DC

Wragg E C 1987 *Teacher Appraisal: A Practical Guide.* Macmillan Education, Basingstoke

学生对教学的评价(Teaching, Student Evaluation of)

在美国和加拿大的大学通常是收集学生对教学有效性的评价(SETs)的,这种评价广泛地被教师、学生和管理者认可,同时也激发了数以千计的研究。这里要考虑的是收集 SETs 的目的,SETs 的维度、信度、效度和一般化,SETs 的潜在基础和为改进教学 SETs 的使用(Marsh 1987, Marsh and Dunkin 1992)。

1. 收集 SETs 的目的

各种各样的 SETs 的收集的目的是:(a)诊断教学改进能力的反馈;(b)个体决定的教学有效性测量;(c)学生课程和教学的信息;(d)对教学研究的结果或过程的描述。第一个目的是普遍的,但其他三个目的却不是。在许多大学,教职工升迁之前要求考虑学生的系统信息;在另外一些学校则可以选择使用 SETs 或根本不鼓励使用它。SETs 的结果会在大学书店里出售给学生以帮助他们选择课程和教师,而在另外一些大学中其结果却是保密的。令人奇怪的是,SETs 研究还没有合并为更广的教学和学习的研究(Marsh and Dunkin 1992)。

2. SETs 的维度

因为有效的教学是多维的建构(如一个教师可能很好地组织了,但是缺乏激情),所以 SETs 也是多维的并不足奇(Marsh 1987,Marsh and Dunkin 1992)。SETs 提供的信息依赖于项目的内容。贫乏的词汇或是不合适的项目不会提供有用的信息。如果一个调查工具包含了没有很好定义的混合的项目,而 SETs 是由这些项目的平均数总结而成的,那么对于知道测量了什么而言就没有基础。应该特别细致地注意那些将要测量的教学有效性的元素。

马尔什和邓金(Marsh and Dunkin 1992)注意到 3 个有重叠的建构和评价多维 SET 工具的方法:(a)经验性的方法如因素分析和多特征—多维分析;(b)有效性教学的内容和想要达到的评价目的的逻辑分析,并以前人研究的回顾和来自教师和学生的反馈加以补充;(c)教学和学习理论。实际上,大多数测量工具都是建立在前两种方法的基础上的——尤其是第二种。SETs 方面的文献包含了有很好定义的因素结构的测量工具的一些例子,如马尔什(1987)提出的四种工具。因素分析已经明确了这些工具每一个想要测量的因素,它能够解释 SETs 确实测量了不同的教学有效性的元素。这种系统的方法用来发展这些工具,而它们测量的因素的相似性则是支持构思效度的。

对多维度 SETs 最强大的支持来自以九项因素学生对教育质量的评价(SEEQ)工具为基础的研究(Marsh 1987)。SEEQ 因素是:学习/价值、教师激情、组织/明晰、小组相互作用、个体的和谐、覆盖广度、考试/等级评定、作业安排/阅读、工作量/难度。SEEQ 的编制者主要依靠四个方面的信息来源。第一,很多项目是从前人文献、现有使用形式和对教师和学生在有效教学时所看到什么的访谈中获得的。第二,让学生和教师来评价项目的重要性。第三,让教师来判断作为基础的项目对反馈的潜在有用性。最后,用开放性的学生评论来检验决定是否有重要的方面没有被包含在内。这些标准和心理测量的性质被用来选择项目和修正后来的版本,因而支持了 SEEQ 反应的内容效度。表 1 对 SEEQ 量表进行了总结,马尔什和邓金(1992)也认为 SEEQ 因素的内容是和教学、学习的普遍原则相一致的。

因素分析对 SEEQ 量表的支持是尤其强大的。马尔什和霍切瓦尔(Marsh and Hocevar 1991)开始了一项对 5 万个班级平均水平的评价(反映了 100 万份的问卷调查的回答),根据课的水平(本科生/研究生)、教师等级(助教/一般教师)和学习的学科几方面的不同把这些班级分为 21 组。9 项 SEEQ 演绎的因素在 21 个独立因素分析中的每一个中都是可以确认的。以每一单独分析为基础的因素分数和以总样本为基础的因素分数之间的平均相关超过了 0.99。在另外一项研究中,教师评价了他们自己的教学对他们自己的学生完成的同样 SEEQ 表格有效性;他们的自我评价的因素分析也是可以鉴别这 9 项 SEEQ 因素的(Marsh 1987 P. 295)。在澳大利亚、新西兰、西班牙和巴布亚新

表 1　有效教学的种类[a]

费尔德曼(Feldman)的种类	SEEQ 因素
(1)兴趣的激发	教师热情
(2)热情	教师热情
(3)学科知识	覆盖广度
(4)智力的广泛性	覆盖广度
(5)准备和组织	组织/明晰
(6)明晰和易理解性	组织/明晰
(7)讲演技巧	无
(8)对班级进步的敏感性	无
(9)目标的明晰	组织/明晰
(10)课程材料的价值	作业安排/阅读
(11)补充材料	作业安排/阅读
(12)感知到的结果/影响	学习/价值
(13)公正,偏袒	考试/等级评定
(14)班级管理	无
(15)对学生的反馈	考试/等级评定
(16)班级讨论	小组相互作用
(17)智力的挑战	学习/价值
(18)对学生的尊重	个体的和谐
(19)可取性/帮助	个体的和谐
(20)难度/工作量	工作/量难度

a 来自费尔德曼的和学生对教育质量的评价和努力因素大多与每个种类相接近

几内亚进行的 6 项研究(Marsh and Dunkin 1992)为在发展 SEEQ 的北美以外地区 SEEQ 因素的适用性提供了支持。

费尔德曼(1976)通过对从学生的角度来看优秀教师的特征分类,在逻辑上得到了有效教学元素。他回顾了或者要求学生细化这些特征的或者是在全球的 SETs 相关性基础上的推导出特征的研究。在一个确认为良好定义的多维度 SETs 测量工具的因素内容分析中,马尔什(1987)解释道,费尔德曼的分类要比经验性的因素更加狭窄地定义结构。尽管 SEEQ 提供了比其他 SETs 测量工具考虑得更加覆盖广泛的费尔德曼分类,但大多数的 SEEQ 因素表征了一个以上的费尔德曼分类类别(如费尔德曼分类的"兴趣的激发"和"热情"都包括在 SEEQ 的"教师热情"因素中)。

总而言之,关于哪些教学有效性的具体元素能够而且应该被测量的争论还没有定论。然而,与此同时,在那些对经过最细致设计的测量工具如 SEEQ 的回答中可确定的元素似乎是一致的。那样的测量工具,很明显地对广泛变化的教育环境来说是有适用性的。

3. 信度、稳定性和普遍性

精心的设计是一个完美有用的测量 SETs 的工具的重要方面。回答的信度、稳定性和学生对测量工具所作回答的普遍性也形成了一个关键的因素。

3.1 信度

SETs 信度是评价不同学生参加的同样的课程之间一致性的缺乏引起的错误最为恰当的决定性因素(Gilmore et al. 1978)。在同一个班级中任意两个学生的回答之间的相关性(如单个评价者信度)典型的是 0.20s。然而,班级平均回答的信度依赖于评价这堂课的学生的数量:50 个学生情况下是 0.95,25 个学生情况下是 0.90,10 个学生情况下是 0.74,5 个学生情况下是 0.60。对于给定数量的学生,班级平均水平的 SETs 信度可以和大多数的目标测验进行比较(Marsh 1987)。

3.2 稳定性

代表性的研究报告称 SETs 与年龄和教学经历的年数是呈负相关的(Feldman 1983)。这种效应可能与通常的 SETs 维度是稍微有些变化的,有人认为在开始教学的头几年里,SETs 可能是轻微地增加的。然而,有代表性的研究指出了随着时间的推移对同一个人的评价是如何变化,其研究基础是不足的。在一个纵向研究中,马尔什和霍切瓦尔(1991a)考察了在评价 195 个教师的不同样本中的变化,这些教师已经经过了 13 年这么长一个时期的连续评价。他们发现对这些样本的平均评价表明在任何一个 SEEQ 因素方面都没有系统的变化。这个结果表明教师只有很少的、中介的或者是实质性的教学经验值。

3.3 普遍性

一些批评者认为学生不会认识到有效的教学,直到他们被唤起在课后作业或是毕业后应用他们所学到的东西。然而,有代表性的研究表明:在校学生的回答和已毕业生的回答之间存在着很好的一致性(Marsh 1987, Centra 1979)。例如,在一个纵向研究中(Marsh 1987),在同样的 100 节课中,同一群学生在几年之后回顾性地再次评价这些课时,两次评价的相关性是 0.83。

研究者也会问同一个教师教不同的课或是不同的教师教同样的课中,SETs 的相关性有多大。其结果解释了 SETs 的结果应主要归因于教课的老师而不是正在被教的特定的课。例如,马尔什(1987)报告称对于综合教师评价而言,不同教师教同样的课之间的相关实质上为零(-0.05),而同一个教师教不同的课之间的相关(0.61)和对同样的课采用不同的讲法的相关(0.72)是很大的。这些结果支持了 SETs 作为教师有效性测量而不是独立于教师的课的有效性的测量的可信性。

吉尔摩等人(Gilmore et al. 1978)把普遍性理论应用到 SETs 中,认为对给定的教师的评价应当经过不同的课来平均以加强普遍性。如果一个教师在他随后的职业生涯中教许多不同的课是可能的,那么这个期限的决定应当是建立在尽可能多的不同的课的基础上——吉尔摩等人建议至少 5 年。这些数据将提供更普遍的总结,而且随着时间评价的变化,这些数据还为哪门课程最好由哪位老师来教提供了基础。非常遗憾,一些大学系统地收集了 SETs,但却没有对纵向的结果存档。

3.4　个人能力的普遍性

马尔什和贝利(Bailey 1993)用个人能力分析来解释,认为每个教师在9项SEEQ分数上都有一个特征能力(例如在组织上很高的一致性和在激情上很低的一致性)。对一个受到13年这么长时间持续不断的评价的教师来说,SEEQ分数的特征剖面是由对他所有的评价所决定的。每个教师的特征剖面和其他教师的是不同的,13年中提供的课程是通用的,在本科和研究生水平的课程也是通用的。这种对特殊教师的存在的支持对于SETs作为反馈来使用和对于SETs与其他的标准如学生的学习的联系具有重要的意义。这个结果也对SETs的多维性和它们的普遍性提供了支持。

4. 效度

一旦一个测量工具发展起来了,它的反应的可靠性已经得到了检验,那么下一步的注意力必然转向反应的效度。有好几种方法可以用来调查和检验效度。

4.1　构思效度方法

作为一种教学有效性的测量工具,SETs是很难有效的,因为没有一个单个的教学有效性的标准是充分的。在历史上,研究者一直强调一个狭窄的、与标准相联系的方法是有效的,也就是学生的学习是有效教学的唯一标准。然而,这个限制性框架约束了对SETs测量了什么、从SETs中能够推导出什么和怎样在一个共同的框架下来理解来自不同研究的发现的一个更好的理解。取而代之的是,马尔什(1987)提倡构思效度方法,即SETs被置于和有效性教学的其他广泛变化的指标的正相关中。在这种方法中,特定的评价因素假设是和那些最符合逻辑和理论的关联的变量有最大相关的。在这个框架下,SETs的长期稳定性的证据、在不同课程中对同一个教师的评价的普遍性以及在校生和已毕业生的评价的一致性能够解释为对SETs的支持。

尽管最广泛的被人们接受的有效性教学的标准是学生的学习,但还有其他的一些标准,包括学生行为的变化、教师自我评价、同事和行政管理者的评价、训练过的观察者观察到的特定行为发生的频次和实验处理效应。SETs研究的构思效度现在已经被广泛地接受了(Cashin 1988, Howard et al. 1985)。这种方法中存在的困难是获得标准测量,这种测量要得到可靠的测量而且要有效地反映有效性教学。一般来说,缺乏可靠性和有效性的标准的测量不应当在研究、政策形成、对职员的反馈和人员决定中作为有效教学的指标来使用。

4.2　多段效度研究

典型的标准化测验中得到的学生学习不能用来在不同课程之间的比较。在多段效度范例中,那样的一个比较是可能的。在这个范例中一个理想的研究应当包括以下几个特征:(a)在一个大的多段课程中应当有许多段;(b)学生应该是随机地被分配到各个段中以最小化各个段之间的初始差异;(c)应该有一个与最后的课程成绩有实质性相关的用来作为共变的前测;(d)每一部分都应该是由一个单独的教师来教的;(e)每个部分都应该有同样的课程大纲、教科书、课程目标和最后的考试;(f)最后的考试应能反映共同的目标,如果有主观性的目标,应该由外部人员来评定;(g)在每一部分的学生都应该在一个标准化的评价工具上评价教学的有效性,而且最好是在他们知道他们的最后课程评定和不知道在他们这个部分的成绩和在其他部分的学生的成绩;(h)在前测的控制之后,各部分平均的SETs应该和各部分平均的考试成绩相联系。

且不论方法如何(Abrami et al. 1990, Marsh and Dunkin 1992),多段效度研究的元分析解释了那些在接近课程结束对评价教学时认为是最有效的那部分,也就是在最后的标准化考试中成绩最好的部分,这为SETs的效度提供了支持。科恩(Cohen 1987)在他对41项经过精心设计的研究做的总结中,称在成绩和不同的SETs元素之间的平均相关性分别是结构(0.55)、交互作用(0.52)、技能(0.50)、学习(0.39)、和谐(0.32)、评价(0.30)、反馈(0.28)、兴趣或动机(0.15)、难度(-0.04),除了最后两项之外,其他的在统计学上都有显著性。费尔德曼(1989b)扩充了这项研究,他解释说科恩的扩充的类别是由更加具体的SETs元素构成的,这些元素和学生的成绩有不同的相关。例如,科恩的扩充的“技能”范畴在费尔德曼分析中和成绩有0.34(教师学科知识)、0.56(清晰和可理解性)和0.30(对班级水平和过程的敏感性)相关的3个维度来表征的。科恩(1987)也报告说当特定的SETs元素是用多项目量表而不是单项目来测量时,相关性就会很高。

4.3 *多重评价者*

教学有效性可以由现在的学生、以前的学生、教师自己、同事、管理者和受训的外部观察者来进行评价。在一个变化很大的教学环境中,经常要求教师进行自我评价。甚至是用他们的学生用过的同一个工具,以提供有收敛和发散的效度的测验。不管教师自我评价作为有效教学的标准的外在呼吁有多高,但它的应用还是很有限。费尔德曼(1989)在SETs和自我评价之间的多元相关分析只建立在19个研究基础之上,报告说综合评价的平均相关是0.29,对特定的SET元素的相关在0.15~0.42之间变化。马尔什显然只进行了两项研究,在这些研究中,要求教师(81名和329名)用学生也使用过的同样的多种评价工具来评价他们自己的教学(Marsh 1987 P.295)。在这两项研究中:(a)独立的SETs因素分析和自我评价明确了同样的SEEQ因素(见表1);(b)学生和教师在每个维度上的一致性是显著的(0.49和0.45的相关),且其一致性要比在综合的教学有效性评价上要高(0.32的相关);(c)学生和教师反应的平均差异是很小的,而且也没有系统性;(d)多特征—多方法分析为收敛性和辨别效度的评价都提供了支持。

不是建立在正式观察基础上的同事和管理者评价有时候是与SETs有实质性的相关的,但是很可能同伴的评价是建立在来自学生那儿的信息基础上的(Marsh 1987,Marsh and Dunkin 1992)。相比而言,建立在班级非正式观察基础之上的同事和管理者评价似乎不是很可靠(也就是不同的同事评价很难有一致性)或者和SETs及其他评价有效教学的指标没有实质性的相关(Marsh 1987,Centra 1979)。虽然这些发现既不支持也不反驳SETs的效度,他们还是认为建立在对班级的非正式观察基础上的同事和管理者的评价不是评价有效教学的有效的指标(Murray 1980)。

默里(Murray 1980)在总结SETs的结果基础上指出“能够很精确地从外部观察者的具体课堂教学行为报告中预测”(P.31)。例如,克兰顿和希尔加滕(Cranton and Hillgartner 1981)考察了SETs和在自然环境下录制的讲课录像带中观察到的具体教学行为之间的关系。他们发现:(a)“当教师赞扬学生的行为、提问和明晰或详细阐述学生的回答时”,SETs报告的讨论的有效性高;(b)“当教师花费时间在组织课堂和解释关系时”,SETs在组织上的结果就高(P.73)。

在其中一个最模糊的观察研究中,默里(1983)训练观察者评价54个大学教师的特定教学行为发生的频数,这些教师以前在其他班级里获得了高的、中等的或低的SETs。每个教师总共收集到了18~24份观察报告。单个评价者的可靠性中值(也就是两份观察报告之间的相关)是0.32,但每个教师的18~24份报告的平均反应的可靠性中值是0.77。观察的因素分析揭示了九项因素和在SETs中先前描述过的内容相似的因素(如明晰、激情、交互作用、和谐组织)。3个标准的教师小组的观察之间差异显著。

遗憾的是,默里仅考虑了一个综合的教师评价项目的SETs,并且这些更多的是建立在以前的课程的评价而不是观察到的课程的评价基础之上的。因此,多特征—多方法分析不能用来确定具体观察到的因素和匹配学生评价的因素是否具有最高的相关性。然而,这些发现的确表明那些被不同的学生评价的教师确实系统地展现了不同的可观察到的教学行为。

霍华德(Howard et al. 1985)比较了43个教师的教学有效性的多维指标,每个教师教一门课程,这些教师每人都由以下这些人来评价,现在他执教的学生(N的平均值为每班34人)、那些以前上过同样课或是教师认为类似的课的学生(最小N=5)、一个对这门课的内容很博学的并参加了两次班级会议的同事和8个参加过两次班级会议并在判定教学有效性上受过特别训练的高年级研究生。他们得出结论,“以前学生和现在学生的评价教学有效性效度系数比自我报告、同事和受过训练的观察者的评价的实质上要高”(P. 195)。尽管自我评价和现在 SETs(0. 34)以及以前 SETs(0. 31)有中等的相关,同事和观察者评价之间的相关以及和现在 SETs 或是自我评价的相关不显著(Feldman 1989a,Marsh and Dunkin 1992)。

4.4 其他标准

只有很有限的研究把 SETs 和实验处理的教学情境联系在一起。关于教师的明晰和教师表达能力的研究(Marsh 1987,Marsh and Dunkin 1992)解释了这种方法重要的潜力。对于实验和相关研究设计,这些变量都是可以修正的,能否被学生和外部观察者作可信的判断,决定于对学生和对教师而言教学有效性的最重要的元素是什么,它与在自然和实验的研究中学生的学习成绩相联系。在实验情境中,在这些变量上不同的照本宣科的讲课被录制成录像带,然后随机地分配给不同的学科组观看不同的讲课、评价教学的有效性和完成成就测试。这些变量的处理和 SETs 是显著相关的,特别是,它们和匹配 SETs 的维度的相关要比和不匹配 SETs 的维度的相关性要大。这些结果为 SETs 工具包含明晰度和表达能力提供了支持,并解释了 SETs 在这些变量上对于自然的和实验处理的差异是敏感的,同时还为多维 SETs 的构思效度提供了支持。

教学和研究被典型地看作是大学教师最重要的产品。马尔什(1987)对照了两种不同的理论研究,这些理论认为两项活动的指标应当是正相关的、负相关的或是没有相关的。在研究(Cenrta 1983,Feldman 1987,Marsh 1987)中认为研究效率的测量和 SETs 或是其他有效教学的指标之间存有一个零到低的正相关。尽管这些发现似乎既没有支持也没有反驳 SETs 的效度,但它们确实解释了效率研究的测量不能用来推导教学的有效性,或反之亦然。

马尔什(1987)也讨论了与学生动机、情感相关的标准,随后的课程作业选择、学生学习策略以及学生学习质量相联系的 SETs 的效度。他还认为有必要实质性地扩展用在 SETs 研究中的效度标准范围(Marsh and Dunkin 1992)。

4.5 效度研究的意义

因为有效教学是一个没有适当的单一指标可以衡量的假设,所以 SETs 或是其他有效教学的指标的效度必须通过构思确认方法来解释。SETs 和以前学生的评价、在多段效度研究中学生的成绩、教师对他们自己的教学有效性评价以及可能有的受训的观察者对具体的过程如教师明晰度的观察之间的相关是显著且一贯的。相比较,建立班级非正式观察基础上的同事和管理者评价和效率研究不是与 SETs 或是其他有效教学的指标系统相关的,作为有效教学测量的同事和管理者评价是有问题的。

5. 学生评价的潜在偏见

就 SETs 是有偏见的这一点来说,理解偏见的本质和他们是怎样被控制是很重要的。然而,对 SETs 的潜在偏见的大量研究经常是非理论的、方法上有缺陷的并且不是建立在关于偏见是由什么构成的一个良好衔接的定义基础上的。马尔什(1987)回顾了关于在广泛的背景特征和 SETs 之间的多变量关系的几个大规模研究。依靠 SET 项目的内容,SETs 中 5% ~25% 的变异能够被背景特征所解释,也许是学习的学科,也许是研究进行的机构(Centra 1979)。

在两个广泛的多变量研究中(Marsh 1987),一组 16 个背景特征解释了这组 SEEQ 维度中约 13% 的变异。然而,变异的数量解释了超过 20% 的综合的课程评价和学习价值维度以及 2% 的组织和个体和谐维度。4 个背景变量是最重要的,它们能够解释大部分被解释的变异。它们是较高的优先学科兴趣、较高期望的评定等级、较高的工作量或难度水平和只是因为一般的兴趣而上这门课的学生的百分比。路径分析解释了预先的学科兴趣对 SETs 有很大的影响,这个变量也解释了约 1/3 的期望等级和 SETs 之间的关系。

然而,甚至是这些相对适度的关系也没有明显地反映偏见。工作量/难度关系是和偏见预测的方向相反的。预先的学科兴趣主要是影响了学习/价值的评价和综合的课程评价,教师对他们自己的教学有效性的自我评价也发现有类似的一个关系模式。部分的期望等级评定关系有明显的欺骗性,当预先的学科兴趣得到控制,这种关系就会消除。而且，这种关系一部分也很明显地反映了在学生学习和SETs之间有一个正相关（Marsh 1987，Marsh and Dunkin 1992）。

效度研究中对有偏见假设的支持必须是建立在马尔什和邓金（1992）提出来的构思方法的基础上。如果一个特定的背景变量对教学有效性的多重指标有类似的影响，那么背景变量可以反映对教学有效性的一个有效影响。类似的，如果特定背景变量和SETs的多重维度之间的关系模式和先前的预测是匹配的，那么其结果就支持了SETs的构思效度而不是偏见。

例如，与班级规模有最大的逻辑联系的SEEQ因素是小组相互作用和个体的和谐。经验的结果显示班级规模和这两个SEEQ因素有中等程度的相关而和SEEQ其他因素基本上没有相关。在教师自我评价中也观察到一个类似的模式。这些结果暗示了班级规模确实在某种意义上以SETs和教师自我评价中所精确反映的那样影响了小组相互作用和个体和谐。尽管潜在偏见的全面的回顾超出了本单元的范围，但是也许关于这点最好的总结是麦基切伊（McKeachie 1979）的结论：很明显可能潜在地影响SETs的变量的变化实际只有很小的影响。

6. 学生评价的利用

利用一系列相关的逻辑争论，布勒斯坎普等人（Braskamp et al. 1985）、马尔什（1987）、马尔什和邓金（1992）、默里（1987）以及许多其他的研究者认为一个广泛的、以直觉为基础的、经过精心计划的SETs程序的引入有可能促进教学的改进。

然而，这些观察中没有一个提供SETs促进教学有效性提高的经验性解释。在大多数来自SETs的反馈效果的研究中，教师被分配到实验的（反馈）或一个或更多的控制小组中，在那个学期中就收集SETs，对反馈组教师的评价尽可能快地返回到教师那儿，在学期末按照又一个SETs管理，有时候用其他变量也是可以的，对各个小组进行比较。科恩在他经典的元分析中，发现那些在接受其中考试反馈的教授在后来的评价中要比总体控制的评价高出1/3个标准差（一个综合的评价项目或是多项目的平均），甚至可以观察到在教师技能、学科态度和对学生的反馈的评价方面的更大差异。增加有咨询的反馈的研究产生了实质性的更大的差异，但是其他方法的变化只有很小的影响（L'Hommedieu et al. 1990）。

在此对反馈研究的回顾中最有力的发现是咨询增加了SETs的书面总结效果，但是对于决定最有效的咨询反馈的种类方面的注意是不够的。

7. 在小学和初中班级的研究

这个单元是建立在基本排除了第三位水平的研究上。不管在小学和初中水平的教师有效性的研究有多么庞大，合适的SETs研究还是非常缺乏——也有很少值得注意的例外。尽管很容易会得出这样的结论，即初中尤其是小学的学生明显缺乏熟练的技巧来合适地评价教学的有效性，但从几项研究计划的结果来看，这个结论是错误的。

奥布赖希特等人（Aubrecht et al. 1986）在他们的研究中特别地应用了马尔什的大学研究模式以判断是否这些发现可以一般化到高中水平。高中教师和他们的学生完成商业性出版的IDEA（教学发展与有效的评估）工具的高中版。这两套回答的因素分析揭示了相似因素的结果，MTMM分析为一致性和可辨性效度提供了支持。奥布赖希特（1986）认为这些结果"为高中学生对教学的评价的有效性提供了支持"（P. 223），并预测SETs在高中定位于优点奖励系统，在大学水平定位于开发一些专业发展活动。

类似的，福克斯等人（Fox et al. 1983）寻求把在大学的发现一般化到初等学校水平的检测。在连续两年的时间里，53个6年级教师由他们的学生进行了评价并由不同的受训观察者在多样的场合进行了观察。班级平均SETs在这两年里是稳定的（$r=0.68$），并和每年的研究中3个观察量表（组织的、刺激、理解能力）中的每一个都有显著性的相关（相关系数的范围在0.38～0.68）。注意到进一步研究的需要，福克斯等人认为6年级学生的SETs"对于教师行为似乎是可信的、有效的和有用的测量"（Peck et al. 1978 P. 21）。

很明显需要有更多的在小学和初中水平的SETs研究，但是这里总结的研究计划暗示建立在大学生回答基础上的结果可以推广到更小的学生的回答。尽管那不是本单元的焦点,但一个值得讨论的问题是:为什么有那么多第三位水平的相应的SETs研究而在小学和初中水平却又那么少?

8. 总的看法和意义

本词条描述的研究解释了SETs是多维的、可信的和稳定的,它主要是教一门课的教师而不是这门所教的课的功能,和其他各种各样的有效教学的指标相比是相对有效的,相对来说不受其他潜在的偏见影响,对教职工、学生和管理者都是很有用的。研究者应当采用构思效度的方法,在这种方法中以下几点是需要认识到的:用来反映教学有效性的有效教学和设计的SETs是多维的,没有一个单一的有效教学的标准是充分的,与效度标准以及与潜在的偏见的关联的试验性解释应当在不同的背景下和与有效性教学的多重标准联系中细致地进行评价。然而,与SETs相比,还很少有得到研究发现系统地支持的其他教学有效性的指标。正如卡什(Cashin 1988)所说,"学生评价在统计学意义上是倾向于可信的、有效的和相对脱离偏见的,可能要比其他用在教师评价上的数据更具有这些性质"(P.5)。

H. W. 马尔什(H. W. Marsh) 著

徐志芳 译

附录

Abrami P C, Cohen P A, d'Apollonia S 1990 Validity of student ratings of instruction: What we know and what we do not. *J. Educ. Psychol.* 82(2):219—231

Aubrecht J D, Hanna G S, Hoyt D P 1986 A comparison of high school student ratings of teaching effectiveness with teacher self-ratings: Factor analytic and multitraitmultimethod analyses. *Educational and Psychological Measurement*46(1):223—231

Braskamp L A. Brandenburg D C, Ory J C 1985 *Evaluating Teaching Effectiveness: A Practical Guide.* Sage, Beverly Hills, California

Cashin W E 1988 Student ratings of teaching: A summary of research. IDEA paper No. 20, Kansas State University, Division of Continuing Education, Manhattan, Kansas ERIC Document Reproduction Service No. ED 302 567

Centra J A 1979 *Determining Faculty Effectiveness.* Jossey-Bass, San Francisco, California

Centra J A 1983 Research productivity and teaching effectiveness. *Res. Higher Educ.* 18(4):379—389

Cohen P A 1980 Effectiveness of student-rating feedback for improving college instruction: A meta-analysis of findings. *Res. Higher Educ.* 13:321—341

Cohen P A 1987 A critical analysis and reanalysis of the multisection validity meta-analysis. Paper presented at the 1987 Annual Meeting of the American Educational Research Association, Washington, DC(ERIC Document Reproduction Service No. ED 283 876)

Cranton P A, Hillgarten W 1981 The relationships between student ratings and instructor behavior: Implications for improving teaching. *Can. J. Hihger Ed.* 9(1):73—81

Feldman K A 1976 The superior college teacher from the student's view. *Res. Higher Educ.* 5(3):243—288

Feldman K A 1983 The seniority and instructional experience of college teachers as related to the evaluations they receive from their students. *Res. Higher Educ.* 18:3—124

Feldman K A 1987 Research productivity and scholarly accomplishment of college teachers as related to their instructional effectiveness: A review and exploration. *Res. Higher Educ.* 26:227—298

Feldman K A 1989a Instructional effectiveness of college teachers as judged by teachers themselves, current and former students, colleagues, administrators, and external (neutral) observers. *Res. Higher Educ.* 30(2):137—194

Feldman K A 1989b Association between student ratings of specific instructional dimensions and student achievement: Refining and extending the synthesis of data from multisection validity studies. *Res. Higher Educ.* 30(6):583—645

Fox R, Peck R F, Blattstein A, Blattstein D 1983

Student evaluation of teacher as a measure of teacher behavior and teacher impact on students. *J. Educ. Res.* 77(1):16—21

Gillmore G M, Kane M T, Naccarato R W 1978 The generalizability of student ratings of instruction: Estimates of teacher and course components. *J. Educ. Meas.* 15(1):1—13

Howard G S, Conway C G, Maxwell S E 1985 Construct validity of measures of college teaching effectiveness. *J. Educ. Psychol.* 77(2):187—196

L'Hommedieu R, Menges R J, Brinko K T 1990 Methodological explanations for the modest effects of feedback. *J. Educ. Psychol.* 82(2):232—241

Marsh H W 1987 Students'evaluations of university teaching: Research findings, methodological issues, and directions for future research. *International Journal of Educational Research* 11(3):253—388

Marsh H W, Bailey M 1993 Multidimensionality of students'evaluations of teaching effectiveness: A profile analysis. *J. Higher Educ* 64(1):1—18

Marsh H W, Dunkin M J 1992 Students'evaluations of university teaching: A multidimensional perspective. In: Smart J (ed.) 1992 *Higher Education: Handbook of Theory and Research.* Agathon, New York

Marsh H W, Hocevar D 1991a Students'evaluations of teaching effectiveness: The stability of mean ratings of the same teachers over a thirteen-year period. *Teaching and Teacher Education* 7(4):303—314

Marsh H W, Hocevar D 1991b The multidimensionality of students'evaluations of teaching effectiveness: The generality of factor structures across academic discipline, instructor level, and course level. *Teaching and Teacher Education* 7(1):9—18

Mckeachie W J 1979 Student ratings of faculty: A reprise. *Academe* 65(6):384—397

Murray H G 1980 *Evaluating University Teaching: A Review of Research.* Ontario Confederation of University Faculty Associations, Toronto

Murray H G 1983 Low inference classroom teaching behaviors and student ratings of college teaching effectiveness. *J. Educ. Psychol.* 71(1):856—865

Murray H G 1987 Impact of student instructions ratings on quality of teaching in higher education. Paper presented at the 1987 Annual Meeting of the American Educational Research Association, Washington, DC. ERIC Document Reproduction Service No. ED 284 495

Peck R F, Olsson N G, Green J L The consistency of individual teaching behavior. Paper presented at the 1978 Annual Meeting of the American Educational Research Association, Toronto. ERIC Document Reproduction Service No. ED 189 058

家庭作业(Homework)

对于"家庭作业"这一概念的定义经常是不一致的。它最开始指的是工业在工厂外进行的作业，现在这个传统意义的词主要用在这样一个领域中——指的是学校中在常规的课堂之外的学习任务。"家庭作业"这个词首先隐含的一点就是在家里进行的学习，但是通常这个词也指在学校里的自由时间的学习，如在自由时间和其他时间，在阅览室和学习场所以及其他的一些地方。实际上，有一些安排在家里完成的家庭作业通常是在学校课堂上做的。当学者专家、家长和学生他们自己在争论家庭作业的利弊时，小规模的实验和大规模的问卷调查都表明家庭作业对于学习有相当一致的正面作用。调查同时也揭示了在国家各个地区和不同国家之间学生做的家庭作业的量是存在着很大差异的。这些变化部分地可以用这些国家学生学习任务的多少来解释。

1. 对于家庭作业的一些观点

教育学家对于家庭作业的效果和它的优点意见不是很一致的，是存在着争议的(Paschal et al. 1984)。一种极端的观点是认为所有与学习有关的工作应该在学校里，在老师的直接监督下完成的。一些教育的平等主义者认为家庭作业对于有良好教育的家庭中的孩子来说是有利的。

提倡家庭作业的教育专家，是那些相信并持学生应当对他们自己的学习(尤其是在学校外的"真实"世界中)负更多责任的人。另外一种是家庭教育者,他们坚持在家里教育他们的孩子。

一些生活在偏远地区的儿童,如澳大利亚的内地、非洲和南美洲人口相对来说稀少的地区,他们在家里接受卫星传输的教学。通过比较研究发现,他们可以和本国正常学校里上学的学生学得一样好(Walberg 1991)。一些技术梦想家相信诸如此类的项目在工业化国家(发达国家)和发展中国家的推广将有效地增加家庭学习选择。英国的开放大学已经在这个地区开了有趣而有益的先例,这个学校为那些待在家里的学习者扩大了他们受教育的机会。

虽然有这么多的信息和这么广泛的实践,在这里关心更多的还是在通常的情况下即家庭作业被作为正规课堂学习之外的一种有效的补充。

2. 家庭作业:做多少

与前面提倡的极端的观点相比,大多数孩子是到学校去上学和做一些家庭作业。家庭作业通常都是教师安排的,同时也可能是家长、家庭教师鼓励或是施加的,也可能是学生自己要求的。但是究竟该安排和让学生完成多少家庭作业呢?一个国际小组进行了一项旨在发现这个还有其他有关一些问题的对世界各地学生的大规模问卷调查(Postlethwaite and Wiley 1992)。这项调查结果在图1当中。图中的水平轴表示了在这些国家和地区中14岁儿童平均每星期要做的家庭作业时间是在4.5~9小时之间。当然,对于一个给定的国家,

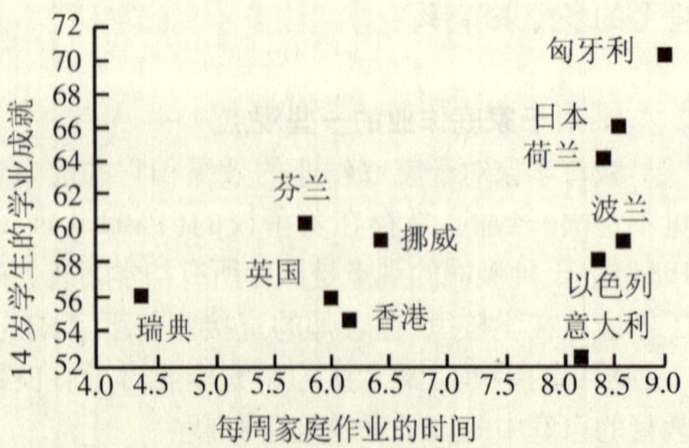

图1 家庭作业与成绩

各个学生个体的家庭作业时间量的变化是很大的。

在匈牙利、日本、荷兰、波兰、以色列和意大利这些国家或地区的学生平均的家庭作业时间量接近瑞典的两倍。取得较高学业成就的国家的学生——匈牙利、日本和荷兰的——做的家庭作业量要比那些取得较低学业成就学生的国家或地区的学生多,如瑞典、芬兰、英格兰、中国香港和挪威。相比较而言,在波兰、以色列和意大利的学生,与他们花费在家庭作业上的时间量上比较,他们的学业成就水平相对来说是低的(图1)。

3. 总的学习时间

在校内和校外总的接受教育的时间量对于学习来说是个非常强大的决定因素(Frederick and Walberg 1980)。额外的时间在很大程度上是学生生活中的主要内容——对于18岁以前的美国学生而言额外时间约占他们除睡眠之外的87%。因此,这些额外的时间加起来对于学习是个潜在而又强大的因素,它们直接或是间接地提高着学校学习时间的效率。举例来说,如果每周在校学习30个小时的学生家庭作业时间每周增加3小时,那么家庭作业时间将使他们的学习时间增加10%;而每周20小时的家庭作业时间将增加67%——一个巨大的优势。

对学生总的学习时间和其他使用时间的比较研究现在还很少。实际上,尤斯特和施塔福德(Juster and Stafford 1991)只得到了一组比较数据,它们是美国学生和日本学生的一组数据。这些学生按国际学业成就测验分别分到从低到高的各个

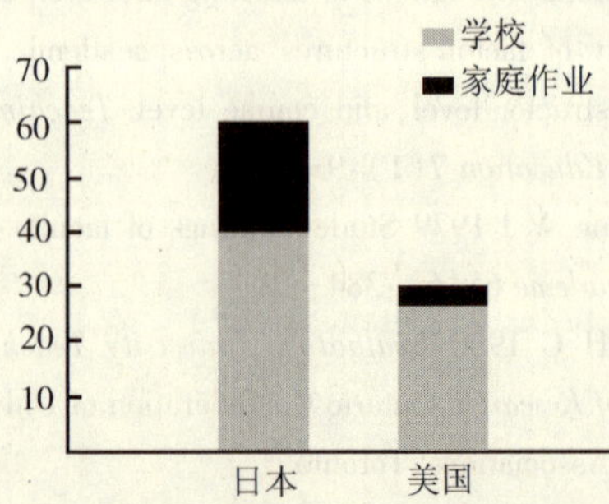

图2 日本和美国的高中生的每周学习时间

等级的小组中去。图 2 显示日本高二学生每周平均总的学习时间是 60.5 小时，而美国高二学生平均每周总学习时间是 30.0 小时。

在小学和初中阶段，日本学生的平均在校学习时间也都是美国学生的近两倍。而且，日本学生超过美国学生的一个因素是他们有 4～5 个小时的校外学习时间。实际上美国学生把更多的时间花在非学校工作、睡觉和社会活动上。

采用不同的研究方法来评估总的学习时间可能会得出不同的结论。例如，莱昂内和理查兹（Leone and Richards 1989）利用一种仪器（能发出哔哔声音的仪器）和反应薄片对 400 名 5～9 年级的学生进行了一项几个星期的监测活动，任何时候学生完成学习了，这个仪器声音也随之消失（从早上 7:30到下午 9:30 中在时间表上随机抽取 2 小时的时间段）。发现学生每周只有 15.5 小时的时间会去注意课堂功课，而花在家庭作业上的时间每周只有 6.4 小时。利用这个方法进行的研究得出每周学习时间只有 21.9 小时的结论，比尤斯特和施塔福德（1991）得出的美国学生每周 30 小时的学习总时间要低 27%。

4. 家庭作业对于学习的作用

帕斯卡（Pashcal et al. 1984）调查了在加拿大和美国出版的和没有出版的对小学和初中学生家庭作业对学习的作用评估的一些文章。在 15 项研究中发现，家庭作业对学习的作用影响只有 0.36 个标准差的偏离。这个数据意味着那些学业成就比较典型（排名处于第 50 个百分点的学生）的不做家庭作业的学生，如果他们做了平均时间量的家庭作业，将会使他们上升到第 65 个百分点。而且，在 81 个具有不同数量和标准的家庭作业的学生的比较小组中，有 69 个（约为 85%）个小组赞成要有更多的家庭作业。因此，这个 0.36 个标准差和家庭作业的作用的一致性是真实可信的。

帕斯卡等人（1984）的综合研究得出了一个与教育政策和教学实践相关的有趣的发现。如在图 3 中所示，家庭作业只是布置下去而没有从教师那里得到反馈的情况下也会对学生的学业成就有所提高。相比较，家庭作业如果得到教师标注、等级评定或是注释，那么对学生学习将产生更大的影响。确实，教育研究者也发现受到等级评定的家庭作业对学习产生很大的影响（Walberg 1984）。

更多的近期研究也继续表明了家庭作业对学习的正面效应。例如，莱昂内和理查兹（1989）做的细致而又广泛的观察研究显示，在 4～9 年级学生中增加家庭作业时间与学业成就有正相关。高学业成就者平均要比那些低学业成就者多花 64% 的时间在家庭作业上。这种差异在高年级学生中更加明显，如果家长能够积极监督的话，家庭作业将起到更大的作用。

5. 学生对家庭作业的态度

如果家庭作业是有帮助的，为什么有那么多的学生做那么少的家庭作业？最主要的原因显然是学生对学习不满意。举例来说，作为一个组，美国的青少年学生不太喜欢课堂功课、学习和思考而更喜欢其学习之外的一些活动（Csikszentmihalyi and Larson 1984）。他们更愿意一个人待着或是和家人朋友在一起，而不是把时间花在和班级同学在一起。他们甚至安排时间与陌生人在一起，这仅次于和班级同学在一起的时间。莱昂内和理查兹（1989）发现学生在做家庭作业时候的心情比他们在从事其他一些活动要差。

学生在学习努力方面欠缺，包括在做家庭作业方面，这可能是一种“马太效应”，来自《圣经》马太卷中“富人更富”和“穷人更穷”的一句话。那些在学习上落后的学生感到他们的班级功课和家庭作业更困难，这样导致的一个结果也就是有更少的满

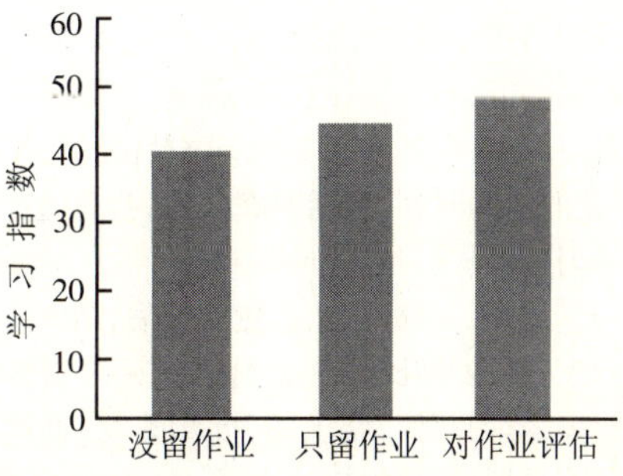

图 3　家庭作业的影响

意感。因此,他们可能会更加不努力,然后就感到功课更加困难更没有满意感。这样的恶性循环导致这些学生加深失败感直至最后退学。

6. 应该做多少家庭作业为宜

对有高成就的青年和成人的研究表明:他们几乎都把大量的时间花在高质量的实践和努力上。在学习科目的掌握上并没有很大的差异。要去精确规定在通常情况下额外做多少家庭作业能够取得优秀的学业成就是不太可能的。尽管如此,很显然不应该无限地做。

尽管时间和努力几乎都不是不适当压力的形成因素,但过多的外部压力当然会产生焦虑。如果学生感受到来自父母和教师的压力,如果他们落后于他们的同伴感到很少有希望能够赶上或是因为不能达到一定的成绩而自责,或者如果他们感到失去了控制和不能自治,他们就会变得绝望和感到无助。鼓励、设立现实可行的目标、赏识自己的成就、培养自己的学习兴趣应该是明智的选择。

7. 家庭作业的改进

那么对家庭作业最好的态度应是什么样的呢?在这个问题上能够提供信息的研究很少,但是有一些通常的学习原则是非常有启发性的(Walberg 1984)。家庭作业作为一种刺激,与课堂功课相联系,应该经过精心的安排,而且要适合学生的能力,这样才有可能产生最好的效果。经常性的安排但每次数量都很适中要比每次量很大但安排次数较少的情况更有可能产生更多的学习效果和更长久的保持力,虽然两种情况下安排的家庭作业的总量可能是相等的。及时、细致和单个的反馈与延迟的、一般的和小组的反馈相比,更有可能产生积极的效果。最后,在其他因素相同的情况下,一般来说,大量的学习时间,包括家庭作业,会有望产生更多的学习成果。

一旦更多的家庭作业布置了之后,给学生介绍更多的家庭作业要比后来去给这些评分要来得容易。比如,学习写作,要求写、批和改写;通过练习和指导将会得到好的成绩,然而,一个一天要带5个每班有25个学生的班级的教师不太有可能为每个学生一周两页的短文去一一注释、评分和讲解。

一个解决家庭作业评分问题的方法是雇佣助手,可以是兼职工作人员,甚至也可以是未充分就业的家庭主妇。他们可以得到适当的少于教师的报酬,在教师的监控下,在学校正规学习时间中或是在这之外把家庭作业的评分和指导工作做得一样好。然而在许多国家里,严格的劳动法规和工会却常常阻止这种有效的实践。

日本提供了另外一种解决方案。在班级内成立班级工作小组,教师给予小组一定的自治权。他们在计划、执行、评估小组和个体作业时相互帮助。他们能够在班里或是在家里对班中另外小组或成员的作业进行评价。他们不仅在这种安排下更好地学习学科知识,而且他们还学习工业生产活动中宝贵的技术和信息社会中的合作和相互帮助。

H. J. 沃尔博格(H. J. Walberg)
R. A. 帕斯卡(R. A. Pashcal) 著
徐志芳 译

附录

CsikszentmihalyiM, Larson R 1984 *Being Adolescent: Conflict and Growth in the Teenage Years.* Basic Books, New York

Frederick W C, Walberg H J 1980 Learning as a function of time. *J. Educ. Res.* 73(4):183—194

Juster F T, Stafford F P 1991 The allocation of time: Empirical findings, behavioral models, and problems of measurement. *J. Econ. Lit.* 29(2):471—522

Leone C M, Richards M H 1989 Classwork and homework in early adolescence: The ecology of achievement. *Journal of Youth and Adolescence* 18(6):531—548

Postlethwaite T N, Wiley D E (eds.) 1992 *The IEA Study of Science 2: Science Achievement in 23 Countries.* Pergamon Press, Oxford

Paschal R, Weinstein T, Walberg H J 1984 Effects of homework: A quantitative synthesis. *J. Educ. Res.* 78(2):97—104

Walberg H J 1984 Improving the productivity of America's schools. *Educ. Leadership* 41(8):19—27

Walberg H J 1991 Improving school science in advanced and developing countries. *Rev. Educ. Res.* 61：25—699

其他参考文献

Cooper H M 1989 *Homework.* Longman, White Plains, New York

Keith T Z 1986 *Homework.* Kappa Delta Pi, West Lafayette, Indiana

Kellaghan T, Sloan K, Alvarez B, Bloom B S 1993 *Home Environments and School Learning.* Jossey-Bass, San Francisco, California

教学调整(Instructional Alignment)

“教学调整”指的是如何恰当地匹配两项或者更多的活动。这个术语经常用在教学活动和评价活动之间的匹配上。这两项活动安排得越恰当，学生有能力的可能性就越高，当然，首先要假定那些评价活动能够代表那些预期的能力。

为了达到调整的目的，教学设计者要把教学结果转换成评价标准的指标，通常大多是考试项目。然后教师通过以下方法再把评价指标移至实际教学中进行教学设计。他们开始创设和这些指标基本一致的教学活动。然后，就要计划每堂课以适合每项活动的必备组成元素。每节课都要通过首先建构课堂评价指标并在从属水平上再次构建“反方向移动”范例来设计。因此，教学调整成为教学设计最基本的原则。

调整对考试成绩的影响可与学习能力倾向的影响相媲美的。然而，能力倾向是缓慢地变化的，而有人认为几乎不变。相比而言，调整是教学设计的一个可延展的特征，因此，可以产生即时且非常明显的效果。

1. 教学调整的起源

“教学调整”这个术语来自两个结构：刺激控制——存在于学习理论的实验研究中(Ferster and Skinner 1957)和课程调整——这是坚持结果原则的理论者的常用语(Neidermeyer 1979)。

1.1 刺激控制

任何行为表现如阅读、写作、说话或做其他事情等，都要涉及人的行为和两类相联系的事件。其中之一是强化事件。当称之为“辨别性事件”的刺激呈现在一个环境中时，人类行为就会从环境中引起强化刺激。当行为发生时，强化刺激就会将行为同辨别性事件联系在一起。那种联结便称为“学习”。

例如，当儿童学习阅读“dog”这个单词时，强化刺激将字母 d－o－g，也就是辨别性事件同“泛化”(说出这个单词并把它和适当的想法、感情相联系)行为联结在一起。强化刺激可能是教师的赞扬或“自我满足感”。当强化刺激引起在字母 d－o－g 控制下出现了泛化行为，学习就发生了。这些字母就称之为可辨性事件的关键特征。

学生在能够学到新的东西之前，在他们的记忆仓库中必定已经存有特定的行为。例如，在学习读“dog”这个单词前，学生需要知道狗是什么，当他们听到这个单词时能够识别出它，当他们看到这个单词时就能说出它。实际上，他们学到了新的联结而并没有学习新的行为。强化刺激把现有行为和可辨性事件联结在一起。

通常实验学习的研究者会提出两个问题：(a)哪些事件是联结行为和可辨性事件的强化刺激？(b)对于那些要联结的行为来说哪些事件应该是可辨性事件？教学调整的研究者也提出了两个类似的问题：(a)当特定的可辨性事件发生时，正式的教学如何能有效地强化一个适当的行为？(b)哪些可辨性事件界定了所要达到的结果？

在各种活动中，可辨性事件是变化的，它们称之为“位移”。最普通的位移发生在评价事件和教学事件之间。两个事件间的位移越小，观察到所要观察的教学结果的可能性就越高。“位移”成为一个教学设计者的术语，也就是实验研究者所说的“刺激控制问题”。

总而言之，当强化事件将先前存在的动作和可辨性事件联结起来时，学习就发生了。这不是实质上的行动，而是界定了一个习得行为或表现的联结。当时间1的可辨性事件不同于时间2的可辨性事件时,同样的动作(如说狗)是一个不同的行为。当可辨性事件相同或相似时,行为就得到调整了。当这些事件发生变化时,他们就被错误地调整了。

1.2 课程调整

教学调整是20世纪70年代后期盛行的奈德米耶(Neidermeyer)课程调整模式的一个更为精确的应用(Neidermeyer 1979)。按照奈德米耶的观点,课程包括目标、教学和评价。当所有这三项都进行了调整时,学校教育的效果才是"令人印象深刻的"。他把那称之为匹配"课程调整"。

在一项研究中,奈德米耶和耶伦(Neidermeyer and Yelon 1981)训练教师调整教学材料、活动和表述为行为目标的"必要技能",产生了所谓的"结果为基础的教学"。这个结果是不规则散落的。不过,在美国那些与以结构为基础的教学相联系的教育者中,课程调整模式仍变得相当普遍(Burns and Squires 1987)。

科恩和海曼(Cohen and Hyman 1982)推测说,奈德米耶的结果是由两个问题所引起的。第一,由于这些行为目标是以通常的语言来表达的,所以行为的目标不能充分精确地细化可辨性事件以保证一个接近的匹配。第二,匹配不仅包括以材料、教学和期望的结果(规定的目标)为特征的可辨性事件,而且还包括用于评价奈德米耶课程成果的商业性出版的标准化测试。科恩和海曼建议用"教学调整"这个术语来替代"课程调整",以强调强化刺激同需要确保刺激控制的可辨性事件间的精确匹配。

科恩(1984)指出,评价项目的关键特征是学习者行为必须与之恰当联结的可辨性事件。因此,他建议当评价项目而非行为目标更多地作为结果使用时,教学和评价将会得到更加精确的调整。在科恩的主张中,即针对测试的教学是一种最有效的教学方法中,也同样暗含有这种精确性的含义。

1.3 学习的机会

国际教育成就评价协会(IEA)在20~24个不同国家间所进行的各种研究进一步支持了这个主张(Postlethwaite and Lewy 1979)。从IEA第一次的国际数学研究(FIMS)开始,珀维斯和莱维内(Purves and Levine 1975)就总结了学校相关因素同数学成就测试成绩之间的17项相关性。诸如学校的校龄、对数学的态度和教师教学自由程度这样一些因素显示出与标准有很低的负相关。数学教学时间量与数学成就测试成绩间也只有很小的相关。然而,一些具体项目所测的数学概念的学习机会(OTL)却对数学成就测试成绩中的大量变异做出了解释。

例如,在最初的FIMS研究中,胡森(Husén 1967)在将数据分为4组后发现,OTL理论解释了数学成就测试成绩中16%、41%、53%和64%的差异。当国际教育成就评价协会的研究者设计第二次国际数学调查(SIMS)时,他们对OTL的预报因子做了专门记录。按照菲利普斯(Phillipps 1986)的观点,第二次国际数学调查的计划者想要对教学因素如课程大纲和课本等对成就测试的影响进行分析。然而他们猜测,在最后的分析中教师从这些资源中选出所要教的内容也就是学生有机会学到的内容。所以,他们编制了更加完善的调查项目来调查在21个国家中的OTL现象。

菲利普斯表格(Phillipps 1986 P.103~109)中的真实调查清楚地表明,OTL对在SIMS数据中观察到的数学成就测试成绩有着巨大的影响。此外,IEA对24个国家的第二次科学研究的结果揭示出,由OTL解释的科学成就测试成绩中的差异要比数学、词汇知识和科学过程实验室测试的成绩中的差异大(Jacobson and Doran 1988)。

因此,最初的调整从以操作理论为基础的教学研究中构筑了一个微观教学因素。然而,与此同时,IEA的宏观教学调查也产生了同样的结论:成就测试成绩的差异对评价项目具体特征与教学特征间的匹配程度有着直接的影响。

2. 教学调整的研究

到1981年为止,教学调整的研究已经解释了比大多数已报道的"有效教学"实验多3~4倍的教学效果。例如,四年级标准化阅读成绩的常模参照测试成绩的全年增长表示了相当于0.67个标准差(或0.67δ的效果)的教学效果。一个一般班级的教师教授一堂好课能够产生约 0.37δ 的效果(Walberg 1990)。相比较而言,已证明的教学因素平均能够产生 0.96δ 的效果(Lysakowski and Walberg 1982)。

一项对教学调整实验中 34 项效应尺度的回顾研究表明有平均 1.76δ 的效果(Cohen et al. 1989)。这 34 项效应尺度在从最低的 0.85δ 到最高的 3.58δ 之间变化,其中有 27 个数值超过了 1 个 δ,而有 16 个数值超过了 1.7δ。在这几项研究中教学调整均排除了能力倾向的影响。我们将在下面的教学调整研究部分中对这些研究进行部分总结。

这其中许多实验比较了 3 个调整水平的影响作用,这 3 个调整水平包括:精确、不太精确和控制。"控制"表示在典型的"良好教学"的课堂中发生的调整。"不太精确"是指轻度的"位移",尽管如此,还是要比控制对待的情况调整得要好一些。

从教学刺激事件和考试间的匹配中所产生的巨大影响在直观上是符合逻辑的。然而批评者认为,学校教育的效果要超越明天的考试而涉及日常生活中不断变化的刺激(Mehrens and Kaminsky 1989)。换言之,学校教育最大的目的是为了位移,或者是之前的理论者所称的"学习的迁移"(Ellis 1965, Gick and Holyoak 1987)。以下的调整和学习迁移部分描述了研究者在近期所做的通过系统操作控制的位移,用以形成学习者迁移他们在校所学内容的能力的实验。

2.1 教学调整研究

为了评价教学调整的效果,科恩和斯托弗(Cohen and Stover 1981)教给 6 年级学生 3 种不同数学词汇的问题解决技巧,每种技巧随机地教给每个学生。所有 3 组学生都进行了同样的后测。后测题目的 1/3 用一种技巧能够最好地解决,另外 1/3 是用另一种技巧完成的,以此类推。因此,只有 1/3 后测项目的可辨性事件经过调整后与用于每个学生的教学的实际项目相适应。研究者比较每组项目在每门学科上的成绩,而每门学科是学生自己控制的,每一种控制也是另外两种技巧中其中一种的一个实验课题。

这个研究的目的不是检测显著性:即学生想要准确地学到那些教给他们的内容,而是要评价教学调整的影响程度。在 3 个小组中的 2 个小组的学生在教学调整条件下的后测成绩排列在第 50 个百分点,他们的成绩和 99% 的接受教学调整较少的学生成绩一样好甚至是更好。在另外一组中,学生在调整条件下表现得更好,但是差异性不是很显著(效应 = 1.44δ)。

科措尔(Koczor 1984)教给成绩好的 4 年级学生 6 种不同的典型 4 年级课程。每节课覆盖了一个不同内容或技能领域,如词汇、科学和算术。例如,教成绩好的学生写与罗马数字对应的阿拉伯数字。在后测中,所有的人都是做同样的题目,只是其中一半必须写与阿拉伯数字对应的罗马数字(有轻微位移的教学),而另外一半要反过来,写与罗马数字对应的阿拉伯数字,就如在教学中所教的那样(调整)。即使对这些成绩好的学生来说,那样轻微的位移也会引起 1.0 ~ 2.74 个 δ 的差异。

费伊(Fahey 1986)提供了确切的证据证明,选择一个中心思想的最佳陈述要比选择一个最佳标题更为容易,而这二者都要比在阅读一段文章之后写出主要中心思想容易。所有这 3 项都表明许多教师所认为的相同的"中心思想技能"所发生的不断变化的可辨性事件。费伊解释道,在他所谓的"正向位移条件"下教授如何找出中心思想时,这些属于低能力群体的大学生的表现和那些在更"传统的"条件下教学的高能力学生的表现一样好。"正向位移"现象是当教学任务比评价任务难度更大,但是却因为有显著性刺激而保证完成后者的那种情况。这个术语同更加普遍的表达——"超量学习"相类似。

威什尼克(Wishnick 1989)设计了一个正式的调整测量,她通过测量校区能力测试和商业性出版的常模参照测试(NRTs)中的项目组之间的调整来使其有效。由于威什尼克的研究正式界定了调整的组成元素,它使 10 年来对调整的研究达到了顶点。这为调整的新的运用方法——作为教授学习迁移的工具搭建了舞台。

2.2 调整和学习迁移

早在 1982 年,科恩就把教学和应用之间的调整或者教学和评价之间的调整称之为"迁移要求"

(Cohen 1982)。10年之后,他的两个博士生系统地教授小学和高中学校的学生忍受不断增长的错位条件。诺伦(Nolen 1991)把这称之为"认知延伸的忍受"。他通过教授大学生如何分析在化学数学问题中的位移为大学生提供了一个迁移的背景。在教学中,与以前的问题事件相比,每一个问题刺激事件都要不断地变化。成功的问题解决要求有正确的移位分析以及问题的正确答案。诺论报告说迁移效应要大于一个标准差。

鲍里斯(Boris 1991)也用控制的位移来教授六年级学生来迁移他们的数学学习。她报告了那些低成就者的一个标准差以下或是刚刚超过一个标准差的学习效果。此外,鲍里斯观察到一些证据用以证明内容领域间的迁移效应,例如,从数学到词汇,或者从经济到数学。

3. 测试的启示

调整的模型经常受到那些认同常模参照测验的人的批评。例如,梅伦斯和卡明斯基(Mehrens and Kaminsky 1989)因为调整减少了考试成绩的差异而反对教学和评价的调整。他们提倡使用能使教学产生位移的测试项目,以引起足够的差异从而得出呈正态分布的成绩。传统的心理测量要求求出差异以得出测验的信度系数。

相比而言,教学是想要获得减少测验成绩差异的能力,尤其是当能力被界定为一种品质而不是或多或少的现象时。科恩和海曼(1991)认为学校不应该使用测验来得出差异,而是应该用测验来监控教学究竟产生了怎样优秀的成绩。他们通过评价指标将优秀的成绩定义为能得到掌握或没有掌握的成绩而不是或多或少掌握的成绩。因此,设计实验项目的标准不应该是看它们到底有多大的区分度,而是要看它们和教学以及结果间的调整匹配如何。当项目和有效教学匹配时,因为每个人都已达到掌握水平,故学生测试成绩之间的差异就会减小。因而教学要消除学习成绩的随机分布,而代之以普遍掌握的差异。

梅伦斯和卡明斯基(1989)也认为,当评价和教学匹配得太精确的话,学术表现不是"真"的学习能力,而是通过观察得到的。调整理论对成绩和能力不加以区分;它假定学习能力就是从成绩推导出来的一个假定结构,它更多的是通过学习而不是遗传得到。从教学调整的观点来看:(a)能力即胜任;(b)胜任即学术成绩;(c)个体学习特定成绩的速度是不同的;(d)速度是教学品质的一项功能,这种教学品质形成了个体学习新技能所需的全部必备因素。

4. 哲学启示

在这种争论下存在着最基本的哲学观点的差异。每一方都从不同的视角来看待教学效果。其中一方希望它是随机的。那种期望形成了心理测量的原理,这些原理能使评价成绩的变异呈钟形分布,即正态分布。它同时也形成了确保产生变异的学校教育和测试练习。

而另一方把这种随机分布视为是教学不适宜的结果。那种不适宜情况持续出现是因为:(a)人们相信学校教育结果的随机分布在统计学上是不可避免的;(b)所教内容和所评价内容发生了位移。

调整理论希望学校教学能消除那种变异。研究视角已经转移到使用作为教学结果的评价指标以及使用那些指标直接教学。当人们接受其中任一基本视角时,学校将会对社会产生深刻的不同影响。

S. A. 科恩(S. A. Cohen) 著

徐志芳 译

附录

Bloom B S1976 *Human Characteristics and School Learning*. McGraw-Hill, New York

Boris R B 1991 Using controlled degrees of misalignment to teach cognitive stretching: A set for transfer of learning mathematics and vocabulary misalignment. Doctoral dissertation, University of San Francisco, San Francisco, California

Burns R, Squires D 1987 Curriculum organization in out-come-based education. *Outcomes*3:1—9

Cohen S A 1982 Components of effective instruction. Paper presented at the Annual Meeting of the American Educational Research Association, New York

Cohen S A 1984 Implications of instructional psychological research on mastery learning. *Outcomes*2:18—25

Cohen S A, Stover G 1981 Effects of teaching sixth grade students to modify format variables of math word problems. *Read. Res. Q.* 16(2):175—200

Cohen S A, Hyman J S 1982 Components of effective instruction. Paper presented at the Annual Meeting of the American Educational Research Association, New York City

Cohen S A, Hyman J S, Ashcroft L, Loveless D 1989 Comparing effects of metacognition, learning styles, and human attributes with alignment. Paper presented at the Annual Meeting of the American Educational Research Association, San Francisco, California

Cohen S A, Hyman J S 1991 Can fantasies become facts? *Educational Measurement: Issues and Practices* 10(1):20—23

Ellis H C 1965 *The Transfer of Learning.* Macmillan, New York

Fahey P A 1986 Learning transfer in main ideas instruction: Effects of instructional alignment and aptitude on student scores on main idea test scores. Doctoral dissertation, University of San Francisco, San Francisco, California

Ferster C B, Skinner B F 1957 *Schedules of Reinforcement.* Appleton-Century-Crofts, New York

Gick M L, Holyoak K J 1987 The cognitive basis for knowledge transfer. In: Cormier S M, Hagman J D (eds.) 1987 *Transfer of Learning.* Academic Press, New York

Husén T (ed.) 1967 *International Study of Achievement in Mathematics, A Comparison of Twelve Countries*, Vol. 2. Almqvist and Wiksell, Stockholm

Jacobson W J, Doran R L 1988 *Science Achievement in the United States and Sixteen Countries: A Report to the Public.* International Association for the Evaluation of Educational Achievement (IEA), New York

Koczor M L 1984 Effects of varying degrees of instructional alignment in posttreatment tests on mastery-learning tasks of fourth grade children. Doctoral dissertation, University of San Francisco, San Francisco, California

Lysakowski R, Walberg H 1982 Instructional effects of cues, participation, and corrective feedback: A quantitative synthesis. *Am. Educ. Res. J.* 19(4):559—578

Mehrens W, Kaminsky J 1989 Methods for improving standardized test scores: Fruitful, fruitless or fraudulent: *Educational Measurement: Issues and Practices* 8: 14—22

Neidermeyer F C 1979 Curriculum alignment—A way to make schooling more understandable. SWRL Professional Paper No. 41. Southwest Regional Educational Laboratory Educational Research and Development, Los Almitos, California

Neidermeyer F C, Yelon S 1981 Los Angeles aligns instruction with essential skills. *Educ. Leadership* 38: 618—620

Nolen L L1991 Cognitive stretching – usting instructional alignment alignment theory to teach community collgeg chemisty students how to transfer learning. Doctoral dissertation, Liniversity of of san Francisco, San Francisco California.

Nolen L L 1991 Cognitive stretching—Using instructional alignment theory to teach community college chemistry students how to transfer learning. Doctoral dissertation, University of San Francisco, San Francisco, California

Neidermeyer F C, Yelon S 1981 Los Angeles aligns instruction with essential skills. *Educ. Leadership* 38: 618—620

Phillipps R W 1986 Cross national research in mathematics education. In: Postlethwaite T N (ed.) Pergamon Press, Oxford 1986 *International Educational Research: Papers in Honor of Torsten Husén.* Pergamon Press Oxford

Postlethwaite T N, Lewy A 1979 *Annotated Bibliography of IEA Publications (1962—1978)*. IEA, University of Stockholm, Stockholm

Purves A, Levine D (eds.) 1975 *Educational Policy*

and International Assessment. McCutchan, London

Walberg H1990 Productive teaching and instruction: Assessing the knowledge base. *Phi Del. Kap.* 71(6): 470—478

Wishnick T K 1989 Relative effects on achievement scores of SES, gender, teacher effect and instructional alignment: A study of alignment's power in mastery learning. Doctoral dissertation, University of San Francisco, San Francisco, California

其他参考文献

Cohen S A 1987 Instructional alignment: Searching for a magic bullet. *Educ. Researcher* 16(8): 16—20

Crowell R, Tissot P 1986 *Curriculum Alignment*. US Office of Educational Research and Improvement, Washington, DC

教学节奏(Instructional Pacing)

教师在建立学生在课堂中跟随教学计划和课程教材节奏方面有很多的方法。实际上,节奏是一种把几乎每个人都保证在班级水平上所作的决定。教师可以自己作这种决定(教师节奏的教学),也可以把这种决定转给他们的学生(学生节奏的教学),或者是依靠机械的方法决定学生的节奏(如计算机、录像带)。如果教师作这个决定的话,可以是针对班中全体学生采用同一个节奏,也可以是对班中不同的小组和学生个体建立不同的节奏。

教学的节奏涉及两个独立的问题。第一,是谁(或是上升到什么)来决定这个节奏?第二,怎样迅速地确定教学节奏?对于这两个问题存在着争议,因为在大多数学校都有很多的内容要学,但学生学习这些内容的速度是不同的。

1. 节奏的控制

关于这个问题的研究主要集中在教学节奏由教师控制、学生控制或学生在课程中通过课程或是个人的功课由机械控制三种情况上(Stodolsky 1988)。研究已经在以下这些不同的领域进行了,像几何、工业自动化、人体生理学和军事训练。

在传统的小学和初中学校班级里,节奏通常都是由教师来控制的。在1989年,这种范围内的控制被相当简洁地总结为,“大量主要的教师宁愿选择的……为了保持几乎能够完全的控制花费在学习上的时间数量,在这种情况下工作很容易得到保证,除了那些教师认为是外围考虑的领域”(Mortimore et al. 1989 P. 83)。“外围的考虑”可以部分地解释斯托尔斯基(Stodolsky 1988)的发现,他发现教师在小学数学课堂上要比小学社会学习课堂上要控制得更为频繁。

尽管人们对教师节奏表示了殷切的关注,各种形式的学生节奏也周期性地出现在教育情境中。学生节奏,又称之为自我节奏,是20世纪60年代和70年代早期发展起来的许多个体教学程序的一大特点(Lindvall and Bolvin 1967, Flanagan et al. 1975, Klausmeter 1976)。在20世纪80年代和90年代,学生节奏的问题已经在计算机为基础的教学(Milheim 1990)和远程教育(Fenwick 1985)框架下进行讨论了。在这些框架下,节奏被认为是与学习者控制相关联的各种变量的一种群块。在这个群块中的其他一些变量包括对内容、顺序、方法、评定、场所和时间安排的控制。

1.1 教师控制决定的根据

正如上面所提及的,教师可以控制整个班级学生的节奏、小组学生的节奏或是个别学生的节奏。不管节奏针对的对象如何(如整个班级、小组或是个体),有证据显示教师会调整他们的教学节奏以适应他们的学生的学业成就水平(Cooley and Leinhardt 1980)。

当节奏控制的是整个班级学生时,教师倾向于依靠某一小组学生的反应和学习成绩来控制节奏,这个小组可以是指导小组(Lundgren 1985)或者是标准小组(Arlin 1984)。典型的,这种小组由那些学习成绩稍微或有点低于平均水平的学生组成。很明显,建立在小组数据基础上的整个班级的节奏对于每一个学生来说并不是最好的。这个节奏对于许多学习领会较快比较聪明的学生来说太慢了,而对于那些后进的稍微差点的学生来说又太快了。

小组节奏和个体节奏的决定也是建立在学生的反应和学习成绩上的。然而,因为作出决定的(如小组或是个体学生)通常是数据被收集的对象,因而决定的结果可能是存在着差异的。一个例子就是所说的灵活的节奏方法(Daniel and Cox 1988)。

灵活的节奏允许个体学生在掌握课程的内容和技巧之后随着课程前进。丹尼尔和科克斯(Daniel and Cox 1988)相信随着一个灵活的节奏,所有的学生都能在学校这样一个节奏下得到进步,学校的这个节奏提供了稳定的挑战而没有给学生以挫折感和不适当的压力。灵活节奏的方法包含着持续不断的进步、紧凑的进程、高级水平的课程、等级式的跳跃、较早的进入、一致的或是双重的入学和良好的考试信誉。

1.2 节奏控制和学生学习

节奏控制和学生学习两者之间的关系似乎非常复杂。主要的研究都显示了教师控制的节奏要比学生控制的节奏更有利于学生的学习(Crawford 1981, Filby and Cahen 1985, Higginbotham-Wheat 1990)。然而其他的一些研究却暗示了相反的结论(Thompson 1985, Stodolsky 1988)。

对这种含糊不明确的结论的一个可能的解释是学生控制的节奏对于特定的一些学生是有益的(那些聪明的、有较强的动力和已经对内容比较熟悉了的学生),而对其他学生却是不利的(那些有可能会延迟跟不上节奏,在理解方面有困难的学生)。这种解释是与希莫龙(Shimron 1976)和希金博特姆－威特(Higginbotham-Wheat 1990)呈现的数据相一致的。

2. 作为速度的节奏

节奏中的速度问题可以简化为在给定的时间内呈现给学生的内容(如知识和技能)的数量。从这一点上来讲,节奏可以用翻过的页数(Barr et al. 1988)评估,或是用标准测验测得的学生在教学中接受的内容的项目数(Anderson et al. 1989)来衡量,或是用学生用于学习新课内容的课时数(应超过用于复习以前教过的和学过的内容课时数)来衡量(Anderson et al. 1989)。一般来说,教科书的页数、检测到的教授的项目数及新课越多,教学节奏就越快。

2.1 教学节奏

世界各地教师给学生呈现的教学节奏是有很大不同的,一般都比较慢。韩国(Anderson et al. 1989)和日本(Stigler and Stevenson 1991)则是例外。

关于世界各地的这种变化差异,巴尔和德雷本(Barr and Dreeben 1983)发现了在一年级阅读教学节奏方面存在非常大的差异。在他们的研究中,其中一个小组一年中被教授给学生的单词量不到50个,而另一个小组一年中被教授给的单词量达400多个。

安德森(Anderson et al. 1989)利用前面提到的用标准测验测量学生在测验前预先教授的内容的项目百分比的方法在几个国家的班级之间作了测验,得到了与上面基本一致也就是存在很大不同的结果。举例来说,在澳大利亚,这种百分比的范围是8～100,而在泰国是0～100。

有关教师给学生呈现的新内容和材料的实际节奏方面,安德森等人(1989)研究了在6个国家学生用来复习已经学过的内容的课时数百分比。这些百分比从韩国的少于5到尼日利亚的超过60之间变化。综观所有国家,大约有3/5的课时用来教授新的内容和技能。

2.2 内容覆盖和学生学习

在教学节奏得到控制的情况下,内容覆盖和学生学习之间的关系也是很复杂的。一般来说,节奏越快速活泼,学生的学习成绩越好(Zahn 1966, Good et al. 1978, Barr and Dreeben 1983, Gastright 1985)。

但是,另外几个因素也影响着这个关系强度。例如,卡维特(Karweit 1985)认为主题事件就是这么一个因素。很明确的,如果在那些主题事件里它们是有等级层次的或是累积性结构的,那么节奏和学生学习之间的关系就会减弱。莱茵哈特(Leinhardt 1985)认为所教的学生的学业成就水平可能是另外一个因素。因为教师倾向于根据学生的学业成就水平来调整他们的教学节奏,节奏和学生学习在更复杂的教学模型中的关系可能是零。

3. 节奏和任课教师的两难问题

节奏的决定对于许多任课教师来说是相当困难的，这至少有两个原因。其一是，教师经常在覆盖进度和掌握两者间感到紧张。肖内西（Shaunnessey 1982）相当简练地描述了这种两难境地：

> 许多教师常常感到很困难，一方面，希望学生尽可能快速地学习大量的知识；另一方面，学生学到了大量无用的、肤浅的表面知识。（P. 30）

教师要解决的一个问题是在他们做出节奏决定之前，对于他们的学生来说，应明确学生学习什么是重要的，以及怎样才能让他们更好地学习这些重要的东西。

其二是，当教师了解那些对他们自己的学习的数量和质量认真负责的学生的需要时，许多教师要敢处理日常教学中那些不认真负责和不遵守纪律的学生的问题。教师们倾向于，与其让那些学生去控制他们自己的命运，还不如按照校历和学生在校时间去控制学生。

4. 教学节奏的未来

节奏，从表面上看是一个相当简单的概念，但是节奏的决定因素却是相当复杂。节奏决定（如谁来决定，教学节奏确定为多少）是受许多因素影响的。而且，一些外部节奏的形式（如教师、材料等）通常要比内部的节奏（如学生）更为有效，快节奏一般要比慢的悠闲的节奏更有效，当然都有些例外。

我们所知道的对节奏最明显的含义是，如果节奏的角色在有效的教学中被适当地理解，那么就需要把节奏放在更大的概念框架体系中来。对于这一点，要明确在哪些条件下节奏是或者不是一个重要的教育变量，以及确定在怎样一个范围内增加节奏是有益的（和在这个范围之外将是不利的）。

与此同时，教师应尝试着去解决好前面提及的两难问题。一个相当快速的外部节奏可以是良好起点。然而，教师也需要控制“起点”的有效性和针对不同的情境和个别的学生作些必要的调整和改变。

L. W. 安德森（L. W. Anderson）
P. 托瑞（P. Torrey） 著
徐志芳 译

附录

Anderson L W, Ryan D W, Shapiro B J (eds.) 1989 *The IEA Classroom Environment Study*. Pergamon Press, Oxford

Arlin M 1984 Time, equity, and mastery learning. *Rev. Educ. Res.* 54(1):65—86

Barr R, Dreeben R Wivatchai N 1988 *How Schools Work*. University of Chicago Press, Chicago, Illinois

Cooley W W, Leinhardt G 1980 The instructional dimensions study. *Educ. Eval. Policy Anal.* 2:7—25

Crawford G 1981 Student completion rates during three different pacing conditions. Paper presented at the Annual Meeting of the American Educational Research Association, Los Angeles, California (ERIC Document Reproduction Service No. 259 221)

Daniel N, Cox J 1988 Flexible pacing for able learners. *ERIC* Digest. (ERIC Document Reproduction Service No. ED 314 916)

Fenwick J E 1985 *Individualized Learning*. Distance Education Service, Lincoln College, Canterbury (ERIC Document Reproduction Service No. ED 266 698)

Filby N N, Cahen L S 1985 Teacher accessibility and student attention. In: Fisher C W, Berliner D C (eds.) 1985 *Perspectives on Instructional Time*. Longman, New York

Flanagan J C, Shanner W M, Brudner H J, Market R W 1975 An individualized instructional system: Program learning in accordance with needs. In: Talmage H (ed.) 1975 *Systems of Individualized Education*. McCutchan, Berkeley, California

Gastright J F 1985 Time on any task?: The relationship between instructional pacing and standardized achievement test gains. Paper presented at the Annual Meeting of the American Educational Research Association, Chicago, Illinois (ERIC Document Reproduction

Service No. 258 983)

Good T L, Grouws D A, Beckerman T M 1978 Curriculum pacing: Some empirical data in mathematics. *Curriculum Studies* 10(1):75—81

Higginbotham-Wheat N 1990 Learner control: When does it work? In: Association for Educational Communications and Technology (ed.) 1990 *Proceedings of Selected Paper Presentations at the Convention of the Associaion for Educational Communications and Technology*. AECT, Washington, DC (ERIC Document Reproduction Service No. 323 930)

Karweit N 1985 Time scales, learning events, and productive instruction. In: Fisher C W, Berliner D C (eds.) 1985 *Perspective on Instructional Time*. Longman, New York

Klausmeier H J 1976 Individual guided education. *J. Teach. Educ.* 27:199—207

Leinhardt G 1985 Instructional time: A winged chariot: In: Fisher C W, Berliner D C (eds.) 1985 *Perspectives on Instructional Time*. Longman, New York

Lindvall C M, Bolvin J O 1967 Programmed instruction in the schools: An application of programming principles in "Individually Prescribed Instruction." In: Lange P C (ed.) 1967 *Programmed Instruction*. Sixty-sixth Yearbook of the National Society for the Study of Education. National Society for the Study of Education. Chicago, Illinois

Lundgren U P 1985 Frame factors. In: Dunkin M J (ed.) 1985 *International Encyclopedia of Teaching and Teacher Education*. Pergamon Press, Oxford

Milheim W D 1990 The effects of pacing and sequence control in an interactive video lesson. *Educ. Train. Tech. Int.* 27:7—19

Mortimore P, Sammons P, Stoll L, Lewis D, Ecob R 1988 *School Matters*. University of California Press, Berkeley, California

Shaunnessey M 1982 Less is more: Pacing in the ESL class. In Boyd J R, Haskell J F (eds.) 1982 *Selected Papers from the Illinois TESOL/BE Annual Conference*. Chicago, Illinois (ERIC Document Reproduction Service No. 224 349)

Shimron J 1967 Learning activities in Individually Prescribed Instruction. *Instr. Sci.* 5:391—401

Stigler J W, Stevenson H W 1991 How Asian teachers polish each lesson to perfection. *Am. Educ.* 15:12—20, 43—47

Stodolsky S S 1988 *The Subject Matters*. University of Chicago, Chicago, Illinois

Thompson J 1985 *Individualized Learning Systems of Instruction at TAFE colleges*. TAFE National Centre for Research and Development, Payneham (ERIC Document Reproduction Service No. 275 872)

Zahn K G 1966 Use of class time in eighth grade arithmetic. *Arithmetic Teacher*13:113—120

对学生需要的诊断(Student Needs: Diagnosing)

优化学生的学习,需要对学生与学习有关的一些自然倾向做出评估。教师主要通过从标准化的测验到非正式的观察等多种方法收集学生的诊断信息;每一种方法都服务于一个不同的目的。本词条主要讨论各种诊断工具的优势与不足,特别需要强调的是教师对学生学习需要的诊断。

1. 诊断学生需要的恰当性

学生需要的出现是同基本教育目标,尤其是认知发展目标的实现相联系的。学生在对教育目标的实现上是存在着个体差异的,这是由学生的认知特征(例如智商和先前知识)和动机特征(如成就需要、自我能力概念和测验焦虑)之间的差异所导致的。为了恰当地培养学生的认知和情感发展,教师必须对学生在学习特征方面存在的个别差异做出诊断。而且,教师要对个体随着时间变化而发生的内在变化具有一定的敏感性。从长远的观点来看,对学生需要的诊断不只是局限在学生身上的问题、缺陷和障碍,更重要的是,它还包括对学生的某一具体能力和兴致做出诊断。

在教学的前、中、后 3 个阶段对学生学习相关特征做出恰当的诊断对于各种决策的制定非常重要。这些决策包括从计划和准备一节课到对课程的设计、呈现和评价等活动。在教学活动前，教师要对教学计划的制定、学习内容的选择以及教学小组的构成做出决定，这就要求他们要对每个学生的优缺点及其在班中的分布情况做出判断。在教学的交互活动中，对学生倾向性的判断会影响一些教师活动（例如提问和给学生安排任务）。这种交互的决策制定的一个很好例证就是“优势群体”（Clark and Peterson 1986）。许多教师都是通过对“优势群体”的观察来确定教学节奏的（如一个由能力分布在最底层的全班 1/5 学生组成的参考小组）。优化学生学习的一个主要的要求就是使那些教师决策能够真正满足学生的需要。

一些教学策略是以对差别的诊断和教师教学活动间的系统联系为基础的。同时，在对教师专长的研究中，诊断能力被认为是教师专长的一个核心组成部分（Weinert et al. 1990）。最后，教师对学生的判断对于确定教学模式是非常关键的。在沙韦尔森和斯特恩（Shavelson Stern 1981）的很有影响力的模型中，教学是由多步组成，里面包含着多种教学决策。这些决策依赖于三组变量：（a）教师自身的个体特征；（b）他们对启发式判断的应用；（c）任务的本质。然而，这些并不直接影响教学决策，而是通过教师对学生及所教内容的判断起作用。

2. 诊断学生需要的方法

有许多方法可以用来评估学生的需要，这些方法可以根据下面五个维度进行分类。

2.1 数据来源

教师诊断的数据主要有 3 个来源：测验（或是问卷）、直接对学生行为的观察和学生作业。教师对学生做出判断所用的数据必须是综合的。

2.2 目标

总结性评价主要注重最后的结果，这包括最低能力测试和最后的课程考试。它们的目的是为学生评定等级或分类。相比较而言，形成性评价则注重过程而不注重最后的结果。它的目标是对学生现有知识持续不断地进行评估以监督他们的学习进步情况。

2.3 诊断的正式程度

正式诊断的一个例子就是标准化测验，它们经常用于学校评估或是教育研究中。比较而言，非正式的诊断包括教师自编测验或是抽查学生作业，以及暗含在课堂教学中的教师评价。

2.4 评价的标准

在教师决策过程中，有 3 类评价标准比较典型。社会性标准涉及学生学业成绩与给定的参照群体，通常是班级间的比较。准则性标准是将学生的学业成就与预先制定的“掌握标准”相比较，它就像是一把尺子，来自各门独立的课程要求中。最后，个体标准考虑的不是绝对水平，而是关注经过一段时间后个体内部发生的变化（如学生的学业成绩提高或是降低的程度）。

2.5 动态的考虑

对学生自然倾向性（尤其是智商）的传统诊断主要关注的是在某个给定的时间点上的学生的能力情况。既然这种诊断是以目前的学业成绩为基础的，那么这种诊断的本质必然是静态的。相比较而言，动态诊断过程的最好例证就是“学习潜力”或者是“动态评价”法（Feuerstein 1980, Guthke 1992）。这种方法源自于维果茨基（Vygotsky）的“最近发展区”概念，它利用测验—训练—重测这样一个程序来评价某一学生通过训练和系统的鼓励后能力提高的情况。在这里，能力被概念化为一种如何从教育中受益的才能。尽管这一方法主要用来诊断和纠正那些落后的学习者的不足之处，但这一原理同样也可用来诊断一般学生在某个具体领域的倾向性。

3. 学生诊断测验的使用

传统上，我们总是运用标准化测验来诊断学生。然而，自从 20 世纪 80 年代以来研究者就已经开始使用其他的几种测验了。

3.1 标准化成就测验

一个广泛用于诊断学生学业成就的方法就是标准化测验。标准化测验的主要优点是非常明显的：高客观性和可靠性。而且，这种测验的使用也非常经济。然而，使用标准化测验也存在着几个问题。

第一个问题主要是关于所测课程内容的有效性。众所周知,各州和各地区内的官方课程存在着很大差异。甚至在同一所学校,教师就经常自己选择学习材料,确定学习内容的顺序。这种存在于各州、地区和教师自身间的差异都将引起测验标准的有效性问题。很明显,教授内容与测验要测的教授内容重复越少,那么测验的有效性就越低。

标准化测验的第二个问题主要是关于成就测验对教与学的影响问题。由于这种标准化多项选择测验的评价对象主要是基本技能和实际的知识,当人们越来越多地使用此类测验(尤其是,但不仅仅是在美国的学校中)时,就会有可能引起教育中强烈的偏见。这很可能就会阻止教师教授其他一些同样重要的认知技能目标(如理解、问题解决、应用、评价和创造性)。

3.2 可选择的方法

大多数已编制的标准化测验的目的都用于总结性评价,而很少用于形成性评价和教学的补救措施中。因而,为了克服上面所提及的这些批评,一种趋势就是用非正式的诊断测验来代替或者至少是补充传统的标准化测验。

教师自编的非正式测验广泛用于对学生实际学习成绩情况的诊断。其主要优点是对真正的教学内容和对错误诊断的可能性非常敏感。通常,非正式测验中的开放性问题要多于多项选择题。因此,它们的客观性和可靠性就会经常出现问题。

第二个选择是诊断性测试,它们明确地以诊断为目的,尤其是对数学和阅读的诊断(Nitko 1989)。其中主要的一类是对学生所犯错误的关注与诊断。理想的情况是,这样一个测验要在一个特定的错误解决和相应的错误概念之间建立一一对应的联系。很明显,因为诊断性测试有利于较为细致地分析错误习得的规则、技能和概念,所以它对于教学是非常有用的。换言之,教师能够知道为什么某项任务或程序得不到解决,从而为他的教学做出进一步的暗示(如学习材料的选择)。

4. 教师对学生特征的判断

教师对学生学习需要的诊断是建立在各种资源的基础上的,这些资源包括:测验、学校记录、过去的等级评定、偶尔观察到的学生行为、父母提供的信息和其他教师提供的有趣的报告。很显然,成功的教学要求这些评价必须是有效的。正如科尔诺和斯诺(Corno and Snow 1986)指出的,"如果对待学习者的细微差别是建立在无效评价的基础上的,那么整个教学系统将变得不适应,甚至是极端的歧视"(P. 607)。再者说,教师对学生能力的观察构成他们对学生期望的基础,这种期望反过来又会影响学生关于能力的自我概念(Stipek and Tannat 1984)。因此,教师判断的有效性在近期研究中已经成为一个重要的问题。

这种研究传统在发轫时通常被贴上"精确判断的方法"的标签,这种精确性要求一个客观的标准,即教师的诊断能够被测量。所以,判断的精确性是由教师判断同外部标准的分别比较所决定的,这些外部标准主要是测验或其他的客观工具或手段。然而,这种方法却存在着以下几个方法论上的问题,尤其是当精确性是由关于判断和客观测量间差异分数的计算所决定的时候。由于广泛存在着与判断无关的偏见和错误,这种计算将会导致混乱。尽管有人已提出一些建议来克服这种方法论上的问题,但主要还是由于这些问题才使得该方法在这个领域的研究几乎被放弃。直到最近教育领域中再度出现一种判断——精确性的方法(Funder 1987)。

教师实际上担负着对几个目标人群(如班级中的所有学生)的一些特征(如各种学习的先决条件)进行诊断的任务。在这些情况下,教师的判断可以根据一些统计和逻辑上的独立因素来进行分析(Cook 1979),这些独立因素包括:水平(对平均能力普遍低估或高估)、差异性(对班级内变异的低估或高估)、等级(教师判断和实际能力的相关)。大多数对教师判断精确性的研究都是涉及最后一个元素的(教师判断的一般心理测量的工具)(Hoge 1983)。

4.1 教师应成为诊断学生学业成就和理解力的专家

霍格和科拉达尔齐(Hoge and Coladarci 1989)回顾了涉及教师对学生学业成就所作判断的精确性的16项研究。这些研究探究了教师评定学业成就与学生学业考试成绩间的关联性。这些数据是支持教师对学生学业成就所作判断的有效性的。教师评定学生学业成就的中等判断标准的相关性是0.62,教师预测学生测验分数的中等判断标准的相关性是0.69。有趣的是,研究发现教师之间判断的精确性存在巨大的差异(Helmke and Schrader 1987)。未来的研究应该对这些有前后关系的因素和造成这种可变性的教师的个性特征进行调查。

以认知指向的范例为基础的研究现在已经开始调查研究教师对其学生的直观知识、思维方式和理解能力的相关知识。一系列在小学数学教学领域所进行的研究显示,平均来讲,教师在判断相对较难的各类数学任务时是相当成功的。而且对于大多数教师而言,当他们观看一年级学生解决各种单词问题的录像带时,也能够判断出那个年龄阶段的孩子一般使用何种策略。然而,当任务是要求教师预测从自己班中选出的6个学生会使用何种特定的策略,以及判断他们是否能解决那些问题时,教师们只是适当地知道一些情况。换言之,教师在判断学生的一般发展水平上是成功的,而当对学生个体的差异作诊断时就不是很成功。

4.2 教师对学生情感特征的感知

尽管研究者和教师都赞成促进学习不仅要考虑学生认知特征因素,更要考虑一些其他因素,但我们仍会低估情绪、动机、意志及情感的特点对学习的决定作用。这其中的一个主要原因也许是因为现今的主流心理学中仍存在着认知主导倾向。对学习成绩决定因素的经验性研究通常包括所有的认知决定因素(如智商和原有知识),但是有代表性的只有很小部分(经常是不可靠测量所得)是非认知变量的二次抽样。然而,黑尔姆克(Helmke 1992)解释道,如果某人使用范围很广的非认知变量,那么它们对后来考试成绩的预测能力会和智商加原有知识的共同效果一样高,甚至比预测的等级还要高。

4.2.1 教师判断非认知变量的数据来源

收集学生非认知个性特征信息的典型方法是使用正式的工具,如发给学生问卷或是教师的判断。在一个对被试而言可能会有重要结果的明确的环境中使用性格问卷调查是存在问题的,也不太可能得到有效的结果。因此,教师和学校心理工作人员依据问卷结果进行个体诊断时要格外小心。

教师判断是一种很有希望得到有关学生非认知特征信息的诊断方法。而它对于教师进行与学习成绩相关的态度问卷调查,以及对教学困难进行匿名的主观评价以获得班级学生所存在的突出的学习问题的相关信息是很有帮助的。

因为教师判断的标准是比较"软性"的和模棱两可的,所以对于教师对学生非认知个性特征的模糊判断而言,精确性这一概念是缺乏适用性的。作为学生非认知个性特征的诊断人员的教师,他们一些经验主义的依据应当在这些限制条件内加以解释。

4.2.2 动机变量的判断:经验的研究

大多数有关教师对学生非认知变量的判断的研究对象都是与学习成绩有关的态度、归因、自我概念、情感和动机(Helmke and Fend 1982,Carr and Kurtz 1991)。这些与大多数的其他研究都表明,学生的自述报告和教师对相同变量的评价之间的相关度普遍较低,大约在-0.10~0.35之间。

造成这种低共变系数的一个原因是,与那些成就和智商的测量工具相比,测量动机变量的心理测量工具质量较低。也许实际上,它对于所论及的非认知结构而言并不是一种有效的经验性指标。例如,一些参加焦虑测验的学生可能会隐藏他们主观情绪体验并控制他们自发的行为。类似的,由于这种结构的指标模棱两可,对它进行判断是非常困难的。例如(还是在那个焦虑测验的情况下),非认知结构还有可能显示出相当大的个体差异。一些学生在提高肌肉运动、手势、姿势和模仿的运动时会表现出焦虑,而同时另外一些学生则对此很麻木。最后,教师或许可以或多或少地能够以及(或者)受到鼓励去根据已存的行为线索做出判断。

5. 结论

有关教师诊断学生需要所用的各种工具及方法的研究很多,至少有3个领域在进行这方面的研究。

首先,研究者试图对学生的理解力及其内

容——特定知识结构做出分析，包括对错误和错误概念的分析，这种尝试对于广泛应用的多项选择的标准化成就测验是一种必要的平衡。在诊断过程中机试的增多(Bunderson et al. 1989，Jager 1991)显示它是非常有前途的，有可能推动对诊断方法恰当、有效的使用。其次，尽管现在人们对于非认知个性特征对学习的重要影响作用的看法已达成一致，但是教师诊断研究的焦点仍严重倾向于对认知特征的研究。未来的教师培训应该更多关注情感的发展，将其视为一个重要的教育结果，教师应当对可观察到的学生学习动机表现更为敏感。第三，本单元集中论述了教师对学生需要的诊断。尽管至今还只有很少的经验性研究，但同时也不能忽视家长对孩子进行诊断的重要性(Helmke and Schrader 1990)。

A. 黑尔姆克(A. Helmke) 著
徐志芳 李雨竹 译

附录

Bunderson C V，Inouye D K，Olsen J B 1989 The four generations of computerized educational measurement. In：Linn R L (ed.) 1989 *Educational Measurement*, 3rd edn. Macmillan，New York

Carr M，Kurtz B E 1991 Teachers'perceptions of their students'metacognition，attributions，and self-concept. *Br. J. Educ. Psychol.* 61(2)：197—206

Clark C M, Peterson P L 1986 Teachers'thought processes. In：Wittrock M C (ed.) 1986 *Handbook of Research on Teaching*，3rd edn. Macmillan，New York

Cook M 1979 *Perceiving Others：The Psychology of Interpersonal Perception.* Methuen，London

Corno L，Snow R E 1986 Adapting teaching to individual differences among learners. In：Wittrock M C (ed.) 1986 *Handbook of Research on Teaching*，3rd edn. Macmillan，New York

Feuerstein R 1980 *Instrumental Enrichment：An Intervention Program for Cognitive Modifiability.* University Park Press，Baltimore，Maryland

Frederiksen N 1984 The real test bias：Influences of testing on teaching and learning. *Am. Psychol.* 39：193—202

Funder D C 1987 Errors and mistakes：Evaluating the accuracy of social judgment. *Psych. Bull.* 101：75—90

Guthke J 1992 Learning tests—the concept，main research findings，problems and trends. *Learning and Individual Differences*4(2)：137—151

Helmke A 1992 *Selbstvertrauen und schulische Leistungen.* Hogrefe，Gøttingen

Helmke A, Fend H 1982 Diagnostic sensitivity of teachers and parents with respect to the test anxiety of students. In：Schwarzer R，van der Ploeg H M，Spielberger C D (eds.) 1982 *Advances in Test Anxiety Research*，Vol. 1. Erlbaum，Hillsdale，New Jersey

Helmke A，Schrader F W 1987 Interactional effects of instructional quality and teacher judgement accuracy on achievement. *Teaching and Teacher Education* 3 (2)：91—98

Helmke A，Schrader F W 1990 Are mothers good diagnosticians of their children? Analyses of components and determinants of judgment accuracy. *The German Journal of Psychology* 14：221—222

Hoge R D 1983 Psychometric properties of teacher-judgment measures of pupil aptitudes，classroom behaviors，and achievement levels. *J. Spec. Educ.* 17(4)：401—429

Hoge R D，Coladarci T 1989 Teacher-based judgments of academic achievement：A review of literature. *Rev. Educ. Res.* 59(3)：297—313

Jäger R S 1991 Computer diagnostics—survey of practical applications of computerized assessment—theoretical principles and perspectives. *Rev. Psy. App.* 41：247—268

Nitko A J 1989 Designing tests that are integrated with instruction. In：Linn R L (ed.) 1989 *Educational Measurement*，3rd edn. Macmillan，New York

Peterson P L, Carpenter T C, Fennema E 1989 Teachers'knowledge of students'knowledge in mathematics problem solving：Correlational and case analyses. *J. Educ. Psychol.* 81(4)：558—569

Shavelson R J, Stern P 1981 Research on

teachers'pedagogical thoughts, judgments, decisions, and behavior. *Rev. Educ. Res.* 51(4):455—498

Stipek D J, Tannatt L M 1984 Childrens'judgements of their own and their peer academic competence. *J. Educ. Psychol.* 76(1):75—84

Weinert F E, Schrader F W, Helmke A 1990 Educational expertise: Closing the gap between educational research and classroom practice. *School Psychology International* 11(3):163—180

教师制定教学计划的方法(Teacher Planning, Approaches to)

计划是教学的一个必要元素。教师要在基于个人学习经历中那些能反映学校课程和社区学习目标的基础上,负责选择和设计学校每天的和学年的课程。一位教师必须有准备地体察到学生的需要和兴趣以及要及时抓住在教学的相互作用中出现的未能预期的学习机遇。要想成功地做到这一点必须有所准备。

1. 计划的概念

自从20世纪50年代以来,计划和准备已经成为教育理论和研究的一个重要对象。从那时起,焦点主要集中在哲学、规则理论和研究方法上,占主导的教学概念已经从注重科学性转到注重管理性和专业性。相应的,对于教学的研究也从以心理学概念为主转到一些从社会学、人类学、语言学和哲学中来的合成概念。

在心理学中,研究方向已经从整体行为研究转向认知和社会文化方面。研究方法也在这些年扩展到除实验室研究和实验研究以外的几乎其他一切的自然主义的现场研究方法。在动态研究环境这样一个背景下,教学计划研究的一些发现和有关在教学中计划的角色的一些概念的出现也就很容易被理解了。

对教学计划的研究可以看作是计划和教学概念从技术的到心理学的再到生态的一个转移。

1.1 技术的概念

早在20世纪70年代以前,对教学计划的研究在很大程度上被认为是理论上的预先对一个好的计划应该具备的形式的描绘。这些计划方案,建议采用以下4个基本的计划步骤:(a)确定目标;(b)选择学习活动;(c)组织学习活动;(d)确定评价程序(Tyler 1950, Popham and Baker 1970)。这种模型隐含着这样一种主导假设,即学生的学习是由教师来控制的,精心的设计和小单元教学的管理是学生学习成功的关键所在。这种缺乏科学性的技术化的假设模型在20世纪五六十年代的教学中占主要地位。这种方法强调精确具体细化的学习目标(通常是行为的)和教学任务(Mager 1962)。

1.2 心理学的概念

在20世纪70年代,教育研究人员开始研究任课教师的确切计划过程。导致这种兴趣转向的一个因素是,研究者观察到那种在教师教学中占主导地位的直线式的目标取向的计划程序模式,对有经验的和成功的教师来说基本是无效的。教师是否应该为了预期的目标抛弃实际中的随机性或是在实际中采用另外一种更为适合的形式?实际上,教学计划中这个问题的研究从20世纪70年代一直延续到80年代中期。

20世纪70年代早期的经验研究提出了这样一个假设:教师的教学计划不应该是完全遵从预先制定的计划模式。一位英国初级中学的教师针对泰勒(Tylor 1970)的课程计划策略提出学生的需要、能力和兴趣与预先制定的目标在计划进行中更为重要。扎霍日克(Zahorik 1975)在他做的行为的目标和孤立的"目的—手段"模式与将目标隐含在学习活动中的埃斯内(Eisner 1967)的整体的"目的—手段"模式的比较测验报告中,发现了类似的结果。计划中的决定大多数经常是教师在与学生活动相关的学习研究中罗列出来的,只有刚过半数的老师说他们是根据课程内容做出决定而开始计划的。

20世纪70年代中期的研究观察了在受控的或类似的课堂计划单元中教师的决定,并得到了类似于上面的发现。彼得森等人(Peterson et al. 1978)检验了在实验室情境下,教师准备教授一组陌生学生时的教学计划。他们发现教师在准备要教授的内容上花费的时间最多,其次是花费在策略和活动(教授的过程)上的时间,花的时间最少的是目标。

莫兰-迪尔希默和瓦兰斯(Morine-Dershimer and Vallance 1976)收集研究了预先备课实验者撰写的计划,发现在他们的计划中教师很少细致地注意行为目标、学生需要的诊断、评价程序和课程选择行为等。然而,教师们说研究者准备的教学计划并不是他们计划中的典型,对教师课堂教学的观察揭示许多教师计划的并不真正反映他们在提纲中所写到的内容(Morine-Dershimer 1979)。

20 世纪 70 年代认知心理学对教学影响的与日俱增导致了描述教学计划中的思想过程的研究。研究表明对内容和学生的关心要胜于对目标的关注。这些研究同时也认为教学活动是一项重要的教师思想和行为的组织构架。

英格(Yinger 1980)做了一项更好的教学计划的课堂案例,他经过一年的时间,用认知心理学中的过程追踪方法和人类学中的人种志方法创造了一种对计划过程更为宽广的描述。这个研究最有意义的发现是将计划思考嵌入在特定的教学背景中。研究发现课堂计划是处于学年计划、学期计划、单元计划、周计划和日计划之中,并且依赖于这些计划。教师对特定学生和学科内容材料的经验和知识对教学模式是有帮助的。

这些其他专业领域中的对计划的观察和研究引导英格去构建一个描述计划的周期过程模型,这个模型随着时间的推移会有不断前进的目标和行为的详细描述,它是建立在教师过去的成功和失败的经验和对学生期望的需要和能力的反馈的教学的精确调整接受的能力基础上的。尽管这个模型的焦点是描述教师思想的计划过程,但它清楚地揭示了教师的思考和行为在一个复杂的社会的、文化的、历史的背景下所处的地位。

在后来英格和克拉克(Yinger and Clark 1982)做的一项研究,揭示了教师思考的基础。在这项研究中,他们要求对教师语言艺术教学活动的质量做出判断。若这些教师的判断没有与他现有的学生和课堂联系起来的话,教师不愿意也不能判断教学的质量和有用性。史密斯和桑德尔巴茨(Smith and Sandelbach 1979)在 6 年级教师的科学教学计划单元中发现了类似的思考计划。

1.3 生态学的概念

从 20 世纪 80 年代以来的研究可以看出,研究的重心已经从对计划作为个人的心理过程的考察转向调查计划和课堂教学之间的联系、学科计划和教学的方式以及在课堂中的结果。卡纳汉(Carnahan 1980)研究了 9 个 5 年级教师教授相同的数学单元的计划和随后的教学行为。他发现在写好的计划和教学的相互联系之间的主要关系是有组织的,呈现结构化的,要胜于是预测的和详细具体的特定的口头行为。这些发现与克拉克和英格(1979)对 78 名教师的调查很类似,在克拉克和英格的调查中,教师们说写好的计划很少是为了要增补提供的详细的课程原本这个目的的。相反,教师为什么要计划的反应主要有 3 类:

(a)计划是满足即时的个人需要(如减少不确定性和焦虑,找到指导、自信和安全的感觉)。

(b)计划是达到教学的一种手段(如学习材料、收集和组织材料、组织时间和活动流程)。

(c)在教学中直接有用(如组织学生、让一项活动开始、辅助记忆、提供教学和评价的框架)。

麦克劳德(McLeod 1981)的研究建立在有刺激回忆的基础上,他采访了 17 位幼儿园教师,发现平均来说,在课堂相互作用中阐明的和在计划中阐明的学习目标的数量是相等的。这些研究,和其他对计划和相互作用的考察一样,认为教师计划确实影响了学习的机会、内容的覆盖、教学分组和课堂中的关注点。他们更加强调出色的课堂效果是不可预测的,因此,也是不能计划的。虽然计划制定了在教学时可能要发生的一些事情的主要的轮廓,但是一旦教学中的相互作用开始了,计划就转向背景,教学的即时发挥变得更加重要了(Yinger 1987)。

教学的研究趋势已经转变为从一个更加整体的角度来研究教学和班级实践。只有很少的研究把计划视为一个独立的教学元素。而且,研究者正在把计划视为和班级实践和教师知识相联系的过程来进行描述和分析。例如,莱因哈德特(Leinhardt)和她的同事已经寻求在计划课堂框架(议程)和相互作用的教学中(Leinhardt et al. 1987)教师是如何使用学科知识的。在莱因哈德特的研究中比较了专家和新手的数学教学（Leinhardt 1989），她发现专家教师的数学课具有丰富的议程和一贯性而且课堂结构灵活，解释明白易懂。

博尔科和利文斯顿（Borko and Livingston 1989）也听了教师的数学课，也发现许多成功的有经验的教师具有更宽广和长远的能力，具有为了课的内容和结构更好地利用个人的有代表性的全部技能的能力，具有更好地对学生的问题做出响应和把学生兴趣融入到课堂中来的能力。这些和其他的一些教学实践的课堂研究（Dillard 1992，Lampert 1986）表明计划和课堂的相互作用都是敏感的、合成的和处于一定的背景下的（如前后联系）。

2. 课堂交互作用和教师教学计划

班级课堂中语言和社会交互作用的研究描述了课堂的社会和文化本质（Cazden 1986）。虽然教师是带着目的和计划进入教室的，但这些研究还是细致地描述了教和学是如何联结在一起的（Mehan 1979）。

教学相互作用的大量研究认为即席创作是要比执行或者是作决定更有力地描述许多教师表现技能的一种方法（Borko and Livingston 1989，Buswinka 1990，Haley-Oliphant 1990，Yinger 1987）。学习者的能力在很大程度上是建立在有关学科知识和个体技能基础之上的。这些研究认为，熟练灵活的教学是深深地置于学科问题和班级、学校和团体所在场所的大背景下的。把教学视为是反应的、各种成分组成的并置于某个背景下一些相互作用的元素的描绘将有助于解释许多教师教学计划中的发现。把教学课堂发生的交互作用作动态理解似乎可以少一些大概的预测和控制成分而多一些准备和反应成分。在这个框架里，结果更加一般化、灵活和以能力为基础的计划将要比那些严密的具体细化、客观化倾向的计划更加有用。而且，如果设计的计划不是作为一种用来控制相互作用的手段来执行而是作为能提供一个教学相互作用的起点的设计构成来执行的话，计划也将会更有效。

如果不把计划和课堂交互作用视为单独的活动和过程，那么研究发现将会突出它们两者的联系和相似性。目标、目的和意图是计划和交互作用的一个部分。这两个过程是高度相关的而且易受到背景和场地的影响。

3. 计划和交互作用的差异

如图1所列的，计划和交互作用的主要的区别在于目的、知识和交互作用是受制于个体的知识、经验及能力，甚至受制于对未来的预测。计划要预测课堂中要发生的活动、对话、问题、反应和关系。计划能达到的最好程度经常就是为教师深思熟虑地和有效地参与课堂交互作用作准备。计划产生行动框架，准备产生思想框架。

一旦教学开始，目的、知识和交互作用必须对创设的背景和多重的参与者做出反应。目的变成要讨论的，知识变成分享的，交互作用也变成是共有的。一个精心准备的教师能很好地利用这种动态

计划

目的（个体的）
知识（个体的）
交互作用（个体的：精神和物质的）
地点（深思熟虑的：知道的和预想的）

创设
↓
行动框架（计划）
思想框架（准备）

交互作用

目的（个体的和共同构造）
知识（个体的和分享的）
交互作用（社会的和共有的）
地点（交互的：经验的和创造的）

创设
↓
活动、理解和关系

图1　计划和交互作用的差异

的资源来达到对学生来说是非常重要的理解和关系。至于在一个特定的情境中是如何真实地做到这些就是教师知识和经验的个体技能发挥的一部分了,从而成为将来计划和准备的潜在贡献者。

R. J. 英格(R. J. Yinger)
M. S. 亨德里克斯-李(M. S. Hendricks-Lee) 著
徐志芳 译

附录

Acosta J M 1986 Pensamiento del Profesor y la Planificación de la Enseñanza. Paper presented at the 1st International Congress on Teacher Thinking and Decision Making, La Rabida

Borko H, Livingston C 1989 Cognition and improvisation: Differences in mathematics instruction by expert and novice teachers. *Am. Educ. Res. J.* 26:473—498

Broeckmans J 1985 Developments in student-teachers' preactive teaching. Paper presented at International Study Association on Teacher Thinking conference, Tilburg University, Tilburg

Buswinka H F 1990 A Change in practice: A case study of teacher thinking-in-action. Doctoral dissertation, University of Cincinnati, Cincinnati, Ohio

Carnahan R S 1980 *The Effects of Teacher Planning on Classroom Processes.* Wisconsin R and D Center for Individualized Schooling, Madison, Wisconsin

Cazden C 1986 Classroom discourse. In: Wittrock M C (ed.) 1986 *Handbook of Research on Teaching*, 3rd edn. Macmillan, New York

Clark C M, Yinger R J 1979 Three studies of teacher planning. Paper presented at American Educational Research Association, San Francisco, California

Creemers B P M, Westerhof K 1982 *Routinization of Instructive and Management Behaviors of Teachers.* Educational Research Institute, North Haren

Dillard J A 1992 Voice in the conversation of practice: A case study of teacher thinking-in-action. Doctoral dissertation, University of Cincinnati, Cincinnati, Ohio

Eisner E W 1967 Educational objects: Help or hindrance *Sch. Rev.* 75:250—260

Haley-Oliphant A 1990 Classroom ecology in a science class: A description of interaction patterns in the margins of lessons. Doctoral dissertation, University of Cincinnati, Cincinnati, Ohio

Lampert M 1986 Knowing, doing and teaching multiplication. *Cognition and Instruction*3(4):305—342

Leinhardt G 1989 Math lessons: A contrast of novice and expert competence. *J. Res. Math. Educ.* 20(1): 52—75

Leinhardt G, Wideman C, Hammond K M 1987 Introduction and integration of classroom routines by expert teachers. *Curric. Inq.* 17(2):135—176

Mager R F 1962 *Preparing Instructional Objectives.* Fearon Publishers, Belmont, California

McLeod M A 1981 The identification of intended learning outcomes by early childhood teachers: An exploratory study. Doctoral dissertation, University of Alberta, Edmonton

Mehan H 1979 *Learning Lessons: Social Organization in the Classroom.* Harvard University Press, Cambridge, Massachusetts

Morine-Derschimer G 1979 *Teacher Plan and Classroom Reality: The South Bay Study.* Institute for Research on Teaching, East Lansing, Michigan

Morine-Derschimer G, Vallance E 1976 *Teacher Planning.* Far West Laboratory, San Francisco, California

Peterson P L, Marx R W, Clark C M 1978 Teacher planning, teacher behavior, and student achievement. *Am. Educ. Res. J.* 15:417—432

Popham J W, Baker E L 1970 *Systematic Instruction.* Prentice-Hall, Englewood Cliffs New Jersey

Shavelson R J, Borko H 1979 Research on teachers'decisions in planning instruction. *Educational Horizons* 57(4):183—189

Smith E L, Sandelbach N B 1979 Teacher intentions for science instruction and their antecedents in program materials. Paper presented at the American Educational Research Association, San Francisco, California

Taylor P H 1970 *How Teachers Plan Their Courses.*

National Foundation for Educational Research, Windsor

Tyler R W 1950 *Basic Principles of Curriculum and Instruction*. University of Chicago Press, Chicago, Illinois

Wertsch J 1987 Collective memory: Issues from a sociohistorical perspective. *Quarterly Newsletter of the Laboratory of Comparative Human Cognition* 9(1): 19—22

Yinger R J 1980 A study of teacher planning. *Elem. Sch. J.* 80(3):107—127

Yinger R J 1987 By the seat of your pants: An inquiry into improvisation and teaching. Paper presented at the American Educational Research Association, Washington, DC

Yinger R J, Clark C M 1982 *Understanding Teachers'Judgments about Instruction: The Task, the Method, and the Meaning*. Institute for Research on Teaching, East Lansing, Michigan

Zahorik J A 1970 Effects of planning on teaching. *Elem. Sch. J.* 71:143—151

Zahorik J A 1975 Teachers'planning models. *Educ. Leadership*33(2):134—139

其他参考文献

Borko H 1970 An examination of some factors contributing to teacher preinstructional classroom organization and management decisions. Paper presented at the American Educational Research Association, Toronto, Ontario

Mintz S L 1970 Teacher planning: Simulation study. Paper presented at the American Educational Research Association, San Francisco, California

学校与家长之间的联系(School – Parent Relationships)

人们普遍认为,由于种种原因,学校与学生家长之间的良好关系是令人期望和非常重要的。世界各地有关这一方面的研究都表明:家长远远要比许多教育专业人士所认为的那样更愿意在孩子的教育中扮演一个积极的角色。然而,在国家或地区范围内明确颁布政策与法令来促进家庭与学校合作的国家却寥寥无几。所以,由于当地教育人员或教育研究机构的主动性不同,学校与家长之间合作的范围与实质,在校区内和校区间都会有很大的变动。而即使是在单一的学校中,有些家长与学校的联系也要比其他家长紧密得多。由于这种或其他原因,加强家长参与度潜在的负面影响也要像正面影响一样,应受到社会广泛重视。

1. 学校与家长关系的实质和范围

家长与学校之间积极的关系可以实现许多目的。这种关系的实质也可以有很大范围的变化。然而,这种关系还是有一些普遍趋势的。

1.1 客观性

建立和保持与家长之间良好关系的基本客观性主要是为了提高学生在学校中的动机水平和学业成就。然而,我们还应该明确其他几个重要的目的,如能够为家长提供支持,使家长接触到其他的社区资源,将那些孩子有相近教育需要的家长联系在一起,并能够促进家长提高自身的学业技能或提高自己的生活质量(Brantlinger 1991, San Diego County Office of Education 1986)。在现存课程资料较为有限的社区中,学生和他们的家庭有可能被赋予以重要的角色来发展学校教育资源(Schiefelbein 1991)。

1.2 关系的类型

家庭与学校间的互动采取多种形式以实现不同的目的。其中一些有特色的形式还包括与家长一起进行更高水平的咨询(Davies et al. 1992, Ramsay et al. 1990)。学校可能为家庭在对孩子健康、安全、监督、纪律和引导方面的基本责任提供支持。学校还可以为家长提供他们在更大社区范围内可获得的服务资源。学校会通过记事本、电话、通讯、记录卡及特别会议定期告知家长学校计划、事件和他们孩子的进步状况,并鼓励家长提供或询问特定信息。现代交流技术还会在很大程度上增加学校与家长联系中信息交换数量及家长信息在这其中所占的比例。一个典型例子就是由美国所发明的家长—学校间模式，它通过运用以电脑为基础的自动电话拨号系统和答录机来处理日常教师—家长间信息(Bauch 1990)。他们还可以通过预先计划好的学校讨论会、家访和家长教师联合会来讨论孩子的需求和进步。

家长有时会参加帮助教师和校长的活动，同时也会参加孩子在课堂上或学校其他地方的活动。他们也会帮助学校组织和参加现实和学校的活动。在家中，家长监督或帮助孩子进行与学校教学相协调的学习活动，确保为孩子提供适于做家庭作业的环境。这种活动可能相对不正式，比如说给孩子阅读或带他们到孩子感兴趣的地方玩。而有一些项目需要家长以更为正式的身份参加，如在成对阅读技术中，家长就如同导师，明确遵循详细的步骤(Topping 1986)，或者是为有特殊需要儿童的家长提供评价与教学的系统过程，即"搬运模式"(United Kingdom, Department of Education and Science 1990)。

当学校做出会影响儿童的决定时，他们会征求家长的意见。家长会协同学校一起确定教学计划的内容和重点。在咨询的最高水平上，家长还会参与到计划和评价课程以及有关学校政策的其他方面。

1.3 一般优势

经济状况以及占主导地位的政治和教育思想体系决定着各种形式的家庭—学校联系的期望及可行性的一般观点。在大多数西方社会中，传统的家庭—学校间关系被限定于从教师到家长的咨询信息单向传播。只有当出现关于儿童学校参与、行为或行为表现出问题时，典型的学校与家长间的联系才会出现。然而在20世纪70年代到80年代间，学校开始鼓励家长定期走进学校，参与到教学中。最初，这些访问者仅仅被限定于关于儿童进步的正式讨论中，或仅仅是帮助教师进行一些非技术性的监督。其后，家长就获得在课堂教学中扮演更为建设性和有责任的角色的机会，能够在更为非正式和友好的基础上与儿童的教师进行咨询。

在20世纪90年代，一些国家通过立法提升了家长在教育决策制定方面的权利，在家庭—学校间关系的所有水平都呼吁为家长"赋权"。这些呼吁是建立在这一假设基础之上的，即认为家长也如同教师一样有能力，能够评估自己的需要。如果有机会，他们也会做出负责任的选择(Cochran and Dean 1991)。而且，所有家庭成员对儿童在学校的进步的影响都渐渐得到了认可，而不仅仅局限于父母二人。正是由于所有这些原因，许多当代的作家都比较倾向于使用"学校—家庭伙伴关系"来代替"家庭参与"或"家庭—学校联系"(Epstein 1992)。

2. 影响学校与家长联系质量的因素

即使有主流思想支持和促进家长的参与，学校与大部分学生家长的联系经常还是很少的。还有报道说，在小学教育低年级过后，家长参与的一般趋势往往会是惊人的下降。

2.1 共有的障碍

人们发现了影响学校和家庭关系良好的一些障碍。这些障碍主要存在于交流、文化及个人情感中。

交流困难的主要原因是由于学校会议和活动总是安排在许多家长都无法参加的时间内，或是由于学校与家庭之间不可靠或无法令人满意的交流途径，抑或是由于教师缺乏交流的艺术。当教师的工作对象是低收入家庭或母语与学校不一致的家庭时，这最后一种问题就显得尤为突出。

当家长回忆起自己不愉快或不成功的学习经历，在提及学校建设、组织结构和教师时，经常会感到一丝恐惧。他们怀疑自己没有那种能力去影响学生教育上的进步(尤其是在大学)，或是在重要程度基础之上来影响学校一般政策的制定。

由于对传统习俗或多元文化社会中的文化差异不敏感，许多家长不愿意或不能与学校工作人员接触或参加校内活动。

许多教师仍旧对让家长扮演某种形式的合作伙伴角色是否明智持怀疑态度。他们害怕家长可能会教给孩子不正确的东西，在家中会将孩子置于过度的压力之下，或是要求学校执行非期望的或不具可行性的政策。他们感到学校中增加与家长互动的政策会对他们的时间提出无保证、压力过大的要求。

2.2 提高的策略

以上这些障碍都不是不可以解决的。学校的个案研究、研究项目报告以及国家、地区研讨会所提交的论文中都提出了各种发展性、补偿性的策略。下述几条尤其具有批判性。

学校针对家庭—学校联系的类型、水平、质量和数量进行了定期系统的评估，由此以查明它们的分歧与缺陷。“家庭—学校联系计划”（San Diego County Office of Education 1986）便是为实现这一目的而设计的一个范例。

学校中还需要使家长感受到更受欢迎的策略，如：为开会或讨论咨询提供有吸引力和友好的环境，以及为家长提供与工作人员进行日程安排以外讨论的机会，进行如同接待员、接线员和秘书等交往能力的培训，以及将教师或其他人视为翻译工作者来看待。

一旦进入学校，家长必须觉得他们能够自由地进行讨论，相信他们的加入能够受到重视。在新西兰一项旨在提高家长在课程制定中参与度的研究项目的初始阶段，拉姆齐等人（Ramsay et al. 1990）发现许多学校在尝试发布消息或增加对重要问题的讨论时，不少家长都会惧怕家长—教师会议，或是很少有机会在会上发言。换一种策略，比如说将会议讨论分为更小的小组，会议地点定在社区中可选定的地点，以及为家长提供在没有威胁性的环境中（经常是在教师不在场的情况下）共同合作进行决策，这样就会在增加家长自信心和使教工更愿意倾听方面获得相当大的成功。

当我们要实现的目标还包括家长指导或教学责任感时，就还要考虑其他的重点。学校需要找寻系统而又详细的工作程序，以确保家长能够理解对他们所提要求的恰当性，还要培训家长很自信地完成任务，并获得持续性支持。

有研究明确表明，职前与在职培训计划中必须更加关注教师和校长关于正确处理学校—家长联系方面的知识。这些知识包括：与家长良好的关系将如何提高学校工作的有效性及与家长合作的人际交往能力。教师需要更多有关家庭动力学和学校社区组织方面的知识。他们要知道如何与家长进行移情，还要能够发现家长的能力，发挥家长—教师讨论会的最佳作用，使家长以富有创造性的方式参加到学习活动中（Cochran and Dean 1991）。如果是与有特殊需求孩子的家长一起合作的话，他们还必须具备关于法律问题、残障情况及由政府机构而非学校所提供的服务方面的知识（Brantlinger 1991）。

为了提高家长在学校决策制定方面的参与性，校长和教师还需要有主持会议、鼓励对话以及缓解压力方面的技能。既然这种合作水平要求对专业特权与家长权力间微妙的界定进行修正，那么我们就需要确保教师和家长都会有“赋权”的感觉，而不是“无能力”。有研究指出，对于校长、教师和家长而言，强调人际交往、政策制定技能的系统过程能够帮助他们认识到共同制定决策的好处，还可以为组间传递严格控制的力量提供一个有序机制（Cochran and Dean 1991，Ramsay et al. 1990）。此外，我们还需要详细建构的在职培训课程，以此为分析成功与失败提供机会（Ramsay et al. 1990）。

若是一所学校有较低的家长参与率，那么他们或许会发现完全靠自身力量去发起变革是很困难的。所以我们应该为学校教师创造机会来遇见、讨论及分享那些经过检验的理论。或者说，有些项目还会在很长一段时间内引入外校人员，使他们作为一名促进者进入学校中。例如，在新西兰的一些项目中，拉姆齐将一些经验丰富的老教师作为“发展者”引入学校。在一些个案中，“发展者”仅仅是将教师过去一直在做的事情合理化，有了更为广泛的实践范围；而在其他一些个案中，他们则有了更为实质性的工作——对现存学校制度建设性地提出挑战。

2.3 负面结果

尽管现在广泛提倡学校与家庭之间更多互动的优点，而存在负面结果的可能性还是有的。首先，有研究明确表明，计划所有的项目都是在教育者主动性的推动下进行的。而家长的参与，最起码在最初阶段都要依赖教师。除了那些真正能够体现合作伙伴关系的以外，这项计划在推行时会承担一定风险，或许会出现“学术专家以居高临下的态度仁慈地指导无知的父母”这种情况（Brantlinger 1991 P. 257）。

其次，扩大家庭支持网络，并使家长进行如同教师的工作也存在潜在的危险。扩大教师在家庭中影响范围的一个非预定结果就是，由于为家长提供太多关于该如何采取不同行为方式来面对孩子这方面的建议，以及由于降低家长在儿童教育决定过程中的投入，而造成了家长的"技术丧失"。或者说，那些被鼓励在孩子学习中承担正式责任的家长最终可能会感到更加没有竞争力。尤其是在那些有特殊需要的情境中，对家长教育性角色的过度强调会为培育或共同参与游戏活动造成障碍(Brantlinger 1991)。

第三，如若无法保证能够尽力使所有家长都能参与到学校工作中，那么，增加家长—学校联系机会有可能会导致对已经处于不利地位的家庭造成进一步的损害。如果参与到学校工作中的家长不具代表性，那么，他们的知识及观点就会很有可能由占支配地位的上级来评价。学校之所以从表面上看可能是一个可以极大促进学生学习的快乐、有趣的地方，是由于他们总是严格遵照由社会权力组群制定的合作目标行为(Ramsay et al. 1990)。

3. 结论

研究者和决策者仍旧在努力寻找提高学校有效性的关键性策略。有关学校与家长间联系方面著作的大量涌现证明了上述这些批判性贡献对学生的成长及对待学校的态度起着决定性的作用。在20世纪90年代，决策者对这一领域的兴趣达到了最高潮(Palanki et al. 1992)。

然而，家长—学校合作计划的成功确立在很大程度上依旧需要靠每位校长的远见及活力，教师也要乐意担负起这份额外的责任。而尽管付出的努力会带来个人回报和互惠互利，在以下几点中确保在当地、地区及国家范围内实现政策与实践间更为协调也是非常重要的：

(a)为教师和管理人员提供适当、系统、综合的职前培训和在职培训。

(b)建立将教师分配到要担任家庭—学校联系的职位上的有关指导方针及准则，任用额外教师以减轻教师课外咨询和活动组织的负担，雇用有特殊技能的辅助性教职工，如翻译、社区长者、调停者。

(c)建立指导方针及准则，为家长参加校内会议提供方便、舒适的房间，为方便家长—教师谈话提供食宿接待中心。

当然，从结果中发现的问题是非常具有批判性意义的。保兰基等人(Palanki et al.)在对美国所处情境的讨论过程中指出，由于经济状态方面的变化及政治领导对于任何拨款以迎合日益明朗化的需要这一方面的意见无法达到一致，会危及到有关政府同国家主动性的维持及区别对待方面的前景。

由于以上这些原因，进行进一步研究是至关重要的。我们应周密设计、实施、监控革新项目，对现有实践活动要进行谨慎的评价。这种评价可能非常客观公平，与特定结果标准，如学生旷课情况、学生成就、家长对学校会议和事件的参与程度相联系。要么评价就更为主观一些，包括对主要参与者意见观点的评估。

例如，与有特殊需要的孩子一起进行工作时，一些专家估计，家长要比自己所想像的需要更多的帮助。同时，这些专家还倾向于假定所有形式的家庭超越和干涉将被证明是值得的(Brantlinger 1991)。戴维斯等人(Davies et al. 1992)在对学校的访谈过程中指出，校长和教师一般会假定他们的超越行为是有利的。戴维斯还指出，他们对一些关键定义和概念缺乏明确性和一致性。诸如家长、伙伴关系、家庭访问者、家庭支持和重新组织等此类词汇在学校、研究者及决策者中存在有非常不同的含义。

学校缺乏时间对所有可能策略进行持续的研究，基金政治也没有足够的钱在经济上给他们以支援。所以，研究要告知决策者和实践者，在特定社会中及心中有特定合作对象的情况下，从短期和长远来看究竟哪些策略最有可能产生最为积极的结果，这一点是至关重要的。

M. A. 帕扬(M. A. Payne)　著

李雨竹　译

附录

Bauch J P 1990 The TransParent school: A partnership for parent involvement. *Educational Horizons* 68:

187—189

Brantlinger E 1991 Home - school partnerships that benefit children with special needs. Clem. Sch. J. 91 (3):249—259

Cochran M, Dean C 1991 Home - school relations and the empowerment process. *Elem. Sch. J.* 91(3):261—269

Davies D, Burch P, Johnson V R 1992 *A Portrait of Schools Reaching Out: Report of a Survey of Practices and Policies of Family - Community - School Collaboration.* Report No. 1, Center on Families, Communities, Schools and Children's Learning, Johns Hopkins University, Baltimore, Maryland

Epstein J L 1992 *School and Family Partnerships.* Report No. 6, Center on Families, Communities, Schools and Children's Learning, Johns Hopkins University, Baltimore, Maryland

Palanki A, Butch P, Davies D 1992 *Mapping the Policy Landscape: What Federal and State Governments are Doing to Promote Family - School - Community Partnerships.* Center on Families, Communities, Schools and Children's Learning, Johns Hopkins University, Baltimore. Maryland

Ramsay P et al. 1990 "*There's no going back*": *Collaborative decision - matting in education.* Education Department, University of Waikato, Hamilton

San Diego County Office of Education 1986 *Strategies for Enhancing School Effectivenes: Focus on Home - School Relations.* San Diego County Office of Education, San Diego, California

Schiefelbein L 1991 *In Search of the School of the XXI Century: Is the Columbian Escuela Nuera the Right Pathfinder?* UNESCO/UNICEF, Santiago, Chile

Topping K 1986 *Parents as Educators.* Croom Helm. London

United Kingdom. Department of Education and Science 1990 *Portage Projects: A Survey of 13 Projects Funded by Education Support Grants*, 1987—1989. Her Majesty's Inspectorate, DES, London

其他参考文献

Charkin N E, Williams D L 1990 Working parents and schools: Implications for practice. *Education* 111(2): 242—248

Husén T et al. 1992 *Schooling in Modern European Society.* Pergamon Press, Oxford

Karas H 1985 *Parent Participation: Involving non-English Speaking Background* (NESB) Parents in the Decision-Making Processes of Schools. Ministerial Advisory Committee on Multicultural and Migrant Education, Melbourne

Kellaghan T, SIoan K, Alvarez B, Bloom B S 1993 *Home Environments and School Learning.* Jossey-Bass, San Francisco, California

Krasnow J H 1990 *Improving Family - School Relationships: Teacher Research from the Schools Reaching Out Project*: Institute for Responsive Education, Boston. Massachusetts

Mckeod F (ed.) 1989 *Parents and Schools: The Contemporary Challenge.* Faimer Press, Lewes

Montandon C 1991 *L 'Ecole dans la vie des famiUes.* Report No. 32, Service de la Recherche Sociologique, Geneva

Payne M A, Hinds J O 1986 Parent - teacher relationship: Perspectives from a developing country. *Educ. Res.* 28(2):117—125

Phi Delta Kappan 1991 72(5) (issue on parental involvement in schools)

Richardson B 1989 *Negotiating Your Child's Experience in the Public Schools: A Handbook for Black Parents.* The National Black Child Development Institute Inc., Washington, DC

Stacey M 1991 *Parents and Teachers Together.* Open University Press, Milton Keynes

教师责任(Teacher Responsibility)

教师责任与教师的职业道德任务有关,本词条中提到了法律程序上的道德,并对其进行了讨论。目的在于避免像相对主义这样的问题,并加强学生的责任性。

1. 教学中职业责任的必要性

从伦理角度上讲，你若是控制一个人的幸福、利益或者是命运，那么你就对这个人负有一定的义务或者是责任（Jonas 1987）。这种责任可用法律来界定。授权方（例如社会、家长）赋予教师责任，让他们妥善管理对待学生，并且教师的行为也要由这些授权方来判定（甚至是制裁）。伦理上讲责任也可以被定义为个人依据一系列道德或伦理原则采取行动以保证学生的幸福和利益的义务（负责性）。依据上述两种定义，教师有着重大的责任，然而，法律范围内对教师的要求却只有最低限度的标准（Strike 1990），同时这些要求经常是自相矛盾的，并且各个国家的要求也各不相同。另外，这些法律上对教师的要求在伦理道德方面是否行得通也有待考证。因此，教师个人道德责任就显得比法律意义上的教师责任更为重要。

传统意义上的对道德责任感的研究主要基于以下前提：

（a）对于责任的研究，占主导的仍然是“应该……做”。也就是说，对教师的一系列规范性要求或者是期待教师能够有的一些品德，但现实中这些都很难达到或实现。责任经常和教师的“性格”与“个性”相关联。这样说的假定前提是一个特定的人，要么有相应的品德，要么没有。这就是说责任是学不来的。

（b）关于责任的大部分研究是基于关于道德的一个相对主义的概念进行的［下面将会有一个纳什（Nash）在 1991 年提出的例子］。有观点认为，道德价值观就是对那些被一个特定社会的成员认为“正确的”或者是“错误的”（社会相对论）行为所进行的衡量与评价。这种观点是有问题的，原因如下：例如，如果一个群体认为伤害或者屠杀另一个群体是正当的，那么我们就认为这样做在道义上是正确的（就像在第三帝国发生的以及在许多地方发生的情况那样），并且进行效仿，这似乎让人难以接受。

（c）研究教师责任的研究者们经常忘记教师也有着私人生活，也有着职业以外的责任。私人生活与学校工作之间的区别要求我们建立一种职业道德的概念，就像在私人道德范围内一样，在职业道德范围以内，任何一种价值（包括主义以外的价值）都有可能和其他的价值产生冲突。

这些基本的前提可以解释为何教师责任的研究会出现如此严重的缺陷，并且出现了以下的后果：

（a）在学校中负责性行为的领域中几乎没有任何的经验主义的研究。

（b）在对教师的教育过程中，教师通常不去学习如何有效地处理责任（Bergem 1992）。

（c）教师并不经常考虑责任与价值观（Oser et al. 1991）。

（d）教师通常认为像关心个别学生这样的负责行为在学生获得知识方面会降低他们接受知识的有效性（McLaughlin 1991）。因此，在研究中责任和效果是被分开处理的。

有些人曾经尝试着来弥补这些不足，例如，纳什（1991）就曾经提出过 3 个应用伦理学的构想。第一，有必要建立一定的规则与原则术语来帮助教师以一种正规的、严谨的方式来考虑他们每天碰到的伦理问题。然而，“要判定哪一种伦理决策是否‘正确’依赖于道德观察者认为理由是否充分有说服力”（P. 165），这本身就是一个相对性的观点。

第二，要对基本的道德力量的动机、意图、理想和感受以及对个人道德行为所产生的更大社会影响进行进一步的探索，但这种方法依然是相对主义的，因为决策制定的基础是个人对正确事物的直觉以及重要参照群体的标准，而不是基于一般原则而进行的理性的论证。

第三，是关于“个人意识的私人世界”的构想，在这个个人意识的私人世界当中，我们每个人选择我们自己的道德理想，试图证明我们内心最深处的信仰，并努力证实这些信息（P. 169），如果这些信仰被认为是道德准则的话，那么我们所维护的又是一种相对主义的观点：个人的道德准则是正确的。

纳什指出所有这 3 种方法必须被一起看待。然而，所有这 3 种方法都是相对主义的——前提（b）。另外当第一个前提在某种程度上被顾及到的时候，第三个前提就不会被顾及到，后果（a）与

(b)根本就没被导致。

和这些基本前提以及纳什不同,我们需要一种非相对主义的道德责任观念。伦理决策必须依赖于普遍正确的原则。在科尔伯格(Kohlberg 1981)的方法中,决策制定者参照的道德框架基于两个原则,"(a)人是有绝对价值的;(b)在任何一种情况下,每个人的主张都是有权力得到别人同等的重视与考虑,而不是只有那些被编入法典的话才有这样的权力"(P. 164)。在对教师职业特质的研究中,另外有两条原则也具有同等重要的地位(Oser et al. 1991),"(c)任何人都说有权利被别人帮助(Gilligan 1982);(d)在社会条件下,人们有义务以诚相待"。

属于教师责任核心部分的这3项主张:公平(b)、关心(c)、以诚相待(d),在下面进行了讨论。另外,在职业道德范畴内,职业以外的责任也应该被考虑到,一种法律程序上的方法可以满足这些要求,与建立一些传统的"应该怎么做"或者一系列的道德品行相反,重点是放在满足普遍要求的情况下来解决问题(和纳什的方法构成对比)。

2."责任"意味着什么

责任涉及一个人的选择,当一个人没有其他选择的时候(要么是因为人们不能对事态产生影响,要么是因为某个特定的人被剥夺选择权或是因缺乏足够的知识或其他原因而不能选择),他(她)就不会有责任(Heid 1991)。然而,选择的自由性经常被人们所低估,许多情况明显只有一种可能性,但其实也存在其他的个人影响。例如,人们有着反抗高压统治的自由。然而,这种反抗是不是可以被预料到,如果是,它是否是最负责的解决方法,都有待观望。很显然,如果教师被授予更多的自主权,教师就有更多的自由来决定哪一种解决方法是最好的。因此,自主权是和责任息息相关的(Bull 1990)。

选择经常是在两种或两种以上相对立的价值观之间做出的(也就是在不能同时满足的价值观之间做出的)。要想合理地处理这些问题,就需要我们在描述性陈述和价值判断(包括规定)之间划清界限,并且需要我们认识到每一种陈述都要有不同形式的理由论证。这绝没有看起来那样简单。例如,"容忍"和"批判性思维"已被人们广泛接受,因此,研究者(以及教师)经常根本就不把它们当作价值(Damon 1992)。

3.负责的教学

教师控制课堂局势,然后教师就可以不询问任何人而决定如何上课。然而,在大多数情况下,所有有关人员都参与的按部就班的方法显得更为合适:解决方法有更充分的理由(也就是与普遍原则更为一致),并且参与者更渴望把这些解决方法付诸实践。两种情形可以分化出来:进退两难的情形以及学生获取知识的情形。在这两种情形下,使用程序方法,就意味着责任被放到了学生的身上。

3.1 进退两难的境地

第一种情况与道德困境有关(也就是说,和那些包含有几种相互冲突的不能同时满足的价值的问题有关)。在这种程序方法中,不是针对决策的结果给出特定价值观或者规范,而是对于决策制定过程给出一些原则,以此来保证在某一特定形势下所有参与人员的利益和需要都被妥善对待。

这一过程的各个步骤都呈现在图1中,首先,教师需要决定在一个既定形势下,问题是否足够重要,需要我们进行讨论(1b),或者有其他的更加重要的责任问题(1a),如果他(她)自己来负责的话,那么核心问题就是如何来协调三个主要标准和所有相关人员之间的合作(表1中第二级),这些标准分别是公平(2a)、关心(2b)和真诚(2c),权衡了这三种标准以后,他(她)必须在第三级决定为了解决问题(3b),他(她)愿意做出多大的投入——这种投入可能会让他(她)意识不到其他需要,例如职业外价值(家庭生活和消减压力)。

在一个存在有冲突与矛盾的环境中,即使是学生感到他们受到了公平的待遇,他们还是有可能觉得他们没有受到"关心"(2b),或者是认为老师不够真诚。也许要想去协调这些价值对于教师来说压力过重,以致一段时间以后,教师有可能出现精神崩溃(3a对3b)。在这方面,奥泽和他的同事(Oser et al. 1991, Oser 1992)发现,教师有着一种偏袒性的平衡行为,也就是说,在第二级中,教师认为关心与其他集中价值更重要一些(Rogers and Webb 1991)。

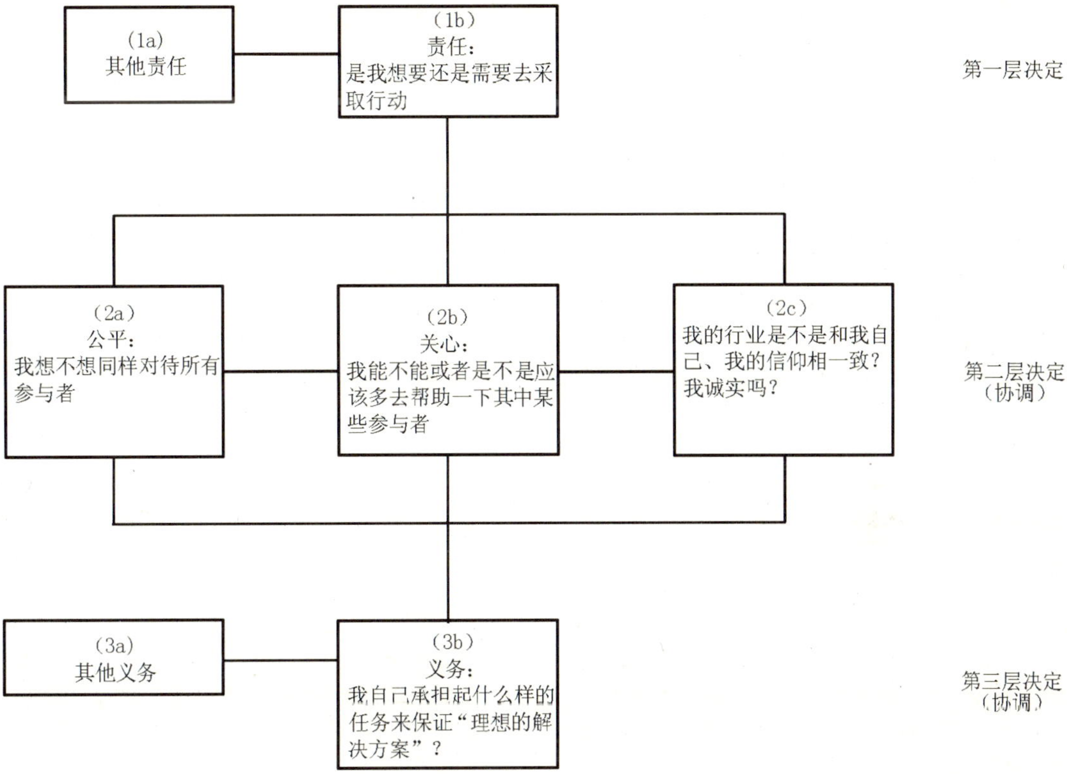

图 1　解决冲突的决策模型

在努力协调这些不同的问题的时候，我们可以发现 5 种形式的决策制定。第一种就是逃避性行为，教师认识到道德有问题，但却置之不理：1a 的重要性被认为要比 1b 更大一些。第二种，教师可以转移责任，教师意识到自己的责任(1b)，并且以此来行动，但他(她)认为其他人(例如校长、学校的心理学家或者其他机构)可以更加妥当地处理问题。因此，第二层的决定就转由他人来做，第三层的决策也因此被省略掉。第三种是片面的决策制定，教师决定采取行动，但是责任(第二层与第三层决策)仅仅依赖于教师的直觉与反应，不但教师没有关于他人的要求、需要与感受的信息，并且又要由教师单独来决定哪些要求、需要与感受是有根有据，哪些没有。第四种，教师可以进行“不完全性会谈”。在这里，教师解释他(她)的理由，并且聆听有关学生以及其他参与者的意见。但不是全部有关的人员。同时，教师并不把全部的责任都交给他们，因为教师认为他(她)自己最后一定要负起责来，并努力起到协调作用。

只有第五种类型的决策制定——即“完全性会谈”——才能实现公平、关心与真诚之间的完全平衡与协调。在这里，领导者假定孩子可以担负起责任，甚至在非常困难的情况下可以参与到决策制定中来，重要的一点是负责的教师在不放弃所有责任的前提下把责任转移给参与者(尤其转移到孩子身上)。

在这第五种类型的决策制定当中，有 4 条原则至关重要(Oser 1992)：

(a) 教师必须为会谈创造可能(“圆桌情形”)。

(b) 教师必须担任两个相互兼容的角色:维护自身利益的参与者和协调不同的需要、要求、理由与解释以及保证讨论的规则被遵守的这样一个组织者。

(c) 教师必须假定所有的参与者(包括学生)都有能力并且愿意来承担责任,来探索"真理",来自我做出决定,并且来平衡不同的要求。

(d) 最后,教师必须深信,一旦实现了前三条原则,就一定可以找到解决方法,并且该解决方法对所有的人都有利,且非常符合道德准则。

决策制定的模式,5 种类型的决策制定,以及会谈的 4 个基本原则,正是一个大范围经验主义研究项目的主题(Oser et al. 1991)。调查问卷以及采访结果发现,不同的教师使用不同的方法来处理在职业道德中所出现的价值冲突。有些人比其他人更多地使用会谈,有些人在某些情况下使用会谈,而其他人不用。因此,结果表明存在着较高的人与情境之间的互动影响。然而,阿尔特霍夫(Althof)的分析显示,按照科尔伯格的模式,如果教师的道德能力越强,那么教师在不同的情境下就越能保持恒定(要么在所有情境中都是逐步进行的,要么是非逐步进行的)。

很明显,负责的行为不仅仅是将一般的道德判断能力应用到职业问题上。例如,在道德判断能力方面一个人可以说越多(级别越高)越好,而在矛盾解决方法中只可以说"决策制定越是逐步进行越好",尤其当矛盾非常尖锐的时候。也有另外一些情境,逐步进行的问题解决方法是不合适的。然而,定量分析似乎表明,一个特定水平上(也就是科尔伯格的阶段理论中的稳定阶段)的道德判断能力对于充分理解并合理处理人际之间的冲突是非常重要的。在这一水平以外,环境差异与人生阅历差异则占主导(Althof 1993)。

在一个介入教学研究中,奥泽等人发现,通过培训教师可以学会使用完全会谈模式,通过培训,教师可以深刻意识到一般道德问题的本质,以及对别人的需要与合理要求进行考虑的重要性,由此认识到问题的解决方法不只一个,而是很多,他们能够更清楚地认识到公平、关心与真诚的特定价值,而在介入教学以前,许多这些价值根本就没有被人们意识到。

3.2 知识获取情景

第二种情景是有关狭义上的教学(即主要目的是学生学习内容的情景)。研究表明,不能掌管自己的学习的人很少能学到东西(Salomon 1992)。要想达到最佳学校效果,必须给予学生一定的责任进行自我学习,在对责任和效果的讨论中,教师控制与学生控制之间的平衡是一个重要的问题,教师和学生都要承担学习的责任,但他们分别承担不同方面的责任,教师设定学习的条件,努力不去阻碍学习,并且提供必要的信息(怎样去做是一个效果问题,在此暂不讨论)。学生是学习过程的缔造者与控制者。

萨落蒙(Salomon)把这种教师的责任称作是"探究式协调配合",意思就是教师是一场管弦乐的指挥,而由乐手(孩子们)来演奏音乐,并且经常进行一些即兴表演(Oser et al. 1992)。在协调配合的众多特征中,有一种特征尤其重要:等级评判,按照协调配合原则进行的学习比记忆学习更多地使用一种问题解决的方法。因此,反复试验阶段是非常重要的。在这一阶段,如果孩子们犯了错误,是不会受到批评的,相反,他们有机会自己把这些错误找出来,如果孩子的每一个举动以及每一个结果都受到评判的话,那么学生就没有犯错误的自由了。因此,评判限制了学习的能力,似乎更合理的做法是把自我控制的学习阶段与自我控制的评判阶段分开,并且让孩子们清楚地了解现在正处在哪一阶段。当然,评判不能被用作激励因素,它不是激励孩子的合适的方法。

这里的关键是教师放弃控制权,而控制权又有了另一个功能。另外,不同课(甚至相同一节课的不同情景中)的控制量也许(实际上应该)是不同的,例如,很容易理解,有时教师讲课(控制程度高,很少有协调配合),还有时给学生很大的自由度来处理信息。

4. 成为一名负责的教师

像上面提到的那样,这种程序方法是可以学到的,进行学习的教师应该获得一些技能,建立起自己价值的优先顺序,用普遍的情况来证实这种优先性,并且学会依据他们自己的信仰用一种推论性的方式来采取行动,而不至于被大量的要求所压制。但是,要成为一名负责的教师,还需要其他一些品质。

4.1 道德能力

要想对自己的行为负责,第一个必要但不充分的条件便是行为人要有较高的道德能力,也就是指在科尔伯格(1984)的阶段理论中较高的阶段。阶段越高越好(Althof 1993)。在教师培训中是可以进行道德教育的,其中主要的原则在"态度与价值获取"当中提到了。

较高的道德能力不一定能够保证有道德的行为,道德能力是和公正性有关的,然而责任还涉及其他价值(例如关心和真诚)。此外,行为不仅仅由道德判断力来决定,还要由环境条件和行为人的其他目标以及性情来决定(Oser 1987)。这个领域中尚需进一步的研究,但起码几个条件可以被说明一下,最重要的一个条件便是要关怀孩子,并且要对价值问题有所意识。

4.2 对孩子进行关怀

这种交流式的方法包括教师要假设孩子有能力并且也愿意去负责地参与到协调过程中来以达到公正、关心以及真诚三者之间的平衡。福勒更加宽泛地把这统称为"关怀"(1969)。关心理论是责任理论的一部分。正如福勒(Fuller 1969)和詹森(Janssen 1987)所表明的那样,大多数老师并不注重对孩子的关怀,而另一方面,有证据表明对孩子的关怀可以促进孩子取得更大的成就(Marsh and Penn 1987~1988)。

关怀孩子并不意味着对孩子的所作所为全盘接受。全盘接受是把所有的责任都给孩子,而不是在教师的责任与孩子的责任之间建立一个平衡。然而,对孩子的关怀的确是指对作为一个人,作为一个独立个体的孩子的全盘接受和关心一样,关怀也有两个方面:"针对学生以及学生的教育需要制定合理的决策,以及帮助满足孩子们安全层次以及归属层次的需要('对目前状况的关怀')。"

如上所述,对孩子的关怀源于为和孩子在一起,为理解孩子以及承认孩子和成人不一样而做出的努力。这就要求至少要了解和领会孩子的心理发展以及成长的各个阶段:不仅仅指智力的发展(Piaget 1963),而且还是指自我观念的发展(Kegan 1982)、道德判断能力的发展(Kohlberg 1984)、社会行为的发展(Selmon 1980)、发展任务(Havinghurst 1972)以及危机(Erikson 1968)的发展。

对孩子的关怀就意味着依据孩子所没有的知识制定决策。不言而喻,它包含了上面提到的完全交流方法的所有因素,尤其是假设孩子有能力来决定以及使用"提倡交流"的方法(Oser et al. 1991)。这些方法是逐步进行的方法而不是强迫的方法。我们可以学会如何对学生关怀。

4.3 处理价值的能力

一些研究表明(Oser et al. 1991, Bergam 1992, Damon 1992)教师根本就不去考虑他们的价值准则。这可以通过对教师进行培训来弥补。

在使用"价值准则明晰化"方法(Simon et al. 1972)进行的道德调查研究中,提到了了解某人的价值标准的问题。这种方法便使用了一些策略来促使参与者把他们的价值准则表达出来。一个典型的例子就是问他们如果要去一片荒无人烟的地方,会带哪3种东西——所选择的东西可以表明价值准则以及偏好。

需要注意的是该文章中提到的价值准则明晰化是为了让教师更明确地意识到他们所认为重要的价值准则,如上面提到的纳什(1991)的3种方法。这绝不意味着那些价值准则即是合适的,即是正当的,这样就是犯了相对主义(Oser and Althof 1992)的错误。并且因此也就变得不合适了。事实是,一旦某个人认清了他自己的价值体系,就需要用普遍的原则来证实那些价值准则,如果这些价值准则和这些普遍的原则不相符,那么教师就需要去重新构建他们的价值体系。这个更正后的价值体系就代表了这样一个体系,依据这个体系,人们接受那些道德义务(负责意义上的责任参照系)。

5. 责任与有效性

人类最古老的科学迷信之一便是道德会妨碍有效性。考虑到教师一天中要遇到的一些复杂问题,因此人们就倾向于认为最有效的教师就是那些严厉的、单独采取决定的人。这些人根本就不考虑公平、真诚与关心的问题。

然而，对于管理的研究表明，成功实际上依赖于所谓的“过去的价值体系”（Peters and Waterman 1982）。类似的，在学校当中，那些关心学生、关心课堂学习的教师从长远看来要比那些丝毫不关心的教师（Salomon et al. 1992）有效得多。从这种意义上说，有效性和责任是相互补充的。

这种补充性或者是说“新的合成体”（Oser et al. 1992）在教师研究与实际工作中并不总是那么明显，尽管有许多成功的“合成体”的范例，但我们仍然需要进行更全面的研究，以系统的方式来处理这些问题。现在理论框架是有了（Oser et al. 1992），但需要进一步的分析与说明。

F. K. 奥泽（F. K. Oser）著
J-L. 帕特里（J-L. Patry）
郭玉峰 译

附录

Althof W 1993 Teachers'moral judgment and interpersonal problem solving in the classroom. In: Olechowski R, Svik G (eds.) 1993 *Experimental Research on Teaching and Learning*. Ludwig Boltzmann Institut, Vienna

Bergem T 1992 Teaching the art of living: Lessons learned from a study of teacher education. In: Oser F, Dick A, Patty J-L (eds.) 1992

Bull B L 1990 The limits of teacher professionalization. In: Goodlad J, Soder R, Sirotnik K A (eds.) 1990 *The Moral Dimensions of Teaching*. Jossey-Bass, San Francisco, California

Damon W 1992 Teaching as a moral craft and developmental expedition. In: Oser F, Dick A, Patry J-L (eds.) 1992

Erikson E 1968 *Identity, Youth and Crisis.* Faber and Faber, London

Fuller F F 1969 Concerns of teachers: A developmental conceptualization. *Am. Educ. Res. J.* 6(2): 207—226

Gilligan C 1982 In a *Different Voice: Psychological Theory and Women's Development.* Harvard University Press, Cambridge, Massachusetts

Havinghurst R J 1972 *Developmental Tasks and Education*, 3rd edn. McKay, New York

Heid H 1991 Problematik einer Erziehung zur Verantwortungsbereitschaft. N. *Sammlung* 31: 459—481

Janssen S 1987 What are beginning teachers concerned about? Paper presented at the first Joint Conference of the " Arbeitsgruppe für Empirische Püidagogische Forschung" and the" Onderzoeksthemagroep Onderwijsleerprocessen", Düsseldoff

Jonas H 1987 *Das Prinzip Verantwortung. Versuch einer Ethik für die technologische Zivilisation*, 7*th* edn. Insel, Frankfurt

Kegan R 1982 *The Evolving Self. Problems and Process in Human Development. Harvard University Press, Cambridge, Massachusetts*

Kohlberg L 1981 From *Is to Ought*: How to commit the naturalistic fallacy and get away with it in the study of moral development. In: Kohlberg L (ed.) 1981 *Essays on Moral Development. Vol.* 1: *The Philosophy of Moral Development. Moral Stages and the Idea of Justice.* Harper and Row, San Francisco, California

Kohlberg L 1984 *Essays on Moral Development. Vol.* 2: *The Psychology of Moral Development. The Nature and Validity of Moral Stages.* Harper and Row, San Francisco, California

Kurt-Schai R 1991 The peril and promise of childhood: Ethical implications for tomorrow's teachers. *J. Teach. Educ.* 42(3): 196—204

Marsh D D, Penn D M 1987/1988 Engaging students in innovative instruction: An application of the stages of concern framework to studying student engagement. *Journal of Classroom Interaction* 23(1): 8—14

McLaughlin H J 1991 Reconciling care and control: Authority in classroom relationships, *J. Teach. Educ.* 42(3): 182—195

Nash R J 1991 Theme: The ethical responsibilities of teaching. *J. Teach. Educ.* 42(3): 163—172

Oser F 1987 Das Wollen, das gegen den eigenen Willen gerichtet ist: Über das Verhältnis von Urteil und Handeln im Bereich der Moral. In: Heckhausen H, Gollwitzer P M, Weinert F E (eds.) 1987 Jenseits des Rubikon. Der *Wille in den Humanwissenschaften.* Springer, Berlin

Oser F 1992 Morality in professional action: A discourse approach for teaching. In: Oser F, Dick A, Patry J-L (eds.) 1992

Oser F et al. 1991 Der Prozess der Verantwortung. Berufsethische Entscheidungen von Lehrerinnen und Lehren. Bericht zum Forschungsprojekt 1.188—0.85 und 11.25470.88/2 des Schweizerischen Nationalfonds zur Forderung der wissenschaftlichen Förschung. Freiburg Pädagogisches Institut, Freiburg

Oser F, Althof W 1992 *Moralische Selbstbestimmung. Modelle der Entwicklung und Erziehung im Wertebereich. Ein Lehrbuch.* Klett-Cotta, Stuttgart

Oser F, Dick A, Patry J-L (eds.) 1992 *Effective and Responsible Teaching: The New Synthesis.* Jossey-Bass, San Francisco, California

Patty J-L 1993 Situation specificity in teaching. In: Olechowski R, Svik G (eds.) 1993 *Experimental Research on Teaching and Learning.* Ludwig Boltzmann Institut, Vienna

Peters T, Waterman R 1982 *In Search of Excellence—Lessons from America's Best-run Companies.* Harper and Row, New York

Piaget J 1963 *The Origins of Intelligence in Children*, Norton, New York

Rogers D, Webb J 1991 The ethic of caring in teacher education. *J. Teach. Educ.* 42 (3): 173—181

Salomon G 1992 The changing role of the teacher: From information transmitter to orchestrator of learning. In: Oser F, Dick A, Patry J-L (eds.) 1992

Selman R L 1980 *The Growth of Interpersonal Understanding. Developmental and Clinical Analyses.* Academic Press, New York

Simon A B, Howe L W, Kirschenbaum H 1972 *Value Clarification. A Handbook of Practical Strategies for Teachers and Students.* Hart, New York

Solomon D, Watson M, Battistich V, Schaps E, Delucchi K 1992 Creating a caring community: Educational practices that promote children's prosocial development. In: Oser F, Dick A, Patty J-L (eds.) 1992

Strike K A 1990 The legal and moral responsibility of teachers. In: Goodlad J, Soder R, Sirotnik K A (eds.) 1990 *The Moral Dimensions Of Teaching*, Jossey-Bass, San Francisco, California

教师压力与疲倦(Teacher Stress and Burnout)

自从赛尔(Seyle)在20世纪40年代中期首次定义并探讨了压力这个概念以来,对于压力的研究引起了众多研究者以及实践家的兴趣。据格梅尔希(Gmelch 1988)所讲,超过10万以上的书籍、杂志以及文章中的主题所讨论的是压力现象,本词条讲述的是教师行业的压力。在本词条中,对一般术语进行了界定,指出了压力的主要来源,描述了压力所造成的后果,提出了几项教师如何应对压力的建议,并且对今后的研究提供了一些指导。

1. 定义教师压力与疲倦

在赛尔(1946)早期的著作中,他将压力定义为身体对于任何强加于其上要求适应的命令的非确定性反应,不论该命令产生的是愉悦还是痛苦。赛尔提出他对压力的定义后,学者们便开始争论该定义正确与否,并且努力建立一个能够融合所有有关压力现象的现有知识的普遍定义。尽管当代的学者未能形成一个关于压力的普遍的定义,但他们一致认为压力是当人们发现形势的要求超出了他们本身的承受力时而产生的一种综合的、多维度的反应,这种反应囊括了个人的生理系统、认知系统以及行为系统(Hiebert and Farber 1984)。

和压力一样,对于"疲倦"的定义也一直是研究者们争论的中心。弗罗伊登贝格尔(Freudenberger 1974)因为第一个描述并定义了该现象而闻名于世,他用该术语来描述那些处于帮助别人的行业中的人们,他们由于工作太久、太多、太紧张而经历的一种疲倦而劳累的状态。

弗罗伊登贝格尔的作品不是以调查研究为基础,而是处处充满了趣味性,并且富有推测性。尽管如此,他的作品仍然具有非常重要的地位,因为它为今后围绕帮助别人的职业而进行的经验主义研究打下了基础。

马斯拉切(Maslach)也是第一批对帮助别人的职业中所出现的工作疲倦进行系统的研究者之一,她和她的同事在加州大学伯克利分校进行了一系列大规模的研究,这些研究包括社会工作者、法律顾问、保姆、警察以及辩护律师等各种服务性行业。马斯拉切(1982)认为,疲倦是人们在需要和他人之间进行不断的、紧张的交互作用的工作中经历了持续不断的压力而产生的一种行为反应。那些不能够有效地处理这种由工作带来的压力的人们会产生情感上的疲惫,对于他们客户的逆反情绪,以及一种认为他们在工作中再也实现不了任何成就的感觉,这些感觉完全不同于那些刚刚进入帮助别人的行业中人们的感受,压力研究者中流行的一个小幽默是,“如果你没有开始做一件工作,你是不会感到厌烦的”。

几个大规模的跨国研究把马斯拉切的成果延伸到了教学领域(Schwab and Iwanicki 1982a, Dewe 1986, Kremer-Hayon and Goldstein 1990, Friesen et al. 1988),尽管研究者对于教师疲倦的精确定义有着不同的看法,但所有的人都认为它是教师不能处理工作所遇到的压力的一种反应。他们还一致认为,接下来谈到的三种行为反应是典型的教师疲倦感。

疲倦的最初症状之一是会产生一种长期的情感疲惫感。处于这一阶段的教师会表露出疲劳、易怒以及情感衰竭的感受,受此影响的人们会因为早上要早起去工作而感到担惊受怕。情感疲惫的教师经常会对他们的学生产生负面的、怀疑的态度。这种从“热情与关心”到情感疏远的态度变化是疲惫的第二个方面,并且经常被人们称作人格解体,这一阶段展现在许多方面,其中一个很普遍的方面就是教师会停止和学生之间的接触,而表现出非个性化的态度。例如,从来都是站在讲桌后面的老师可能会在身体上和学生之间保持距离,教师也可能通过从心理上忽视和不承认学生,和学生保持距离,不把学生当人看待,用污蔑性的名字来称呼学生,或者用绰号来描述学生都是人格解体的进一步表示。

当教师开始感觉到他们在工作中再也不能获得任何成就的时候,就产生了疲倦的第三个方面。教师刚进入教师行业的时候都希望能帮助学生获得知识,并且对社会产生积极的影响。当教师感觉他们再也不能对学生的生活产生影响的时候,他们就会发现他们的职业很少能够给他们提供类似金钱以及认可方面的回报。较低的成就感加上疲倦的另外两个方面的影响也许会使教师的动机不断降低,直到失败成为家常便饭为止。社会心理学家把这称为“学术上的无助。”

教师疲倦感会给个人以及其所在组织带来许多负面的影响。那些经受着疲倦感的人们更可能过着较低质量的个人生活,更容易经常旷工,教课不努力,并且更易于花大量的时间寻找新的工作。就健康状况而言,受疲倦感折磨的人更容易形成滥用物品问题,并且出现失眠症状等与压力有关的现象。无论这结果影响的是个人还是组织,受损失的最终是教师的学生(Dworkin 1987)。

2. 压力的来源

对于不同的教师或者学校工作人员来说,压力的来源大不相同。尽管调查研究已经确认某些环境的因素,以及个人的/背景的因素与疲倦的各个方面有关,但是就这些因素的重要性而言,还未能理出一个有说服力的顺序或者等级。图1列出了一个框架,用来描述压力影响教师的循环。

如图1所示,人们对环境压力会有不同的反应。一个人对于压力会有什么样的反应要依赖所遇到的压力的本质以及该人的性情。著名的压力研究学者弗伦奇和卡普兰(French and Caplan)把这称作工作要求以及个人能力之间的“配合情况”。如图1所示,如果二者之间的配合不协调,那么一个人的心理反应就可能是疲倦的。另外,如果这种疲倦感一直持续的话,那么这个人就更容易养成对个人、组织和学生产生负面影响的行为。

2.1　社会来源

社会来源包括那些不受个人或者个人所在组

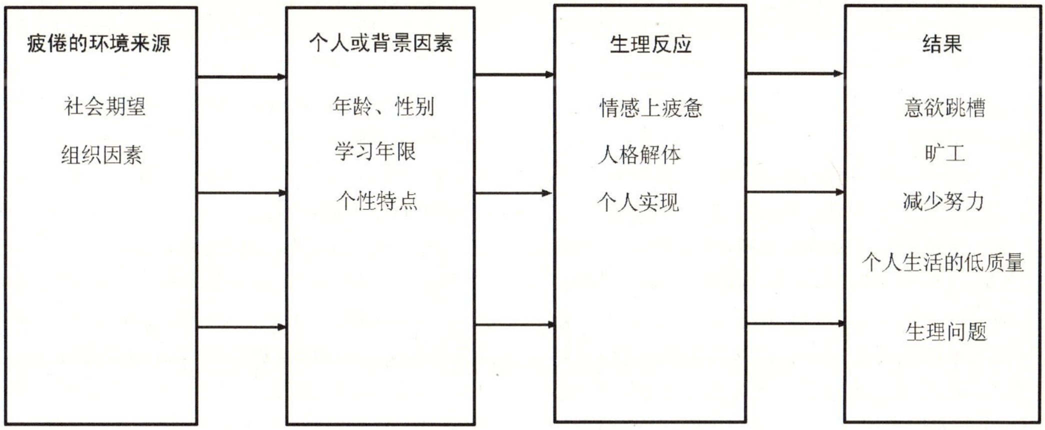

图1　影响教师的压力图

织的直接控制的因素。大部分工业化国家以及第三世界国家，都对它们的教师力量抱有很高的期望。尽管不同文化国家的历史环境、组织结构和社会价值不同，但有一些期望在各个国家中都是一致的。人们期望教师能够灌输价值观，教授基本的和高等的思维技巧，把学生培养成独立的学习者，以及鼓励学生合作以实现共同的目标。另外，教育机构被认为是经济增长与发展的关键，这就给教师增添了另外的压力。尽管大多数社会对于教育的作用有着较高的期望值，教师却认为实现这一任务的资源太有限（Kremer-Hayon and Goldstein 1990）。

世界各国的教师所认同的一个主要的压力来源就是由他们负责教育的学生的态度（Kyriacou 1987）。教师们表示，学生们学习态度不积极，缺乏动力是他们每天所能碰到的压力最大的问题。例如，弗雷德曼和法伯尔在报告中指出，学生品行不端，注意力不集中，对学习资料缺乏热情等是导致以色列教育工作者疲倦的重要原因。在对新西兰（Dewe 1986）、日本（Ninomiya and Okata 1990）、英国（Kyriacou 1987）、西印度群岛（Payne and Furnham 1987）、加拿大（Byrne 1992）以及美国（Goodlad 1984）等国家的教师分别进行的独立研究中也有类似的发现。

2.2　组织来源

学校的一些组织方式以及区域级别被认为是教师压力的主要来源。其中两个频繁出现的导致教师疲倦的组织原因就是角色冲突以及角色模糊（Crane and Iwanicki 1986, Schwab and Iwanicki 1982a, Byrne 1992）。当一个人遇到两种相互矛盾但又在预料之中的角色行为的时候，就会产生角色冲突。由于这个人不能调和这两者之间的矛盾，因此也就产生了压力。角色模糊就是对一个人的工作的权利、义务、责任以及如何来最好地行使这些权利、履行自己的义务和责任缺乏明确的、可靠的信息（Kahn et al. 1964）。而正是由于这种不确定性导致了压力。

施瓦布等人（Schwab et al. 1986）发现，除了角色冲突以及角色模糊以外，还有其他一些组织因素导致了更高层次的压力。首先，有较低的疲倦感的人会感到他们在决定教什么以及如何教方面有更多的自由度和自主性。其次，那些认为他们有能力参与到学校相关的决策制定过程中来的教师受到的压力较小。

在工作设置中能否有一个有效的同事间的支持网络被证明和疲倦的各个方面有紧密的联系（Blase 1986, Jackson et al. 1986, Roders-Jenkinson and Chapman 1990）。基于此，我们就需要注意到一个人从他的同事那里获得的帮助和支持要比管理者的支持更重要。一个有效的支持团体的成员能够相互之间提供情感上的慰藉，当某人的行为不是很得体的时候能以仁慈的方式来对待他，能够提供与工作相关的支持，能够提出技术上的挑战以促进个人的发展，能够作为积极主动的聆听者，还能够分享相似的价值观、信仰以及对现实的领悟（Pines et al. 1981）。

对于组织变量与教师疲倦程度之间的关系进行的调查研究大部分是依赖于自我报告的调查工具。教师的选取主要是跨区域的，而也有少部分研究把单个学校作为分析单位（Hubert et al. 1990）。这些研究经常使用回归分析或者类似的统计方法来识别那些与疲倦值有密切联系的压力因素。即使是最完整的以及最复杂的研究也不过解释出疲倦的20%到40%的变量。因此，我们可以假使个人之间的差异造成了教师处理压力的情况有如此大的区别，或者还有其他一些环境因素还未被我们发现。

2.3　个人以及背景变量

不幸的是，个性种类以及个性检验方法还远非完善，并且要设计和掌握使用全面综合性的工具也非常困难，并且耗时、耗钱。因此，许多研究都是来检验分离的个性特点以及他们与教师疲倦的关系，而不是从整体上看个性差异以及他们对教师疲倦所起的作用。

例如，麦金泰尔（McIntyre 1984）、卢茨和马迪雷拉（Lutz and Madirala 1990）发现，那些有着外部控制力的教师比那些有内部控制力的教师更容易疲倦。那些有外部控制力的教师会感到他们的命运不在他们自己的手上，他们的生命要由别人来控制。他们相信运气、命运，或者认为有着强大力量的别人来掌管发生在他们身上的事情。有着内控力的人会感到人生中的事情是由自己来控制的。

安德森和伊万尼克基（Anderson and Iwanicki 1984）、马兰奥乌斯基和伍德（Malonowshi and Wood 1984）发现他们高层次的需要能够在工作中被满足的话，他们很少会感到疲倦。高层次需要包括自我实现的需要（也就是对成功、成就发挥自身全部潜能的需求）以及自尊的需求（也就是对自己以及他人对自己所做事情的尊重）。

另外，还有几个背景因素也与疲倦程度有关。研究表明，男性比女性更容易疲倦，教小学要比教中学的压力小，未婚的人们所受的压力要大于已婚的人们，并且在大的学校以及城市中学校里的教师也受到了较大的压力（Burke and Greenglass 1988，Farber 1991，Schwab and Iwanicki 1982b，Malonowshi and Wood 1984）。

3. 处理与缓解压力

对于通过干预放大来缓解教师压力的效果的研究是有限的。现有的少量研究只是注重了应付压力的单独的方面。例如，詹金斯和卡尔霍恩（Jenkins and Calhoun 1991）发现，那些受过个人压力缓解活动培训的教师在培训完成之后的确需要更多地实施这些活动来缓解他们的压力，他们没法决定参与到这些活动中是否减少了他们的压力，只有一项研究检验了在组织水平上进行的干预，但研究结果也较为有限。施瓦布（1991）研究了通过不同的组织方法来为实习教师建立辅助团体的有效性。尽管他的研究发现，当把几个实习教师放在同一所学校里并定期召开辅助团体会议时会产生一些好处，但同一组使用了另一个方法的实习教师相比，该组教师的压力程度并没有多大差异。

4. 研究问题

关于教师压力和疲倦的研究，一个好消息就是20世纪90年代初人们对此的了解要远远多于20年以前。而坏消息就是对于环境因素如何同个人之间的差异相互作用从而产生疲倦，以及该如何处理这一问题，我们要学的还有很多。接下来的研究活动应该对此以及其他一些重要问题有所启发。

首先，我们急需对个性类型与环境压力来源之间的复杂的相互作用进行纵向研究。以前进行的跨领域研究可以回答某些问题，但却不能帮助我们来理解个性与环境长久以来相互作用的复杂性。

其次，我们要建立起有效可靠的个性库，以使我们能够精确地衡量个性之间的差异和压力的程度以及产生压力的环境因素。尽管在小测试上我们已经有一些有效可靠的方法，但用于开发干预策略的综合测试方法还很有限。

再次，涵盖组织因素与个人应对策略的整体干预策略应当由交叉学科的团队来形成，这些团体包括心理学家、社会学家、组织行为学家、医学研究者、教育管理研究者，以及心理测量专家，一定要纵向研究对这些干预策略的有效性进行的监控研究结果，以此来确定压力程度是否可以被降低，并且被保持在这些较低水平上。现在对该现象已经有足够的知识来开始这样的研究了。

最后，全球都在进行着学校的改革与重组。随着学校重组努力的发展，跨文化的比较将成为人们研究的一方热土。例如，在美国，实地管理的举动，教师参与决策制定，把所有的学生纳入正规的学习班级，基于成果教学以及无穷无尽的倡议都将对教师造成影响。他们会不会减轻压力？还是会创造出新的压力而导致教师的疲倦？

5. 结论

我们期待教师来改正社会的不足，灌输价值观，教授基本与高等的思维技巧，并且教学生准备好迎接全球化市场的挑战，这一点在未来是不太可能改变的。毋庸置疑，在 21 世纪的 90 年代，学校会发生变化来满足这么多方面的需求。因此，教师压力的话题仍是将受业内外人士一直关注的一个大问题。

R. L. 施瓦布（R. L. Schwab） 著
郭玉峰 译

附录

Anderson M B, Iwanicki E F 1984 Teacher motivation and its relationship to teacher burnout. *Educational Administration Quarterly* 20(2):94—132

Blase J 1986 A qualitative analysis of sources of teachers stress: Consequences for performance. *Am. Educ. Res. J.* 23:13—40

Burke R J, Greenglass E R 1989 Psychological burnout among men and women in teaching: An examination of the Cherniss model. *Hum. Relat.* 42(3):261—273

Byrne B M 1992 Investigating causal links to burnout for elementary, intermediate, and secondary teachers. Paper presented at the American Educational Research Association Annual Meeting, San Francisco, California

Crane S, Iwanicki E F 1986 Perceived role conflict, role ambiguity, and burnout among special education teachers. Rem. Spec. Educ. 7(2):24—31

Dewe P 1986 Stress: Causes, consequences & coping strategies for teachers. ERIC Document Reproduction Service No. ED 280 807, Washington, DC

Dworkin A G 1987 *Teacher Burnout in the Public Schools: Structural Causes and Consequences for Children.* SUNY Press, Albany, New York

Farber B A 1991 *Crisis in Education: Stress and Burnout in the American Teacher.* Jossey Bass, San Francisco, California

French J R Jr., Caplan R D 1972 Organizational stress and individual strain. In: Marrow A J (ed.) 1972 *The Failure of Success.* Amacom, New York

Friedman I, Farber B A 1992 Individual and socially reflected aspects of professional self-concept as predictors of teacher burnout. *Journal of Education Research* 38(2):28—35

Freudenberger H J 1974 Staff burn-out. *J. Soc. Issues* 30:159—165

Friesen D, Prokop C M, Sarros J C 1988 Why teachers burn out. *Educ. Res. Q.* 12(3):9—19

Gmelch W 1988 Research perspectives on administrative stress: Causes, reactions, responses and consequences. *J. Educ. Adm.* 26(2):134—140

Goodlad J I 1984 *A Place called School.* McGraw Hill, New York

Hiebert B, Farber I 1984 Teacher stress: A literature survey with a few surprises. *Can. J. Educ.* 9(1):14—27

Hubert J A, Gable R K Iwanicki E F 1990 The relationship of teacher stress to school organizational health. In: Bacharach S B (ed.) 1990 *Advances in Research and Theories of School Management and Policy.* JAI Press, Greenwich, Connecticut

Jackson S E, Schwab R L, Schuler R A 1986 Toward an understanding of the burnout phenomenon. *J. Appl. Psychol.* 71(4):630—640

Jenkins S, Calhoun J F 1991 Teacher stress: Issues and intervention. Psychol. Sch. 28(1):60—70

Kahn R L, Wolfe D M, Quinn R P, Snoek J K,

Rosenthal R A 1964 *Organizational Stress: Studies in Role Conflict and Ambiguity*. Wiley, New York

Kremer-Hayon L, Goldstein Z 1990 The inner world of Israeli secondary school teachers: Work centrality, job satisfaction and stress. *Comp. Educ.* 26(2—3):285—298

Kyriacou C 1987 Teacher stress and burnout: An international review. *Educ. Res.* 29(2):146—152

Lutz F W, Maddirala J 1990 Stress, burnout in Texas teachers and reform mandated accountability. Educ. Res. Q. 14(2):10—21

Malanowski J, Wood P 1984 Burnout and self actualization in public school teachers. *Journal of Psychology* 117(1):23—26

Maslach C 1982 Understanding burnout: Definitional issues in analyzing a complex phenomenon. In: Paine W S(Ed.) 1982 *Job Stress and Burnout: Research, Theory, and Intervention Perspectives*. Sage, Beverly Hills, California

McIntyre T 1984 The relationship between locus of control and teacher burnout. *Br. J. Educ. Psychol.* 54(2):235—238

Ninomiya A, Okato T 1990 A critical analysis of job-satisfied teachers in Japan. *Comp: Educ.* 26(2—3):249—257

Payne M A, Furnham A 1987 Dimensions of occupational stress in West Indian secondary school teachers. *Br. J. Educ. Psychol.* 57(2):141—150

Pines A, Aronson E, Kafry D 1981 *Burnout from Tedium to Personal Growth*. Free Press, New York

Rodgers-Jenkinson F, Chapman D W 1990 Job satisfaction of Jamaican elementary school teachers. *Int. Rev. Educ.* 36(3):299—313

Schwab R L 1991 Stress and the intern teacher: An exploratory study. In: Conley S C, Cooper B S (eds.) 1991 *The School as a Work Environment: Implications for Reform*. Allyn and Bacon, Boston, Massachusetts

Schwab R L, Iwanicki E F 1982a Perceived role conflict, role ambiguity, and teacher burnout. *Educational Administration Quarterly* 18(1):60—74

Schwab R L, Iwanicki E F 1982b Who are our burned out teachers? *Educ. Res. Q.* 7(2):5—16

Schwab R L, Jackson S E, Schuler R A 1986 Educator burnout: Sources and consequences. *Educ. Res. Q.* 10(3):14—30

Seyle H 1946 The general adaptation syndrome and diseases of adaptation. *Journal of Clinical Endocrinology* 6(2):117—230

教师的专业社会化(Teachers, Professional Socialization of)

"教师的专业社会化"是指个体向教学专业人员转化的过程,进而扮演一个更加成熟的角色,其在专业范围内通常具有很高的地位。从这一描述中我们可以清楚地看到,这一过程的特点依赖于教学的专业特质和结构。所以,20 世纪 80 年代在许多国家发生的教育系统的巨大变化同样将给教师专业社会化带来影响。

"教师专业社会化"指的并不是从学生向教师转变的单一过程,实际上,它是一个包含有选择、有时还包含有可识别的不同职业差别的进步的连续性过程。然而,这对研究者来说很有价值的研究领域却存在着重要的相似性。而且,对于那些对国际问题和比较越来越留心的教师来说,这个领域又是十分有趣的。

本词条共由 4 部分组成:定义、对研究模型的描述、研究发现及近期教育变化和国际比较,并通过一些关于意识形态和意图间冲突的论述将其丰富充实起来。这些论题在每一小节都有论述,与当前社会问题和未来可能发生的危机有着一定的联系。例如,教师究竟应该是国家职员,是仅仅执行国家统治者的计划和意图的官僚主义者呢,还是一个在自己权利范围内的教育者和创造者,一个根据其自身的个人哲学和对愈加不稳定的未来的教育优先权的评估来指导一般目的的专业人员?这个困惑揭示了在当今教育领域中存在的争议和冲突。许多国家关于这个有相反结论的问题的不同观点都得到了发展,这种发展还要继续下去。

1. 专业社会化的定义

在一项早期关于医学学生的经典研究中，默顿(Merton et al. 1957)为社会化下了一个重要的定义，“社会化就是人们选择性地获得价值观和态度、兴趣、技能和知识的过程——简要地说就是所在群体间的文化，或力图成为其中一员”(P. 287)。教学专业社会化的过程远远不仅是学习如何教学。通过对价值观、态度和兴趣的总结，默顿指出，要成为一名教师，远不止获得教学所必需的知识和技能。

尽管默顿的定义无疑有着一定的说服力和有用性，但在现在社会各个方面仍很少使用。这一概念坚持认为教学只是一种文化，是一个在专业范围内关于基本价值和实践的一致性；用学术语言来形容它，就是“中心价值系统”。持这种观点的研究者通常采用社会“功能主义”模式，他们的研究经常被称为中心趋势分析。

这一观点的主要缺陷在于它掩盖了几乎所有专业都不可避免的变更和不同，但却在教学中加以强调。默顿的定义提及了价值观的选择性获得，但很少强调这一过程。它同样很少强调这一获得和应用过程中互动、对立和情境性的基本要素。所有这些要素在其后关于教师专业社会化的研究中受到了重视，因此，需要对其进行细致的验证。事实上，实质性的基本冲突仍然存在，个体积极地从多种价值观和惯例形式中进行选择，这些个体时常关心在何种情况下向谁表露他们的观点和进行实践。

2. 早期关于教师专业社会化的研究模式

如上所述，早期关于专业社会化的研究几乎都是以社会机能主义模式为基础的，使用的是相对拙劣的中心趋势分析方法。这个基本假设暗含着将社会比拟为一个有机体这一社会机能主义对社会的最佳形容。社会的每一部分被视为总体的功能性组成，执行与社会主要目标相协调的基本任务。将这一术语运用到实践中，坚持这个模式意味着有经验、负责的社会成员或专业成员可以识别“好的实践”或“好的教师”。这一得到广泛认同的假设是建立在20世纪50年代到60年代的一项研究的基础上的，那项研究源于人们对试图寻找一种方法来选择会成为“优秀教师的人，提高教师训练水平和对学生以及实践者进行评估”的兴趣社会机能主义(Morrison and McIntyre 1969 P. 13)。

这项研究的失败是由于经验主义和它逻辑方法上的缺陷。它包含着在20世纪70年代遭到激烈抨击的一些教育哲学观点和专业社会化观点。而且，在实践领域它没有成功地预知最优秀的新教师形象，也并未提高教师培训的质量(Morrison and McIntyre 1969)。

然而，这个研究的传统却总能够得到重生。从20世纪80年代开始，政府开始逐渐干预教育系统的改革。他们还拨款并对教育进行研究，以解答他们主要关心的问题，使教师教学更加有效而教育与工农业生产的关系更为密切。这些压力使机能主义者重新投入了研究。

这种从学生向专业人员的转变经常是戏剧性和生硬的。在西方社会，着装上从临时而又古怪的学生风格到学校所要求的近乎正式的服装的转变是非常明显的，这被视为一个人接受更加保守的社会价值观和惯例的深刻变化的信号。早期关于教师社会化的研究强调对社会化研究发起力度的缺乏，突出了学生理想主义观点和将要成为教师的那些人的现实主义及实践倾向性之间的不同。

3. 成人社会化的发展

在20世纪60年代早期出版的两本书为成人社会化研究的实质性进步铺平了道路。贝克尔等人(Becker et al. 1961)对医学学生进行了一项细致的参与性观察研究。早期的社会化研究总是以量表为基础，设计量表的目的在于进行时间先后的比照或与期望结果相对比。贝克尔更关心对社会过程的细致观察，确立了一些能够准确描述其所理解的这一复杂过程的概念。他们确立了专业化研究的惯例，列举了一系列可用于教师专业化的研究的非常有用的概念(如，文化、潜在文化、远景、委托)。

朗(Wrong 1961)的贡献非常之不同。他的学术论文表明了过度社会化的“人”的概念化。他将文化形容为对人类本性的侵扰，作为结果，他认为社会化是个体的基本要素通过选择而能够外显出来的一个不完善或不完全的过程。他的概念成为对社会化的早期机能性理论的一个重要修正，即假定个体由于能力不足或反常行为而适应环境或无法实现环境适应。

尽管贝克尔依然强调社会化制度的形成（通过情境化调节，个体将其自身转变为情境需要的那种类型），这两个理论对后来的理论研究还是都起到了非常重要的推动作用，为更深刻、更复杂地理解专业化奠定了基础。

4. 现代研究惯例及研究发现

专业社会化现代研究惯例的特点可被描述为，将范围更广泛的研究方法论及更丰富的概念和理论框架集中起来，此外还包括决定性较低的文化概念。同时，他还扩展了研究所包含的相关因素的范围。早期研究主要集中在：

(a)培训或学习经验的质量。

(b)在课堂中学生或年轻教师与课堂控制问题、学生学习困难及繁重的家庭作业相对抗时的压力。

(c)重要的“其他人”的影响（如导师、同学或同事、主管教师等）。

现代惯例包括以上这些要素，它经常通过参与性观察、量表和访谈技巧来获得对这些过程及它们的重要性更深层次的洞察。这种惯例还强调了能产生新的理论洞察及概念的其他因素。例如：

(a)学生选择培训课程或学校以开始他们职业生涯的选择过程。

(b)与个人教学目的、关于职员和价值观的观点及个人为创造文化而做出的贡献有关的重要个人议程。

(c)政府或市场对教师形成教学习惯的外部影响，以及在各种教学领域中放宽教师或限制教师的选择。

4.1 对教师专业社会化早期模式的修正

如上所述，机能主义社会理论和量表方法论向我们展示了一个同保守的课堂教学实践相反的场景：新教师像学生一样进行体验，再体验着相对无权的新教师。这个分析是建立在这样一个基础上的：将教师视为受“好实践组成”的一致性观点和要对无法达到一致的新教师施以实质性惩罚——“现实冲击”此二者所压制的一个相对庞大而稳固的文化。

在20世纪60年代到70年代间，教育系统中发生了一些变化，削弱了这些假设的有效性。几乎所有的工业化国家和发展中国家教育供给都有所增加，许多学生接受了父辈们所不知晓的不同水平的教育。教育家们寻求着新教育学及新主题，以迎合大批新学生的需求，教育从此进入了一个进行大量实验、不断变动的阶段。

然而一些研究并没有真正注意到这些变化。西普曼（Shipman 1967）认为能将学生“进步主义”解释成为“印象处理”，一旦大学场景不存在，而职员活动室和教室相联系成为现时，它也将逐渐消亡。同样，汉松和赫林顿（Hanson and Herrington 1976）也将他们对实习教师的研究总结概括如下：

> ……学生能够选择的只有一条路，那就是遵守他们周围的常规知识和方法，这在很大程度上是一种当地传统和社会习俗的积累。（P. 61）

现代惯例并没有完全否定这些研究成果，也没有表明他们并不存在。然而它却说明了那些研究成果不公平的本质和对许多竞争过程的排斥。专业社会化在现代的表现主要源于当个人面临惯例的形成与使他人感知之间冲突的有关文献。尽管这种冲突常常发生在个人身上，但它也同样能产生于集体行为中。研究结果揭示了互动过程的复杂性，即个体在变化的同时却仍旧在其惯例和目的中保留着一些稳定不变的因素。研究还表明，在成人社会化和通过惯例范围内细小变化而产生的社会变化之间存在联系。

4.2 选择过程和预期社会化

由于身份和地位的不同，专业之间也有差异。有威望的培训能够从社会精英中吸引有远大抱负的个人，以在他们专业范围内获得显著的地位，并使他们在下一代有上进心的人中间获得很高的名望。尽管这种培训的入学竞争非常激烈，但它总能以职位及收入上实实在在的益处来获得显著的社会化影响。要想成为专业标准所要求的那种人，人们必须非常细致认真地作准备。这一常被称为“预期社会化”的准备过程在资历老、收入高的专业中最为显著。但是，教育中的这个过程并不十分显著，了解造成这种情况的原因是十分重要的。

在所有现代专业中，教育是一个庞大的、相对开放的专业，要具有社会排他性，对它来说是相当困难的。绝大多数的孩子通过上学对教育就会有一定细致的了解。而且，它是工人阶级和低社会阶级家庭的孩子所希望从事的一个专业。所以，在许多社会中教育是社会变动的一个途径。同时，它还扮演着“照顾”和“技术”的角色。传统上，从事教育的大部分都是妇女，这或许表明，就升职和高职位而言，在许多国家妇女都遭到了歧视，而教育则成为妇女相对较好的职业。对于男性而言，情况则恰恰相反，他们所能从事的职业，比如说医生、律师、工程师等通常都比较赚钱，而教育仅是许多可选职业中的一种。尽管在富有的工业化国家这种情况正在慢慢改变，但这仍将是一种较为普遍的现象。

从其他方面来讲，教育还是一个可以被划分的专业。根据学科原则、课堂中专业人员的资格条件及培训、所任教学校的地位、专业教育协会及联盟、目标及教育哲学意见的不统一而将教育与其他区分开来。这其中的一些部分对于专业社会化过程尤为重要。

人们始终在讨论着教育的目的，教育为青少年进入社会做着准备。由于人们对社会本质的观点各有不同，以至于他们的不同观点在教育及教师培训中都有所体现。研究者还在反复探讨着有关知识本质的不同观点，如：在学科范围内能够很容易地界定知识吗？能够在课程范围内权威地制定知识，并以一系列技能和事实的形式恰当传递吗？抑或是知识不易被界定，每个人对其都有不同的释义，而且最好是在教师的引导下由学习者发现它。在20世纪60年代到70年代的英国，人们对这些问题及其他类似问题的不同理解产生了进行教师培训的不同方法。一些大学的课程变得非常具有创造性，而其他一些还保留着相对传统的课程。反过来，这些不同之处在学生身上也有所体现。他们可以选择符合自己哲学观点的课程。

在一项对英国五所大学教育系的研究中，莱西等人（Lacey et al. 1973）在工作中论证了这一过程。研究中的5种课程是按照传统—革新的课程维度，从课程计划中选择出来的。他们调查了学生选择课程的原因，并依照他们在选择时是否考虑了教育内容或课程组织，将这些原因进行了编码分类。

研究结果表明，学生能够很明确地运用课程教授方面的相关知识来获取希望得到的社会化经验。作为结果，他们影响了其他学生，并同那些会选择能带给自己更喜欢的社会化角色课程的学生一起学习这门课。而如今的社会化研究却常常忽视学生选择的这一方面。

4.3 社会策略

在专业化研究中，运用参与性观察和集中访谈的形式能够得到丰富的数据资料，而这些数据用现有理论或概念是无法解释和描述的。尤其是那些在课堂或研讨会上观察到的复杂的个体行为，经常同从量表中获得的描述性统计不一致。此外，一些个案研究表明，不同情境中的行为有可能明显地相互矛盾。我们要想解释这些行为，必须先要考虑个人意图和场景说明。

许多研究者都采用布伦梅（Blumer 1969）互动理论中社会策略这一概念（Lacey 1977; Woods 1977; Hargreaves 1977, 1980）。这一概念认为人是有目的的存在，能够在不同的行为课程中选择出（明显）有助于解决他们所面临问题的课程。莱西（1977）提出了情境性适应这个概念，把它分为3个明确的策略，并将这些概念同人类行为的革新及机能主义强调的遵从相结合。这3个策略是：(a)内化适应；(b)策略服从；(c)策略再定义。

在内化适应策略中，个体遵从着规定并认为情境中的这些规定是为了实现最佳效果。

策略服从指的是个体服从权威人物对情境的界定及对其行为的规定，但仍保留某些个人行为。解释这个策略的一个例子就是有一位实习生写道：

> 尽管我不同意导师的观点，但是解决问题的唯一方法就是当她在场时就征求她对儿童训练、时间表的探讨、书籍图片和艺术的重要性及课程中故

事这几方面的同意。(Lacey 1977 P.93)

策略再定义是指个体在情境中从事创造性活动,从某种意义上说,实际上是改变了这个情境。那些并不拥有改变情境的正式力量却成功改变情境的个体就经常使用策略再定义。他们通过使那些具有正式力量的人(导师或主管教师)改变他们所理解的情境适当性来改变情境。

库珀(Cooper 1990)、泽克纳和塔巴奇尼克(Zeichner and Tabachnick 1985)对学生教师和新教师在教学实习和刚开始工作的那段时间内,试图运用革新的教学方法对所运用的策略进行了一番研究,同时还对小部分教师做了详细的个案分析。研究结果表明,尽管存在着实际性困难,个体仍然会运用革新的教学方法。库珀发现,当试图对数学教学进行研究时,所面临的最主要的问题是学生教授运用复杂的新方法论时其自身经验的缺乏。泽克纳和塔巴奇尼克的研究发现,在封闭的课堂教学系统中教师拥有实质性的自由,并能维持与主流学校期望相冲突的教学系统。

5. 教育变化及国际比较

自从20世纪70年代中期,持续的经济萧条为第二次世界大战后的经济膨胀画上了一个句号。伴随着提高教育机会平等的措施的制定,人们对教育扩张的态度由乐观、支持变为了批评。教育常常成为经济不景气的替罪羊。在世界范围内,教育都被置于要满足社会经济需要的压力之下,根本不考虑儿童在教育方面的需求。无论国家是富裕还是贫困,这种压力都存在,但结果却惊人地不一致。

贫穷国家,主要是农业国家的教育系统,其特点是教育资源的匮乏。即使是在教学中必须运用说教、死记硬背此类教学方法来培训合格教师也是很少的。官僚主义的政府严格限制教师的自由,在制定课程时,教师几乎没有自主权。这种教育系统导致了师生间关系的疏远,这也是造成许多贫困国家文化教育程度低的主要原因。

自从世界教育大会1990年在泰国宗滴恩(Jomtien)召开后,人们的意见又趋于一致。大家都将关注的重点放在基础教育身上,试图提高城乡贫困地区的识字水平及基本算术水平。由捐赠组织支持的教育政策上的变革使教师培训及专业社会化也有所改变。比如在印度和印尼两国进行了大规模全国性实验项目,为教师提供在职培训。这些培训向教师介绍了学生中心的教学方法、分组学习、讨论、材料学习及相类似的诸如此类的活动。教师专业社会化正在朝向西方工业化国家20世纪70年代所提倡的教育模式发展。如果这能证明是成功的话,那么它在教育系统中确实是一次根本性的变革。

相比之下,频频吸引工业化国家教育评论界目光的却是在新实验项目中所使用的那些教育方法。在这一方面,英国政府最为激进,它试图将市场机制引入教育系统,来作为促进竞争和控制的手段。人们期望学校能够出版考试答案(包括由政府引入的新型考试的答案),课程制定中央集权化,并且减少学校分配到的国家资源的份额。教师与学校在学生及资源市场中进行着竞争,教师专业社会化的影响被最大限度地市场化了。从强调教育及社会问题的官僚政治一专业环境到依照考试成绩和学生数量来发放奖金的市场竞争环境的改变代表了教育所进行的一项最为激进的实验。它将对教师社会化模式产生重要但又无法确定的影响。既然我们对成人社会化已有了更好的理解,那么在20世纪90年代定将出现许多有关教师专业社会化这一领域的探讨和争论。

C. 莱西(C. Lacey) 著

李雨竹 译

附录

Becker H S, Geer B, Hughes E 1961 *Boys in White: Student Culture in Medical School.* University of Chicago Press, Chicago, Illinois

Blumer H 1969 *Symbolic lnteractionism: Perspective and Method.* Prentice-Hall, Englewood Cliffs, New Jersey Cooper B 1990 PGCE students and investigational approaches in secondary maths. *Research Papers in Education* 5(2):127—151

Hanson D, Herrington M 1976 *From College to Classroom: The Probationary Year.* Routledge and Kegan

Paul. London

Hargreaves A 1977 Progressivism and pupil autonomy. *Sociol. Rev.* 25(3):585—621

Hargreaves A 1980 Synthesis and the study of strategies: A project for the sociological imagination. In: Woods P(ed.) *Pupil Strategies*. Croom Helm, London

Lacey C 1977 *The Socialization of Teachers*. Methuen. London

Lacey C, Horton M, Hoad P 1973 *Tutorial Schools Research Project: Teacher Socialization. the Post Grad Training Year*, Social Science Research Council, London

Merton R K, Reader G G, Kendall P L (eds.) 1957 The Student Physician: Introductory Studies in the Sociology of Medical Education. Harvard University Press, Cambridge, Massachusetts

Morrison A, Mclntyre D 1969 Teachers and Teaching. Penguin, Harmondsworth.

Shipman M D 1967 Theory and practice in the education of teachers. *Educ. Res.* 9(3):208—212

Woods P E 1977 Teaching for survival. In: Woods P E, Hammersley M (eds.) 1977 *School Experience*. Croom Helm, London

Wrong D H 1961 The oversocialized conception of man in modern sociology. *Am. Sociol. Rev.* 26(2): 183—193

Zeichner K M, Tabachnick B R 1985 The development of teacher perspectives: Social strategies and institutional control in the socialization Of beginning teachers. *Journal of Education for Teaching* 11(1):1—25

课堂讨论(Classroom Discussion)

通过讨论,人们相互之间获得问题的答案,并知道是如何思考和操作的。讨论也可以用于儿童的教育。讨论是一种古老的、基本的教育活动,它很少用于学校中。我们需要了解讨论最主要的内容有:讨论的本质是什么,讨论是如何进行的,讨论的合理性何在。这也可能理解为什么是讨论? 人们如何去讨论? 为什么要用讨论?

1. 讨论的本质

讨论是小组中成员相互讲,共同检查和解决一些问题,有些事情他们需要理解、评价或决策。当人们在一起讨论时,是相互交换意见,开怀畅想,自由表达,形成自己的观点、情感和方法。在社会或者在学校没有共同的讨论形式。相反,讨论更具有社会性和实践性。

1.1 术语

像大多数人一样,教育家使用讨论的术语有两种:作为一个包括各种形式的来回讲的题目;作为一个特定的术语,是与来回讲相区分的。作为标题,讨论包括"对话"、"会议"、"争论"、"辩论"等术语。该术语还可以延伸,包括接见、协商,甚至是演讲。各种术语都是对讨论的补充。讨论的第二种用途是作为特定意义下的相互讲。例如,在第一种情况下,讲是指将对话称为讨论。在第二种情况下,说就是讨论,没有其他可以替代的术语。

本词条是将讨论看成是第二种情况来处理的,特殊情况下的来回讲,没有另外的名称,它与复述、争论、会议等是有所区别的。这些术语在教育中常常被混淆,但又无法给予界定。值得注意的一点就是所用的参考文献。借助于讨论的特征、讨论应用的前提条件、参与者的意向,很容易将讨论与其他形式的术语区别开来(Dillon 1988a)。虽然在抽象的方面很容易界定讨论(Bridges 1979, Paterson 1970),但是却不容易感知。在实践上,像学生这样的观察者和参与者在讨论或相互作用中很容易去说。

讨论可以被刻画为一种在小组内的相互作用,小组成员一起回答共同的问题,交换和检查不同的观点,这有助于对讨论的问题进行判断、评价和决策。因为是大家的问题,代表大家的利益,所以通过听、说,不同观点碰撞,以期寻求一个满意的答案。这与仅仅是这样的讨论,如正确答案的复述、会议中陈述观点、正反方的争论和辩论、无目的的交谈等是不同的。因此,这些不仅仅是讨论,它们是课堂的相互交谈中的重要形式。

1.2 应用

在课堂中很少听到讨论,教师可能说在课堂上他们用到很多讨论,但是从他们的自述报告中发现是不可能的。

其实,一位高中英语教师将讨论作为其教学中最喜欢用的方法,其次是喜欢背诵。她每周至少搞3~4次讨论。但是,观察者发现在一节课中,她只有5%的时间是用于讨论,而45%的时间是用于背诵(Conner and Chalmers-Neubauer 1989)。尽管在所有学科中24名中学教师报告中说在教学中采用讨论的方法,但是,仅仅其中的7名可以认为是讨论,而其他的是用复述和一问一答的讲述(Alvermann et al. 1990)。

一项大型的对美国1 000所中小学的课堂观察显示:只有4%~7%(Goodlad 1984)的时间用于课堂的讨论(区别于来回地讲)。对美国的36节5年级的数学和社会课的观察发现,区别于复述,在教学环节中用于真正讨论的时间不超过3%(Stodolsky et al. 1981)。

1.3 传统

没有人知道讨论的历史,所以也就无从追溯历史的发展。但是可以挖掘大量的资源。

最早关于讨论的资料始于公元前5世纪古希腊的苏格拉底,在柏拉图和色诺芬以及所记述的苏格拉底时期的雅典人描述了苏格拉底的对话。这在修昔底斯、色诺芬、狄摩西尼斯的口述中都有记载。之后,相关的资料出现在公元后5世纪罗马的鲁弗斯和12世纪巴黎的阿伯拉德的著作中。

讨论的另外的来源主要是来自英国和自由政治理论。16世纪的培根是一位杰出的人物,他在议会委员会中是一名自由的实践者,这要比他在撰写的科学的方法著作更有影响。更著名的是在1859年密尔的《论自由宣言》,杜威1916年的《民主主义与教育》一书中,有关于民主社会中小组活动的论述。

在20世纪30年代的关于讨论及其应用课程和教材出现在美国大学的选修教材中。第二次世界大战期间美国和盎格鲁一撒克逊国家看到了大量的将讨论作为一种民主决策中的热情,或至少是参与民主生活的方式,在《通过讨论的民主》一书中(Lasker 1949),在收音机、电视机频道,在各种民间组织、团体、书吧、工业、宗教和社会工作、心理治疗和成人教育有数不清的讨论组织。

没有更多的关于学校讨论的论述,但是布里奇斯(Bridges 1979)在《教育、民主和讨论》一书中对于讨论中的智力和道德传统给予了极大的推动。与杜威一样,布里奇斯讨论的背景是整个的英国自由政治民主。戈登(Haroutunian-Gordon 1991)的《转向灵魂》将今天美国城市中的学校和柏拉图联系起来,通过小组活动在苏格兰学校教育中传播这种讨论(Francis 1986);经过美国、加拿大、英国和德国专家多学科的努力来共同理解讨论(Dillon 1988b);通过荷兰、法国、英国、澳大利亚和美国同行理解小组描述讨论(Dillon 1993);通过有关讨论的理论、研究和实践文集(Wilen 1990);通过课堂上教师手册或有关讨论的教科书加深对讨论的理解(Dillon)。

2. 讨论的行为

当一个小组进行讨论时,小组中的成员必须有许多讨论的题目。有两种情况,任何年龄的学生可以在学校中讨论任何学科的问题。他们只需要教师帮助他们这样做。

2.1 学科问题

需要讨论的问题,常常对其有种误解,认为像数学和科学这样的"硬"学科是与讨论无缘的,讨论只用于一些"软"的学科,比如文学和社会科学。但是,在硬学科和软学科之间是存在着截然不同的观点的,它远远超过了学科之间的讨论。进一步讲,即使是一些事实,也是可以进行讨论的。

在教育中,学科讨论或者事实的讨论的基础是学生需要学习和应用它们。学生必须确认、评价、知道和理解它们。应用、修正、连接和交流讨论的内容。学生也需要学习这些事物的过程;区别问题的结构、相关的原则、适宜的方法、相关的数据、不同的解决方法、结论。所有这些考虑不仅仅应用于熟悉的领域,比如社会研究,而且也可以应用于所谓的不可以讨论的学科,比如数学(Hoyles 1985)、生物学(Dreyfus and Lieberman 1981)、化学(Fasching and Ericksonberman 1981)、遗传学(Hendrix et al. 1983)。

2.2 气质

一旦有了要讨论的题目，小组必须进行进一步的讨论。这种倾向不仅仅局限于要讨论的意愿。一种与他人讨论的意愿，倾听他人的观点，改变自己的观点并对问题形成一种一致的理解、判断。这种意愿包括一些课程，一些这样的情感，包括开放心态、理性真诚、对他人的尊敬(Bridges 1979)。但是，人们在讨论中不需要表现得非常出色；他们所需要的是基本的讨论的意愿，没有这些最基本的气质，人们是不能参与到讨论中的；从某种程度上来讲他们具有了这种气质，他们就能参与讨论。

显然，与智力、经验、知识和智慧一样，在讨论中技能也是必要的(特别是交往和社会技能)。在深入的讨论中是需要很高的技能的，但是这些并不是讨论所必需的。学校中低龄的儿童可以相互之间听和说，能共同思考和一起做。不需要讨论前的准备，在讨论中，学生的技能和学业成就也得到发展。

2.3 教学法

一般来讲，在学生进行讨论时，教师的行为必须有助于学生讨论。讨论的教学法与其他类型的课，如背诵在行为和实质上是不同的。

为了使课堂进入讨论，教师需要具备基本的气质——智慧的、道德的、民主的，这似乎看上去与主导的教学实践相对立。至少教师必须表现出基本的意愿使得课堂中进行讨论并有助学生进行讨论的热情。教师在讨论中的方法不是像一般的教学情景下对学生进行教导、指导、控制和讲授，在讨论中，教师应该做一名主持人、促进者、示范者，鼓励将讨论深化下去。

教师在讨论中作为一名引导者还需要：帮助学生学习在相同时间里如何进行讨论，帮助他们对问题中的标题进行讨论。这是一项非常艰辛的工作，达到它是教学中的一项重要的成就。但是，没有哪位教师能够成为一名成功的引导者。只是要求教师在讨论中做到如下几点：参与学生的基本活动，尽自己所能去做并且下次做得更好，他们所进行的讨论可能是基本的，但并不比熟练的讨论缺少什么。

假定教师在讨论中的第一个行为是准备讨论的问题。教师细心地形成问题，列出在讨论问题的过程中有可能形成的子问题。在课堂中教师首先展示这些问题，将它们列在黑板上，告诉全班基本的观点，比如为什么它们是这堂课的问题，其中的术语是什么含义。报告这些问题需要2分钟。在课堂上教师提出问题后，让学生去表达这些问题。

当学生讲的时候，教师通过认真听或对话来保持和调整讨论。教师不仅仅是提出问题，而是用一些非提问的行为：各种陈述、信号、沉默和学生问题(Dillon 1988c)。这些有助于讨论过程的进行，因此，教师提问题常常禁锢讨论而变成小组交流(Dillon 1985,1990)。

在课要结束时或课堂某些适合的时间，教师通过总结讨论和陈述全班所面临的问题而帮助讨论。当学生获得讨论的经验时，教师要帮助他们总结问题。新问题可以有助于下一节课的活动、下一部分阅读和报告或接下去的讨论。在这样的情况下，学生在以前学科学习中所产生的讨论的问题有助于正在进行和将要进行的学习。

3. 合理性

只有证实讨论是一种教育活动，而且具有很多优点，这样才有助于讨论的开展。有时这会收到外界强有力的影响，动摇这种尝试，从而对讨论失去信心。这更多是在于教师的无能和对于整体状况的反感。

3.1 反对使用讨论的原因

讨论是教师和学生花很长的时间必须学会的。它费时、结果不定、很难操作。进一步讲，对讨论的批评主要是它无法覆盖学科的内容或无法传递信息，而且结果也不是有效的，它无法去一步一步地训练、实施和评价。

教师没有能力去参与讨论，包括缺乏经验和不知道如何去做，此外，也缺乏在班上讨论的热情。教师可能没有探究的性情，对学生思考缺乏兴趣，对小组过程缺乏信心，也没有真正的民主的态度，特别是对知识和权威。他们可能担心讨论浪费时间(什么也没有得到)，没有覆盖课程的内容，没有完成课题，学生的观点幼稚和不正确，引发了争执和情绪，失去了对全过程的控制和权威。可能有种随意的感觉，当他们使用讨论时，他们好像不是在教学。这些强有力的理由反对使用讨论。

更强有力的反对的理由是社会和学校没有讨论的背景，其中看不到有什么需要讨论，也没有什么地方适合讨论。学校一个非常显著的特征是不支持任何讨论，与讨论相比，他们更热衷于实践。社会规范和实践使讨论背离了日常经验。这些规范和实践强化了小组中的个人，强调公众参与中的个体的想法，权威取代了探究，政策取代了公众作为知识和决策的来源。讨论的模式是交谈、对话、确信、说服和怀疑。这与有纪律的推理、分析和证据相对。当面临着周围的反对声音时，讨论只能保持低调。

3.2 使用讨论的理由

通过讨论，学生的学习及其过程都得到进一步加强。学生探究了学科中的问题，获得大量的知识和理解，且能够形成判断。通过讨论，学生学会了如何讨论。此外他们学会了民主的态度和行为，因此，讨论不仅有助于过程而且也有助于结果，不仅仅是智力的过程，而且也有情感和态度方面的因素。讨论有助于强化认知、情感和交流，也有助于小组的合作、建构。

但是上面的这些没有一项是基本的，所有可能的构建都是针对讨论的实质的，好像是一种对于结果的一种技术竞争的工具。讨论本身是一项基本的教育活动。人们在群体中讨论且在活动中探究，在与他人相互交流中发现和决策。这些都是古老讨论的应用，激励人们通过一起讨论发现什么是正确的，以及如何实施。

4. 结论

研究者不是用讨论的结果和有效性来证明和说明讨论，而是描述讨论的优点和应用。研究可能不仅仅描述讨论的过程，而且还包括成功讨论的作用和条件。在课堂中什么时候讨论进展得顺利，什么时候进展有困难，这些方面的知识是必需的。一些有思想的著作在赞扬、说服和为讨论提供实施的动力，提出讨论的正确利用，而且坚持实践也是需要讨论的。

对于乐于实践的人来讲，一个最好的建议就是尝试使用讨论。通过学习、研究、观察、参与和反馈，实践者可以学会关于讨论的许多方面的东西，因此，它是一种长期的有信心的尝试。

J. T. 狄龙(J. T. Dillon) 著

綦春霞 译

附录

Alvermann D E, O'Brien D G, Dillon D R 1990 What teachers do when they say they're having discussions of content area reading assignments. *Read. Res. Q.* 25: 296—322

Bridges D 1979 *Education, Democracy and Discussion.* NFER, Slough

Conner J, Chalmers-Neubauer I 1989 Mrs Schuster adopts discussion. *English Education*21:30—38

Dillon J T 1985 Using questions to foil discussion. *Teaching and Teacher Education* 1:109—121

Dillon J T 1988a Discussion VS. recitation. *Tennessee Educational Leadership* 15:52—64

Dillon J T (ed.) 1988b *Questioning and Discussion: A Multidisciplinary Study.* Ablex, Norwood, New Jersey

Dillon J T 1988c *Questioning and Teaching: A Manual of Practice.* Croom Helm, London

Dillon J T 1990 *The Practice of Questioning.* Routledge, London

Dillon J T (ed.) in press *Deliberation in Education and Society.* Ablex, Norwood, New Jersey

Dillon J T in press *Using Discussion in Classrooms.* Open University Press, Buckingham

Dreyfus A, Lieberman R 1981 Perceptions, expectations and interactions: The essential ingredients for a genuine classroom discussion. *Journal of Biological Education*15(2):153—157

Fasching J, Erickson B 1985 Group discussions in the chemistry classroom and the problem-solving skills of students. *Journal of Chemical Education* 62(10): 842—846

Francis E 1986 *Learning to Discuss.* Scottish Curriculum Development Service, Edinburgh

Goodlad J T 1984 *A Place Called School.* McGraw-

Hill, New York

Haroutunian-Gordon S 1991 *Turning the Soul: Teaching Through Conversation in the High School*. University of Chicago, Chicago, Illinois

Hendrix J, Mertens T, Smith J 1983 Facilitating effective small group discussions of controversial issues. *Journal of College Science Teaching* 13:21—25

Hoyles C 1985 What is the point of group discussion in mathematics? *Educ. Stud. Math.* 16(2):205—214

Lasker B 1949 *Democracy through Discussion*. Wilson, New York

Paterson R K 1970 The concept of discussion: A philosophical approach. *Stud. Adult Educ.* 2(1):28—50

Stodolsky S, Ferguson T, Wimpelberg K 1981 The recitation persists, but what does it look like? *J Curric. Stud.* 13(2):121—130

Wilen W (ed.) 1990 *Teaching and Learning through Discussion: The Theory, Research and Practice of the Discussion Method*. Thomas, Springfield, Illinois

合作学习(Cooperative Learning)

将学生组成一个小组一起学习在世界上是一种古老的教育实践。美国与欧洲、以色列和英国的小组合作学习的方法存在着明显的差异。在美国合作学习常常用于掌握概念、技能和相对有结构的程序。合作小组的成员常常是由 4 个水平不同的人组成,这些小组要保持几周或几周以上。相反,除美国以外,其他国家的小组合作学习常常没有结构的讨论或小组的计划。进一步讲,活动的目的至少是比较高级的或者是针对某些具体的内容进行的问题解决的高级思维。

在合作学习方法上的研究也存在着很大的不同。美国的合作学习方法(包括在其他国家实施的方法)与传统的侧重于学业成绩的方法相比,更加强调实验。小组调查,发源于以色列,教育家杜威的项目实验的方法就属于这种类型(Sharan and Shachar 1988)。相反,较少地有关于正式的合作学习的方法研究,人们往往是给出合作活动的说明而不是对于活动的结果给出评价(Barnes and Britton 1969)。

本词条对于合作学习和传统的方法进行了概要的比较。除了小组调查法以外,所有的这些合作学习的方法都产生于美国。但是与这些方法相关的一些方法和研究则归功于加拿大、以色列、德国、荷兰和尼日利亚。

1. 合作学习的方法

虽然社会心理学对合作学习的研究可以追溯到 20 世纪 20 年代(Slavin 1989),但对于合作学习在课堂中具体运用的研究则是 20 世纪 70 年代初才开始的。在那时,研究者们一共组成了 4 个独立的研究小组着手开发与研究课堂情境中合作学习的方法。其中,有 3 个研究小组在美国,另外一个在以色列。在 20 世纪 90 年代早期,世界各国的研究者在从事合作学习的原理和应用的研究。下面就一些目前研究最广泛的基本的合作学习方法作一简要的介绍。

1.1 学生小组学习

学生小组学习法是约翰·霍普金斯大学开发出来的。在所有实用的合作学习方法的研究中,有一半以上涉及学生小组学习法。

所有的合作学习方法有一个共同的观念,那就是:学生们一起学习,既要为别人的学习负责,又要为自己的学习负责。除了合作学习的观念外,学生小组学习法还强调运用小组目标和小组成功,这种成功只有在小组所有成员都学会所教的目标时才能获得。也就是说,在学生小组学习中,学生的任务不是以一个小组的形式做某些事,而是去学会某些事。

对于学生小组学习法来说,有 3 个概念十分重要。它们是:小组奖励、个人责任和相同的成功机会。在这些方法中,如果小组达到了预定的标准,那么小组就可以得到认可或得到其他形式的小组奖励;个体责任是指小组的成功取决于所有组员个人的学习。这便把小组成员获得的焦点集中到互教互助上来了,由此可以保证小组中的每个成员对测验或其他形式的评价有良好的准备。相同的成功机会是指学生通过提高自己的成绩来对他们的小组做出贡献,这种学习是标准参照性的(与自己过去的学业成绩比），而不是常模参照性的。这就保证了学习上快、中、慢的学生都能尽己所能，而且所有组员的贡献都会受到重视。

关于合作学习法的研究业已表明，小组奖励和个人责任对于学生获得基本知识和技能是十分重要的。仅仅告诉学生在一起学习是不够的，必须有理由使他们严肃地看待他人的学习成绩。研究还表明，如果学生们是因为比过去做得好而受到奖励，并非将他们的成绩与别人的成绩相比较而受到奖励，那么学生会有更强的动机去取得成绩。因为对学生来说，通过进步而获得奖励，既不太难，又不太易。而要通过成功去得到奖励，情况就不大相同了。

迄今为止，已有4种学生小组学习法得到广泛的开发与深入的研究。其中有两种是适合于大多数学科和年级水平的一般合作学习法——学生小组成绩分阵法（STAD）、小组游戏竞赛法（TGT）。另外的两种方法是用于具体学科具体年级水平的：小组辅助个人法（TAI），适用于3～6年级的数学课；合作性读写一体化法（CIRC），适用于3～5年级的写作和阅读教学。下面分别作一简要介绍：

1.1.1 学生小组成绩分阵法

在STAD（Slavin 1986）中，学生分成4人一组，要求成员在成绩水平、性别、种族等方面具有异质性。教学的过程是先由教师授课，然后学生在他们各自的小组中学习，使所有小组成员掌握所教内容。最后，所有学生都就所学内容参加个人测验，此时，不允许他们再互相帮助。

学生的测验得分用来与他们自己以往测验的平均分相比，根据他们达到或超过自己先前成绩的程度来计分（也叫提高分计分制）。然后将小组成员的个人分数相加构成小组分数，达到一定标准的小组可以获得认可或得到其他形式的奖励。整个周期，从教师的讲授到小组练习，再到测验，通常要用3～5个课时。

STAD曾在相当广泛的学科领域中得到应用，从数学到语言艺术，以至社会学科，而且被运用于从二年级直至大学的各级教育水平。它最适合于有一个正确答案、目标明确的教学，如数学计算和应用，语言用法和技巧、地理和绘图技能以及科学事实和概念。

1.1.2 小组游戏竞赛法

小组游戏竞赛法是约翰·霍普金斯大学所创设的合作学习法中最早的一种。它运用了与STAD一样的教师讲授和小组获得，不同的是它以每周一次的竞赛代替了测验。在竞赛中，学生们与来自其他小组的成员进行竞争，以便为他们自己的小组赢得分数。学生们在3人组成的“竞赛桌”旁进行竞赛，竞赛对手是过去在学业成绩方面有相似记录的同学。这种方法有一个不断调整的过程，它依据每次竞赛中学生的成绩对学生竞赛桌的安排每周进行一次调整，使竞争趋于公平。每个竞赛桌的优胜者都为其所在小组赢得6分，而不管是哪一个桌。这就意味着学习速度慢的学生（同其他学习速度慢的学生进行竞争）和学习速度快的学生（同其他学习速度快的学生进行竞争）都有成功的均等机会。与STAD相同，成绩优异的小组获得认可或其他形式的奖励。

1.1.3 小组辅助个人法

TAI（Slavin et al. 1986）与STAD和TGT一样，也是运用4人能力混合学生小组和对成绩优异者给予认可的办法来展开活动的。但STAD和TGT对全班实行同一速度的教学，TAI则把合作学习与个别化教学融合在一起。另外，STAD和TGT适用于大多数数学学科和年级水平，而TAI是特别设计用来教3～6年级的数学的。

在TAI中，学生们根据安置测验的结果进入个别化程序，按自己的学习速度学习。一般来讲，小组成员都学习不同的单元。小组成员根据答案单相互检查作业，在遇到问题时互相帮助。在小组成员参加最后的单元测验时，小组成员不能互相帮助，评分工作由班长来进行。教师每周统计所有小组成员学完的单元总数，根据最后通过测验的人数对超过标准分的小组进行认可或给予其他形式的小组奖励。

由于学生们承担了相互检查作业的责任并控制学习材料的数量，所以教师可以把课堂上的大部分时间用于给小组授课。例如，教师可以召集学习“小数”的学生组成小组，对之讲解有关小数的知识，然后再让他们回到各自的小组中从事小数的作业。接着教师召集"分数"小组来，对之进行讲解，依此类推。

1.1.4 合作性读写一体化法

学生小组学习法中最新的一种就是 CIRC，它主要用于小学高年级的阅读和写作教学。在 CIRC 中，像美国传统的阅读方法一样，教师运用基础读物和阅读小组，学生们被分配到由来自不同阅读小组的学生配对而组成的小组中。当教师在一个阅读小组教学时，其他小组的学生则结对进行一系列的认知活动，包括相互朗读、预测故事将怎样结尾、互相对故事进行总结、写出故事的答案、练习拼写、翻译和词汇。学生们在小组中理解主要的观念并掌握其他的理解技巧。在上语言艺术课的过程中，学生们写草稿，修改和编辑别人的作业，并准备"发表"小组的成果。

在大多数的 CIRC 中，学生们的活动基本上是按照这样一个程序来进行的：教师教学、小组练习、小组预测、正式测验。学生在确认他们的小组成员都做好了准备时才进行正式测验。小组奖励是根据所有小组成员在阅读和写作中的平均成绩给予认可的(Slavin，Leavey and Madden 1986)

1.2 切块拼接

切块拼接法是阿诺森(Aronson)及其同事设计的。在这一方法中，首先将学生安排在由 6 人构成的小组中，学习事先就已经分割成片断的学习材料。如一篇传记可以分为早期生活、主要成就、主要挫折、晚年生活和对历史影响等几个部分。然后，各个小组中学习同一内容的学生组成"专家组"，在一起共同讨论他们所学习的那部分内容直至掌握。接着学生们分别返回各自的小组，轮流教他们的组员所要学习的那部分内容。因为除了自己掌握那部分内容外，学生们要想掌握其他的内容，唯一的途径就是认真倾听他们的小组成员的讲解，因而他们具有彼此支持的动机并表现出对彼此作业的兴趣。

后来，斯莱文(Slavin 1986)博士对切块拼接法进行了改良，形成了它的修正行，叫作切块拼接法Ⅱ。在这种方法中，与 TGT 和 TAI 一样，学生在 5 或 6 人小组中进行学习。代之以分配给每个学生一部分学习内容，所有的学生都得首先阅读同一篇叙事材料，如一本书的一章，一篇短篇小说或传记。但每个学生都要就某个部分学至精熟成为"专家"。学习同一部分内容的学生汇集在专家组中展开讨论，然后回到各自的小组中将其所学教给他们小组的成员。然后各自参加测验，依据 STAD 的计分方法来计算小组得分，达到预定标准的小组获得认可。

1.3 共学式(LT)

共学模式是由明尼苏达大学的约翰逊兄弟(Johnson D W and Johnson R T 1987)研究开发的一种合作学习的方法。他所研究的这种方法要求学生在 4 或 5 人的异质小组中学习指定的作业单。小组共交一份作业单，依小组的成绩接受表扬和奖励。他们的方法强调学生共同学习前的小组组建活动和对小组内部组员活动情况的定期讨论。

1.4 小组调查(GI)

小组调查法是由以色列的特拉维夫大学的沙罗姆·沙龙夫妇(Sharan Y and Sharan S 1976)创设的，是一项普通课堂组织计划。学生们在小组中运用合作性探究、小组讨论和合作性设计展开学习活动。在这一方法中，学生们组成他们自己的 2～6 人小组。在从整个班级都学习的单元中选出一个子课题之后，各小组再将子课题分割成个人的任务，落实到每个学生身上，并开展必须的活动以准备小组报告。最后，每个小组作一个介绍或展览，以向全班交流他们的发现。

2. 关于合作学习的研究

大约 70 项以上的关于中小学合作学习的不同方法的效果比较研究表明，这些研究持续时间至少 4 周，其中 63 项认为对于学生的学业成绩是有效的。合作学习与其他传统的方法的比较是针对相同的教学目标来进行的，实验班和控制班的教师和学生是随意选定的，或他们的前测差异实行了统计控制。

2.1 学业成绩

关于 63 项合作学习与学业成绩的比较中，其中的 36 项(占 57%)有积极的效果；26 项(41%)没有相关性；只有少部分的结果有利于控制组。但是，不同的合作学习方法，其效果也存在着很大的差异。

如前所述,如果合作学习有效的话,其中的两项是非常重要的:小组的目标和个人的责任(Slavin 1983a,1983b,1989)。也就是说,小组必须获得共同的目标而且小组的成功是基于组内每个成员成功的前提下。在合作学习方法中,这些因素呈现出了正相关性:41 项研究中有 34 项有积极的效果(83%)。相反,在 22 项研究中只有 4 项(18%)缺乏小组的目标和个人的责任和学生的学业成绩呈正相关。

合作学习对于所有水平的学生来说都是有效的,虽然有时发现对于成绩高的学生和成绩差的学生、男生或女生更有效,但一般来讲,对于所有的学生都是有效的。有时,人们觉得合作学习不利于学业成绩高的学生,但没有资料支持这种主张。相反,与中低水平的学生相比,合作学习对学业成绩高的学生同样有利(与传统班的高成就学生相比)(Slavin 1989)。

2.2 组间关系

社会科学家一直主张,在反种族隔离的情境中,各种组间的合作是保证积极的组间关系的重要手段。在美国的组间理论中起主导的"接触理论"(Allport 1954)认为,只有使学生参与学校组织的合作性的地位平等的相互作用时,积极的组间关系才会在学校反种族隔离的情境中产生。合作学习法的研究证明了接触理论的这一论断。特别要求学生在研究开始和研究结束时列举出他们最要好的朋友的名单。学生们在自己的种族之外对友谊选择的次数通常是测量组间关系的重要尺度。研究表明,学生小组成绩分阵法、小组游戏竞赛法、小组辅助个人法、切块拼接法、共学式和小组调查法等的运用,对于组间关系都有着积极的影响。

有两项研究,一项是关于学生小组成绩分阵法的(Slavin 1979),另一项是关于切块拼接法Ⅱ的(Ziegler 1981)。他们都对研究结束几个月以后的组间友谊进行了追踪调查。结果发现曾在合作学习班学习过的学生,仍能明显地比控制班的学生说出更多的自己种族以外的朋友的名字。关于小组调查法的两项研究发现,小组调查法能够改善学生对待不同种族背景同学的态度和行为。关于小组辅助个人法的一项研究(Oishi 1983)指出,这一方法对于班内外学生跨种族的相互作用具有积极的影响。

在美国进行的有关合作学习与群体关系的研究主要是以黑人、白人和墨西哥学生(有几例)为研究对象的。齐格勒(Ziegler 1981)对切块拼接法Ⅱ的上述研究是在加拿大多伦多进行的,那里主要的研究对象是英裔加拿大人和新欧洲移民的孩子。沙龙(Sharan S et al. 1984, Sharan S and Shachar C 1988)对小组调查法所进行的研究是在以色列进行的,其中涉及犹太人和中东人的友谊问题。

2.3 一体化和统合

对于友谊来说,虽然种族问题是一个重要的障碍,但它远不如缺陷儿童与正常发展的同伴之间在体质上或心理上的差别更大。当然两者不是同一性质的问题。在北美被称之为"一体化"和在欧洲被称为"统合"的运动旨在安置尽量多的缺陷儿童于常规的课堂之中。这一运动为缺陷儿童创造了前所未有的机会,使他们在社会的主流中找到了自己的位置,但也为教师带来了大量的实际问题,并且常常会导致缺陷儿童的社会拒绝。由于合作学习法在克服种族障碍方面富有成效,因而这些方法也常常被用来提高一体化的可接受性。

关于合作学习与一体化的研究,过去主要集中在学业落后的儿童身上。在一项研究中,学生小组成绩分阵法的运用,明显降低了正常学生对弱智儿童的拒绝程度,提高了所有学生——不管是弱智学生还是正常学生的学业成绩和自尊(Madden and slavin 1983)。合作小组的其他研究也表明了弱智学生和正常学生之间的关系有了很大的改善(Cooper et al. 1980, Slavin et al. 1984)。

2.4 自尊

合作学习班上的学生较传统教学班上的学生对自己有着更积极的情感。小组游戏竞赛法、学生成绩分阵法(Slavin 1983a)和切块拼接法(Blaney et al. 1977)以及 3 种方法的结合使用(Slavin and Karweit 1981)都能提高学生的自尊。研究还发现小组辅助个体法也能提高学生的自我概念(Slavin et al. 1984)。

2.5 其他成果

合作学习除了对学业成绩、组间关系、一体化学生较高的接受性和自尊具有积极影响外,研究还发现它对其他一些重要的教育效果也有影响。这些结果包括:学生对学校的喜爱、有利于获得良好学业成绩的小组规范的形成、学生在学校中对自己命运的主宰、形成合作和利他主义的情感(Slavin 1990)。此外 TGT(DeVries and Slavin 1978)和 STAD(Janke 1978)对学生的用功时间具有积极影响。最后,堪萨斯市学校一项值得注意的研究发现,在合作学习中,一些濒于成为少年罪犯的低社会经济背景的六年级学生,较控制年级的学生有着更好的出勤率(Hartley 1976)。

3. 结论

合作学习法的研究证明,合作学习的策略对增进诸如各年级水平和许多学科的学业成绩,改善组间关系和一体化学生与常规学生之间的关系,提高学生的自尊等均是有效的。对合作学习策略广泛而越来越多的运用表明,除了它们的有效性外,对教师来说,合作学习法是实际的,有吸引力的。

R. E. 斯莱文(R. E. Slavin) 著

綦春霞 译

附录

Allport G 1954 *The Nature of Prejudice*. Addison-Wesley, Cambridge, Massachusetts

Aronson E, Blaney N T, Stephan C, Sikes J, Snapp M (eds.) 1978 *The Jigsaw Classroom*. Sage, Beverly Hills, California

Barnes D, Britton J 1969 *Language, the Learner, and the School*. Penguin, Harmondsworth

Blaney N T, Stephan S, Rosenfeld D, Aronson E, Sikes J 1977 Interdependence in the classroom: A field study. *J. Educ. Psychol.* 69(2):121—128

Cooper L, Johnson D W, Johnson R, Wilderson F 1980 Effects of cooperative, competitive and individualistic experiences on interpersonal attraction among heterogeneous peers. *J. Soc. Psychol.* 111:243—252

DeVries D L, Slavin R E 1978 Teams-Games-Tournament (TGT): Review of ten classroom experiments. *J. Res. Dev. Educ.* 12:28—38

Hartley W 1976 Preventive outcomes of small group education with school children: An epidemiologic follow up of the Kansas City School Behavior Project. Education Report. National Institute of Mental Health, Rockville, Maryland

Janke R 1978 The Teams-Games-Tournament (TGT) method and the behavioral adjustment and academic achievement of emotionally impaired adolescents. Paper presented at the annual convention of the American Educational Research Association, Toronto, April

Johnson D W, Johnson R T 1987 *Learning Together and Alone*, 2nd edn. Prentice-Hall, Englewood Cliffs, New Jersey

Madden N A, Slavin R E 1983 Cooperative learning and social acceptance of mainstream academically handicapped students. *J. Spec. Educ.* 17:171—182

Oishi S 1983 Effects of team assisted individualization in mathematics on cross-race interactions of elementary school children. Doctoral dissertation, University of Maryland, College Park, Maryland

Sharan S et al. 1984 *Cooperative Learning in the Classroom: Research in Desegregated Schools*. Erlbaum, Hillsdale, New Jersey

Sharan S, Shachar C 1988 *Language and Learning in the Cooperative Classroom*. Springer-Verlag, New York

Sharan Y, Sharan S 1992 *Expanding Cooperative Learning Through Group Investigation*. Teacher's College Press, New York

Slavin R E 1979 Effects of biracial learning teams on crossracial friendships. *J. Educ. Psychol.* 71 (3). 381—387

Slavin R E 1980 Effects of individual learning expectations on student achievement. *J. of Educational Psychology* 72:520—524

Slavin R E 1983a *Cooperative Learning*. Longman, New York

Slavin R E 1983b When does cooperative learning increase student achievement? *Psych. Bull.* 94 (3):

429—445

Slavin R E 1985 Cooperative learning: Applying contact theory in desegregated schools. *J. Soc. Issues* 41 (3):45—62

Slavin R E 1986 *Using Student Team Learning*, 3rd edn. Center for Research on Elementary and Middle Schools, Johns Hopkins University, Baltimore, Maryland

Slavin R E 1989 *Cooperative Learning: Theory, Research, and Practice.* Prentice-Hall, Englewood Cliffs, New Jersey

Slavin R E, Karweit N 1981 Cognitive and affective outcomes of an intensive student team learning-experience. *J. Exp. Educ.* 50:29—35

Slavin R E, Leavey M B, Madden N A 1984 Combining cooperative learning and individualized instruction: Effects on student mathematics achievement attitudes and behaviors. *Elem. Sch. J.* 84:408—422

Slavin R E, Leavey M B, Madden N A 1986 *Team Accelerated Instruction—Mathematics.* Mastery Education Corporation, Watertown, Massachusetts

Stevens R J, Madden N A, Slavin R E, Farnish A M 1987 Cooperative integrated reading and composition: Two field experiments. *Read. Res. Q.* 22(4):433—454

Ziegler S 1981 The effectiveness of cooperative learning teams for increasing cross-ethnic friendship: Additional evidence. *Human Organization* 40:264—268

直接教学(Direct Instruction)

"直接教学"是一个有着多种不同含义的一般性词汇,每一种含义都代表不同的教学实践。我们的目的就是要对直接教学的5种不同含义及其起源进行分析和评述,进一步探究它们之间的差异。我们将对每一种含义进行简要解释,并给出能表明其间差异的表格。首先,"直接教学"通常是指在教师指导下的教学,即"由教师提供指导性的教学以实现问题解决"(教师指导教学)。此外,"直接教学"还指代其他3种具体的教学过程:(a)教师的有效探索过程(教师有效教学);(b)教师和研究者教给学生认知策略的教学过程(认知策略教学);(c)与DISTAR相关的教学过程(DISTAR教学)。最后,还有一些作者认为"直接教学"是指教师在教学过程中应避免的行为(非期望的教学)。

1. 教师指导教学

这种教学是直接教学最为普遍的含义,它是指在教师指导下所进行的教学,而与教学如何进行无关。直接教学的这种用法最早见于赖斯(Rice)于1893年所著的《美国公立学校体系》一书中。赖斯在书中抱怨说,"许多年级的孩子接受直接教学的时间不超过2~2.5小时,5小时中有一半的时间是在学校里度过的,而学生忙于做功课的时间则远远不只于此"(P.153~154)。所以,赖斯认为直接教学是在教师的引导下所进行的教学。

从那时起,"直接教学"就常常出现在许多文章中,直至20世纪90年代仍在使用。"在直接教学过程中,教师总是以一种与学生面对面的正式而又合乎情理的形式向学生讲授、说明、示范及论证,教给他们所要学习的技能。在这里教师是关键,他们控制着学习情境,引导着教学,这正与由课程表、配套材料、学习中心或作业本'指导'的教学形成了对比"(Baumann 1984 P.287)。此外,在国外有关阅读计划的一本书中同样也论述了直接教学的这一含义,"学生在一小时中花一部分时间接受教师的直接教学以发展能力,剩余的时间则在教师助手的监督下进行强化和复习"(Broward County Schools 1974)。实际上,直接教学中的教师主导这一方面包含了所有不同的含义:剩余的四种都是由这一含义引申出来的。

2. 教师有效教学

直接教学的另一种含义是指由更加有效的教师所进行的一种特定的教学模式——这其中的有效是由学生在学业考试中的成绩所决定的。这就涉及有关"教师有效教学"、"教师影响"或"过程—结果"方面的研究。

关于过程—结果的研究首先要选择20~30位教同一年级的教师。然后,所有的班级要进行有关阅读、数学或关于兴趣的提前测试。下一步,观察者参与到教师的教学中并记录下大量的不同教学行为的发生频率。这种教学行为包括教师被问及问题的数量及类型、教师反馈的频率、花费在提问和进行指导性练习的时间总量以及教师指导学生独立练习的方式和方法。在观察接近尾声时,所有的学生还要进行一次后测,在对学生的不同初始水平进行调整后,前测与后测的分数要进行统计分析以便确定被观察教师所教班级的不同进步情况。整个研究的最后一步是将进步最大与进步最小的班级的教师教学行为进行比较。这些关于数学和阅读自然状态下的研究及后面的实验性研究提供了大量有关成功教师教学行为方面的信息(Brophy and Goog 1986)。

麦克唐纳和伊莱亚斯(McDonald and Elias 1976)、罗什先宁和史蒂文斯(Rosenshine and Stevens 1986)认为这些研究的结果符合他们称之为“直接教学”的模式。罗什先宁和史蒂文斯得出结论称,通过一系列研究表明,在教结构良好的题目时(例如算术计算、识地图技能等),有效的教师运用下列图式:

(a)以对已学知识的简短复习作为上课的初始阶段。

(b)对教学目标进行简要陈述。

(c)小步子呈现新的教学材料,每一步后为学生提供练习机会。

(d)进行清楚、详细的教授和解释。

(e)为所有学生提供高水平的动态练习机会。

(f)大量提问以检查学生的理解情况,并从所有学生那里获得反馈。

(g)指导学生最初的练习。

(h)提供系统的反馈和纠错。

(i)提供清楚明确的教学,进行课堂练习。如需要,课堂练习时对学生进行监督。

罗什先宁和史蒂文斯随后将这些教学步骤归纳为六项教学“功能”(见表1)。

尽管洪特尔(Hunter 1982)并不认为她的工作是直接教学,但是她的六步教学计划与从关于教师影响研究中所得出的教学程序之间却有着大量的相同之处。她的工作随之又成为直接教学之教师有效教学的又一例证。

表1　教师有效教学中直接教学的教学功能

复习
复习家庭作业
复习已学知识
复习必备知识与技能
呈现
陈述教学目标
提供清楚、详细的教授和解释
引导性练习
大量提问
检查学生理解情况
获得全体学生的反馈
引导学生初始练习
获得高成功率
反馈和纠错
提供系统反馈和纠错
独立练习
提供清楚明确的教学,进行课堂练习
课堂练习时对学生进行监督和帮助
每周每月定期复习

3. 认知策略教学

早在1968年(或许更早),研究者就用“直接教学”作为高水平认知任务教学程序的总结性词汇。例如,在总结涉及2万名学生一年级阅读的27个研究项目的结果时,此项目的一名合作者——戴克斯特拉(Dykstra 1968)坚持认为在理解能力方面直接教学起到了本质性作用。其他的研究者也认为在诸如“连接成句”(Hart 1971)、“程序技能”(Deane 1972)、“应试策略”(Woodley 1975)及“反省性思维”(Readence and Bean 1977)等方面直接教学同样也起到了重要的作用。

大约在20世纪80年代初,许多研究工作者试图通过教给学生诸如概括、质疑等高级认知策略来完成像阅读理解之类的教学任务。他们之中的许多人都用“直接教学”来描述由研究工作者或教师教给学生认知策略的这一教学过程。由此,德尔莫蒂(Dermody 1988)称她的工作为"关于预测、阐明、质疑以及概括的特定理解策略的直接教学"(P. 57)。同样,格拉伊尔(1988)也称她的工作为"概括策略的直接教学"(P. 89)。此外,在另外多项关于理解能力(Larkin and Reif 1976)的研究中同样也出现了"直接教学"的近似用法。

普雷斯利(Pressley 1990)和柯林斯(Collins 1990)对教给学生在阅读、写作和数学方面相关认知策略的研究进行了重复实验。通过进行以发展经验的简短回答测验、概括能力测验和回忆能力测验为标准的评估,总体来说,接受过认知策略直接教学的学生在理解力方面的成绩要远远优于控制组。

一些研究者对这些在研究中表现出显著成效的教学程序加以提取,为在认知策略学习过程中进行直接教学提出了建议以供参考(Collins et al. 1990, Rosenshine and Edmonds 1990)。认知策略的主要教学过程就是要在学生最初的学习阶段为他们提供"支架",或者说是暂时性支持。其中的一些教学程序或支架包括:

(a)由教师模仿展示策略。

(b)作出选择时由教师说出思维过程。

(c)提供有促进功能的特定教学程序提示卡以帮助学生实施这一策略。

(d)将任务分为较小的几部分并分别进行教授,然后再逐渐将它们连接成为整体的过程。

(e)预先考虑学生的错误。

(f)鼓励学生在策略使用时出声思维。

(g)师生之间的互动式教学。

(h)列出关于检测依据的表项。

(i)提供已完成工作的模型。

当学生学会这一策略并能独立完成任务时,支架就失去作用而消失。

4. DISTAR 教学

直接教学的另一含义指的是 DISTAR 程序和与这些课程课件相关联的特定教学程序(Becker 1977)。尽管人们现在只知道 DISTAR 程序,但这些缩略词在最初却是代表算术及阅读中直接教学系统的。DISTAR 程序与较早的教师指导教学方面的含义有一定的重复,而且在这一程序中还有许多教学步骤与教师有效教学相雷同。然而值得一提的是,教师有效教学的教学程序和 DISTAR 教学程序又有着各自相互独立的发展。

由恩格尔曼(Englemann)和他的同伴于 20 世纪 60 年代开发的 DISTAR 程序与 DISTAR 课程课件中特定教学材料的部分内容有着一定的联系,但 DISTAR 却从未发展成为像教师有效教学那样普遍意义上的教学程序。

研究者(Gersten et al. 1987)就 DISTAR 程序指出,他们所理解的"直接教学"具有以下 6 个关键特征:

(a)一个清楚明确的分步策略。

(b)全过程中对每一步的熟练精通。

(c)针对学生的特定纠错策略。

(d)教师指导性活动的逐渐减少以实现学生的独立学习。

(e)通过一系列范例进行充分、系统的练习。

(f)新学概念的积累性复习(P. 49)。

许多 DISTAR 教学程序对于提高"危机学生"的学习成绩具有很大的帮助。肯尼迪(Kennedy 1978)还就提高"危机学生"成绩的有效性方面对 DISTAR 和其他教学程序进行了一番对比。至此,人们就有关直接教学 3 种不同含义的教学程序都分别加以了实验性研究,从结果中我们不难看出,实验组学生的学业成绩要远远高于控制组的学生。但尽管 DISTAR 获得了一定的成功,其某些教学程序如要求学生在教师短暂的呈现后有完全一致的反应等,却由于过于僵化而遭到许多教育工作者的反对。

5. 非期望教学

在一些文章中,"直接教学"为贬义词,指的是不同类型的非期望的教学。非期望的教学常常是指各种遭受批评的教学方式。前面所提及的教师指导教学、教师有效教学模式以及 DISTAR 也包括在内。

对"直接教学"持批评态度的教育工作者将其形容为"独裁主义的教学"(Mckeen et al. 1972)、

“统治式的教学”(Borko and Wildman 1986)、“以牺牲思维能力发展为代价的事实积累”(Edwards 1981)以及考试中心论(Nicholls 1989)等。此外，直接教学还被描述成为教学的“消极、被动”模式(Becker 1980)，将其比作是信息从一个容器(教师的大脑)向另一个容器(学生们的大脑)的灌输(Brown and Campione 1990 P. 112)。这些都为非期望的教学提供了例证。

6. 直接教学的本质

概括起来，关于“直接教学”的使用有以下5点是重复的：

(a)在教师指导下进行的课堂环境(教师指导教学)。

(b)教师有效性研究中有效教师的教学程序(教师影响教学)。

(c)教师向学生传授认知策略时的教学程序(认知策略教学)。

(d)算术、阅读方面直接教学系统的教学程序(DISTAR教学)。

(e)由教师领导的课堂教学环境，尤其是由教师讲而学生被动听的教学环境(非期望的教学)。

教育中其他专业术语的使用同样也存在同词不同义的问题。例如，“蒙台梭利”最初是指由玛利亚·蒙台梭利在其学校中所使用的结构程序，但是到了20世纪90年代，“蒙台梭利学校”在实践中却具有了从高度结构程序到高度非结构程序的不同含义。在教育心理学中，“强化”是指事件发生后紧随其后的行为。但是在课堂教学过程中，强化还表示教师为了巩固学生所学知识而外加的练习。专业词汇的含义总是随着人们对其使用的不同而改变，而“直接教学”正是这种改变的又一例证。

6.1　区别与重合

关于直接教学的这5种含义并没有明显的界限能将它们区分开来。列出一个整齐有序的表格或文氏图表以表明它们含义之间在哪里又是如何重合的是不可能的。同样，想通过修改词义来消除这种混乱状态也似乎是一种奢望。

第一种含义，即一般意义上的教师主导性教学是最为宽泛的，以至于它涵盖了整个的词义范围，而其他词义都是由它引申出来的。这3种不同含义出现了相当一部分的意义重叠。在支架的构建过程中如教师展示、辅导学生的这些步骤，同诸如指导性练习、学生的动态参与以及教师指导活动的逐渐减少之类的教学程序一样，在这3种不同含义的教学程序中都有所体现。如上所述，认知策略教学起源于如阅读理解、科学推理等“缺乏良好结构”任务的研究，而教师有效教学这一含义却起源于对像算术、计算一样“具有良好结构”的教学任务的研究。但尽管起源不同，在这两种含义之间却仍然有着许多共同的教学元素，这些元素包括以下几方面：

(a)小步子呈现新材料。

(b)教师模仿、展示这一程序。

(c)在指导性练习中调整任务难度。

(d)为学生提供程序提示卡。

(e)提供系统纠错和反馈。

(f)为学生提供解决策略。

(g)提供整项任务的专家模型。

(h)全面为学生提供独立操作与练习。

非期望的教学包含有种种对于直接教学的批评。其中一些指向所有的直接教学，而另一些只是针对于教师有效教学或DISTAR教学的。一些批评家将所有的教师指导教学都视为是“教师支配、有武力倾向、专制独裁”而加以批判。不幸的是，当人们在批评教师指导教学是“完全由教师支配时”，总是要把负面标签强行贴在许多认知策略教学研究中的教学程序上。而实际上，那些研究在教给学生认知策略以提高他们独立性方面是非常成功的。

在非期望的教学中有一种特定的不为看好的教学模式，在这一模式中，教师仅仅进行讲授，很少或几乎没有引导性实践和学生的参与。我们需要却苦于找不到一个恰当的词汇来描述这一模式。而“直接教学”是不能够用来表示无效教学的。更确切地说，无论是在认知策略教学还是在教师有效教学中，直接教学都是合乎情理、非常有效的。

6.2　认知策略的直接教学

下面，我们以教育资源信息中心(ERIC)一项调查的相关数据作为例证来进一步说明“直接教学”的使用。数据惊人地表明:许多研究者都用“直接教学”来指代在阅读理解、写作及学习技巧教学中所运用的教学程序。雷斯尼克(Resnick 1987)还曾记录了15项关于试图教给学生一般思维技能的实验研究,在那里她称这种教学程序为“指导性技能训练”(P.25)。

此外,人们还进行了一项关于运用特定教学程序的研究的调查。这些研究包括:教师的展示与模仿、教学程序提示卡和检查标准表目的运用、以简化教学材料作为教学起始、任务的组成部分分步教学等。通过此项研究,人们对直接教学批评者的观点提出疑问:为什么他们认为此种程序是“独裁专制”、“教师权威”和“以考试为中心”的。而且,这些研究又使调和不同意见之间,尤其是与批评者所认为的直接教学只是对低水平技能教授有帮助等论点之间的分歧更加困难。从这些研究中,我们可以得出一个重要的结论:运用直接教学来教授认知策略可以提高学生的阅读理解、写作能力和学习技巧。

7. 对未来的建议

尽管有来自非期望教学拥护者的严厉批评,但是自从20世纪60年代早期起,人们就一直用“直接教学”来指称合乎情理的教育活动,不仅指具有良好结构的教学活动,而且还用以概括教给学生认知策略以促进其独立性发展这一教学程序。帮助学生获得和运用认知策略以促使他们完成更高水平的学业任务的教学也被称为“直接教学”。尽管有些书的作者认为直接教学无法用来教给学生更高水平的认知技能,可是作为认知策略教学的一部分,直接教学已经对上述活动做出了精确的概括与描述。

将来,人们要对直接教学进行批评时,首先应指明批评对象的特定含义和与其相关的具体明确的实践。曲解仍将存在。尼科尔斯(Nicholls)于1989年写道,教师有效教学意味着“终日的考试和教学方法的取消”。但无论怎样,至少要让读者明白到底批评的是直接教学何种特定的含义及实践。

关于3种不同教学含义的研究表明了直接教学程序的合理性。我们希望教育团体能够认识到直接教学每一种含义的合理性,以便使教师在进行认知策略直接教学、有效教师直接教学和DISTAR直接教学时,能够为他们对学生的学习与发展所做出的贡献而感到自豪与骄傲。

B. 罗什先宁(B. Rosenshine)
C. 梅斯特尔(C. Meister) 著
李雨竹 译

附录

Baumann J F 1984 The effectiveness of a direct instruction paradigm for teaching main idea comprehension. *Read. Res. Q.* 20(1):93—115

Becker R M 1980 Teacher behaviors related to the mathematical achievement of young children. *J. Educ. Res.* 73(6):336—340

Becker W C 1977 Teaching reading and language to the disadvantaged: What we have learned from the field research. *Harv. Educ. Rev.* 47:518—543

Borko H, Wildman T 1986 *Recent Research on Instruction.* Beginning Teacher Assistance Program, Department of Education, Commonwealth of Virginia, Richmond, Virginia

Brophy J, Good T 1986 Teacher behavior and student achievement. In: Wittrock M (ed.) 1986 *Handbook of Research on Teaching*, 3rd edn. Macmillan, New York

Broward County Schools 1974 *Exemplary Reading Programs.* Title I Reading Center Program, Fort Lauderdale, Florida (ERIC Document Reproduction Service No. ED 108 148)

Brown A L, Campione J C 1990 Interactive learning environments and the teaching of science and mathematics. In: Gardner M et al. (eds.) 1990 *Toward a Scientific Practice of Science Education.* Erlbaum, Hillsdale, New Jersey

Collins A, Brown J S, Newman S E 1989 Cognitive apprenticeship: Teaching the crafts of reading, writing, and mathematics. In: Resnick L (ed.) 1989 *Knowing, Learning, and Instruction: Essays in Honor of Robert Glaser.* Erlbaum, Hillsdale, New Jersey

Deane E M 1972 Generalizing of process skills developed in elementary science, by fourth graders, to objectives of Florida history with implications for curriculum development. Doctoral dissertation, Florida State University, Tallahassee, Florida

Dermody M 1988 Metacognitive strategies for development of reading comprehension for younger children. Paper presented at the annual meeting of the American Association of Colleges for Teacher Education, New Orleans, Louisiana (ERIC Document Reproduction Service No. ED 292 070)

Dykstra R 1968 Classroom implications of the first-grade reading studies. Paper presented at the College Reading Association Conference, Knoxville, Tennessee (ERIC Document Reproduction Service No. ED 022 626)

Edwards C H 1981 A second look at direct instruction. *High School J*:64:166—169

Gersten R, Carnine D, Woodward J 1987 Direct instruction research: The third decade. *Rem. Spec. Educ.* 8:48—56

Grajia M L 1988 Direct instruction of a summarization strategy: Effect on text comprehension and recall in learning disabled students. Doctoral dissertation, Pennsylvania State University, University Park, Pennsylvania

Hart M M S 1971 An assessment of the ability to manipulate syntactic structures as described by transformational grammar theory. Doctoral dissertation, University of Oregon, Eugene, Oregon

Hunter M 1982 *Mastery Teaching.* TIP Publications, El Segunda, California

Kennedy M 1978 Findings from follow through planned variation study. *Educ. Researcher* 7(6):3—11

Larkin J H, Reif F 1976 Analysis and teaching of a general skill for studying scientific text. *J. Educ. Psychol.* 72:348—350

Linn M C 1977 Free choice experiences: How do they help children learn? Advancing education through scienceoriented programs. Report PSC-20. Lawrence Hall of Science, University of California, Berkeley, California (ERIC Document Reproduction Service No. ED 139 613)

McDonald F J, Elias P 1976 *Executive Summary Report*, DHEW *Beginning Teacher Evaluation Study, Phase II*, 1973—1974. National Institute of Education, US Department of Health, Education, and Welfare, Washington, DC

McKeen et al. 1972 *Peer Interaction Rate, Classroom Activity, and Teaching Style.* Center at Oregon for Research in the Behavioral Education of the Handicapped, University of Oregon, Eugene, Oregon (ERIC Document Reproduction Service No. ED 070 210).

Nicholls J G 1989 *The Competitive Ethos and Democratic Education.* Harvard University Press, Cambridge, Massachusetts

Palincsar A S, Brown A L 1989 Instruction for self-regulated learning. In: Resnick L, Klopfer L E (eds.) 1989 *Toward the Thinking Curriculum: Current Cognitive Research.* Association for Supervision and Curriculum, Arlington, Virginia

Pressley M et al. 1990 *Cognitive Strategy Instruction That Really Improves Children's Academic Performances.* Brookline Books, Cambridge, Massachusetts

Readence J E, Bean T W 1977 *Modification of the Impulsive-cognitive Style: A Review.* College of Education, Kansas State University, Topeka, Kansas (ERIC Document Reproduction Service No. EO 147 773)

Resnick L B 1987 *Education and Learning to Think.* National Academic Press, Washington, DC

Rice J M 1893 *The Public School System of the United States.* The Century Company, New York

Rosenshine B, Edmonds J 1990 New sources for improving instruction: The implicit skills studies. *Journal of Personnel Eoaluation in Education* 4:59—73

Rosenshine B, Stevens R 1986 Teaching functions. In: Wittrock M C (ed.) 1986 *Handbook of Research on Teaching*, 3rd edn. Macmillan, New York

Woodley K K 1975 Test-wiseness: A cognitive function? Paper presented at the annual meeting of the National Council on Measurement in Education, Washington, DC

发现学习和教学(Discovery Learning and Teaching)

"不要教给他科学,而是要让他自己发现"(Rosseau 1773)。这种对卢梭关于发现学习概念的引用并不少见。在20世纪60年代的课程改革运动中,发现学习成为了研究及发展的焦点。它在教育改革总的中心地位可以追溯至美国国家科学学会发起的由哈佛大学布鲁纳(Jerome Bruner)领导的伍兹·霍尔研究会。在《教育过程》一书中对这个由伍兹·霍尔所构思出的发现法做了简明的总结。20世纪二三十年代在教育期刊中还对发现学习的优缺点进行了争论(Harris and Taylor 1983, Wellrington 1981)。发现学习还与建构主义教学有关(Driver 1989)。在本词条中,我们将讨论发现学习的实质、探讨对发现教学中教师和学生角色的多种解释、报告相关研究的成果、发现和探索间的关系以及建构主义方法,还将论述发现学习及教学的未来发展。

1. 发现学习和教学的含义

关于发现学习概念的一个主要问题就是其在不同情境中具有不同属性。在学习过程中,它是指在学习者头脑中独特的个人经验,而不是对既定知识的传授。"只要教师不提及某一特定或普遍的原理,就可称之为发现。它通常依据学习者的重要背景知识而被划分为既有不同等级的学科内容。通过教学,学生很可能能够依靠自己来获得答案及概括性结论"(Wittrock 1966 P. 44)。发现学习是作为"接受"、"被告知"或"消极被动"的对立面而出现的。

当学科内容由具体向一般转变时,发现学习一般是等同于归纳学习的。然而,学生以他从具体结构中获得的高度规则化的概括性原理开始进行发现探索,而后再进行概括化,这个假定也只是看似合理(Wittrock 1966 P. 42)。"在发现学习中学生所要做的不仅仅是坐在座位上注意听课……发现是一种探索与选择的过程……探索与选择的对象随所发生的学习种类不同而改变。"(Gagné 1966 P. 149~150)就教学而言,"相对于'传统的'、'讲授的'、'受控的'、'指导性的'、'教师中心的'、'演绎的或专断的'其他教学形式来说,发现的教学方法通常是一种描述性的教学模型"(Shulman and Tamir 1973 P. 1111)。

2. 发现法的优点

布鲁纳(1960)及其他一些人将发现法的优点归为以下四点:

(a) 发现学习更有意义,所以能够更好地记忆而不被遗忘。"对于学习而言,通过发现来学习所要教授的内容绝不会毫无意义、没有功效或者是独断专行的。相反,它可能是有组织、有条理和理性的"(Wittrock 1966 P. 29)。"学生不是机械地记忆毫不相关的信息,而是代之以发现相互联系的特定原理"(Shulman and Tamir 1974 P. 25)。

(b) 发现学习能够提升学习动机、学习兴趣及满足感。满足感与实现成功的内驱力有关。

(c) 发现学习有助于智力、获取信息和问题解决等能力的发展。学生们将学习该如何去发现、如何学习以及该如何组织所学的内容。

(d) 一种一般意义上的发现教学就能够使学生在新情境中解决问题,以促进学习的迁移。

3. 发现学习的不足之处

发现学习在学校中不具有普遍适用性。造成广大教师心态保守,不愿选择发现学习的原因主要有以下几点(Harris and Taylor 1983, Wellington 1981):

(a) 教师并不熟悉发现学习,缺乏相关经验。

(b) 迫于完成既定课程所带来的压力。

(c) 学生,尤其是学习速度慢的学生所遇到的困难。

(d) 教师无法灵活掌握指导、教学顺序及指导方向的来源等维度间的比例关系。

(e) 许多发现学习所期望的优势无法在常规的成绩测验中得以体现。

(f) 发现学习会给教师和学生造成不确定感,

动摇他们的自信心。

(g) 在课堂中通过学生活动所呈现的科学的形象是机械的、扭曲的,甚至是错误的。

(h) 尤其当许多概念、法则、原理等都是违反直觉时,发现学习所带来的挑战有可能过高而导致失败与不满。

4. 发现学习的维度

在20世纪60年代中期,"关于发现学习的优点及这种优势得以发挥的情境已证实的相关信息较为少见"(Cronbach 1966 P.77)。换一种说法,"许多发现学习的相关信息是在教育心理学中得以建构的,但这些理论很少得到证实或经过实验的明确检验"(Wittrock 1966 P.33)。在20世纪90年代虽然出现了许多支持特定观点的相关数据,但这些观点之间却仍旧相互矛盾。随着人们逐渐意识到发现学习不是一种"全或无"的现象,接受与发现应被视为是一个连续体的两端时,在这一领域取得重要进步就成为可能。

我们通常以这三个维度来区分发现学习与非发现学习,它们每一个都包含有一个独立的连续体。舒尔曼(Shulman)和塔梅尔(Tamir)对这3个维度进行了描述(1973 P.1111~1116):

4.1 指导

施瓦布(Schwab 1962)提出了一个研究指导问题的行之有效的理论框架。他在介绍一个教学生态学的咨询实验室的作用时,首先对教学情境中的三个因素做出了区分:(a)问题;(b)发现的途径及方式;(c)答案。如表1所示,在施瓦布看来,这些元素的不同组合,会产生不同的指导效果。

"通过学生从书中获得未知的关系,这个参考手册能够提出一些问题并且描述发现的途径和方法。在第二级水平上,参考手册给定了一些问题,但方法和答案却是开放的。在第三级水平上,问题、答案与方法都是开放性的。学生所面对的是一种陌生的现象……"(Schwab 1962 P.55)。赫龙(Herron)又在这三种水平之上加上了最高级别的指导水平,称之为水平零,意指根本不存在发现活动。赫龙分析了物理科学研究课程(PSSC)和生物科学课程研究(BSCS)2个二级科学计划中的实验,运用了由施瓦布提出的理论框架。在他所报告的52个物理科学研究实验中,有39个(近乎于80%)都处于指导的零水平上,11个处于第一水平,2个处于第二水平,没有达到第三水平的。所以,虽然研究这些理论性文章将会导致一种假设:新课程将会大量使用发现教学,赫龙的研究发现哲学理论与实践之间却存在着巨大的差异。尽管这一理论主张实验已经从传统计划中的证实活动向新计划下的探索活动转变。

表1 探索教学的开放水平

	问题	方法/途径	答案
水平0	给定	给定	给定
水平1	给定	给定	开放
水平2	给定	开放	开放
水平3	开放	开放	开放

4.2 教学的顺序

尽管教学中指导、开放的程度是发现活动最为直观而又合乎情理的含义,而在对发现学习的研究中它却没有得到广泛的应用。"教学顺序"更为容易的操作性实验维度大都是独立变量。"指导顺序"存在于概括化之前,在范例或观察之中,它将不可避免地削弱发现活动的效果,尽管在说明之前首先提供的是概括化的理论。"演绎是轻而易举的,这反映出人们对于科学课研究长久以来的误区。造成这种传统的普遍影响的原因是培根(Bacon)和密尔(Mill)的理论,还有一部分原因是由于一些科学书籍的编写者曲解了杜威的科学课教学方法而将一些问题混合在了一起。值得一提的是,同时代的哲学和科学发展史也都反映出科学是客观的归纳过程。波普尔(Popper)、施瓦布、库恩(Kuhn)和梅达瓦尔(Medawar)等人通过对科学思维的分析充分证明了现代科学假设——演绎的特点。这种对培根归纳神话的深信不疑反映了从事教学及经验性研究的人们现今的想法绝非科学。

表2表明,发现过程的指导及教学顺序作为独立变量是相互依赖的。一种存在着引导的教学顺序可以是归纳的,也可以是演绎的。一个归纳性的

呈现可能是高度控制的,也可能是非常开放的。针对发现顺序的影响的研究并不十分有效。实验性操作方法的限制可能是造成这种情况的原因之一。

对于教学顺序的教育结果至少可以分为四种不同的水平:

(a) 在一节单独的课上呈现教学要素的顺序。

(b) 在一个教学单元中安排课程的顺序。

(c) 在一个学期内安排教学单元的顺序(一个学期可能有几个月、半年、一学年甚至长达几年之久)。

(d) 在一个对年课程中安排教学计划的顺序以及(或)使他们相互关联。

20 世纪 70 年代早期,人们对科学课学习及学校学习的顺序的研究一般说来几乎都是第一种类型——在课堂上安排教学顺序。余下的三种水平尽管对于教育计划及课程编制极其重要,但相对而言它们却很少受到经验主义的束缚。

从 20 世纪 70 年代开始,关于教学顺序的实验受到了重视。所以,在一节探索定向的课中,对论题的理论研究或呈现书中研究结果之前要首先进行实验(Schwab 1962)。某种特定教学顺序在运用后发现十分有效。一个极好的例子就是"学习循环",它已被详细地记录下来,其有效性也经实验而得到论证(Lawson et al. 1989)。

4.3 课堂相互作用的来源及方向

在探索式教学和发现学习中,学习者充当的是积极活跃的创造者的角色。尽管这一角色可能会受到指导程度的影响,但它更多的是受到在学习情景中发起并控制互动的人——教师或是学生的影响。

表 2 在科学课教学中指导和教学顺序的变化

	归纳	演绎
指导	在给出门(生物分类)的名称和分类准则前首先呈现不同有机体的例子(范例—法则的顺序)。	先给定门的名称和分类准则,然后再给出具体的有机体以证明之(法则—范例顺序)。
无指导	将有机体的范例留给学生辨明特征后再进行分类。当学生自己完成分类后再告诉他们惯常的门的名称。	给定分类的准则。学生必须将呈现出的有机体进行分类。

由学生控制的互动的一个例子就是由萨奇曼(Suchman)于 1960 年提出的科学教学的探索—练习法。在观看了一个简短的反映本质的非常规事件后,学生必须以向教师提问的方式进行探索,类似于"20 个问题"的形式。这与我们所说的"苏格拉底教学法"十分不同。在苏格拉底教学法中,教师鼓励学生系统阐述基本原理来说明现象或解决一个显而易见的问题。然后教师通过提问一些有技巧的问题,使学生面对矛盾或内部的不协调进行调控。教师通常会使用不同的例证、类比、隐喻等方法。很显然,教学互动的控制权掌握在教师的手中。

具有讽刺意味的是,尽管这两个例子中控制权的掌握及交流的方向是截然相反的,但它们却都是朝向教育学连续体上发现/探索的一端。这可能是由于两种方法都包含有大量的讨论,这个特点通常与探索式的课堂教学有关。在施瓦布早期的"爱神与教育"(1954)及晚期对科学教学的研究中,他都将讨论视为是一种教学技术。高指导水平的讲授(问题、方法与途径及答案都是既定的)都是典型的演绎式顺序,教师对互动的控制中很少或几乎没有学生的参与,这通常是传统教学方法的缩影。它的相反面是最小程度的指导与控制(问题、方法及答案全都留给学生自己去创造发现)和由学生自控的未确定的教学顺序。"学习循环"中的探索环节便是最低程度的指导及学生独立的一个例证(Lawson et al. 1989)。生物科学课程研究的第二课程:想法与实验间的互动,以及一些个人研究项目通常都是由学生利用课余时间完成的。

值得强调的是,在所述方法的两个极端之间还存在着多种教育学顺序。尽管 20 世纪 90 年代对发现学习的研究与 70 年代相比要多,但由于很少有研究者愿意不辞麻烦按照上述维度界定他们的教学,所以要想弄清研究数据的意义并将其付诸实践仍十分困难。但愿今后在此方面的研究能够逐步完善起来。

5. 发现与探索

人们通常认为发现学习与探索学习是相同的，实际上，尽管二者之间存在着许多相似之处，但它们仍是不同的。布鲁纳关于发现学习结构的描述表明，任何学习者只要在恰当的指导下都能够发现这种结构。而施瓦布对于结构的概念却是与之根本不同的。对于施瓦布理论中的结构，比如就科学的结构而言，它并不是一个有待被发现的实体，而是一个由学科科学家提出的基本框架。所以，我们可以说探索是科学的一部分或者是一种类似于发现法的教学方法。正如舒尔曼与塔梅尔所观察的那样，施瓦布在"作为探究的科学"与"作为探究的教学"之间所做的区分非常重要。前者界定了课堂教学实质性的焦点——所教所学的都是什么，后者则指出的是课堂教学及其结果的结构、互动的实质、将要运用的询问技巧以及所要学习的态度方面的内容。在作为探究的教学中，学生所要参与的活动并不是科学探索，而是一种批判性分析、解释以及对科学探索报告的评价。尽管它与科学家在探索过程中所从事的活动相似，但它并不要求学生在实验室中作最初的探询研究。

施瓦布根据所寻求的结果及完成目标所采取的手段来继续比较"专断的课堂教学"与"探索性课堂教学"之间的异同。探索性课堂教学的目标不仅要"澄清并传授知识，而且还要站在学生的角度上鼓励和引导他们去发现"（P. 66）。当施瓦布（1962）辨明了活动的所有范围及课堂探索的目的之后，他又认识到"它绝不是也不可能是适合于所有学校所有学生的唯一或最好的形式"。由于中学科学教育的客观性，在作为探究的科学和探索活动二者中，更应优先选择前者（P. 71）。批评与保留通常会暗示探索是一种教学方法，也就是发现学习。在科学教育工作中，人们更倾向于使用作为探究的科学这个概念，而不是使用"夸张的结论"。

6. 发现与建构主义

大量研究表明，"学生们通过课堂活动学习，无论这些活动是谈话、书面课文还是实践性工作，都不仅仅依赖任务的本质，还有赖于学生所要完成任务的知识体系……学习包含了学生的进步发展以及学习者知识结构的重新构建"（Driver 1989 P. 84）。所以，这种建构过程包括了所有的信息输入方式，教师的作用就是帮助学生处理输入信息，建构、领会并运用所学知识。

7. 研究结果

舒尔曼和塔梅尔（1973）谨慎地总结出他们的观点，"尽管我们曾多次重复支持发现学习更为优越的证据是不存在的，但仍有一些研究及主张者，如施瓦布依旧认为，在某一具体情况下，比如在高度迁移的问题解决以及对待科学探索的态度应是教学的客观性时，其理论假设的重要性。由布鲁纳或施瓦布所倡导的活动似乎要比加涅（Gagné）或奥苏贝尔（Ausubel）所强烈支持的活动更富有成效"（P. 1118）。接下来的二十多年的研究也支持这一结论。然而不幸的是，从 20 世纪 70 年代早期对发现学习的经验性研究就开始减少。下面我们所要论述的研究将会呈现多种研究方法论，并在不同国家得以实现。

7.1　多元分析

《科学教育研究期刊》有专门的一期报告了一些多元分析的研究结果，这一研究结果反映了在约 20 年中的研究结果。其中有 3 项分析与本节内容有关。夏马恩斯基（Shymansky）等人发现，1960 年的学习发现定向课程的普通学生的成绩比 65% 学习传统课程的学生高（P. 307 ~ 404）。怀斯（Wise）和奥基（Okey）发现，认知成绩的平均效度是 0. 41，而其他结果的效度仅为 0. 15，二者均支持发现学习（P. 405 ~ 417）。最后，劳特（Lott）还发现，就学生学习成绩而言，演绎法与归纳法之间并无差异（效度为 0. 06）。

7.2　理论分析及对研究结果的综合

齐（Chi 1991）论述了科学发现过程与科学学习过程间的关系。她特别提到，在科学思维及科学发现所做的比较通常会导致一种隐喻，即成人或儿童成为了直觉上的科学家。由于要把握发现的真实过程是不太可能的，她建议研究应关注发现过程中心理表现的结构。所以，对发现过程前两步——感知不规则及形成问题的研究要比针对发现最后的步骤——系统陈述并检验假设所做的研究更为有用。因为前两步产生于一种概念上的变化,为概念变化而教及学便成为了科学发现重要的组成部分。"中世纪学生的发现过程与学生的学习过程一定非常相似,因为他们都需要有激进的观念上的转变"(Chi 1991 P.10)。这一陈述对于教学一个重要的暗示就是"要使学生明白自己将要成为什么……对于他们来说太难而难以承受"(Chi 1991 P.14)。它更趋向于教给学生正确的科学理论以作为发现的先决条件。最后,既然有证据表明天真和科学的理论都可在唯物论者的头脑中同时存在,我们没有必要"拒绝"学生天真的想法……人们可以保留着类似于两个微观世界的独立的知识领域(Chi 1991 P.2)。

7.3 回顾

在教育过程一节中,布鲁纳假设了发现学习的4个主要优点。塔梅尔和戈尔德明兹(Goldminz)通过要求以色列的科学课课程教师回忆他们学生时代的一次发现学习并以尽可能详细的语言将其描述下来以经验性地检验这些假设。这些叙述可以作为证明记忆力范围的经验性证据。此外,研究者还要求他们说明目前与这些假定优点有关的学习经验的效果的评价。研究结果如下:

(a) 记忆力:在所叙述的经验中有55%的是涉及大学水平的,45%的是涉及高中水平的,5%的涉及初等学校水平。在所有案例中,题目都详细地描述了问题、技术性细节、探索过程以及结论。所以,这些数据可以直接证明学生通过发现学习对所学知识具有较高的记忆力。这些题目清楚地提及并反映这种结果是支持这种观点的又一例证。

(b) 动机、兴趣及满足感:大多数学生都认为发现学习能够提升他们的动机、求知欲和兴趣。

(c) 智力、信息处理技能及问题解决能力:大多数学生都提及独立的两类认知结果,新知识的获得及对新联系的洞察力的获得。只有很少的学生提到了应用、纠正错误观念或是发展推理能力。

(d) 对发现的应用:很少有学生提及学习了如何去发现。

在接下来的一年中所作的一项重复性研究同样也支持先前的观点,又一次证明了有近一半的学生通过发现学习而获得了高水平的记忆力和理解力。

7.4 运用发现教学和非发现教学的对比研究

塞林和施格利(Sellin and Shrigley 1983)分别比较了埃及15年级的学生在科学课成绩及态度方面采用发现法和讲授法教学间的有效性。结果表明,通过发现法学习的学生,其科学课成绩,包括回忆和应用都比较高,而且比采用讲授法教学的对照组在对待科学的态度方面更为积极。在这方面,男女生之间没有显著差异。发现学习包括以下要素:角色扮演、即兴创作、遵从、冲突以及满足。此外,为了能够亲身体验到科学的过程,学生们还扮演无生命的物体或科学概念。例如,7名学生身着光谱上不同颜色的服装,按照彩虹的顺序排列起来。看起来在这种做法中似乎没有哪个组成部分可以明确地达到最后结果。或许在小组中进行经验性的学习要比发现学习更能体现出那些独立的变量。

穆洛坡和福勒(Mulopo and Fowler 1987)比较了11年级的赞比亚学生运用发现法和传统方法学习化学时在结果上的差异。研究结果发现,使用发现法能使学生在理解科学实质方面的形式推理分数较高,所有的学生在态度方面都发生了转变。而采用传统教学方法的学生的考试成绩较高。所有采用形式推理的学生的分数都要比采用具体推理的学生要高。

8. 对未来的展望

有一些陈述发现法优势及可能的不足之处的专著已经出版(Harris and Taylor 1983, Wellington 1981)。这些书通常将他们对发现法的批判建立在人们对声称科学发现及发现教学间存在相似性的质疑之上。批评者并没有尝试去发现在科学课课堂中究竟发生了什么,通常供选择的"夸张的结论"是多么令人不满意。塔梅尔通过对许多科学课观察发现,尽管他们的发现仍有一定局限性,但这种教学的探索询问模式在认知和情感两方面的结果仍是不错的。有多个方面为这一结论提供了情境性支持。比如说,在《今日天才儿童》期刊中有专门的一期介绍了许多科学博物馆,安·阿勃(Ann Arbor)科学博物馆和密歇根科学博物馆等,这些都能激起年轻人的求知欲,激励他们去探索、参与,加入到展示、证明等活动中。同样,“波士顿儿童博物馆的目标也是通过提供发现的机会和新的视角来激发儿童的求知欲望,培养他们的批判精神和现实主义精神”。

儿童生活从乡村向城市的社会性转变为他们带来了比亲身经验更为丰富的信息。这也就意味着学校必须为儿童提供更多从经验中学习的机会。发现学习在这方面就起到了重要的作用。这并不是说发现学习应该主导整个学习生活。但这也建议我们在学生学习中发现学习应占有一定比重,以为其在指导、教学顺序及教学方向的来源等方面提供必要的调节。

P. 塔梅尔(P. Tamir) 著
李雨竹 译

附录

Bruner J S 1960 *The Process of Education*. Harvard University Press, Cambridge, Massachusetts

Chi M T M 1991 Conceptual change within and across ontological categories: Examples from learning and discovery in science. In: Giere R (ed.) 1991 *Cognitive Models of Science—Minnesota Studies in the Philosophy of Science*. University of Minnesota Press, Minneapolis, Minnesota

Cronbach L 1966 The logic of experiments on discovery. In: Shulman L S, Kieslar E R (eds.) 1966 *Learning by Discovery: A Critical Appraisal*. Rand McNally, Chicago, Illinois

Driver R 1989 The construction of scientific knowledge in school classrooms. In: Millar R (ed.) 1989 *Doing Science: Images of Science in Science Education*. Falmer Press, Lewes

Gagné R M 1966 Varieties of learning and the concept of discovery. In: Shulman L S, Kieslar E R (eds.) 1966 *Learning by Discovery: A Critical Appraisal*. Rand McNally, Chicago, Illinois

Gifted Child Today 1989 (special issue)

Harris D, Taylor M 1983 Discovery learning in school science: The myth and the reality. *J. Curric. St.* 15 (3): 277—289

Journal of Research in Science Teaching 1983 20(5): 379—509 (special issue)

Lawson A, Renner J, Abraham H 1989 *The Learning Cycle*. NARST Special Publication, No. 1

Mulopo M M, Fowler H S 1987 Effects of traditional and discovery instructional approaches on learning outcomes for learners of different intellectual development: A study of chemistry students in Zambia. *J. Res. Sci. Teach.* 24(3): 217—227

Schwab J J 1954 Eros and education. *Journal of General Education* 8: 54—71

Schwab J J 1962 The teaching of science as enquiry. In: Schwab J J, Brandwein P (eds.) 1962 *The Teaching of Science*. Harvard University Press, Cambridge, Massachusetts

Selim M A, Shrigley R L 1983 The group dynamics approach: A sociopsychological approach for testing the effect of discovery and expository teaching on the science achievement and attitudes of young Egyptian students. *J. Res. Sci. Teach.* 20(3): 213—224

Shulman L S, Tamir P 1973 Research on teaching in the natural sciences. In: Travers R M W (ed.) 1973 *Second Handbook of Research on Teaching*. Rand McNally, Chicago, Illinois

Tamir P, Goldminz E 1974 Discovery learning as viewed in retrospect by the learners. *Journal of College Science Teaching* 1: 23—26

Wellington J J 1981 "What is supposed to happen, Sir?" Some problems with discovery learning. *School Science Review* 63(222): 167—173

Wittrock M C 1966 The learning by discovery hypothesis. In: Shulman L S, Kieslar E R (eds.) 1966 *Learning by Discovery: A Critical Appraisal*. Rand McNally, Chicago, Illinois

其他参考文献

Ausubel D P 1968 *Educational Psychology: A Cognitive View*. Holt, Reinhart and Winston, New York

Henson K T 1980 Discovery learning. *Contemporary*

Education 51(2):101—103

Shulman L S, Kieslar E R (eds.) 1966 *Learning by Discovery: A Critical Appraisal.* Rand McNally, Chicago, Illinois

个别化教学(Individualized Instruction)

个别化教学可被定义为教师或学校管理者试图通过适合学生个别差异的教学,以使他们在个性、社会性及学业方面超出只接受传统、非个别化教学的学生(Washburne and Marland 1963)。因此,个别化教学与学生学习之间的关系已经非常明确了。正如洪特(Hunt 1981)所指出的那样"教师对学生的适应是学习过程的核心"(P.59)。在20世纪80年代,"个别化教学"和"适应性教育"是可互换的。但是,除了有关于适应性学习环境模式的简短讨论外,"个别化教学"这一词条将在这一部分中贯穿使用。

1. 个别化教学的简要历史

早在公元前4世纪人们就已经意识到:作为教学关键的组成部分,对个别差异的适应起着非常重要的作用。现代对个别化教学的尝试可以追溯到20世纪初伯克(Burk)在圣弗朗西斯科州立师范学校所做的努力(Kulik 1982)。到了20世纪20年代,伯克的学生,沃什伯恩(Washburne)在其计划中提及个别化教学的理论和实践,引起了世界的广泛关注(Washburne and Marland 1963)。其他几项有关个别化教学的计划也都制定于20世纪20年代,包括美国的道尔顿计划(Lawry 1985)和比利时的德可乐利教学法(Debreucq-Choprix 1985)。出版于1925年的教育与学习全国协会第24期年鉴全文介绍了个别化教学(Whipple 1925)。

然而,此次人们对个别化教学的关注非常短暂,到了20年代末期,"富有意义的个别化教学实验实际上就停止了,个别化教学体系开始从人们的视野中消失"(Kulik 1985 P.2799)。在其后的近30年间,几乎没有进行任何关于个别化教学的讨论或实践。

直到20世纪60年代中期和70年代早期,人们才对个别化教学重新产生了兴趣。围绕心理学和个别化教学原则开展的各种教学计划开始增多。其中最为著名的教学计划有个别引导教学(IGE)、个别规定教学(IPI)、掌握学习、个性化教学(PSI)和与需要一致的程序学习(PLAN)(Kulik 1982, Corno and Snow 1986, Fletcher 1992)。

但是到了70年代后期,个别化教学开始步入低谷(Rothrock 1982)。到了80年代末,在世界范围内的学校中就很难看到它了。例如,在代表五大洲的8个国家中进行了一项涉及275所学校共429个班级的大规模国际性研究,在研究中,教师被问及他们进行个别化教学的次数(Anderson et al. 1989)。他们可选择的答案有"非常频繁、经常、有时、很少和从不"。在所有的国家中,平均有1/5的教师报告说很少运用个别化教学。相比之下,只有1/20的教师选择非常频繁地使用个别化教学。从课堂中所收集的数据证实了他们的自我报告的准确度。

2. 学生间个体差异的实质

在对学生进行个别化教学之前,我们首先要理解学生间差异的实质。学生在他们的学习能力(能够学什么)、特征和学习风格(如何学习)、学习动机(学习多少)或学习速率(学习的速度)等方面各有不同。然而不幸的是,许多个别化教学计划总是在尝试着尽可能多地适应这些差异,以至于造成了断定或解释他们的成功或失败时的困难。

而且,学生间的差异既可被看作是永久的,也可被视为是暂时的。大部分的个别化教学都假定学生间的差异是永久的(在他们的学习能力、学习风格、学习动机/学习速度间总存在一定的差异)。值得注意的是,掌握学习是这一假定的一个例外。个体差异的实质和教学计划对其的适应这二者之间的关系可概括如表1。

2.1 适应学生能力的差异

如表1所示,在学生能力方面使教学适应个体差异的一个方法是在一个课程体系中让学生选择不同的课程。这种被称之为能力分类、能力分班或

表 1　个体差异与教学适应之间的关系

个体差异的实质	最初的教学适应
学习能力	能力分类、探索或能力分班,分配有适当难度和复杂度的任务的能力
学习者的特征和学习风格	提出问题的不同方法和方式(如:具有高度结构性、视觉上的展示)
学习的动机	教师的积极性,学生高水平的成功/兴趣
学习的速度	学生的节奏

探索的操作方法在世界范围内,尤其是在中学使用非常普遍。在这些课程中,人们对课程内容的次序及课程目标给予关注,以便使前一部分单元的成功来促进后面单元成功的可能性。

研究者对学生的程度,尤其是处于低水平组的学生从个别化教学中所得到的收获这一问题提出了质疑(Slavin 1987)。具体地说就是,接受低水平课程的学生同样也接受了低水平的题目和技能,由较差的教师教授教少的学习材料,却进行了较多的训练和实践活动。然而与此同时,接受较高水平课程的学生却接受了更加复杂、具有促进功能的课程或教学内容,这使得他们比其他班具有相同能力的学生有了更多的获益(Kulik and Kulik 1984)。结果是,个别化教学的运用导致了接受不同课程水平的学生间不同学业成绩差别的加剧(Oakes 1992)。

在学生能力方面使教学适应个体差异的另一个方法是分配给学生适当难度水平的学习任务。这里有一项实质性经验支持证明任务的适当分配与学生高水平成就之间存在相关(Fisher et al. 1980, Mortimore et al. 1988)。适当难度的任务是与学生的动机有关的因素,它可以增进或确保学生的成功。关于这一点,我们将在第 2.3 小节中进行介绍。

许多教师提倡按能力分组,那是因为这样做使得为大量学生分配难度适当的任务变得更加容易。然而,需要指出的是按能力分组并不是将适当难度的任务分配给学生的唯一方法。在同一班级内,将不同的任务分配给不同的学生是可能的,也是我们所希望的。然而,除了在小学的阅读课上,这方面的实践却还很少进行。

2.2　适应学生资质或学习风格的差异

可能是学生在个性、特定的学习能力或认知风格上的差异造成了他们学习上的差异(Snow 1985)。这些差异都被归于一般我们所说的"资质"中(Corno and Snow 1986)。

对这种差异的适应可以采取两种模式。首先,学生被分配到与他们的资质相匹配的背景或环境中(Hunt and Sullivan 1974)。例如,焦虑水平高的学生可以被安排在一个更有结构性的学习环境中,而焦虑水平低的学生则可被安排在结构性低的环境中(Corno and Snow 1986)。同样,喜欢通过视觉进行学习的学生可以将学科内容用视觉符号表示来进行教学,而提供给那些喜欢通过听觉学习的学生有关相同材料的录音带(Dunn and Dunn 1979)。这种形式的适应是由教师如何将学生分配至适当的环境中的。

第二点,为学生提供实现学习可选择的途径,然后由学生选择出一条或几条最适合他们的途径。例如,可以由书本或录音带提供相同的信息,同时伴有或不伴有视觉符号。在这个例子中,学生可以选择 4 条教学途径(伴有视觉符号的课本、未伴有视觉符号的课本、伴有视觉符号的录音带和未伴有视觉符号的录音带)。与适应学生不同资质的第一种模式不同是,在这一模式中,对不同教学途径的选择主要依赖于学生。

这种个别化教学方法的成功主要依靠两个因素:(a)对学生能力或风格的准确估计;(b)与学生能力相匹配的适当教学要求。当这两点要求都达到时,以这一框架为基础的个别化教学就会取得成功(Corno and Snow 1986)。

然而同时,却没有充分的证据表明仅仅提供一系列教学材料或教授方法就可以实现学生学习上实质性的进步。实际上,给学生以特权让他们自己选择去学什么/任何学习很明显是不明智的。正像莫尔蒂莫(Mortimore)等所总结的:

当学生被引导进入学习和探索的领域，教给他们独立安排学习所必需的技能，而不必承担无限的责任来安排他们自己的日常学习计划或选择学习活动时，他们就会取得进步。(P. 252)

2.3 对学习者学习动机差异的适应

许多个别化教学计划都试图去适应学习者在动机/兴趣方面的差异。例如，在德可乐利教学法(Dubreaucq-Choprix 1985)中强调了教学要适应学生生活经验和兴趣的重要性。同样，道尔顿计划(Lawry 1985)也通过运用教师和学生之间的契约来提高学生完成任务和教学单元的动机。而且，在个性化教学系统中，教师的热情也被视为激励学生的工具(Kulik 1985)。

在适应性学习环境模式(ALEM)(Wang et al. 1985)中，学生的选择是一个关键的组成部分。在ALEM的框架结构中，学生的选择被认为可以提高学习动机和学习的责任。此外，在先前的学习中有过成功经验的学生在其后的学习中似乎会花费更多的时间和努力(Fisher et al. 1980)。

2.4 对学习速度差异的适应

绝大多数在20世纪20年代到30年代创立的个别化教学计划都将焦点集中在学生学习速度的差异上。而事实上，斯诺(Snow 1985)将这些计划的失败也归咎于他们仅仅只关注学生学习速度的差异。但60年代创立的教学计划实际上也是允许学生"以自己的速度"执行计划。例如，个别规定教学鼓励学生通过一系列成套的个别化学习材料以自己的速度取得进步(Shimron 1976)。

为支持斯诺(1985)的论点，现有的数据对让学生以自己的速度学习是否会提高学习成绩提出了质疑。但是有充分的证据表明学生学习的速度与花费在学习任务上的课堂时间呈负相关(Burns 1984)。同样，希莫龙(Shimron 1976)发现由学生定速可以使学生以更高的资质更为坚定地去学习更多的学习单元。所以，关于自定教学速度有效性的数据总的来说是消极错误的。

3. 对选择性个别化教学计划的描述

尽管在关于个别化教学各因素的研究结果上出现了冲突，一些复合的个别化教学计划仍然已经得到了大规模的实施，取得了国际范围内的认可和称赞，并且在很长的时间内在学校和课堂中得以实施。下面我们就简要介绍其中的四种计划。

3.1 IGE

IGE是一项在学校范围内所实施的计划。它所追求的不仅是要改变教学计划，而且还要寻求在这一计划下所隐含的基本假设和传统(Wiersma 1986)。这个教一学过程的第一步就是要根据学生的成绩及动机状态来确定适当的学习目标。学习目标一旦确立，就要为学生提供各种各样的教学经验以使他们实现目标。教学计划是由教师的引导、与其他学生之间的互动、与教学媒体之间的互动及大大小小的各种活动合并而成的。在执行教学计划期间，要注意定期对学生的进步进行评估，还要尽可能及时地对计划进行按需调整。

正像科尔诺(Corno)和斯诺(1986)所指出的那样，教师的专业知识已成为成功的核心因素。IGE(正如其名称所揭示的那样)成为教师的向导而不是规定。但尽管如此，波普凯维奇等人(Popkewitz et al. 1982)仍列出了几项关于IGE不容改变、严格的实施细则。

3.2 PSI

PSI课程与传统课程相比，共有5点不同。它是：

(a)定向掌握。

(b)自定步调。

(c)讲授很少(主要是为了促进激励学生)。

(d)提供丰富的学习指导。

(e)进行经常性测验，监考人通过这些测验评价学生的表现(Kulik 1985)。

PSI的课程被组织为一系列的教学单元。每一单元都包含有导言、明确的目标、推荐的学习资源以及帮助学生准备单元测试的学习上的问题。

在PSI中，由学生自己担负着首要的学习责任。从这一角度来理解，凯勒(Keller)以《再见，老师……》作为论文的题目是非常恰当的。在PSI中教师的角色是建立课程指导体系，设计学生评价标准和为学生提供学习时所需的资源。

3.3 ALEM

ALEM 的总的目标是“建立和维持一种校园环境,确保为尽可能多的学生提供学习成功所需的最有利的环境”(Wang et al. 1985 P. 191)。为实现这一目标,ALEM 将规范的教学(从其前面的个别规定性教学中获得)同独立探索及社会合作(从开放教育中获得)相结合。

教师运用 ALEM 中的 12 个关键组成部分进行教学。它们是:

(a)安排空间和场所。

(b)编制和保持教学材料。

(c)创立、交流沟通规则和程序。

(d)安排助手。

(e)诊断性测试。

(f)作记录。

(g)监督和诊断。

(h)规定。

(i)互动教学。

(j)指导。

(k)动机。

(l)发展学生的自我责任感(Wang et al. 1985)。

3.4 掌握学习

像 ALEM 一样,掌握学习也有其心理学基础:所有的学生都能够也将要学习他们所应该也是必须学的内容,以求在学校阶段或一生中取得成功。安德森(1985)认为掌握学习有 6 个基本特征。这些特征包括:

(a)清楚、具体的学习目标。

(b)简短、有效的评价程序。

(c)预先设置掌握能力标准。

(d)一系列的学习单元,每一单元包括一系列整体性事实、概念、原则和技能。

(e)为学生提供学习进步的反馈。

(f)提供多余的时间来帮助学生纠正特定的错误及消除未实现既定目标的学生的误解(P. 257)。

而后,古斯克伊(1987)又为其加上了 7 个基本特征,也就是说,先前的 6 个特征需要加强一致性,即需要加强评价程序与所希望的学习目标之间的一致性。同样,由掌握能力标准评价程序所识别出的学习问题同反馈的提供之间的一致性也需要加强。

掌握学习同其他绝大多数个别化教学之间的不同点在于它的总体目标是促使学生能够自己适应不同的情境、背景和要求。换句话说,掌握学习中适应最主要的目标就是使学生学会适应。所以,在这里,学生之间的个别差异就被认为不是一成不变的(Bloom 1981)。

在掌握学习中所隐含的个别差异的概念及个别化教学同科尔诺和斯诺所提出的适应性教学这一概念极其相似:

> 适应性教学就是布置教学背景以适应……个体差异。当学生通过朝向近前教学目标的学习而获得资质上的提高时,教学通过减少干扰性以求适应。更少的干扰、更少的教师或教学媒体可以加快学生信息处理的进程/行为要旨,但同时也需要学习者有更强的自我约束能力。(P. 621)

4. 对个别化教学计划有效性的研究

人们对各种各样的个别化教学计划的有效性进行了实质性的研究。不幸的是,研究的结果并不具有一致性。造成不一致性的原因可部分解释为研究者的研究动机不同。某一计划的支持者总是倾向于找出正面的结果。然而另一方面,怀疑者、批评者却总是在试图找到计划中细小的错误。下面的两个例子便是最好的说明。

关于掌握学习有效性最初的研究表明它是非常有效的(Block and Burns 1976)。然而,斯莱文(Slavin 1987)对一系列研究进行重新审视后又对掌握学习有效性提出了质疑。而后,人们又在对斯莱文观点的回复中指出了他分析中的一系列漏洞,并又一次重申了掌握学习的有效性(Kulik et al. 1990)。

同样,关于适应性学习环境模式有效性的最初研究证明了这一模式的有效性(Wang et al. 1985)。简单说,就是教师在学会这一模式后又能够很恰当地运用它们,其总体效果是学生成绩的提高。然而另一方面,P. 富赫斯和 L. S. 富赫斯(Fuchs P and Fuchs L S 1988)却又争论说,已有数据不足以表明 ALEM 是一个“成功的、大规模的全日制主流计划”(P. 115)。

5. 个别化教学的未来

在未来,个别化教学或许不会像当前那样得到广泛的认可并在学校内得以大范围实施。之所以能得出这一推断,至少有以下4个原因:传统、有效性、有效性的代价及教学研究的结果。

5.1 传统

丘班(Cuban 1984)论述了美国20世纪后50年中课堂上教师中心位置的稳定性。而个别化教学却要求以学生为中心进行教学。所以,我们必须首先克服传统的影响,只有这样个别化教学才有可能成功地得以继续下去。

5.2 有效性

托米察和范德斯基德(Tomic and Van Der Sidje 1989)将他们对个别化教学有效性的观点进行了总结,认为其最后结局将非常令人沮丧:

> 一位教师教大约25名学生这一最常见的教学模式在最近的将来似乎不大会改变。这种模式流行的原因部分是因为还没有充分的证据表明其他模式更加有效……想通过用有计算机辅助教学等教学媒体参与的个别化教学来取代传统的课堂教学形式的尝试并不能证明这种做法是合理的。(P. 41 ~42)

5.3 有效性的代价

除了传统的影响和缺乏一贯的有效性外,个别化教学还存在着第三个问题。弗莱彻(Fletcher 1992)对其进行了简要的概括:

> 问题似乎并不存在于个别化教学本身,而在于个别化系统所需要付出的代价和由此而增加的功课负担……计算机技术或许能帮助我们。当计算机出现在家庭中,成为学校管理者、教师和学生日常使用的工具时,它的兼容性、统一性及其应用会为个别化教学系统提供实质性的支持。(P. 618)

5.4 教学研究的结果

关于教学的研究发现了一系列实际上对所有学生都极其有利的变量。例如,尽管有较高焦虑水平的学生从他们学习环境的组织结构中会有更多的收获,然而实际上,所有的学生都能从中获益。而且,人们发现互动教学(即教师直接面对学生小组或单个学生进行教学)总是与各种类型及水平的学生较高的成就密不可分。以任务为中心的有目的的课堂教学对学生的成绩及其态度都会起着积极的作用。最后,为学生提供反馈、在学习的早期阶段为那些有困难的学生提供及时的介入和帮助同样也与所有学生学习上的积极表现有关。

当然,这些论证并不是说在某一特定类型的教学中所有学生的收获都是一样的。焦虑水平较高的学生或许比较低焦虑水平的学生从有组织的教学中获益更多。但是同时,无论是焦虑水平较高的学生还是低焦虑水平的学生都能从有组织的教学中有或多或少的收获。这一观点是由科尔诺和斯诺在他们对合作学习的概括中所提出来的:

> 这些结果帮助合作学习成为一种能不涉及学生自身不良因素的教学模式。能力较差的学生在小组交往与合作中会做得更好。然而需要注意的是,成绩较好的学生同样也可从这种教学模式中有所收获。(P. 622)

6. 结论

个别化教学是还没有实现的教育思想中的一个主要范例。理论上讲,它是合理的。然而在实践中,个别化教学还在为成功而不懈努力。对于要在学校中实施真正意义上的个别化教学来说,传统的惰性、有效性及其代价的问题以及关于教学研究的结果这几方面都是需要其解决的,但同时又都是有价值的。

L. W. 安德森(L. W. Anderson) 著

李雨竹 译

附录

Anderson L W 1985 A retrospective and prospective view of Bloom's “Learning for Mastery.” In Wang M

C, Walberg H J (eds.) 1985 *Adapting Instruction to Individual Differences.* Wadsworth Publishing, Berkeley, California

Anderson L W, Ryan D W, Shapiro B J (eds.) 1989 *The IEA Classroom Environment Study.* Pergamon Press, Oxford

Block J H, Burns R B 1976 Mastery learning. In: Shulman L S (ed.) *Reuiew of Research in Education* Vol. 4. Peacock, Itasca, Illinois

Bloom B S 1981 *All Our Children Learning.* McGraw-Hill, New York

Burns R B 1984 How time is used in elementary schools: The activity structure of classrooms. In: Anderson L W (ed.) 1984 *Tittle and School Learning.* Croom Helm, Beckenham

Corno L, Snow R E 1986 Adapting teaching to individual differences among learners. In: Wittrock M C (ed.) 1986 *Handbook of Research on Teaching* 3rd edn. Macmillan, New York

Cuban L 1984 *How Teachers Taught. Constancy and Change in American Classroom, 1890—1980.* Longmans, New York

Dubreucq-Choprix F L 1985 Decroly method. In: Husen T, Postlethwaite T N (eds.) 1985 *The International Encyclopedia of Education*, 1st edn. Pergamon Press, Oxford

Dunn R S, Dunn K J 1979 Learning styles/teaching styles: Should they... can they... be matched? *Educ. Leadership* 36(4): 238—244

Fisher C W et al. 1980 Teaching behaviors, academic learning time, and student achievement: An overview. In: Denham C, Lieberman A (eds.) 1980 *Time to Learn.* National Institute of Education, Washington, DC

Fletcher J D 1992 Individualized systems of instruction. In: Alkin M C (ed.) 1992 *Encyclopedia of Educational Research*, 6th edn. Macmillan, New York

Fuchs D, Fuchs L S 1988 Evaluation of the Adaptive Learning Environments Model. *Excep. Child.* 55(2): 115—127

Guskey T R 1987a The essential elements of mastery learning. *Journal of Classroom Interaction* 22(2): 19—22

Hunt D E 1981 Teachers' adaptation: "Reading" and "flexing" to students. In: Joyce B R, Brown C C, Peck L (eds.) 1981 *Flexibility in Teaching.* Longman, New York

Hunt D E, Sullivan E V 1974 *Between Psychology and Education.* Dryden, Hinsdale, Illinois

Kulik C E, Kulik J A, Bangert-Downs R L 1990 Effectiveness of mastery learning programs: A meta-analysis. *Rev. Educ. Res.* 60(2): 265—299

Kulik J A 1982 Individualized systems of instruction. In: Mitzel H E (ed.) 1982 *Encyclopedia of Educational Research*, 5th edn. Macmillan, New York

Kulik J A 1985 Keller plan: A personalized system of instruction. In: Husen T, Postlethwaite T N (eds.) 1985 *The International Encyclopedia of Education.* Pergamon Press, Oxford

Kulik J A, Kulik C C 1984 Synthesis of research on effects of accelerated instruction. *Educ. Leadership* 42(2): 84—89

Lawry J R 1985 Dalton plan. In: Husén T, Postlethwaite T N (eds.) 1985 *The International Encyclopedia of Education.* Pergamon Press, Oxford

Mortimore P, Sammons P, Stoll L, Lewis D, Ecob R 1988 *School Matters. The Junior Years.* Open Books, Wells Oakes J 1992 Grouping students for instruction. In: Alkin M C (ed.) 1992 *Encyclopedia of Educational Research*, 6th edn. Macmillan, New York

Popkewitz T L. Tabachnick B R, Wehlage G 1982 *The Myth of Educational Reform. A Study of School Responses to a Program of Change.* University of Wisconsin Press, Madison Wisconsin

Rothrock D 1982 The rise and decline of individualized instruction. *Educ. Leadership.* 39 (7): 528—530

Shimron J S 1976 Learning activities in Individually Prescribed Instruction. *Instr. Sci.* 5 (4): 391—401

Slavin R E 1987a Grouping for instruction: Equity and effectiveness. *Equity and Excellence* 23 (1—2): 31—36

Slavin R E 1987b Mastery learning considered. Rev. *Educ. Res.* 57 (2):175—213

Snow R E 1985 Aptitude-treatment interaction models. In:Husén T, Postlethwaite T N (eds.) 1985 *The International Encyclopedia of Education.* Pergamon Press, Oxford Tomic W, Van Der Slide P C 1989 *Changing Teaching for Better Learning.* Swets and Zeitlinger, Amsterdam

Wang M C, Gennari P, Waxman H C 1985 The Adaptive Learning Environments Model: Design, implementation, and effects. In: Wang M C, Walberg H J (eds.) 1985 *Adapting Instruction to Individual Differences.* Wadsworth Publishing, Berkeley, California

Washburne C W, Marland S P 1963 *Winnetka: The History and Significance of an Educational Experiment.* Prentice-Hall, Englewood Cliffs, New Jersey

Wiersma W 1986 Individually guided education. *Education.* 107:85—97

Whipple G M (ed.) 1925 *Adapting the Schools to Individual Differences* (24th Yearbook of the National Society for the Study of Education, Part 2). Public School Publishing, Bloomington, Illinois

掌握式学习(Mastery Learning)

在20世纪70年代以及80年代,很少有方案像基于"掌握式学习"思想的方案一样,引起教育工作者如此高度的兴奋。而且,也很少有教学策略像掌握式学习策略一样得到如此广泛的实施和如此深入的评价。在世界上的很多国家,从学前班到研究生和职业学校等不同水平的教育中,都在实施掌握式学习方案。更重要的是,对这些方案的评价表明,在实行掌握式学习的班级中,学生普遍可以学得更好,达到更高的成就水平,对他们自己的学习能力更有信心,对自己作为学习者更加充满自信。

然而,在引起人们高度兴奋的同时,掌握式学习也存在着很多混乱和误解。关于掌握式学习的基本要素是什么,如何运用,掌握式学习对有兴趣参与实施的老师有多高的要求等,是人们经常提到的问题。本词条将聚焦于这些问题以及其他一些相关问题。

1. 掌握式学习的发展

尽管掌握式学习的基本原理可以追溯到像夸美纽斯(Comenius)、裴斯泰洛齐(Pestalozzi)和赫尔巴特(Herbart)这样一些早期的教育家(Bloom 1974),然而,大多数掌握式学习的现代应用却是源自于芝加哥大学本杰明·S. 布卢姆的著作和研究。在20世纪60年代中期,关于如何利用最有效力的教学方法和如何改进个别化教学来促进集体教学课堂上学生的学习,布卢姆做了大量的调查研究。他观察到,事实上,当学生在不同的等级上学习的时候,只要提供了必需的时间以及适合的学习条件,每个人都可以学得很好。布卢姆认为,在这种更加合适的条件下,几乎所有的学生都可以达到很高的成绩水平,而这些成绩在比较传统的教学形式下通常只是很少数的尖子学生才能取得的。

为了确定在实践中怎样才能真正取得这种效果,布卢姆首先研究了在一个典型的集体课堂教学情境中教和学是怎样发生的。他观察到,大多数的教师开始教学的第一步都是把要求学生掌握的教学材料分割成比较小的学习单元。在多数情况下,在教学用的教科书各章节中,这些小单元通常是按顺序排列和相互呼应的。在教完每个单元之后,通常对学生进行一次覆盖单元内容的测验或小的考试。对于教师来说,这个测验是一种评价的手段,它可以用来确定谁对这部分内容学习得好,谁还没有掌握。然后,根据测验的结果,学生被分成许多类型,并给予不同的等级。然而,对学生来说,这种测试则是意味着这个单元教学的结束,意味着他们不再需要在这些单元内容上花费学习时间。这种测试也是学生们展示他们已经学到的东西的一次也是仅有的一次机会。在测验实施并得出分数之后,在登记本上记录下成绩,然后开始进行下一个单元的教学,并再次重复上述过程。

当以这种方式进行教和学的时候,仅仅有很少的学生能够学得很好,得到最高的分数。布卢姆发现,通常仅有大约20%的学生能够很好地掌握教师所教的内容。在这种情况下,当教学结束以后,学生成绩的分布看上去非常像一条正态分布曲线，或者说像一条钟形的曲线。

为了寻求更好的效果，布卢姆吸收了两种信息。第一种信息是，当一个优秀的教师对单个学生开展教学时，理想的教和学的条件是什么。换句话说，布卢姆试图确定，一对一教学中有哪些关键要素能够运用到集体教学情境中。布卢姆吸收的第二种信息是，对在学业上取得成功的学生的学习策略的描述。在这里，布卢姆试图鉴别在集体教学情境中，取得高成绩的学生区别于那些很少取得成功的同学的不同行为特征。

把学习内容分成许多单元，并且在每一个单元结束后用一个小测验来检验学生的学习，布卢姆把这些看作是有用的教学技巧。然而，他认为，大多数老师使用的测验方法除了发现原来的教学是否适合教师自身以外，很少发挥其他的作用。相反，如果对学习的检查能够伴随一个"反馈—矫正"程序的话，它们就可以成为很有价值的学习工具。也就是说，布卢姆认为，这些检查除了可以用作每一单元学习结束之后的评价手段外，它们还可以用来诊断个体学习上的困难（反馈）并制定具体的补救措施（矫正）。

准确地说，这种"反馈—矫正"程序正是当一个学生在一个优秀教师的指导下进行学习时所应用的程序。如果一个学生犯了一个错误，那么这个老师首先要指出这个错误（反馈），然后进行深入的解释和澄清（矫正）。类似的，在学业上很成功的学生通常对他们在测验和考试中所犯的错误穷追不舍，力求获得更多的知识和对问题有更深入的理解，以防止再犯类似的错误。

基于这些观点，布卢姆制定了一个具体的教学策略来利用这种"反馈—矫正"程序。他把这种策略命名为"为了掌握而学习"（Bloom 1968），后来简称为"掌握式学习"（Bloom 1971）。在这个策略中，首先把学生要学习的概念和内容组织成若干教学单元。对于大多数老师来说，每一个单元由大约一到两周时间内要介绍的概念组成。紧随每个单元教学之后，对学生进行一次小的测验或评估。这种评估并不是意味着这个单元学习的结束，重要的是要通过评估来为学生提供一些关于他们学习的信息或者反馈。实际上，为了强调评估的这种新目的，布卢姆建议把这种评估叫作"形成性评价"，意思是"给予或者提供信息"。"形成性评价"可以准确地向学生表明，哪些学得很好，哪些还需要学得更好。

形成性评价还包括向学生提出明确的建议，以表明学生可以采取什么措施来矫正评估中发现的学习问题。由于评价中所建议的矫正性行为是具体针对每一个或每一套评价项目而提出来的，因此，学生只需要对那些还没有掌握的概念进行重新学习。换句话说，矫正是"因人而异"的。它们既可能是指出关于某一主题的其他信息资源，例如教科书或者业务手册中讨论这个主题的相应页码，也可能是列出选择性的学习资源，例如不同的教科书、可供选择的教材、核心的学习行为或者计算机化的教学课程，还可能是简单推荐一些其他的实践性资源，例如学习指导、独立实践或者指导性的练习活动。随着不断地从形成性评价中获得反馈和矫正信息，每个学生就有了一个详细的"处方"，这个"处方"告诉学生，为了掌握本单元中的概念和要求学会的结论他们更需要做哪些事情。

当学生以一堂课或两堂课的时间完成了矫正性行为以后，就要对他们实施第二次、与前次相类似的形成性评价。实施第二次评价有两个主要的原因。第一个原因是，需要检查矫正性行为在帮助学生克服他们个人的学习困难方面的效果。第二个也是最重要的原因是，第二次形成性评价可以为学生提供第二次成功的机会。因此，它是一种非常有效的激发动机的方法。

布卢姆相信，通过形成性评价过程并结合对个体学习困难的系统化的矫正，能够给所有的学生提供比传统的教学方法更加适合学生自身需要的指导。他认为，通过精心计划，老师原有的教学方法有可能变得适合班里的许多学生，甚至是绝大多数学生。然而，由于学生中存在个体差异，这种方法也可能不适合一部分学生。而矫正性程序正好可以使这些学生获得更为适合他们的其他方法，从而使更多的学生学习得更好，并且达到较高的成绩水平。布卢姆相信，通过给学生提供这些更加受欢迎的学习条件，几乎所有的学生都可以出色地学习，并且真正掌握学科内容(Bloom 1971)。

2. 掌握式学习的基本原理

自从布卢姆首先提出他的思想以后,人们已经写出了许多关于掌握式学习理论和掌握式教学策略的研究成果(Block and Anderson 1975, Levine et al. 1985)。然而,众所周知,以"掌握式学习"为名的课程在不同的情境中存在着非常大的差异(Burns 1987)。结果,对推广应用掌握式学习感兴趣的教育者们发现,要清晰而简洁地描述掌握式学习过程的基本原理,具体地描述成功实施掌握式学习所需做的具体的改变,是非常困难的。

有两个原理已经被确定为实施掌握式学习的基本原理(Guskey 1987a)。尽管这两个原理的实际表现或实际形态可能存在差异,但是它们都是服务于某一掌握式学习课堂教学活动的具体的目标,都可以在最大限度上清晰地把掌握式学习与其他教学方法区别开来。这两个基本原理就是"反馈、矫正和提高程序"和"教学组成成分之间的和谐性"。

2.1 *反馈、矫正和提高*

要使用掌握式学习,老师必须定期给学生提供关于学生学习进步的具体明确的信息。而且,这些信息必须是诊断性的和规范性的。也就是说,学生定期接受到的这些信息或者"反馈"应该:(a)准确强化那些在每一个教学单元的学习中最重要的东西;(b)明确什么是必须学好的;(c)确定什么样的学生需要投入更多的时间。如果这种反馈是有效力的,那么它必定是和学生的学习水平相适合的。

然而,单靠反馈是不能帮助学生改进他们的学习的。为了产生更好的改进效果,学生得到的反馈必须和具体的矫正性行为结合起来。在学生怎样才能改正他们的学习错误、解决他们的学习问题方面,这些矫正性措施可以给学生提供清晰的指导和方向。最重要的是,矫正性措施必须不同于最初的教学方法。简单地让学生回忆或者重复一个已经证明是不成功的过程,不可能产生任何更好的结果。因此,矫正性行为必须给学生提供另一种指导,具体来说,他们必须以不同于先前教学的方式来呈现教学内容和促进学生的学习。这就意味着矫正性措施应该把不同的学习风格和学习形态结合起来。此外,矫正性措施对于改进活动也应是有效的。一种不能够帮助学生克服学习困难的新的或者替代性的方法是不能作为矫正性措施来使用的,应该避免这种方法。

在掌握式学习的大多数课堂应用中,对于那些在原有教学中已经掌握了学习内容的学生来说,矫正性措施往往伴随着"提高性行为"或"扩展性行为"。提高性行为为这些学生提供了拓宽或者扩展他们的学习的令人兴奋的机会。为了取得效果,这些提高性行为必须既是激励性的又是富有挑战性的。一般来说,它们与学习的学科领域有关,但是不需要和某个特定单元有直接的关联。因此,提高性行为是促使学生参与富有挑战性的、更高水平的活动(例如那些为具有天赋的学生设计的活动)的一种非常有效的手段。

这种反馈、矫正和提高的过程可以通过各种各样的方式来实现。在许多掌握式学习课堂上,老师利用很短时间的纸笔测验作为形成性评价来给学生提供学习进步的反馈信息。然而,形成性评价实际上可以是任何一种方法,只要教师可以用它来获取能标明学生学习进步的证据就行。所以,评论、作文、方案、报告、表现性任务、技能展示以及口头表达等,都可以用于形成性评价。

一些老师在实施了形成性评价之后,把学生分成矫正组和提高组两个独立的部分。当老师指导学生开展矫正性活动时,提高组的学生开展自我选择、独立的、能拓宽或延伸自己学习的学习活动。另一些老师则和他们的同事协作,相互交换学生,以便当一个教师检查矫正性行为时,另一个教师监控提高性行为。还有一些老师引导学生从事合作学习,让矫正组的学生和提高组的学生在小组里一起学习,以确保所有的人都达到掌握的水平。如果在第二次形成性评价中所有学生都达到了掌握的水平,那么,小组的所有的成员都会受到特殊的奖励或者荣誉(Guskey 1990a)。

反馈、矫正和提高程序对于掌握式学习过程来说是至关重要的,因为正是通过这一程序,掌握式学习得以实现个别化教学。在每一个教学单元,那些需要额外的时间和机会来矫正学习问题的学生可以通过矫正性活动来获得矫正的时间和机会，而那些学得很快并非常适应原有教学的学生则可以通过提高性活动来获得扩展学习的机会。这样，所有学生都能得到有利的学习条件以及更加适合的、高质量的指导。

2.2　*教学活动组成成分之间的和谐性*

尽管反馈、矫正和提高程序是非常重要的，但是它自己还不能单独构成掌握式学习。为了真正地取得效果，它必须和掌握式学习过程的第二个基本原理结合起来，这就是教学活动组成成分之间的和谐性。

一般认为，教和学的过程有3个主要组成部分。首先，教师必须有一些有关学生学习什么或者学习的结果是什么之类的想法。然后是实施“指导”，其目的是培养“有能力的学习者”，即能够很好地进行学习的学生，他们的能力可以通过某种“评价”方式来进行评估。掌握式学习添加了另外的第三个组成部分，也就是“反馈和矫正”，通过“反馈和矫正”老师可以确定原有的教学方式对哪些学生是适合的，对哪些学生是不适合的，必须计划另一种教学方式来替换。

关于教什么、怎样教以及怎样评价学习效果在本质上是不一样的，但是掌握式学习要求在这些教学活动的组成部分之间保持连贯和结合。举个例子来说，在掌握式学习中，如果期望学生学到诸如应用和分析之类的较高水平的技巧，就必须精心设计能够为学生提供主动练习这些技巧的机会的教学活动，并为学生提供关于他们的技巧学习情况的具体反馈信息，指导学生矫正学习中的每一个错误。最后，评估学生学习效果的程序也应该能反映这些技巧。

教学活动各组成部分之间的和谐性是掌握式学习的基本组成要素。同时，在一般教学活动中，它也是有效的教和学的一个基本组成部分。例如，我们做这么一个假想，一个语言文学老师通过一个关于语法和标点符号的、短时间的、多项选择测验，向学生提供学习方面的反馈信息。但是，接下来他却根据学生在书面作文中观点组织的清晰性和准确性来对学生的学习效果进行评价。在这个案例中，尽管学生得到了及时的反馈，但是很明显，反馈和评价学习使用的程序是不相吻合。学生可能知道语法和标点符号的使用规则，但却不会在写作中运用这些规则。或者说，学生可能写了一篇语法和标点都非常漂亮的作文，然而由于内容不丰富和组织得不好，结果只得了一个很低的分数。

在掌握式学习课堂教学中，学生接受的反馈信息应该始终与具体的学习目标和学习评价程序相吻合。如果学生的写作技巧、思想组织以及写作内容是学生学习效果的评价标准，那么，学生就应该获得基于这些标准的诊断性反馈，以及对克服他们可能遇到的学习困难的具体指导。

教学活动的组成成分之间的和谐性原理引起了一些人对掌握式学习的批评，认为掌握式学习是简单的“应试教学”。然而，在这方面最重要的问题是：教学的基础是什么？如果教学是以考试为基础的，如果说教什么主要是由考试来决定的，那么，这种教学的确是一种“应试教学”。在这种条件下，考试的内容和形式不仅决定了教什么，而且决定了怎样教的问题。而在掌握式学习中，教学活动的基础是通常由教师确定的、期望达到的教学目标。在运用掌握式学习时，老师必须确保他们的教学行为和他们使用的评价学生学习的程序，与他们确定的对于学生来说最重要的学习内容相匹配。因此，实施掌握式学习的老师不是在搞“应试教学”，更加准确地说，他们是在“测试他们所教的东西”。

不可否认，为了确定所应追求的学习目标，老师们必须做出一些重要的决定。例如，他们必须决定，对学生学习来说，什么概念或技巧是最重要的；对学生掌握学科来说，什么概念或技巧是最核心的。然而，对于所有的老师来说，认识到他们已经做出了这些决定也是很重要的。每当做完一次测验、评完一份试卷或者对一次学习进行评价以后，老师都要和学生就“什么是最重要的”这一问题进行交流。掌握式学习的使用可以促使老师们更加慎重地面对这些决定，并且比平常更加有目的性地做出他们的决定。

3. 对掌握式学习的曲解

一些实施掌握式学习的早期尝试，是建立在对布卢姆思想的非常狭隘的、在一些方案中甚至是非常不准确的解释的基础之上的。这些方案试图把学习分成许多非常小的部分,要求学生在进入下一部分的学习之前,“掌握”前面的每一部分。许多方案只是专注于教给学生一些低水平的认知技巧,并且严格地和机械地局限于学习目标的“范围和顺序”。在这些方案中,教师只是被视为教学材料的管理者和学生进步的记录保持者。

不幸的是,对掌握式学习类似的曲解在20世纪90年代早期仍然存在。然而,这些早期方案的狭隘性和机械性从来就不是布卢姆的本意。在他的著作中,任何的地方都不会发现这样的主张。布卢姆一直认为,对于成功实施掌握式学习来说,有思想的反思型教师是最重要的。实际上,在布卢姆有关掌握式学习的最早的描述中,他着重强调了在实施过程中的灵活性:

> 在掌握式学习中有许多可供选择的策略。每一种策略都必须通过一些把教学与学习者的需求和特征联系起来的手段,来发现某种对待学习者中个体差别的方法……不分级别的学校是这样一种学校,它试图提供一种允许和鼓励掌握式学习的组织结构。(Bloom 1968 P.7~8)

布卢姆也强调,在掌握式学习课堂教学中必须关注较高水平的学习目标,而不仅仅是基本的技巧。他写道:

> 我发现解决问题、应用原理、分析技巧以及创造能力是非常重要的。之所以强调这些高智能的活动,是因为这类学习活动能够使个体的学习活动与他在日常生活中遇到的许多问题联系起来。而之所以强调这些能力,是因为在人们已经忘记了在学校中所学教材的详细内容之后,他们仍然可以长时间地保持并运用这种能力。这些能力被看作是继续学习以及应付快速变化的世界所需要的一组基本的个性特征。(Bloom 1978 P.578)

许多研究表明,当教学集中在诸如问题解决、做出推论、演绎推理以及创造性表达等高水平目标时,掌握式学习是非常有效的(Arredondo and Block 1990,Mevarech 1985,Soled 1987)。

尽管布卢姆认为关于课程的重点以及教学方法论问题,掌握式学习的观点是不确定的,但是他相信掌握式学习对任何一个老师的教学过程都是非常强有力的补充。掌握式学习可以提供给老师一种实际有效的工具,这种工具可以更好地适合在集体课堂教学情境中个体学生的需要。同样,掌握式学习也给教师呈现了一种给学生提供各种体验的方法,教育者们现在已经认识到,这些体验对于思维能力和其他复杂认知过程的发展来说是必不可少的。

4. 意义和研究成果

从对掌握式学习的上述描述中可以看到掌握式学习的几个重要意义。第一个是掌握式学习在应用中是非常灵活的。例如,两个老师在相同的课程或者年级水平中运用非常不同的方法实施掌握式学习,但他们完全可能都是非常成功的。他们两个人都运用了相同的掌握式学习的基本原理,但是他们使用的初始教学方法、他们使用的形成性评价的方式、他们的学生从事的矫正性活动和提高性行为的种类,所有这些都可能是不同的。换句话说,实行掌握式学习,不存在最好的方法。掌握式学习的成功实施在很大程度上要依赖于教师的这种能力:使掌握式学习的基本要素与他们教学的具体情境和他们学生的独有特点相适应的能力。

掌握式学习的第二个意义是,掌握式学习具有非常广泛的可推广性。对绝大多数人来说,掌握式学习显然可以很好地用于那些结构性和层次性都比较强的学科的教学,比如说数学。但是,当把掌握式学习应用在结构性相对较弱的学科时,比如语言文学和社会研究,同样是非常有效的。

举例来说,在教授创造性写作时,老师要做的第一件事情是详细地描述有创造性的作文和没有创造性的作文之间的区别,因为如果不能描述出这些区别的话,那老师教什么呢?对于教授创造性作文的较高水平的技巧来说,描述这些区别是最基本的先决条件。这些区别一经描述之后,就建立起了向学生提供写作反馈的基础,同样,也建立起了指导学生矫正错误和重新修改的基础。这样一来，一篇原本创造性不高的文章就变得更有创造性了。

在写作课上，学生的作文可以起到形成性评价的作用。学生们把作文提交给老师，然后老师根据他讲过的并和学生一起讨论过的标准来对作文进行评价。有时，与老师提供的指导相伴随，同学之间可能也会提出一些评价性的反馈信息。然后，作文被返还给作者，并随之附上根据具体标准而提出的修改建议。在矫正性活动中，教师要使用与第一次教学不同的方法技术来帮助学生进行修改。修改完成以后，修改好的作文再次提交给老师，接受第二次形成性评价。

掌握式学习基本原理的第三方面的意义是，对绝大多数老师来说，使用掌握式学习程序并不需要他们显著地改变他们正在进行的教学活动。与许多试图替代老师们当前的教学方法的新思想和新策略不同，掌握式学习是建立在老师们当前的教学方法之上的。掌握式学习不是要逼迫老师放弃他们多年发展并提炼出来的实践，而是给老师们提供了一种改善那些实践的方法手段。它使老师们能够最好地利用他们已经有的技巧。绝大多数优秀老师已经毫不怀疑地使用了一些掌握式学习的方法，而另外一些老师可能发现，掌握式学习过程可以与他们现在的教学策略很好地结合起来。掌握式学习揭示了教学活动的本质，揭示了教学过程中在需要做出重大改变和进一步修改的方法上存在的普遍困难，因此掌握式学习将会有一个令人振奋的未来。

最后，尽管运用掌握式学习的基本原理不要求显著的变化，但是广泛的研究证据表明，这些原理的运用能够对学生学习产生非常积极的影响（Guskey and Pigott 1988，Kulik et al. 1990a）。绝大多数教师只需用相对很少的时间和努力就可以提供反馈、矫正和提高，确保教学活动组成成分之间的和谐性，尤其是当同事之间合作完成一项任务时，更是如此。而且，在美国（Walberg 1984）、亚洲（Kim et al. 1969）、澳大利亚（Chan 1981）、欧洲（Dyke 1988，Langeheine 1992，Mevarech 1985）以及南美洲（Cabezon 1984）收集到的证据表明，谨慎而系统地利用这些原理能够带来学生学习的明显进步。

同等重要的一个事实是，掌握式学习的积极作用绝不只是限于对学生学业成绩的测量。研究也表明，掌握式学习可以提高学生的出勤率、激发学生参与课堂教学的积极性、改善学生的学习态度（Guskey and Pigott 1988）。这种多方面的影响被称为掌握式学习的“乘数效应”（Guskey et al. 1982），并使掌握式学习成为20世纪90年代初期最经济有效的教育改革手段之一。

在关于掌握式学习研究的反思性研究中，有一种与以前所有的评论相反的研究结果，它表明掌握式学习过程在本质上对学生成绩的提高没有任何作用（Slavin 1987）。这个发现不仅使那些熟悉大量的关于掌握式学习的研究文献的学者感到吃惊，因为他们的研究表明掌握式学习能产生非常积极的作用，而且也让大量的教育实践工作者感到吃惊，因为他们亲身体验过掌握式学习的积极影响。然而，对这种反思性研究的一项仔细审查表明，这项研究的效度是值得怀疑的（Hiebert 1987），它使用了一些反复无常的选择标准（Kulik et al. 1990b），以一种带有明显偏见的方式来报告结果（Walberg 1988），而且没有有效的证据来支持它得出的结论（Guskey 1987b）。最重要的是，从斯莱文（Slavin）的研究发表以来，出现了两个研究范围更加广泛、研究方法更加合理的反思性研究（Guskey and Pigott 1988），这两项研究证明掌握式学习在学生各个方面的广泛的学习目标上都具有积极的影响，并且，还有一项研究（Kulik et al. 1990b）明确表明了这个较早一些的报告歪曲了掌握式学习的本质。

5. 结论

从教学实践者和研究者的角度来看，掌握式学习的前景看上去是非常光明的。尽管每个人的教育经历存在很明显的不同，但是，在20世纪90年代早期，许多教学一线的老师已经认识到了掌握式学习基本原理的价值。越来越多的人逐渐认识到把评估作为学习工具的重要性，而不是简单地只把评估用于对学生的分类或给学生打分。许多老师正在为那些需要更多一点的时间或者需要其他的指导方法才能学得更好的学生提供矫正性活动；同时给那些学得快的学生提供提高性行为，以使他们可以从拓宽和扩展学习的机会中受益。还有许多老师正在努力确保他们使用的教学方法、反馈和矫正程序以及评估策略，与他们认为最有价值的学习目标相匹配。对于这些老师来说，掌握式学习为他们提供了更强有力地影响学生学习的方法和工具。掌握式学习可以使学生的学习变得更加有效，因而可以使教学活动得到更多的回报，成为更令人愉快的活动（Guskey 1986）。

研究者们也已经认识到掌握式学习基本原理的价值以及在各个水平的高效教学中这些原理的重要性。因此，关于掌握式学习过程本身的研究现在已经很少了，取而代之的是，研究者们正在寻求进一步提高掌握式学习的效果的方法，增加掌握式学习的基本原理，这些原理应该能够积极地作用于学生的学习，使学生获得印象更加深刻的收获。对未来来说特别有意义的工作似乎是寻求掌握式学习和其他的创新性策略之间有机结合（Arredondo and Block 1990；Guskey 1990a，1990b）。

掌握式学习不是一种教育上的万能药，不可能解决 20 世纪末期教育工作者面临的所有复杂问题，也不可能超越教和学的潜在能力所能达到的最高限度。人们现在正在不断对一些新思想开展令人兴奋的研究工作，这些思想旨在获得比掌握式学习的典型成果更为积极有效的教学效果（Bloom 1988）。然而，对掌握式学习基本原理的密切关注，将使各个水平的教育者工作向着所有孩子的学习都达到优秀的教育目标迈进一大步。

T. R. 古士基（T. R. Guskey）　著
曾继耘　译

附录

Arredondo D E, Block J H 1990 Recognizing the connections between thinking skills and mastery learning. *Educ. Leadership* 47(5):4—10

Block J H, Anderson L W 1975 *Mastery Learning and Classroom Instruction*. MacMillan, New York

Bloom B S 1968 Learning for mastery. Instruction and Curriculum. *Evaluation Comment* 1(2):1—12

Bloom B S 1971 Mastery learning. In: Block J H (ed.) 1971 *Mastery Learning: Theory and Practice*. Holt, Rinehart and Winston, New York

Bloom B S 1974 An introduction to mastery learning theory. In: Block J H (ed.) 1974 *Schools, Society and Mastery Learning*. Holt, Rinehart and Winston, New York

Bloom B S 1978 New views of the learner: Implications for instruction and curriculum. *Educ. Leadership* 35(7):563—576

Bloom B S 1988 Helping all children learn well in elementary school—and beyond. *Principal* 67(4):12—17

Burns R B 1987 *Models of Instructional Organization: A Casebook on Mastery Learning and Outcome-based Education*. Far West Laboratory for Educational Research and Development, San Francisco, California

Cabezon E 1984. The effects of marked changes in student achievement patterns on the students, their teachers, and their parents: The Chilean case. Doctoral dissertation, University of Chicago, Chicago, Illinois

Chan K S 1981 The interaction of aptitude with mastery versus non-mastery instruction: Effects on reading comprehension of grade three students. Doctoral dissertation, University of Western Australia, Perth

Dyke W E 1988 The immediate effect of a mastery learning program on the belief systems of high school teachers.

Paper presented at the annual meeting of the American Educational Research Association, New Orleans, Louisiana

Guskey T R 1986 Staff development and the process of teacher change. *Educ. Researcher* 15(5):5—12

Guskey T R 1987a The essential elements of mastery learning. *J. Classroom Interaction* 22(2):19—22

Guskey T R 1987b Rethinking mastery learning reconsidered. *Rev. Educ. Res.* 57(2):225—229

Guskey T R 1990a Cooperative mastery learning strategies. *Elem. Sch. J.* 91(1):33—42

Guskey T R 1990b Integrating innovations. *Educ. Leadership* 47(5):11—15

Guskey T R, Barshis D, Easton J Q 1982 The multiplier effect: Exploring new directions in community college research. *Community and Junior College Journal* 52(8): 22—25

Guskey T R, Pigott T D 1988 Research on group-based mastery learning programs: A meta-analysis. *J. Educ. Res.* 81(4): 197—216

Heibert E H 1987 The context of instruction and student learning: An examination of Slavin's assumptions. *Rev. Educ. Res.* 57(3): 337—340

Kim H et al. 1969 *A Study of the Bloom Strategies for Mastery Learning*. Korean Institute for Research in the Behavioral Sciences, Seoul

Kulik C C, Kulik J A, Bangert-Drowns R L 1990a Effectiveness of mastery learning programs: A meta-analysis. *Rev. Educ. Res.* 60(2): 265—299

Kulik J A, Kulik C C, Bangert-Drowns R L 1990b Is there better evidence on mastery learning? A response to Slavin. *Rev. Educ. Res.* 60(2): 303—307

Langeheine R 1992 State mastery learning: Dynamic models for longitudinal data. Paper presented at the annual meeting of the American Educational Research Association, San Francisco, California

Levine D U et al. 1985 *Improving Student Achievement through Mastery Learning Programs*. Jossey-Bass, San Francisco, California

Mevarech Z R 1985 The effects of cooperative mastery learning strategies on mathematical achievement. *J. Educ. Res.* 78(6): 372—377

Slavin R E 1987 Mastery learning reconsidered. *Rev. Educ. Res.* 57(2): 175—213

Soled S W 1987 Teaching processes to improve both higher and lower mental process achievement. Paper presented at the annual meeting of the American Educational Research Association, Washington, DC

Walberg H J 1984 Improving the productivity of America's schools. *Educ. Leadership* 41(8): 19—27

Walberg H J 1988 Response to Slavin: What's the best evidence? *Educ. Leadership* 46(2): 28

非言语课堂行为(Nonverbal Classroom Behavior)

虽然对师生非言语课堂行为的研究不常见，但它却是课堂生活的一个重要方面。本词条将研究非言语课堂行为在初等学校和中等学校的应用，简要展示非言语课堂行为研究的历史，概述六种主要的非言语课堂行为(空间的安排、触摸、运动、辅助语言、沉默、时间的安排)的部分研究成果，并在最后谈谈未来研究的意义。

1. 非言语行为研究简史

自有文字历史以来，非言语行为的研究就一直存在。早期的研究探究了古代阿兹台克人的舞蹈艺术和宗教仪式、罗马人和希腊人的手势、滑稽表演和舞蹈艺术、澳大利亚土著居民的手势语、中国戏剧的手势和姿态以及意大利文艺复兴时期(Davis 1972, Key 1977)的礼节手册。1872 年达尔文的《人类与动物情感的表达》的出版，激起了人们对非行为领域的极大兴趣，开始把它视为一个可行的研究领域，并提出了许多直到 20 世纪 90 年代仍然有效的研究问题和研究结果。达尔文提出的一些研究问题，既有研究非常活跃的时期，也有研究比较低潮的时期。比如，对人类面部表情的研究，在 20 世纪二三十年代很热门，而到了 40 年代便失去了活力，在 50 年代时又重新活跃起来。在 20 世纪 90 年代初期，面部表情在任何非言语行为的讨论中都会突出地被提到，并经常与艾克曼(Ekman)及其同伴的工作联系在一起(Feldman and Rime 1991)。

达尔文的创新性工作引起了其他人对这一领域内其他类似问题的探究热潮，比如，跨文化的比较研究，发展模式研究，情感表达研究和个性的心理诊断研究。研究人员在交叉学科中也作了相关问题的探究，这些学科包括生态学、交往论、社会学、人类学、心理学、教育学和符号学。尤其是随着 20 世纪 60 年代非言语行为成为符号学的一个重要领域，人们对符号学(对符号的研究)的兴趣激增。与对非言语行为的学术兴趣相伴随，出现了大量面向大众市场消费的出版物。在这方面最近的著作中,一部分是有足够的研究结果作为支撑的,而另一部分却没有。

在教育领域,有思想的教育实践者与教育研究者早已意识到了非言语行为对理解各种课堂现象的重要性。然而,在1960年以前的教学领域,非语言问题作为正规研究的学科,很少受到关注。在那个时期,相关的研究结果通常是:教师用眼睛和身体的接近去控制学生的行为。对非言语课堂行为的集中研究,开始于20世纪60年代早期,兴盛于70年代。

对非言语行为教育研究的有代表性的概述,是由史密斯(Smith 1979)、沃尔福克和布鲁克斯(Wolfolk and Brooks 1983)以及尼尔(Neil 1991)阐发的。在讨论这些概要之前有必要指出,主要的非言语要素都具有潜在的重要的教育意义,而有一个与非言语要素相关的问题在经过了25年的研究之后仍然没有得到解决,这个问题就是自我实现预测问题(Wineburg 1987,Rosenthal and Rist)。

2. 非言语课堂行为

由于非言语行为固有的复杂性,研究人员通常将它细分为许多不同的部分和种类。为了简化讨论,我们将在四个主标题下讨论主要的概念和研究结论。然而有必要指出,实际上非言语行为几乎是不可能被简单地分解开来的。

2.1 *空间的安排和触摸*

空间的利用是指在涉及其他人的情景里一个人对社会空间和个人空间的利用。当教师和学生处在班级课堂教学情景里时,教师离学生越近,学生对课堂活动的参与度就越高。当教师在课堂内主要是在前面讲课时,不管是在拥挤的讨论室里,还是在有一排排工作台的实验室里,学生的参与度从前排至后排都呈减少的趋势。在传统的有一排排桌子的教室里,如果教师一直站在教室前面的中部位置讲课的话,我们经常可以看到一个三角状的参与状况:从前排开始,延伸到中间课桌的前2/3处。这些数据表明教师应共同努力从教室的前排走出来,以让教室里的每一部分学生都能参与进来。

当教师必须在教室前面讲授时,如果教师能习惯性地站在讲桌的前面而不是后面的话,学生会更多地参与课堂活动。有结果表明,教师站在讲桌后面,与观察到的教师对学生的情感以及学生的参与度呈负相关。总的来说,当教师与学生距离增大时,他们就会被认为不太热情;相反,教师的接近会被认为是对学生的喜爱、赞许和友善。反过来看仍是这样的:一般认为,与那些选择远离教师就座的学生相比,选择靠近教师就座的学生注意力更集中、更可爱和反应更积极。

交往中的人与人之间保持的距离的大小,往往反映了文化的差异。例如,如果把北欧的教师放在南欧的课堂里,学生会认为他们很冷漠、有距离感和不喜欢他们。相反,南欧的教师在北欧,最初会让学生感到很不舒服,因为他们站得太近,会与学生产生身体的接触,比如把一只手放在学生的肩膀上。

接触行为,或称之为触觉,是人类的自然特征,但是它出现的地点和时间却具有很强的文化含义。在有些文化中(诸如日本的文化),童年之后就很少有互相的触摸行为(Ishii 1987)。然而,在南意大利,触摸在交往里是合乎礼仪并经常被使用的。在这种高触摸的文化中,在教学情境里完全缺乏触摸则可能会引起学生对讲话者与教学情境的消极反应。在严格的穆斯林社区中,在公共场合女性是不应该被触摸的,尤其是不能被家庭之外的男子触摸。

而且,在大多数教学情景里,触摸具有权力和权威的含义:教师可以触摸学生,但学生不能触摸教师。从教育的视角来看,一些学生对触摸的反应也许比对语言的或是视觉的交流的反应要更为积极。总的来说,触摸应当被视为课堂教学活动的一个正常的组成部分,但只有那些感到用起来轻松舒服的教师才应该使用。

2.2 *运动*

这个术语是指个体表现出来的可观察到的手势、身体运动、姿态以及眼睛、脸部的运动。在前面谈到的几种非言语行为中,运动是最近这些年里得到最多关注和研究的一种。例如,尼尔(1991)就曾对关于运动的研究做过一个综合性的总结回顾,尤其是关于英国课堂中的运动的研究。

手势是运动的一个重要组成部分。在教学中更多地运用手势会让课堂风格变得更富有交往性,更容易赢得他人的喜爱和合作。虽然手势受个性风格和文化背景的影响,但它仍反映了教师在引导学生完成一项任务时学生的参与度。在多数文化中,适度的手势活动(在没有运动与运动过度这两个极端之间)与很难界定的"热情"这个概念是紧密相连的,而"热情"又与教学效果密切相关。

对诸如北美土著人一样的文化群体来说,手势的展示和理解以及相关的身体活动尤其重要。与周围大多数的文化比起来,北美本土的文化更依赖于视觉传达而不是语言表达(Philips 1983)。因为手势在不同文化中的意义很不相同,教师在一个不同于自己文化背景的环境下工作,就需要熟悉当地人们普遍的脸、手和指的活动,这一点非常重要。虽然,希望教师改变自身的基本行为方式和文化取向是不现实的,但他们必须从工作出发了解自己的学生所表现出的运动的差异,并对来自不同文化背景的学生采取一种移情的态度。

教师的姿态是另一个相关的非言语因素。对课堂控制得更好的教师和更易被学生接近的教师对他们的学生往往是一种轻松、开放的态度。这些教师很少表现出防卫和焦虑的姿态(例如,把手放在髋部,紧握拳头和紧紧交叉双臂等)。身子前倾的教师往往被学生视为已经接受了学生、愿意与学生在一起和喜欢学生。

同样,学生的手势、姿态和其他身体运动也对教师有重要影响。在北美的学校里,对正在进行的课堂教学显得兴致勃勃并沉浸于其中的学生,被教师看作是处于积极的状态。除了坐在教师近处以外,处于积极状态的举止的典型代表还包括保持直立的姿态、身体前倾、灵敏的举动、与教师有足够的目光交流以及积极的行为表现(例如,摆动手和发出能听见的声音如"我……我……")以得到教师赞许的反应。学生如不这样的话,就会被老师视为没有兴趣、没有理解或是不喜欢课堂活动。

然而,在很多文化中,对课堂活动感兴趣的学生还伴随着其他的行为。例如,为了表示尊敬,维也纳学生典型的行为是非常安静地坐在那里,专心致志地听老师讲课;而这些行为经常被这些老师误解为消极的、反应不积极的态度(Dinh Te 1989)。北美的土著学生跟非土著学生相比,很少有人愿意努力去赢得老师的注意,而是愿意有更多的时间与同班同学进行交谈(Philips 1983)。而这些行为,可能被习惯于欧美文化模式的老师误解。

在北美的课堂里,眼神和凝视的应用,经常被认为是行之有效的教师行为。在这些课堂里,只要教师与学生的眼神交流减少,课堂混乱就会增加。为了保持课堂秩序,很多教师意识到冷冷地注视那些违反纪律的学生是很有效的。从教育目的来看,注视学生有助于增加他们的注意力、参与程度和他们对教师的看法。当教师单独面对一个学生时,这些因素尤为重要。另外,教师也期望学生在说话和听讲时能直接看着教师,否则,教师将认为他们是注意力不集中、不合作或情绪不高。

然而,眼神的交流是一种对文化标准的影响尤其敏感的行为。被大多数北美教师认为价值很高的直接眼神交流,在很多文化中,却被认为是对隐私的侵犯,是挑衅行为,是强烈感情的表达或是缺乏信任的表现。在穆斯林看来,直视是侵犯性的、不信任的,是对伊斯兰教传统准则的违背。维也纳学生在与人交流时,如果对方与他自己不是平等的或同性别的,他将避免眼神的接触。日本的文化是如此高度反对凝视对方,以至于教师也通常避免与学生的目光接触。甚至在北美,非洲裔的美国学生和美国本土的学生在无意破坏正进行的教学日程时,也通常避免与教师的目光相碰。

凝视同样也能影响其他学生。例如一些高焦虑型学生,感到与教师目光接触是极其惹人恼火的。这些学生将避免凝视或直接的眼神交流。敏感的教师遇到这些学生时,或是会减少他们凝视这些学生的次数,或是会问学生是否目光的交流是惹人苦恼的。

微笑是一种具有重要课堂暗示意义的脸部表情。虽然大多数初为人师的教师被建议,为了控制课堂永远也不要微笑,但更为中肯的建议也许是:教师在讨论课堂规则和相关纪律标准时不应该微笑。实际上,教师的微笑在课堂生活中发挥着非常重要的作用。不止一项研究表明,教师的微笑会让学生在各种各样的活动中变得富有思想和反应积极。微笑还与温暖的、支持性的、非威胁性的教室气氛有关，这种气氛有助于学生积极的态度和学业成绩的发展。然而，微笑的特点和情境也是很重要的，因为微笑也可以被解释成为软弱的表现。

反过来说，尽管必须考虑文化标准，教师仍然总是喜欢那些微笑的学生。例如，维也纳的学生，可能会用微笑来为很小的错误（比如上课迟到）表示道歉、表达窘迫尴尬、替代诸如“对不起”或“谢谢”之类的口头语言、对赞赏做出反应或者用微笑来表示自己并不介意某人责备自己犯了错误。但是对很多教师来说，学生在被谴责时微笑，是表示了明显的不敬和轻慢。

2.3　辅助语言、沉默和时间的安排

辅助语言由谈话的非语言特征组成，比如音高、音量、音速和强度、插入语和沉默停顿。大体来说，用较低音量的教师比那些不停地高声喊叫的教师，对课堂控制得要更好些。另外，如果用辅助语言来表达意义，讽刺通常是不能被小学的孩子所理解的。最后，英国的听众常常使用从舌后部发出的声音信号（如“啊”、“对”），这通常被教师解释为注意力集中，而在其他文化中这种声音信号却不很普遍。比如，芬兰学生就很少用这种行为。北美本土的学生也往往是一边安安静静地听教师讲课，一边同时看着他们的同伴，而很少有明显的表示注意力集中的行为。

根据交往中沉默发生的时间和地点，沉默能够表达各种各样的情感：从责备和厌恶到漠不关心，再到同情和热爱。在世界上很多国家的文化中（比如日本），沉默并不意味着空白，而是意味着一种有效的、有力量的交流方式。不幸的是，很多教师都倾向于把学生的沉默看作是消极和冷漠，而不是尊敬和关注。

时间的安排是指时间的利用。在大多数课堂内，教学具有很强的时间性，教师被期望在固定的时间里完成所有布置的任务。很多熟练的教师已经发展起来了自己的节奏意识和进度意识，这让他们有足够的时间来完成必要的活动，并顺利实现从一个教育活动到另一个教育活动的过渡。而缺乏节律感的不熟练的教师，则往往过渡不连贯，更可能让学生感到迷惑和出现错误行为。

为了给多数教师留下积极的印象，学生必须在适宜的时间以正确的方式做出正确的答案。他们必须知道应在什么时候向教师提出问题，必须对教师提出的问题做出快速的反应。他们必须了解课堂文化中的其他更多的规则，例如什么时间看教师和看多长时间。他们还需要知道怎样去做才能避开教师的惩罚（Brooks and Woolfolk 1987）。

当然，课堂中来自其他不同文化的学生，在上述所有各个方面都会处于不利的地位。一个例子就是反应时间。据称，芬兰的学生反应要比瑞典学生慢，对教师也较少发出舌后音。北美本土的学生并不认为对他人向自己提出的要求必须做出迅速的反应。最后，在英语课上，以英语为第二语言的学生对教师指令的反应速度要比正常速度慢。

2.4　其他因素

这个部分包括了那些没有包含在非言语行为之内但对人类的非言语行为却有着影响的那些因素。在这里我们只简单地谈谈两个相关变量，即环境因素和身体特征。

环境因素是指情境的物理特性对行为的影响。尽管教师的计划能超越建筑师的设计（例如，在开放设计的学校里，教师时常使用传统的方式教学），教室中装置的类型与布置还是可以对各种各样的活动有促进或抑制作用。

当物质因素被安置好，既能让活动流畅有序地进行又能有足够的活动空间时，学生就表现出更有成效性、更少破坏性的行为。不同的研究表明，即使丰富的色彩、柔和的灯光、舒适的座位、学生的见解与教材的有机结合这些因素对学业成就的影响难以观察到，它们对学生的态度和行为的实质性影响还是不可否认的。

身体特征是指性别、体格的类型、吸引力的大小、体味、头发与皮肤颜色对行为的影响。对于这些特征中的绝大多数，个人是不可能从根本上改变它们的，而每种文化在这些特征的组合上有着不同的评价标准。符合社会评价标准的学生往往被那个社会的其他人看作是有吸引力的。与被认为不太有吸引力的孩子相比，被认为更有吸引力的孩子往往更受同伴欢迎，并拥有更好的自我评价。

在教室中，教师会对学生的吸引力做出判断，并倾向于认为越有吸引力的学生就越有智慧、越有热情、在学术上越有成就。显而易见,在走进教室以前,教师应意识到自己在判断学生吸引力方面存在的偏见。

有必要指出,在本词条中有一个问题没有考虑进去:对那些在自身发展上有困难和在人与人之间交往上有困难的学生,怎样运用非言语行为去理解和影响他们(Heimlich and Mark 1990)。与此相关的群体包括那些被虐待的孩子、精神有障碍的孩子、孤独的孩子和多动的孩子。然而,教师在课堂上遇到的这样的学生却越来越多。所以,他们应该以积极而有效的方式对这些学生有所准备。

3. 未来研究的意义

正如前面部分所表明的那样,我们知道了很多不同类型的非言语课堂行为的原因与影响,但仍然还有很多东西有待我们去研究。例如,大部分的研究出版物,都是对北美课堂的研究。在以不同文化背景为基础的各种各样的课堂或教育模型中,这些结果是否仍然成立,还尚待进一步的研究。

有一个重要的事情需要努力去做,那就是需要寻找一种方法,让初为人师的教师们为运用和发现课堂生活中的非言语因素做好准备。认识课堂规则和其他情景下的规则,熟悉不符合当地文化标准的学生行为,是在职前教师教育计划中值得重视的内容。以前,这些计划中很少注意非言语领域。最后有必要通过研究来决定什么方法是指导教师最有效的方法,借助于这种方法,可以使教师的行为变化经受住相当长一段时间的考验。

H. A. 史密斯(H. A. Smith) 著

曾继耘 译

附录

Brooks D M, Woolfolk A E 1987 The effects of students' nonverbal behavior on teachers. *Elem. Sch. J.* 88:52—63

Davis M 1972 *Understanding Body Movement:An Annotated Bibliography.* Arno Press,New York

Dinh Te H 1989 Introduction to Vietnamese culture. In:Chhim S-H, Luangpraseut K, Dinh Te H (eds.) 1989 *Introduction to Cambodian Culture-Laos Culturally Speaking-Introduction to Vietnamese Culture.* San Diego State University,San Diego,California

Feldman R S,Rimé B (eds.) 1991 *Fundamentals of Nonverbal Behavior.* Cambridge University Press,Cambridge

Heimlich E P,Mark A J 1990 *Paraverbal Communication with Children:Not Through Words Alone.* Plenum, New York

Ishii S 1987 *Nonverbal Communication in Japan.* The Japan Foundation,Tokyo

Key M R 1977 *Nonverbal Communication:A Research Guide and Bibliography.* Scarecrow, Metuchen, New Jersey

Neill S 1991 *Classroom Nonverbal Communication.* Routledge,London

Philips S 1983 *The Invisible Culture:Communication in Classroom and Community on the Warm Springs Indian Reservation.* Longman,New York

Smith H A 1979 Nonverbal communication in teaching. *Rev. Educ. Res.* 49(4):631—672

Wineburg S S 1987 The self-fulfillment of the self-fulfilling prophecy. *Educ. Res.* 16(9):28—37

Woolfolk A E,Brooks D M 1983 Nonverbal communication in teaching. *Rev. Res. Educ.* 10:103—149

其他参考文献

Axtell R E 1991 *Gestures:The Do's and Taboos of Body Language Around the World.* Wiley,New York

Hall E T 1966 *The Hidden Dimension.* Doubleday,New York

Kleinfeld J 1972 *Effective Teachers of Indian and Eskimo High School Students.* University of Alaska, Fairbanks,Alaska

Sebeok T A 1981 *The Play of Musement.* Indiana University Press,Bloomington,Indiana

Theory into Practice 1971 10(4),1977 16(3),1985 24(1)

Wolfgang A (ed.) 1984 *Nonverbal Behavior:Perspectives, Applications, Intercultural Insights.* Hogrefe and

Huber Lewiston, New York

开放教育(Open Education)

开放教育是这样一种教育形式,它的目的是以儿童的独特行为、需要、性格特点为基础来对儿童进行教育的。它的理论基础源于福禄贝尔(Froebel)主张的诱导、发展、使用每一个儿童的独特才能的观点。开放教育家们采用了杜威"从做中学"的方法,因为他们认为儿童只有在非常具体的情境中才能思考。其他学者如裴斯泰洛齐(Pestalozzi)和卢梭(Rousseau),为开放课堂的发展做出了贡献。

根据蒂博德(Thibadeau 1992)的研究,开放教育始于16世纪夸美纽斯(Comenius)对儿童成长速度的差异的研究,而它的科学基础则来自皮亚杰(Piaget)的著作。皮亚杰在由英国大量公开发行的名为《儿童和他们的初等教育》(英国教育科学院 1967)的报告中经常被提到。这份报告通常也被称为普劳登(Plowden)报告,它承认和肯定了前40年间在英国初等学校中已经逐渐形成了的非正规教学风格。

在20世纪60年代末,美国所建的50%的学校采用了开放教育设计。在加拿大、新西兰、澳大利亚和英国,也存在相似比例的实验学校(Bennett et al. 1980)。当开放教育的早期倡导者提出的观点还没有被研究者证实时,开放教育的理论和实践已经对日本、挪威、以色列等不同国家及中国台湾地区的教师产生了持续的影响。

1. 开放教育的基本特点

课堂开放一直是一个难以操作化的概念。尽管已经开展了大量试图界定开放教育的研究(Barth and Rathbone 1969, Walberg and Thomas 1972, Marshall 1981),但对开放教育的确切界定仍然是一个尚未解决的问题。因为开放教育情境在实践中差异非常大,所以至今没有单一的模式、固定的范式或可观察的程序能够被普遍认同。然而,霍维茨(Horwtz 1979)在忽略开放概念的不同以及开放教育研究在抽样类型、设计和分析中的差别的基础上,对结果变量进行了归类,把开放教育界定为这样一种教育形式:灵活的教学空间、儿童自主选择的活动、丰富的教学材料、综合的课程领域和相对于大班教学来说更加个性化的教学和小班教学。然而,正如马歇尔(Marshall 1981)所指出的,不同的开放课堂设计在体现开放教育特点的程度上存在着差别。他建议应该对那些被称作开放教育的研究进行重新组织,把开放课堂的各个独立的组成要素看成是课堂教学的重要影响因素,而不是继续就五花八门的开放课堂的整体概念进行争论。

贾利尼亚和赫奇(Giaconia and Hedges 1982)的综合研究指出,大多数开放教育活动有七个共同的基本特点:强调儿童在学习中自我指导的积极作用;使用多种教学材料和教学资源以激励探索、跨年龄分组、个别教学、小组教学、诊断性评价、空间和设备的灵活使用。他们发现,将开放教育的特点仅概括为开放的空间、跨年龄分组、小组教学的开放教育活动更可能出现在美国,而不是英国。

哈里松和格劳布曼(Harrison and Glaubman 1990)注意到,以色列的开放教育(在那里开放教育被称为活动教育)在某些方面不同于英国和美国的开放教育。他们的研究表明,在一定程度上,人们过高估计了各种开放教育定义的相似性。在哈里松和格劳布曼的早期研究中,他们通过分析英、法、以色列3个国家的51份文献和其他描述这3个国家开放教育发展状况的研究成果,比较了3个国家的开放教育的概念。由于在以色列对开放教育概念的研究很少,18位被视为权威的以色列教育家接受了访谈。收集的资料表明,这3个国家的教育家关于儿童是怎样学习的这一问题持有相同的态度,并且都强调开放教育的5个假定:儿童是通过与环境的积极的互动来学习的,儿童能够就与他们自己的学习有关的事情做出决定,发展具有多样性和个体性,在学校中应强调学而不是教,教育既应以儿童为中心,也应以教师为中心。

在英国的一项重要研究中,贝内特等人(Bennett et al. 1980)得出结论:尽管建筑设计的开放性和教学组织的开放性之间有一定的关系,但开放建筑设计的存在并不能保证开放教育的存在。也就是说,大多数被观察的教师是在独立地教(这被定义为他们独立的工作,没有或很少与学校里的其他教师合作),并没有考虑所教儿童的年龄特征。然而,当教育空间的设计被纳入考虑的范围时,更多的教师会进行合作教学,以获得共享的教育空间。因此,开放课堂是一个教育者拥有的教育信念的结果,而不是空间控制的结果。

一些教师认为把握灵活使用空间的机会是很困难的,因此他们试图保留他们自己的活动空间范围。在一项加拿大的研究中(Thrub et al. 1976),观察研究人员发现,在开放设计中教学的教师采用大量的方法建立他们自己的活动空间范围,最为常见的就是黑板和书架的范围。事实上,许多使用开放方法的教师都更愿意独立地开展课堂教学,因为它可以在熟悉的结构、隐私权和安静等方面提供安全保证。

舒伯特和巴克斯特(Schubert and Baxter 1982)强调,教师独立开展教学的课堂由于具有内在的优势,因此它是在低年级实施开放教育的可行的环境(如果不是最好的环境的话)。他们根据学生在学习过程中的独立性的高低,而不只是根据教学楼的物理特性和建筑风格的开放性,去界定开放教育。建筑设计可以改变环境但却不能影响在这个环境中发生的教学活动,这种观点使教育者们意识到了教师的关键作用。

2. 教师在开放教育中的角色

教师在开放教育中扮演着一个必不可少的指导教学的角色,肩负着广泛的和具有创造性的责任。当把开放课堂分成许多学习中心小组时,就可以改善个体学习的方法,提高师生互动的机会。美国开放教育运动的早期倡导者罗杰斯(Rogers 1971)和巴斯(Barth 1972),把开放课堂中的教师描述为这样一种人:拥有学习促进者所应拥有的态度和能力的人(这个术语在今天的文献中仍在继续使用)。他们进一步指出,教学的传统功能和作为学习促进者的教师的作用决定了两种不同的教学模式。作为学习促进者,教师使用综合性的教学材料来满足学生个体的学习需要,并且作为一个激励者、建议者、咨询者、学习的源泉与学生一起工作,而不是作为一个知识的给予者。教师将时间划分为小块的、高度集中的时间段,与个体或小组一起学习,而不是一整天都把一个班作为一个组来进行教学。对所有的促进者来说有一点是共同的,那就是对学习者的充分信任和让出大量控制权的能力。当面对学生时,如果促进者能够亲自参与学习活动,并且向自己的信念和实践提出挑战,那么他们的工作就会更有效(Herman 1982)。一般说来,由于学生没有被强加以标准的课程,所以人们认为作为开放课堂中的重要角色的教师具有 3 种功能:个别教学的实施者,资源提供者和建议者,合适教材和活动的提供者(Traub et al. 1972)。正如英国教师经常指出的,教师的基本责任就是创造一种能鼓励学习的环境,并且随每个学生需要的变化而改变和扩展环境。杜瓦勒(Doyle 1986)把开放课堂中的教师描述成一个有效的管理者,他们必须确保学生在有着大量选择机会的环境中专心致志地从事适当的活动。

这种将教师作为促进者而对教师角色所作的重新定义也鼓励了指向学生个体的短期决定,增加了团队成员间的合作(Mclaughlin 1976)。由于内在奖励(比如,在学生的生活中扮演一个重要的角色)对开放教师是很重要的,也由于课堂是接受这些奖励的主要场所(Sederberg and Clark 1990),开放学校的教师没有表现出向独立控制的课堂回归的倾向。然而大量的研究报道了相反的教师的观点:由于开放课堂的教学需要不断的创新、对学生表现的监控、不依靠权威来维持秩序的良好的教学技巧,教师们的工作压力增加了,教学准备时间也变得不充足了。新西兰教师(Gill 1977)指出增长的工作压力是他们的主要问题,而且由于需要持久的学生评价和仔细的课程计划,对他们的要求也非常高。

3. 开放教育的实践

在一项对以色列 42 所初等学校(其中 17 所学校至少过去 3 年一直在实施开放教育)的系统随机抽样研究中发现,实施开放教育的学校的教师明显要比传统学校的教师年轻和缺少经验(Harrison and Glaubman 1990)。开放学校的教师认为他们与行政长官之间就学校的目标有更频繁的讨论,就问题解决的目标有更频繁的会面和讨论。他们使用更多的资源进行课程开发，更多地与行政官员、学生家长和检查人员交流思想。实施开放教育学校的教师还认为他们比传统学校的教师接受了更长时间的校本在职培训，享有更为下移的学校决策机制。

以色列的另一项研究对耶路撒冷的5个被教育部认定为开放学校的初等学校和5个使用传统教学方法的学校做了教育课程的评估（Klein and Eshel 1980）。这项研究总共有46个班，其中有23个“开放”班，23个传统班，都是这些学校的1～3年级。该研究为对美国、英国和以色列的开放教育进行跨文化研究提供了资料。对这3个国家来说，某些方面是相同的，这些相同之处是：开放课堂的学生能够得到更多的积极的鼓励，可以在课堂中更自由地活动，更多地被鼓励独立地寻找信息，更积极地参加课堂活动，更多地介入学习任务，不专心的时候更少。因为教师更喜欢从学生那里得到意想不到的答案和在非强制性的沉默环境中发挥作用，所以开放课堂中更为灵活的安排和不千篇一律的学习环境（与传统的课堂相比）似乎更能影响教师的行为。

4. 开放教育和学生发展

正如所预料的，教师对开放教育的态度与学生的非认知发展之间有着密切的关系。教师几乎一致地过高评价他们自己的开放程度，而且这种过高估计在传统课堂中表现得尤为明显（Schubert and Baxter 1982）。当对开放课堂和传统课堂进行比较时，可以看到，无论是在开放式学校接受教育的学生还是在封闭式学校接受教育的学生，只要他们的教师对开放教育理论持赞许的态度，那么这些学生就总是会比那些其教师对开放教育持不赞许态度的学生在好奇心和自尊心方面达到更高的发展水平。

伊莱亚斯等人（Elias et al. 1978）对297名3～4年级的学生做了一项研究，其中121名在传统学校，176名在空间开放学校或理念开放学校。开放学校或传统学校都位于同一个学区，学生都主要来自中等和上等阶层的家庭。他们将开放学校中的学生（开放组），与在传统课堂中接受教育但其老师对开放教育表现出较高赞许态度的学生（赞许组），以及其教师对开放教育表现出不赞许态度的学生（不赞许组）进行了比较。比较在开放学校和传统学校的学生之间进行，也在传统学校中的赞许组和不赞许组之间进行。结果表明，教师对开放教育的态度对学生的某些个性品质的发展可能会发生重要的影响。若在不考虑教师的态度的情况下比较开放学校与传统学校中的学生，则差别是不明显的。

贾科尼亚和赫奇（1982）对150个开放教育的研究成果做了综合分析。他们得出结论认为，与较高的非学业成绩（自我概念、创造性、对学校的喜爱态度）高度相关的4个特点是：儿童的作用、诊断性评价、对教材的熟练使用、个别化教学。其他3个特点（跨年级分组、小组教学、开放空间）不是有效的开放教育课程与无效的开放教育课程之间的明显区别。他们认为，开放教育对创造性、独立性、合作性、对教师和学校的态度、心理适应能力和好奇心等有着重要的影响，而对学业成就的影响很小。实际上，那些对态度、创造性、自我概念的发展有着积极影响的教学活动，往往与标准成就测试中的低分联系在一起。

在一项旨在探明源自英语国家的研究成果的发展趋势的研究中，哈里松等人（1981）探索了以色列的开放课程和传统课程对初等学校一、三、五年级学生的学业成绩和创造性发展的影响。他们在学生成绩上没有发现明显的差别。然而，接受开放教育的一年级学生在形象的创造性和语言的创造性方面都获得了明显的高分，而接受开放教育的三年级学生和五年级学生在形象的创造性上提高的幅度要高于在语言的创造性上提高的幅度。

总之，大量的研究已经证明，总的来说，学生在非正式课堂教学中对待学校生活和学习的态度比在正式课堂教学中要更为积极，而且开放课堂中的学生更有可能把他们的学习经验带回家庭和社区。然而，确实有一种危险存在于开放学校中，那就是学生有可能较少地参与学习任务，因而学得更少。由英国学校视察团做的一项调查发现了浪费时间的生动案例，因此得出了开放学校的学生在过渡活动中要花费较多时间的结论。相似的结论也出现在新西兰,新西兰初等学校中坐在桌子旁边上课的学生比按行整齐排坐的学生增加了同伴间的相互影响和不同活动之间的过渡时间。

5. 结论

大量的研究结论表明学生在开放课堂获得的成绩水平与在传统课堂获得的成绩水平并无明显的不同,这一研究结论加速了开放教育的衰退。到20世纪70年代末,开放教育在美国明显衰落。衰落的原因还没有被完全证实。正如一个研究者所写的,“事实证明,我寻找说明开放课堂衰落原因的资料的努力是失败的”(Rothenberg 1989 P. 84)。开放教育的支持者提出的主张言过其实,没能实现,这加速了这一运动的衰落。开放教育的批判者(和一些支持者)误解了开放课堂的基本理论,结果没能得到社区的参与和支持,没有开展足够的教师培训,没有形成成功的执行程序。而且,一些被广泛报道的研究发现,开放课堂的学生比传统课堂学生的学习成绩明显要低(不久被证明是错误的),这也严重地破坏了对这场运动的支持。

然而应该指出的是,经过认真的组织并由接受过较好培训的教师来实施的开放课堂,可以为学生提供更多的帮助。许多学校一直在继续为学生提供在开放课堂学习的机会。而且关于有效的开放教育课程的描述也已经开始在资料中断断续续地出现。由于广泛的研究已经证明开放课堂的学生比传统课堂的学生更独立、更有差异性、更愿意合作、表现出更大的创造性(Rothenberg 1989),所以开放课堂教学策略已经在许多还没有被归入开放课堂的课堂中实施。现在这样一个观点已经被广泛接受:开放教育是一个还没有很好定义的教育方法,对开放教育的研究应集中在开放教育的具体特征与它对教育活动有效性的影响之间的关系上,这很可能就是未来评价研究的方向。

G. 蒂博德(G. Thibadeau) 著

曾继耘 译

附录

Barth R S 1972 *Open Education and the American School*. Agathon, New York

Barth R S, Rathbone C J 1969 The open school: A way of thinking about children, learning and knowledge. *The Center Forum* 3:7

Bennett N, Andrae J, Hegarty P, Wade B 1980 *Open Plan Schools: Teaching, Curriculum, Design*. National Foundation for Educational Research, Windsor

Doyle W 1986 Classroom organization and management. In: Wittrock M C (ed.) 1986 *Handbook of Research on Teaching*, 3rd edn. Macmillan, New York

Elias S F, Elias J W 1978 Open education and teacher attitudes towards openness: The impact on students. *Education* 99(2):208—214

Giaconia R M, Hedges L V 1982 Identifying features of effective open education. *Rev. Educ. Res.* 52(4): 579—602

Gill W M 1977 A look at the change to open-plan schools in New Zealand. *NZ. J. Educ. Stud.* 12:3—16

Harrison J, Glaubman R 1982 Open education in three societies. *Comp. Educ. Rev.* 26:352—373

Harrison J, Glaubman R 1990 Innovations and school improvements. *J. Res. Dev. Educ.* 24(1):21—33

Harrison J, Strauss H, Glaubman R 1981 The impact of open and traditional classrooms on achievement and creativity: The Israeli case. *Elem. Sch. J.* 82(1)27—35

Herman R (ed.) 1982 *The Design of Self-directed Learning: A Handbook for Teachers and Administrators*. Rev. edn. Department of Adult Education, Ontario Institute for Studies in Education, Toronto

Horwitz R A 1979 Psychological effects of the "Open Classroom." *Rev. Educ. Res.* 49(1):71—85

Klein Z, Eshel Y 1980 The open classroom in cross cultural perspective: A research note. *Socio. Educ.* 53 (2):114—121

Marshall H H 1981 Open classrooms: Has the term outlived its usefulness? *Rev. Educ. Res.* 51(2):181—192

McLaughlin M W 1976 Implementation as mutual adaptation: Change in classroom organization. *Teach. Coll. Rec.* 77(3):339—351

Rogers C R 1971 Forget you are a teacher. In: Thibadeau C (ed.) 1971 *Opening up Education in Theory and Practice.* Kendall/Hunt, Dubuque, Iowa

Rothenberg J 1989 The open classroom reconsidered. *Elem. Sch. J.* 90(1):69—86

Schubert N A, Baxter M B 1982 The self-contained open classroom as a viable learning environment. *J. Educ.* 102(4):411—415

Sederberg C H, Clark S M 1990 Motivation and organizational incentives for high vitality teachers: A qualitative perspective. *J. Res. Dev. Educ.* 24(1):6—13

Thibadeau G 1992 The influence of Comenius on American teacher education reforms. *Proceedings of the Second International Conference on Comenius*, Charles University, Prague

Traub R, Weiss J, Fisher C 1976 *Openness in schools: An evaluation study. Research in Education* Series 5. Ontario Institute for Studies in Education, Toronto

Traub R, Weiss J, Fisher C W, Musella D 1972 Closure on openness: Describing and quantifying open education. *Interchange* 3(2—3):69—74

United Kingdom Department of Education and Science 1967 *Children and Their Primary Schools*, Vol. 1. HMSO, London

Walberg H J, Thomas S C 1972 Open education: classroom validation in Great Britain and the United States. *Am. Educ. Res. J.* 9:197—208

其他参考文献

Silberman C E (ed.) 1973 *The Open Classroom Reader.* Vintage Books, New York

Weber L 1971 *The English Infant School and Informal Education.* Prentice-Hall, Englewood Cliffs, New Jersey

科学实验教学(Science Laboratory Instruction)

学生做实验一直以来被认为是科学教育的唯一特征。存在这个传统的原因是大多的物理和生物科学在本质上是实验的:通过作研究然后产生知识,这个过程是科学家在专门的实验室里进行的。对于科学教育者来说,学生要学的科学应当反映科学的专业特征这一点是符合逻辑的,因此,学生上科学课应当有部分时间是在实验室里进行授课的。本词条必须提出的问题有,不同类型的实验课、追求的教育目标、学生和教师在实验室中的课堂生活类型(Bound et al. 1989, Hegary-Hazel 1990)。

1. 实验课的类型

在一堂科学课中,“实践的工作”包括学生在真实情境中用真实的材料和适当的工作设备进行的各种活动。在许多物理和生物科学中,实践工作发生在实验室中,因而通常称为实验室工作。动物行为的现场研究就是一个不是发生在实验室中的实践工作。实验教学现在已经成为一个很大的伞状术语,涉及控制性练习、实验工具和包裹、问询、问题和项目、个案学习方法、多媒体或是实验室教学、情境和计算机辅助教学(Bound et al. 1989)。

不论何种能够获得的方法,许多思想都是受奥格波恩(Ogborn 1977)所称的大学实验室工作传统所影响的。那种实验室工作通常包括许多实验,其中许多实验室比较灵活和达到一流水准,尽管强调的重点可能在某个不同的方面,但每个实验在某种程度上都是实验艺术的一个微观世界。在要求的思想、花费的时间和呈现的困难上,每个实验都或多或少和其他实验是相当的。在物理科学和工程学中,学生做实验通常没有专门固定的顺序,而在生物学中,则更有一种向整合和发展的方法的趋势。然而,这种传统是经常受到质疑和挑战的。例如,追溯从19世纪30年代在吉森(Giessen)的利比希(Liebig)化学实验室到20世纪90年代的实验教学历史,莱顿(Layton 1990)发现他的分析得出了通常所批评的那种结论,学生的实验室学习是没有目标的和没有计划好的。他从科学哲学的立场出发,认为非常急迫地需要对学生的实验室工作进行重新评估。

2. 实验教学的目标

克洛普弗(Klopfer 1971)描述了实验教学的几

种主要类别的目标:知识和理解(包括概念的发展、概念的变化和元认知)、技术技能、科学质疑的过程、科学家工作方法的鉴赏、科学态度和兴趣以及科学知识和方法的应用。科学的学生的关键问题是学科的社会化和专业技能的获得。对于其他学生来说,重要的问题是科学文化和对科学家工作方法的理解。这些目标中哪些是实验教学最适合达到的呢?从比较学习研究(Bates 1978,Hegarty-Hazel 1989)的观点来看,可以得出一些结论。

学生的实验室工作是教授技术技能和增加学生对涉及的仪器设备了解的一种可选择的方法。这在进行科学质疑和培养问题解决技能、发展科学的态度和对科学的态度、培养灵活性和提供学习者之间的个体差异的过程中是非常有价值的。学生的实验室工作对于科学知识和方法在教学中的应用也是有效的。然而,讲演、讨论和示范对于呈现复杂的材料也是很好的一种方法,它们对于呈现那些有大量的实际信息和概念的情况更为有效。

2.1 技术技能

从综合的文献来看,赫加蒂-哈兹尔(Hegarty-Hazel 1990)得出结论,认为在经过精心设计的实验课堂中能很好地学到技术性技能。这里所说的技能包括诸如稀释、研磨、准备化学溶液、解剖、准备和涂片染色以及动物各部分和种植问题等这样一些技术,还有使用设备,如天平、显微镜和分光光度测定仪。当要求掌握这些实验技能时,教师示范、幻灯片、电视、计算机和模仿都不能代替学生个人的实验工作。然而,这能够用许多有效的方法包括一般的方法来完成,这些方法可以显示仪器,尤其是那些复杂的、易碎的和昂贵的仪器操纵的技术细节和仪器的介绍。

有关成人学习的研究已经表明技术性技能的有效学习要求实践,这和要求在成功的尝试中的反馈一样。此外,试验者必须对方法有一个一般的看法(顺序和在方法中每一步的目的)。化学中的一些例子表明了有效的学习需要创造哪些条件。学生使用技术工具包在称量、研磨、准备标准溶液和使用分光光度测定仪的过程中获得实践。这些成功的实践可以通过让学生完成要求有精确的技术执行和测量错误的练习来得到检验。这种练习和反馈可以平均减少学生的错误5% ~10%。

2.2 科学探究的过程

从1960年以来,人们就鼓励初中学生成为科学的探究者。克洛普弗(1990)描述了实验室中的教学,尤其是在整合的背景下在学生探究技能发展中扮演的角色。对目标和学习环境详细目录的问卷研究显示,在英国、美国、澳大利亚和以色列等国,一些高中学生知道探究方向并具有科学问题的调查经验,尽管在结果上他们还没有必要变得更科学地求知和探究(Edwards and Power 1990,Friedler and Tamir 1990)。通过比较,在同样的这些国家中,大学生的研究和他们实验室练习的内容分析显著地表明更少有科学质疑的意识(Hegarty 1978,Hegarty-Hazel 1990)。

一份重要的美国国家报告——科学教育的个案研究(Stake and Easley 1978)得到的结论是,以探究为中心的科学课程在物化实践中的失败是由于各种各样的前后关系上的因素。相应的,韦尔奇(Welch et al. 1981)提供了一个再评价,在他们的再评报告中,他们认为,只有在一个有益于探究的学校和社区中,当探究的目标和学生的心理需要和个人的目标相一致时,探究目标才可以达到。芬沙姆(Fensham 1990)提供了名为"一切的科学"的有关学生实验工作应用的更进一步的再评报告。

在大学里的科学实验教学中,使用或短或长的项目是为在科学探究中提供经验的一种历史悠久的方法(Ogborn 1977,Dowdeswell and Harris 1979,Bound et al. 1989,Bliss 1990)。对这些项目的批评除了代价—效率这一点外,还包括未加控制的自然和科学探究技能的经验的变化性。学习—挑战的结果能够提供一些类似探究技能范围的经验,使得组织的不确定性减少,这些情况存在很多的偶然性。

2.3 知识和理解

实验室教学对于呈现实际的信息不是非常有效。通过课本或是讲演的知识接受在这一点上具有优越性。具有讽刺性的是,存在有那么多的实验练习是用来进行一些有名的概念说明的。

当介绍新概念时,实验教学能够提供一些对于这些概念来说有意义的经验。在这种程度上,实验教学似乎特别适合于促进有意义的学习，以不同于死记硬背生搬硬套的学习（没有理解性记忆）。有人认为，实验学习的其中一个作用就是可以提供帮助联系理论与实践的一个生动的记忆插曲，但是阿特金森（Atkinson 1990）认为事情远非这么简单。一些实验学习可以起很好的作用，另外一些潜在的情节对于学生在联结理论与实践这点上证明是没有用的。很多要依靠学生的概念发展。

2.4 概念发展、概念变化和原认知

实验教学正在一些研究和行动项目中开发成为一种帮助学生通过创设认知冲突、避免学生对概念产生误解和鼓励学生积累学科主题的新概念以最终建构知识的情境。

如果经验提供给学生的是一种概念的误解，那么在正式的教学中就不可能克服它。实验情境能够提供与先前经验的联结。有时候学生有可能需要经过同伴—小组的讨论和教师的挑战性的问题，以澄清他自己的科学的概念与专家的或理想的概念之间的差异（Gunstone and Champagne 1990）。

贝尔德（Baird 1990）考察了在实验室中教师提问技术和学生认知和元认知结果之间的联系。在他们进行回答时，贝尔德建议鼓励学生使用各种技术，包括在实验室中的实验和诺瓦克（Novak 1990）建议的概念地图方法和 V 字形地图方法。贝尔德认为：为了使实验工作在元认知训练中扮演一个更好的角色，必须提供一个给予学生自由追求有效探究的背景范围内的挑战。学生必须有足够的控制水平、参与程度和交互作用，而且这种学习必须是建立在学生现有的概念、智力技能和元认知概念基础之上的。这需要把更加明确的注意力放在过程上，就如放在科学的内容上一样。

3. 实验课堂生活

实验课堂生活经常是在两种遭遇之间变化平衡，即学生从老师或是其他学生那儿学习和学生忙着自己个人私事。教师的角色也就可能是相应地在信息的提供者和推动促进者、管理者、材料供应者之间变化，以及在技术解释示范者和提问者、挑战者、探究推动者之间变化。大多数观察研究赞成前面的角色，而对于学生科学探究的开放性存在争执。这些研究也表明许多教师忙碌是由于做了大量的讲解和示范，或者是由于只有很少或者是没有技术辅助的缘故，或者是因为在实验的管理活动上花费了大量不均衡的时间（Stake and Easley 1978）。

在大学水平，英国的高等教育学习项目报告（Ogborn 1977）提供了一个压倒性的印象，即上科学课的学生和教师认为实验课堂是很有价值的学习场所，但不是特别令人愉快和有刺激性的。教师倾向扮演牧羊人的角色，照顾好他们的学生和确定仪器设备是安全的和功能正常的。实际上，大学教师似乎认为确保学生实验工作各方面的功能平稳是他们的主要角色。

研究者（Power 1977，Hegarty 1982，Friedler and Tamir 1990，Hegarty-Hazel 1990）考察评价了在高中和大学水平上学生和教师在科学实验中的行为的相关定量的数据。教师的讲解占了大量的时间，他们主要关注的是实质内容的发展、实验活动的监控和实验材料和程序的组织，而很少把重点放在科学探究的任何一个方面。甚至低水平的探究，如数据的解释、预测和结论的推导，在讨论中也是不普遍的。教师很少要求学生去寻求新的方法以解决某个问题或者是设计一个实验来解决某个问题。

研究者在以色列大学实验课堂中的行为和在使用详细的以探究为中心的课程中的行为进行了比较（Tamir 1977）。在大学水平，确认查证是主要的探究行为，而在高中水平，探究的重点则在关注数据分析和结果解释的后期实验讨论的运用上。后期实验讨论在观察的大学实验课中均不存在。

赫加蒂（Hegarty 1978）报告了在澳大利亚一所大学的生物科学课上，当探究的重点从低到高变化时实验室中行为的变化。对于学生来说，在安排练习和控制性的探究练习之间变化，科学的过程讲解增加了 30 倍，更加开放的探究练习则增加了 10 倍。大多数这种变化是因为同班小组的相互作用。教师的科学的过程的讲解没有增加。大学教师在发展实质性的内容和程序性知识上扮演着一个主要的角色，但在处理学生座位这一工作时呈现一个个体资源和管理者的角色。

4. 结论

有文献指出，教学中的科学实验遵循着许多传统的路径，但并不是所有这些路径都是很好的。对传统方法哲学基础的研究和对教师处理策略的研究都是很有价值的。同样，成功的改革创新性的细节研究也将是很有价值的。

在学生科学探究活动和探究过程的理解活动这一传统的领域中，科学实验教学没有起到很好的作用，然而这被认为是学科学的学生的实验教学一个最重要的目的。关于这方面的评论研究认为调查所期望出现的学生和教师的探究倾向的行为（如提问、挑战和鼓励假设形成以及实验设计）却很少发现。研究应当提出这样一个问题，即如果用哲学支撑的探究倾向项目对教师和学生存有更加详细的争论和解释以及经验的话，那么这种情境是否会改变（Layton 1990），以及如果教师计划更加支持新教师的角色的话，这种情境是否会改变。

最近的该领域的研究的焦点已经从教师转移到学生，在科学实验中学生的元认知发展和他们的学会学习的能力（Baird 1990，Novak 1990）。研究表明这些是非常强有力的概念，但是那样的计划还没有能很容易成功地单独引进的。更进一步的研究应该是具体学科的，应该寻求证明达到同样效果的条件。

E. 黑泽尔（E. Hazel）　著

徐志芳　译

附录

Atkinson E P 1990 Learning scientific knowledge in the student laboratory. In：Hegarty-Hazel E（ed.）1990

Baird J R 1990 Metacognition，purposeful enquiry and conceptual change. In：Hegarty-Hazel E（ed.）1990

Bates G C 1978 The role of the laboratory in secondary school science programs. In：Rowe M B（ed.）1978 *What Research Says to the Science Teacher*，Vol. 1. National Science Teachers Association，Washington，DC

Bliss J 1990 Students'reactions to undergraduate science：Laboratory and project work. In：Hegarty-Hazel E（ed.）1990

Boud D J，Dunn J G，Hegarty-Hazel E 1989 *Teaching in Laboratories*，rev. edn.，Open University/Society for Research in Higher Education and Nelson，London

Dowdeswell W H，Harris N D C 1979 Project work in university science. In：International Council of Scientific Unions Committee on the Teaching of Science，McNally D（eds.）1979 *Learning Strategies in University Science*. University College，Cardiff

Edwards J，Power C 1990 Role of laboratory work in a national junior secondary science project：Australian Science Education Project（ASEP）. In：Hegarty－Hazel E（ed.）1990

Fensham P 1990 Practical work and the laboratory in science for all. In：Hegarty-Hazel E（ed.）1990

Friedler Y，Tamir P 1990 Life in science laboratory classrooms at secondary level. In：Hegarty-Hazel E（ed.）1990

Gunstone R F，Champagne A B 1990 Promoting conceptual change in the laboratory. In：Hegarty-Hazel E（ed.）1990

Hegarty E H 1978 Levels of scientific enquiry in university science laboratory classes：Implications for curriculum deliberations. *Res. Dev，Higher Educ.* 2：133—142

Hegarty E H 1982 The role of laboratory work in science courses：Implications for college and high school levels. In：Rowe M B（ed.）1982 *Education in the 80s：Science.* National Education Association，Washington，DC

Hegarty-Hazel E 1989 Research on laboratory work. In：Boud D J，Dunn J C，Hegarty-Hazel E 1989

Hegarty-Hazel E（ed.）1990 *The Student Laboratory and the Science Curriculum.* Routledge，London

Klopfer L E 1971 Evaluation of learning in science. In：Bloom B S，Hastings J T，Madaus G F（eds.）1971 *Handbook on Formative and Summative Evaluation of Student Learning.* McGraw-Hill，New York

Klopfer L E 1990 Learning scientific enquiry in the student laboratory. In：Hegarty-Hazel E（ed.）1990

Layton D 1990 Student laboratory practice and the history and philosophy of science. In: Hegarty-Hazel E (ed.) 1990

Novak J D 1990 The interplay of theory and methodology. In: Hegarty-Hazel E (ed.) 1990

Ogborn J M (ed.) 1977 *Practical Work in Undergraduate Science*. Heinemann, London

Power C N 1977 A critical review of science classroom interaction studies. *Stud. Sci. Educ.* 4: 1—30

Stake R E, Easley J A 1978 *Case Studies in Science Education*. Center for Instructional Research and Curriculum Evaluation, University of Illinois, Urbana-Champaign, Illinois

Tamir P 1977 How are the laboratories used? *J. Res. Sci. Teach.* 14(4): 311—316

Welch W W, Klopfer L E, Aikenhead G S, Robinson J T 1981 The role of inquiry in science education: Analysis and recommendations. *Sci. Educ.* 65(1): 33—50

课堂作业的布置和监督(Seatwork, Assignment and Supervision of)

课堂作业在传统上被定义为学生的学校作业，通常是书面的、在学校里独立完成的，而且经常是在教师给其他学生讲课的时候布置的。在本词条中，课堂作业被认为只是学生在学校里完成的几种可能的任务布置形式之一。理解课堂作业和如何最好地执行它，要求对任何形式的学习目的和结果要有一个广泛意义的理解。不断发展的教学和学习的理论研究可以解释为什么这种广泛的视野对于更好地理解课堂作业是必要的。本词条将会讲到3个关于学习安排布置的问题，并为将来的研究提供了一些建议。

1. 20世纪80年代用来对课堂作业和其他形式的学习进行安排的观点的变化

20世纪七八十年代早期的课堂研究经常把“课堂作业”视为一种普通的功课形式(Dunkin 1987)。早期的教学研究把几条课堂作业的原则和较高的投入率和考试成绩联系在一起。教师安排的任务应当是经过合理的努力能够成功地完成的。学生在过渡到独立地学习之前要进行一些案例的练习；教师应当在教室里巡回以便监控学习过程并提供帮助，但他们应该是简单地给予帮助以便能够和所有的学生都有所接触(Brophy and Alleman 1991)。但是，建立在这样一些原则基础上的研究并没有深入到学生课堂作业的认知过程中，也没有关注学生通过课堂作业学到的东西的本质。

在20世纪80年代，教学的研究重点转移到以下这样一些问题上。例如，贝内特等人(Bennett et al. 1984)在一个英国小学课堂的研究中发现，课堂作业的布置和学生的能力不太匹配。类似的，安德森等人(Anderson et al. 1985)研究了美国的课堂，发现只有很少的小学生能理解布置的课堂作业的相关内容的目的，那些低成就的学生为了不被因为缺少努力而受到惩罚而采用不适当的策略来完成他们的任务。

另外一些分析课堂作业的研究者也批评这种盛行的练习。例如，奥斯本(Osborn 1984)考察了伴随基本读物的一些练习册，它们是美国小学阅读教学布置的课堂作业的来源。她发现，“有很大一部分的练习册，即便最好的也是不完美的和没有什么效果的，而最差的则产生误导和混淆”(P. 54)。类似的，默根多勒等人(Mergendoller et al. 1988)考察了美国初等中学科学课堂布置的课堂作业，得出结论认为布置的作业只有很小的认知要求，通常是要求重复在课本或讲演中的信息，而很少要求学生提出想法和解释理解。

那样的经验性研究引起了对学校中布置的作业本质不满的增加。与此同时，几个学者的概念性工作提供了思考学校课堂作业的新的方法。杜瓦勒(Doyle 1983, 1986)讨论了在生态学课堂中布置的课堂作业的作用。他强调了完成一个学习任务要求的思想过程和学生实际学到的东西这两者之间的关系，认为很多学校的作业只是在很低的认知水平上鼓励学习。布卢门菲尔德等人(Blumenfeld et al. 1987)在杜瓦勒的工作基础上做了研究，认为作业不仅要将学生学到的学习内容社会化，而且还要将学生对学校作业的态度、自我感知和动机社会化。

对典型的学校作业的批评是和发展教学和学习思想相一致的。20 世纪 80 年代对学校的学习质量方面重新得以关注。到 20 世纪 80 年代末,流行的学习理论比较突出的有:有意义的建构学习(与许多以死记硬背为特征的学校教育相对立),在社会和文化环境的情境中学习(在学校学习中产生问题)和通过他人互动的儿童学习(强调在学校中教师与学生、学生与学生对话扮演的角色以替代死气沉沉的课堂作业)(Collins et al. 1989,Glaser 1991)。作为对学校学习本质关注的一部分,一些学者把注意力转向学科问题本身和通过教学和评价再现给学生的规律性知识(McDiarmind et al. 1989)。

2. 学习作业布置的有关问题

综合起来,20 世纪 80 年代的经验性和概念性的工作表明:在一些表面的特征如活动形式(独立的、小组的或是教师指导的讨论)和地点(课堂作业或是家庭作业)基础上的学校作业的描述不再有意义。同时,出现了 3 个更加基本的问题,其中关键的是作业对学生学习是否有和有怎样的帮助。

2.1 学习作业对学生灵活性理解的建构有怎样的帮助

麦克迪尔米迪等人(McDiarmind et al. 1989)把灵活的理解能力作为能明了学科领域内和学校外的世界之间关系的能力的特征。学科问题的灵活理解也某种程度上涉及规律性知识是如何创造的,以及一个人如何才能通过积极的思想来增加自己的理解。例如,数学的灵活理解能使小学生明白分数和除法在概念上是如何相联系的,以及明确在什么情况下这种知识是有用的。一个没有灵活理解能力的小学生可能只会计算分数问题和使用记住的运算法则,而不能把那些知识用在学校之外的情境中,甚至在学校中当问题是在一个不熟悉的情景中呈现时也不会。

学生对某个学科问题投入程度的本质决定着灵活的理解能力,与此相对的是死记硬背的学习。学生必须在先前的理解及运用学科问题知识去解决复杂的、不良结构问题的基础上操纵自己的思想(Collins et al. 1989)。如上面提到的,几项关于学校作业的经验性研究认为,学生并不是以提高灵活理解能力的方式来做相关内容的作业。一种解释是学习任务的本质和形式决定学生投入程度的形式。

例如,谢尔迈斯(Selmes 1986)研究了英国初中学生的学习方法。他发现一些"深度"方法(以更积极的思想操纵和可能导致灵活理解为特征)和"表面"方法(以注意任务的程序性元素和记忆为特征,不太可能导致灵活理解)的例子。谢尔迈斯认为,方法上的一些差异是和个体学生的气质相联系的,而另外一些方法上的差异是和任务本身和任务的教学背景相联系的。当任务要求答案更加开放性时,学生更可能用"深入"的方法。当任务要求更多的记忆并且评价是有严格的标准时,学生就可能会更多地使用"表面"方法。杜瓦勒(1986)提供了美国的一个例子,即作业特征是如何影响学生在做作业思考时的表征的。布卢门菲尔德等人(1987)也提供了布置作业的形式是如何影响学生从这些作业中学习的一个分析。

在一个国际比较研究中,施蒂格勒和施蒂文森(Stigler and Stevenson 1991)考察了在美国、日本和中国台湾的小学班级,试图要努力去理解为什么美国数学成就测试成绩要低些。在美国,数学作业经常是各种各样用应用性的运算法则来做的计算问题,与此相比,在亚洲的班级里,一个单独的复杂问题经常就是一堂课中的学生作业。这个问题使学生思考一些概念性的关系,而不只是程序性的应用。一种隐含的意思就是,美国和亚洲学生的数学学习之间的差异可以解释为学生对学校作业的投入形式之间的差异。

兰珀特(Lampert 1990)也强调了作为课堂基础的问题的重要性,她说"选择一个问题最重要的标准,是这个问题有能使班里所有的学生做出和验证数学的假设"(P. 39)。在她的研究中,当学生讨论关于问题的假设时,他们就开始建构关于数学的灵活性理解,而不只是计算的运算法则的练习。布罗菲和阿勒曼(Brophy and Alleman 1991)也强调了考虑有意义学习的课程目标的重要性,并提供了评价那些有可能会使学生产生有意义的想法,从而建立灵活性理解的学习活动的几条指导性原则。

2.2 学习作业完成的社会背景

虽然适合的学校作业的设计对于建构灵活性理解是一个必要条件,但这还是很不够的。学习作业完成的这个大的社会背景也决定学生从这些作业中学到了什么。有两个方面的社会背景尤其关键:责任义务系统和做作业中学生讨论的角色。

在班级中,学生有责任以某种形式进行合作和参与。有时候学生既有行为的又有理论的责任义务,有时候可能是正式的、详细的,有时候可能是隐含的。杜瓦勒(1983,1986)指出任务以及唤起学生的认知过程是与班级责任系统及教师的管理状况紧密相连的。班里的许多力量都促使学生和教师去进行明确而又低风险的创造任务,这样就使得学生在责任义务系统内有能力去完成任务,教师也有能力去管理班级。不幸的是,在班级任务中能减少模糊性的变化通常会改变认知要求,从而不太有可能提升灵活性理解。

学习任务完成的社会背景的另一个方面,就是学生做作业时是否与其他学生以某种形式分享,以便能提升灵活性理解的思考。典型地说,课堂作业在教师看来,被认为是一项完全独立的作业。然而,学习和教学理论的发展已经提出了那样个体的、私人性学习的可靠性问题,强调了能够引起他人反应、公开地表达想法的重要性。格拉泽(Glaser 1991)强调公开的思想表达的方法能有助于提高学生的自我监控技能,而这是个体单独学习做不到的。他写道:

> 学习的社会化背景把思考提升到一个可观察的地位。当学生参与进去的时候,各种各样的问题解决程序的细节、推理的策略和实现目标的技巧都变得明朗了……因此,学校的教学要很好地考虑怎样使学生的思考方式显现出来,这些方法能够被观察、传达、讨论、反馈,并推动着向更具有潜在行为和气质的推理方向发展。(P. 134 ~ 135)

公开的谈论能带来正面的效应,然而,当学生确实是在思考他们能够谈论的,并且只有在学习任务唤起谢尔迈斯(1986)所说的"深度",而不是"表面"的任务方法时才发生这种情况。如果学习作业没有扩展到那样的公开讨论,那么一个有价值的学习作业可能只有很有限的价值,在公开讨论中,每个学生都有机会进一步修正和明晰新的理解。因此,学生是否和怎样从作业中学到东西是作业的本质和关于作业的对话机会的一个连接功能。这种互相依赖的例子在上述施蒂格勒、施蒂文森(1991)和兰珀特(1990)的研究中均有描述。

2.3 当学生完成学习作业时对学生思考的支持

当学习作业被认为是课堂作业时,学生独立完成作业而教师则忙于其他学生的教学,如果没有来自教师的帮助学生也能成功地完成这些作业的话,那么它是很有效的。实际上,第一手的经验研究已经表明,课堂作业的价值是有问题的,许多学生不能轻易很成功地完成这些作业(Anderson et al. 1985,Bennett et al. 1984)。然而,学习的概念化已经使得对希望作业全对的假设产生了疑问。相反,专家学者认为最重要的学习(如很可能会导致灵活性理解)出现在这样的情景下:当学习者对复杂问题进行推理时,独立完成对他们来说太难了,但是给予一些辅助是能够解决的,这个时候要给予学习者一些支持和引导(Collins et al. 1989,Glaser 1991)。

这种情境产生在课堂中教师创造地提出具有挑战性的任务(学生不能很明显地立即做出反应或回答)和在学生思考任务时给予支持的情境下的。这在前面已经描述过了:在尝试解决问题时公开表达个人的想法。听到同伴的想法能够提高自己对这项任务的思考方法。另外两种支持这种观点的是师生关于学习任务的对话和学生独立完成作业时给予的帮助。

在许多课堂中(尤其是在美国),师生互动仅限于有明确答案的问题,这些问题可以引出可以判断正确性的特定答案。当依赖学习作业时,这种公开谈论的注意力便维持在正确的答案上,而不是在达到这个答案所用的推理过程。相反,教师与学生的对话主要是集中在学生对一个问题是怎样进行推理的,如何促进思维的,这样才可能有助于学生产生灵活性理解。柯林斯(Collins et al. 1989)把那种对话刻画成为学生像专家一样去尝试推理,而教师作为熟练的教练逐渐衰落的一个特征。施蒂格勒和施蒂文森(1991)在对日本和中国台湾班级的描述中,和兰珀特(1990)对美国班级的描述中都提供了那样对话的一些例子。在两种情况下,关于学习作业的师生对话和学生与学生对话是交织在一起的,这样公开的表达想法给教师提供了进入与学生的思想建模和训练进行对话的许多机会。

然而有时候,教师不给予学生即时的帮助,而让他独自完成或是在一个小组中完成作业,这样做是合适的。在那种情况下,给予学生帮助也还是可能的,可以暗示学生去反思他们的思考并提出进一步思考的问题。格拉泽(1991)提出了任务设计可以实现这一目标的方法。其他的教师创造的例子是朔伊等人(Scheu et al. 1988)提供的。在这一点上技术提供了有力的支持。例如,泽勒梅耶等人(Zellermayer et al. 1991)描述了以色列在辅助高中学生的独立写作方面的努力。那些通过计算机程序的辅助来完成他们的学习作业的学生不仅写出了更好的文章,而且内化了程序提供的指导,并在后来没有计算机的情况下写作得更好。

因此,作业的形式能够提供关于学生所做的思考类型的帮助,使学生能够承担,甚至是单独完成挑战性的作业。那样设计作业的方法恰恰是与20世纪80年代以前的研究结论相反的,那时认为教师应当给学生布置没有任何帮助就能轻易完成的作业。那些有潜力帮助学生提高灵活性理解能力的大多数作业有必要有一定难度而使学生不能很快轻易地完成,这个结论似乎是很合理的,教师和课程编制者必须考虑当学生对作业进行推导的时候提供帮助的方法。

3. 未来研究和实践的方向

20世纪80年代的研究同时明晰和复杂化了学习作业什么时候和如何有助于学生的灵活性地理解。在20世纪90年代对于未来的研究工作有两类问题是最相关的。首先,为了选择和创造学习任务或作业并让学生在做这些作业后能提高灵活性的理解,教师必须知道和明白什么。随着时间的推移,任何人都期望教师能够或者应该简单地遵循预先设计好的课程指导和作业。当教师考虑这里提出的问题和注意到任务本质、它的社会背景和学习者能得到的支持时,对于教师来说要涉及什么?要在一个忙碌的课堂中处理所有的这些问题,当然不只是一个小小的技艺,需要更加注意的是关于学习作业的教师学习。

其次,学生对学习作业的观点不能忽略。尽管这里提出的问题来源于教育者决心要改进学校的观点,但这些不同的观点并没有使得学生如想像的那样敏感。许多试图改变学习作业的形式和执行的尝试可能会遭遇来自学生的抵抗,尤其是对正确行为的意识比较模糊时,这种情况就更容易发生。怎样帮助学生从对学习作业的传统观念转到学校作业更可能会帮助他们发展灵活性的理解,是很有必要的。

L. M. 安德森(L. M. Anderson)　著
徐志芳　译

附录

Anderson L M, Brubaker N L, Alleman-Brooks J, Duffy G G 1985 A qualitative study of seatwork in first grade classsrooms. *Elem. Sch. J.* 86(2):123—140

Bennett N, Desforges C, Cockburn A, Wilkinson B 1984 *The Quality of Pupil Learning Experiences.* Erlbaum, London

Blumenfeld P C, Mergendoller J, Swarthout D 1987 Task as a heuristic for understanding student learning and motivation. *J. Curric. St.* 19(2):135—138

Brophy J, Alleman J 1991 Activities as instructional tools: A framework for analysis and evaluation. *Educ. Researcher*, 20(4):9—23

Collins A, Brown J S, Newman S E 1989 Cognitive apprenticeship: Teaching the craft of reading, writing, and mathematics. In: Resnick L B (ed.) 1989 *Knowing, Learning, and Instruction: Essays in Honor of Robert Glaser.* Erlbaum, Hillsdale, New Jersey

Doyle W 1983 Academic work. *Rev. Educ. Res.* 53(2):159—199

Doyle W 1986 Content representation in teachers' definitions of academic work. *J. Curric. St.* 18(4):365—379

Dunkin M 1987 Lesson formats. In: Dunkin M (ed.)

1987 *The International Encyclopedia of Teaching and Teacher Education*. Pergamon Press, Oxford

Glaser R 1991 The maturing of the relationship between the science of learning and cognition and educational practice. *Learning and Instruction* 1(2):129—144

Lampert M 1990 When the problem is not the question and the solution is not the answer: Mathematical knowing and teaching. *Amer. Educ. Res. J.* 27(1):29—63

McDiarmid G W, Ball D L, Anderson C W 1989 Why staying one chapter ahead doesn't really work: Subjectspecific pedagogy. In: Reynolds M C (ed.) *Knowledge Base for the Beginning Teacher*. Pergamon Press, Oxford

Mergendoller J R, Marchman V A, Mitman A L, Packer M J 1988 Task demands and accountability in middlegrade science classes. *Elem. Sch. J.* 88 (3): 251—265

Osborn J 1984 The purposes, uses and contents of workbooks and some guidelines for publishers. In: Anderson R C, Osborn J, Tierney R J (eds.) 1984 *Learning to read in American Schools: Basal Readers and Content Texts*. Erlbaum, Hillsdale, New Jersey

Scheu J A, Tanner D K, Au K H 1988 Integrating seatwork with the basal lesson. In: Winograd P, Lipson M, Wixson K (eds.) *Using Basal Readers to Teach Reading*. Teachers College Press, New York

Selmes I P 1986 Approaches to normal learning tasks adopted by senior secondary school pupils. *Br. Educ. Res. J.* 12(1):15—27

Stigler J W, Stevenson H W 1991 How Asian teachers polish each lesson to perfection. *American Educator* 15 (1):12—20, 43—47

Zellermayer M, Salomon G, Globerson T, Givon H 1991 Enhancing writing-related metacognitions through a computerized writing partner. *Am. Educ. Res. J.* 28 (2):373—391

其他参考文献

Brophy J E 1992 *Advances in Research on Teaching Vol. 3: Planning and Managing Learning Tasks and Activities*. JAI Press, London

Mergendoller J R (ed.) 1988 Special issue on schoolwork and academic tasks. *Elem. Sch. J.* 88(3)

模拟和游戏(Simulations and Games)

1894 年，英国的剧作家和小说家王尔德写道：

教育是令人钦佩的事情
但最好记住
没有任何值得知道的事
能够教授

之所以在这里呈现该观点，是要与许多在他们的学习计划中运用模拟和游戏的人来共同分享。最有效的学习情境是学生的真实生活经历，尤其是出现了错误并为此付出代价时。体验学习为参与者提供作各种决定(好的和坏的)的机会，并允许他们在一个受保护的环境中经历决定的结果。游戏和模拟很大程度上归功于这种哲学，它们经常会提供获得这种经历的媒介和工具。

游戏和模拟已经使用很久了，许多研究者都对现在能获得的这种知识体系做出了很大的贡献。在本词条中不可能确认所有的研究者，但我们不能不提埃尔古德(Elgood 1981)、格林布拉特(Greenblat 1990)和琼斯(Jones 1985, 1988, 1989)。

1. 模拟的定义

尽管很难给模拟和游戏下定义，但目前仍有几种说法。琼斯(1980)用案例的形式对模拟下定义：“在案例研究中，参与者在调查文献形成结论同时就是在模拟中参与和做出决定。”模拟的参与要素是受亚当斯(Adams 1973)支持的，他宣称“模拟游戏是一项能够在一种开放性的氛围中辅助学习的行为倾向，以参与为中心的教育选择活动”(P. 1)。他进一步指出“在学生独立作决定和采取行动过程中，即使只是一个游戏，学生也不得不回想起部分的模拟结构和以往经验之间的关系”。

按照布科克和席尔德（Boocock and Schild 1968）的观点，模拟游戏和其他教育创新如程序教学的主要差异是后者，“指的是学生与学科之间的个体关系而在参与者之间没有交互作用”。以上的专家都认为在游戏和模拟中必须有一个学生参与的元素，但只在席尔德的定义中确实出现“之间的相互作用”这样的字眼。这是很重要的一点，因为在真实的生活情景中，很少不会产生相互影响，专业的工作不是孤立地进行的。

巴顿（Barton 1970）给出了模拟的一个抽象定义：“为了某种目的进行动态控制或实施的目标系统模型。”利文斯顿和斯托尔（Livingston and Stoll 1973）回应了这个定义：“模拟是一个目标情境的工作模型，而游戏是有目标和规则的活动。”最后，吉布斯（Gibbs 1974）认为：“模拟是使用替代元素去代替真实的或是假设元素的一种动态表征。”

也许模拟练习的本质是坦西（Tansey 1971）所解释的。坦西认为：

> 模拟是将观众的角色转变成为演员的角色。它不需要时时刻刻都这样，但能把参与者带到过去或将来的情景中。它能超越时空，但是比较费时，从而使得在模拟中花费一个小时的行为能够代表真实中的一个星期、一个月或者是一年。它能使时间变慢或是正常地进行。它能使一个人从他现在的角色转变到另外一种角色。它能使人检验自己的态度等其他方面。它改变了学习的概念，因为这种学习发生是因为当时有这种必要。

2. 教育模拟的本质

琼斯（1980）认为模拟应该由3部分组成：简报、行动和任务报告。简报是让教师提供模拟活动中学生所需要的基本信息，这些资料是非常必要的（包括任何的报告、地图、计划、法律文献、行政管理程序或是教学）。在简报的讨论中，教师应当清楚地解释与参加该项模拟活动的角色、义务和职责相联系的目标和目的。所有的模拟参加者都要明白他们为什么要做这个练习和他们要做什么，这一点是非常重要的。教师还必须解释练习的所有程序、时间限制和参与者可以使用的资源。

在行动中，教师要观察参加者之间（或者是不同的角色之间）的行为和交流，记录下以后要在会议中反馈的一些要点。在有些场合下有的学生可能要成为观察者，把观察后的信息反馈给教师。

在任务报告中，教师常常要求变换角色。教师要扮演更积极的角色，并具有提问、讨论决定和评价参加者方面的情感技能。任务报告的形式称之为“形成性评价”，它主要是把焦点放在参与者的实践技能上，而不是理论性的问题上。这并不是说认知技能完全被忽略了，但是在从事模拟的技术上，真正的价值更多地在于执行某个特定的任务而不是回答理论性的问题。不能过分强调反馈的重要性和任务报告，泰勒和沃尔福特（Taylor and Walford 1978）总结道：“在模拟、游戏或是模拟游戏中获得的经验需要有意识地转化成资源，否则就会有极大的浪费。”

3. 模拟的优点和缺点

模拟是一种自我激发的机制。在许多情况下，学生是作为团队中的一员从他人那里学习和学到实践的合作技能的。有人认为模拟能使不太成功的学生从成功的学生那里学到一些东西（Livingston and Stoll 1973）。相反，阿布特（Abt 1968）提醒说模拟有可能会打击那些学习速度慢的学生以及在使学生获得自信的技能的同时存在强烈的不平等。

模拟应该把学生置于对他们来说有多种开放的选择路径的一个特定的情境中。角色扮演的技能不仅要把参加者置于一个特定的情境中，而且还要他们明确责任和义务。模拟提供给参加者反映他们行为后果的多种机会，而在真实生活中他们是没有这种职责来执行的。这种行为的许多结果可以在任务报告或是反馈信息中获得。在讨论中，学生不仅知道了他们所选择的过程行为的结果，而且还知道了其他对他们开放的可选择的一些行为过程。学生对模拟中的其他人和任何的第三者的讨论都会对他们产生影响，使得他们在讨论中更清楚地了解自己。

4. 游戏的定义

吉布斯(1974)认为游戏是"在一定框架规则内通过合作或竞争执行决定者寻求达到他们目标的一项活动"。同样,肖特(Short 1977)把游戏定义为"参加者在其中以规则允许的方式有代价地进行玩的一个程序"。利文斯顿和斯托尔(1973)认为游戏就是有规则的活动。他们进一步主张模拟游戏是为了表征某种情境的,而教学游戏是为了教授某个主题或技能。管理游戏是在一个模拟的管理情境中练习,通常是数学模型。这种情境要求扮演者做出相关角色的决定"……管理游戏试图消除与过去决定相联系的风险,相对地减少做出决定、执行决定和认识到其在实践中的影响两者之间的迟滞"(Speed and Harris 1977)。

从许多现有可得的游戏的定义来看,得到定义中一些共同的、重要的方面。首先,游戏必须是为了特定的目的而设计的,而且寻求达到一定的目标,如团队工作、专业程序的练习、发展和提高交流技能或者是特定的管理目标。在许多情况下,应告诉学生游戏的目标。这些信息可以避免以后出现混乱。

其次,必须有一套清晰明确的规则。规则越是基本且越少越好。

再次,在游戏进行当中学生必须做出决定和遵守规则。为此,需要给予适当的奖赏。学生的决定不仅影响着自己的成功,而且影响其他参与者的成功。没有活动的参加者就没有游戏。

要想使一个游戏成功就要对学生的决定采取合理的奖惩措施。为了激励他们的专心参与,有必要让学生看到成功和失败。游戏应该在一种竞争性的氛围中进行,通常需要提供一个胜利者。奖励可以是"金钱、积分点、销售额和提升"。

并不是所有成功的奖励都是和合理的决定联系在一起的。在许多游戏中,奖励的得到是随机的,如掷骰子或是选卡片。在游戏中,常常偶然性比合理的决定更容易被大家认同。

5. 教育中游戏的本质

阿布特(1968)认为教育中的游戏可以根据是否强调技能、真实性或幻想进行分类,也可以根据它们是策略性的或是"摊牌性的"游戏进行分类。如果在游戏设计中过多地强调设置偶然性因素,是有危险的,可能会导致亚当斯(1973)所说的"如果游戏仅仅要求人们掷骰子和移动代币——那么那就是他们所能学到的所有东西"。

肖特(1977)认为游戏能够达到各种目的:

> 传统的游戏,甚至没有外界因素的参照,后来在游戏中出现了锻炼感知觉、监控技能、制定计划、做出决定、尊重规则和其他一些决定所强加的约束限制、鉴别复杂性、变换的情境和现实的自我评价。所有这些在大多数专业学生的教育中都是比较有价值的。在大多数的教育游戏中,设计者也把真实世界中允许强化的特定知识、态度和技能的学科事件和问题引入到游戏世界中来。有一种情形将会提出来,游戏也允许有特别学到的材料更加丰富的结构,在这种材料中,可以激励学习者不仅从原因到结果的推导,而且还激励他们从结果到可能的原因的向后推导。这种情况对早期的大学的医学实习生特别感兴趣。

游戏对参加者的影响似乎是根据每个人的敏感性和个体参与程度而变化的。在这一点上,拉德利(Ladley 1978)说道,"一些学生没有享受到游戏的乐趣或者受到了干扰,而另外一些学生在参与过程中,他们的知识……得到了提高,并且通过学习如何分析和利用数据理解了团队的行为"。因此教师选择一个对参与的情境来说是最好的策略。然而,应该指出的是,参加者可能宁愿选择其他的技术和策略,也可能不理解或是不能从教师选择的策略中受益。因此,有必要用新的或其他可选的教学策略来进行研究和实验。

特别要注意的是"游戏的娱乐性是否应当和它的教育性一样好"。阿布特(1968)主张教育游戏的教育价值。然而,利文斯顿和斯托尔(1973)却强调教育游戏的娱乐价值:"学习游戏的一个关键特征是它们能够激励学生——游戏是有趣的,因为它们有一种好奇的元素部分,它们在扮演者之间增加了玩笑和逗乐。"霍尔特(Holt 1970)在对传统教学方法的重要分析中,突出了鼓励思想自由,以挖掘出其他可选的解决问题方法的重要性。这种在兴奋刺激氛围中的自由和未知性,经常会提高教学的质量。

6. 体验学习技术的评价

模拟和游戏的评价可以采用多种形式。对成功的评价主要看所受到的总的奖赏,如利润、销售额、提升或是一个可选的"游戏货币"。然而,这些奖赏只是评价中一个很小的部分。

用于评价其他目标的方法类似于模拟的评价。不管用什么方法,评价中有一点是很重要,对于特定的练习,判定哪些奖励是由于偶然因素获得的,哪些是由于参加者真正理解而获得的。对于小组和个体进行反馈和讨论,是一个游戏和模拟活动中非常重要的部分。

游戏和模拟对学生一般的智力发展的贡献也必须观察和记录下来。许多学生认为现实中重要的问题很明显地被切割掉了、很容易确认和"黑白分明"。实际上,这并不是事实。因此,普通学生的发展应该使其从这种位置转移到一个如佩里(Perry 1970)所描述的那样更加现实的位置:

> 经过一段时间,学生认识到一些知识是有背景的。也就是说,答案依赖于那么多的环境条件,以致个体的判断不得不在每一个背景下做出……后来学生慢慢发现,越来越多的他以前认为是绝对的知识实际上是在一定的背景之下的。这样,学生会意识到在现实世界中气质、态度和技能是与现实事物不同的。

7. 游戏和模拟的未来发展

未来游戏和模拟的发展可能会有3个主要的关键问题。它们是跨文化游戏和模拟、电脑游戏和模拟以及实时游戏。

7.1　跨文化的游戏和模拟

研究者们对跨文化游戏和模拟以及在跨文化交流中的练习非常感兴趣。例如,IDEALS项目就是针对在美国大学里有机会发展跨文化沟通技能和国际间理解的美国国际学生而进行的研究。

7.2　电脑游戏和模拟

现在,电脑游戏和模拟的使用是非常巨大的。计算机为游戏和模拟提供了一个新的视角,这些活动已经变得越来越复杂了。任何一个计算机模拟都存在这样一个弊端,参加者可能变得更熟练地击打键盘而不是在技术性的知识和理解方面的经验获得增长。一个创新的模拟游戏是英国设计者设计的"机器中的幽灵"。

模拟集中在计算机模拟的设计上,而脱离了传统的形式。来自各种协会的会议报告如商业模拟和体验学习协会(ABSEL)、国际模拟和游戏协会(ISAGA)、计算机模拟协会提供了关于电脑模拟和游戏这个主题的许多有用信息。

7.3　实时游戏

作为一个涉及做出决定的游戏结构中的内在变量,"实时"的一个显著特征就是与真实时间相比,游戏中的时间是有始有终的。游戏设计者或者是管理者负责游戏中时间的设定,因此它是一个外在的变量。只有在这个条件下,时间的决定才变成对决定做出者来说在可选范围内是一个真实的选择,这样游戏更多的是一个动态的模型而不是相对静止的。

产生"实时"游戏的一个尝试是曼彻斯特商业学校发展的普罗透斯(Proteus,希腊海神)项目(Gunz 1988)。这一项目在一种模拟的真实时间中进行操作。就像在真实生活中一样,模拟的公司的"管理者"可以通过做一些事情或不管一些事情来执行决定:两种方式都不会影响正常操作。

另一个例子是FLEXIGAME。在这个游戏中,游戏开始时可以在价格、广告和销售方面作决定。时间按照预定的计划进行,参加者可以在直至他认为需要的时候再做出决定。所有的结果——市场份额——在一个连续的基础上以图表形式呈现。而且,允许参加者选择什么时间和作什么决定,也就是参与者有控制时间的主动权,这是游戏中时间的一个特征。

有一点是明确的:在游戏中时间进行的最优方法是游戏中的一个策略变量,涉及设计在"真实时间"中玩的游戏的发展。就目前的发展来看,游戏中时间设计在某种意义上更多的还是相对静止的,而不是一个真正的动态变量。因此,时间是以外在的方式使用的(一个由游戏设计者或管理者控制的变量),而不是一个内在的变量(一个提供给做出决定者在执行策略时的选择)。为了反映当代的管理实践,时间必须作为一个内在变量引入到游戏建构中。"实时"游戏(这涉及多用户计算机模型的表述)必须发展成通过参与作可选的具体决定以体现游戏中时间的弹性。

A. L. 库德沃斯(A. L. Cudworth) 著

徐志芳 译

附录

Abt C C 1968 *Games for learning*. In: Boocock S S, Schild E O (eds.) 1968 *Simulation and Games in Learning*. Sage, London

Adams D M 1973 *Simulation Games—An Approach to Learning*. Jones Publications, Washington, Ohio

Barton R F 1970 *A Primer on Simulations and Gaming*. Prentice-Hall, Englewood Cliffs, New Jersey

Boocock S S, Schild E O 1968 *Simulation and Games in Learning*. Sage, London

Elgood C 1981 *Handbook of Management Games*. Gower, Aldershot

Gibbs G I 1974 *Handbook of Game and Simulation Exercises*. Spon, London

Greenblat C 1988 *Designing Games and Simulations*. Sage, London

Gunz H 1988 PROTEUS *Perspectives on Gaming Simulation* 13. Sagset, Loughborough

Holt J 1970 *How Children Learn*. Penguin, Harmondsworth

Jones K 1980 *Simulation: A Handbook for Teachers*. Kogan Page, London

Jones K 1985 *Designing your own Simulations*. Methuen, London

Jones K 1988 *Interactive Learning Events: A Guide for Facilitators*. Kogan Page, London

Jones K 1989 *A Sourcebook of Management Simulations*. Kogan Page, London

Livingston S A, Stoll C S 1975 *Simulation Games: An Introduction for the Social Studies Teacher*. Free Press, London

Loveluck C 1988 *FLEXIGAME*. Mitre International Training Consultants, Bryndu, Sennybridge, Powys

Perry W G 1970 *Forms of Intellectual and Ethical Development in the College Years*. Holt, Rinehart, and Winston, New York

Radley G W 1978 The dynamics of groups in gaming. In: Megarry J (ed.) 1978 *Perspectives on Academic Gaming and Simulations*. Kagan Page, London

Boocock S, Schild E O (eds.) 1968 *Simulation Games in Learning*. Sage Publications, Beverley Hills, California

Short A H 1977 *Learning by Games*. Pamphlet MUPCET, Nottingham

Speed T J, Harris F C 1977 *Management Games for Use in the Construction Industry*. Occasional Paper 15, The Institute of Building, Ascot

Tansey P J 1971 *Educational Aspects of Simulation*. McGraw-Hill, Maidenhead

Taylor J L, Walford R 1978 *Learning and the Simulation Game*. Oxford University Press, Milton Keynes

其他参考文献

Association for Business Simulation and Experiential Learning 1990 (ed. Gentry J) *Absel Guide to Business Gaming and Experiential Learning* Nichols, East Brunswick, New Jersey

Gibbs G I 1975 *Academic Gaming and Simulation in Education and Training*. Kogan Page, London

Gibbs G I 1982 *Twenty Terrible Reasons for Lecturing*. Standing Committee on Educational Development Services in Polytechnics (SCEDSIP)

Kolb D A 1984 *Experiential Learning Experience as the Source of Learning and Development*. Prentice-Hall, Englewood Cliffs, New Jersey

Loveluck C 1964 *Notes on The Construction, Operation, and Evaluation of Management Games*. Management Games Ltd, London

Loveluck C 1975 *Management and Training Hand-*

book. McGraw-Hill, London

Mitre 1991 *MATREX—Management Training Examples* (quarterly journal). Mitre International Training Consultants, Chellaston

Peter L J, Hull R 1969 *The Peter Principle.* Souvenir Press, London

Thatcher D C, Robinson J 1987 *An Introduction to Simulation and Games in Education.* Solent Simulations, Portsmouth

学生对教学的影响(Student Influences on Teaching)

课堂中的教和学是一种复杂、多元的现象。通常认为教师通过他们的教影响着学生的学。但是反过来,学生的学同样影响着教师的教。在课堂上,教师可能在手段—目的推理或者是“有限制的合理性”基础上做出反应。也就是,教师采用教的方法(手段)是为了让不同的学生达到特定的目标(目的)。类似的,教师可能会根据他们对学生的期望来教学生。许多研究者用各种研究方法研究了学生影响教师的各种方式。在本词条中将用两个指导性的问题来呈现这些研究的结果。第一个问题,学生的哪些特征和行为影响了教师的课堂行为和教学实践?第二个问题,用什么样的理论机制来考虑教师不同的行为和实践?

1. 假设

支持这项研究有两个基本的假设。第一是大多数的教学是一种心理工程。也就是,教师在手段—目的的基础上面向不同的学生会纠正他们的行为。第二是教师所受到的学生学的影响,但是这些影响并不一定是合理的。许多理论和实践的工作已经研究了教师的期望、这些期望传达给学生的方式以及这些期望曾经传达和影响学生的方式。第二个假设已经得到了广泛的讨论(Rosenthal and Jacobson 1968),而第一个假设还有待于详细地阐述。

学校是有特定社会目的的机构(如发展基本的读写能力和计算技能、培养心智、社会文化规范的习得和训练、为将来参与地区和国家经济发展作准备)。作为这种机构的主要代理者,教师的行为方式是和这些目标中部分或是全部一致的。这并不是说教师和学生之间的所有相互作用都是受那样一个“有限制的合理性”的目标所影响的,也并不是说那样的相互作用就会实际上使其结果最优化。但是大多数的相互作用是受影响的。

现在研究者已经提出了几个教学理论来考察一个教学的有限制的合理性是如何在课堂中起作用的。这些理论中比较好的一个是20世纪60年代后期斯诺(Snow 1988)提出来的理论。斯诺工作的优秀之处在于他的心理学的诡辩和在教学如何适应学习者个体差异方面。斯诺说的这些个体差异是指“能力倾向性”,即在教学之前影响教学有效性程度的学习者特征。个体差异诸如性别、种族、先前的学业成就,能够服务于教师进行与目标联系的教、学和评价的设计。

2. 学生对教学的影响的研究

学生对教师的影响的研究趋向于注意学生的3个特征:性别、种族、先前的教育成就水平。一些研究已经检验了其中的2个特征,在一些小规模的情况下,还验证了这3个特征。在一些研究中,研究者调查了在这些学生特征和同样的教师特征之间的相互作用(如教师的性别、种族和学生的性别种族是如何相互起作用的)。在这些研究中用了两个方面的探索:过程—结果和教师期望。许多有关课堂教学的过程—结果研究是建立在课堂相互作用的行为基础上的。这项研究传统的目标是为了更好地评价教师的行为,而教师的行为是与学生的成绩直接相关的。它的研究方法是量化的,即依靠关联和描述性的研究,也就是后来的用现场实验研究去解释特定的教师行为或学生的学习行为。第二个和学生影响教师的方式相连的是对教师期望的研究。与此相连的是对课堂教学行为的质的研究,比如人种志方法、个案研究和教师叙述。

2.1 过程—结果研究

用过程—结果的研究方法来研究学生和教师的行为的例子是纳弗帕提提斯等人(Nafpaktitis et

al. 1985）的研究。这些研究者感兴趣的是教师对学生行为的赞成和不赞成看作学生执行任务和离开任务的重要的影响因素。他们的研究方法有间隔时间抽样观察，对84个初中学校教师（6～9年级）和他们的学生进行了2个或3个30分钟时间的观察。教师赞成和不赞成比率可以用学生执行任务和离开任务的行为的比率来计算，它们是相互关联的。纳弗帕提提斯等人发现，倾向赞成学生离开任务的行为的，学生执行任务的量就比较低；反之，数量就比较高。在这样的一个模式下，辛普森和艾里克森（Simpson and Erikson 1983）发现：美国的白人教师对一年级的男生要比对一年级的女生进行更多的口头表扬、非口头表扬和口头的批评。然而，他们对黑人男生要比其他任何的性别——种族组进行更多的非口头的批评。

纳弗帕提提斯等人、辛普森和艾里克森流派的研究表明：在师生、生生相互作用的条件下，潜在的学科的作用被忽略了（Stodolsky 1988）。例如，韦伯和耐克（Weber and Shake 1988）考察了在二年级中阅读教学的理解阶段，教师的反馈情况（如教师对学生回答的反应）。在进行了大量的反馈后，教师才接受学生的正确答案。只有6%的反馈表明学生的回答是不正确的。

总的来讲，教师倾向于接受和认同学生的反馈，该观点已经被大量的研究证实，至少在美国的课堂上是这样的。然而，因为学生对教师的反馈的理解是受到许多因素的影响，包括个人的因素（如认为自己是学习者或者一个人认为什么是有价值的或值得的）、社会的因素（如同伴支持的标准规范）、情境的因素（与等级实践相联系的目标结构），所以在这样的基础上，要得到一个普遍的、理论上的预测学生行为的模式是比较困难的。

在一项对36节美国四年级学生数学课的研究中，芬里玛和彼得森（Fennema and Peterson 1986）发现：教师对男孩和女孩存在着不同的行为，主要是针对男女生学业成绩的评价，不管高水平的或者是低水平的思考的任务。其中是非常复杂的，正如芬里玛和彼得所森描述的，对于低水平的任务，教师对女孩反馈正确的表扬与在这些任务上的测验成绩有正相关。对于男孩，在另一方面，教师对正确回答高水平任务的表扬和高水平测验项目上的高成绩是相联系的。这些发现只是表示了这些复杂因素关联的一个方面。

面对这些复杂性，芬里玛和彼得森提出了大量具体的建议，教师对学生做出的反应是由许多方面决定的，涉及目标的高成就或是低成就、男孩还是女孩、任务是高水平的或是低水平的等。他们提出了12条以上的建议。

2.2 期望研究

单纯从教师和学生的行为的相互作用方面谈，容易误入机械主义的歧途，也掩盖了在行为下面学生的个性特点。教学决定并不总是建立在理性决定的基础上的。决定也可以是从不恰当的或是外部无关系的信息中得出的，如教师对学生行为和成绩的多纬度的期望。那样的期望反过来可能会导致期望效应或是自我实现预言；也就是说，无根据地对学生的不同对待会强化或是改变学生的成绩。因为罗森塔尔和雅各布松（Rosenthal and Jacobson 1968）的研究，已经有过多的研究来检验考察教师对学生不同的期望的决定和成绩。

研究显示：教师对学生成绩的期望会受到学生特征包括种族的、有魅力的、社会经济地位、课堂行为和先前的学业成绩记录等的影响（Dusek and Joseph 1983）。在几种不同类型的学生特征如学生性别、姓名、兄弟姐妹的先前成绩等基础上期望效应已经发现有一些模棱两可的证据。

结论上的差异可以归因于几个方面的原因。第一，教师特征如种族和性别可能会影响到期望效应（Irvine 1985）。教师对待各种学生特征的重要性程度上也是有不同的。例如，在一项对21个一年级教师的研究中，费多鲁克和诺尔曼（Fedoruk and Norman 1991）发现在教师给86个学生描述的等级评定中，学生的成功和失败的归因上存在很大的变异。而且，有一些教师要比另外一些教师更容易受到有偏见信息和期望效应的影响（Babad and Inabr 1982）。此外，大多数教师期望效应的研究是实验性的，而不是自然情境的。因为实验研究忽略了前后关系上的一些因素，它们的效度是有疑问的。它们通常使用非教师人员作为参加者，研究也不是完全在课堂上进行的，而且不作教师期望的多元的、交互作用决定的考虑。

学生的行为或是成绩也许可以确认教师起初的期望效应,这是因为期望效应、部分教师有知觉的偏见或者是因为教师倾向于没有影响的精确预测成绩(Jussim 1989)。一些研究者认为教师倾向于成为一个学生成绩的精确预测者以及不同的对待可能反映了对个别学生需要的恰当反应。它也可能反映了学生的参与次数和课堂论述的贡献质量(如让那些不举手的学生回答问题就比较困难)。克利夫顿和布尔可克(Clifton and Bulcock 1987)在加拿大做的一项研究已经显示九年级教师对学生持有的期望更多地建立在对学生的智力能力和先前的成绩的判断基础而不是种族划分(在这个研究中,有讲依地语的和法语的青少年)的基础上。此外,也有证据表明当教师和学生的相处经历增加的时候教师有纠正期望的倾向(Brophy 1983,Raudenbush 1984)。

2.3 定性研究

自从20世纪80年代早期以来,教师和课堂的研究已经发展到包含更多的细节的定性研究,通常要比那些用于过程—结果或是期望研究中样本规模要小。这些研究提供了一个对教师的信仰和观念以及它们是如何影响教师在对学生进行反应时纠正教学的方式的更丰富的理解。这些研究也提供了社会的、直觉的和个人背景的因素是如何影响教师工作的。

在一个专家、新手和志愿者(指那些愿意教学的学科问题专家)教师的模拟研究中,卡特等人(Carter et al. 1987)表明专家教师在对学生和课堂的理解上有很大不同。他们进一步详细阐述了理解在课堂决定和随后的课堂相互作用中扮演的角色。例如,当3组教师对学生进行类别范畴描述时(如纪律问题),专家教师对这些课堂中的行为类别的意义有更丰富的理解。这些更为细节性的对教师信仰、观念的理解,正是定性研究方法所要揭示的。

过程—结果研究和期望研究,其中的一个发现就是教师对学生的判断和他们未来成绩的期望可能是建立在以往的成绩和课堂参与的实际信息基础上的,也有可能是建立在偏见和未发现的陈腔滥调上的。这些发现得到了巴拉卡特(Barakett 1986)进行的在加拿大内陆城市蒙特利尔对讲英语的小学教师的人种志研究的支持。巴拉卡特发现教师对学生和教学的理论有很大部分是建立在其课堂中教师对学生关于活动和任务类型的经历基础上,这些活动和任务是教师提出来和学生使用的。例如,这个学校教师对学生的学习分组,表面上看来,可能是用常规的标准(如能力、动机和家庭背景)进行的。然而,更精密的分析认为课堂表现可能要比这些常规的分类扮演着一个更为强有力的角色。

在一个非常不同的背景下,阿巴吉和克莱格霍恩(Abagi and Cleghorn 1990)发现肯尼亚农村和城市的教师在解释和贯彻政府语言教学政策上严重受到学生课堂表现的影响。城市地区的政策要求用英语进行教学。城市学校的教师顺从了该项政策。这项研究中的一所农村学校在地理上处于城市语言政策的权限范围内。然而,这所学校的学生大多讲当地语言,而不是英语,这所学校的低年级教师也用当地语言作为教学语言,而违反官方政策。很显然,在文献中还有很多其他这样的例子,教师调整他们的教学方法、以便更好地理解学生,而这也正是官方对教师的要求。

3. 结论

学生对教学和教师的影响的早期研究是在寻求学生行为规范的基础上预测断言的,即学生和教师行为之间的可复现的统计学上的关系。自从20世纪80年代早期开始,研究者和理论者已经认识到对教师和教学的理解要求对学生和教师思想的理解。潜藏在发现的学生和教师行为之间的各种预测能力之下的是教师的信仰、理论和理解力。教师对学生的知觉要经过他们的信仰系统的过滤然后才调整他们的行为。教师根据学生的需要不断地改变他们的教学实践,同时也发展他们自己的专业知识和技能(Richardson 1991)。

R. W. 马克思(R. W. Marx)
R. M. B. 科勒皮(R. M. B. Collopy) 著
徐志芳 译

附录

Abagi J O, Cleghorn A 1990 Teacher attitudes towards the use of English, Kiswahili, and mother tongue in Kenyan primary classrooms. *Canadian and International Education* 19(1):61—71

Babad E Y, Inabr J 1982 *Pygmalion, Galatea, and the Golem: Investigations of biased and unbiased teachers. J. Educ. Psychol.* 74(4):459—474

Barakett J M 1986 Teachers'theories and methods in structuring routine activities in an inner city school. *Canadian J. Educ.* 11(2):91—108

Brophy J E 1983 Research on the self-fulfilling prophesy and teacher expectations. *J. Educ. Psychol.* 75(5):631—661

CarTer K. Sabers D, Cushing K, Pinnegar S, Bertiner D C 1987 Processing and using information about students: A study of expert, novice, and postulant teachers. *Teaching and Teacher Educ.* 3(2):147—157

Clifton R A, Bulcock, J W 1987 *Ethnicity, teachers'expectations, and student performances in Ontario schools. Canadian J. Educ.* 12(2):294—315

Dusek J B, Joseph G 1983 The bases of teacher expectancies: A meta-analysis. *J. Educ. Psychol.* 75(3):327—346

Fedoruk G M, Norman C A 1991 Kindergarten screening predictive inaccuracy: First-grade teacher variability *Excep. Child.* 57(3):258—263

Fennema E, Peterson P L 1986 Teacher-student interactions and sex-related differences in learning mathematics. *Teaching and Teacher Educ.* 2(1):19—42

Irvine J J 1985 Teacher communication patterns as related to the race and sex of the student. *J. Educ. Res.* 78(6):338—345

Jussim L 1989 Teacher expectations: Self-fulfilling prophecies, perceptual biases, and accuracy. *J. Pers. Soc. Psychol.* 57(3):469—480

Nafpaktitis M, Mayer G R, Butterworth T 1985 Natural rates of. teacher approval and disapproval and their relation to student behavior in intermediate school classrooms. *J. Educ. Psych.* 77(3):362—367

Raudenbush S W 1984 Magnitude of teacher expectancy effects on pupil IQ as a function of the credibility of expectancy induction: A synthesis of findings from eighteen experiments. *J. Educ. Psychol.* 76(1):85—97

Richardson V 1991 Significant and worthwhile change in teaching practice. *Educ. Researcher* 19(7):10—18

Rosenthal R, Jacobson L 1968 *Pygmalion in the Classroom: Teacher Expectation and Pupils'Intellectual Development.* Holt, Rinehart, and Winston, New York

Simpson A W, Erickson, M T 1983 Teachers'verbal and nonverbal communication patterns as a function of teacher race, student gender, and student race. *Am. Educ. Res. J.* 20(2):183—198

Snow R E 1988 Aptitude – treatment intervention as a framework for research on individual differences in learning. In: Ackerman P L, Sterberg R J, Glaser R (eds.) 1989 *Learning and Individual Differences.* Freeman, New York

Stodolsky S 1988 *The Subject Matters: Classroom Activity in Math and Social Studies.* University of Chicago Press, Chicago, Illinois

Weber R, Shake M C 1988 Teachers'rejoiners to students'responses in reading lessons. *J. Read. Behav.* 20(4):285—299

教师评价行为(Teacher Evaluating Behavior)

教师评价行为是指在课堂教学中教师对于学生在特定目标方面取得的进步给予的反馈。本词条中将对和两个主要的学习任务相关的教师评价行为进行考察,提出一些通过讨论出现的教师评价行为问题。

1. 导言

考察课堂活动是一个复杂的问题。如果一个人待在离教室的近距离位置注意教学的各个微观方面,如问题的类型或是等待时间,嵌入在这些行为中的很多活动就变得不明显了。如果一个人待在离教室比较远的位置来观察教学的宏观方面，负责人提供的教学的领导能力或是成就测验对教和学的影响，教学本身又得不到阐明。一个有利的点是教学任务，它介于微观的教师的言语与非言语行为和宏观的学校水平的变量之间，是一个比较合适的距离。

根据杜瓦勒（Doyle 1983）的观点，任务是学生在课堂中要进行的作业活动。一项任务由学生要得到的结果、他们在得到这个结果过程进行的程序步骤和他们可以利用的资源这几个部分组成。杜瓦勒认为学校中有4种类型的任务：（a）记忆性任务，要求学生复制信息；（b）程序性任务，要求学生应用规则公式；（c）综合任务，要求学生变换信息、解决问题和得出预测；（d）评价任务，要求学生展现个人偏爱。同样，贝内特和德福尔热（Bennett and Desforges 1988）也提出一张任务列单，包括增加的任务、重构的任务、浓缩的任务和实践的任务。

这些任务被罗什先宁和梅斯特尔（Rosenshine and Meister 1992）简要概述为两类：良好结构任务和不良结构任务。良好结构或者是知识可获得的任务是指那些学生可以通过遵循一些固定的先后步骤（如遵循减法运算规则）直接达到的任务。任务的结果是不变化的，也就是，它有单一的标准或是一套标准可以评价的唯一结果。不良结构或是高级思维的任务是指那些学生没有固定的先后步骤可遵循的任务。对于这些任务（如阅读理解、科学问题解决），教师可以提供给学生一个临时性的启发作为一个过程中要遵循的和达到结果的模型，但是学生必须解释、转换和修正这些教学帮助来完成任务。在高级思维任务中，教师能够影响学生的思考，但教师不能给学生一个普遍可接受的完成任务的路线，因为完成的路线和学生要得到的结果是个人的和变化的。

尽管毫无疑问有一些对任何教学任务都恰当的一般的教学行为，但是，既然不同的任务有不同的结果、程序和材料，那么当然要求有不同的教学技术，这样一个假设似乎是合理的。因此，有许多的教师评价行为适合任何任务结构，有一些特别适合知识获得任务，而另一些适合高级思维任务。

2. 知识获得任务和教师评价行为

在知识获得任务中教师的目的是让学生学会一些已定的概念或是技能。为了确保成功，教师应该提供给学生适当的学习活动和材料以及与学生进行适当的言语的相互作用。这些在学生反应之后的教师行为就是指教师评价行为。这些行为是非常重要的，因为这些行为可以告诉学生他们在达到目标方面的行为的恰当性与否。如果学生对他们行为的结果毫无所知的话，学习就不会有什么进步。成功需要被确认，而错误也需要被确认和消除。

20世纪七八十年代早期的过程—结果研究并没有清楚地开始进行与知识获得任务相关的教学研究。然而，因为这个研究主要关注的是小学水平的阅读和数学的教授和学习，它用标准化测验的分数来衡量教学的效果，所以这项研究以知识获得为基础也是很明显的。这项研究的总结揭示了与学生在知识获得任务上的成绩相关的教师评价行为的种类（Brophy and Good 1986）。

考察过学习的分数后，布罗菲（Brophy）和古德（Good）认为有效的教师评价行为是随着学生的反应的质量而变化的。对于正确的反应，教师应当要用一些公开的口头行为（如"正确"）或者是非言语行为（如点头确认）向学生表明答案是正确的。确认的目的是肯定答案是对的。感情横溢的赞颂是不需要的，它可能转移学生学习的注意。对于部分正确的答案，教师应该表明其正确的部分和改述问题，给学生以线索，或是提供给学生有关不正确部分的正确回答。最后，对于不正确的回答，教师应当首先用简单的否定的反馈而不是个人的批评来指出其答案是不正确的。接下来，教师应当改述问题，给学生提供允许学生作正确回答尝试的线索。正确的答案加一个为什么这个答案是正确的例子也能增加对否定的理解。布罗菲和古德进一步建议教师应当鼓励学生回答每一个要求回答的问题，即使他们说不知道答案。改述、提供线索或是提供正确答案都是应该做的。

罗什先宁（1983）对过程—结果研究的评论中提出了类似的关于教师评价行为的建议。对于学生正确、快速和肯定的回答应当立即伴以另外一个问题或是一个简短的不会干扰整节课的流程的确认表述。如果回答是正确的但学生是犹豫的，教师应该提供一个简短的确认陈述和有关答案为什么是正确的反馈。不正确的但是由于粗心的回答，教师应给出其正确答案然后就转向下一个问题。由于是知识缺乏引起的不正确的回答，教师应当提供线索或者是要求回答一个简单一点的问题，或者是当学生的错误是实质性的时，教师就要重新教授一遍材料。罗什先宁根据他的研究，强调非常重要的一点是“错误不应当没有得到纠正而继续下去”(P. 343)，因为没有得到纠正的错误将导致随之而来的一系列学习问题。

弗雷泽等人(Fraser et al. 1987)和一个由澳大利亚和美国的研究人员组成的研究小组，对近8 000项小学和初中的过程—结果研究的回顾评论，发现带有某种形式的暗示的教师回馈行为，如强化、矫正(如做出纠正的建议)在学习中是一个非常关键的元素。考察教师的一般的反馈行为，胜于与学生反应质量相关的回馈行为，沃尔博格(Walberg 1991)发现暗示是可以采取各种形式的：先行组织者或是简短的一般看法、附属的或关键的问题、目标设置、按序学习和预备考试。沃尔博格发现，赞颂形式的强化有一定的正面效应，但比对低年级学生或是更成熟的有个人标准的学生施用象征性奖励的效果要低。矫正性的反馈或消除错误的重教对学生的学习有中等的影响效果。

3. 高级思维任务和教师评价行为

与那些以概念学习行为为基础的知识获得任务的教学相比，高级思维任务的教学是建立在学习的建构主义观点基础上的。对于后者的任务，教师的工作并不是强化刺激和反应之间的联系，而是帮助学生建立和丰富他们的内部知识结构。从建构主义观点来看，学习是一个建立和构造新的知识和原有知识联系的网络联结过程。根据雷斯尼克(Resnick 1985)的观点，知识的增长是一个“自我修正他们自己的思想过程和知识结构的‘学习者的结果’”(P. 2579)。

有利于学生在高级思维任务中建构个人知识的教师评价行为的类型要求包括支持、联系、挑战和建模。这些教师评价行为的类型增加了学生的自我评价和提高了关键的思考能力。

3.1 支持

支持，或者是尼斯特伦和伽莫兰(Nystrom and Gamoran 1991)所指的高水平的评价，是对话中自然的发生的一种行为和倾听者认真地考虑说话者的想法后对说话者做出的一个信号。它提供的是一种真实的想法。诸如“那是个令人感兴趣的问题”这样的评论是建立在学生所说的、鼓励学生的思考和维持在较高水平上的课堂论述基础上的。

3.2 联系

联系指的是把主要的想法放在一起以便能提供一个学生能够用来建构自己的知识结构的多种想法的结构。使用联系评价行为的教师要指出新的知识与其他新知识或是与先前的知识的关系。奥苏贝尔(Ausubel 1978)的先行组织者，当用来对学生作评论时，可以看作是联系行为。它们提供了一些能够插入支持的事实和细节的主要的概念的一种组织。

同样，舒尔曼(Shulman 1986)的内容变换是联系的一种形式。当教师用类推、举例和解释来描绘内容时，他们把未知的内容同已知的内容联系起来。对学生真实的和预期各种误解的反应，教师能够将新的内容同先前已经教过的内容联系起来，和学生学校外的经历联系起来，和潜藏在假定情境中的内容联系起来(Zahorik 1992)。

3.3 挑战

西格尔(Sigel 1984)认为，为了让学生产生思考和使学生思想完整化以及精练学生的知识结构，教师应当“让学生去注意差异、矛盾和不一致性”(P. 21)。创造迷惑的价值也是被伽勒夫和万萨特(Gallagher and Wansart 1991)所认同的。从教师评价行为中能够看到在理解方面的缺口，但是，它也可以是个人的或是小组的各种计划工作的一个结果。

3.4 建模

建模指的是给学生能够让他们用来开始一项活动的起点和判断其行为恰当性或者是思想进步性的一个模型、启发或是指导。模型可以作为结果(那就是要达到什么)或过程(那就是如何达到学生所期望的目标)。模型范例包括预备规定和指导性问题的解释(King 1989)、过程顺序(Taylor 1985)、计划表(Englert et al. 1991)、线索卡片(Billingsley and Widman 1984)。每个这种类型的帮助能够给学生在尝试写文章段落、总结一个故事或是完成其他高级思维的任务时提供一些建议性的看法。

另外一种建模是帕林卡斯卡和布朗(Palincsar and Brown 1984)所指的互惠教学。教师和学生轮流当老师。教师为学生过程建立模型。当学生"教"这个过程时,他们用教师的模型作为指导,他们的进步就显露在教师面前。

在维果茨基(Vygotsky 1978)工作的基础上,罗什先宁和梅斯特尔(Rosenshine and Meister 1992)和其他一些人提出在准备建模时使用脚手架。脚手架是某种形式的暂时的指导纲领,在模型最开始的时候提供给学生,但是当学生在行动中变得越来越独立和自我依靠时就逐渐撤去脚手架。柯林斯(Collins et al. 1989)对通过脚手架建模的有效性进行了很好的阐述和解释。

尽管所有与高级思维任务相联系的教师评价行为都寻求学生通过自己的评价来建构知识,但是建模有些不同于预先提供给学生决定是否恰当充分的一些其他技术。

4. 出现的问题

有关教师评价行为和知识获得任务,似乎很少有争论。赞颂、强化和由教师产生的知识能有助于提高学生学习一些简单技巧和基本的内容。然而,在教师评价行为和高级思维任务方面,出现了大量的问题。主要的问题是当学生尝试通过问题解决和相关的活动来理解观念想法和重组现有的知识结构时应当给予学生大量的帮助和指导。在这一点上,应把支持、联系、挑战和建模看成是存有层次的,联系和建模用在当学生对要求的任务不明确的早期学习,而支持和挑战用在学生已经形成有意义的概念和已经对他们的结构有信心的后期学习。

相反,一个人能把这两对教师评价行为认为是有冲突的和不协调的行为。有些人会质疑教师提供的联系和建模是激励还是阻碍学生的知识结构的发展,因为教师的联系或建模很可能被学生看成是一个稳定的结构胜于一种启发性的策略。如果一个教师过于认真地帮助学生去发展他个人的知识结构,这是有争议的,越少的支持和挑战技术可以鼓励学生有更多的自我监控。如果这种行为用在与对学生来说很有意义的学习活动和问题上,这种争议是引人注目和值得注意的。未来的研究有望用在高级思维任务上的各种类型的教师评价行为作一个比较 。

J. A. 扎霍日克(J. A. Zahorik) 著
徐志芳 李雨竹 译

附录

Ausubel D 1978 In defense of advance organizers: A reply to the critics. *Rev. Educ. Res.* 48(2):251—257

Bennett N, Desforges C 1988 Matching classroom tasks to students' attainments. *Elem. Sch. J.* 88(3):221—234

Billingsley B, Wildman T 1984 The effects of pre-reading activities on the comprehension monitoring of learning disabled adolescents. *Learning Disability Research* 4(1):36—44

Brophy J, Good T 1986 Teacher behavior and student achievement. In: Wittrock M (ed.) 1986 *Handbook of Research on Teaching*, 3rd edn. Macmillan, New York

Collins A, Brown J, Newman S 1989 Cognitive apprenticeship: Teaching the crafts of reading, writing, and mathematics. In: Resnick L (ed.) 1989 *Knowing, Learning, and Instruction: Essays in Honor of Robert Glaser.* Erlbaum, Hillsdale, New Jersey

Doyle W 1983 Academic work. *Rev. Educ. Res.* 53(2):159—199

Englert C, Raphael T, Anderson L, Anthony H, Stevens D 1991 Making strategies and self-talk visible: Writing instruction and special education classrooms. *Am. Educ. Res. J.* 28(2):337—372

Fraser B, Walberg H, Welch W, Hattie J 1987 Syntheses of educational productivity research. *Int. J. Educ. Res.* 11(2):73—145

Gallagher J, Wansart W 1991 An assimilative base

model of strategy-knowledge interactions. *Rem. Spec. Educ.* 12(3):31—41

King A 1989 Effects of a metacognitive strategy on high school students' comprehension of lectures. Paper presented at the annual meeting of the American Educational Research Association, San Francisco, California

Nystrom M, Gamoran A 1991 Student engagement: When recitation becomes conversation. In: Waxman H, Walberg H (eds.) 1991 *Effective Teaching: Current Research.* McCutchan, Berkeley, California

Palincsar A, Brown A 1984 Reciprocal teaching of comprehension-fostering and comprehension-monitoring activities. *Cognition and Instruction* 1(2):117—175

Resnick L 1985 Instructional psychology. In: Husén T, Postlethwaite T N (eds.) 1985 *International Encyclopedia of Education*, 1st edn. Pergamon Press, Oxford

Rosenshine B 1983 Teaching functions in instructional programs. *Elem. Sch. J.* 83(4):335—351

Rosenshine B, Meister C 1992 The use of scaffolds for teaching higher-order cognitive strategies. *Educ. Leadership* 49:26—33

Shulman L 1986 Those who understand: Knowledge growth in teaching. *Educ. Researcher*15(2):4—14

Sigel I 1984 A constructivist perspective for teaching thinking. *Educ. Leadership* 42(3):18—21

Taylor B 1985 Improving middle-grade students' reading and writing of expository text. *J. Educ. Res.* 79 (2):119—125

Vygotsky L 1978 *Mind in Society: The Development of Higher Psychological Processes.* Harvard University Press, Cambridge, Massachusetts

Walberg H 1991 Productive teaching and instruciton: Assessing the knowledge base. In: Waxman H, Walberg H (eds.) 1991 *Effective Teaching: Current Research.* McCutchan, Berkeley, California

Zahorik J 1992 Connection making in teaching. Paper presented at the annual meeting of the American Educational Research Association, San Francisco

教和学的示范方法(Teaching and Learning, Demonstration Methods of)

教学的示范方法在所有的教学方法中可能是最古老和最普通的,不论是在学校中,还是在家里,在娱乐场所或是在工作场所。示范方法被用来教授从系鞋带到神经外科手术的操作这样的各种技能。在这些情况下,之所以使用示范方法是因为这些技能技巧太复杂了,以至于不能提供对这些技能的口头描述。然而,示范并不仅限于特定技能的教授,它同样也可以用来教授分析的过程。作为一种教学方法,示范在很大程度上被研究者和教育工作者所忽视了(在物理教学领域中有可能是个例外)。

1. 理解力的示范

示范或许可以定义为"通过展示来教",它在与学习者视觉上和口头上的同时交流方面有很大的优点。通过视觉的呈现,语言的屏障可能被克服,交流得到加强,教师和学习者之间的和谐关系也得以建立。通过口头呈现,学习者所看到的可以被教师介绍、解释和总结。在许多方面,示范是一种自然的教学方法。它提供的模仿行为对儿童的早期阶段语言还没有得到充分发展的时候的学习是非常重要的。

综观人类历史,示范的教学方法已经成为为生活作准备和传承文化的主要方法。随着商业和手工业的发展,示范为中世纪行会的学徒训练提供了基础,它是和实用技能的教授有很强的联系的。然而,这并不是说它仅限于教授那样的一些技能。例如,艺术和音乐是教师用示范方法教学生尤其有价值的两个领域。同样,在科学中实验过程的示范扮演着一个非常关键的角色。这些学科领域的成功引起了示范方法用在其他学科中的应用程度这样一个问题。

2. 技术的效应

教育技术的快速发展已经扩大了示范方法在教育和培训中的应用范围。此外,技术大大提高了示范方法的教学效力。最后,胶卷的使用有很多好处。然而,随着电视和录像机的发展,新的可能出现了。现在通过观察录像器中的示范或是重放证明,最细小的细节也可以被看到。也许最值得注意的发展发生在外科中,不仅外科医生可以更清晰地看到手术过程,而且手术室中所有的人都可以看到正在发生的情况。甚至,呈现计算机外部输出屏幕的高架投影仪的发展和利用卫星播映节目的功能也潜在地推进了示范教学发展,因为他们有能力提高呈现在与日俱增的学生面前的内容的清晰度。

3. 示范的艺术

在许多学习情境中一个重要的元素就是教师的示范和给学生的实践练习之间的关系。两者之间最有效的平衡依赖于学习任务、提供的实践练习的情境和教师达到的交流的质量。然而,必须认识到,人类通过示范的学习已经从模仿行为扩展到更广范围的智力活动。示范的艺术就是把要学的过程以内化的理解和建构联结建立的方式得到展示。学习开摩托车,或是驾驶超声波的喷气式航行器需要涉及的不仅仅是手的灵巧性。它要求能在紧急情况下或是意外情况发生时选用适当的行为的理解能力和分析技巧。因此,虽然模仿在那样的学习中是很重要的,但是,在手动操作和程序学习在很大程度上是自动化的同时,建立同时性的理解能力和分析技巧也是非常必要的。示范教学的艺术涉及通过发展最基本的智力活动建立在所有正视情境下完全控制的能力。

从这一点来看,可以把示范教学细化为7个步骤:

(a) 最开始的步骤分析技能和能力涉及的示范操作。作为先决条件必须具备的技能和能力,包括知识和理解力,必须首先得到明确。示范如何采取方法区分那些不会加法或是减法的学生不是很重要的。这些先决的技能和能力必须是按逻辑的或暂时顺序为了教学的目的排列的。

(b) 第二个步骤是选择一个能够进行示范的合适的情境。最理想的可能达不到,所以要在可得的情境中选择一个最好的。有时,胶卷和录像机可能要比直接的示范更为有效。

(c) 因为示范涉及视觉和口头的呈现(或在某些情况下是视觉和书写的教学),所以有必要考虑视觉和口头呈现要以一定的顺序相连接。在第一步中执行的技能和能力的分析是在第三步使用的。然而,要强调的一点是理解力、自然性和呈现的顺序都是直接为目的服务的。

(d) 因为重点在理解上,所以学习者应该总是允许有机会实践以确保这种理解能力得到发展。然而,必须认识到,理解能力在早期阶段很少是完全的,因为像执行技能和能力,要通过一定时间才得到发展。因此,认识到理解能力也是通过实践练习得到连续发展的这一点是很重要的。

(e) 在第五步,学习者有机会在指导下和在同时为了避免错误和提高理解能力而向指导者提问的情况下重复整个操作(或是它的一部分)。此外,如有必要,指导者应当提示、检查理解力、纠正和重复。

(f) 在第六个阶段,学习者被允许重复操作直到达到掌握的程度。在这种情况下,掌握意味着能够达到一定程度的理解力,即在新的情境下执行恰当的行为。这一步也包括速度和精确性成绩的发展。

(g) 最后一步是评价,如有必要,进行重复直到尽善尽美或是接近尽善尽美。

4. 在特定学科领域中的示范方法

示范的艺术可以解释为上面列出的7个步骤,它可以应用在一些学科当中。在这一部分将讨论它在物理教育、数学和科学中的应用性。

4.1 物理教学中的示范

物理教学涉及教授大量的精神运动的技能。因此,视觉的示范是最为有效地培养这些技能的方法之一。学习者如果要复制示范者的行为就必须明确示范者。与此同时,在观察专家时经常有一种娱乐效应,它没有必要有教育效应。如果学习者感到他们在年龄、经验、生理特征上和示范者能够比较时,他们更有可能获得示范者的技能和能力。不管如何,示范者的行为必须是有质量的而且能够为复制提供适当的模型(Karlin and Mortimer 1963)。

如果练习是紧接在观察之后的,那么影片或是录像能够提供一个有效的呈现(Zuckerman 1950)。

此外,言语教学必须根据胶卷或影片中的行为适当地安排。影片和录像都具有的一个优点就是他们可以减速、停止、倒放和倒回来更加清晰地展示执行技能时的细节。而且,使用录像带还有一个好处就是它能够用来记录学习者的练习,这样学习者就可以根据示范中所呈现的来客观地检查他们的成绩,这是一种更为有效的反馈形式。

4.2 *在数学教学中示范*

初等数学中一个实质的部分就是学习具体的算法程序。虽然计算器大大减小了运算需要掌握的速度和精确性程度,但是一般的数学运算是建立在证据论证、问题解决程序、关系和等式、解方程式等的基础上的。数学教学的最一般的方法是教师示范要遵循的步骤然后向学生提问,检查他们的答案以考察他们的理解能力。在达到一个满意的理解水平后,然后提供学生一些问题和练习,并在学生做这些问题和练习时给予学生提示和纠正。当学生达到一定的熟练程度后,他们就转向进行独立的练习,也就是通常的家庭作业。

教学过程中一个最主要的部分就是最开始的示范,在这个过程中,学生看怎么样做和听教师讲的问题,即为什么要遵循这些预定的步骤。有时教师在明晰某一步的指导性练习中转向示范,因此,练习和形成性评价是重要和必要的,示范很明显是关键的教学。

罗什先宁和史蒂文斯(Rosenshine and Stevens 1986)从研究中得出,在4~8年级中,有效的教师要比那些不太有效的教师在数学课上花更多的时间在示范上。那些比较有效的教师在50分钟的课中平均要花23分钟来展示,也就是示范和讨论,而那些不太有效的教师则花11分钟时间,比前者的一半还要少。此外,罗什先宁和史蒂文斯还明确了在数学课堂上良好的展示的几个方面:(a)明确目标和要点;(b)一步步地呈现展示;(c)明确具体的程序;(d)检查学生的理解能力。然而,他们注意到诸如以下这些问题很难得出结论性的研究:(a)新材料如何组织才能使其被更有效地学习?(b)有效的示范具有哪些特征?(c)教师应该使用多少例子和该使用何种类型的例子?(d)举例的先后顺序是否有一个有效的方法?(e)在教学步骤中应呈现多少信息?

4.3 *科学教学中示范*

科学是建立在从自然界中感知获得的证据的基础上的。在学习科学中,观察和实验是必要的元素,而示范能同时具有这两个元素。因此,科学教学课堂中示范的一个必要的要求就是每一步必须能被教室中的每一位成员清晰地看到。由于这种意识,一些学校配有更好地看到示范的长椅子和阶梯座位的科学教室。然而,示范实验和观察只能被在一起学习的学生或者是在更为普通的小组中进行。在这种情况下,一个有灵活设施的实验室更为有用,科学教学的环境也是很重要的。不管如何,许多在实验室进行的科学教学是一种必要的示范,而不仅仅是调查,所以要运用一些示范教学的原则。选用与学生示范相对的教师示范作为科学教学的模式是因为以下的其中一个或是几个原因:(a)为了展示多重的技能和程序;(b)因为示范过程花费大、有危险性、有困难或者耗时大;(c)因为如果学生的注意力集中在执行涉及的实际任务上,逻辑上的争论力量就会失去。

特别要注意的是,科学教学中的示范要用到仪器,如足够的天平和米尺,这样小组中的所有成员都能够亲眼看到。当仪器不足时,可以用班级中的成员作辅助来进行观察和进行仪器在班中传递着使用来让学生获得真实感。这种方法的又一优点就是给教师向学生提问以增加理解性的自由,否则会集中在教师用说明性的材料进行讲解。

教师应当进行一个更为复杂程序的试运行以确保设备能够良好正常地工作。当没有科学调查的典型特征时,示范不起作用,如科学课堂中的失望和醒悟,这是因为当呈现科学示范时学生有一个高水平的期望和兴趣。因此有效的示范要求注意到最小的细节和小心翼翼地试演。判断要经过练习,要根据每一步来作决定(例如,如果事先反应物称量过,那么是否有任何东西丢失,或是电路连接中要把开关合上)。摸索连接电线或是摸索找一盒火柴都可能分心。

一般来说,一个示范要经过高标准的预先准备和操纵。然而,首先要把注意力投向逻辑上的呈现和科学问题的结构,因为科学涉及的不仅仅是内容的学习，而且还有调查研究过程的发展和通过观察和实验的探究。朝着这个目的，学生的问题应服务于重点的研究，能够被用来归纳、演绎和对发现作总结和概括性的一般性描述。

5. 合作示范

合作示范更多关注的是教授研究的过程和探究而不是特定内容的呈现。在科学和其他一些学科的学习中，如数学中的问题解决，它需要更多的自由回答和启发式活动以增强和发展探究技能。然而，这种形式的示范教学很少有一套众所周知的固定形式，而且它的成功要求较高的教学技巧。示范者略述问题后让班级就如何进行、有哪些问题、如何获得这些问题的答案、如何得到有价值的证据和如何得出结论提出想法。当在没有抑制从小组中反应，接受那些能引向有利方向或是服从彻底的讨论的暗示时，这个方法要求部分的教师有消除示范没有价值的暗示的技巧。

许多示范的价值在于错误的痕迹，但是追求每一个痕迹是既费时间也是不值得去做的，特别是当一些学生和教师已经有结果方面的一些预先的知识时。因此，示范不是根据预先路径决定的明晰的各个阶段，示范是由一系列由巧妙的即席创作构成的，它要达到一个双重的目标，即在发展研究能力的同时扩展学术的理解力。那种教学的准备在于考虑要求何种材料和资源以及把他们准备好，但是在看不见的地方，这样学生就不会偏向于遵循教师预先决定的路线。因此示范要遵循这样一个过程，通常有一个渴望的努力方向，但是这个方向对于学生来说是在经过讨论、提炼最后为班级所接受的实质性建议。

台式电脑的出现为开放性问题示范教学带来了新的发展机遇，用这种台式电脑可以模拟各个领域的学习使其程序化。在这种学习中，证据是可得的，假设或是模型也是可以假定的和可以用证据来检验的。那样一个示范的价值在于学会小组学习、学会探究方法、学会如何确认和否决，以上所有的学习对于每一个问题可能不是一个单一的回答。当小组对于一个示范教学来说不是必要的时候，如果使用小组，那么小组应当有足够的规模以能产生一些想法，但是又不能规模大到把一部分成员排除在外不能参加。关键的操作在于后期阶段，当得到的想法是服从考试时结果经常又可能导致沿着另一条路或是另一组路径开始。

托兰斯（Torrence 1986）报告说，那样的教学方法正在针对一些有天赋的学生在使用，但是那种方法用在合作示范教学方法中是非常重要的，以致用这种方法针对那些普通的学生是很有需要的。在这种类型的示范中，内容要重于过程。学生他们自己、他们的思想、他们提出的程序是注意的焦点，但不是承担的任务。

6. 结论

示范教学方法已经有很长的传统而且也被证明是很有价值的。在欧洲大陆的一些国家，这种方法在以学生付费的实验室工作的科学教学中占优势。这种方法的运用使其建立了一些专门的阶梯教室，例如在几世纪前建立的乌普萨拉（瑞典东南部城市）大学的医学教学。电视、录像机和其他一些科技产品能够扮演一个新的角色应归功于教学的发展。然而，在这个领域的研究出现了严重缺乏的局面。这一领域研究失败的原因是非常难以确认的，或许是由于采用效率不高的教学方法所致。

L. C. 库默（L. C. Comber）
J. P. 基夫斯（J. P. Keeves） 著
徐志芳 译

附录

Karlin L, Mortimer R G 1963 Effect of verbal, visual and auditory augmentary cues on learning a complex motor skill. *J. Exp. Psychol.* 65:75—79

Rosenshine B, Stevens R 1986 Teaching functions. In: Wittrock M C 1986 *Handbook of Research on Teaching*, 3rd edn. Macmillan, New York

Torrence E P 1986 Teaching creative and gifted learners. In: Wittrock M C 1986 *Handbook of Research on Teaching*, 3rd edn. Macmillan, New York

Zuckerman J V 1950 Effects of variations in commentary upon the learning of perceptual-motor tasks from sound motion pictures. *Am. Psychol.* 5:363—364

教和学中的解释(Teaching and Learning,Explanation in)

解释已经发展成为属于教师和学生能力测量的一个概念了。在另外一些情况下,很明显的:(a)这个术语有各种不同的用法;(b)学者们已经明确了不同类型的解释;(c)判断解释是否令人满意的标准已经形成并阐明;(d)解释是在接受学习和建设性的思考中发生的有意义的课堂行为;(e)解释是和学生学习相联系的更大建构"清楚"的一个元素;(f)教师解释是经验型研究的一个课题;(g)现在已经有用于解释测量的工具存在。

1. 解释的概念

解释对不同的人意味着不同的事。作为一个概念,考察它的功能和类型将使其更好理解。

1.1 功能

文献中的解释经常容易混淆,除非我们明白这个术语在日常语言中服务于不同的语义目的。在一种情况下,它的意思就是构造一些简单明了清楚易懂的概念、程序和规则。因此,教师可能可以"解释"一个概念(全球变暖)、一个程序(怎么做减法),或者是一个规则(我们举起手以便被认出)。在这种情况下,解释和具体细化同义。然而,那样的解释没有说明(也就是给出原因)任何事情。

在第二种情况下,解释是用于说明事情的发生的。在这种情况下,解释要求教师呈现为什么会全球变暖、告诉学生为什么减法是以那样一个特定的方式进行的,以及为什么学生必须举起手。这里的解释是与给出原因同义的。

一般认为解释是教师直接面向学生提供的。然而,学生却经常被要求解释他们的观察、学习、答案或是价值。除了口头的解释外,解释还可以通过书面的形式(如课本和学生随笔)或者是记录(如胶卷和录像带)提供。

1.2 类型

在这两种一般的功能中,研究者们识别出无数种类型的解释。例如,赫金斯(Hudgins 1974)列举了4种类型:(a)因果关系的(如物体落到地面是因为重力的缘故);(b)标准化的(如因为宪法的第21条修正条款,他们不再禁止在美国销售酒);(c)过程(这就是事件如何提交到美国国家安全委员会的);(d)目的论的(如动物交配前的某些特定的行为是为了吸引异性)。

同样,费尔赫斯特(Fairhurst 1981)区分了教师在小学中所用到的4种解释类型:描述的、指示的、审美的和分析的。描述性解释和事情是什么相关。它们包括单词解释(定义)、说明性的解释(如谚语和寓言的意义)、因果关系的解释(如水的结冰点)、给予原因的解释(如讨论秋天变短原因的一般结论)、结构性的解释(如指出英国国旗的构成)、类别的解释或是进行比较(如这是树)、目的论的解释(指出目的或目标)和顺序的解释或是告诉事件的次序。

正如名称所隐含的那样,指示性解释和行为的指示相关。它们包括社会性的解释(如指出社会规则)、伦理性的解释(指出执行的规则)和程序性的解释(如怎么做才能达到特定的目标)。

审美的解释包括价值给予的解释(如评级的标准)和美感说明性的解释(如解释一首诗歌)。最后,分析性解释适用于告知和澄清概念与规则的程序及命题(如解释如何解数学方程)。

达格尔(Dagher 1989)考察了在高一科学教学背景中教师的解释。基于她的研究结果,达格尔形成了科学学科教师解释的10种类型:"怎么做"、形而上学的、目的性的、神人同形同性论的、功能的、遗传的、机械的、分析的、理性的和同义反复的解释。由于解释的类型数量较多且较复杂的缘故,达格尔把它们的相互关系列在图1中。

麦克唐纳(MacDonald 1991)吸收利用恩尼斯(Ennis 1969)的观点,提出解释的3种类型:说明性的(能提供概念或是术语的意义)、描述性的(能够把要遵循的程序具体化)和给出原因的(明确一些事情为什么要用这种方法做或是为什么一些事情已经发生了或正在发生)。

很明显,根据"解释"这个术语的不同意义,形成了许多学派。在研究的基础上,达格尔(1989)认为在解释的功能和形式这个问题上很难有一致的意见。她重申了伽劳克尔(Garfinkel 1981)的忠告,即需要有一个"解释的代数学"以作为运用和

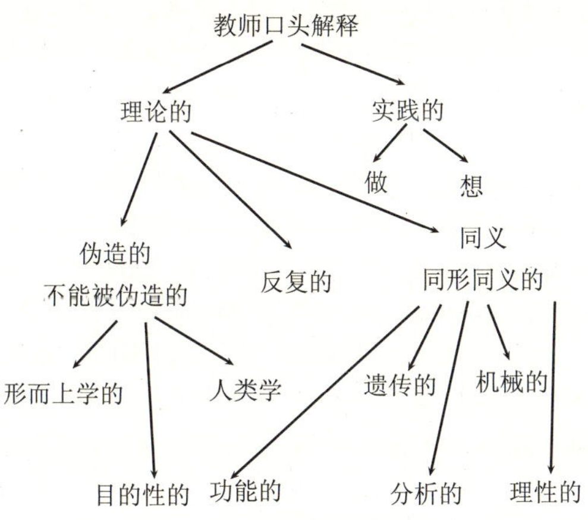

图1　达格尔的描述框架

资料来源：高一科学课中教师口头解释的本性 1989（博士论文：爱荷华州州立大学）

研究解释的指南。表1就是对不同学者所提出的各种类型的解释进行整合的初步尝试。

2. 判断解释的标准

许多人都认为有必要明确一个好的解释标准。其中，社会研究教育者对此研究最为感兴趣。梅特卡夫（Metcalf 1963）注意到，历史学家对他们所提出来的课题所做的足够有效的解释一般来说都是失败的。他也批评说他们对现在和过去的事件并没有给出有效的解释（如海湾战争的原因）。因为历史学家的这一失败，梅特卡夫认为学生应该学会评估他们所接受的历史解释的逻辑正确性。"这个程序效度较高，即使对领悟最慢的学生来说，也会使历史更加清晰，而且，不管历史学家是否知道他们所讨论的是什么，该程序都能够通过一个给定的案例将其揭示出来"（P. 953）。此外，梅特卡夫还指出社会学教科书编写者的缺点是，他们在使学生遭遇其他人的解释时并没有提供关于如何或者是否使用某种有效的方法这一细节。

斯威夫特（Swift 1959）建议在进行解释的分析时要使用以下的标准：如法律陈述那样呈现，如此

表1　解释的类型

赫金斯（1974）	费尔赫斯特（1981）	达格尔（1989）	麦克唐纳（1991）
	美感的：价值给予，说明性的		
过程描述：解释一个过程	指示性的：指示行为	如何指示行为	描述：特定的程序
标准化提供	描述性的：描述事实	拟人的：描述事情是什么，把人类特征归于非人 遗传的：和先前事件次序相联系（不是为什么）分析的：利用分析	说明术语：概念提供的意义
	分析性的：用来告知和澄清的分析程序和陈述	理性的：为陈述提供的证据 同义反复的：如何和什么的陈述没有额外信息的重复	
因果的：原因给予		形而上学：超自然力量是事物原因 功能因果：确认某种功能物质间机械的因果关系	原因给予：为什么，因果的
目的论的因果：指要追求的目的或目标		目的、意图的因果：指要追求的目的或目标	

陈述的可测性,它们的真实性和它们的内在效度,也就是说,对有待解释的事件做出描述和命名的陈述要在主要的和次要的前提上遵循陈述原因的逻辑。

斯威夫特明确区分了不同类型的学生解释,并根据它们的逻辑严密性更进一步地对它们进行分类。“无关的解释”是指描述或说明。例如,教师可能会要求学生解释政府中的分权。学生的反应经常是作无关的解释或是具体细化什么是分权。相反,合理的解释应是那些根据另外一些事件、条件和情境来解释现象(Swift 1959 P. 124)的解释。梅特卡夫(1963)总结说,斯威夫特分析解释的方法应该让那些正要成为和已经成为教师的人知道,以便他们反过来能以此教授学生有效解释的重要性(P. 961)。

安布鲁斯特和安德森(Armbruster and Anderson 1984)曾经对历史事件的心理学解释感兴趣。在这种情况下,合理的对教科书的解释应当满足以下各个条件或者说“框架”:

(a) 倡导者的目标是什么? 其动机是什么?

(b) 达到目标的计划是什么?

(c) 计划中采取的行动是什么?

(d) 关于目标采取的行为的结果是什么?

此外,安布鲁斯特和安德森要求社会科学教科书对上述问题的回答对读者来说要适当(如在它们的意义和理解以及完善领域内),一贯性(如流露的思想清晰、容易且有一定的逻辑顺序),统一的(呈现的信息是相关的,投入每个问题的课本的数量是基本正确的)。

费尔赫斯特(1981)对解释所做的操作性定义为:要求解释某事,解释者或其他交流资源如印刷材料,解释的接受者。她指出可以从3个角度来看一个解释是否令人满意。从解释者的角度来说,她必须满足“清楚、有序地呈现和达到解释目的”这些条件。从解释接受者的角度来说,解释必须是一个“缺口填充者,如满足(他们的)好奇或是解除疑惑、(它是)用可理解的……和相关的……已有经验的术语来表达的”(P. 206 ~207)。从独立的旁观者角度来说,解释应该是一种明晰某一要点或是情形的一种独特的尝试。此外,对观察者来说,它必须是真实的、可测的、适当的、足够的、非循环的。最后,费尔赫斯特注意到某些类型的解释在满足额外的标准方面是很好的:真实性、可测性、恰当性和非循环性(P. 208 ~212)。

麦克唐纳(1991)指出一个好解释的两个主要的要求。解释对于情境来说必须是恰当的而且必须是完全的、精确的和容易理解的。他提供了下面这样一个提纲以呈现逻辑合理的解释:

(a) 解释的目的要有一个明确的概念。它是说明性的、描述性的、给出原因的还是这3种的结合?

(b) 当学生提出不清楚的信息要求时辨认“解释”这个词潜在的模糊性。他要求做出的是说明性的、描述性的还是给出原因的解释?

(c) 当给出说明性的解释时确保它是可操作性的陈述,如减数是一个可以从另一个称之为被减数的数量或数中抽取出来的一个数量或数。同义词和例子的运用会对解释有帮助,但不应代替术语意义的详细分析。

(d) 当在给出说明或是解释原因的时候应避免循环。不要用同义词去定义一个术语,除非这个同义词容易理解或是反过来能更好地进行分析。当在给予原因解释的时候不要循环重复。

(e) 当要求进行描述性解释时,要把要解释的程序分成几个部分而且要按某种认真敲定的顺序把各部分展示出来。因此,要拆分减法的过程然后把它一步步地呈现出来。

(f) 确保给出原因的解释是完整的(P. 140 ~141)。

麦克唐纳(1991)也认为解释除了在逻辑上要合理之外,还必须在心理上是恰当的。在另外一些情况下,这一点是通过提供那些能被吸收的足够信息或是使用某些技术以增强明晰性和突出重点,以集中学习者的参考书框架来实现的。集中学习者的参考书框架意味着帮助学生重新安排和扩展他们已经知道的东西。

费尔赫斯特(1981)指出当在给出一个合适的解释时,一个小学教师可能要使用一种以上的解释类型。她说,“在解释英国国旗的构成时,教师可能会给出一个结构性的定义,但是他也可以给班级显示是如何画国旗的(一个程序性的解释)和在画国旗的同时他可以告诉孩子们这面国旗是如何产生的(结果的解释)”(P. 208)。

感觉敏锐的教师会认识到他们必须准备好提供多重的解释,尤其是在教授数学中的问题解决和当在用有分歧的学习风格教授小学生时。与此相关,数学和计算机科学家正在开发一些智能的辅导系统,例如教授代数,“为动态地产生代数的命令问题提供多重的解释”(Schulze 1989 ~ 1990 P. 236)。这些系统考虑了学生个体所知道的、他们现在误解的、他们所熟悉的术语和对他们来说是最有效的解释形式。

3. 接受性学习和生产性思维中的解释

作为美国的一项结果,赫金斯努力发展和提升史密斯等人(Smith et al. 1969)在调查材料中所提出的意见,编写了一套重要的教育学概念的目录(1974)。赫金斯所选择的概念都包含在“交互教学”的框架之中,“交互教学”的框架被定义为“包含了在课堂中教师和学生在交互履行教育行为时所发生的所有事件或事务”(P. 8)。解释作为一个重要的教育学概念在接受性学习和生产性思维中出现过两次(P. 45 ~48)。

接受性学习指的是学生接受信息然后被要求回忆信息的活动。赫金斯在接受性学习情况下用“解释”这个术语来表示“提供关于具体事件的原因或与过程、程序、原因和影响关系相关的条件的学生陈述”。这里的陈述表征了学生对先前考虑过的解释的回忆(P. 33)。因此,学生有可能被要求回忆澳大利亚的殖民地化是在什么时候发生的,或者要求回忆某个教师或教科书对为什么在那个时间殖民地化的解释。

根据赫金斯的观点,作为接受性学习中解释的指示条件有3点:

(a) 由对努力做到明晰所产生的解释,然而在这种情况下,学生提供的解释并不是他自己的,而是从另外一个来源中回忆到的。

(b) 学生给出的回忆性解释经常是不全面的,要求教师加以补充。

(c) 根据赫金斯的观点(前面已描述过),解释可分为四种类型:因果关系的、标准化的、过程、目的性的。

在生产性思维中,赫金斯用解释这个术语表示“学生的一套认知性操作及其结果,通过这套认知性操作及其结果,学生对阐明(他们)所考虑的事物进行公式化,或者是把(他们)某类解释性知识运用到可应用解释的某个特定的案例中去”(P. 45)。

下面是一些指示:

(a) 学生对以前没有解释过的事情进行明晰化。

(b) 达到了尽管可能不是新颖的但却是独立的解释。

(c) 学生所参与的要比叙述复杂得多的认知过程。

因果关系的、标准化的和过程的解释对生产性思维同样适用。

4. 作为一种教师能力的解释

教师具有解释方面的能力似乎是毫无疑问的。按照斯莱文(Slavin 1991)的观点,教学有效的教师会运用许多解释和解释性的词汇(如“因为”、“为了”、“因此”)。他们在解释一个新的概念时也经常使用规则一个例子一个规则的模式。这种模式要求陈述的是一个规则,“物质也许会变化其形式但永远不会被破坏”。给出规则的一个例子,如,“纸在燃烧的时候只是和氧气进行重新组合变成气体,主要是二氧化碳”。这个规则可以再复述为,“物质不会消失而只会改变其形式”(P. 273)。

从关于教师的明晰性研究中所得出的关于使用解释的结论同样具有很强的经验性的理由。学生报告说,教师提供完全彻底的、易理解的解释对他们学习所学内容是很重要的(Cruickshank and Kennedy 1986, Metcalf and Cruickshank 1991)。要在这种情况下做出正确的判断,教师必须使用例子、列举例子和解释这些例子、解释不熟悉的词汇、指出它们的相似性和差异性以及在解释时给予学生思考的时间。

阅读和数学领域的学者已经研究了教师是如何有效地进行解释的。密歇根州立大学的一些研究者已经观察了在阅读教学背景下教师的解释。尤其是，他们观察了“清楚的教师解释”对学生阅读成绩和学生报告的所学内容的影响（Duffy et al. 1985）。经过研究，达菲（Duffy）和他的同事们发现，清楚的教师解释和学生对学习内容的了解相关。然而，它们和学生的成绩只有很小的相关。

尽管数学家和数学教育者相信 K—12 的学生应该对问题解决很熟练，但实际上并非如此。这个发现似乎与实施大致相符，因为 K—12 的教师把更多的教学时间分配在教授学生计算技能上了。如此进行时间分配的一个可能的原因是，“大多数的教师不懂得如何对成功的问题解决者在认知推理过程中所运用的策略进行解释”（Herrmann 1989 P. 1）。

5. 在解释研究中使用的方法

运用在解释研究中的相关测量工具已经发展起来了。因为对教学分析中逻辑运用感兴趣，用于教师—学生语言活动编码的两个主要的测量工具已经发展起来了。在其他的工具中也都注意到了解释。

5.1 *伊利诺伊州测量工具*

伊利诺伊州测量工具是在史密斯的领导下提出来的。史密斯和缪克斯（Smith and Meux 1970）注意到在班级课堂中广泛存在两种言语活动类型，“独白”和“插曲”。独白就是指通常的定义，即一个说话者在给定的时间内说话的情况。插曲是用来描述说话者之间所发生的相互交流。

按照史密斯和缪克斯的观点，典型的插曲是由教师的问题引起的，比如，“日月蚀是怎么引起的？”每一个这样的问题都有一个理想或是更恰当的答案对所提出的问题在某种程度上做出回答。上面的插曲问题似乎最为需要有一个解释。除了解释，还有许多用单元分类的其他概念（Dunkin and Biddle 1982 P. 281）。

需要解释的单元要求我们能够给出一些相关的一般规则或一系列条件用以解释结果或后果。解释可以分为 6 类：（a）机械性的（如“蟋蟀是如何发声的”）；（b）因果性的（如“什么会导致人的瞌睡”）；（c）序列性的（如“什么事件导致了海湾战争”）；（d）程序性的（如“航行时怎样抢风调向”）；（e）目的性的（如“为什么你要那样授课”）；（f）标准化的（如“为什么南非是国际制裁的对象”）。纳托尔和劳伦斯（Nuthall and Lawrence 1965）、史密斯和缪克斯（1970）以及蒂舍尔（Tisher 1970）在研究中已经使用过伊利诺伊州测量工具了。

邓金和比德尔（Dunkin and Biddle 1982）报告说，无论教授的学科主题和研究的地理位置（国家的）如何，近似有 1/4 的插曲属于描述类别。“指示”和“解释”也很普遍。教师要求解释要么是序列型要么是程序型，这都是要求学生做出处理的。然而，一般来说，当教师要求学生做出偶然的、目的性的、或是标准化的解释时，学生并不会做出适当的或逻辑的回答（Nuthall and Lawrence 1965，Tisher 1970）。对于学生无法回答的问题，教师的反应经常是尝试去澄清并阐明它。邓金和比德尔提出，“当教师的问题要求更高水平（解释类型）时，经常会出现含糊的情况并干扰同学生的交流，这可能吗？”（P. 293）对于这一点蒂舍尔发现，假定提问时，教师所能接受的解释有 1/5 在逻辑上是不合理的。

5.2 *哥伦比亚大学测量工具*

另外一个测量工具是在贝拉克等人（Bellack et al. 1966）的研究中提出的，这一研究从一个逻辑的角度来明确和分析教学。他们研究了教学的过程，感到它可以用一系列的“活动”或是教师和学生的口头行为来描述，这些口头行为包括：建构、请求、响应和反应。因此，尽管伊利诺伊州测量工具是只对学生应如何逻辑地回答开放的单元插曲，主要是问题和请求，进行了分类，但是贝拉克等人或者说是哥伦比亚大学测量工具却能够对教师所做的一切事情进行分类，包括他们的独白或讲演。贝拉克等人的分类在数量上有 9 种，这些与史密斯和缪克斯的分类无关。解释是其中一种类别。它用来指：（a）对象、事件和原则之间关系的陈述；（b）条件的参照；（c）原因—效果；（d）清楚地比较对照；（e）原则、理论或是规律的陈述。其他的类别包括：一般性定义、指示性定义、内涵性定义、说明、事实陈述、观点、证明和“不太清晰的逻辑过程”。在费斯特（Furst 1967）、隆格伦（Lundgren 972）和鲍尔（Power 1971）的研究中已经使用过哥伦比亚大学测量工具。

关于“请求”，贝拉克等人(1966)发现，约80%的请求是同经验性过程相关的，“解释”的经验性过程要比“事实发现”的经验性过程稍多一些。与用伊利诺伊州测量工具的调查结果不同，哥伦比亚大学测量工具的使用者发现，学生回答教师提问的时间占了85%。

当研究者用伊利诺伊州测量工具和哥伦比亚大学测量工具观察课堂讲演中逻辑和言语的一般使用时，斯坦福的调查者在盖吉(Gage)的指导下，将注意力集中在教师的解释能力这个单一现象上。相应地，罗什先宁(Rosenshine 1968)对讲课进行了研究。他发现有效的讲课应包含有更多的有联系的解释，即“显示因果关系、结果、方法、事件或想法的目的的命题和连接词”(P.8)。例如：“因为”、“为了”、“如果……那么”、“因而”和“所以”。

希勒等人(Hiller et al. 1969)也用与罗什先宁同样的数据对讲课进行了研究。他们发现，一般来讲含糊性是和学生的成绩呈负相关的。他将含糊性定义为“当一个执行者……没有充分地了解事实或是充分掌握要求最大效度进行交流的理解力”(P.670)。换句话说，也就是没有很好地理解就不能很清楚地解释。

5.3 教师解释的测量工具的评估

对教师解释的测量工具的评估(Duffy et al. 1985)包括两部分。第一部分集中在教师呈现的关于认知过程的相关信息上，这一认知过程指的是学生接下来要完成的阅读任务，然后要求观察者对那些信息的清晰程度、连贯性和明了性进行评估。第二部分主要关注教师为使呈现的信息清晰所使用的手段方法。它要求观察者记录下教师是如何做到以下几点的：(a)模拟进行所要求的认知过程；(b)在学生混淆时引导注意力；(c)为学生提供在人为样本中运用认知过程的独立的或指导性的实践练习；(d)帮助学生在阅读基础课文故事或是在其他相关的情境中运用这种认知过程。

数学教育者也研究了认知过程或学生是如何进行学习的。他们对K—12教师如何才能把成功学生的学习策略很好地传授给自己的学生这方面也非常感兴趣。因此，埃尔曼(Herrmann)运用修订过的对教师解释的测量工具的评估对数学教学的问题解决中教师给出的解释进行了评价。

5.4 埃尔曼的学生了解度评估表格

埃尔曼小学生了解度评估表格(Herrmann 1989)是用来评估学生在教学后访谈中对3个问题的回答的。这些问题是：“教了什么？”“愿意在什么时候用和怎样用所教的内容？”“什么时候可能要用和可能怎样用所教的内容？”这一表格同时还呈现了另外两个相关的测量工具以及以识别教师谈话中或多或少明确的单元特征为目的的一种社会语言学计划程序(Herrmann 1989 P.15～17)。

6. 进一步学术研究的需要

那些试图去了解解释的人似乎还没有形成一定组织。相应地，似乎还没有长期从事有意义的相关调查的专家或领头人。

如果这个领域的研究者聚集起来组成一个真正的小组的话，它又可能为了学术研究进行如下的争论：

(a) 一个用来精确地阐明解释是什么的概念、定义、事实和条件命题或“如果那么”陈述的编辑物。

(b) 用于研究解释的测量工具和相关概念的收集和分析。

(c) 对解释及其观察和测量的观点的讨论。

(d) 进一步的研究计划，包括达到关于解释是什么的一致性、设计深入的描述性或定性的解释研究、寻求良好解释的特征、判定解释和学生学习及满意度两者间的关系、决定是否可以针对解释对教师进行培训以及培训对学生教育结果的影响。

D. R. 克鲁克香克(D. R. Cruickshank)
K. K. 梅特卡夫(K. K. Metcalf) 著
徐志芳 李雨竹 译

附录

Armbruster B B, Anderson T H 1984 Structures of explanations in history textbooks, or so what if Governor Stanford missed the spike and hit the rail? *Curriculum Studies* 16(2):181—194

Bellack A A, Kliebard H M, Hyman R T, Smith F L 1966 *The Language of the Classroom*. Teachers College, Columbia University, New York

Cruickshank D, Kennedy J 1986 Teacher clarity. *Teaching and Teacher Education* 2(1):43—67

Dagher Z R 1989 The nature of verbal teacher explanations in junior high science classrooms. (Doctoral dissertation, University of Iowa)

Duffy G G, Roehler L R, Wesselman R 1985 Disentangling the complexities of instructional effectiveness: A line of research in classroom reading instruction. In: Niles J, Lakil R (eds.) 1985 *Issues in Literacy: A Research Perspective. Thirty-fourth Yearbook of the National Reading Conference.* National Reading Conference, Rochester, New York

Duffy G G, Roehler L R, Rackliffe G 1986 How teachers' instructional talk influences students' understanding of lesson content. *Elem. Sch. J.* 87(1):3—16

Dunkin M, Biddle J 1982 *The Study of Teaching.* University Press of America, Washington, DC

Ennis R H 1969 *Logic in Teaching.* Prentice-Hall, Englewood Cliffs, New Jersey

Fairhurst M A 1981 Satisfactory explanations in the primary school. *J. Phil. Educ.* 15(2):205—214

Furst N F 1967 The multiple languages of the classroom. (Doctoral dissertation, Temple University)

Garfinkel A 1981 *Forms of Explanations: Rethinking the Questions in Social Theory.* Yale University Press, New Haven, Connecticut

Herrmann B A 1989 Characteristics of explicit and less explicit explanations of mathematical problem solving strategies. *Reading Research and Instruction* 28 (3):1—17

Hiller J, Fisher G, Kaess W 1969 A computer investigation of verbal characteristics of effective classroom lecturing. *Am. Educ. Res. J.* 6(4):661—675

Hudgins B B 1974 *A Catalogue of Concepts in the Pedagogical Domain of Teacher Education.* Graduate Institute of Education, Washington University, St. Louis, Missouri

Lundgren U P 1972 *Frame Factors and the Teaching Process: A Contribution to Curriculum Theory and Theory on Teaching.* Almqvist and Wiksell, Stockholm

MacDonald R E 1991 *A Handbook of Basic Skills And Strategies for Beginning Teachers.* Longman, White Plains, New York

Metcalf K K, Cruickshank D R 1991 Can teachers be trained to be more clear? *J. Educ. Res.* 85(2):107—116

Metcalf L E 1963 Research on teaching the social studies. In: Gage N L (ed.) 1963 *Handbook of Research on Teaching.* Rand McNally, Chicago, Illinois

Nuthall G A, Lawrence P J 1965 *Thinking in the Classroom: The Development of a Method of Analysis.* New Zealand Council for Educational Research, Wellington

Power C N 1971 The effects of communication patterns on student sociometric status, attitudes, and achievement in science. (Doctoral dissertation, The University of Queensland)

Rosenshine B 1968 Objectively measured behavioral predictors of effectiveness in explaining. Paper presented at the annual meeting of the American Educational Research Association, Chicago, Illinois

Schulze K G 1989—1990 The use of multiple explanations in an open-ended intelligent tutoring system. *Journal of Educational Technology Systems* 18(3): 221—225

Slavin R E 1991 *Educational Psychology. Theory into Practice.* 3rd edn. Prentice-Hall, Englewood Cliffs, New Jersey

Smith B O, Cohen S B, Pearl A 1969 *Teachers for the Real World.* American Association of Colleges for Teacher Education, Washington, DC

Smith B O, Meux M O 1970 *A Study of the Logic of Teaching.* University of Illinois Press, Urbana, Illinois

Swift L F 1959 Explanation as an aspect of critical thinking in secondary school social studies. (Doctoral dissertation, The University of Illinois)

Tisher R P 1970 The nature of verbal discourse in classrooms and association between verbal discourse and pupil understanding in science. In: Campbell W J (ed.) 1970 *Scholars in Context: The Effects of Environment on Learning.* Wiley, Sydney

诊断—指导性教学(Teaching, Diagnostic – Prescriptive)

"诊断—指导性的教学"(DPT)这个术语通常有广义和狭义的两种含义(Colarusso 1987)。从广义来说,它是以评价和诊断为基础的教学(如教学要适应学生的不同需要)的一般标志。从狭义来说,它指的是在为补救学习困难的特定教育中使用的一种具体的模型。本词条的一部分集中在DPT的传统概念和一些它的基本的假设。剩下在一个更广的背景下处理评价(诊断)和教学(指导)之间的关系。

1. 诊断—指导性教学的一般特征

大多数对DPT的描述指的是两种基本的特征:(a)根据学习和成绩相关的变量一个初始评价/诊断;(b)把这些诊断数据用到有效的教学或具体指导中(Arter and Jenkins 1979, Ysseldyke and Salvia 1974)。

DPT中的评价有两种主要的功能(Lloyd 1984)。第一种是决定教什么(如明确教学目标)。这可能是一些还没有达到的学习目标,也可能是由于缺乏假设的基本能力而导致的学习问题。第二个功能细化怎么教。后面的功能要依靠学生的学习风格和他们是如何和教学方法相互作用的,做出怎么教决定的一种可能是观察学生对初步运用教学方法的反应。有时这称之为试验教学,它是DPT更深入的典型特征。

1.1 一般教育中的DPT

在一般的教学中,DPT主要指的是个性化教学策略。它被认为是形成各种因材施教模型基础的一般方法。这些模型的例子包括个别指导教学(IPI)、因需而定的教学计划(PLAN)和个别支配教学(IGE)、这些模型都遵循诊断—指导教学的过程。教师的活动包括:(a)找出学生知道什么;(b)提供适合学生的学习材料;(c)为个别学生的学习安排材料和监控学生的学习;(d)评价进步和掌握程度;(e)提供额外的任务以防学生没有掌握(Kulik 1982)。

有时DPT被认为是因材施教的具体方法。建立目标尤其是行为目标是第一步。诊断是针对确定哪些目标学生已经达到了哪些还没有达到进行的。指导是安排学生学习从而达到设想的目标的活动过程。最后,测量标准是用来决定学生在经过指导性的活动后是否达到了目标(Charles 1980)。

1.2 特殊教育中的DPT

在特殊教育中,DPT指的是为那些有障碍的或是学习有困难的学生建立一个个别教育方案(IEP)。在特殊教育中,DPT是建立在传统"医学"和"疾病"模型基础之上的,这些模型认为学习或行为问题是某种潜在的"缺点"的特征。按照医学模型,诊断的目的是在特定的疾病分类学系统基础上进行分类,在许多情况下,也建议用证明了的治疗方法。然而,因为学术的问题,建立在医学模型基础上的诊断不一定会导致有效的治疗。通常,学习问题不能用一个简单的潜在缺点达到满意的解释,而要涉及许多额外的因素。而且,特定的缺失和有效的干预两者之间的经验性支持的关系还缺乏。因此,诊断和治疗之间的联结通常是相当微弱的(Shapiro 1989)。在特殊教育中与分类有关的另外一个问题是它经常会导致给学生贴标签,这可能导致不宜的心理结果。

在特殊教育中,DPT经常被认为是和所谓的能力训练模型相等的,这个模型认为基本的能力或过程(如感知觉、注意力、记忆心理语言)是学习问题的原因。它试图用特殊的治疗来补救这些直接的或围绕在问题周围的原因。然而,这个模型的经验性的支持是不足的。作为另一个选择,有人提出了技能发展模型,这个模型并不集中在一般的能力或过程上,而是更直接地集中在潜在的学习问题的技能上(Arter and Jenkins 1979, Ysseldyke and Salvia 1974)。

2. 诊断—指导教学的假设

DPT最基本的假设是诊断可以指导教学(如初始的评价和诊断能够用于具体有效的教学和干预中)。论点的有效性依赖于一系列相关的假设。

这些假设能够简单地总结为一句话：学习者在许多特征上是存在差异的，这些特征是能够以一种可靠的和有效的方式进行评价的，而且这些特征要么是和理论的学习和学业成绩相联系的，要么是和教学方法相互影响的。对特殊教育中能力训练的模式的回顾（Arter and Jenkins1979，Ysseldyke and Salvia 1974）已经显示这些假设的有效性是有疑问的，这有几个方面的原因。第一，个体诊断的信度和效度方面存在着问题。第二，直接的能力补救经常是不成功的，这些能力的提高也并没有导致更高的学业成绩。第三，经验性的支持对稳定的能力和教学的治疗两者之间的相互作用是很微弱的。

能力倾向处理分析研究（ATI）（Cronbach and Snow 1981）被认为是 DPT 最重要的概念性的和经验性的基础。能力倾向包括一般能力和特殊能力，或者是动机特征和认知风格（Corno and Snow 1986）。当在不同的教学条件下学业成绩是和能力相联系的。例如，低能力的学生和高能力学生更多地受益高度结构化的教学（Cronbach and Snow 1981）。

尽管 DPT 很难用很严格的方式来确定，但可以有一些一般的建议。能力倾向处理分析研究认为教学矫正应根据学习者不同的信息加工过程和行为控制要求而不同（Corno and Snow 1986）。教师要能够根据学习者不同的信息加工能力和行为控制能力来调整教学方法。因此，对弱势学习者应减少加工过程和控制的负担，而对良好的学习者要给予高要求。

虽然能力倾向处理分析研究为适应性教学的概念和实践提供了基础，但它对教学实践的意义还是很有限的。其中一个原因就是在一个真实的教学情境中，许多个体因素（如教师和学生性格）、教学风格和课堂背景因素可能会以不可预见的方式与教学方法发生相互作用（Christenson and Ysseldyke 1989）。换言之，建立在能力倾向处理分析小组数据上的结论可能并不总是对个体学生都是适用的（Shpiro 1989）。

对于学生特征的评价，产生了两种方法：直接评估和具体定位。正如其名称所隐含的，直接评估是直接地集中在教什么，包含了在自然的环境中典型的学习行为和技能（Shapiro 1989）。这个方法是根据行为评估原则进行的，行为评价中除了个体的因素外还考虑了情境和环境的因素。具体定位是指把焦点集中在个体的学业成绩、针对个体情况的适应性教学干预和用相对先前成绩的个体变化的检查代替了各个个体之间的比较（Fuchs and Fuchs 1986）。因为有许多特殊的因素可能会以不可预测的方式进行干扰，所以建立在诊断基础上的干预应被认为是尝试性地和经验性地把它看作是可测的假设。那就是，干预应该受到监控，如果有必要的话还要进行修正。原则上，这是从诊断—指导方法到形成性方法的一个转变（Deno 1986）。

3. 评价和教学的整合

诊断—指导教学成功的关键是评价与教学的整合。在这一点上正式和非正式的评价都是有用的。

3.1 一般的考虑

评价和教学的整合是在 20 世纪八九十年代受到新的关注的一个课题（Fuchs L S and Fuchs D 1986）。课题中的一个主要问题就是教师的知识基础、该基础如何在计划、准备和实现教学中运用（Clark and Peterson 1986）。非正式的评价，也就是建立在课堂观察基础上的教师判断，扮演着一个重要的角色，目前在这一点上已经取得了广泛的一致。正式评价方法，尤其是考试，也是非常重要的，因为它们能够提供直接和教学相关的信息。

根据尼特科（Nitko 1989）的观点，当教师在尝试根据学生特征调整教学时可以区分出 4 种决定。安排决定是在开始一堂课或是一个较长的教学序列时做出的。这些决定的目的是根据学生先前的知识或其他学习的先决条件把它们安置到一个教学单元序列中的一个合适的水平。诊断决定是确定学生已经达到和没有达到的目标。而且，它们是建立在成功和失败可能的原因上的，因此表征了补救工作的基础。监控决定是建立在教学活动是否有效、符合计划和目标、引起没有期望到的困难或是做出改变（形成性评价）有关的数据基础上的。最后，到达决定涉及最后成绩的评价和在一段教学时期的结束的学习（总结性评价）。

在安排决定的情况下，学生学业成绩和先前的知识评定的有效性受到了怀疑(Nitko 1989)。如果只有很少的学生先前的知识的信息可获得,或者如果教学系统确实能在这些信息的基础上进行调整,那么安排决定中的正式测试是很有用的。

与安排测试相比,诊断性测试通常发生在教学已经开始了一段时间之后。诊断性测试有两种功能:(a)明确还没有达到的教学目标;(b)找出没有达到这些目标的可能原因。诊断测试的方法包括学业成绩或特征轮廓、学习的先决条件、行为目标的掌握程度和错误辨认的分析。

监控决定指的是在教学中学生的活动和学习过程。在这种情况下,学生的投入程度和花在任务上的时间是很重要的指标。监控和诊断测试一样是为反馈功能服务的(如它们能用来纠正学习和教学)。在通常的班级教学中,监控决定大多建立在非正式的教师观察和判断基础之上。

3.2 正式评价

正式评价指的是根据科学的标准来建构和应用的方法的使用(尤其是考试)。这些测试因在教学决定中的不同运用而不同。

常模参照测验抽样了在某一内容领域内广泛的学习技能,大量的常模参照测验经常因为它们在教学决定做出和干预计划中扮演的角色而受到批评(Shapiro 1989)。其中一个原因就是在课程和可能导致错误决定的测试之间只有很少的交叠。尤其学生的失败可能更多地归因于个人的不称职而不是不当的教学。另外一个原因是广泛的常模参照测验对教学并不敏感而对学生的学业成绩却有很敏感的变化。

常模参照测验考察了学生对特定技能的掌握程度,理想的,它们是建立在来自课程的目标基础之上的。个体的学业成绩不是与在一个参照小组中结果的分布进行比较,而是和一个客观的标准进行比较。关于课程目标的学生整体强弱的评价可以告诉教师教学的目标。

诊断性测试把焦点集中在学习的先决条件和错误上,这种测试甚至可能会为教学提供更加详细的信息(Nitko 1989)。在20世纪90年代早期知识建构分析的标准化和易应用的方法还没有出现但有相当的潜在可能性,尤其是若以计算机为基础的评价得到应用的话。

3.3 非正式评价

非正式的教师判断对于教学中的决定是非常重要的。经常活动前决定和活动中决定是比较突出的。活动前决定指的是教学的计划和准备,通常发生在实际的教学情境之外。与此相比,活动中决定发生在教学中。尽管教学开始前阶段的非正式判断可以看作是和安排测试相类似的,但在教学活动进行中的教师判断是为监控功能服务的(Shavelson and Stern 1981)。非正式的判断也可以服务于诊断功能,在观察和提问中用来获得有关学生确切的认知过程和学习困难的信息。

黑尔姆克和施拉德尔(Helmke and Schrader 1987)的研究从实践上强调了非正式的教学诊断和教学效果的作用。教师判断学生学习成绩的精确性被认为是体现教师诊断能力的一个指标。有趣的是,诊断能力和学生的学业成绩的提高是没有联系的。然而,诊断能力和两个教学变量有很大相关,这两个变量是教师建构暗示的次数和在课堂作业中教师对个体学生的监督管理。当教师的诊断能力和上面提到的两个教学变量都高于平均水平的时候,班级获得的学习成绩就会特别高。因此,特定的教学方法只有在经过有能力的教学诊断者调整到适应学生的实际学业成绩水平时,这种方法才可能有效。当然,进一步的研究需要明确的是适应性教学中教师判断和诊断的作用。

4. 建立在教学效率模型基础上的诊断性评价

传统的评价方法几乎毫无例外地集中在稳定的、性格方面的学生特征上,而且认为学习的问题主要存在于学习者身上。与此相反,克里斯滕森和伊塞尔德克(Christenson and Ysseldyke 1989)提出了学生学习的成绩主要受三类因素影响的综合模型:学生特征、学校因素和家庭因素。学生的学习结果是这三类因素相互作用的结果。学校因素包括教学资源、理论重点和员工之间的合作。家庭因素指的是这样一些变量:参与度、期望、监控和家庭作业负担。

这是和近来强调学习和学业成就是由多因素决定的学校学习和教育质量的模型相一致的。这种模型的倡导者认为由单一因素(个体、家庭、学校、同伴和媒体)组成的模型是不完全的和有偏见的(Walberg 1990)。学校和家庭的因素都会影响班级教学,反过来,它们也会影响教学的结果(Brophy and Good 1986)。这些群体变量的相互影响和原因结构可以很好地解释班级环境的学习(Anderson et al. 1989)。

从诊断—指导角度来看,对学生的评价主要是收集这样的信息:教学是否适合每一个学生。对教育环境的评价(如通过教师访谈和课堂观察)是通过对家庭和家庭背景的评价得以补充的。干预是针对改变那些设想可能会影响学生学习的变量进行的。当干预不成功时可以进行适当调整。在这个框架内,没有规定诊断功能可以自主有效地指导,而是产生关于成功干预的假设,这种成功的干预必须在后来的教学中检验以得到确认。

5. 结论

传统的 DPT 模型强调对学习者那些最基本的、稳定的特征的诊断和干预,这种模型是存在着问题的。这样诊断是否对指导性教学恰当,是值得怀疑的。一些研究者已经尝试把评价与教学结合起来。一般来说,他们得到了以下这样一些结论。

第一,评价应当直接集中在教什么上,在包含学生特征的同时,还要包括环境的因素。对因素和特征的选择与评价应依据与学生学业成绩相关的经验性说明。

第二,深入的研究需要建立一个关于教学和家庭因素之间关系的稳定知识基础,一方面是学业成绩和学术问题,另一方面在实践中的应用。对于性向—教法相互作用的研究,应当是未来研究的一个方面。

第三,除了建立一个良好的基础外,教育实践还需要一个具体的定位。也就是,教育者必须考虑个体的学业成绩档案、个体的纵向比较以及针对个体的良好干预。

最后,对于评价数据的说明应作为一个临时的假设。相应的,要控制教学干预以便检验其是否像预期的那样有效,如有必要需做出调整。

A. 黑尔姆克(A. Helmke)
F-W. 施拉德尔(F-W. Schrader) 著
徐志芳 李雨竹 译

附录

Anderson L W, Ryan D, Shapiro B J 1989 *The IEA Classroom Environment Study*. Pergamon Press, Oxford

Arter J A, Jenkins J R 1979 Differential diagnosis-prescriptive teaching: A critical appraisal. *Rev. Educ. Res.* 49(4):517—555

Brophy J, Good T L 1986 Teacher behavior and student achievement. In: Wittrock M C (ed.) 1986 *Handbook of Research on Teaching*, 3rd edn. Macmillan Inc., New York

Charles C M 1980 *Individualizing Instruction*, 2nd edn. Mosby, St Louis, Missouri

Christenson S L, Ysseldyke J E 1989 Assessing student performance: An important change is needed. *Journal of School Psychology* 27(4):409—425

Clark C M, Peterson P L 1986 Teachers' thought processes. In: Wittrock M C (ed.) 1986 *Handbook of Research on Teaching*, 3rd edn. Macmillan Inc., New York

Colarusso R P 1987 Diagnostic-prescriptive teaching. In: Wang M C, Reynolds M C, Walberg H J (eds.) 1987 *Handbook of Special Education. Research and Practice. Vol. 1: Learner Characteristics and Adaptive Education*. Pergamon Press, Oxford

Corno L, Snow R E 1986 Adapting teaching to individual differences among learners. In: Wittrock M C (ed.) 1986 *Handbook of Research on Teaching*, 3rd edn. Macmillan Inc., New York

Cronbach R J, Snow R E 1981 *Aptitudes and Instructional Methods: A Handbook for Research on Interactions*. Irvington, New York

Deno S L 1986 Formative evaluation of individual student programs: A new role for school psychologists. *School Psychol. Rev.* 15(3):358—374

Fuchs L S, Fuchs D 1986 Linking assessment to instructional intervention: An overview. *School Psych. Rev.* 15(3):318—323

Helmke A, Schrader F-W 1987 Interactional effects of instructional quality and teacher judgement accuracy on achievement. *Teaching and Teacher Educ.* 3(2): 91—98

Kulik J A 1982 Individualized systems of instruction. In: Mitzel H E (ed.) 1982 *Encyclopedia of Educational Research*, Vol. 2, 5th edn. Macmillan, New York

Lloyd J W 1984 How shall we individualize instruction-or should we? *Rem. Spec. Educ.* 5(1):7—15

Nitko A J 1989 Designing tests that are integrated with instruction. In: Linn R L (ed.) 1989 *Educational Measurement*, 3rd edn. Macmillan Inc., New York

Shapiro E S 1989 *Academic Skills Problems: Direct Assessment and Intervention.* Guilford Press, New York

Shavelson R J, Stern P 1981 Research on teachers' pedagogical thoughts, judgments, decisions, and behavior. *Rev. Educ. Res.* 51(4):455—498

Walberg H J 1990 A theory of educational productivity: Fundamental substance and method. In: Vedder P (ed.) 1990 *Fundamental Studies in Educational Research.* Taylor and Francis, London

Ysseldyke J E, Salvia J 1974 Diagnostic-prescriptive teaching: Two models. *Excep. Child.* 41(3):181—185

小组教学(Teaching in Small Group)

当课堂中将学生分成小组,像社会组织那样进行学习的时候,教师在课堂中的角色与传统的课堂相比,发生了很大的变化。各种不同的小组合作学习的方法对教师提出了不同的要求。事实上,在这些方法中,关注的是学生与同伴,而不是学生与教师之间的相互作用,这些对教师的教学行为产生了大量的结果。进一步,引入一种与大多数教师进行的教学模式相异的教学方法是学校范围内要考虑的教师的教学行为:对于课程的决策、与同事之间的关系、学校的政策和管理(Sarason 1982, 1990; Sharan and Sharan 1991)。这些教学行为和教师与同事之间关系的变化并不能确定为是小组教学方法所致。然而,不同的小组学习方法所要求的不同的教学行为在于程度而不在于本质。

为了讨论的目的,教师在小组调查中的角色作为教师实施小组教学的一个例子(Sharan and Sharan 1992)。在此之前曾经对小组调查方法中教师的角色进行了简要的描述。

1. 小组调查方法

小组教学方法包括一些基本的理论原理,这些原理是基于教育过程中的哲学、心理学或者是社会学。小组调查的方法基于杜威(1938)的理论,杜威将学校学生的学习视为同伴之间的研究的过程。学生一起计划他们将要研究的问题,这些问题需要智力探索(Miel 1952; Thelen 1954, 1981)。

小组调查的方法有 6 个连续的阶段:

第一阶段,当教师展示一个总的调查问题后,全班确定研究的子课题并组织研究小组。学生挖掘各种资源,提出各种问题,并将这些问题分类作为研究小组的调查题目。

第二阶段,小组借助于他们将要研究的问题,如何进行、从哪里获取信息将任务分工来合作进行有关的调查工作。

第三阶段,小组从事他们的调查。他们组织和分析他们的发现,通过讨论交换并澄清某些观点,获得结论,并整合他们的工作作为小组的成果。

第四阶段,小组设计他们的报告,避免较长的演讲,寻求报告中生动的方法,比如展览、角色表演、模拟、实验、学习站、编剧和证据等。小组报告必须与班中其他小组的报告相一致。

第五阶段,小组进行报告展示,观众不仅要参与而且还要对报告进行评价。

最后,评价小组的成果和个人的学习。由教师和学生共同来评价。

2. 课堂教学的五个方面:班级授课和小组合作的比较

由于强调小组中的学生既作为教师又作为学习者,那么随之便产生了一个重要的问题:在小组调查中教师的角色是怎样的?

一种检验教师角色的方法是观察课堂中的五个方面,教师在这些方面是如何有效地实施教学的。这5个方面在小组和全班课堂中教师和学生的行为表现见下表1。在合作小组调查方法中,教师的行为与传统的课堂中在许多方面都存在很大差异。

2.1 教师的控制功能

首先和最重要的是,在小组调查方法中,小组通过同伴之间口头的或者是非口头的相互作用,成为学习活动的中心。教师必须放弃中心位置而转向控制小组的活动。这些控制指的是在小组中相互作用的成员之间(比如,讨论和交换计划、观点、建议和观察等),也有对小组工作中的组员担任不同角色(如组长、记录员和信息员)技巧的管理,或者是与小组任务内容有关的不同的分工。教师中心控制与学生作为社会组织的一个成员而自由交换意见是不相容的。确实,在小组中实施小组教学的教师,与实施传统班级授课的教师相比,他们变得较少关心自己的控制功能(Sharan and Hertzlazarowitz 1982)。

此外,教师借助于从小组过程中的学习进度和特定的学习任务,而获得一些线索。教师辅导小组并帮助小组克服在学习任务和小组成员关系中遇到的困难。教师鼓励学生探究研究的方法,充分利用学生的创造性和个人动机。这些是与传统的班级授课中封闭的教学步骤中的角色有很大不同的。

2.2 教师和学生作为课程的决策者:学习任务的设计

必须使学生确信,事实上,他们在选择学习任务和进行调查的过程中,教师赋予了很大的决策权。因为,以往的教师是典型的单一的决策者,学生不可能积极自由地参与这些活动,直到他们看到教师的转变并发现他们有权力进行制定和实施这些决策。

当给学生在确定学习任务时一种真正的角色,那么大量的研究课题便产生。更进一步,与教师所确定的题目相比,学生自己选择或确定他们喜欢的研究题目能够激发他们一种广泛的能力和才能。即使是当教师在学校课程基础上确定学生调查的一个范围也不例外。当允许或鼓励学生做出选择时,教师必须进行细心的计划,特别是一些比较便于学生使用的广泛的资源(Cihen 1986, Sharan and Sharan 1992)。

小组方法中所要求的课程和行为的多样性,是与班级授课的课程内容和学习活动的统一性相区别的。在班级授课下,期望所有的学生必须按照统一的步骤学习相同的材料并且达到相同的学习成果,这是一般公共教育尤其是中等学校教育的基础假设。这种严格的一致性是影响不同种族和不同文化所组成的课堂教学效果的最大障碍。

最后,在小组课堂中的教师必须设计学习任务来促进小组中的合作和相互帮助,以便于小组有一个一起工作的共同的目标和目的。任务也要求大量的观点或方法,不需要单单从教科书中所获得的

表1 课堂教学的5个方面

方面	全班	小组调查
教师的行为	是由学习材料、任务、教学的进度、评价的标准所唯一决定的	指导学生,对他们的创造进行反馈,参与他们的计划和决策
任务	对全班来说是统一的,结果是可以事先预知的	学生选择子课题和学习活动,最后的结果未知。任务促进小组中的合作
学生的行为	服从教学,在确定学习的任务和方法中处于被动的角色	提出问题,设计计划,进行有创造的活动。在学习中高度地参与,做出与课堂生活各个方面的决策
自然设施	永久的,适合一种教学方法	根据任务的性质、方法和学生的需要而变化
交流	单方面的或者是双方面的,受教师的控制	小组成员和小组之间多方面的

信息和结论。这种多角度和开放的任务特点是激励学生为小组任务贡献他们独特的资源。教师需要了解这些以小组为中心的学习任务设计的特点(Cihen 1986, Sharan and Sharan 1992)。如果任务不能使学生之间进行相互合作,不能够使学生看到他们小组是一种取得学业目标的舞台,小组可能成为一种漫无目标的个人工作的汇总。

2.3 在搜集资料中学生的角色

在小组课堂中,教师的另外一个角色特征是使学生的学习转向研究的方法,而不是现在大多数学校中盛行的探究模式。这种定向对于教师和学生来说都是陌生的。搜集信息产生观点和知识是学习的不同的方式,它与告诉信息,进行各种练习然后进行考试的方式有着极大的不同。无法假定学生知道如何去有效地参与小组中的学习。建议教师提供给学生在从事小组任务之前的相互作用的技能(Cohen 1986,Graves and Graves 1985,Schmuck and Schmuck 1992)。

在传统的教学中,教师常常提出学生期望回答的问题。在小组教学中,由学生自己提出的问题引导小组的学习。教师的作用就是鼓励学生提出进行研究的问题,帮助小组设计和实施涉及与学术题目有关的信息应用和探索的课题。因此,只有当学生期望在探究的学习行为发生时,才会有教师角色的转变。

总之,小组中成功的学习需要课堂行为规范的基本变化。学生必须逐渐了解他们需要帮助他人才能取得小组和个人的目标,意识到教师对高质量小组成果的评价。

2.4 支持学生相互作用的课堂组织

课堂组织必须适合于特殊学习任务的需要,提供给学生之间有效相互作用的机会。因此,学生学习活动阶段的变化引起每一节课的变化,课堂组织也要进行变化。小组教学需要在组织座位排列方式、课堂角落的会议以及各种各样的课堂内外小组调查课题等都要体现出灵活性。在小组教学中,教师假设具有课堂组织管理者的角色,在传统的要求中都要统一的课堂结构形式上是不会出现这种角色的。

2.5 作为课堂交流管理者的教师

最后,如果有效地开展小组活动,教师必须改变他们与学生的交流方式。教师不能学习他们在传统的课堂中所获得的如何上课的许多技能和习惯(Hertz-Lazarowitz and Shachar 1990)。那种口头的信息传递的讲解方式和单方面或两方面的提问方式必须被以小组为中心的多方面的交流模式所取代。当产生这些变化时,学生才能积极从事有创造性的谈话,而不仅仅由教师控制下发言。

课堂交流的另外一个突出的方面是要改进适合小组学习的教学,变成提问问题。激发学生提出有关学科以及如何进行学习的问题,而不是不断地提问,是小组教学中的一个重要的特征,但是,要达到这一点,需要教师在他的专业教育中学习。确实,在教学中,教师问题主要源于课本,这些问题作为教学的最基本的手段之一。这些教科书没有广泛地涉及教师鼓励和激励学生提出大量问题的方式。这种缺失是令人遗憾的,因为如果学生真正地学习的话,必须激发他们的好奇心。

3. 作为观察者的教师

在多数关于小组教学著作中,作者都主张教师偶尔站在一边观察在课堂中小组是怎样进行的。有几本教材提供了大量的目录,教师可以用它们去指导自己的观察以便指出学生是否是在真正地进行合作和相互作用(Cohen 1986,Johnson and Johnson 1987)。

教师可以用上面表 1 中的 5 个方面作为观察的计划,去确定小组调查方法在课堂中恰当应用的程度。哪些更接近于“全班”一栏?哪些更接近于“小组调查”一栏?如果更接近于“全班”一栏,很可能是大量的学生发现他们被排除在学习以外。如果课堂上的程序更接近于“小组调查”一栏,很可能是学生正以积极的方式进行相互作用并且主动地参与到学习过程中来。

需要指出的是,一般意义上有效地实施小组的方法,尤其是小组调查的方法,需要符合前面表 1 中所涉及的 5 个方面。如果忽视或漏掉一个方面就像进行全班的教学方法,相关的结果会错误地实施以影响学习的过程和结果,将使教师和学生受到挫折。为了体现有效性，教师必须设计好同时恰当地使用这5个方面的教学。

在大多数课堂中，人们可以观察到教师将学生分组，围着桌子坐下，但是课仍然是那种典型的讲授复述的形式。类似的，教师提供给小组学习任务，指导学生进行学习。这个小组根本没有总结所有的任务，或者任务是重复的不需要小组努力，比如寻求简单事实问题的答案（谁、什么、哪里、何时和如何）。实际的结果是学生围坐在课桌旁并没有形成真正的小组，因为他们之间没有实质性的相互作用。

4. 教师、学校和课堂

讨论教师作为课堂中教学者的角色必须综合考虑教师与学校管理者，与学校同事之间的关系。学校作为一种组织，有它的教学方针（显性的或隐性的）和它期望的在教师和管理者之间的关系，这些会对教师作为他们实践或表达公众声音的角色产生巨大的、有时是决定性的影响。当教师寻求实施选择性的教学方法，比如小组教学或者合作学习时，学校范围内的因素对于教师个体的课堂教学的影响是非常明显的。因为小组教学与传统的教学方式有很大的不同，其实施需要通过教师在常规学校整体的实践中的态度和教学实践都要作相应的调整。

合作小组教学常常与学校标准中的教学方针，与教师本身的基本态度或者两者存在着不同。小组合作教学的题目也是与学校传统的模式不同，主要涉及如下几个方面：

（a）期望在课堂中的所有学生掌握所给单元学习的材料。这些期望是与学习进度和学习范围一致相关的。

（b）教学的进度和范围常常由学校当局监控，常常通过测试方案去评价学业水平。这些测试是标准化的，没有标准参照（那就是说，不是基于学生在特定的课堂中所学习的内容）。

（c）偶尔实施的小组计划需要延长课堂的时间，这种延长需要与其他教师协调课时计划。这些小组计划也需要学生到校外去参观一些地方，直接观察、访问各种各样的专家等。学校范围的计划将限制教师在课堂中实施可选择的方法能力的发挥。

（d）如果学校中的许多教师继续使用传统的全班授课方法，那么试图用小组合作方法的教师可能会受到来自同事的阻力。当学生转移到某所学校的一个年级，这个年级是对学生使用不同的教学方法，教师要关注这些学生的期望和行为模式。在这种情况下，需要与同事协商去确定学校在整个年级学科教学方法方面的一些政策。

与小组教学相适应的学习任务的设计与课本上所提供的任务类型是不同的。教师感兴趣于实施小组合作学习的方法常常是自己准备课程。教师也需要与他人合作和同行的帮助创造出以小组为中心的课程，这种课程对小组的成员具有挑战性，能够激发小组成员的好奇心和兴趣。因此，为小组教学准备适当的学习材料必须成为学校管理中的关注点，不能成为个别教师的责任。

最后，为了能够成功地在教学中实施创新，教师必须参与问题解决、协商和对于与课堂教学所有方面相关的题目决策的过程，而不仅仅只是个别的课堂或者是学科。教师在他们的专业教育和经验中可能没有准备去实施组织决策的任务。此外，作为教师专业责任中一个合法的部分，可能看不到这种角色的要求。人们越来越意识到作为教育者的一部分，教师专业角色转变是影响课堂教学实践的先决条件（Darling-Hammond 1988, Murphy 1991, Sarason 1990）。

S. 沙兰（S. Sharan） 著

綦春霞 译

附录

Cohen E 1986 *Designing Groupwork*. Teachers College Press, New York

Darling-Hammond L 1988 Policy and professionalism. In: Lieberman A (ed.) *Building a Professional Culture in Schools*. Teachers College Press, New York

Dewey J 1938 *Experience and Education*. Macmillan, New York

Graves N, Graves T 1985 Creating a cooperative learning environment: An ecological approach. In: Slavin S et al. (eds.) 1985 *Learning to Cooperate, Cooperating to Learn*. Plenum Press, New York

Hertz-Lazarowitz R, Shachar H 1990 Teachers' verbal behavior in cooperative and whole class instruction. In: Sharan S (ed.) 1990 *Cooperative Learning: Theory and Research*. Praeger, New York

Johnson D, Johnson R 1987 *Learning Together and Alone*, 2nd edn. Prentice-Hall, Englewood Cliffs, New Jersey

Miel A 1952 *Cooperative Procedures in Learning*. Teachers College Press, New York

Murphy J 1991 *Restructuring Schools*. Teachers College Press, New York

Sarason S 1982 *The Culture of the School and the Problem of Change*, 2nd edn. Allyn and Bacon, Boston, Massachusetts

Sarason S 1990 *The Predictable Failure of Educational Reform*. Jossey-Bass, San Francisco, California

Schmuck R, Schmuck P 1992 *Group Processes in the Classroom*, 6th edn. Brown, Dubuque, Iowa

Sharan S, Hertz-Lazarowitz R 1982 Effects of an instructional change project on teachers' behavior, attitudes and perceptions. *Journal of Applied Behavioral Science* 18: 185—201

Sharan S, Sharan Y 1991 Changing instructional methods and the culture of the school. In: Wyner N (ed.) 1991 *Current Perspectives on School Culture*. Brookline Books, Cambridge, Massachusetts

Sharan Y, Sharan S 1992 *Expanding Cooperative Learning Through Group Investigation*. Teachers College Press, New York

Thelen H 1954 *Dynamics of Groups at Work*. University of Chicago Press, Chicago, Illinois

Thelen H 1981 *The Classroom Society*. Croom-Helm, London

反思性教学(Teaching: Reflective)

反思性教学指的是一个批判分析的过程。它能够帮助教师发展逻辑推理能力、思维判断能力及反思的支持性态度。所以,反思性教学既包含认知因素,也包含有情感因素。在一个大的结构框架内,反思性教学被视为一个强调需要理解和解决矛盾的理论,以此促进教师更加专业化地发展。我们要激励教师在他们试图去决定事物合理性、证明思想和行为正当性时,要积极进行反思性教学,以期对事物和现象产生新的理解和评价。

本词条将描述反思性教学的主要特征,解读教师反思性教学的潜在价值,详细说明反思所必需的态度,概括使教学具有反思性的过程以及描述教师教育中反思性教学的潜在角色。在结束部分,我们将讨论促进反思性教学的策略。这里所讨论的教学被限定在学校课堂中或教师教育中。

1. 反思性教学的本质

一项探究反思性教学本质的研究表明,研究者在概念化"反思性教学"时,存在有一定程度的共同性。反思性教学一个最为著名的研究者杜威(Dewey)认为反思是一种对信念"积极动态而且细致的考虑,或是根据支持性理由和有关其趋势的进一步结论而假定的一种知识形式"(1933 P. 9)。所以,反思就是从一种不确定、怀疑和困惑的状态过渡到能够掌握问题情境、因发现解决困境材料而获得满足感这一最终目标。

杜威(1933)认为反思性教学的发展意指对特定情境或个人积极反应的学术性倾向。这其中最主要的几个倾向是:愿意接受新思想、责任感和全身心投入。

愿意接受新思想是一种认知因素,它指的是这种倾向在学习教育领域内,试图寻找并构建一个可选的结构。愿意接受新思想的教师敢于冒风险,不会自动接受或拒绝一个教学假设或是预先界定的有关学校与课堂教学教育和组织的正统理论。相反,这些教师会根据他们的实践经验来检验这些理论,并将他们的观点与学生、家长、研究者及社会所持的观点相比较。他们更倾向于从不同角度,根据事情的来龙去脉解决问题。

责任心是一种执行因素,它要求教师不仅要考虑到行为的短期后果,而且要顾及其长期的影响。

有责任心的教师持基本道德立场，强调在考虑教学观点时要关注社会、政治、经济大环境中的教育决策。此外，负责任的教师会从伦理、道德的角度来探察其教学行为。

全身心投入是一个有效性因素，它是指不要将态度限定于特定的教学情境和训练内，而是要渗入到教师全部教学和政治生活中。

为了支持杜威的观点，舍恩（Schon 1987）所做的一项研究表明，无论教师的年龄大小或所教的专业学科是什么，他们总是会做出关于其所处情境适当反应的判断，也会针对一些理性主义者未公开声名的问题做出判断。根据舍恩的观点，反思性教学包括策略的发展及处理复杂、待定、多变却又独一无二的教学实践情境的技巧。舍恩所谓的“行为反思”指的是对教育背景复杂特征的识别过程。所以，教学不是技巧性的、固定并计划好的一系列活动，而是一种艺术的过程。

反思性教学牵涉到教师的批评性思维、自我指导、问题解决策略及创造性思维的相关知识。它是指个人知识、自我意识及对课堂环境的意识（Elliott 1991）。反思型的教师有见识，能够去寻找问题的原因，运用或援引有效资源，还能够寻找可能的选择及考虑他人的观点。

2. 反思性教学的评价

对反思性教学的评价反映出当前围绕教育研究方法论所进行的争论。在20世纪90年代早期，反思性教学评价的特征可被表述为介于实证主义与自然主义、依据法律与具有个人特点、经验主义—分析与启蒙三者之间有关研究方法论的连续统一体。许多先前关于反思性教学的研究在这个连续统一体中大都倾向于实证主义、依据法律及经验主义—分析一端。人们从事这种研究主要是源于对心理学的兴趣，研究的目的是要以解释原因的形式来形成技术的和理性的知识。研究者按照在教—学过程中一系列所测量的现象给反思下定义；反思的评价标准被归纳为互动教学行为中一些可观察的维度。

根据反思性教学的这种观点，其主要目的是为了培养能够运用教学技巧实现预期目标的教师。这种在教师教育行为范例中占主导地位的方法包括操作规定性目标、标准任务、难度渐进、学生积极参与及反馈等以上这些有效教学的重要组成因素。

最近一段时期，研究方法论的重点又转向了质的研究及生态或解释的研究方法。研究方法论所发生的这些变化部分是由于反思性教学的复杂性、不断变化的题材及内容知识所隐含的复杂的政治和伦理原则，存在问题的教育制度也是发生变化的原因。之所以会这样是由于这些要素要得出可信而又具体的可验假设都不是那么容易的。评价反思性教学是不能够使用一套固定不变的步骤的。较为典型的是首批资料的收集，它主要是靠观察教师工作，现场收集资料，还要通过持续的访谈来描述教师的实践推理过程。这些访谈要求教师描述特定事物的含义及价值（如学生的行为、家长的教育角色或是教师自己班级的表现）。最后，就要对反思性教学的价值进行确定：成功或失败的反思各由什么组成（Kagan 1990）？

3. 反思性教学的过程

利用哈贝马斯（Habermas）的理论，范马嫩（Van Manen 1977）认为，反思发生于3个不同的阶段。这些阶段与3种形式的知识及相关联的认知兴趣相一致，它们是：专业技术合理性、实践行为及批评性反思。

专业技术合理性　在以实际经验为依据的分析水平上，反思与知识应用以追求期望的目标或终点有关。教师最为关心的是要有效并且高效地运用教育学知识。这种水平的反思是传统中重实效的思维模式的核心。

实践行为　在释义学—现象逻辑学水平上，反思主要集中在理解个人间的交互行为。教师所关注的是对暗含于竞争性教育目的中的倾向的澄清，以及对教师教学行为所导致的教育后果的评价。

批评性反思　在批判—理论的水平上，反思所运用的是一种事实释放理论。教师将道德和伦理标准合并于关于实践行为的谈话中，并且细致考虑限制或形成实践的暗含假设。

4. 反思性教学及教师教育课程

在教师职前教育课程中，反思性教学具有几项重要的特征，以下简要介绍了其中几项最重要的特征。

批判性方法 这些课程强调的是经验领域、研讨会、方法论课程及社会基础课程的批判性方法。课程计划要设法使学生能够批判地分析以伦理学和价值观为基础的教育实践，并在下列几个维度中对知识进行检验：教一学过程、训练、在学校和大学教学下所暗含的政治、伦理假设，从广泛的应用上讲，还包括学校本质、大学制度及社会自身。

技能和态度 这种课程试图将特定的技能结合起来，这些技能包括：课堂询问、实践行为、课堂竞争以及乐意接受新思想、有责任心和全身心投入这些态度。由职前教师教育所确定的动态、默许的课程内容是由兴趣、理念、价值观、倾向、角色功能以及不同的责任构成的。

过程模式 课程强调了这样一种过程模式，即教师要养成"自我监控、自我质问"的习惯，而且要能够有效地评价及审视自己的教学实践。这种循环或螺旋形的过程为教师实践理论提供了动态基础，教师被视为一个知识的生产者。所以，行动研究对鼓励教师讲述自己的故事具有很好的促进作用，同时它也与将教师视为研究者这一社会性更强的进步性趋势有关。

课程整合 课程将要达到一种整合。教育工作者认为一种各学科间的整合课程不仅能够提高教师和学生的动机水平，还能够使学习者遇到并尝试解决经常被分离的学科所忽略的问题，而且能够将教育课程及研究与学生自身的洞察力、反思能力和判断能力相结合。课程整合被视为教育者和实习生之间个体互动的过程。这种课程方式暗含有对协同合作学科的需求。

5. 为成为反思性教师作准备的领域经验

由于领域经验会强化或修正学校和课程对于实习生的意义，所以对于反思过程来说，领域经验显得尤为重要。通过整套明确的领域经验和发生在3个阶段内的相应的讲习班来实现批判性反思的目标。

在第一阶段内，领域经验和教育研究会要使教师能够将他们工作的环境问题化(即提出问题而不是解决问题)。通过小组对话的形式，教师能将实践中他们所期望解决的难题及困惑问题化。

在第二阶段，领域经验能够为教师提供一个机会对其他教师的教学进行观察，并同另一位教师共同讨论他们的观察结果。这种对反思性教学相关经验的交流与共享会产生3个潜在的积极结果。首先，学生会对他们的个人职业知识进行评价(Grimmett and MacKinnon 1992)，而不会再认为这方面没有由专业教师所提供的教育学知识重要了。其次，共享经验可能导致对经验的共同享有。第三，同伴合作使学生通过大学间对话过程及观察后监督讨论会来实现意义建构。在对实习教师将其注意力集中在最初的问题解决思维及教学态度这种同伴间训练对话的关注过程中，在对教学困境的背景解释的再释义过程，在特定的教学实践背景中产生各种方法的优缺点以及考虑评价结果各种方法的过程中，就会产生问题。

在第三阶段——探索性实验——鼓励实习生从不同视点考虑问题，根据问题情境的特点而进行重新建构，将所有问题解决方法都视为可能，并能有意地创造一个结果，对所有试图解决问题的方法的影响实施监控。

师范教育工作者需要去发展能够积极鼓励实习生在实践基础上进行反思的策略。从这一点上说，师范教师应该：

(a)认识到训练实习生对其自身的教学实践进行反思是他们的职责。

(b)将实习生置于社会大环境及课堂上真实而又充满冲突的世界中。

(c)为学生反思的测量与评定设置有效的标准。

(d)创造领域经验以要求教师成为有意识的道德行为者，并以此来创造一个公平的社会。

6. 反思性实习者的专业发展

对教师研究的设想正在经历着一场再评价。教师的语言和判断不仅已经成为学校社会生活的中介,而且也是解释性询问的核心。人们在社会及教育大环境中对教师的思维、语言及行为进行解释。教师所提出的问题、写作的方式和用来构建课堂实践的纲要都能够很有效地提升教师对其自身专业推理的意识。在这一框架中,教师不是不知情的参与者,也不仅仅是合作的资源。实际上,他们应同时还是研究指导者与分析者。我们通过 4 种形式的分析引导教师揭示和检验他们的专业知识和即兴表现,这 4 种分析分别是,"实习者的自我分析、对暗含假设的分析、对一个专业行为的含义的分析以及根据分析结果对教学实践的重新考虑"(Lalik et al. 1989)。

根据斯迈思(Smyth 1989)的观点,教师应该从事 4 种形式的行为,以改变那些束缚他们的思想意识及工作环境,这 4 种行为是:描述、告知、面对和重构。

描述就是教师要回答"我要做什么"这样一个问题的阶段。在教师对其行为进行反思时,他们也在描述着作为其实践特点的知识、信念和原则。教学被视为用教师语言所写成的文章,日志或日记的使用将构成教师默许知识的事件和困惑记录下来。

告知这一阶段是由引导性问题"这是什么意思"所引出的。教师会讲明那些能够告知其教学行为的窄范围、解释性的个人理论。当教师对课堂事件进行描述、分析和推断时,他们在建立着自己的教育学原则。这些主观性理论能够帮助他们理解学校和社会都发生了什么,并能指导着他们进一步的行为。

当教师对"我是如何变成这样的"这个问题做出回答时,他就进入了面对这个阶段。教师寻求着他们的假设、思想、价值观和信念的构造,并试图发现社会和制度力量是如何影响他们的。他们将知识视为通过与他人的社会互动,由思想所进行的符号建构。

当教师试图对"我怎样才能以不同的方式来做这件事"这一问题做出回答时,他就进入了重构阶段。教师这种行为模式的目的就是评论和揭示存在于特定教学实践和体现这种行为模式的社会、文化大环境之间的张力。这种社会重构理论构想的基本特征是它坚持认为反思是教师能互相提供知识支持的一种集体共有行为(Zeichner and Tabachnick 1991)。

尽管人们为了推动反思性教学课程的发展做出了一定的努力,但这种方式在大范围内仍是不充分的。赛克斯(Sykes 1986)为这种在行为中反思的相对缺失做出了五种清晰的解释,它们是:

(a)人类信息处理的局限性。假定教师在日常学校时候中总是运用基本却又带有局限性的认知过程。

(b)教学工作的本质。教学被视为一种不稳定且具迷惑性的活动,它并不保证能够进行系统的反思。

(c)教师的社会化与培训。那些未来的教师接受着以技术管理传统为基础的教师教育传统课程。

(d)教学的组织背景。学校工作并不赞成询问。

(e)教师的形式特征。这种有争议的推测指出是根据特定学术特征来选择教师的。

7. 促进反思的策略

一些学者将反思的焦点限定于对手段而不是对结果的检验。从这一方面来看,反思性教学包括经严格控制和细致考虑而设计的教学经历(Gore 1987)。这种方法的核心是对获得技术性教学技能的需求。例如,对他人系统的课堂观察、学生教学的自我评估、日志记录及教学模拟(Freiber and Waxman 1990)。舍恩(1987)通过情感性对话、榜样设置来描述这些方法。具有挑战性的实践经验的确立能产生专业艺术才能或教学中的反思能力。此外,科特坎普(Kottkamp 1990)还制定了有助于教师或其他专业人员反思的方式或策略一览表。这个一览表包括有以下几项:

(a)记录——记录多用于获得教师的思维过程,并得出可评价或可再形成的结果。

(b)日志——由每日记录所提供的资料来寻求意义模式。

(c)个案记录——记录个案是一种可以拓宽教学选择范围的建构活动。

(d)设法达到的情境——包括模拟教学情境、

角色扮演、个案研究、模仿和微格教学。

(e)工具反馈——标准和评价目录,用以为教师提供对行为进行反思的有用材料。

(f)电子反馈——为教师的行为录像,用于记录事件和问题,以及教师关于行为中反思的感受。

(g)隐喻——教师用隐喻来澄清与其特定教学行为相连接的个人价值。

(h)平台——根据舍恩的理论,平台是指教师所倡导的理论及他们被限定的目的。我们要搭建一座平台使教师就所倡导理论和所使用理论之间的一致与否进行反思。

8. 未来趋势

在20世纪90年代早期,教学与教师教育的概念化方式出现了一个主要的转变。人们对教师认知和反思性教学的兴趣有所增加。一些国家的主要大学对反思性教学进行着研究(Korchagen 1985, Carr and Kemmis 1986, Pollard and Tann 1987)。脱颖而出的未来教师教育课程表明了反思性教学范例的产生与发展。人们越来越需要对反思性教学的现有模式进行描述,每一个模式的描述既能将自身问题具体化,又能够成功地解决问题。而同时,从20世纪80年代末有关反思性教学的知识就有了实质性的增加。

L. M. 维勒(L. M. Villar) 著

李雨竹 译

附录

Carr W, Kemmis S 1986 *Becoming Critical: Education, Knowledge and Action Research*. Falmer Press, London Dewey J 1933 *How We Think*. Heath, Boston, Massachusetts

Elliott J 1991 *Action Research for Educational Change*. Open University Press, Milton Keynes

Freiber H J, Waxman H C 1990 Reflection and the acquisition of technical teaching skills. In: Clift R T, Houston W R, Pugach M C (eds.) 1990 *Encouraging Reflective Practice in Education. An Analysis of Issues and Programs*. Teacher College Press, New York

Gore J M 1987 Reflecting on reflective teaching. *J. Teach Educ.* 38(2):33—39

Grimmett P P. MacKinnon A M 1992 Craft knowledge and the education of teachers. In: Grant G(ed.) 1992 *Review of Research in Education*, Vol. 18. American Educational Research Association, Washington, DC

Kagan D M 1990 Ways of evaluating teacher cognition: Inferences concerning the Goldilocks principle. *Rev. Educ. Res.* 60(3):419—469

Korthagen F 1985 Reflective teaching and preservice teacher education in the Netherlands. *J. Teach. Educ.* 36(5):11—15

Kottkamp R B 1990 Means for facilitating reflection. *Educ. Urban Soc.* 22(2):182—203

Lalik R V, Niles J A, Murphy S B 1989 Using your head and your heart: A study of a process for promoting reflection among student teachers. Paper presented at the American Educational Research Association, San Francisco, California

Pollard A, Tann S 1987 *Reflective Teaching in the Primary School. A Handbook for the Classroom. Cassell*, London Schön D A 1987 *Educating the Reflective Practitioner. Toward a New Design for Teaching and Learning in the Professions*. Jossey-Bass, San Francisco, California

Smyth J 1989 Developing and sustaining critical reflection in teacher education. *J. Teach. Educ.* 40(2):2—9

Sykes G 1986 Teaching as reflective practice. In: Sirotnik K A, Oakes J (eds.) 1986 *Critical Perspectives on the Organization and Improvement of Schooling*. Kluwer, Nijhoff, Boston, Massachusetts

Van Manen M 1977 Linking ways of knowing with ways of being practical. *Curric. Inq.* 6(3):205—228

Zeichner K M, Tabachnick B R 1991 Reflections on reflective teaching. In: Tabachnick B R, Zeicher K M (eds.) 1991 *Issues and Practices in Inquiry-Oriented Teacher Education*. Falmer Press, London

其他参考文献

Gore J M, Zeichner K M 1991 Action research and reflective teaching. *Teaching Teach. Educ.* 7(2):119—136

Habermas J 1971 *Knowledge and Human Interests.* Beacon Press, Boston, Massachusetts

Smith D 1991 Educating the reflective practitioner in curriculum. *Curric.* 12(2):115—124

Villar L M 1991 *El profesor como profesional reflexivo: Formacion y desarrollo personal.* ICE y Servicio de Publicaciones de la Universidad. Granada

Zeichner K M, Liston D P 1987 Teaching student teachers to reflect. *Harvard Educ. Rev.* 57(1):23—48

技术和课堂中的教师(Technology and the Classroom Teacher)

对于课堂中技术教学以及其成功地采用和实施而言,教师是一个关键的角色。本词条将论述教师的这种角色、课堂中技术应用的程度和模式,以及促进或阻止将技术成功整合入课程中的因素。

1. 在课堂中教师作为决策者运用技术

在整个20世纪中,人们都在试图将各种各样的技术革新渗透至学校中。比如有空中投影、教学机器、收音机、八毫米电影、电视、录像机和电脑等。这些技术中的大部分都没有在学校中广泛应用,没有在最初的使用热潮中生存下来。而另一方面,电脑却在这些技术中脱颖而出,得到了广泛地应用。

在学校中,教师是技术得以应用的最为关键的决策者。具体到电脑的应用,教师的决定影响着面向学生的电脑操作的种类、频率,甚至决定着是否要使用电脑。教师还决定着如何组织学生进行更加具有社会性、有合作及竞争意识的电脑操作:独立学习、小组学习或结对学习。这种社会组织在学生的学习过程中扮演着重要的角色。教师的教学风格、对新教学情境适应的灵活性、对待电脑的态度、在课堂中电脑操作时间的长短以及他们作为电脑使用者的自我意识影响着教师对在学校中使用电脑的决定(Collis 1988)。

2. 教师在课堂中运用技术的模式

一项在19个国家中(中国、印度、以色列、日本、新西兰,还有欧洲的几个国家)进行的关于教师电脑使用情况的调查。作为研究结果,佩莱格伦蒙(Plegrum)和普洛波(Plomp)发现了世界范围内学校中两种主要的电脑应用。首先,人们强调对于电脑知识的学习,尤其是强调电脑操作的技能的获得或程序语言的学习。第二,人们还强调电脑对传统学校课程教和学的辅助作用。后者经常被称作为"电脑与课程或课堂教学的整合"(Sheingold et al. 1987)。从这一方面说,当电脑被大多数学生和老师应用于多种课程中时,将电脑整合入学校便获得了成功(Meister 1984)。

2.1 将电脑整合入课堂教学

无论是出于学习传统课程还是工具运用的目的,学校的一个主要的目的就是要将电脑成功地整合入课程中(Sheingold et al. 1987)。教师依赖于他们的个性特征、教学风格及方法、课程内容和班级水平,运用不同方法来进行整合(OTA 1988)。教师在广泛的教育学方法中运用电脑:个别化教学、鼓励个人和小组进行问题解决、提供训练和实践以提高基础技能、为同质学生提供社会科学模拟的机会、模拟实验室操作,还可以通过使用电脑联络传感器来进行真正的实验室操作。他们还将电脑用作为提高学生完成学业任务的工作量的工具(例如,使用词汇处理器来进行书写,或是将分析学生计划的数据进行数据管理汇总)。

在美国的学校中,教师们越来越将电脑视作为提高学生学习效率的工具,但他们仍将电脑作为提高学生在数学和语言艺术方面基础技能的一种方法。学校的水平越高,他们也就越有可能将电脑用作为一种学术工具(Becker 1990)。在小学,电脑最常被用在学生的独立探索活动(通常使用LOGO)、模拟、指导、训练和实践中,还被用于通过电脑进行的测验中。人们在电脑使用过程中花越来越多的时间来进行键盘操作技术的教学,以及使用词汇处理程序。在中学,教师最常用电脑进行实践操作和训练,而较少进行学生的独立探索活动。在高级中学,电脑却常被用作为提高效率的工具,或是帮助教师面对全班进行论证或探索发现(Becker 1990,Pelgrum and Plomp 1991)。

研究发现有一小部分被视为学校电脑使用专家(Sheingold and Hadley 1990)的教师为了实现多种目的而大量使用软件。他们运用作为工具的电脑环境,改编和个别化任务以适应学生的需要,同时还进行着以活动为基础的小组学习。当教师在全班学生面前证明一个思想,或是对个别学生进行补习时,他们都会以多种方法使用电脑,以实现不同的目的。最为常见的是,教师自己也用电脑工作。

2.2 电脑安放的地点和数量以及教师对它的使用

无论是将电脑安放在电脑实验室,还是分散在各个教室中,都会在很大程度上影响教师和学生对于电脑使用的态度、电脑使用的种类、学生接触电脑的途径,以及教师将电脑整合入正在进行的课程内容学习经验中的程度。

只有当电脑的数量至少同学生的数量相同时,全班协作的个别化教学活动才可以进行。同样,也只有当电脑的数量至少等于学生数的一半时,全班学生使用电脑结对学习才有可能得以进行。对于这两种全班性的上机学习活动,电脑通常被安装在特殊的实验室中,由网络将学生的学习同安装有控制学习软件的网络中心相连,在学习进行时分配学生的学习活动,经常对学习情况进行测验,而且还记录下学生的进步状况。在没有足够的电脑进行全班性的协同活动时,班级通常被分开,一组学生上机学习,而另外一组学生进行其他活动。

安装在教室中的电脑通常是单机工作(没有联网),需要单独加载和打印设备。这种情况下最常见的安排就是两个学生使用同一台电脑,合作进行操作训练、问题解决,或进行相近的任务。当教室中只有一台电脑时,教师在不同情况下对它的使用也不同。电脑可被当作为个别学生的学习站点,或是与一个大型 CRT 屏幕相连,也可与投影机连接后,在大屏幕上向全体学生进行互动式证明、实验、问题解决和新概念的学习。

在初级中学中,电脑通常被安装在实验室中;而在高级中学,电脑却经常被安装在教室里;小学中的电脑安装则是两者都有(Plegrum and Plomp 1991)。高水平学校将电脑安装在实验室中会引起很多问题。许多教师不会选择为了在实验室中重新安排学生活动而打断他们所常用的教学惯例。而且,当他们在实验室中工作时,有许多教师,尤其是电脑教师、数学或物理教师,会因为感到实验室是一个部分职员的"领地"而觉得不舒服。结果,有大部分教师都没有充分利用实验室,而它却被小部分职员过度利用了。

2.3 电脑化学习环境和教师的角色及行为

将电脑整合入课程中需要教师能够选择与课程和特定的功课相关的软件,当学生使用电脑学习时,这些软件能够提供给他们建议和及时的反馈。对于每一种以电脑为基础的教学活动而言,教师需要提供清晰的教学,或是个别化支持。下述两个以电脑为基础的基本教学活动的例子值得我们考虑。

安排学生在电脑实验室学习的软件通常会按照需要打印出电脑化的课堂报告。报告证明,对于教师在实验室内外调整教学以适应各个不同的学习者而言,电脑无疑是最有用的工具。教师用它制定课堂作业,组织学生小组协同合作解决课堂问题,向全班学生解释报告所发现的而对于许多学生都有问题的主题(Hativa et al. 1987)。

在以电脑为基础的学生小组学习环境中,电脑软件之间的互动及其对提供给学生的学习内容的安排,在很大程度上减少了教师的工作量,使他们能够抽身观察小组活动,并将注意力集中在引导学生进行分析和讨论上(OTA 1988)。教师的角色从特定教学信息内容的提供者转变为学生自身信息组织技能的促进者。教学技巧也从直接提供信息向更加强调形成学生的掌握信息能力以及提高如发现相关信息、问题解决、提问、批判性思考和思想交流等方面能力转变(Sheingold et al. 1987)。

教室安装电脑会影响教师角色、行为和教学方法吗?哈提瓦等人(Hativa et al. 1990)的研究表明:教师不断增加的与学生电脑操作相关联的经验会导致教师教学行为和教学方法上实质性的变化。从对大多数刚接触电脑教学的教师的前沿教学的观察,向对有此方面经验教师的成绩分组学生的观察的转变中，我们可以发现大部分实质性的转变。相近似的，对于沙因果尔德和哈德利（Sheingold and Hadley 1990）所提及的大多数作为范例的电脑使用教师而言，电脑确实为他们的教学和对学生表现的期望带来很大的不同。教师开始对学生有更多的期望，呈现更为复杂的教学材料，更好地进行个别化学习，鼓励学生独立学习，创建一个以学生为中心的课堂。这些教师更像是指导者和促进者，而不仅仅是信息传递者。

3. 教师在课堂中使用电脑的程度

在美国，将电脑整合入课程的进程相对较快。在4年中（1985～1989），使用电脑的教师数量翻了一倍。在20世纪90年代早期，美国39%的教师在他们的课堂中使用电脑。而在其他国家，电脑的使用普及则似乎要慢得多，还处于一个较早的阶段。在美国以外的国家地区，电脑的普及还非常有限。有的尽管了解电脑的重要作用，然而它在现有课程领域中仍只是进行训练和操作实践。问题解决和模拟法等电脑的创新方法的使用却依旧寥寥无几（Plegrum and Plomp 1991）。

然而，这些使用电脑的教师的数量有时会给人造成一种误解。问题的关键在于实现教学目标的有效性。相关问题的研究表明，在教师报告中的电脑使用数目和实际教学中使用电脑的数量间存在差异。只有少部分教师使用电脑，而且使用的焦点也不是明显集中在教育的合理性上。许多教师对于究竟该如何有效地使用电脑仍旧缺乏明确的认识。而且，许多教师拒绝在教学中使用电脑，以一种微妙的方式来对待来自学校校长、管理者和电脑合作者要求他们将电脑整合进教学的压力。教师要不然就是将微型电脑作为他们在课堂中已做事情的延伸，针对电脑使用做一些象征性的手势，要不然就一点也不愿使用电脑（Hativa 1991）。

与不愿有效使用电脑的教师形成鲜明对比的是，有些教师是电脑的使用专家，热衷于使用电脑，教所有年级时都能为学生提供智力上令人兴奋的教育经验。由于这种类型的教师包括了来自不同的美国人口统计学和社会经济学环境以及不同领域的，宽范围、跨部门的教师，所以沙因果尔德和哈德利（1990）称这种教师为"电脑使用专家教师"。这种教师让他们的学生以能够直接实现教师主要课程目标的方法来使用多种电脑软件。

为了评价电脑对学校教学的实际影响，我们必须研究学校中电脑使用有效的程度，以及电脑使用专家教师的比例。而沙因果尔德和哈德利（1990）的研究却因为他们仅在教师声望的基础上对专家教师进行研究，故不能提供这方面的信息。贝克尔（Becker 1992）在美国通过对学校可能性样本进行研究，发现电脑使用专家教师仅占所有使用电脑的教师总数的5%。换句话说，有95%的使用电脑的教师都在一定程度上不能有效地对电脑加以利用。比率之高令人吃惊，同时也表明学校中电脑的使用并不十分有效。

4. 教师在技术的应用过程中的障碍

上述证据表明，我们在教学中缺乏对电脑恰当的整合。然而，在20世纪中当人们试图将新技术渗透到学校中时，大多数情况下都能够观察到这种现象。博斯科（Bosco 1988）将这种情况概括如下：

> 电视机、八毫米电影、收录机、教学机器，甚至电话都被吹捧为能够提高学校教学水平。人们花了很大力气想将电视转变为一种教学工具，但这种努力收效甚微。教师抱怨收音机时间安排的不方便，使用电视最大的困难就是缺乏适合的节目。有人或许会认为录像机（VCR）是解决这一问题的方法。绝大多数学校都有电视机和录像机，这两种都比电脑便宜，而且有许多优秀的录像软件可供选择。但是，那些我们已经意识到的障碍却并不能够引起录像技术广泛的应用。（1988 P.1）

那教师应用电脑技术的障碍又是什么呢？有几项原始资料（Hativa 1991，OTA 1988，Pelgrum and Plomp 1991，Wiske et al. 1988）能够表明下述的障碍：

（a）教师缺乏足够的知识储备和训练。教师并没有接受关于硬件操作、适当软件选择或是将软件整合入课堂教学方面的恰当训练。

（b）后勤上的障碍。教师并不知道能够得到何种软件,而可得的软件却又不适合在课堂上使用,在需要多种磁盘时,却还得为仅有的磁盘发愁。许多教师还不得不提前预定、安排电脑实验室的时间表,这又为教学增添了后勤上的负担。

(c)在课程准备和计划时,教师时间和精力上的额外负担。教师需要选择恰当的软件,并要学会软件应用和电脑操作,还要准备一份备用教案以防电脑发生故障。此外,我们还需要进行实质性的准备,以使软件与课程相匹配;当没有足够的电脑进行全班活动时,还要为没有电脑可用的学生设计单独的活动。有许多电脑软件仅仅涵盖了一个或几个教学概念,所以,教师必须选择一个最佳方法将各式各样的软件合并入整个课程中。

(d)教师角色非期望性的变化。由于人们传统上早已接受在教师中心课堂传统中要保持条理性,还要教给学生相当的教学内容,所以在学校改革中的那些对学生中心课堂的尝试始终没有站稳脚跟。由于许多电脑应用会改变教师的传统角色,故我们总是无法实现大范围的电脑普及。而且,许多种人机工作会减少师生之间直接交流,这将会使教师在教师中心教学中的心理报酬有所降低。

(e)保持传统课程上的困难。当严格的课程要求又被标准化测验所强化时,教师们都不愿尝试创新的方法。教师感到他们有责任支持他们的专业责任,还要为学生通过构成他们学术进步道路上关键之门的考试作准备。

(f)担忧。微型电脑的使用会在教师中产生强烈的焦虑感。教师害怕微型电脑复杂、技术含量又高的性质。更具体地说,他们害怕自己不知道该如何使用硬件或软件,而关于电脑学生都要比他们知道得多。

总之,在学校中使用电脑的最基本的问题,就是要通过改造电脑使其适应现存的下部构造,来尝试着将电脑并入课程中。电脑有意义而又具有创新性的使用与许多课堂的基本特征并没有很好地结合在一起。电脑的有效使用要求社会及组织上发生改变,同时考虑到课堂是一个有一套其自身的传统与实践的组织实体。好的硬件、软件和教师培训是无法解决这一问题的。而只有直接面对课堂教学环境中造成电脑使用逻辑障碍的因素,才可以提高电脑使用的有效性。

5. 促进学校中电脑的成功使用

尽管存在上述的悲观论点,还是有一些因素与成功地将电脑整合入课程与课堂教学相关联。乐观积极的态度有利于教师对技术的运用。影响教师运用任何革新成果的一个重要因素是感到与这些发明一起工作令人十分满意(Cuban 1984)。

作为电脑实际应用的结果,人们形成了针对将电脑整合入教学的积极乐观的态度(Plegrum and Plomp 1991)。沙因果尔德和哈德利(1990)发现,经过一段时间和实质性的经验——至少有5~6年的时间使用电脑进行教学——电脑使用专家教师在使用电脑时就会觉得愈加坦然与自信了。同样,那些使用电脑进行教学已经超过一年时间的教师与刚开始使用电脑的教师相比,在控制电脑的操作方面的满意程度有了很大幅度的提高(Hativa et al. 1990)。

除了要有使用电脑教学的实质性经验外,沙因果尔德和哈德利(1990)又发现了要成为电脑使用专家所要面对的四种情况。它们是:(a)有较高的教学动机;(b)教师的个人发展得到来自学校和地区的全力支持;(c)受到学生有效学习时软件应用的激发;(d)在学校中能接触到足够数量的电脑和其他复杂的技术(例如,硬盘、激光打印机、影碟机)。同样,贝克尔(1992)也发现在学校中能够强化榜样教师发展可能性的4种情况:(a)为培养电脑使用专家而存在的社会网络;(b)在学校的写作和出版活动中广泛而又持续地使用电脑;(c)使用电脑的教师从教职工发展活动和专门的电脑使用协调者那里得到了有组织的支持;(d)学校领导关心所有教师使用电脑的公平性。

6. 结论以及未来研究的相关需求

在全世界中仅有很小一部分教师能够成功地将电脑整合入课堂教学中。在学校中用电脑来学习给许多教师带来了很大的负担。为了促进将电脑整合入课堂中,现存的学校结构必须进行很大的调整。未来,我们应该针对教师在不同创新学校和学习环境中使用电脑的行为进行研究。

N. 哈提瓦(N. Hativa) 著

李雨竹 译

附录

Becker H J 1990 Computer use in United States schools: 1989. An initial report of US participation in the lEA Paper presented at the annual meeting of the American Educational Research Association, Boston. Massachusetts

Becker H J 1992 Exemplary vs. other computer-using teachers. Unpublished manuscript. Center for Social organization of Schools: John Hopkins University, Baltimore, Maryland

Bcsco J J 1988 *Structural Impediments to Computer Integration in Schools in the o's 5th International Conference on Technology and Education*, Vol. I. CEP Consultants Ltd, Edinburgh

Collis B 1988 Manipulating critical variables: A framework for improving the impact of computers in the school environment. Paper presented at the annual meeting of EURLT, Lausanne

Cuban L 1984 *How Teachers Taught. Constancy and Change in American Classrooms 1890—1980.* Longman, New York

Hativa N 1991 Teacher behavior and computer-based education. In: Husén T, Postlethwaite T N (eds.) 1991 *The International Encyclopedia of Education*: *Research and Studies*, *Supplementary* Vol. 2. Pergamon Press, Oxford

Hativa N, Shapira R, Navon D 1990 Computer-manager practice—effects on instructional methods and on teacher adoption. *Teach. Teach. Educ.* 6(1): 55—68

Meister G R 1984 *Successful Integration of Microcomputers in an Elementary School.* Program Report No. 84—A13, Institute for Research on Educational Finance and Governance, Stanford University, Stanford, California

Pelgrum W J, Plomp T 1991 *The Use of Computers in Education Worldwide.* Pergamon Press. Oxford

Office of Technology Assessment (OTA) Staff 1988 *Power On! New Tools for Teaching and Learning.* Technonic Publishing Co, Lancaster, Pennsylvania

Sheingold K, Hadley M 1990 *Accomplished Teachers*: *Integrating Computers into Classroom Practice.* Center for Technology and Education, Bank Street College of Education, New York

Sheingold K, Martin M W, Endreweit M E 1987 Preparing urban teachersfor the technological future, in: Pea R D, Sheingold K (eds.) 1987 *Mirrors of the Minds.* Ablex, Norwood, New Jersey

Wiske M S et al. 1988 *How Technology Affects Teaching*, Educational Technology Center, Education Development Center, Cambridge, Massachusetts

辅导(Tutoring)

辅导是指辅导学生(或一小组学生)所接受的个别化和个性化教学的一种教学方法。本词条介绍了辅导的历史性前途以及在当代调查、理解辅导的结构框架。

人们在对辅导方法进行验查时,将特殊的注意力投向了由学生互相教这一计划上来。如同对能够有助于成功辅导的变量一样,对辅导者和学习者间辅导有效性的研究也被提了出来。最终,有效辅导的准则资源也被提上日程。

在辅导过程中,进行教学的那个人被称为导师,而被辅导者为学生。对于在大组中需要补偿性帮助的学生或运用惯用方法有学习困难的学生而言,辅导常成为课堂教学的补充。辅导还被应用于那些有特殊需要或生活环境不容许参加常规教学计划的学生身上。

辅导被各年龄阶段的学习者所广泛应用。小学生最常使用这一方法。然而,辅导也同样被应用于中学、高等教育、成人教育及职业教育场景中。

在几乎所有的案例中,辅导都是指不是由学生的正规教师所进行的教学。导师可能是一位要付报酬的私人教师、志愿者、学校助理、一位家长或监护人、其他学生以及计算机或者是其他教学机器。导师或许与学习者在年龄、能力、背景或个性特征方面相近或有所不同。他可能接受过但也可能从未接受过有关教学者的培训，他可能会关注一个或几个学科领域。而且，正像一个大组的教学者那样，导师或许没有也或许已经对学生进行了强化、激励以及劝导任务（例如，在英国和澳大利亚的许多学院与大学以及美国的某些学院中）。

1. 对儿童及青少年早期的辅导

对于学龄儿童的辅导很普遍，绝大多数的导师都是成人。在家中，家长和兄弟姐妹帮助其他家庭成员学习功课、完成任务。在学校中，家长和退休人员一般作为急需帮助孩子的导师。在美国，一般的计划会聘请非专业人员教给幼儿或低龄儿童一些基本技能，以降低将来出现学习困难问题的几率。而且，有些社区的高中学生会辅导小学生，以此作为其社区服务和研究计划的一部分（Medway and Elkin 1975，Sprinthall and Scott 1989）。

从20世纪70年代早期以来，许多报告及研究都描述了一些由学生辅导其他学生的计划（Allen 1976，Greenwood et al. 1988）。当学生和导师在年龄上相仿时，这种实践行为被称作为"同辈辅导"，而"跨年龄辅导"则被用来指学生和导师之间处于不同的年龄阶段。

保罗托（Paolitto 1976）将跨年龄辅导的历史根源追溯至公元1世纪，昆体良（Quintilian）在他的研究中记录了由年长学生教年幼学生的教学实践。16世纪德国和西班牙也在有限的基础上实施了跨年龄辅导。

人们一般认为是安德鲁·贝尔（Andrew Bell）真正组织和大范围实施了跨年龄辅导。这个苏格兰男人在18世纪后期为英国士兵遗孤和印度马德拉斯的母亲创立了一所学校。贝尔对古代印度人的辅导系统进行了修正，并于1797年宣布已经成功实施了针对个别和小组的有关教学和纪律的辅导。

英国教育家约瑟夫·兰开斯特（Joseph Lancaster）采用了贝尔的方法，在被称为贝尔—兰开斯特系统中，由专业教师教年长的学生，年长的学生反过来又教年幼的学生，这些年幼的学生又教年龄更小的学生。尽管这一系统的各种变式在18世纪传遍了整个欧洲，但由于人们愈加意识到教师是一种需要特殊才能和专业训练的职业，这个系统的生命力依然是相当短暂的。然而在美国奴隶制时期只有一间教室的学校中，以及19世纪的一些乡村小学中，却进行着同辈辅导和跨年龄辅导的教学实践。

由于教学人员的短缺，再加上人们相信如果一些儿童能够有机会与其他学生而不是成人共同学习，那么他们就有可能显示出对学习更大的兴趣，到了20世纪60年代早期的美国，人们对同辈辅导再次产生了兴趣。在所有的优点中，由同龄人当老师的优点在于导师与学生之间相似的文化与语言、导师的动机及导师对学习者情况的同感。

最早且范围最大地实施跨年龄辅导计划的是于1962～1963年在纽约市所进行的高中家庭作用帮助者计划。在那项计划中，有将近1 000名16～18岁的学生作为有报酬的导师，对近6 000名14～16岁的来自不利背景、有阅读问题的学生进行了辅导。

在已实施的计划中第二个主要项目是年轻人辅导年轻人计划，其主要目的是为了提高那些来自贫困、内陆城市的儿童的阅读技巧。这项计划的发起人是科赫莱尔（Mary Cohler）。他在纽约市管理着一家称作青年资源国家委员会的独立机构。年轻人辅导年轻人计划首先在一些大城市实施，其中包括华盛顿特区和芝加哥。最少有3 500人接受了辅导技巧的相关培训（Gartner et al. 1971）。

第三个值得一提的计划是由利皮特（Lippitt）等人在密歇根湖和加利福尼亚所创立的跨年龄辅导项目，这个项目的目的是提高小学生的学习成就和自尊。艾伦（Allen 1976）对这些项目的每一条都做了描述。

尽管辅导的实践在不同背景下会发生很大的变化，但许多研究证据都证明了同辈辅导和跨年龄辅导作为一种教学方法的有效性。首次相关研究之一就是1967年对家庭作业帮助者计划的评价。在5个月内，学生们每个星期都要接受4小时的阅读辅导，结果他们与一些没有接受辅导的学生相比，其在阅读理解方面取得了更大的进步。研究还发现导师在阅读方面的提高甚至比学生的进步还大。这项研究表明了导师在辅导时同样也得到了收获。

在20世纪70年代期间,辅导计划在世界范围内的学校中实行,其中包括英国、澳大利亚、中国香港地区、德国和以色列(Quicke 1986,Sharpley et al. 1983)。比方说,仅在一年中,就有超过6 000名儿童参加了以色列的佩拉奇(Perach)计划,这是一个由大学生对贫穷学生所进行的跨年龄辅导计划(Eisenberg et al. 1983)。

一些研究评论,如科恩等人(Cohen et al. 1982)发现,通过多种学术和社会化措施,导师和学生都能够从中受益匪浅。辅导能够提高学生在学校中的成绩、自我概念以及对辅导学校的态度。学生通过辅导所获得的益处要比从讲授及大组讨论所获得的收获还要多。研究还列举了对学龄前儿童进行辅导就如同对儿童进行辅导一样,也会有许多益处。

在20世纪70年代到80年代间,研究者开始对能够提高辅导有效性的因素产生兴趣(Medway 1991)。大多数研究表明跨年龄辅导要优于同辈辅导。由德保罗等人(Depaulo et al. 1989)所做的一项出色的研究表明,当导师和学生在合作的大环境中工作时,当导师和学生都具有较高的成就水平时,或者说当导师年龄比学生大时,进行辅导的益处就尤其显著,令人印象深刻。这最后一项研究明确表明,像那些不止需要大组学习的学生一样,对有能力的学生进行辅导同样会受益匪浅。

2. 青少年后期和成年早期的辅导

辅导还可广泛应用于青年人所需的学校或职业教学中。高中、学院和大学为准备不足的学生以及那些在传统教学方法下并不能学得很好的学生提供辅导。布卢姆(Bloom 1984)在报告中说,接受辅导的高中及学院学生所掌握的学习材料平均要比98%的接受传统大组授课的对照组学生掌握的材料多。

高中及学院辅导至少有3个基本变量:课程辅导、紧急事件辅导和结构性辅导。在课程辅导中,导师向学生提供额外的帮助,进一步解释教师或教授所讲的材料。这种辅导方式是凯勒(Keller)个性化教学系统的关键组成部分。在这个教学系统中,导师将教学材料和促进进步的教学单元以导师自己的速度提供给他们。每个学生必须达到一定水平的掌握(一般为掌握90%),才能够进入到下一个更高级单元。个性化的教学体系(PSI)的导师被称为学监,他们为学生的考试定级,复习课程材料,鼓励和支持学生并为教授提供管理方面的帮助。课程辅导的另外一个例子就是相互辅导,由学生轮流将课程材料教给另外的学生。

紧急事件辅导主要是提供给那些因临近考试、考试焦虑或个人危机而急需帮助的人。最后,在结构性辅导中,导师会利用由电脑产生的学习材料。导师要教给学生该如何学会运用电脑课程。自从20世纪80年代中期起,以计算机为基础的教学出现了重要的进步。这其中许多研究成果都在期刊中发表过。现在又出现了一个新领域,被称作为智力辅导系统(Frasson and Gauthier 1990)。

3. 辅导准则和资源

无论是对于儿童还是成年人,辅导的有效性很大程度上要依靠辅导关系的质量、导师的培训以及辅导组织和建构的途径。在不考虑导师年龄的情况下,这样说是正确的。基于研究的结果,梅德韦(Medway)得出结论说,有更多的导师会提前作计划、提供学习提示、运用提问策略、利用强化,并且对导师的成功抱有较高期望。我们可以得到多种辅导资源,这些资源向我们提供有关选择参与者、匹配导师和学生以及对最为恰当的教学途径的选择(Koskinen and Wilson 1982)。

导师对于辅导和学生的态度是非常重要的。导师应该是鼓励的、接纳的、令人安心的。导师和学生之间应该有良好的人际关系,应感到一起合作是一件很愉快的事情。他们应该互相配合、尊重对方的努力。导师应试图使自己成为一名好顾问、一名好教师。这就要求他们要具备适当提问及反馈的技巧。

一般来说,所选择的导师最少也要10~11岁。处于这种年龄的导师,尤其是成人,要比小孩子更爱使用强化，同时也更易学会该如何教授一般性问题解决策略。如果导师不是专业教师的话，我们还需要对他们进行管理和监督。

辅导片段必须根据学生的需要而对其进行合理的时间限制，以防止学生得不到休息，产生挫败感。最后，在学校和一些其他组织机构中，辅导计划的成功要依靠管理上的支持，还需要根据与成本相联系的收获来对其进行适当评价。艾伦(1976)、科斯基宁和威尔逊(Koskinen and Wilson 1982)、米勒和彼得森(Miller and Peterson 1987)为实践中的辅导技巧和确立、建构同辈辅导计划的途径提供了很好的描述。

4. 未来方向

我们还需要针对导师的类型和促进学习的导师行为进行进一步的研究。只有少数研究对导师—学生交流的动态性、个人风格的影响和学习发生情境(如，合作与竞争)这些方面进行过调研。

很少有人知道导师呈现信息的最佳途径以及会有最大收获的提问策略是什么。同样，对于将青年和年长成人作为导师的相对影响，人们也是知之甚少。而且，人们已经对辅导与如同计算机辅助教学和经验学习之类的其他教学形式进行了系统的比较。

最后，假定辅导有以上所列举的各项优点，而关于有可能会影响教师在学校中使用或不使用辅导计划的影响因素的相关信息却很少。教育者需要沿着威特(Witt)在行为干涉方面的研究路线，对辅导的可接受性进行研究(Witt 1986)。威特的研究表明，只有当所倡导的计划不占用工作人员太多的时间，需要较少的接受传统培训的教师，对课堂中正在进行的教学活动干扰较少，以及对于计划外人员有很少或无任何影响时，辅导计划才有可能在学校中得以实施。

F. J. 梅德韦(F. J. Medway)　著

李雨竹　译

附录

Allen V L (ed:) 1976 *Children as Teachers: Theory and Research on Tutoring*. Academic Press, New York

Bloom B J 1984 The search for methods of group instruction as effective as one-to-one tutoring. *Educ. Leadership* 41(8):4—17

Cohen P A, Kulik J A. Kulik C C i982 Educational outcomes of tutoring: A meta-analysis of findings. *Am. Educ. Res. J.* 19(2):237—248

DePaulo B M et al. 1989 Age differences in reactions to help in a peer tutoring content. *Child Dev.* 60(2): 423—439

Eisenberg T, Fresko B, Carmeli M 1983 A follow-up study of disadvantaged children two years after being tutored. *J. Educ. Res.* 76(5):302—306

Frasson C, Gauthier G (eds.) 1990 *Intelligent Tutoring Systems: At the Crossroad of Artificial Intelligence and Education*. Ablex, Norwood, New Jersey

Gartner A, Kohler M C. Reissman F 1971 *Children Teach Children: Learning by Teaching*. Harper and Row, New York

Greenwood C R, Carta J J, Hall R V 1988 The use of peer tutoring strategies in classroom management and educational instruction. *Sch. Psychol. Rev.* 17 (2): 258—275

Keller F S 1968 "Good-bye teacher..." *J. Appl. Behav. Anal.* 1(1):79—89

Koskinen P S, Wilson R M 1982 *Developing a Successful Tutoring Program*. Teachers College Press, New York

Medway F J 1991 A social psychological analysis of peer tutoring. J. Dev. Educ. 15(1):20—26, 32

Medway F J, Elkin V B 1975 Psychologist-teacher collaboration in developing and team-teaching high school psychology courses, *Psychol Sch.* 12(1):107—112

Miller J A, Peterson D W 1987 Peer-influenced academic interventions. In: Maher C A, Zins J E (eds.) 1987 *Psychoeducational Interventions in the Schools*. Pergamon Press. New. York

Paolitto D P 1976 The effect of cross-age tutoring on adolescence: An inquiry into theoretical assumptions. *Rev. Educ. Res.* 46(2):215—237, 239

Quicke J C 1986 Pupil culture, peer tutoring and special educational needs. *Disabil. Handicap, Soc.* 1(2): 147—164

Sharpley A M, Irvine J W, Sharpley C F 1983 An examination of the effectiveness of a cross-age tutoring program in mathematics for elementary school children. *Am. Educ. Res. J.* 20(1):103—111

Sprinthall N A, Scott J R 1989 Promoting psychological development, math achievement, and success attribution of female students through deliberate psychological education. *J. Couns. Psych.* 36(4):440—446

Witt J C 1986 Teachers'resistance to the use of school-based interventions. *J. Sch. Psychol.* 24(1):37—44

其他参考文献

Ehly S W, Larsen S C 1980 *Peer Tutoring for Individualized Instruction. Allyn and Bacon. Boston. Massachusetts*

教学:性向—教法相互作用模式(Teaching: Aptitude - Treatment Interaction Model)

当个体的特性能改变教学条件对这些个体的影响时,性向—教法相互作用(ATI)就发生了。反过来说,ATI 意味着个体的特性对于有价值的教育目标的重要性,依赖于拥有什么样的教学条件。对教育中性向—教法相互作用的研究,目的在于了解何时、如何以及为什么不同的人受益于不同的教学,以便改善个体学习者的学习条件。建立一个尊重人与人之间个体差异的适应性教学系统,是 ATI 研究的目标。

ATI 的研究是关于人与环境相互作用的科学研究的一个特别的组成部分。长久以来,相互作用的可能性这一问题,通常是在物理学家所说的"其他事物也是这样……"这一语境中,在社会学家所说的"我们能将这一结论推广到其他团体(社区、文化等)中吗"这一问题中得到认识的。进化生物学是典型的相互作用主义者,在医学中相互作用也得到了实际应用。例如,医生对抗生素的选择取决于病人对下述测试问题的回答:"你对青霉素曾有过敏反应吗?"

克龙巴赫(Cronbach 1957, 1975)认为,人与环境的相互作用是心理学的一个基本观念和基本问题,心理学的许多领域都已开展了对相互作用的研究(Dance and Neufeld 1988, Endler and Magnusson 1976, Magnusson and Allen 1983, Pervin and Lewis 1978, Snow 1991)。虽然自古代以来在教育哲学中就有相互作用的思想,但系统阐释性向—教法相互作用模式原理在教育领域的全面应用,则是从 20 世纪 70 年代才开始的(Cronbach and Snow 1977, Snow 1989)。

1. 教育的实质性定义与含义

在教育中,学习者之间的许多个人差异都可以观察和测量到。当这些观测能够预期个体在学习方面的差异时,这些观察结果即可视为个体性向(aptitude)的显现,而性向也是个体从教学中获益的前提条件。当性向测量能为不同教学条件下的学习提供了不同的预期时,ATI 的结论便得到了证实。

人们已经研究了学生之间的许多不同类型的性向差异,包括一般和特殊的认知能力、个性与动机、认知风格等,也对多种教学措施进行了比较研究。由于 ATI 经常出现,所以毫无疑问,ATI 存在于教育中(Cronbach and Snow 1977)。在 20 世纪 90 年代早期,人们对 ATI 的理论和实践的认识还不充分,因此还不允许在教育计划或教学设计中普遍使用 ATI。

然而,很显然,在教育评价中普遍使用 ATI 既是可能的,也是必需的。在任何旨在比较可供选择的教学方法或教学情境的评价研究中,性向—教法相互作用模式的方法是必不可少的组成部分,因为评价问题绝不只是简单地回答"在一般情况下哪种措施最好?"而是要回答"对每个不同的学习者来说哪种措施最好?"

性向—教法相互作用模式的研究从理论上来看是有其价值的,因为它们以一种新的方式证明了建立性向测验和学习测验的合理性:它们表明性向与学习的关系可以通过实验来研究,因而可以从因果关系上加以理解，而不仅仅是在相互关联的框架里加以理解。没有相互的对比，既不可能深刻理解性向的结构，也不可能完全理解教育中的学习过程。因此，在性向与学习的差异中有可能隐含着共同的心理过程。

而且，由于相互作用普遍出现在教育活动之中，这就表明我们不仅需要理解人与情境，也需要理解它们之间的相互作用。人们已经逐渐认识到学习与性向不仅发生在人的大脑里，也发生在人与情境的关系之中。由此，就引发了一个新的理论和哲学问题(Snow，1922)。

ATI 的实践意义源于它有可能被用于教学，以便最好地适应不同学习者的需要。许多个别化教学的尝试都没能消除学习结果上的个体差异，因为它们往往只改变了个体表现的某些有限的方面，例如，只允许进度不同。人们希望通过 ATI 的研究能提供一个决策的准则，该准则能表明如何改变教学条件以保证既适合特定学习者的学习能力，又能避开特定学习者的弱点。与此相关，人们还希望这一研究将可以表明如何最优地去发展拥有不同性向天赋的个体的性向。

再者，研究中尤其是评价研究中的一个普遍问题是，对每个学习者的性向发展和教育成就来说，哪一种可获得的和能想到的教学方法、教学媒介、教学环境，最有可能为学生提供平等的教育机会。对教育机会多样化的承诺(Glaser 1977)，要求我们必须从 ATI 的视角对教育情境进行选择、创设和评价(Corno and Snow 1986)。

然而，ATI 的研究也同时表明，相互作用是复杂的，在匹配教师和学生、教学方法和学校环境上不存在简明而普遍的原则。问题一部分源于实施 ATI 研究的困难和对恰当方法认识的普遍缺乏，另一部分也要归因于人与环境相互作用的多维性、生动性、地域性和短暂性。迄今为止的研究结果表明，那些试图在真实的学校情境中为个体寻找理想的教学活动的教学理论研究，必须建立在持续不断地对特定教学活动的诊断、描述、评估的基础之上。建立特定的教学模式而不是建立一般性的教育理论似乎是更为现实的目标。

2. 统计学的定义和方法

通常，ATI 被定义为统计上的相互作用：在影响教学结果这个因变量上，至少存在一个人的变量和一个措施的变量等多种结合的可能。当一种建立在学习者个体特征之上的教学措施的教学效果回归线与另一种建立在同样个体特征之上的教学措施的教学效果回归线之间出现倾斜度上的差异时，相互作用就会存在。

图 1 给出了各种可能关系的基本模式。在每个图表中，教学开始之前学生的性向分数和教学完成之后学生的结果分数都分别标识在横坐标和纵坐标上，分别构成了针对每个正在研究的教学措施的二维分布图。回归线的倾斜度是与每一种分布相对应的，教学措施的平均效果也已经标识出来(线条中心的黑点)。在标有“传统教学”的字样的图 1(a)图中，实线(T1)描述了一种相关系数为

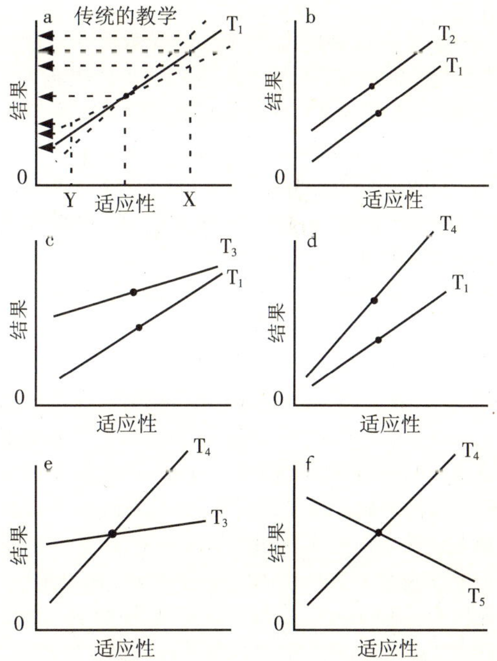

图 1 选择性教学措施(T)对结果的平均水平与结果—性向回归线的可能影响

0.50 的性向—结果关系，虚线则表示了这种关系在 0.30 和 0.70 的相关系数之间的变化。这些数据与我们经常在美国公立学校中所见到的情况很相似，在那里通常使用常规的智力测验分数或学业成绩测试分数作为性向测验分数和认知成就测验分数来反映教学的结果。一个性向分数在 X 的学生被预期将获得高于平均数的结果分数（带点的箭头），而一个性向分数在 Y 的学生则被预期将获得低于平均数的结果分数。

教育研究的一个重要目的就是要通过发现或设计诸如图 1(b) 中的 T2 那样的教学措施来改进教学活动的状况。在图 1(b) 中，T2 将每个人的平均成绩都提高到了高于 T1 的水平。当这些回归斜线像这个图上显示的那样呈平行关系时，就表明不存在 ATI。不论性向有什么不同，T2 对所有学生都是更好的教学措施。不幸的是，许多教育研究在没有调查研究之前就假定性向倾斜线是平行的，结果它们往往只能看到教学措施的这种平均水平的差异。

图 1(c) 这种模式，代表了特殊教育的目标和个性化教学研究的目标。在这里，人们希望能够找到一种教学措施 T3，它既能提高低性向水平学生的成绩，同时又能保持高性向水平学生的优良成绩。然而，在寻找这种能普遍促进学习的教学措施时，也可能会得到图 1(d) 中的结果。研究证明，像 T4 这样的措施，对高性向水平的学生比对低性向水平的学生更有效。人们可以把 T4 看作是对那些天才学生实施的特殊训练的目标。

与传统教育 T1 相比较，T3 的结果有时可以在程序教学中获得，而 T4 的结果有时可以在发现式教学或归纳式教学中获得。这就导致了有可能出现像图 1(e) 中的那种组合。这里，供选择的措施对不同的学生产生了促进作用。显然，教学措施 T4 应该施予那些高性向水平的学生，而教学措施 T3 应该施予那些低性向水平的学生。极端地说，如果能发现和设计出对于 X 和 Y 那样的学生都最好的教学措施，我们就可以期望出现图 1(f) 中的那种结果。虽然有时在认知测验中确实会出现像 T5 那样的消极倾斜线，但当把个性或态度而不是把认知能力作为性向时，更有可能出现这种倾斜线。

ATI 研究正是要致力于发现图 1 中的非平行的回归倾斜线，并且了解应如何设计教学措施以产生出那种结果。在一定程度上，我们可以建立起像图 1(e) 和图 1(f) 那样的稳定的相互作用，并如前所述那样用它们来构建为学生分配不同的最优教学措施的决策准则。回归倾斜线的交叉点代表了性向连续线上一个特殊的点，在这个点上，学生应该被区别开来，分别用不同的教学措施来达到最优的结果。在补偿教育项目或其他直接发展性向的尝试中，人们也期望出现同样的回归倾斜线。同样的模型也可以用来解释那些原本不是旨在照顾个体差异的教学评价结果。例如，如果一个评价结果获得了像图 1(e) 那样的模式，那么就可能建议对教学措施 T4 进行改进，以使它能够适合低于性向平均线的学习者的需要。

除了在图 1 中展示的这些最简单的例子外，还有许多涉及特殊学习设计和数据分析处理的技术上更为复杂的情况。性向、教学措施和结果这三个变量可能是多元的，回归线也可能是非线性的。ATI 研究中的特殊问题包括测量的加强、统计推理能力的发展、在不同水平的聚集体上（比如单个学生、教室和学校）回归影响的分辨能力等。由于基于 ATI 的适应性教学系统将可能包括定期的性向监控和对学生的重新分类，在随后的性向评估和结果评估中，在对编班决定的效果进行评估时，也会存在同样的技术性问题。与此相关的问题，请参见克龙巴赫的著作（1982，1991）。

3. 教学系统的例子

格拉泽（Glaser 1977，Corno and Snow 1986）设计的适应性教学系统可以建立在 ATI 的基础之上。它应该至少包括两个能帮助学生成功达到某种标准成绩水平的选择性的教学途径。每个学习者究竟采用哪种途径或措施，将取决于对每个措施中学习所需的性向的提前诊断。在这样一个系统中，至少还要有一种补偿形式，它可以对那些被诊断为不适合任何一种可获得的教学措施的学习者进行直接的性向训练。

许多选择性的教学措施是在把能力测验和一

般成绩测验作为性向的指标的情况下进行评估的。对这些研究的总结表明(Snow 1989),有的教学措施增加了学习者信息处理的负担,有的则减少了学习者信息处理的负担。相应的,学生学业能力的测量结果的回归线便会分别变得更不合理或更肤浅。当要求学习者自己思考问题、自己组织学习、构建他们自己的理解时,能力强的学习者做得更好些——他们能最大限度地利用他们的实力——而那些能力差的学习者做得要差些。然而,由于教学措施可以将学习者从困难的阅读和对复杂概念的推理或分析中解脱出来,因而这样的措施似乎可以更好地弥补或者避开低性向水平学习者的弱点。不幸的是,相对于那些高能力的学习者擅长的更繁重的教学措施来说,这种似乎有助于低性向学习者的结构化和简约化了的措施对高能力的学习者来说不是最理想的。大量关于这一问题的研究中,ATI 研究常常得出近似于图 1(e) 的模式,偶尔也得出近似于图 1(f)的模式。

在一些课程的教学中,可以采用选择性的措施 T4 来为学习者提供非结构的最低程度的指导,并鼓励学习者在发现式学习中开展自我指导。教师可以指导这个归纳过程,但教学应当明确地以学生为中心。相反,T3 则可以这样设计:通过把学习任务分解为一系列小的单元,通过频繁的总结复习和概念的不断简化,给予学生逐步的清晰指导、反馈和修正。按照学生在教学开始时的学术能力得分,可以将学生分配给 T3 或 T4。定期的性向评估和成绩评估将表明,每个学习者在分配给他的特定的教学措施的影响下,在多大程度上达到了结果的标准水平。

对那些不可能从任何一个选择性措施中获益的学生来说,应该给予补偿性的性向训练。这种训练可能包括在教师指导下训练学习和阅读的技能、学习习惯、自我管理的能力等等。训练的目标是尽可能为进入教学措施 T3 做好准备。

在这种适应性的教学系统中,学生的焦虑也可能被视为一种性向。通常在非结构性的和以学生为中心的教学中,高焦虑的学生比在有教师指导的情况下做得相对要差一些。相反,低焦虑的学生常常似乎不需要教师的指导。此外,根据这种教学措施的相互比较,在高级状态的相互作用下能力与焦虑趋向联合。

在教学系统中,最初的编班决定取决于已有的能力和焦虑指数。高能力低焦虑的学生可能会被给予措施 T4,高能力高焦虑的学生和低能力低焦虑的学生则可能得到措施 T3。能力最弱而焦虑最高的学生则可能会给予补偿性的训练,以适应他们的特殊需要:开展认知技能训练以弥补能力的不足、实施心理治疗以减轻焦虑的影响。还需要开展定期的监测,以显示何时需要改变特定学习者的教学措施。

上述这些例子只是一个假设性的证明,在理论上这种系统是不可能被恰当地设计出来的。当地的条件必须被考虑到,性向测验和选择性措施必须被设计来适应这些状况,还必须依靠定期的评估来实现这个有效的系统。

4. 研究和发展前景

值得注意的是,教学心理学的许多研究在没有评估 ATI 的情况下比较了两种措施。很多教学研究比较了以教师为中心的教学和在教师指导下的发现教学。现在,对新教学技术的研究也对这一问题作了实质性的比较,这反映在它关于基于控制的计算机辅助教学与借助于计算机的微观世界而开展的发现学习的争论之中(Glaser and Bassok 1989)。在这一争论中同样没有评估 ATI。同时,许多学习风格的假设已经发展起来,并被教师用来改进课堂教学,以适应学生的差异;每个这样的系统构建都会产生一个 ATI 假设。因此,进一步工作的一个重要方面,便是从 ATI 的视角开展对教学发展的评价研究(Cronbach 1982)。

进一步研究的第二个重点是对 ATI 研究中已经使用了的不同类型的性向构造和性向测验进行改良性的分析(Gustafsson 1989)。一些认知信息处理研究已经分析了认知能力的构造,证实了造成个体差异的潜在的构建过程和构建策略(Lohman 1989;Snow 1989;Sternberg 1985a,1985b)。

另一个方法是测验学生在教学中使用的、协调性向与结果的关系的学习策略的差异。教学情境的任务分析也表明,选择性措施之间适当的差异可以制约性向与结果之间的关系。新近的重要研究是分析了在教学中认知与情感性向的关系方面原有知识的不同(Schneider and Weinert 1989),而且在意志与情感的关系的研究方面也取得了重要进展(Heckhausen 1985,Kuhl and Kraska 1989)。

最后,对结果测验的更为深入的分析,也许可以帮助我们详细地识别那些源于特殊的性向—措施组合的特殊的认知影响(Snow and Lohman 1984,1989)。未来教学心理学中所有这些方面的研究,都可以一起被归入 ATI 的框架之中(Snow and Swanson 1992)。

R. E. 斯诺(R. E. Snow) 著

曾继耘 译

附录

Corno L,Snow R E 1986 Adapting teaching to individual differences among learners. In: Wittrock M C (ed.) 1986 *Handbook of Research on Teaching*,3rd edn. Macmillan,New York

Cronbach L J 1957 The two disciplines of scientific psychology. *Am. Psychol.* 12(11):671—684

Cronbach L J 1975 Beyond the two disciplines of scientific psychology. *Am. Psychol.* 30(2):116—127

Cronbach L J 1982 *Designing Evaluations of Educational and Social Programs.* Jossey-Bass,San Francisco,California

Cronbach L J 1991 Emerging views on methodology. In:Wachs T D,Plomin R (eds.) 1991 *Conceptualization and Measurement of Organism-Environment Interaction.* American Psychological Association,Washington,DC

Cronbach L J,Snow R E 1977 *Aptitudes and Instructional Methods: A Handbook for Research on Interactions.* Irvington,New York

Dance K A,Neufeld R W J 1988 Aptitude-treatment interaction research in the clinical setting:A review of attempts to dispel the "patient uniformity" myth. *Psych. Bull.* 104(2):192—213

Endler N S,Magnusson D (eds.) 1976 *Interactional Psychology and Personality.* Hemisphere,Washington,DC

Glaser R 1977 *Adaptive Education:Individual Diversity and Learning.* Holt,Rinehart,and Winston,New York

Glaser R, Bassok M 1989 Learning theory and the study of instruction. *Ann. Rev. Psychol.* 40:613—666

Gustafsson J E 1989 Broad and narrow abilities in research on learning and instruction. In: Kanfer R, Ackerman P L,Cudeck R (eds.) 1989 *Abilities,Motivation, and Methodology.* Erlbaum, Hillsdale, New Jersey

Heckhausen H, Schmalt H D, Schneider K 1985 *Achievement Motivation in Perspective.* Academic Press, Orlando,Florida

Kuhl J,Kraska K 1989 Self-regulation and metamotivation: Computational mechanisms development and assessment. In: Kanfer R, Ackerman P L, Cudeck R (eds.) 1989 *Abilities,Motivation,and Methodology: The Minnesota Symposium on Learning and Individual Differences.* Erlbaum,Hillsdale,New Jersey

Lohman D F 1989 Human Intelligence: An introduction to advances in theory and research. *Rev. Edcu. Res.* 59(4):333—373

Magnusson D,Allen V L (eds.) 1983 *Human Development:An Interactional Perspective.* Academic Press, New York

Pervin L A,Lewis M (eds.) 1978 *Perspectives in Interactional Psychology.* Plenum Press,New York

Schneider W,Weinert F E (eds.) 1989 *Interactions Among Aptitudes,Strategies,and Knowledge in Cognitive Performance.* Springer-Verlag,New York

Snow R E 1989 Aptitude-treatment interaction as a framework for research on individual differences in learning. In: Ackerman P L, Sternberg R J, Glaser R (eds.) 1989 *Learning and Individual Differences.* Freeman,New York

Snow R E 1991 The concept of aptitude. In: Snow R E,Wiley D E (eds.) 1991 *Improving Inquiry in Social Science.* Erlbaum,Hillsdale,New Jersey

Snow R E 1992 Aptitude theory: Yesterday,today,and tomorrow. *Educ. Psychol.* 27(1):5—32

Snow R E, Lohman D F 1984 Toward a theory of cognitive aptitude for learning from instruction. *J. Educ. Psychol.* 76(3):347—376

Snow R E, Lohman D F 1989 Implications of cognitive psychology for educational measurement. In: Linn R L (ed.) 1989 *Educational Measurement*, 3rd edn. Macmillan, New York

Snow R E, Swanson J 1992 Instructional psychology: Aptitude, adaptation, and assessment. *Annu. Rev. Psychol.* 43:583—626

Sternberg R J 1985a *Beyond IQ: A Triarchic Theory of Human Intelligence.* Cambridge University Press, Cambridge

Sternberg R J 1985b (ed.) *Human Abilities: An Information Processing Approach.* Freeman New York

其他参考文献

Snow R E 1982 Education and intelligence. In: Sternberg R J (ed.) 1982 *Handbook of Human Intelligence.* Cambridge University Press, New York

教学：行为理论（Teaching: Behavioral Theories）

教学行为理论假定人的行为是由前后相关的行为结果塑造而成的，因此这一学科把从行为的实验分析研究中得出的理论应用到教育活动的改善上，并认为特定的激励、管理和学习目标的实现与偶然的结果、先前的情况以及其他情境因素密切相关。

行为是前后事件的继续，而实际上那些立即得到充分强化的行为往往更可能被重复。强化物的缺失、代之以不喜欢的结果或者令人不快的前后事件的出现都会减少行为被重复的可能性。

大量的文献记录了在课堂教学中应用行为理论的效果，恰当地运用这些理论能促进学生在学术水平、动机水平、社交能力和专业表现方面的发展。

1. 行为教学理论

行为教学理论是建立在自然科学的基本观念之上的，这个观念是：像物竞天择一样，在个体的一生中人的行为总体上是按照结果选择的方式来获得发展的（Catania 1992, Skinner 1981）。一方面行为要受到个体的生理构造、社会地位、学习经历的影响，另一方面个体的所作所为也会对环境产生影响。

行为理论研究的主要课题是研究特定的前后事件/重要的刺激物与可观察到的教育结果之间的关系。这些刺激物在构成、时间、安排、数量方面都存在差异。可观察到的教育结果包括学生和教师在获得、保持或应用特定知识或技能时的表现。

2. 特别适用于教学的行为理论

通过检测或调整在特定情境下行为者（B）、行为结果（C）和前后事件（A）之间的关系，对行为的科学研究得以实施，并已形成了许多重要理论。行为教学的实质就是要把这些理论用于改进学生和教师的表现（Sulzer-Azaroff and Mayer 1986, 1991）。结果、前后事件以及环境的其他特征在行为中可以得到展现、抑制、转移，或者在构成、强度、频率等方面发生改变，以更有效的方式表现出来。

不夸张地说，人们已经在实验控制条件下开展了成千上万的行为研究，并产生了大量对教育来说非常有意义的研究成果。同时，近几十年来，人们一直在不断地将这些成果整合到教育研究和实践中去，这种整合策略正日益发展成为一种有用而高效的行为教学技术和项目评估的技术。

以下是已经被证明与教育有着密切关系的部分基本的行为理论：

2.1 强化理论

强化可以增加一种行为被加强的可能性。也就是说，当结果非常适合处于当前情境下的个体，而且在这种行为之后个体能立即不断得到大量的强化性结果时，这种行为就会被加强。例如，对那些爱好正确解题的学生（也即那些可以因答案正确而得到强化的学生）来说，如果在做完题后立刻检查答案并发现他们的答案是正确的，那么他们就更可能在以后的学习中正确解决类似的难题。但我们也能看到，对有些学生来说，评分、表扬或正确解题并不具有强化的价值。对这些学生来说，除了表扬和好成绩以外,给出的测验分数应能与其他测验分数合在一起,去换取他们认为确实有强化作用的那些特殊活动。

2.2 连锁理论

当新的行为能在个体原有的行为之上建立起来时,个体学习这种行为的可能性就会增加。通过对个体原有行为的有机结合的不断强化,这些原有行为可以联结在一起,这个联结的过程就叫"连锁"。例如,对一个能做加法、减法、乘法以及简单的除法的学生来说,如果要教他做复杂的除法,就必须在他适当地综合运用每一种算法并得出正确答案时给予强化。

2.3 塑造理论

当与学习目标相类似的行为被强化时,对这种行为的学习的可能性就会增加。随着反应向着与学习目标日益相似的方向的变化,强化便会持续不断地出现。直到学习目标达到后,这种塑造的过程才会结束。当一个辩论小组的成员正努力学习一套具体的有效辩论策略时,情况便是这样。每当取得进展,辩论者就会受到教练的赞扬,其表现就会继续得到改善。

2.4 刺激控制理论

当一种经常重复的行为在有些时候需要出现,在其他时候没有必要出现时(即这种行为必须在刺激控制的情况下才能采取),对这种行为的学习可能性就会增加。在学生弄清在什么情境下可以采取某种行为或者不可以采取某种行为并采取相应的行动的过程中出现的强化叫"差别强化"。激励有助于促进或唤醒个体原来已经具有但并没有有意识地实施的行为。然而,如果在激励消失的情况下某种行为既可能出现也可能不出现,那么这种激励就属于额外的激励,需要减少。

例如,跑步和欢呼在运动场上是一种被强化的行为,但在图书馆里却不是。在运动场上,如果人们鼓励孩子"在这儿你可以奔跑和欢呼",并且当他们这样做时予以表扬,那么即使内向的孩子也会在那里更多地奔跑和欢呼。再如,如果一个实习生能够在一周的实习期内准确地检查出装配线上的所有问题,那么他毕业正式参加工作后就会成为一名检验员。

2.5 行为减少理论

在以下情况下,一种不想要的行为可能会减少:(a)一个与之无法共存的行为得到加强时;(b)强化不再伴随时;(c)突然持续出现某种对学生而言令人不快或令人讨厌的事件时;(d)先前的行为排斥不想要的行为或者有助于个体避免不想要的反应时。

请看看以下例子:

(a) 如果学生匆匆完成作业,并漏掉了一些重要的内容,老师就会要求学生重做;而如果学生能够始终按照规定的标准完成作业,就会立即得到老师的认可,获得想要的分数。这样学生就会学会更沉稳更仔细地做作业,差错也会随之减少。

(b) 当学生嚷着要回答问题时,往往被老师忽略;而当学生举手并耐心地等着时,通常会被叫起来回答问题。这样学生就会停止嚷嚷。

(c) 当教师要求学生对一个故事和配图作口头复述时,那些事先有准备的学生往往很少出现阅读差错(Singh N N and Singh J 1984)。

2.6 行为迁移理论

在以下情况下,行为被迁移(或推广)到其他适当的情景中的可能性会增加:(a)强化是积极的而不是消极的;(b)新旧情景之间具有共同要素,并且被推广的反应受到强化;(c)同样的行为在许多不同的情况下学习;(d)无论何时何地发生这种行为,自然环境总是间歇性地(不是每一次)强化或暗示这种行为(Comunidad Los Horcones 1992)。例如,当学生在每节课上规范地完成作业时,学生会因教师的表扬而得到强化,也会因看到自己学业上的进步而得到强化。这样,写作业就会成为他们有规律的日常生活的一部分。

2.7 行为保持的特殊理论

在以下情况下,行为被保持一段时间的可能性会增加:(a)行为被完全掌握和熟练表达,或在适宜的环境下,处于高发而稳定的状态;(b)在情景中自然出现的积极强化结果逐步减少但继续保持在一个低水平;(c)任何人为的激励逐渐转移或消退时。例如,激励越来越少,测验分数越来越高,这样会促使学生为能够参与一些喜欢的活动而正确解决问题。过一段时间以后,测验和喜爱的活动消失了,而表扬和及时的好的评分等级仍然保留,但出现的频率越来越少。

3. 基于教学技术的行为理论

如果想恰当而有效地运用行为理论,必须具备几个必要条件。于是教学技术得到了发展。在这里我们将讨论几个最重要的必要条件。教学目标必须清晰而具体,以便教育者知道并且能够在特定的条件下为具体的行为或行为组合提供适当的结果(Mager 1990)。通过在一学期或跨学期的时间内有计划地设计和反复使用有效的客观的个体测量,可以对与这些目标相关的正在发生的行为改变做出评价。

行为理论的应用对行为变化的精确性、发生率、持续性、概括性以及其他方面的影响,可以通过实验的方法来加以分析,以减少对结果的有争议的解释(Johnston and Pennypacker 1993)。这种行为评价要求教育者根据数据来做出判断,而不是任意选择一种方法或是基于某种教条来做出判断。在这方面,"PLA 检查"的技术(Risley and Cataldo 1973)是一种测评在给定的情景中参与任务的学生的比例的通用方法(Wilczenski et al. 1987),借助这一技术可以反复测评在某一时间段内积极参与指定活动的学生的数量。同样,精确教学的实施者也可以在从基本学科到高级学科的广泛学科范围内,计算每个技能在单元时间内出现的频率。

学生的与教学目标相关的全部反应应得到全面的评价,以便确定每个人已经建立起来的行为有哪些,与强化物有着同样的功能的情景与事件的结合是否恰当,以及在什么情况下什么样的刺激将唤起什么样的反应。这样,教育者便可以选择课程材料、教学风格、交往安排以及供当前和今后使用的结果,避免使用无效的、不必要的或者干扰性的激励或强化。

对于学习目标来说具有重要意义的行为表现也受到学生所处的校内外物理和社会环境的影响,因此这种物理和社会环境也应该得到评估。比如生态行为评估就可以对行为变化的支持因素或阻碍因素做出鉴别并加以调整。

生态行为评估的方法要求学生、教师、监督者、学生的父母和社会人士都参与到特定教学目标、测量、材料、介入方式/结果的具体化工作中来,记录取得的进步和结果的变化。这些具体化工作的完成通常表现为签订一份正式的协商而成的行为合同(Brooks 1974, Sulzer-Azaroff and Reese 1982)。一种常用的方法是每日报告卡(Schumaker et al. 1977),借助于报告卡,教师可以按事先设定的标准来检查学生在每天或每一个阶段的表现如何,比如是否按时上课,学生家长也可以根据报告卡对学生采取相应的强化措施。

4. 行为教学的程序

斯金纳(Skinner)在他 1958 年撰写的论文中详细阐述了教学机器的概念,从此,行为理论开始系统地运用到教育改革之中。这种运用通常涉及单个或多个前续事件或结果的重组,有时也涉及这些理论与教学的、动机的或管理的项目或程序包的有机整合。

除了个别特殊情况外,行为教学的所有流派都强调学生积极地参与和定期获得恰当的结果。下面将讨论其中被证明是最成功的且被最广泛采用的模式和程序。

4.1 象征性的节约

在象征性的节约中,每当所期望的行为、行为整合或相似的行为出现以后,会立刻伴随一些中性的象征性的强化物,比如实物或测验成绩。以后,在比较方便的时候,这些象征性的强化物可以被对学生来说更有强化价值的项目或事件所替换。有这样一个例子(Sulzer et al. 1971),五年级的学生按自己的进度做阅读和拼写作业,在完成一章时,把答对的题数记下来,并给予学生一个分数,这个分数在将来可以兑换小礼品或喜欢从事的活动。这样一来,错误的行为会越来越少,每天的良好表现会显著增加,同时,与往年相比标准化成就测验的分数也会成 2~3 倍的增加。

4.2 同伴监督或同伴指导

人们发现,通过适当的训练和指导,同龄人可以有效地担任他的同班同学的导师,而且他们自己本人也在这种体验中得到学术上和社交上的锻炼。同伴指导增加了学生参与学术活动的机会,学生获得的强化和反馈也得到增加。同伴导师增加了从事被强化的活动的机会，同时，担任导师本身也给他们带来某种社会地位（而这本身就是一种直接而自然的强化物）。

“詹尼普花园”是一项在堪萨斯州的生活贫困家庭中广泛实施的教育干预项目，在这个项目中，一个在班级范围内通过同伴指导来教一系列工具性的科目的同伴指导项目已经设计完成并通过测试。这个非常成功的系统已被复制并运用到跨学校、学生、教师和学年的拼写训练之中（Greenwood et al. 1987）。通过确证或模式化那些被期望的行为或及时强化这些行为，同伴们还可以有效地促进社交能力、娱乐技能、情感和许多其他技能的发展。

4.3 团体管理方法

当具有相同技能水平的小团体中的成员像在“合作学习”（Johnson D W and Johnson R T 1983）中那样，因共同工作或是趋向一个共同目标而得到强化时，他们就会更加趋向于互相帮助并从中在学术上和社交上获益。在一个团体管理系统“好行为游戏”中，较少扰乱行为或行为表现适当的队会更为经常地得到奖励，参与奖励性的活动。这一管理系统在迅速改善学生行为方面的能力已经得到证明（Saigh and Umar 1983，Fishbein and Wasik 1981）。这些系统之所以运转良好，原因除了提供事先安排好的强化措施外，还在于当同龄人得体地参加活动时，积极的交往性事件（比如关注、认同、鼓励等）很自然地被带入到活动中来。

4.4 社交技能训练

表达感激、请求帮助、得体地拒绝或反对、进入并参与一个游戏或一个团体交谈，以及其他不会令人感到不愉快的社交行为，都可通过社交技能训练而得到提高。具体的训练技能是在考察了学生的缺点和长处、经过环境测试以后选择确定的。训练内容包括讨论变化、暗示、论证的基本原理，在模拟的或自然的条件下运用技能，并为获得的进步提供即时的强化和反馈（Sulzer-Azaroff and Mayer 1986）。

4.5 程序教学

在程序教学中，重要信息是通过教学机器、计算机和作业本呈现的。学生按顺序对被称为“骨架”的教学小步子一一做出监控和反应。在这些反应之后应立刻伴有肯定性或矫正性的反馈，有时还会伴有其他活动，比如详尽的表扬。根据富有挑战性的教学目标与学生的全部行为之间相匹配的程度的不同，学生的反应也应不同，如果学生能准确而熟练地做出反应，就应得到最好的强化。激励应得到仔细的选择、运用和调整，以使准确而熟练的反应保持下来。在这种方式下，学习应是快速、持久而令人愉快的。

程序教学项目允许学生按不同的进度获得发展，并能在不同人口地区的学生中和在不同学科领域中得到广泛运用。原来我们要求教师在各种教学内容和教学风格中都应成为专家，程序教学使这一要求得到了缓和。然而，不管教学是通过机器还是通过课本来呈现，只有当它忠实地遵循基本的行为理论时它才会有效。材料的挑战性或趣味性不够高、对学生来说步子太大或太小、成功率太低、反馈或强化不适当或不充分、激励太多或太少、激励消退得太快或太慢等，都会降低已有既定项目对特定学生人群的价值。考虑到计算机技术正变得越来越成熟，对教学项目做些必要的调整已变得越来越可行。

4.6 个性化的教学系统

与程序教学非常相似，个性化的教学系统（PSI）（Keller 1968）主要广泛运用在高等教育学科的教学中，但也有一些根本区别。在个性化的教学系统中，步子趋向于更大一些（段落或篇章而不是一些句子），反馈一般由督学（通常是一个已经掌握了该教学单元的学习同伴）提供，激励通常是让学生优先回答学习问题，并通过单元小测验来评估材料的掌握程度。

在测验后，督学会马上给学生以反馈以便做出矫正，如果必要的话，还会详细告诉学生他需要如何进一步做好准备，以便在同样内容的不同形式的测验中展示自己的掌握情况。一旦学生的成绩高于预定的测试成绩（通常是90%），就证明学生已经掌握了有关的内容，他们就可以进入到下一个教学单元的学习。根据350多份报告的数据分析（Kulik 1979），“个性化教学系统”已经成功地显示了学生学业成绩的提高。

4.7 精确教学

精确教学强调通过提高学生的反应率来提高流畅性。首先,让学生掌握一个简单或复杂的事实或技能(比如,正确拼写一个单词,运用一个数学算法,提供一个历史事件的背景材料,改装一个火花塞等)。这种掌握通常伴随有教师的指导、程序性的材料,或者正规的、按照教材实施的、小班化的、互动式的教学,比如"直接教学"(Becker and Carnine 1981)。

学生必须持续练习有关技能,直到达到相当高的准确率和精确水平(例如,流利)(Bell 1991,Hofmeister 1989)。

通常学生通过在对数表上标示他们自己的准确率来了解自己达到的熟练程度。研究已反复证明,对于超前的或落后的学习者以及有学习障碍或经济困难的儿童或成年人来说,单独的精确教学,或者与直接教学、同伴指导/辅助性强化相结合的精确教学,可以提高学业进步的速度。精确教学也可以促进知识或技能的保持,促进知识或技能向其他(通常是更高级的)学科和情景的泛化或迁移。

5. 趋势、问题和未来的研究

无数的控制性研究已经证明了这样一个结论,即行为教学方法能够帮助学生和教师达到较高的成就水平。虽然已经有四十多年的系统运用和研究,这种方法在较大范围内的使用还只是刚刚开始。一些工作机构正着手用这些技术去教读写、算术和职业技能。对这种技术向学校系统迁移过程中所遇到的支持或障碍的生态学研究正在进行,而且毫无疑问会继续增加。学校校长、学生管理专家、学校董事会成员以及从事项目的设计、实施/评价的其他公务人员对行为教学的影响,也都在研究之中。

当前,新的计算机技术正在引起程序教学研究和发展的重新繁荣。对计算机辅助教学的课程内容、最佳程序、激励与弱化策略、辅助性的图表、多种多样的反应模式、反馈与强化的可选择方式以及其他方面问题的研究,都正在不断增加。行为研究在认知活动方面的相关研究成果也可能不断地被整合到教学设计之中。

最后,我们需要研究证明,对特定个人和群体来说,动机、管理和教学课件的理想整合是否是适当的。同时,高水平的人员训练问题和成本—效益型的实践性课程中的劳动强度问题,也都需要加以研究和阐释。通过这些研究,教学行为理论对教育效果的提高应该能做出更大的贡献。

B. 舒尔泽-阿扎诺夫(B. Sulzer-Azaroff) 著
曾继耘 译

附录

Becker W C,Carnine D W 1981 Direct instruction:A behavior theory model of comprehensive educational intervention with the disadvantaged. In:Bijou S W, Ruiz R (eds.) 1981 *Behavior Modification:Contributions to Education*. Erlbaum,Hillsdale,New Jersey

Bell K E,Young R,Salzberg C L,West R P 1991 High school driver education using peer tutors, direct instruction,and precision teaching. *J. Appl. Behav. Anal.* 24(1):45—51

Brooks B D 1974 Contingency contracts with truants. *Pers. Guicl. J.* 52(5):316—320

Catania A C 1992 *Learning*. 3rd edn. Prentice Hall, Englewood Cliffs,New Jersey

Comunidad Los Horcones 1991 Natural reinforcement: A way to improve education. *J. Appl. Behav. Anal.* 25 (1):71—75

Fishbein J E,Wasik B H 1981 Effect of the good behavior game on disruptive library behavior. *J. Appl. Behav. Anal.* 14(1):89—93

Greenwood C R et al. 1987 Field replication of classwide peer tutoring,*J. Appl. Behav. Anal.* 20(2):151—160

Hofmeister A,Engelmann S,Carnine D 1989 Developing and validating science education videodiscs. *J. Res. Sci. Teach.* 26(8):665—677

Johnson D W,Johnson R T 1983 Effects of cooperative, competitive, and individualistic learning experience on social development. *Excep. Child.* 49:323—329

Johnston J M, Pennypacker H 1993 *Strategies and Tactics of Human Behavioral Research*, 2nd edn. Erlbaum, Hillsdale, New Jersey

Keller F S 1968 Goodbye, teacher . . . *J. Appl. Behav. Anal.* 1(1):79—89

Kulik J A, Kulik C-L C, Cohen P A 1979 A meta-analysis of outcome studies of Keller's personalized system of instruction. *Am. Psychol.* 34:307—318

Mager R F 1990 *Preparing Instructional Objectives*. Kogan Page, London

Risley T R, Cataldo M F 1973 *Planned Activity Check: Materials for Training Observers*. Center for Applied Behavior Analysis, Lawrence, Kansas

Saigh P A, Umar A M 1983 The effects of a good behavior game on the disruptive behavior of Sudanese elementary school students. *J. Appl. Behao. Anal.* 16(3):339—344

Schumaker J B, Hovell M F, Sherman J A 1977 An analysis of daily report cards and parent managed privileges in the improvement of adolescents'classroom performance. *J. Appl. Behav. Anal.* 10(3):449—464

Singh N N, Singh J 1984 Antecedent control of oral reading errors and self-corrections by mentally retarded children. *J. Appl. Behav. Anal.* 17(1):111—119

Skinner B F 1958 Teaching machines. *Science* 128:969—977

Skinner B F 1981 Selection by consequences. *Science* 213:501—504

Sulzer B, Hunt S, Ashby, E Koniarski C, Krams M 1971 Increasing rate and percentage correct in reading and spelling in a 5th grade public school class of slow readers by means of a token system. In: Ramp E A, Hopkins B L (eds.) 1971 *A New Direction for Education*. University of Kansas Follow Through Program, Lawrence, Kansas

Sulzer-Azaroff B, Reese E P 1982 *Applying Behavior Analysis: A Program for Developing Competence*. Holt, Rinehart and Winston, New York

Sulzer-Azaroff B, Mayer G R 1986 *Achieving Educational Excellence Using Behavioral Strategies*. Holt, Rinehart and Winston, New York

Sulzer-Azaroff B, Mayer G R 1991 *Behavior Analysis for Lasting Change*. Holt, Rinehart and Winston, Fort Worth, Texas

Wilczenski F L, Sulzer-Azaroff B, Feldman R S, Fajardo D E 1987 Feedback to teachers on student engagement as a consultation tool. *Professional School Psychology* 2:261—272

其他参考资料

Alberto P A, Troutman A C 1990 *Applied Behavior Analysis for Teachers*, 3rd Edn. Merrill Publishing Company. Columbus, Ohio

Jenson W R, Sloane H N, Young K R 1988 *Applied Behavior Analysis in Education*. Prentice Hall. Englewood Cliffs, New Jersey

Johnson D W, Johnson R T 1975 *Learning Together and Alone: Cooperative, Competitive and Individualistic Learning*. Prentice Hall, Englewood Cliffs, New Jersey

Kazdin A E 1989 *Behavior Modification in Applied Settings*, 4th Edn. Brooks Cole, Pacific Grove, California

Maher C A, Forman S G (eds.) 1987 *A Behavioral Approach to Education of Children attd Youth*. Erlbaum, Hillsdale, New Jersey

Markle S 1991 *Designs for Instructional Designers*. Stipes Publishing. Champaign, Illinois

Skinner B F 1968 *Technology of Teaching*. *Prentice Hall*, Englewood Cliffs, New Jersey.

教学的认知发展理论(Teaching, Cognitive Developmental Theories of)

教育领域最令人困惑的一个话题就是如何改进学生的学习。表面上看,答案似乎很简单,用各种方法以简单易懂的方式把要求学生学习的知识呈现出来,就会出现积极的结果。然而,真正的答案未必如此。

美国第一个公认的心理学家威廉·詹姆斯(William James)提供了一个战争与教学的恰当比

喻：

在战争中，你所必须做的就是把敌人引到有阻止他逃跑的自然障碍的位置……然后以优势兵力向敌人发起进攻……教学中也是如此。简单地说，你必须引导学生进入一种兴趣状态，在这种状态下，学生对任何其他事物都不再关注。然后给他展现他应该学的东西，这种展现将如此深刻，以至他到死都忘不了。最后，激发他强烈的好奇心，使他急切地想知道下一步是什么。（James 1958 P. 106）

正如詹姆斯随后所说，困难的是学生就像敌方的将军一样，可能正全力以赴地攻向一个不同的目标。对教师来说，想了解学生的所思所想，与在战场上要了解敌方的指挥官一样困难。

认知发展理论正是试图通过对教师和学生的研究来克服这些困难。教师和学生两者都要参与学习过程，因此，其中任何一个不协调，学习都会受到影响。

在杜威（Dewey 1966）和弗莱雷（Freire 1981）的早期理论中，在皮亚杰（Piaget 1974）、柯尔伯格（Kohlberg 1984）、维果茨基（Vygotsky 1978）的研究中，都可以看到关于认知发展的方法运用于教学的基本原理的阐述。他们认为，教学本质上是教师和学习者之间互动的过程，是一种雄辩术或对话。学生被看作是教学过程的积极参与者，教师的任务是促进儿童智力、人际交往和社会性的发展。正如杜威所说，"发展教育的理由，表面上看起来是为了促进学生的发展，但实质上应该把它看作社会更快发展的一个组成部分"（1966 P. 69）。

与这些观点相呼应，弗莱雷（1981）强调教育的目标应当是培养学生的批判意识，使他们关心造成民主社会公民之间的不公正现象的政治、社会和经济方面的原因，"我确信，通过关注他们孩子的学校（或其他机构）的发展，巴西人民可以体验到自己的责任，而通过这种体验，他们能够学会承担社会责任和政治责任……同样，通过民主制度的实践，他们也能够学会民主制度"（1981 P. 36）。

简单地说，教与学的认知发展理论的教育目标，不仅包括诸如广义的传授文化知识之类的传统目标，而且还包括提供必需的经验，以把学生培养成为能够参与民主管理的见多识广的公民。

1. 教与学的传统观点

20 世纪 90 年代，杜威和弗莱雷的观点在大多数国家的教学实践中还是存在争议的。不管是在美国还是在世界各国，在课堂教学中所看到的都是连续而持久的通过课堂背诵而进行的死记硬背的学习方式。学生通过课程学习来背诵以客观事实为基础的学习内容，这种学习方式在 20 世纪初期第一次被记录下来。贝尔拉克等人（Bellack et al. 1966）报道说，在 20 世纪初，面对教师的提问，学生能以每分钟 4 个的速度背诵事先记住的答案。大约 70 年以后，这个速度降到每分钟 3 个。正如古德拉德（Goodlad 1984）所说，"在超过一半的课堂上和工作表上，死记硬背是唯一采用的方法——既没有电影、幻灯、录像、模拟磁带、教学机器，也没有野外观察"（P. 241）。

弗莱雷（1981）把这种传统方法称为"银行式教育"。他认为，死记硬背各种互不相干的片断事实这种学习方法，会强化所有的不正确的目标。学生被看成是一件呆滞而空洞的容器，被灌入指定的知识。

皮亚杰（1974）认为，记住的知识并不是知识。杜威把这种教学方法叫作"留声机式的方法"，即教师把知识刻在空白唱片上，以后再重放。维果茨基把这种方法叫作"僵化"。世界已经发生变化了，传统的教学方法仍然根深蒂固，似乎很难进行改造和革新。全世界的课堂教学都可以用一句法语来概括"Plusça change, plus c'est la même chose"，即事物变化得越多，它们保持相同的东西就越多。

在美国，国家教育成就评估结果，使人们有充分的理由感到担忧。评估的结果，引起了人们对传统教育方法的谴责，特别是在中学阶段。当然，这些指数只是在特定时间获得的，并不代表整体的综合水平。

评估的基本结果表明，小学生主要是学习基础课程，或是"3R"课程。但是，到初中阶段，学生的理解综合能力却降低了。例如,年轻的学生开始无视阅读规则,只是学会了加、减,知道了南美国家的首都。在高中阶段以前,他们对所阅读的东西的意义知之甚少,在数学学习上存在许多所谓的"文字问题"的困难(Jones 1988),并且对民主政治的基本原则表现出明显的无知(Nickerson 1988)。

我们确实很难想像通过传统教学方法来得到其他不同的教育结果。泰勒(Tyler 1933)在他的一项经典研究中发现,几乎所有教育都缺乏综合理解。与前面已经提到过的古德拉德(1984)所做的最新研究一样,弗兰哥(Flanagan 1973)的大规模研究——"天才项目研究"——也得出了同样的结论。在斯普林特霍尔等人(Sprinthall and Sprinthall 1990)中对这些研究进行了总结。

2. 认知发展学习

在认知发展学习中,教学是由学生开始的,特别重要的是,教学是建立在这样的理解基础之上的,即学生并非小大人,并非一件空洞的容器或一张空白唱片。正是皮亚杰(1974)在20世纪20年代所做的先驱性研究工作,开始描述学生在面对需要解决的教育问题时所实际运用的学习方法。他概括了概念生成的阶段顺序:感觉运算阶段、直觉运算阶段、具体运算阶段和形式运算阶段,每一个阶段都代表了一种独具特点的认知加工方法。

皮亚杰的研究开始只限于欧洲,后来扩展到许多国家。他的研究已经成为"性向与教学相互作用"(ATI)的基础。按照这种理论框架,学习是由学生的特性所决定的,这些特性包括他们所处的认知阶段、他们与教学策略和教学内容的互动等。这反映了一个不言而喻的道理,即教学必须从学习者的现有水平开始。

认知发展理论为我们提供了有关学习者现在处在什么水平的一个详细而全面的描述。虽然皮亚杰的理论框架不断受到挑战和修正,但关于阶段特征和阶段顺序的整体框架仍然完整无损(Ginsberg and Opper 1988)。

认知发展理论的第二个发展领域是杜威提到过的关于公民的价值观和道德准则的教育目标,这一方面的研究尤其受到民主社会的关注。在这方面,柯尔伯格(1984)的研究已经提出了一个与皮亚杰的概念发展阶段理论相并行的道德发展阶段理论。在柯尔伯格的理论中,道德判断和道德推理按照这样一个顺序发展,即从以自我为中心的生理主导阶段(阶段一)、物质至上的享乐主义阶段(阶段二)、社会顺应阶段(阶段三)、法律约束阶段(阶段四),发展到民主原则思想阶段(或者是功利主义的结果主义阶段,或者是道义论的普遍主义阶段)。柯尔伯格的阶段划分与弗莱雷的关于知觉的阶段划分也有着明显的相似性(例如,弗莱雷的不及物阶段、半及物阶段、纯及物阶段与柯尔伯格的第一、二、三阶段相同,弗莱雷的批评性知觉与柯尔伯格的第五、六阶段即原则性推理阶段相同)。柯尔伯格的研究开始于美国,现在已经扩展到50多个国家,大量的实证研究结果已经证明他的研究的跨文化的有效性,也证明了他提出的阶段顺序的性别中立性。虽然后一点曾经受到挑战,但莱斯特(Rest 1986)通过6 000多个被试以及沃克尔(Walker 1986)通过10 000个被试所作的元分析,均没有找到证据支持任何性别差异。

3. 认知发展教学:学生

皮亚杰和柯尔伯格最初都假设运用这些理论到实践中去是不成熟的,事实上关于这一点,皮亚杰早就提出过警告(他对"教育加速是一个'美国问题'"的尖刻评论)。然而,事实上已有大量的实际应用支持了杜威—弗莱雷的目标、维果茨基的目标以及皮亚杰和柯尔伯格的阶段论。

沃尔博格(Walberg 1986)认为,学生的皮亚杰式的发展阶段非常有助于学生理解学习的内容,特别是在科学领域。例如,如果教师无视学生的科学思维的发展阶段,学生就不能很好地理解他应该学习的内容。同样,勒纳等人(Renner et al. 1976)所作的一系列研究也表明,如果只是承认而不是促进皮亚杰式的发展,那么科学教学就会出现不良的后果。弗欧斯坦(Feuerstein 1980)用犹太移民所作的研究也证明了将学生的发展阶段与教学方法相结合的积极效果。最为重要的是,他的研究还证明了他的教学研究在广泛的各种学术能力的培养方面的适用性。

然而，巴雷特(Barrett 1975)的研究表明，试图加快发展的速度是不行的。他在英国的研究证实，试图在形式推理产生之前去教抽象概念的含义只会导致理解上的一无所获。那些年龄大的学生经过短时间的学习就能够迅速掌握的概念，对年龄小的学生来说则根本不能掌握。因此，如果老师花大量课堂时间向处于具体运算思维阶段的学生讲授抽象的概念，那么他注定是要失败的。

达克沃斯(Duckworth 1987)以他的格言最为准确地抓住了发展性教学与发展性学习的精髓，“不是我们教得太迟，就是他们早已知道”(P. 31)。这句格言的含义是两方面的，首先，要求了解目前学生最喜欢的问题解决方式，也就是说，要了解学生的认知发展阶段；第二，同样重要的是要了解教师的认知发展阶段。

4. 认知发展教学：教师

认知发展理论的一个重要发展是对理论的大量修改。20 世纪 70 年代以前，人们普遍认为认知发展阶段在青少年末期或成人早期就结束了。然而，认知发展的研究者都犯了一个只开展纵向研究的偶然性错误。他们发现，在成年期这种发展阶段仍然持续存在。皮亚杰一方面专注于早期儿童和青少年发展的研究，另一方面他又在他后来的一项研究中提出了持续发展的问题(Piager 1972)。柯尔伯格(1984)在反思检查了间隔 5 年以后所做的研究之后，修正了他自己早期的观点。同样的发展变化在其他领域的发展阶段理论中也能看到(比如，自我表现发展和观念的发展)。于是，教师被界定为处于某一阶段和顺序模式之中的成年学习者，那些曾适用于学生的理论现在也适用于教师了。

这一领域的主要研究者是洪特(Hunt 1974)，他起初是在美国开展研究，随后在加拿大安大略湖教育研究院开展研究。洪特发现，教师理解学生认知策略的能力(也就是说，从学习者的现有水平开始)，以及相应地修正课程内容和教学方法的能力，都依赖于教师观念的发展阶段。他用短语“了解并调整”来描述教师的这种较高水平的能力(相关的概念有认知的灵活性和认知的适应性)。

洪特还证明，有效的“了解并调整”能够产生有效的学习环境。例如，对于处于较低的概念发展阶段的学生，就应该使用具体的案例来开展教学(规则—案例—规则的方法)；而对于处于较高的概念发展阶段的学生，则应该采用相反的方法(单一案例归纳法)。积极的结果来自有效的匹配，而消极的结果源于采用不适当的方法。

教师能否恰当地“了解并调整”与教师认知发展的复杂性程度密切相关。事实上，洪特用同样的系统去测量了教师和学生的概念学习能力。有较高概念学习能力的教师，往往会不断创新，把学生视为教师—学习者，能很自如地向一些学生提供详细的、高度组织起来的材料，而对另一些学生则实施组织性相对较低的归纳教学，而不会只机械使用单一的规定好了的方法。与此相反，低概念学习能力的教师，往往拒绝创新，对所有学生都采用“尝试错误”的方法，分不清灵活的小组教学、学习中心以及合作性方法之间的区别。关于这一点，乔依斯和麦克基宾(Joyce and McKibbin 1980)发现，如果让教师参加研讨会并向他展示一个学年中各门课程使用的大约 100 种创新性的教学方法，那么，一年以后，认知发展水平较低的教师几乎都没有使用其中任何一种方法，而处于较高认知发展阶段的教师则与他们相反。

米勒(Miller 1981)对 200 多项研究做过一项元分析研究，该研究也证明教师概念学习能力的高低是其能否有效实施教学的“预言者”。在许多国家实施的试图在学校的语言、社会研究、数学和科学等学科中注入新的且令人激动的课程理念的改革，大都走向彻底失败，而米勒的这个发现也许就能解释失败的原因。从众多失败中我们可以看到一个很简单的问题：都没有诸如教师资格培训方面的课程。如果教师的概念发展阶段不能至少达到中等或中等以上水平，那么，世界上最好的教材也不会取得好结果。

当然，这里的主要问题是，与中小学教育一样，当前所组织的教师培训项目在促进教师认知发展上也不称职。两者都对学习者的发展阶段视而不见，无论学习者是在校的学生，还是在职培训的教师。一个荷兰教育工作者(Veenman 1984)曾对教师培训项目做过一次研究，研究发现，项目的设计是很好的，但却很少得到真正的实施。实际上，洪特（1974）一直声称，教师培训中所缺少的就是没有把教师视为一个处于某一概念发展阶段的学习者。

在旨在促进学生的道德判断发展的学校课程的研究中，也出现了同样的结果。例如，奥泽（Oser 1984）在瑞士和伯克魏兹（Berkowitz 1985）在美国都发现，苏格拉底式的道德两难判断方法能否得到有效运用，依赖于教师处于什么样的发展阶段。组织学生就有争议的两难问题展开对话或讨论需要高水平的教学能力，这种教学能力表现为：一方面能澄清和扩展学生的思想，另一方面又能使学生的思维受到挑战。事实上，伯克魏兹已经发现，如果教师不能做到这两方面的要求，学生的认知发展就不能得到发展。

5. 学生和教师的目标：认知和道德的发展

在某种意义上，不管教学的目标是使学生在学校的必修学科中获得概念复杂性的发展，还是促进学生道德判断的发展，适用的教学和学习规则都是一样的。认知发展模式是建立在平衡和不平衡辩证统一的基础上的，也是建立在学习者的同化与顺应辩证统一的基础之上的。当现有的问题解决模式受到有效的挑战时，旧的学习和新的学习之间的平衡就被打破。弗斯（Furth 1981）曾恰当地把这种不平衡描述为由于认知所处的现有水平与所要解决的知识障碍之间的不匹配而带来的混乱。弗斯还进一步声称，在目前的教育体系中，这个问题不可能得到解决。

认知的发展依赖于对新的更复杂的认知过程的缓慢的吸纳（顺应）。在这一点上，弗斯提供了一个德国青年的例子。作为一个具体的思想者，当他在周末骑自行车时看到没有塔尖的教堂时，他感到非常不和谐。在这个例子中，这个青年的认知是否能得到发展取决于随后的对话或讨论。维果茨基（1978）认为学习者需要时间去逐步放弃观察问题和解决问题的旧方法而去适应新方法。更复杂的认知结构能使学习者的批判性思维过程变得更有效率和更有效果，而这种复杂认知结构的逐步发展方式就是结构主义者的学习方式。

6. 发展的代价

认知发展理论认为，学习者（不管是教师还是学生）必须放弃旧的解决问题的“尝试错误”的方法。例如，用皮亚杰式的话来说，为了进行形式运算思维，学习者可能就要放弃具体的思维方式。用柯尔伯格的术语来说，处于法律约束阶段（第四阶段）的学习者在做出道德判断时就会拒绝社会顺应（第三阶段）的思维方式。

有人已经委婉地陈述了对发展的心理抵制。大多数发展理论专家已经接受了“加一”的思想。学习者被吸引着向高一级阶段发展，因为无论是在概念发展领域还是在道德发展领域，高一级阶段可以达到对思想更好的组织（Rest 1986）。许多持中立立场的理论家认为，在转变阶段，学习者将经历巨大的心理混乱（Kegan 1982）。实际上，当旧的方法已被证明不足以解决手中的问题时，学习者会感到自己太无能，有时甚至会非常生气或者沮丧。实际上学习者可能并急于想知道如何才能达到更高级的问题解决策略的发展水平。这正好可以解释为什么在前面谈到的詹姆斯的教学和战争的比喻中，学生会千方百计地暗中与教师作对。

科甘（Kegan）正好也提出了这一观点。当旧的方法让学习者感到很习惯并能带来成功的结果时，新的学习会产生一段时间，在这段时间中学习者会对新的学习要求抱一种警觉敌对态度和本能拒绝态度。上述这些新的观点将有助于改进我们在同一个发展阶段里（横向）的教学方法，更有助于改进我们在一个阶段与另一个阶段的过渡时期（纵向）的教学方法。

7. 方法特征

对学生来说，最通用的发展性教学方法，是杜威和弗莱雷所要求的与有指导的反思相结合的主动学习。具有讽刺意味的是，虽然人们已经形成了对银行式教育（通过文化的记忆传递而实施的教育）的长期依赖，但是在20世纪30年代还是出现了著名的“8年研究”，它用经验事实证明了探究法（即活动课程）优于讲授法。在这个研究中，教师从跨学科的角度运用了小组学习、合作学习、开展研究项目、野外旅行、角色扮演等方法，实验组和控制组的样本都很大(大约有3 000个学生参与)，结果有18项测量指标的数据对活动方法有利(Aiken 1942)。

最近，一个相似的跨学科的有关社会角色实践项目(比如，急切的咨询、教学和学生的社区实习)的实验研究也得出了同样的结论。这些项目不仅促进了学生概念的发展，而且也促进了学生在道德判断上的发展(Sprinthall and Collins 1988)。与角色扮演不同，角色实践项目要求学生暂时搁置他们自己关注的事情，而去学习一种倾听的"铁的原则"。学生对社会的深刻认识发展了，同情心也获得了发展，而这两者都有利于学生道德感的发展。同时，要求学生去反思、阅读和分析这些经验，也会促进认知结构的发展。标准或传统的学术课程却不能得到这样的结果(Rest 1986, Hunt 1974)。

对教师来说，也是同样的道理。教师往往是处于概念发展和道德发展的较低或中等水平。教师在早期学生学习生活和在职培训中所受到的正规的学术训练，在这些领域几乎没有起到什么作用。这种训练对学习者的作用是间接的，而且是令人沮丧的。令人讨厌的例行公事的思想和消极的情绪状态在学生中普遍存在。

更为值得关注的是有经验的教师对他们所指导的实习教师的影响。一项研究表明，在发展水平上的不协调会导致消极的后果:实习教师的概念和道德发展阶段高于他们的指导教师。这项研究也表明，处于较高级发展阶段的指导教师可以有效指导更大范围的实习教师。

通常，处于较高级发展阶段的教师能灵活地适应各种各样的学生(Oser 1984)。这一点对指导教师来说是真理，对其他学校成员有效，比如对顾问、校长和其他专业人员同样也是真理(Sprinthall and Thies-Sprinthall 1983)。

8. 结论

认知发展理论代表了在教学与学习研究上的一个重要转变。杜威和弗莱雷提出了这一理论的基本概念，这些概念表明了把教学与学习的过程看作一个互动的过程的重要性。

对民主社会来说，这种理论主张教育的直接目的是在个体的整个人生阶段促进个体概念和道德发展，以培养积极的社会公民。在这一方面，皮亚杰和柯尔伯格提出了具体的发展阶段顺序理论，用以理解学习者在解决问题的方法上的倾向性。

这种理论主张采用辩证的方法来进行教学，即按照学习者的发展阶段的特点来安排不同的教学内容和采用不同的教学方法。传统教学方法的不断失败证明了这种转变的必要性。

然而，认知发展理论并非仅仅关注学生，而是同样关注教师。有许多研究项目已经证明，这种理论既适用于学习者，也适用于教师。

N. A. 斯普林特霍尔(N. A. Sprinthall) 著

曾继耘 译

附录

Aiken W M 1942 *The Story of the Eight Year Study*. Harper and Row, New York

Barrett B 1975 Training and transfer is combinational problem-solving: The development of formal reasoning during early adolescence. *Dev. Psychol.* 11(8):700—704

Berkowitz M W 1985 The role of discussion in moral education. In: Berkowitz M W, Oser F (eds.) 1985 *Moral Education: Theory and Application*. Erlbaum, Hillsdale, New Jersey

Bellack A, Kliebard H, Hyman R, Smith F 1966 *Language of the Classroom*. Teachers College Press, New York

Dewey J 1966 *Democracy and Education. An Introduction to the Philosophy of Education*. The Free Press, New York

Duckworth E 1987 *The Having of Wonderful Ideas and Other Essays on Teaching and Learning*. Teachers College Press, New York

Feuerstein R 1980 *Instrumental Enrichment: An intervention Program for Cognitive Modifiability*. University Park Press, Baltimore, Maryland

Flanagan J C 1973 Education: How and for what. *Am. Psychol.* 28:551—556

Freire P 1981 *Education for Critical Consciousness*. Continuum, New York

Furth H 1981 *Piaget and Knowledge. Theoretical Foundations*. University of Chicago Press, Chicago, Illinois

Goodlad J 1984 *A Place called School*. McGraw-Hill New York

Ginsberg H, Opper S 1988 *Piaget's Theory of Intellectual Development*, 3rd edn. Prentice Hall, Englewood Cliffs, New Jersey

Hunt D 1974 *Matching Models in Education*. Ontario Institute for Studies in Education, Toronto

James W 1958 *Talks to Teachers*. W. W. Norton, New York

Jones L V 1988 School achievement trends in mathematics and science, and what can be done to improve them. In: Rothkopf E Z (ed.) 1988 *Review of Research in Education*, Vol. 15. American Educational Research Association, Washington, DC

Joyce B, McKibbin M 1980 Psychological states and staff development. *Theory Pract.* 16(4): 248—255

Kegan R 1982 *The Evolving Self: Problems and Process in Human Development*. Harvard University Press, Cambridge, Massachusetts

Kohlberg L 1984 *The Psychology of Moral Development*. Harper and Row, San Francisco

Miller A 1981 Conceptual matching models and interactional research in education. *Rev. Educ. Res.* 51(1): 33—84

Nickerson R S 1988 On improving thinking through instruction. In: Rothkopf E Z (ed.) 1988 *Review of Research in Education*, Vol. 15. American Educational Research Association, Washington. DC

Oser F 1984 Cognitive stages of interaction in moral discourse. In: Kurtines W M, Gewirtz G L (eds.) 1984 *Morality, Moral Behavior, and Moral Development*. Wiley, New York

Piaget J 1972 Intellectual evolution from adolescence to adulthood. *Hum. Dev.* 15: 1—12

Piaget J 1974 *Adaptation vitale et psychologie de l'intelligence*. Hermann, Paris

Renner J et al. 1976 *Research, Teaching, and Learning with the Piaget Model*. University of Oklahoma Press, Norman, Oklahoma

Rest J 1986 *Moral Development: Advances in Research and Theory*. Praeger, New York

Sprinthall N A, Collins W A 1988 *Adolescent Psychology: A Developmental View*. McGraw-Hill, New York

Sprinthall N A, Thies-Sprinthall L T 1983 The teacher as an adult learner. In: Griffin G (ed.) 1983 *NSSE Staff Development* (*82nd Yearbook*). NSSE, Chicago, Illinois

Sprinthall N A, Sprinthall R C 1990 *Educational Psychology: A Developmental Approach*, 5th edn. McGraw-Hill, New York

Thies-Sprinthall L 1980 Supervision: An educative or miseducative process. *J. Teach. Educ.* 31(4): 17—20

Tyler R W 1933 Permanence of learning. *J. Higher Educ.* 4: 203—204

Veenman S A M 1984 *Onderzack van het onderwijzen en do cognitief-structurele ontiockkelmgsbenadering*. Instituit Voor Onderwijskunde, Nijmegen

Vygotsky L 1978 *Mind in Society: The Development of Higher Psychological Processes*. Harvard University Press, Cambridge, Massachusetts

Walberg H 1986 Synthesis of research on teaching. In: Wittrock M C (ed.) 1986 *Handbook of Research on Teaching*, 3rd edn. Macmillan, New York

Walker L 1986 Sex differences in the development of moral reasoning: A rejoinder to Baumrind. *Child Dev.* 57(2): 522—526

教学:启发性模式(Teaching: Heuristic Models)

启发性教学模式是将基本目的定位于为学生解决问题、有效思考和自我学习提供策略或启示的教学模式。它的最终目的是使学生成为能够承担创生自己思想和知识的责任的独立思想者和学习者。它的倡导者认为,在这个复杂且不断变化的社会,知识和技术在快速更新,对学生来说,学会如何自己思考、如何自己创造新的知识、如何自己提出解决问题的办法,远比接受现有的知识更为重要。

1. 历史发展

许多世纪以来,欧洲文化中一直就有启发性教学模式。威特罗克(Wittrock 1985)将其起源追溯到了柏拉图的对话录中,特别是其中柏拉图对苏格拉底如何教一个年轻的奴隶学习毕达哥拉斯定理的描述。柏拉图的对话录印证了一种教学风格,在这种教学风格中,教师和学生共同开展理性的讨论,仔细考究证据的合理性。对柏拉图来说,真正的知识是隐藏在事物表象背后的,只有通过对由感觉而获得证据的逻辑分析和讨论,人们才能获得真正的知识。

在古罗马后期和欧洲中世纪早期,修辞或公开演讲和布道的艺术在统治阶级的教育中占据着中心位置。与其他社会一样,由于有价值的知识还不能以抄写或印刷的方式得到传播,教学考虑的重点就放在了对知识的准确记忆上。在有文字以前,社会的生存依赖于社会精英们对社会保存下来的自然和超自然的智慧的记忆能力。在那时和欧洲早期社会里,记忆的方法是教育的核心,人们采用启发的方法来帮助记忆,这些方法包括运用想像、有节奏和音乐的圣歌,以及诸如记住事件发生的地点之类的方法技巧,来将新的知识与熟悉的事件或场所联系起来(Metge 1986)。

在19世纪的欧洲社会和20世纪的其他社会,随着公立普及教育的兴起,人们开始重视接受式教学方法,而对启发式教学方法的兴趣逐渐下降。与把儿童培养成为有效的工人和道德良好的公民相比,教儿童自己思考变得不那么重要了。然而,随着民主的发展,人们形成了这样一种信念,即社会的发展要求人民应更广泛地接受教育,并能够自己做出明智的决定。于是,人们又重新燃起了对启发性教学模式的兴趣。例如,在美国,杜威(1933)主张反思能力必须是民主主义教育的基本内容,他声称,学生必须养成批判性的理性思维习惯。

20世纪后期启发性教学模式的兴起,应更多地归功于认知科学的发展和人们对行为主义教学模式的越来越强烈的不满。皮亚杰和布鲁纳(Bruner)的广博的研究使人们把研究的焦点聚集在了儿童思维活动的本质上。人们逐渐认识到,儿童的智力是他们理解和作用于客观世界和社会生活的方式的结果,因而训练孩子更有效地理解和思考现实世界,能够促进孩子智力的发展。

对专家在其专业领域观察、思考和解决问题的方式的研究,也是非常重要的。传统教学方法很少关注专家在每一学科领域所使用的探究方法。研究已经表明,如果没有把各专业科学家和数学家所使用的探究方法清楚地教给学生,那么学生就不可能熟练掌握科学或数学(Brown and Campione 1990)。

现在有证据证明,对于科学和社会的基本原理和基本概念,许多从高中或大学毕业的学生仍然持有严重的错误认识。吉尔-普勒兹(Gil-Perez)和卡尔拉斯科萨(Carrascosa)认为,这些错误认识长期存在的主要原因是它们代表了历史上人类理解世界的最初方式。接受式教学方法也许擅长于知识的灌输,但却无法教给学生构成现代科学思想基础的批判精神和探究方法。

2. 启发性教学的现代模式

现在已经有了很多以促进学生思考、解决问题、理解和自主学习为主要目的的教学模式,设计这些模式的观念基础是人们对学生的心理活动规律的认识。这些认识不但决定了应当教哪些内容,也决定了应当使用哪些教学方法。为了使教学灵活而有效,教师也需要理解学生的心理规律。例如,教师应该明白,学生需要了解许多不同的学习策略和思维策略,需要了解如何使用和何时使用这些策略。学生需要反思并制定计划,需要摆脱对失败的恐惧,需要对个人努力的功效充满信心。此外,学生还应该拥有相关知识的广阔背景,并且当学生有效地进行自主学习和自主思考时,应该能得到有效的奖励和支持(Borkowski and Muthukishna 1992, White 1992)。

现代的启发性教学模式大致可以分为五种基本类型,下面将对每一种类型加以介绍,并且为每一种类型举一两个例子来加以说明。

3. 互助教学模式和贸易策略教学模式

有一类启发性教学模式把学生视为正在进行“认知训练”的人（Collins et al. 1989）。在这种模式中，教师把有效的和熟练的思想者和学习者的认知过程的特点示范给学生，以帮助学生通过在教师指导下的实践来模仿或掌握这一认知过程。在这里，教师最困难的任务是要将通常发生在专家头脑中的认知过程直观而清楚地展现给学生（Brown and Campione 1990）。

在这一类模式中最广为人知的也许是帕林柯萨（Palincsar）和布朗（Brown）于1984年提出的“互助教学”模式。在这种模式中，教师示范或模拟一个认知过程（比如预言在阅读下一个章节时将会发生什么），同时解释他在做什么以及他为什么要这样做，并要求学生试着模仿这个过程。当学生试着模仿这一过程，并在模仿中能力得到一定发展时，教师就停止提供范例，转而扮演教练的角色，给学生提供线索、暗示、惩罚性的反馈以及鼓励，然后帮助学生自己控制这一过程并对他们的表现进行自我评价（Palincsar 1984）。

在这种模式中，教师的作用被描绘成提供“脚手架”。学生做他（她）所能做的尽可能多的事，教师则做其余的事情（Cazden 1988）。通过敏锐地把握学生的理解水平和进步状况，教师便可以针对学生的“最近发展区”来开展教学（Vygotsky 1978）。如果教师的指导超前于学生的能力太远，教学就几乎不可能是有效的。

虽然这一模式最初是作为提高阅读困难者的理解能力的方法而发展起来的，但它现在已扩展到数学和科学的教学之中。布朗和坎莫皮纳（Brown and Campione 1990）描述了互助教学模式在数学教育中的应用。在应用程序中，包含“反映板”的使用。在“反映板”上，一个小组的学生可以记录他们在解决某个数学问题时所取得的进展，比如，关于这个问题他们已经知道的东西（他们的背景知识），他们计划如何解决这个问题，在解决问题的过程中取得的进步，以及他们对已经得到的结论的准确性和可信性的检查。“反映板”的重要作用是为学生提供一个记录，借助于这个记录学生可以反思他们的解题过程，确认这个过程是成功或是失败，学会富有启发性地思考如何解决数学问题。

普瑞斯里等人（Pressley et al. 1992）提出的“贸易策略教学”模式与“互助教学”模式在许多方面相同，所不同的是，“贸易策略教学”模式是为了以一种更加开放灵活的方式，来提高学生更广泛的思考、学习和理解的能力而设计的。按照鲍科沃斯基和莫斯科瑞斯纳（Borkowski and Muthukrishna 1992）的观点，这一模式鼓励学生经常进行反思和计划。运用这种模式，教师可以“培养一个环境，在这个环境里，反思比完成作业和给出正确答案更有价值”（P. 479）。教师必须对学生的需要保持敏感，并鼓励他们“评价和调控他们自己的学习”（P. 490）。

在他们对最成功的贸易策略教学案例的分析中，普瑞斯里（1992）描述了这些案例的以下特点：教师一次只介绍一种策略，更多的时间被用来教每一种策略，并对每一种策略做大量的直接的解释。教师自己亲自示范每一种策略，边示范边描述他正在做什么，解释为什么运用这种策略以及什么时候应该使用这种策略。当学生实践和运用这些策略时，教师不断地给学生以反馈；无论什么时候出现任何困难，教师都给予进一步的说明和解释。在整个过程中，教师要确保学生高度的积极性，鼓励学生仔细制定策略运用的计划，并不断反思其策略的运用状况。

4. 直接策略教学

我们可以把“贸易策略教学模式”与另一个被称为“直接策略教学”的启发性教学模式相比较。虽然这两个模式有许多共同特征，但直接策略教学是仔细构建起来的，要求教师必须严格遵循建构起来的行为方式。科林恩等人（Kline et al. 1992）描述了认知策略教学的8个步骤。第一步，先对学生进行前测，然后教师和学生签一个协定，在协定中学生要承诺学习和运用这个策略。第二步和第三步，教师为学生描述和示范这个策略，鼓励学生尝试运用。第四步和第五步，学生学习运用这个策略，说出每个步骤的名称，解释每个步骤，并把它运用到越来越困难的情境中去。第六步，学生运用这个策略去解决校内外真正的问题，完成个性化的作业项目，直到完全熟练掌握这个策略。第七步，对学生进行一次后测，教师和学生共同回顾所取得的进步，庆祝学生取得的成绩，然后商定继续运用这个策略。最后一步，教师指导学生在各种各样的情况下实施这个策略。

5. 自我指导策略训练

学生要成为自我指导的学习者，需要教师的启发和帮助，而米勒和布勒威斯特（Miller and Brewster 1992）为我们描述了提供这种启发和帮助的另一种不同的方法。他们把自我指导的学习者描述成这样的人：他们知道影响他们认知的因素，知道如何控制他们自己的认知努力，并且相信认知努力会带来学业上的成功。在自我指导策略训练中，要训练学生在学习和解决问题的过程中自己与自己交谈。以下是需要教给学生自我反问的 5 个认知步骤：(a)分析要完成的任务和要达到的目标（我必须做什么）；(b)列出一个行动计划（我应该怎么做）；(c)评估计划中每一步的效果（我做得如何）；(d)给每一步的成功以积极反馈（干得很好）；(e)处理障碍，矫正问题（“这并不十分正确”、“保持冷静”、“再试一次”）。

当教学生运用这些自我反问的语言时，应当鼓励教师在真实的情景中模拟和展示这些步骤和语言，指导学生了解为什么这些语言是必要的、如何使它们有效地发挥作用。自我反问训练必须与自我动机和自我归因的训练联系起来，以保证学生相信他们能够把握自己的生活和成功。

6. 生成性教学模式与互动教学模式

启发性教学模式的另 种不同类型在很多地方被称为“生成性教学模式”和“互动性教学模式”。这种模式是基于这样一种前提，即所有有意义的学习都是一个生成或建构的过程。一方面，学生确实能够记住或复制教师或课本教给他们的信息，但另一方面，为了使这些信息转变为学生自己的思想并对学生理解世界的方式、与客观世界相互作用的方式起到指导作用，学生就必须自己建构或重新建构这些信息。一切持久的知识都是通过学生原有的知识和信念与新经验的相互作用而产生的（Wittrock 1991，White 1992）。

因此，从这个前提出发，学生就需要学会如何指导他们自己的知识建构过程。学生是以一定的方式来理解和探究他们自己的信念、他们面对的新的经历，以及在这些新经历之间可能出现的协调与不协调的，而我们必须教给他们对自己这种理解和探究的方式承担责任。

6.1 生成性教学模式

在分析大脑理解新经验和新信息的方式基础上，魏特罗克（Wittrock）对生成性教学模式做出了阐述。理解是一个在原有知识与新知识之间、新知识的各个组成部分之间证实联系和建立联系的过程。例如，当阅读课文时，学生必须确认该课文的内容与学生原有知识和信念之间的联系，确认课文中单词、句子、短语和主题之间存在的联系。

运用生成性教学模式的教师必须首先确认学生带到学习情境中来的偏见、信念和经验，然后再去组织课堂教学活动，以便学生能够把新的信息与他原有的知识联系起来，形成对现象新的理解或构建一个关于现象的新的模型。教师必须帮助学生认识他或她自己的角色，即他或她是一个通过将课堂上呈现的概念与真实世界的经验联系起来而生成对事物理解的人。学生必须调控自己并确保自己积极主动地学习、从教学中不断生成新的意义并将成功归因于积极努力的学习（Wittrock 1991 P. 175）。因此，必须让学生知道超认知和自我控制的方法，他们需要以这些方法去指导他们的认知和情感的心理过程，同时需要让学生明白，他们在学校里的成功始于他们的自信、能力和努力。

6.2 互动教学模式

与生成性教学模式密切相关的另一种启发性教学模式，是比德杜夫和奥斯伯纳（Biiddulph and Osbourn 1984）所阐述的“互动教学模式”。与生成性教学模式一样，这种教学模式所关注的也是学生要对他们的知识范围和有效性承担责任。互动教学模式是在科学教育中发展起来的，包括五个连续的阶段。

在第一阶段，由教师选定调查的主题。主题应与学生的关注点、兴趣和问题有关，应当与学生的日常生活相关,与在学生的生活中有实践意义和社会意义的事情相关,也应当是学生有可能实施简单的社会调查的问题。在第二个阶段,教师鼓励学生去思考和谈论这个主题,学生可以参与探究、观察、记录、查阅相关文献等活动。在这个阶段教师应当让学生清楚,他们的观点和信念是有趣和有意义的。在第三阶段,教师提出学生愿意回答的、与这个主题相关的问题,然后拓展和澄清这些问题,以便他们能构成进一步深入研究的基础。教师必须确保这些问题对学生来说是重要的。在第四个阶段,学生制定实施调查、收集信息以回答问题的计划,教师则对学生加以指导,帮助他们审视计划并考虑实施计划的备选方案。在第五个,也是最后一个阶段,教师和学生一起对调查的结果和整个过程进行反思,教师帮助学生考虑对结果的备选解释并计划下一步的调查。让学生感觉到他们的想法是有价值的,感觉到他们有责任去进一步发展这些想法,这一点非常重要。

7. 逻辑辩论模式

也有人提出了将思维视为"逻辑辩论"活动的教学模式。在这一模式中,要教给学生辩论和分析的技巧和方式,这些技巧和方式可以用来辩论事件或捍卫自己的观点、驳斥对立观点。例如,库恩(Kuhn)研究了辩论的方式,研究了人们在讨论重大社会问题或捍卫他们自己的观点时使用的理由或证据。她认为,一个有效的启发性教学活动必须让学生参与有指导的、运用理由和证据的实践。对重大社会问题的辩论,使教师能够有机会具体把握、讨论和矫正学生在日常生活中运用的内在的、通常是难以观察的思维策略。然而,正如库恩所指出的,由于教师不敢将有争议话题的真正讨论引入课堂,所以实际上学生很少有机会使他们原有的信念受到挑战或展开真正的辩论。

齐德勒和莱德曼(Ziedler and Lederman 1992)也注意到要培养学生使用理由和证据的能力。他们认为,学习批判性思考技能,包括学习如何评估证据和理由,如何鉴别和避免通常的逻辑错误。例如,学生应当学习如何从有价值的陈述中区分可证实的事实,如何确定一个信息来源的可靠性,如何区分相关信息和不相关信息等等。学生也应当学习鉴别诸如武断、仅从个人偏见出发或仅从最后结论出发等常识性错误,以及在模棱两可的语句中和规范的推理中出现的错误。他们建议,应当在与学生的生活密切相关的科学和社会问题的课堂讨论和辩论中开展这种学习活动。

8. 启发性教学模式的主要特征

这里所讨论的启发性教学模式有多种形式,但都有一些共同的特点。它们大多数都要求教师模拟或呈现要求学生学习和运用那种学习和思考的过程。这既可以借助于可视的工具或文字工具,比如流程图、图表、程序清单等,也可以借助于命名策略、发展和使用一种语言来讨论怎样、何时、何地使用该策略等方式。大多数启发性教学模式都非常注意避免对信息的肤浅处理或对程序的死记硬背。学生作为一个积极的、有计划的、有反思能力的学习者或思想者,有一个基本的认知模型。大多数启发性教学模式共同关心的问题是,如何使学生成为独立的学习者和思想者,他们应该有能力、有动机、有为自身的成就和发展承担责任所需要的信念。

教师往往被要求对学生的能力、原有知识和经验保持变通和敏感的态度。在教学进行的过程中,随着学生需求的变化,教师的角色也在变化,从以"专家"的身份为学生提供关于策略的直接而生动的指导,到为学生提供鼓励、指导和帮助的支持性的伙伴或教练。只有当学生被真正的认知挑战所激励、已经有了相当多的相关背景知识、获得了他们所需要的策略的积极的模式、在一个提供且鼓励自主的课堂环境里学习时,他们才能学会更好地思考(Collins 1992)。

大多数启发性教学模式认同的学习过程是"内化"。教师展示给学生的模式是对原本内在而隐蔽的认知过程的外在化、具体化,学生要通过教师指导下的实践去内化这一模式,并使之成为他们内在的认知过程的一个常规组成部分。这就是"认知训练"所说的意思(Collins et al. 1989)。

9. 培训教师和评估结果的问题

一些学者已经注意到,我们花了相当多的时间和心血来培训教师,以使他们能更有效地运用启发性教学模式。教师必须选择一种模式,并将它融入到他们自己的教学哲学中去(El-Dinary et al. 1992)。在这种必需的改变过程中,他们需要得到同行的非正式的支持和教育管理部门的官方认可、支持(Kline et al. 1993)。培训过程可能需要几年,并且培训本身也需要按照启发性教学模式来设计。

教学模式启发首先关心的是学生独立思考和独立学习的能力,其次也关心传统的学习成绩,由此,在发展适当的评估其效果的方法方面就提出了相当多的挑战。正如齐德勒等人(1992)所认为的,问题是要找到获得和评估"思维活动"的有效方法。虽然对批判性思维的测验已经提出了一段时间了,但评估学生是怎样运用他们思维的更为通用的方法仍然还处在发展和证实的初级阶段。

G. 纳斯霍尔(G. Nuthall) 著

曾继芸 译

附录

Biddulph F, Osbourne R 1984 *Making Sense of Our World: An Interactive Teaching Approach.* University of Waikato Science Education Research Unit, Hamilton

Borkowski J G, Muthukrishna N 1992 Moving metacognition into the classroom: "Working models" and effective strategy teaching. In: Pressley M, Harris K R, Guthrie J T (eds.) 1992

Brown A L, Campione J C 1990 Interactive learning environments and the teaching of science and mathematics. In: Gardner M et al. (eds.) 1990 *Toward a Scientific Practice of Science Education.* Erlbaum, Hillsdale, New Jersey

Cazden C 1988 *Classroom Discourse: The Language of Teaching and Learning.* Heinemann Educational, Portsmouth, New Hampshire

Collins C 1992 Improving reading and thinking: From teaching or not teaching skills to interactive interventions. In: Pressley M, Harris K R, Guthrie J T (eds.) 1992

Collins A, Brown J S, Newman S E 1989 Cognitive apprenticeship: Teaching the craft of reading, Writing and mathematics. In: Resnick L (ed.) 1989 *Cognition and Instruction: Issues and Agendas.* Erlbaum, Hillsdale, New Jersey

Dewey J 1933 *How We Think: A Restatement of the Relation of Reflective Thinking to the Educative Process.* Heath, Boston, Massachusetts.

El-Dinary P B, Pressley M, Schuder T 1992 Teachers' first year teaching strategies: Case strdies in the Students Achieving Independent Learning (SAIL) strategies instruction program. Paper presented to the American Educational Research Association Conference, San Francisco, California

Gil-Perez D, Carrascosa J 1990 What to do about science "misconceptions". *Sci. Educ.* 74(5):531—540

Kline F M, Deshler D D, Schumaker J B 1992 Implementing learning strategy instruction in class settings: A research perspective. In: Pressley M, Harris K R, Guthrie J T (eds.) 1992

Kuhn D 1992 Thinking as argument. *Harv. Educ. Rev.* 62(6):155—178

Metge J 1986 *Learning and Teaching: He Tikanga Maori.* Ministry of Education, Wellington

Miller G E, Brewster M E 1992 Developing self-sufficient learners in reading and mathematics through self-instructional training. In: Pressley M, Harris K R, Guthrie J T (eds.) 1992

Palincsar A S 1986 The role of dialogue in providing scaffolded instruction. *Educ. Psychol.* 21(1—2):73—98

Palincsar A S, Brown A L 1984 Reciprocal teaching of comprehension-fostering and comprehension-monitoring activities. *Cognition and Instruction*, 1(2):117 175

Pressley M et al. 1992 Beyond direct explanation: Transactional instruction of reading comprehension strategies. *Elem. Sch. J.* 92(5):513—555

Vygotsky L S 1978 *Mind in Society: The Development of Higher Psychological Processes.* Harvard University Press, Cambridge, Massachusetts

White R T 1992 Implications of recent research on

learning for curriculum and assessment. *J. Curric. St.* 24(2):153—164

Wittrock M C 1985 Heuristic models of teaching. In: Husén T, Postlethwaite T N (eds.) 1985 *The International Encyclopedia of Education*, *1st edn.* Pergamon Press, Oxford

Wittrock M C 1991 Generative teaching of comprehension, *Elem. Sch. J.* 92(2):169—184

Wolf D, Bixby J, Glenn J, Gardner H 1992 To use their minds well: Investigating new forms of student assessment. In: Grant G (ed.) 1992 *Review of Research Education*, Vol 17. American Educational Research Association, Washington, DC

Ziedler D L, Lederman N G, Taylor S C 1992 Fallacies and student discourse: Conceptualizing the role of critical thinking in science education. *Sci. Educ.* 76(4): 437—450

其他参考文献

Fleer M 1992 Identifying teacher-child interaction which scaffolds scientific thinking in young children. *Sci. Educ.* 76(4):373—397

Gardner M et al. (eds.) 1990 *Toward a Scientific Practice of Science Education.* Erlbaum, Hillsdale, New Jersey

Pressley M, Harris K R, Guthrie J T 1992 *Promoting Academic Competence and Literacy in School.* Academic Press, San Diego, California

教学:内隐理论(Teaching: Implicit Theories)

教师对他们的教学行为的解释往往并非源于他们所接受的职业训练。虽然,人们希望能通过教育原理、学术性科目、课程理论等领域的学习,给教师提供与教学有关的知识,但这些知识在教师对他们的课堂行为的解释和辩护中却很少起到重要作用。其实,教师的课堂行为是受其内隐的参照体系的指导的,而这一体系深深扎根在教师的个人经验,尤其是其校内活动经验之中,并以对这些经验的解释为基础。

这些参照体系包括对教育目标、学习者和学习活动的信念,对好的教学和坏的教学的印象,对教师和学生角色的认识等。教师每天都运用这些参照体系来理解课堂教学事件,并理性地对其做出反应;确定恰当的活动内容;实现有价值的目标。同时,这些参照体系也帮助教师去确认教学中的重要变化以及这些变化间的相互关系,使教师有能力去预测什么样的活动能有效地产生预期的结果。因此可以说,这些参照体系构成了一种理论,这种理论既可以塑造新的课堂行为,又源于对过去的课堂行为的解释。正因为如此,这些参照体系被称作行为性理论或实践性理论。

然而,由于这些理论的许多内容都是默认的,不容易解释清楚,所以实践性理论也被称为内隐理论。实践性理论的内隐特性通常被归为:(a)教学行为的根深深地扎根于教师的生命历程,以至于他们自己很难察觉到;(b)当原本深思熟虑的行为模式变为一种常规时,教师们便忘记了其实施某种课堂行为的原因。而且,教师几乎不需要将他们的实践性知识明确化,也很少有机会和被鼓励去进行自我反思。因此,教师要努力去理解他们的经验,为他们在课堂上的有效行为奠定一个基础,就必然要探究教师的内隐教学理论。

内隐教学理论不能被看作科学的理论,因为正如萨德尔斯和麦克卡齐恩(Sanders and McCutcheon 1986)指出的那样,“那些被认为是科学理论的理论,通常要求概念准确,解释详尽,经得起严格的逻辑验证,并能经受公众的质疑”(P. 57)。而这些特征,教师的内隐理论大都缺乏。内隐理论充其量只能对什么将是有效的做出粗略的估计,因为它们所应用的教育情景是多样的、不确定的、不可预测的和变化无常的,而且,由于这些情景具有不可重复性,这些理论也不可能接受严格的检验。

教学内隐理论不被算作科学理论还有其他两个原因。与普遍化、非个体化的科学理论相比,内隐理论既情景具体,又非常个性化。每个人的内隐理论都是个别构造的,反映了个体独特的个人经历和个体自身对这些经历的理解。虽然教师的内隐理论可能有些成分是共同的，但每个教师的内隐理论却是独一无二的。而且，一个教师的内隐理论是源自在一系列有限的情景中的经验和个体对这些情景中各种事件的感悟，所以，不能期望单个教师的内隐理论能普遍化。

同样教师们也普遍关心这样一个问题：哪些在一个课堂情景中有效的行为可能在另一个课堂情景中无效。即使在同一个班级里，教师也非常清楚，对一堂课来说，上课时间、课堂气氛、上节课的关注点等方面的不同，都可能使某些方法变得不恰当和无效。一个教师所拥有的内隐理论不可能被用于这个教师工作的所有情景，它必须不断调整以适应每个情景的特殊情形。

1. 承认教师内隐理论的重要性

对教师内隐理论的关注已经引发了教育研究、教学活动、教师教育等多方面的改革，这些改革大多数都是从20世纪90年代才开始起步的。承认这些理论的存在，承认它们对课堂实践、学会教学和教育创新的结果的影响，反映了人们对实践性知识价值的认可和对实践经验、实践反思的重要性的认同。实践性知识和内隐理论所拥有的这种以前不曾有过的新的地位，导致了教学研究重点的转移和研究进程的改变。教学研究的主题不再是探究教学过程与学生发展之间的因果关系（“过程—产品”研究或“黑箱”研究），而是试图深入教师的内心，记录他们的思考和知识（“玻璃箱”研究）。总体来看，这种转移使教师的地位从研究成果的潜在使用者提高到了研究成果的来源之一和研究成果的创造者。这种转变也要求重新定位教师在研究中的角色，即从简单的研究客体变为研究的合作伙伴。上述种种发展，在认同“教学是一项专业活动”方面增加了有力的论据。

教师在其自身专业发展中的角色也发生了显著的变化。专业发展不再被视为某种强加给教师的事情，而成为教师自己主动去做的事情。因此，教师现在被视为促进他们自己专业成长的主要力量。现在的大气候更有利于调动教师在专业发展上的主动性，教师与同事们分享知识、反思实践、阐述他们的个人哲学这些行为，被认为是更需要优先考虑的事情。在这些行为出现的地方，教师已经开始关注他们的信念系统，关注他们的内隐理论如何影响他们的教师角色。通过理解他们自己的内隐理论，教师便可以更好地提高他们的专业活动质量。

另一个有价值的进展是教师对他们自己对教学活动的“隐喻”的研究。倡导这种研究的研究者认为，通过这种研究，教师能够获得他们以前不曾注意到的方方面面的实践性知识（Munby and Russell 1989）。其他学者（Tobin 1990）也认为，通过建立新的“隐喻”，重新定义教师们在教学活动中的角色，教师能够在改进教学实践和改善课堂学习环境中发挥重要的作用。例如，如果教师形成了这样的“隐喻”，即把自己看作是“旅游经纪人”，那么在科学课上他就会探索和实施建构主义的方法（Ritchie and Russell 1991）。

对实习教师的内隐理论的认识对教师职前教育也有着重大的影响。帮助实习教师，使他们关注自己的态度、信念以及自己作为教师的形象，将有助于他们认识到自己的课堂行为的基础，使他们更容易确定在他们的内隐理论中存在的不恰当的或有问题的地方。从事教师培训的教育工作者也需要了解他们的实习教师的所思所想。对实习教师的内隐理论的洞察，是教师教育工作者制定更为有效的解决问题的具体方案和通用的教学策略的基础，而这些具体方案和教学策略可以帮助实习教师学会教学，并影响他们信念的改变。倾听实习教师们关于他们的课堂角色的议论，也能获得一些关于导致他们的课堂教学问题的原因的有用线索。

2. 影响教师内隐理论发展的因素

教学内隐理论不只是从事教学的人才拥有，它们也是个体的文化和生活经验累积的结果，是每个人的智力财富的组成部分。它们有可能萌芽于婴幼时期在家庭环境中非正规的学习经验，但真正定型却是在随后13年或更长时间的正规学校教育中。与教师和学校生活的长期接触，必然使学生形成有关教师的工作、教师和学生在课堂中的角色、知识的本质、被文化认同的价值观、信念以及行为模式等问题的认识——而这些正涵盖了教学内隐理论的所有重要组成要素。当实习教师描述其在长期的“学徒”时期获得的信息时，一方面不断提及模范教师和大量的启发性学习经验，另一方面也不断提及学校教育的不足和部分教师对学生需求的漠不关心。

学校生活的经验和与教师的交往是那些刚刚开始教学生涯的教师构建内隐理论和课堂行为的重要影响因素（Calderhead 1988）。他们关于如何学习教学的早期信念的重要作用已经得到了广泛认可（Hollingsworth 1989），这些早期的教学观点和概念非常持久，很难改变，以至于它们能抵消职前教师教育工作者为改变这些观点和概念所付出的最大努力。事实上，长期以来，教师们已经证实，教师的职前教育与教师的专业发展并不相关。

在各种文献中有一种轻视教师职前教育对学生内隐理论的影响趋势，然而，在 20 世纪 80 年代末以来的研究中，这种趋势受到了挑战。教师职前教育能够改变学生的信念，帮助他们将学科内容知识转换成符合教学法的形式，并提供批判性分析和改进学校教育的要点（Hollingsworth 1989）。另一个影响教师发展和完善其内隐理论的重要因素是超认知技能的拥有。如果教师能关注他们的内隐理论的局限性，经常对认知过程实施调控以使之更加扩展和精细，他们的内隐理论就更有可能发生变化（Calderhead and Hollingsworth 1989）。

在有关内隐理论的职前教育内容中，关于校园活动在学生内隐理论形成上的作用问题存在较大意见分歧，但对课堂经验的作用却没有太多的分歧。人们普遍认为教师的大部分内隐理论都是通过实际工作经历而得到发展的（Sander and McCutcheon 1986）。虽然人们仍然不太清楚教师到底是如何从经验中学习的，但是，认识上的矛盾或困难、相信从“行动研究”中能得到不断学习提高、具备实施“行动研究”能力，都被认为是经验性学习的关键要素（Sander and McCutcheon 1986）。早期那种认为学习教学仅仅是学习和运用理论的过程的观点，现在已经基本上不为人们所接受了。

3. 研究内隐理论的方法

研究内隐理论，首先必须使之明确化。然而，揭示内隐理论并不是一件容易的事，教师的心理是不可能简单地敞开以便近距离观察其内容的。阻碍内隐理论明确化的障碍是，即使是教师自己也不完全清楚内隐理论的内容和结构。要求教师详细叙述他们的内隐理论，不可避免地要将他们引入一个探究的过程，在这个过程中很少有线索能帮助他们确定什么时候对内隐理论的解释是全面的、准确的和有效的。因此，找出将内隐理论明确化的恰当而有效的方法，就成为方法论上的一个主要挑战。

到目前为止的研究是建立在这样的假设之上的，那就是我们可以从教师有关教学的讨论中和他们的行为表现中发现他们的内隐理论，因为行为是教师内隐理论的外部表现。因此，教师被要求撰写有关他们的教学信念和教学知识的自我分析报告，并通过诸如“临床的”、“结构的”、“非结构的”、“人种学的”之类的多种方法接受研究人员的访谈。使用任务表现记录去引发教师回忆他们工作时的所思所想这种访谈方法也常被使用。研究人员要求教师坚持记日记，或者写关于他们自己的或他们思想的传记式概述或故事，并对教学录像和已经写好的教学事件记录做出反应。教师还被要求允许观察人员和那些希望成为参与式观察者的人进入到他们的课堂，这些观察者采集到的数据和观点随后即可用来推断教师内隐理论的特征。建立在个体概念理论和“人是理论的建构者”的观点基础之上的意念积贮网络技术，也已经被运用于研究内隐理论。在大多数研究中，上面所列举的方法往往在某种程度上被混合使用。

接下来就需要对由上面的方法所收集到的数据进行解释，同时积累以符号和语言的形式呈现出来的教师内隐理论的模型和样本。在这个过程中，教师与那些希望研究他们内隐理论的研究者之间的紧密合作，对确保内隐理论样本的真实性具有非常重要的意义。而对这些模型的有效性构成威胁，是对已有理论中的概念体系的不加批判的使用。寻找能够准确描述内隐理论的存在方式的理论框架和概念体系的工作才刚刚开始。

4. 对教师内隐理论的研究

盖奇（Gage 1978）是最早对教师内隐理论产生

研究兴趣的学者之一,他认为这种研究很可能会成为"教学研究的又一个实质性的发展方向"(P.80)。大约10年以后,教学内隐理论的研究仍然被描述为是"新兴的"(Clark and Peterson 1986)。经过那十几年的发展,对这个领域的研究兴趣有了相当大的提升。然而,虽然大学教师的内隐理论已经受到一定的关注(Hughes 1990),大多数人的注意力还是集中在对初等教育和中等教育教师的内隐理论的研究、对经验型教师和专家型教师的内隐理论的对比分析以及对新教师的内隐理论的比较分析上。

1986年克拉克(Clark)和彼德森(Peterson)对这一处于发展初期的研究作了回顾总结,他们在回顾中指出,内隐理论的研究中使用了各种各样的术语,如"个体视角"、"概念系统"、"原则"、"实践性知识"以及"信念",其中一些术语现在已经不再流行。那些受到欢迎的术语包括"隐喻"、"意象"、"教学法的知识",它们已经不再是基于奇思怪想。相反,它们的出现反映了人们在理解教师知识的非陈述性特性上的重要进步,以及人们在探寻对教师内隐理论的形式和内容进行有效概括的概括方法上的重要进步。

4.1 教学中的隐喻

前面已经谈到,当教师谈论他们的工作时,他们的对话充满了隐喻性的语言。这是因为"……人的概念系统是隐喻地定义和建构的……人的思想过程在很大程度上是隐喻性的"(Munby Russell 1989 P.3)。因此,现实的内在反映也是以隐喻性的术语建构起来的。研究者指出,教师在谈论他们教学时使用的隐喻性语言,能揭示出他们是如何理解课堂里的真实情况的,是如何看待学生和教师的角色的。简言之,对教师谈话中的隐喻的分析将更多地揭示出他们的教学内隐理论。

教师用来解释他们教学方式的大量的隐喻已经被记录下来,这些隐喻包括把教师比作厨师、招待员、顾问、记时员、工程师、牧师、乐队指挥、母亲、园艺师、演员以及船长等。通常,任何一个教师关于教学的语言都包含许多隐喻,教师生活在这些隐喻中。也就是说,教师用来概括他们在课堂中角色的隐喻在他们的行为中是显而易见的,并与他们的行为相一致(Tobin 1990)。

这种一致可能是一件好事,也可能是一种不幸。当某种隐喻是不恰当的或被过度使用时,它就是一种不幸。研究表明,那种把教学看作传递知识的机械过程的"传播者"隐喻,可能就属于这种类型。对隐喻的研究工作已经大大超越了鉴别阶段,在这个阶段研究的目的主要是分析教师的语言以准确地发现表明他们的教学行为和教学思想的隐喻。隐喻也被用作一个启发式手段来帮助教师构建新的隐喻,以重新界定他们在课堂中的角色,并改变和改进他们的教学(Tobin 1990)。

4.2 意象

意象的概念是描述教师内隐理论的构成要素的另一个有用的方式。在关于这个概念的研究中曾经有过新发现的克兰丁尼(Clandinin 1986)认为,意象并不只是一种储存在某些人或事的记忆之中的"快照",而是个体经验和职业经验在大脑中的联合,这种经验联合或概括成为个人生活力量和"工作方法"的重要组成部分。它们可能以文字的方式表达(例如一个隐喻),也可能以一个人的个体生活和职业生活中的实际行为来表现。因为生活经验实际上是非常丰富的,而且被看作是好的或坏的,有害的或有益的,因此,意象带有非常强烈的感情和道德色彩。

克兰丁尼对两个教师的内隐理论的研究提供了令人信服的证据,以说明意象是如何连接现在和未来的,以及源于过去经验的意象又是如何解释教师在课堂上的所作所为的。斯泰芬尼(Stephanie)是克兰丁尼(Clandinin)的研究中一个有经验的一、二年级教师,从她的专业话语中分离出来的意象包括"教室就是家"、"自己是一个制造者"、"教学就是要教孩子们成为制造者"、"高级中学的数学经验"、"警察"等。研究表明,她的第一个想像"课堂就是家"源于她的个人生活,具体来说,是源于她把自己作为一个不同寻常的孩子的观点,源于她对她的家庭生活经历(以合作和强烈的相互影响为特征)与她在学校和教师训练中的经历所作的对照分析。在她的正规教育活动中,这一重要的意象得到了信守和遵从。

"课堂就是家"的意象也反映了她的一个判

断,即她在学校里所忍受的教育束缚是有害的,是不应该发生的。这种判断使她的意象拥有了一个道德尺度。同时,她的意象的情感尺度在她关于家庭关系质量的谈话中和她对正规教育的反个性化影响的反应中得到了体现。她牢固地坚持认为"小学低年级学生的课堂环境应该像家一样",并在一系列的活动(如做饭、播种、欢庆、展示和告别)中,在为了建立一种能让学生感受到舒适和关爱的生动活泼的氛围而付出的巨大努力中体现了这一观点。

4.3 教学法的知识

教师对教学内容的信念和理解对他们的教学活动有强大的影响。基于这种观点,出现了一个新的重要研究课题。通过学习如何使教学内容变得可教,教师可以获得对教学内容、教师如何教和学生如何学这些问题的新的认识。这种新的知识,即教学法的知识,既不等同于学术专家的专业知识,也不等同于教育学的一般原则。与它们不同,教学法的知识被看作是教师的学科专业知识、学科教学法、学习者心理学和学习心理学的特殊混合体。虽然在如何理解教学法知识这一问题上存在跨学科的分歧,但通常认为它应该包括,"……'对教某一特殊科目意味着什么'这一问题的全面理解,关于这一学科领域中的课程内容和课程设计的知识,有关学生对这一学科内容的理解和无意识的误解的知识,教学策略的知识,以及教特殊问题的方法的知识"(Grossman 1989 P.32)。

对经验丰富的教师的教学法知识的研究证实,他们对教学内容的理解不同于这一领域的专家的理解(Gudmonsdottir 1990,Gudmonsdottir and Shulman 1987)。但是,对内容的理解并不是与教学法的知识毫不相关,它们与教学法结合起来构成每个教师独特的、个性化的教学模式,并指导他的教学方法。奥米(Naomi)是一个中学英语教师,她为这些模型提供了一个例证。她把她的模型描述成以英国文学为内核的"层层包裹的洋葱","围绕内核的是一层层的教学活动,在课堂讨论中她要像审查课本一样把它们一一地剥下来。第一层为理解课本,第二层为探究深层的意义,第三层为聚焦多元化的发展方向"(Gudmonsdottir 1990 P.47)。

研究已经证明,有些教师在教学法的知识方面存在缺陷。研究也表明,专家和新教师的教学法知识在深度、丰富性、复杂性以及使用的灵活性等方面都存在实质上的不同(Gudmonsdottir and Shulman 1987)。人们也已经开始检测具体的课程研究对实习教师的教学法知识的发展到底有多大的贡献,但在这方面还需要作更多的工作。但有一点是非常清楚的,那就是教学法知识是教学工作的中心,是教师的专业知识基础的重要组成部分。

4.4 其他研究

对教师内隐理论的研究正在其他几个方面向前发展。人们已经对教师用以处理课堂上存在的过多刺激的知识结构或图式进行了调查研究。研究表明,与新教师相比,有经验的教师的图式使他们有能力更有效地筛选出不重要的课堂数据,更好地保持他们的信息处理能力,并以与教学更有关联的方式去解释课堂上发生的事情。有经验的教师在预计、避免和控制课堂上出现的问题(无论是行为的还是观念的)方面拥有更强的能力,这也要归功于他们拥有发展得更好的图式。

教师的信念和信念系统一直吸引着研究者的兴趣。大量研究已经证明,教师信念在他们完成任务、如何从经验中学习、创造环境以及他们对新课程的接受与拒绝等方面都具有普遍而重要的影响。但是,受到信念的深深的隐含性和在阐述、分类、评估它们时遇到的棘手问题的阻碍,这个领域的研究进展非常缓慢。现在需要发展信念系统的理论模型以便于在这个领域开展系统的、比较性的研究,而这方面的工作还远没有开始。

也有一些研究者致力于全面描绘教师的内隐理论,而不是聚焦于某一个具体内容(比如信念或原则)。对教师的教学理念的陈述,包括诸如目标、信念、教师想要生成的学生状态、影响教学的策略和条件等这些要素,以及这些要素之间的联系(Brown and McIntyre 1988, Marland and Osborne 1990)。还有一些研究把研究的焦点放在教师内隐理论中有关学生的学习、评估、计划等内容上。这些研究揭示了实践者的理论与书本上的理论之间的实质性的区别。

5. 结论

虽然教学内隐理论的研究还处于初级阶段，但这种研究已经证实了实践性知识和获取知识的实践性方法的极端重要性。人们在揭示内隐理论的内容、形式、起源等方面的研究已经取得了一些进展。人们已经承认，这些研究在概括教学的专业知识基础方面、在改进职前教师教育和在职教师培训的内容和实施方面，做出了重大贡献。

P. W. 马兰德(P. W. Marland) 著

曾继耘 译

附录

Brown S, McIntyre D 1988 The professional craft knowledge of teachers. *Scottish Educ. Rev.* Special issue:39—47

Calderhead J 1988 The development of knowledge structures in learning to teach. In:Calderhead J (ed.) 1988 *Teachers' Professional Learning*. Falmer Press, Lewes

Clandinin D J 1986 *Classroom Practice. Teacher Images in Action.* Falmer Press, Lewes

Clark C M, Peterson P L 1986 Teachers' thought processes. In:Wittrock M C (ed.) 1986 *Handbook of Research on Teaching*, 3rd edn. Macmillan, New York

Gage N L 1978 *The Scientific Basis of the Art of Teaching.* Teachers College Press, Columbia University, New York

Grossman P L 1989 Learning to teach without teacher education. *Teach. Coll. Rec.* 91(2):191—208

Gudmonsdottir S 1990 Values in pedagogical content knowledge. *J. Teach. Educ.* 31(3):44—52

Gudmonsdottir S, Shulman L S 1987 Pedagogical content knowledge in social studies. *Scand. J. Educ. Res.* 31(2):59—70

Hollingworth S 1989 Prior beliefs and cognitive change in learning to teach. *Am. Educ. Res. J.* 26(2):160—189

Hughes J A 1990 The teaching theories of community college faculty. Paper presented at the annual meeting of the Association for the Study of Higher Education, Portland, Oregon

Marland P, Osborne A 1990 Classroom theory, thinking and action. *Teaching and Teacher Education* 6(1):93—109

Munby H, Russell T 1989 Metaphor in the study of teachers' professional knowledge. Paper presented at the annual AERA meeting, San Francisco, California

Ritchie S M, Russell B 1991 The construction and use of a metaphor for science teaching. Paper presented at the annual AARE conference, Surfers' Paradise,

Sanders D P, McCutcheon G 1986 The development of practical theories of teaching. *Journal of Curriculum and Supervision* 2(1):50—67

Tobin K 1990 Changing metaphors and beliefs: A master switch for teaching. *Theory Pract.* 29(2):122—127

其他参考文献

Calderhead J, Robson M 1991 Images of teaching: Student teachers' early conceptions of classroom practice. *Teaching and Teacher Education.* 7(1):1—8

Johnson S 1990 Understanding curriculum decision-making through teacher images. *J. Curric. St.* 22(5):463—471

Kagan D M 1990 Ways of evaluating teacher cognition: Inferences concerning the goldilocks principle. *Rev. Educ. Res.* 60(3):419—469

Leinhardt G 1990 Capturing craft knowledge in teaching. *Educ. Researcher* 19(2):18—25

Marshall H H 1990 Metaphor as an instructional tool in encouraging student teacher reflection. *Theory Pract.* 29:128—132

Pinnegar S, Carter K 1989 Comparing theories from textbooks and practising teachers. *J. Teach. Educ.* 40(1):20—27

Provenzo E F, McCloskey O S A, Kottkamp R B, Cohn M M 1989 Metaphor and meaning in the Language of teachers. *Teach. Coll. Rec.* 90:551—573

教学：信息加工理论（Teaching：Informational Processing Theories）

简单地说，教学信息加工理论把教学的特征描述为一系列重复的循环，而每个循环包括两个阶段。第一个阶段，教师对教学环境中的要素加以选择和组织，以便当学生参与教学时，能指导他们对特定的信息进行认知加工；第二个阶段，通过开展这种认知加工，学生形成了他们自己对学科内容的认知，也形成了关于学习策略、自我概念以及参与各种教学活动的形式与规范的认知。教学信息加工理论认为，判断教学是否有效有以下3个指标：(a)学生对信息的理解是准确的、恰当的和完整的；(b)如果将来的任务需要这些信息，他们能够回忆起来；(c)学生有运用这些信息来完成与教师和学生所确定的教学目标相对应的学习任务的积极性。

从这些方面来考虑，一个完整的教学信息加工理论必须说明以下两点：首先，学生是如何获得、记忆和运用知识的；其次，教学是如何引导学生参与需要特定的认知加工形式的任务，并且一旦这些认知过程开始进行，教学又是如何在这些任务的连续进行过程中支持学生的信息加工活动的。

本词条将介绍这样一种基于研究的理论，它描述课堂教学，把教学描述为通过学生自学的课本和计算机软件来传递信息的过程。它重视研究教师和他的替代物（比如课本、计算机系统）如何参与并指导学生对信息的认知加工过程以提高学生的学习成绩。乔伊斯（Joyce 1992）和莱吉鲁斯（Reigeluth 1987）对这些方法有过详细的说明。

1. 认知调节范式

学生总是要把原有的知识带到任何一个新的教学情境之中。原有的知识是一种性向（Snow 1992），它决定了学生如何认识这些场景，如何参与其中的教学活动，以及通过这种参与他们能学习到什么（Winne 1985）。

教学信息加工理论对知识做了分类，不管是原有知识还是通过参与教学活动试图获得的知识。两种基本的类型是概念性知识和元认知知识。概念性知识是由学术性的学科内容组成的信息，包括事实、原理和规则、框架和程序以及基本技能等。元认知知识包括：(a)有关学习方法（认知策略）的信息和指导个体在教学情境中努力学习（自我调节）的信息；(b)有关个人喜好和态度、长处和弱点、动机与感情等的信息；(c)有关学习任务是什么、如何构造、如何展开的信息；(d)有关学生心中的目标以及实现这些目标的计划的信息。学生的原有知识能帮助或干扰信息加工过程，因而也能提高或降低学习的成绩。

在教学过程中，教师（或替代物）给学生提供应当学习的学科内容信息（讲授模式），或将信息隐含在学生围绕一个主题去努力探究的教学材料和教学任务之中（探究模式）。教师（或替代物）也向学生提供旨在指导学生对观念信息和元认知信息进行信息加工的相关信息。例如，一个活动标题或课本中一个章节的标题可以揭示这个教学单元与什么有关。这是一种学科内容信息。教师也可以通过标题让学生去猜测，而这是一个特殊的认知方式，在这种方式下，学生要综合运用在活动过程中不断被唤醒的原有知识和信息。例如，教师可以希望标题传递给学生一个信息，让学生知道他或她应当预测这个课文的主要观点，并且在随后的学习中记录下对这些预测的证实、否定或修改。

对教师（或替代物）呈现的学科内容信息，学生要进行解释以形成自己对它们的理解。学生也要解释或选择是否使用以及如何使用在教学活动进行过程中获得的有关认知加工方法方面的指导。因此，教师组织的教学活动与学生通过参与教学活动所取得的成就之间的关系，要受到每个学生的原有知识的影响（Winne and Marx 1987，Snow 1992）。教学信息加工理论要阐明学生对教学活动的影响是如何增强、减弱或歪曲理论预测的结果的（Winne 1987）。

在教学信息加工理论中，通常假定学生是关心学习和有学习动机的，并且学生也是遵循教学活动的组织规则的。对那些不符合这些假定的情境，信息加工理论的解释力就减弱了。

2. 课堂里的讲授式教学

讲授式教学是最长久和最基本的教学模式，在这种教学模式中，学生的主要目标是通过增加事实、概念、原则、基本技能和其他形式的观念性知识，来发展（补充或提炼）原有的知识（Alexander 1991，Rosenshine 1987，Gagne et al. 1992）。韦纳（Winne 1985）认为，这种模式由下列几个关键要素构成：

一节课或一个学习单元始于教师或替代物向学生提出他们要达到的目标，学生可以利用目标中提供的信息来：(a)监控他们在学习期间的进步；(b)在学习中通过运用方法—结果分析来指导他们的信息加工活动（Frederiksen 1984）。随后对预备性的知识作一个简短复习，以激活在学生整合更复杂的学科知识结构时需要用到的原有知识。这些新的结构把原有的知识与课程中呈现的新内容融在一起。对预备性知识的复习也可以唤醒学生的学习策略和自我调控策略，为对即将获得的信息进行认知加工做好准备。

然后以相对比较小的步子呈现新的学科内容，以避免学生正在运转中的记忆能力超负荷运转。详细而清晰的解释、规则的证明被提供给学生，通过新知识与原有知识的融合来丰富学生对新信息的把握。在呈现这些信息时，要求学生回答问题或做一些小的练习。很有特色的是，那些要求直接复述或简单运用信息的问题，与那些需要加工信息或解决问题才能获得答案的问题，按 3:7 的比例被组织起来。这些活动的目标，是使学生记住信息，把它们纳入更大、更有意义的结构或图式之中，并将最新获得的大量信息转换成相应的观念、意象以及个人化的有意义的隐喻（Winne 1985）。

呈现完成以后，学生独自或以小组的方式开展练习，包括复述和运用最新呈现的信息。首先，重复任务，直接扩展那些在学习时呈现过的内容。教师或其他具有同等地位的人提供指导，如有必要，可以直接帮助那些不能独立完成任务的学生。当任务逐渐扩大到学生的"最近发展区"，也即学生有能力达到但需要一些帮助的那些区域时，这种被称为"脚手架"的支持的作用会变得更加突出。当需要时，要给学生以系统的反馈以纠正其错误。当学生整合图式时（例如，写论说文的典型形式、代数式问题的种类），在发展自己运用学科知识规则的熟练性时（比如，在进行一个辩论时监控不符合逻辑的情况，或简化代数表达式），教师和"脚手架"的支持作用就减弱了。通过进一步的实践，学生对学科知识规则的复述和运用以及认知策略都会变得更加熟练且更能自我调控，一节课的信息向不同的和更复杂的任务的迁移也会逐步得到实现。

2.1 安排顺序

在讲授式教学中，教师决定每堂课所要呈现的学科内容信息，也决定构成更大学习单元的若干课时所要呈现的学科内容信息。在这两种情况下，都需要重点考虑信息顺序的安排问题。凡·帕顿等人（Van Patten et al. 1986）区别了微观顺序与宏观顺序：微观顺序是指一堂课里个体的概念或规则的顺序，而宏观顺序则是指一堂课中或若干堂课中多个单元的信息的顺序。

关于微观顺序，可推广的定义是从概括化形式的案例中得出的。研究表明，当一堂课的目标是学生把概括化的信息运用到与原来完成过的任务差别不大的任务中时，也就是说，只要求进行比较近的迁移时，教师应当首先呈现概括化的知识，再随后呈现一系列案例。当教学的目标是要求学生把概括化的知识迁移到与他们在课堂中学习的任务有着相当大的差别的任务中时，也就是说，需要比较大的迁移时，更有效的顺序是归纳式的顺序，即在呈现概括性知识之前先呈现多个案例。在两种情况下，都要求连续呈现的案例应当从简单到复杂，而且案例应尽可能彼此不同（Van Patten et al. 1986）。

大概是因为在教室的动态社会场景中有效实施复杂教学活动存在较大困难，关于在课堂里宏观顺序的调查研究很少见。然而，当教学信息加工理论在课本中已经被操作化以后，宏观顺序就得到了检测。这点在下面第五节会详细介绍。

3. 互惠教学

在互惠教学中（Palincsar and Brown 1984），教

师或教师的替代物（如一个更能胜任的同事或一个计算机系统）把学生带入一个有关学习的对话之中。对话要精心设计，以保证对话能够展现学科知识的基本内容，并能够说明应如何自我调控信息加工过程以获得更好的成绩。虽然互惠教学最初只是用于教年轻的学生如何理解记叙文，但这个理论现在已经被扩展运用到大多数学科领域和其他年龄阶段的学生。

互惠教学开始于教师对任务的组成要素的模型化，以说明如何使用信息以便从这些任务的完成中取得更好的成绩。在每个阶段，教师都要明确地描述在构建知识的信息加工过程中所呈现出的特点。当学生明确信息加工任务之后，他们和教师（或与其同学）就要在教师和学习者的角色之间相互轮换。当扮演学习者的角色时，学生就要完成任务，观察教师的评论是如何指导任务学习的，并详细描述他们是如何取得成绩的。当扮演教师的角色时，学生就要引导并监控对话，使对话体现四种主要的信息认知加工活动。这 4 种活动使学生有机会充分展示他们加工信息的常用方式。下面就是这 4 种活动：

（a）学习者对任务中内在的学科内容信息以及学习它的方式提出疑问。通过提出疑问，他们就可以对教师发现学科内容的实质性活动进行观察，并观察如何参与任务才有助于学习。他们也被提醒并得到帮助，以便他人在任务的完成过程中对他们的理解活动进行监控。

（b）鼓励学习者澄清他们在理解学科内容时遇到的困难，澄清他们在实施和控制他们的认知策略时遇到的问题。这种澄清可以突现学习者有可能增加注意或重新开展信息加工活动的那些工作的特征，也有助于防止可能淹没学生或导致懈怠的认知缺陷或动机不足。

（c）在完成任务的各个步骤的交接处或不同练习的交接处，学习者要预测下一步骤。为实施这个预测，他们必须唤起原有的知识，并把原有知识与到目前为止已经获得的与学科内容和任务相关的信息整合起来。预测不仅可以使下一步活动更有可能对学习者富有意义，而且也可以使原本很死板的原有知识活跃起来。最后，学习者还能在任务的下一步骤逐展开时使用原有的知识去监控他或她的理解水平。

（d）同样也是在任务和练习的交接处，学习者要总结到目前为止他已经获得的发展。总结包括两种主要的活动。第一种是检查学科内容以核实其主要观点，这是对已经实施过的监控的重复和提炼。另一种是整合这些关键要素和主要的观点之间的关系以形成对学科内容的高水平的理解。这些活动增加了学生在到目前为止遇到的具体任务的特殊性基础之上进行抽象概括的能力。学生也要做好准备，准备对为了完成任务而进行的信息加工活动进行总结。

4. 探究式教学

探究式教学的公认的特征是，教师不明确告诉学生组成教学目标的概念信息和元认知信息，而是创造一个智力的和社会的环境，让学生在这个环境中去探究发现学科内容的基本原理和在探索中有用的认知策略。这种教学基于这样一个基本原则，即通过个体制定证实和获得知识的计划，学科内容原本就是易于理解的，任务原本是能够激发人的内在动机的，元认知知识也是自然而然获得的。通过同样的探索过程，学生可获得一种观点，即把性向和知识看作是发展性的，把学习过程也看作是发展性的，能够不断改进和提炼原来的学习方法。

最著名的探究式教学方法可能是萨奇曼（Suchman）（Joyce et al. 1992）发展起来的。虽然这个模式最初是用来教科学的，但现在已被用于其内容可以按照上述原则组织起来的所有学科。这种教学开始于教师为学生提供一个充满困惑的情景。最佳的困惑应该能够挑战学生的世界观，并能在学生透过困惑观察到的东西和他们的关于世界是怎样“真正”运转的原有认识之间制造出差异（矛盾）。人们相信这些困惑能够内在地激励学生，吸引学生为了他自己而去研究这种差异，而不仅仅是为了完成教师布置的任务而实施研究。

困惑展现以后，教师就要说明学生应该独立地或以小组的方式构建假设，并寻找验证这些假设的资料。他们的目标是逐步发展起一种解释力很强的原理或理论，以解释先前出现的矛盾，并与其他已经建立的事实不相矛盾。在对有可能持续相当长时间的调查进行总结的基础上,教师和学生就要一起重新审视旨在发展、检测和修正学生已经形成的原理或理论的信息加工过程。在这个模式的这一阶段,要特别关注用以指导调查活动的问题解决认知策略和自我调控认知策略。因此,当学生经历了探究的全过程以后,学生实际上就完成了一次与讲授式教学和互惠教学一样的信息加工活动。

5. 课本教学

因为用课本去教实验比学生在课堂里作研究相对更容易指导,所以课堂教学的信息加工模式通常是从基于课本的教学研究中发展起来的。而且,因为青少年学生和成年学生通常更多地(至少是同样多地)是通过阅读来学习,而不是参与课堂里的学习,所以课本学习的理论是对那种重点关注课堂上学生的信息加工活动的理论的重要补充。实际上,几乎所有的教学情景都广泛使用了这两种教学方式。

教材编写人员为学生准备教科书,试图通过两种不同的方式来指导学生的信息加工过程。首先,他们精心地为课文选择概念性知识,以使学生更容易将新信息与原有知识相融合。其次,通过让学生在阅读时和阅读后对课文进行补充,比如补充标题、绘图修饰、修辞润色等,引导学生开展信息加工活动。原则上,教材编写人员在编写时还要明确教师应该为课堂教学做好哪些准备。在这两种情形中,有关学生的信息加工理论对教师们都有着指导作用,它指导教师们为学生获取知识而创造一个有效的教育情景。目前对课本教学所做的研究有一个共同的特征,那就是首先教给学生与教科书编写者隐含在课文中的认知线索相一致的认知策略。当学生学会如何找到课本中隐含的认知线索,学会如何运用这些线索中隐含的认知方法,并愿意付出认知努力去运用这些方法时,学生的学业成绩就提高了(Pearson and Fielding 1991)。

学生在理解课本时面对的中心任务是决定哪些信息是重要的,是课本的论据、论点、总体结构,或是主题(Dole 1992)。研究已经反复而清晰地证明,那些能区分重要信息的学生往往能对学科内容理解得更深,学习得更好。课本编排上的特点,比如斜体和标题等,都能用来引导学生把握这些关键的信息。

良好的课本学习的第二个主要任务是总结它的内容,并以此构建一个本质上与课本的总体结构相同的新的综合体系。在总结过程中要实施三种不同的操作活动:从有重要的观点中区别出重要的观点,通过引进能够归纳概括个体思想的上位知识来提炼信息,整合信息以创造一个和谐一致的结构(Hidi and Anderson 1986)。通过直接提供总结或者给读者提供一个先行组织者,教科书编写者能指导学生开展总结活动(Reder 1985)。先行组织者是指那些比课本中呈现的信息具有更高抽象概括水平的学科内容信息。为了引导学生概括总结,开展一些补充性的活动是非常有效的,比如做概念网络图、准备教同伴有关课本的信息,当然,也包括写总结(Pearson and Fielding 1991)。图表也能帮助学生把握重要的信息,并为呈现概括总结的结果提供一个备选的手段(Mayer 1989)。效果比较好的图表往往都标有与课本的论点有关的重要信息。

每一本课本都要求读者进行推理,这是课本教学的第三个重要任务(McNamara 1991)。在结构性推理中,学生使用原有的知识来发展和描述智力模型,并用这种模型来扩展课本中清晰呈现的信息。诱导性推理的一种方式是在课本的开始部分插入目标或问题,以便清晰地引导学生进行推理(Hamaker 1986)。

最后,在课本学习中,需要学习者积极主动地从事深加工信息的活动,并且监控这些活动的结果(Pearson and Fielding 1991)。深加工包括三个前面提到过的活动——确定关键思想、总结和推理——也包括诸如概括课本提供的信息的共同点、用已有图式的术语去分析新的信息等之类的认知活动。学习者的自我追问和对自己的理解活动的监控,为整合新的信息创建了一个平台,也有助于防止可能消解在学习的理解上所存在的障碍的(Walczyk and Hall 1989)。

6. 计算机教学

在某种意义上,计算机系统只是另一种教学媒介。然而,因为它能从学生中获得信息,并对信息进行加工使之适应对学生进行教学,因此,计算机系统与静态的课本教学有着重要的区别。适应计算机系统的教学信息加工理论综合了前面的所有理论的内容。在这种综合性的理论中有两个目前研究的热点:实现教学指导与学习者控制之间的平衡,将学生的信息加工模式作为一堂课中适应性教学的基础。

6.1 学习者控制

教学的计算机系统能通过编制一定的程序来为学生提供各种不同程度的控制,让学生获得信息和教学指导。例如,在许多系统中,当学生认为他的成绩已经足够好时,他可以结束教学活动。还有一些系统提供给学生各种主题或媒介的菜单供学生选择,这些菜单包括课本、图片、动画片、磁带、听觉信息(例如音乐)、模拟系统以及由机器和机器人表演的节目。

在自我调控(或学习者控制)方面的研究目前正在关注学生在做出这些选择时的熟练程度。到目前为止,如果按照在计算机系统中已经编码了的、以研究为基础的基本原则来对学习者进行指导,其效果比对学习者直接进行控制的效果要更好。这个发现让人想起这样的研究结果,即学习者在发展新的学科的概念性知识时,在指导他们自己的元认知学习时,都要面对相当多的困难(Dole et al. 1992)。

6.2 学生模式

教学中一个极其重要的专业技能是要在设计教学时知道什么是需要关注的,什么是需要忽略的,并且,当学生随后实施这个课时的教学时能及时对这个计划做出调整。人的这种才能对计算机教学系统来说是一种挑战。在计算机教学系统中,学生的模式开始时是作为学生原有知识的不完整的理论表现形式而存在的,它需要有组织的教学指导原则来补充。当实施计算机教学时,学生与系统的每一次互动,都可以提供一些潜在的资料,根据这些资料可以修订计算机系统中学生参与教学的认知参与模式,并由此调节教学,使之适应学生的发展。

赛尔夫(Self 1990)对过分强调数据的全面性提出了一些异议。首先赛尔夫认为,与其要求计算机系统去推断学生的信息加工活动的不可观测的特点,不如把系统设计成直接从学生那里获得的元认知知识。按照这种方式,学生便可以通过选择计算机设计的指导教学的备选方案来引导计算机系统。其次,当理论还没有搞清楚应该如何指导教学时,计算机系统就不要试图去指导教学。计算机系统与其致力于诊断学生的错误,不如收集描述性的资料,以便研究者通过检查这些资料来改进理论模式以备以后使用。最后,为了引导学生开展元认知和深加工,系统可以以某种方式展示学生的知识,并引导学生对之进行分析。综合起来,上述这些原则可以引导学生开展自我指导式的学习,体现互惠学习的部分特点(虽然比课堂教学要花费更长的时间),并且直接体现教学的认知调节模式的特点。

7. 结论

学生是积极的探究者,他们在努力对他们自己的基于教学线索的信息加工活动进行引导。影响学生在教学中的认知参与活动的两个重要因素是原有知识(既有概念性的也有元认知的)和教学环境。如果学生缺少原有背景知识,如果可用的信息加工方式的线索是模糊的或缺失的,那么学生就必须运用元认知知识去弥补,但有时会难以奏效。教学信息加工理论寻求如何将学生原有的知识与所要学习的知识融合起来,如何指导学生实现与知识的互动以得到预期的结果。随着这方面成功的研究的不断增加,我们将会获得更多的知识。

P. H. 韦纳(P. H. Winne) 著

曾继耘 译

附录

Alexander P A, Schallert D L, Hare V C 1991 Coming to terms: How researchers in learning and literacy talk about knowledge. *Rev. Educ. Res.* 61:315—343

Dole J A, Duffy G G, Roehler L R, Pearson P D 1992 Moving from the old to the new: Research on reading comprehension instruction. *Rev. Educ. Res.* 61:239—264

Gagné R M, Briggs L J, Wager W W 1992 *Principles of Instructional Design.* Harcourt Brace Jovanovich, Orlando, Florida

Frederiksen N 1984 Implications of cognitive theory for instruction in problem solving. *Rev. Educ. Res.* 54: 363—407

Hamaker C 1986 The effects of adjunct questions on prose learning. *Rev. Educ. Res.* 56:212—242

Hidi S, Anderson V 1986 Producing written summaries: Task demands, cognitive operations, and implications for instruction. *Rev. Educ. Res.* 56:473—493

Joyce B R, Weil M, Showers B 1992 *Models of Teaching*, 4th edn. Prentice-Hall, Englewood Cliffs, New Jersey

Mayer R E 1989 Systematic thinking fostered by illustrations in scientific text. *J. Educ. Psychol.* 81 (2): 240—246

McNamara T P, Miller D L, Bransford J D 1991 Mental models and reading comprehension. In: Barr R, Kamil M L, Mosenthal P B, Pearson P D (eds.) 1991 *Handbook of Reading Research*, Vol. 2. Longman, New York

Palincsar A S, Brown A L 1984 Reciprocal teaching of comprehension-fostering and comprehension-monitoring activities. *Cognition and Instruction* 1:117—175

Pearson P D, Fielding L 1991 Comprehension instruction. In: Barr R, Kamil M L, Mosenthal P B, Pearson P D (eds.) 1991 *Handbook of Reading Research*, Vol. 2. Longman, New York

Reder L M 1985 Techniques available to author, teacher, and reader to improve retention of main ideas of a chapter. In: Chipman S F, Segal J W, Glaser R (eds.) 1985 *Thinking and Learning Skills, Vol. 2: Research and Open Questions.* Erlbaum, Hillsdale, New Jersey

Reigeluth C M (ed.) 1987 *Instructional Theories in Action: Lessons Illustrating Selected Theories and Models.* Erlbaum, Hillsdale, New Jersey

Rosenshine B V 1987 Explicit teaching. In: Berliner D C, Rosenshine B V (eds.) 1987 *Talks to Teachers: A Festschrift for N. L. Gage.* Random House, New York

Self J A 1990 Bypassing the intractable problem of student modeling. In: Frasson C, Gauthier G (eds.) 1990 *Intelligent Tutoring Systems: At the Crossroads of Artificial Intelligence and Education.* Ablex, Norwood, New Jersey

Snow R E 1992 Aptitude theory: Yesterday, today, and tomorrow. *Educ. Psychol.* 27:5—32

Van Patten J, Chao C-I, Reigeluth C M 1986 A review of strategies for sequencing and synthesizing instruction. *Rev. Educ. Res.* 56:437—471

Walczyk J J, Hall V C 1989 Effects of examples and embedded questions on the accuracy of comprehension self-assessments. *J. Educ. Psychol.* 81:435—437

Winne P H 1985 Steps toward promoting cognitive achievements. *Elem. Sch. J.* 85:673—693

Winne P H 1987 Why process-product research can not explain process-product findings and a proposed remedy: The cognitive mediational paradigm. *Teaching Teach. Educ.* 3:333—356

Winne P H 1992 State-of-the-art instructional computing systems that afford instruction and bootstrap research. In: Jones M, Winne P (eds.) 1992 *Foundations and Frontiers of Adaptive learning Environments.* Springer-Verlag, Berlin

Winne P H, Marx R W 1987 The best tools teachers have: Their students' thinking. In: Berliner D C, Rosenshine B V (eds.) 1987 *Talks to Teachers: A Festschrift for N L Gage.* Random House, New York

教学:语言学和社会语言学理论 (Teaching: Linguistic and Sociolinguistic Theories)

当观察教学时,我们表面上看到的是谈话、写字以及教师和学生之间发生的其他形式的交流。如果想了解教室中正在发生什么事情,合理的办法似乎是去研究教师与学生正在使用的语言和语言之间的相互作用(也就是,语言使用的社会过程)。一方面教学的语言学理论可以检验教师和学习者的语言资源是如何影响教学的成功的，另一方面社会语言学理论可以检验言语交互过程是如何促进或制约教学的有效性的。

1. 与其他教学和学习理论之间的关系

从事语言和教学研究的大多数研究者有这样的观点，认为教学的语言学或社会语言学理论可以代替行为和认知理论。然而，也有一些人认为所有这些理论都是互补的。按照这种互补的观点，不同理论之间是有区别的，例如：

(a) 行为理论解释为什么学习发生或不发生。

(b)认知理论解释逻辑学和学习者的认知结构在学习中的作用。

(c)以语言研究为基础的理论解释在教学和学习中交流的作用，以及信息的语言编码是如何影响学习内容的形式的。

当语言学理论被认为是可以替代认知理论时，对语义认知结构的分析就代替了对观念认知结构的解释(Vygotsky 1978)。同样，学习的行为理论，如奖励—诱导，或需要—减弱刺激—反应联结，被认为可以解释一种潜在的学习机制，而不是详细说明在某一特定的学习活动中学习的内容，或预测学习的动因。

一些行为理论把对有机体的外在奖励定义为对行为的强化刺激。这个定义具有循环的特征，因为无论用什么来诱导学习，它们往往都被定义为强化刺激，所以预先具体定义强化刺激有时是很困难的。原则上，社会语言学理论可以明确某种关系和交流活动的文化价值，并对这些价值意义进行再认识。于是，社会语言学理论既可以解释为什么学习终究会发生，又可以解释为什么会发生某一类型的学习。无论理论之间的相互争论会有什么样的最终结果，也不管这个作为"替代品"的理论提出的方法是否可用，有一点相当清楚，即以语言研究为基础的理论可以提供有关"高级"学习或复杂学习的特征和起因的有用信息。

在任何情况下，当人们阅读对教学进行的语言分析时，都会感到震惊，因为它几乎完全没有参照经济条件反射理论、操作性条件反射理论或社会学习理论，或者几乎与这些理论没有任何联系。只有学习的认知发展理论或社会建构理论是教学的语言学研究的基础，并且正如上面所提到的那样，教学的语言学研究往往倾向于只是重复语义加工的认知理论，而不是保留这些理论中"概念图式"和"逻辑结构"这样一些原始的语言。语言本身既是最重要的学习形式之一，又是其他学习形式的中介，这个事实使情况变得更加复杂。

2. 主要的基于语言研究的教学理论概况

本词条所覆盖领域中的理论是存在非常大的差异的。其中，一些理论已经拥有了有关语言在学习中作用的比较完善的基本理论(Vygotsky 1978)；也有一些理论几乎没有谈到在学习者内部或在教师和学习者的交互作用过程中到底发生了什么(Bernstein 1975)；还有一些理论则主要关注教师和学习者之间的交互作用过程(Edwards and Mercer 1987，Cazden 1988)，而且这种关注有的是借助于心理语言学理论，有的则完全不用心理语言学理论。这个领域中的理论可以分为若干种：第一种理论被称作"心理语言学"，因为尽管它有很大一部分理论是关于语言的社会特征的，但是它缺乏对教师—学习者交互作用的社会机制的详细分析。第二种被称作"结构主义理论"，因为它主要依靠的是对语言编码和语言结构的识别及联结，而很少涉及对过程的研究。第三种被称作"交互作用理论"，因为它的研究主要集中于用过程—时间模型来描述交流的交互作用过程，同时也包含一些对语言结构和学习心理的研究。还有第四种理论，它有着"折中主义"的特征，以一种开放的方式允许对一个相同的课堂教学事件做出不同的分析。最后，由于可能会在上述所有研究方法中注入一种评估的成分或"批判的"因素，所以还有一种语言研究的"批判"的方法。

3. 心理语言学理论

皮亚杰(Piaget)首创的学习的认知—进化理论或基因理论，包含有一个引起争议的观点，即把教学看作是一种促进认知发展的方法。尽管皮亚杰确定，儿童中有一种与学习相关的言语形式，他将此称作"自我中心的言语"，但他认为儿童的发展是先天倾向的生长,是他们与物质世界交互作用的结果,而不是与任何精心设计的教学过程相互作用的结果。教师能够促进儿童与环境的交互作用,但是在其他方面却不能影响儿童的发展。教师能够产生影响的地方主要是在比较不重要的学习形式中,这些学习形式主要是在学生已有的发展水平上增补一般的信息和技能(Kohlberg 1971, Piaget 1972)。

俄罗斯教育家和心理学家维果茨基(Vygotsky)有着不同的观点。他认为,学习者内化教师言语是学习过程中的关键。维果茨基把学习中解决问题的过程看作是一种发展过程,这在一定程度上与皮亚杰的观点大体相似。这个过程,首先由成人如教师进行引导,然后慢慢地被学习者内化。成人的推理模式被儿童采纳和模仿。这种模仿首先在学前儿童的个体言语中出现,这时他们低声地给自己以"指导"和给自己寻找"理由"。大约 7 岁时,这种言语变成无声的"内部语言"。在以后的生活中,当必须掌握新的材料时,同样的过程又会被重复(Vygotsky 1978)。

教师的社会角色是将学生引到一个区域,在这个区域中为了成功地解决有待解决的问题,儿童需要发展更高水平的机能:"最近发展区"。教师的任务是,提出充足的认知要求以促进学生的发展,而不是提供充分的支持(所谓的"脚手架")以使学生获得成功。但关于语言在促进发展中交互作用的细节,心理语言学的理论家们并没有很好地给予阐述。很明显,这些理论提供了一种对言语和认知发展(通过内化)之间联系的解释。然而,分析认知发展过程与课堂言语中的实际问题之间的关系,是仍然需要继续完成的任务。

4. 结构主义理论

语言和学习的结构主义理论强调的是,来自不同阶级和文化背景的学生要达到什么程度,才能使他们从教室的语言环境中受益,才能使他们在言语表现活动(如评估学习者语言和其他学科知识的笔试)中用语言学赞赏的方式来表达自己。这类理论中最著名的可能是伯恩斯坦(Bernstein)的理论。

虽然人们普遍相信,伯恩斯坦认为"工人阶级"的儿童因为"语言匮乏"而受到伤害,但是这并非事实。事实上,伯恩斯坦认为,工人阶级儿童在不被学校所重视的语言编码方式方面的熟练程度,远比在学校重视的语言编码方式方面的熟练程度要高得多。这里的"编码",伯恩斯坦指的是儿童利用语言的词汇资源和结构资源的方式,尤其是指儿童对已经享有的背景知识的依赖程度。伯恩斯坦的理论是复杂的,其观点的重要性还在争论中,但是少数民族、不同社会阶层和特殊群体之间的语言差异仍然是研究的热点领域。伯恩斯坦认为,学校是一系列交往实践的场所,这种交往实践通过赋予某一种使用语言的方式以特权并排斥其他使用语言的方式,而对社会的"意识形态"进行选择(Bernstein 1975)。

解构主义的分析又返回到了交往实践和思想意识之间的关系这个主题上。受法国哲学家福柯(Foucault)的影响,一些后结构主义者认为,学校教育是符号控制过程的一部分,在这个过程中,教师在社会所要求的身份确认或"主体性"生成过程中行使"牧师的权力"。教育系统是作为现代社会基础的权力王国和知识体系的重要组成部分。教室是一个场所,在这里现代社会所特有的控制的形式得到再生产,而且只有那些"批判性教学"过程才有可能提供克服这种控制的希望(Vronowitz and Giroux 1991)。

5. 交互作用理论

与语言理论一样,从总体上来看,教学和学习的语言交互作用理论具有多样性。然而多样的理论之间也有一些共同的特征。

第一,关于课堂语言的支配性模式,各种理论的意见大体一致。

第二,广泛赞同语言最好"从上至下"进行分析,也就是说,从对交互作用的较宏观的部分如"关系"的透视分析开始,通过"情节",到"顺序",最后到"言词"、"语句"、"从句"和"单词"。上面之所以用引号是因为每个理论往往有自己特有的但常常又是等价的术语。可是有一点,如果把单词或言词在一个较为宏观的结构中,如关系、学科、学年或学期、课时或课时顺序等,那么它们就只是意味着交互作用或“学习”。

第三,在分析上普遍存在二元论,其中最明显的是格林(Green)对社会文本(完成合作任务的社会角色和过程)和学术文本(作为学术知识的教材内容的结构)之间区别的分析(Green et al. 1988)。早期的分析将这种二元性视为一个问题而不是一个机会,因为教师的控制问题(基本上在教师和学习者扮演社会角色中进行)往往导致教师偏爱社会文本的形式,而这种社会文本在学术文本中往往只是被视为一种不太重要的东西(这就是上面所说的“支配性模式”)。

第四,交互作用理论持有者对教育的现状也有着相当大的共识。无论是坚持以儿童图式的积极建构和再建构为核心的学习观,还是坚持把学习者的自我管理和独立批判思考能力放在突出地位的自由或民主的教育价值观,交互主义者一致认为传统教育模式在这些方面都做得很不够,在传统模式中课堂语言不仅仅是被安排好了的,而且在实施时也要受到教师的支配。

5.1 支配性模式

在课堂语言的支配性模式中,教师在每个学习者发言之前或之后讲话,在“正式的”课堂发言中教师的讲话占了大约70%,教师的讲话具有排斥或支配许多重要的语言功能的权力,如提问题、评价他人的发言、做长长的陈述(包括解释)、发布命令、批判先前的陈述、改变或安排主题、决定在关键时刻谁来发言以及打断他人的讲话等。这种模式的所有基本特征早在1912年就被观察到了(Hoekker and Ahlbrand 1969)。当在课堂上看不到这种模式的表现时,原因通常是学生正在做“板凳作业”,其实这时教师和学习者之间同样的交往关系在书面作业中也得到体现。直到20世纪80年代和90年代小组作业出现以后,尤其是在初等学校的课堂出现以后,才在实质上打破了这种模式,开始允许学习者与学习者之间的灵活的交谈。然而,甚至在标准的小组作业课堂教学中,教师和学习者之间的部分正式的或“基于任务的”谈话通常也是按照支配性模式来实施的。

5.2 自上而下的分析

这种模式的自上而下分析的观点认为,在教育上利害攸关的是学习者在处理问题和新信息时如何处理与权威关系。学习者和教师之间的关系是一种依赖性的、并有可能是摧残性的关系,因为这种关系似乎并不一定能帮助学习者获得他们自己解决问题时所必需的技能、意向和知识。在设计个人的学习任务的方式中,在设计课堂教学任务时教师与学生的交互作用中,这种关系的依赖性得到充分展现。

社会/学术文本中最小的交互作用单元是IRE(Initiation, Response, Evaluation):启发、反应、评价。启发者通常是教师,启发常常是一个问题。反应者通常是学习者,而评价者也是教师。典型的(被建构的)例子是:

T:(启发)什么是GNP?(停顿)

(对举手的约翰进行启发)

J:(反应)一个国家生产的产品的价值。

T:(评价)好。一个国家的经济所生产的所有商品和服务的价值。

从自上而下的观点来看,教师—学习者关系的特点,教师所教的经济学的特点,以及课堂教学的一般特点,都可以在这一小段交流的微观分析中看到(但应该看到,虽然这个例子体现了支配性模式,但是从这种类型的单个IRE例子推断出存在这样的模式是危险的。还需要有一种自下而上的分析,为了保险起见,还要求有大样本的言语分析。自上而下的分析要求把人类学的背景知识与言语的特殊案例结合起来,以便可靠地确定案例中特定部分的交往特征)。

5.3 学术—社会二元论

在支配性模式的学术文本中,并不要求学习者不断提问,因为教师会提出问题。这是IRE出现的最普遍的形式。在这样的交流中,是教师在不断地提出问题。并不要求学习者对自己回答问题时所做出的陈述进行评价(这就形成了在一系列交流过程中积累知识的障碍),或对以前所接受的观点进行评价以判断它们是否构成了一个完整的论据。

在社会文本学习中,学习者不可能发挥讲话的所有功能:批评、判断、同意、赞同、疑问、拒绝、接受和解释,而这些功能是有效参与科学探究所必需的。如果学习者主动掌握了某一学科的图式或理论,那么当面临的问题所要求的不只是渐进式的发展时,他就很难满足在同化新数据或修改图式方面对他提出的要求。语言学更适合于解释现存图式的快速发展,但却不能很好地解释跨阶段的学习,这是语言学的缺陷所在。

5.4 支配性模式的教育缺陷

我们还不太清楚,在研究者对支配性模式的批评已经持续了近一个世纪以后,为什么仍有许多教师还在使用这一模式。非常具有说服力的推测是,支配性模式既可以使教师节省精力,又可以实现相对较高水平的控制,达到至少是最低限度的学生成绩水平。选择性任务框架需要各种各样的学习者参与模式。当课堂从"全班"教学模式转变为小组学习和相应的复杂交往模式时,选择性任务体系还需要教师作更多的准备(一本教科书是不够的),并对监管和控制的问题做出预设。了解新模式对自己有什么要求,或者为自己设计建设性的任务框架,这对学习者来说也是有困难的,而这种困难会导致更多的挫折和"任务外"的行为。然而,如果教师愿意尝试那种学习者言语的作用更加开放的课堂教学模式,他就可能会发现教学的压力降低了,教学更有趣了,为学习者提供的任务框架也更加清晰了(Green et al. 1988)。

为了更全面地理解不同的参与框架体系中什么是最为重要的,格林等人(1988)从几个角度对两堂课进行了检测,对知识的命题结构、陈述命题的方式、提问的顺序和参与组织等都进行了相关分析,揭示了课堂上发生的十分复杂的情况。与传统的心理学方法相结合,从人类学、社会学、语言学、计算机科学和哲学上所做的这些透视分析明显变得丰富起来,得到了许多多学科研究的深刻结果,并使人们深刻地认识到课堂研究中的关键问题的复杂性。有人认为多变量行为模式可以提供有科学基础的教学技能,也有人认为合作探究有可能开拓对教育过程中社会结构、文化、组织结构、互动结构、语言、内部语言、认知等之间相互联系方式的新理解,这两个假设都过于草率,很快就失去了它们的可信度。

6. 批判理论

教学和学习的批判理论既是语言学的又是社会语言学的。通常被称为"批判性教学"的理论为我们提供了一个对语言和学习进行分析的特别有价值的工具。然而,这种理论支持者认为,它既不是对客观分析的批判,也不是对客观分析的补充。这些理论家们一般认为,从本质上来看,教学和学习的过程及其对它们的研究本来就是评价性的。因此,以多主体都能接受的(客观的)方式对教与学的过程进行描述,只是漫长的批判性研究进程中的一个步骤。这个观点使这一理论成为教学研究中的一个独特的流派。

摆脱社会机构和社会组织的束缚,尤其是摆脱被认为是损害各个阶层人民的现存利益的那些机构的束缚,是大多数批判性研究的重要主题。通过对不同种类的参与者(如男和女、黑人和白人、成人和儿童、当权人物和下属)在交互作用中的角色的组织安排,压制被实施或成为了现实。所有这些人都在教师和学习者之间知识渊博与无知的关系中扮演一定的角色。此外,现有的语言、方言和亚文化,以及特殊职业的术语,都是过去的下属或上级身份长期积淀的体现。

既然每个理论都可以并且已经与某种教育价值观结合起来审视社会公正问题,那么前面已经提到过的其他任何一种理论框架可能都考虑过批判理论。例如,社会语言学关于妇女和女童参与交往活动的行为研究已经显示,她们参与教或学交谈的典型方式无论在数量上还是在质量上都处于劣势(Cazden 1988)。

然而,一些批判语言学家(Young 1992)认为,语言本来就是带有价值性的,这不仅是因为语言可以直接和间接地表达参与者的价值观和利益,还因为作为词汇和规则的体系,作为有组织的交往活动的载体,语言代表了这些价值观的具体操作化和现实化。而且,所实现的利益和价值观不是其他人可以轻易接受或拒绝的个人利益和个体价值观,而是社会世界的基本构成要素,在这个社会世界中作为下属的其他人的角色和作为上属的自己的角色都是社会自我建构方式的一个组成部分。

批判分析家们对其他非批判性的语言研究也进行了各种各样的修正。批判理论家明显地分为两个很难和睦相处的阵营:传统的批判理论家和后现代或解构主义理论家(主要是女权主义者)。传统的批判理论家在一定程度上是唯理论者。人们已经提出了通过关注、反思和争论来解决不公正问题的可能性,这必将导致对令人不悦的交互作用模式的改革。

解构主义的立场不太乐观:一方面,解构现存的语言能够揭露压制;另一方面又缺乏足够的证据让我们对能否建构出压制性较低的语言抱有期望。所以,也许调和是不可能的。解构主义者对批判理论所做的分析就试图确证在批判理论中潜在的压迫,而是否在一定程度上有可能存在"思想自由"的交互影响或相对思想自由的交互影响,这个问题仍没有得到解答。

7. 结论

教学的语言学和社会语言学理论使人们对课堂教学的复杂性的理解更接近于真实情况。由于这一贡献(即使没有其他原因)。使得该理论将得到人们的认可。反过来,这种复杂性要求人们发展新的多学科探究模式,迫使人们进行理论和方法论上的革新,以使教育研究摆脱只对教和学有关的变量进行简单的线性关系分析的研究模式。现在,对实现新的更适当的教学方式的条件的开发研究已经开始取代对可观察到的现存教学方式的教育价值的批判性评价研究。思想开放的批判性教育学、解构主义、女权主义的方法和比较传统的科学探究模式之间积极的相互影响,正在导致一种"异体受精",在那里实证的研究人员已经承认价值问题对选择研究主题和分析研究数据的指导作用。同样,对比较极端的理论家也提出质疑,他们理论的实践意义也需要有经验的证明。如果公开讨论行为的、社会的和认知的学习理论,可能会出现更富成果的批判性对话,而这将会带来人们对教学活动的第一次全面的理解。

R. 杨(R. Young) 著

曾继耘 译

附录

Aronowitz S, Giroux H 1991 *Postmodern Education: Politics, Culture and Social Criticism.* University of Minnesota Press, Minneapolis, Minnesota

Bernstein B 1975 *Class, Codes and Control*, Vol. 3. Routledge and Kegan Paul, London

Cazden C 1988 *Classroom Discourse: The Language of Teaching and Learning.* Heinemann Educational Books, Portsmouth, New Hampshire

Edwards A D, Mercer N 1987 *Common Knowledge: The Development of Understanding in the Classroom.* Methuen, London

Green J L, Weade R, Graham K 1988 Lesson construction and student participation: A sociolinguistic analysis. In: Green J L, Harker J O (eds.) 1988 *Multiple Perspective Analyses of Classroom Discourse.* Ablex, Norwood, New Jersey

Hoetker J, Ahlbrand W 1969 The persistence of the recitation. *Am. Educ. Research J.* 6:145—167

Kohlberg L 1971 The concept of developmental psychology is the central guide to education. *Proceedings of the conference in Psychology and the Process of Schooling in the Next Decade: Alternative Conceptions.* University of Minnesota, Minneapolis, Minnesota

Piaget J 1972 Development and Learning. In: Lavatelli C S, Stendler F (eds.) 1972 *Readings in Child Behavior and Development.* Harcourt Price, New York

Vygotsky L 1978 *Mind in Society: the Development of Higher Psychological Processes.* Harvard University Press, Cambridge, Massachusetts

Young R E 1992 *Critical Theory and Classroom Talk.* Taylor and Francis, London

其他参考文献

Atkinson P 1986 *Language, Structure and Reproduction: An Introduction to the Language of Basil Bernstein.* Methuen, London

Green J L, Wallat C (eds.) 1980 *Ethnography and Language in Educational Settings.* Ablex, Norwood, New Jersey

Lemke J L 1986 *Using Language in the Classroom.* Deakin University Press, Geelong

Masschelein J 1991 *Kommunikatives Handeln und paedagogisches Handeln.* Deutscher Studien Verlag, Weinheim

Perrott C 1988 *Classroom Talk and Pupil Learning: Guidelines for Educators.* Harcourt Brace Jovanovitch, Sydney

教学研究范式(Teaching, Paradigms for Research on)

人们已经开展了众多的研究来了解课堂上的教与学。在识别使用不同的教学研究方法的研究群体时,范式的概念扮演了一个非常重要的角色。范式是区分教育研究类型的重要方法,借助这一方法我们可以区分不同类型的教育研究在探究方法和研究焦点上的不同。此外,一些教育家和研究者也使用这个概念来组织和表述研究成果。本词条正是要分析范式的概念以及在各种教学研究文献中对范式的论述。

1. 范式的概念

在库恩(Kuhn)的《科学革命的结构》(1962)一书出版之前,范式是用在心理学上的一个概念,特指模式化的实验情境或实验程序,是反复重现的模式、案例或者模型的通用语言表述。在库恩工作的强有力的影响下,范式的概念有了更深刻的含义。

简单地说,库恩的论题是,"常规科学"周期性地受到各种危机的影响,这些危机改变了科学家解释世界的方式。难以解释的观察结果导致了这些危机,然后人们就会建立起解释这些观察结果的新理论,以一种新的范式替代原来的范式。由于新的范式不仅能解释原有的范式能够解释的问题,并且还能解释一些反常的观察结果,因此得到认可。可见,范式的概念是以库恩的科学发展理论为中心建立起来的。

库恩所谓的范式有一个典型特征,那就是,对于某一特殊学科或领域的合理问题或理论的本质特征,在一个科学共同体内有共同的认识。这个特征一方面确实抓住了库恩范式概念的部分含义,另一方面它又是不完全的,并且在某些方面会产生误导。库恩在两种基本意义上使用范式的概念:一种是社会学的,他称其为"学术模型";另一种是心理学的,他称其为"共享模型"。在库恩(1974)之后,这两种意义分别被称为范式1和范式2。

范式1,即社会学意义上的范式,是在使用范式这一概念时比较典型的一种含义。库恩概括了"学术模型"的四个组成部分:(a)符号性概括(理论关系的公认法则或一般表达);(b)对特殊模型的支持(根据库恩的理论,这些模型提供了可允许的类推和比喻,有助于确定可接受的解释);(c)应用科学和评价理论时使用的方法的标准;(d)未来的科学家在实验室或教材中发现的可接受的解决问题的模型,这些模型主要是在他们接受研究生教育期间发现的。这四个组成部分同范式的更加狭义的心理学意义是一致的。

范式2,即共享模型,是一个心理学上的概念,它描述了科学家在他们接受训练期间是怎样获取学科知识的。库恩提出了一个有关科学家培养的基本问题:新任的科学工作者是怎样把他们的理论知识和学科准则应用到新的情境之中的?库恩的答案是,这个新手发现了(或者是独立发现,或者是在有指导的情况下发现)"一种方法,借助于这种方法他可以把他的问题转化为他曾经遇到过的问题"(Kuhn 1970 P. 189)。这种将新情境转化为以前类似情境的能力是进行典型问题练习的结果,正是这种学习过程,帮助作为新手的科学工作者逐渐学会以一种经过时间检验并得到群体认可的观察方式来观察世界(Kuhn 1970 P. 189)。

作为问题解决的范式概念表明,范式2首先是一种学习理论,是一种有关未来的科学家怎样学会像科学家一样思考问题的理论。要学的东西是学科中"范式化"的成果和信念:理论、模型以及科学家在实践中所持有的价值观。在学习这些成果和信念的过程中,新的科学工作者可以逐渐学会以一种独特的方式来看待世界,而这种独特的方式正是那些写教科书或指导实验的人看待世界的方式。

掌握了学科现有的理论和模型之后，新的科学工作者就可以利用它们来指导他们的思考和观察。范式2是一种个体学习理论，它可以解释范式1（一种内在的社会学概念）是怎样发生的。

库恩也用范式的概念来描述学科发展的特征。库恩描述了一门学科从科学的前范式时期到范式时期的早期转变。前范式时期的特征是各个竞争性的思想流派为获得主导地位而展开竞争。库恩认为，当一个学派取得了一些重要的成果时，其他学派就会受到削弱，取得成果的学派就会占据主导地位，标志着学科进入了更加成熟和更加范式化的发展阶段。库恩后来修正了这个观点，认为各个思想流派都拥有范式，不是一种范式的获得而是除此之外其他所有范式的消失，标志着科学的成熟（Kuhn 1970 P. 178 ~ 179，1974 P. 460 ~ 461）。

库恩的这一部分理论在社会科学家中引起了相当多的争论，因为它暗示没有主导范式的学科是不先进的，并且不属于范式化的科学。社会科学家至少有两种基本的反应方式。一种反应是，认可库恩并且努力去证明他们的学科中存在一种范式或多种范式，他们认为如果能证明这些范式存在的话，他们的学科就可以被确定为是“范式化的”学科。第二种反应则否定了库恩，认为库恩对科学发展的描述不适用于社会科学。例如，舒尔曼（Shulman 1986）争辩说，多样化的、竞争性的范式不仅是社会科学的特征，而且相对于单一范式的霸权来说，这种多样化的范式更受欢迎。

2. 教学研究范式

库恩的工作引起了不同寻常的大量的关注。在教学研究领域，范式的概念被用来组织这个领域内存在的大量的、多种多样的研究成果。在下面这一部分，将要陈述五个有关范式的非常有参考价值的讨论。由于讨论中涉及的范式的数量很多，并且在定义范式的术语和研究文献中存在一些矛盾之处，因此在表1中我们提供了一个贯穿五个讨论的按年代顺序排列的范式年表。

2.1 盖奇（Gage 1963）

在1963年，盖奇还没有注意到库恩的研究，他使用范式的概念是按照它本来的语义来使用的，用它来表示重复出现的式样或模型。根据盖奇的理解，范式是思考现象的普遍方式，在这种思考方式中，现象中的各种变量以及它们之间的相互关系往往以纲要图解的形式表现出来。他用“约定”这个

表1　范式年表

盖奇（1963）	杜瓦勒（1978）	盖奇（1978）	盖奇（1985）	舒尔曼（1986）	本词条
1. 效率标准	1. 过程—产出	1. 过程—产出	1. 过程—产出	1. 过程—产出 2. 时间和学习 3. 学生认知	过程—产出
2. 教学过程	2. 中介反应	2. 扩展的过程—产出	2. 扩展的过程—产出	4. 教师认知和决策	扩展的 过程—产出
	3. 课堂生态学 3a. 人种学的 3b. 生态心理学		3. 人种学的/社会语言学的	5. 课堂生态学	人种生态 心理学 教学方法 性向—教法 交互作用
			4. 完美的教学风格 5. 行为修正 6. 交互式教学技术 7. 教学设计	（教学心理学）	教学心理学

词来描述研究者选择某一研究范式对其定位研究问题的影响,即在具体的研究中,范式充当了一种潜在的"框架"或者"整体感"的角色。盖奇提出了3种教学研究范式:(a)效率标准范式;(b)教学过程范;(c)机器范式。

效率标准范式是20世纪60年代以前大多数早期教学研究的特征。这种范式非常简单:确定教师效率的标准,并且寻求可能达到这一标准的人。为了确定这两类变量,人们开展了成百上千的研究。为了把这方面的研究成果组织起来,巴尔等人(Barr et al. 1952)把各种各样的标准概括为沿着"最终标准—最近标准"变化的连续统一体,在这个统一体中,教师的教学效果(例如学生在生活中的成功,学生的成绩)被归为最终标准,教师的个体特征(例如教师的学科知识和智能水平)被归为近期标准。米彻尔(Mitzel 1960)将这个连续统一体扩展为3类标准变量:期望(教师特征)、过程(教师和学生的行为)以及结果(学生的变化)。在1957年一篇没有出版的论文(盖奇1963年对其进行了广泛的讨论)中,米彻尔增加了第四类变量,一个充满偶然性的因素(现在我们称之为环境变量),并在最早的一个教学图示模型中,展现了这四种变量在概念上的相互关系。

盖奇的第二个范式,即教学过程范式,概括总结了许多描述或定义教学行为但其首要目的不是建立经验性的"预期者—标准"式关系的教学模型。盖奇用4种连续变量来描述这些模型的特征:(a)教师的知觉认知过程;(b)教师行为;(c)学生知觉认知过程;(d)学生行为。这些变量衍生出了以后的许多范式,包括杜瓦勒(Doyle)的"中介过程"范式(1978)、盖奇的"扩展的过程—产出"范式以及舒尔曼的"教师认知和决策"范式(1986)。

机器范式,是盖奇的第三个也是最后一个范式,它把教学机器用作教学行为的类似物。尽管这种分析已经过时,但是他对"人的等价物"的流程图(P. 131)的描述以及他的关于"需要对教师头脑中的思维运转程序进行分析"(P. 132)的建议,代表了早期的信息处理理论的语言,而这些语言在现在的教育心理学和教育认知方法中已是非常流行。

2.2 杜瓦勒(1978)

关于范式的第二篇重要论文是杜瓦勒写的(1978)。杜瓦勒明确地认同库恩的观点,并把范式定义为一种"内隐的框架,它详述了某一研究领域中公认的问题、方法和结论"(P. 164),以及在判断、解释研究活动和研究发现时的"共有的充分感"(P. 164)。杜瓦勒提出的3种范式是:(a)过程—产出范式;(b)中介过程范式;(c)课堂生态学范式。

过程—产出范式是迄今为止教学研究中最重要的范式。邓金和比德尔(Dunkin and Biddle 1974)的完整模型详细说明了由4大因素组织起来的13个变量之间的暂时性的关系,这4大因素是期望、环境、过程和产出。这一模型把注意力主要放在了教师行为(过程)的度量与学生学习(产出)的度量之间的关系上,因而被归入到过程—产出范式之中。

邓金和比德尔把过程—产出模型描述为"组织教学研究结果"的有效方式(P. 36),并且将他们的图示定名为"课堂教学研究模型"(P. 38)。他们不是"从理论上来思考教学是什么",而是从研究教师和学生的真实行为的角度来看待教学。邓金和比德尔的模型是效率标准范式的合乎逻辑的扩展,是对四种变量的不言而喻的暂时性关系的一种非理论性的图解。

杜瓦勒的第二个范式是中介过程范式。由于在过程—产出范式中杜瓦勒发现了一些在可观察的教师和学生行为中独有的问题,他提出了一种以关注介于教师行为和学习结果之间的学生的认知过程为特征的范式。杜瓦勒列举了在这一范式下的各种学术研究,范围涵盖了程序教学、视听媒体、特殊教育、散文学习、双向交流学习、过程—过程学习、时间和学习以及注意过程等。与库恩式的研究群体不同,这些学术研究都表现出一种对介于教学刺激与学生反映之间的变量的浓厚兴趣。

由于杜瓦勒注意到这些学术研究的实验室属性以及它们对真正的课堂情景缺少代表性,他又提出了第三种范式,也就是课堂生态学范式。这个范式主要关注课堂环境的需求以及学生为满足这些需求而可能使用的认知策略。在杜瓦勒设计的这种范式中，教室被看作是一个带有多种多样竞争性刺激的复杂环境，学生被要求发展知觉和认知策略来协调这种复杂性。杜瓦勒认为课堂生态学范式只是发展的早期阶段，其特征主要由一系列源于一个两阶段过程的实验性的假设组成，这个两阶段过程是：识别环境需求，并构建有效满足这些需求所需要的协调策略（P. 176）。杜瓦勒在这种范式下对两个学科进行了重新审视：生态心理学和课堂人种学，这两个学科代表了两类非常不同的研究群体。

在20世纪50年代初期，通过巴克尔（Barker）和怀特（Wright）的工作，生态心理学得到了发展。他们发现，通过了解所处的情境，而不是单个个人，许多行为变得更加具有可预测性。这样，"行为情境"的概念被提出来，描述这种情境的方法也得到了发展（Barker 1968）。贡普（Gump）把这个概念应用到了课堂上，把它作为描述不同教学成分的活动程序的方法（Gump 1987）。

与生态心理学研究形成鲜明对照的是人种学研究，杜瓦勒认为它是课堂生态学范式下的第二种学术研究。教学的人种学研究借鉴了人类学、社会学和社会语言学的研究，因而是多变的和折中的，要简单描述它的特征是比较困难的。而且，由于它通常是从方法上而不是从实质上进行定义的，因此，确定它的边界常常比较困难。

对这个范式的一些有限的理解可以在博尔斯特（Bolster 1983）的一篇论文中获得。实际上，博尔斯特认为，在提出更有效的研究"模式"（即人种学研究）之前，教学研究很少对教学实践产生影响。博尔斯特认为，过去的教学研究之所以不是很有效的原因是，从业者和研究者定义教学的方式是用两种根本不同的方式，因此，研究者构建的知识很少能提供给教师以发展和应用于课堂教学。

2.3 盖奇（1978）

盖奇（1978）引发了关于教学研究范式的第三次讨论。他把范式描述为决定研究工作者的主要目的、问题、变量以及方法的核心方法和理论体系。

盖奇通过提出一种可选择的范式，即扩展的过程—产出范式，来回应杜瓦勒对过程—产出范式的批评（1978）。就像其名字的含义一样，盖奇的第二个范式与其说是过程—产出范式的替代物，不如说是在一个更大的过程—产出框架内将内在反应和杜瓦勒的课堂生态学范式有机结合起来的产物。盖奇还争辩说，杜瓦勒的其他两个范式不仅没有"削弱"过程—产出范式的基础，反而使它得到了"加强"（P. 69）。然而从概念上对二者进行辨析也是非常重要的。

盖奇并不是不赞成课堂生态学范式强调感知的观点（复杂的课堂情境呈现出各种各样的线索，会引起学生不同的反应），也不是不赞成中介反应范式强调认知的观点（学生处理信息的方式存在个体差异）。他只是把课堂情境线索和学生对这些线索的内在反映看作是教师行为和学生产出变量之间的中介。

2.4 盖奇（1985）

现在，盖奇把范式定义为大量的概念、变量以及用相应的方法和手段解决的问题结合而成的一个结合物（P. 42）。根据盖奇的理论，一个范式可以把一群研究者聚集起来形成一个研究共同体，他们忠诚于这个范式，经常互相引用别人的研究成果，共同参加研讨会，并在一些相同的杂志上发表论文。

在他后来对范式的讨论中，曾出现一些混乱，这些混乱出现在20世纪80年代的"范式战争"中。例如，盖奇质问，是否存在概念和方法的堡垒，在堡垒中这些概念和方法把互相支持的研究者聚集在一起，排斥堡垒之外其他范式的拥护者？他对这一问题做出了肯定的回答，并概括了7种教学研究的范式：（a）过程—产出；（b）扩展的过程—产出；（c）人种学的/社会语言学的；（d）完美的教学风格；（e）行为修正；（f）交互式教学技术；（g）教学设计。

前3种范式已经讨论过了。第四种范式，即盖奇所称的"完美的教学风格"，在传统上被称为教学方法的研究。对最好的教学方法的探索有一段与教师作用研究一样长的历史。尽管这项研究看上去关系非常紧密，但交叠的却非常少，原因是对教师和教学的定义方法不同。

在教师作用的研究中，单个的教师是研究的焦点，单个教师行为的差异与学生表现的差异密切相关。在教学方法研究中，研究的兴趣在于被教学方法描述的教学模式，而不是单个的教师行为，而且只有当教师忠实地执行教学方法时，个体的教师才变得有意义。

20世纪60年代两个方面的研究进展改变了教学方法研究的本质。第一，研究者逐渐对包括教师行为和教学方法在内的完整的个性化教学系统产生了兴趣。第二，根据克龙巴赫（Cronbach 1957）的研究结果，“什么教学方法最有效”这一问题被转化为了“什么教学方法对于什么类型的学生是最好的”这样一个问题。这个更为精练的问题导致了对性向—措施相互作用的研究，也导致了克龙巴赫和斯诺（Cronbach and Snow 1977）对教学方法学科的经典研究。

盖奇提出的最后3种范式是行为修正范式、交互式教学技术范式和教学设计范式，它们一起被组织在表1中。尽管它们中的每一个领域都对普通教育心理学和教学心理学做出了重要的贡献，但是他们对于主流的教学研究来说是不重要的。这三个领域的大多数工作导致了适用于特殊场景的教学技术的发展，但还需要进一步证明它们对课堂教学问题的更广泛的适用性。

2.5 舒尔曼（1986）

舒尔曼（1986）也写过一些关于范式的著作，他把范式定义为某一学者群体对一种概念框架的内隐的、无声的、普遍深入的认可（P. 4）。就像第一部分提到的一样，他也不同意像库恩那样因为社会科学拥有竞争性的思想流派而不是单一占优势的范式，就把社会科学的特征概括为“在发展上无能”和处于“一种前范式的延迟状态”（舒尔曼的说法）。相反，舒尔曼认为不同的思想流派是合理且健康的，并认为“研究程序”（Lakatos 1970）的概念可以更好地概括社会科学的特征。舒尔曼概括了教学研究的五种范式（或者研究程序）：（a）过程—产出；（b）时间和学习；（c）学生认知与教师调节；（d）课堂生态学；（e）教师认知与决策。

他对范式的广泛而综合的介绍概括了不同水准的研究成果，他的5种范式的基本架构和前面的4种讨论有着密切的联系。舒尔曼明确认识到了前3个范式之间的紧密相关性，认为“时间和学习”范式和“学生认知”范式都是“传统的过程—产出范式中的基本构成成员”（P. 18）。的确，“时间和学习”范式与“学生认知”范式都聚焦于影响学生发展的各种变量上，因而和盖奇（1978）的“扩展的过程—产出”范式相符合。除了把课堂生态学范式的研究限制在人种学的方法上之外，舒尔曼的课堂生态学范式和杜瓦勒（1978）的课程生态学范式几乎是完全相同的。

舒尔曼的第五个也是最后一个范式，即教师认知与决策范式，是对扩展的过程—产出范式的合乎逻辑的发展。这个范式的主要内容包含了教师对学生和教学的信念、他们在规划教学时的思维过程与做出的决定以及在实施教学过程中做出的各种决定（Clark and Peterson 1986）。它聚焦于盖奇（1963）确定的4种变量之一。与韦纳和马克思（Winne and Marx 1977）的提议相类似，通过向扩展的过程—产出范式中增加这种变量，便形成了如下所示的因果顺序：教师认知→教师行为→学生获得暗示并做出解释→学生的内在反应→学生行为。

2.6 对教学研究范式的总结

表2按照3条线索（教学、情境和指导）和2个方向（外在的、内在的）把前面所述的各种范式组织成6大类。它们因聚焦的基本内容不同而呈现出差异：教师和学生（教学）、环境（情境）以及方法的变化（指导），也因定向不同而产生变化。内在定向的范式主要集中于参与者的认识过程以及因即时环境特征而引发的目的意图。与此相反，具有外在定向的范式则主要集中于即时环境的特征以及在这种环境下参与者的行为。

这六种范式和表1中右边标注的那些范式是一样的。合在一起，这两个表格表明了教学研究发展的历史以及当前教学研究中大量的方法在概念上的组织结构。

表2　教学研究的范式

		方向	
		外在的	内在的
内容	教学	过程—产出	扩展的过程—产出
	情境	生态心理学	人种学
	指导	教学方法：性向—措施相互作用	教学心理学

外在的和内在的定向反映了观察人的两种基本方式：通过他们的行为或者通过他们的思想。在不严格的意义上，这两种定向也可以被看作是行为定向和认识定向。有趣的是，我们可以看到这两种相对的方式与库恩（1970）在社会科学中关于范式2的观察是一致的。库恩注意到，与学生在自然科学领域学习的教科书知识相反，社会科学的学生必须经常关注思考他未来的同行们目前正致力于解决的各种各样的问题。更为重要的是，在他面前常常会有许多相互对立且无共同尺度的解决问题的方法，需要他从自己的立场出发从根本上对它们进行评估（P. 165）。

3. 结论

在许多社会科学研究文献中，范式的概念被随意地使用，已经造成了一定的混乱。范式1和范式2还没有明确地区分开来，范式概念在社会科学中的适用性还没有充分地被证明，在关于范式的讨论中大量的有关方法论的问题已经变得纠缠不清。

例如，人们普遍使用范式的概念来区分教育研究方法上的不同，在这点上，盖奇（1989）描述的"范式战争"就是一个典型的例子。然而，在库恩的思想中，很少把方法论作为范式的基本特征。事实上，库恩把范式的特征描述为理论、模型、价值观和典范，他的关于在科学革命时期范式变换的案例全部都是理论上的改变而不是方法上的改变。无论用以区别研究方法的价值观是什么，那些做出这种区别的人可能都不应该把他们的研究归入库恩的范式。

由此看来，或许我们也需要谨慎地想一想，范式的概念是否适合用来组织教学研究领域。概念也许可以给我们提供方便，但是在应用上存在固有困难的概念，往往导致教学研究者之间不必要的分歧。如果库恩关于"社会科学的主要特征是观点一致而不是范式相同"的论点是正确的，那么，现在也许就是着手研究这一问题的时候了：在那些旨在理解课堂中教师与学生的行为和认知的研究尝试中提出的各种观点的本质是什么。

B. 布恩斯（B. Burns） 著

曾继耘 译

附录

Barker R 1968 *Ecological Psychology: Concepts and Methods for Studying the Environment of Human Behavior.* Stanford University Press, Stanford, California

Barr A et al. 1952 Report of the committee on the criteria of teacher effectiveness. *Rev. Educ. Res.* 22(3): 238—263

Bolster A 1983 Toward a more effective model of research on teaching. *Harv. Educ. Rev.* 53(3): 294—308

Clark C, Peterson P 1986 Teachers' thought processes. In: Wittrock M (ed.) 1986 *Handbook of Research on Teaching*, 3rd edn. Macmillan, New York

Cronbach L 1957 The two disciplines of scientific psychology. *Am. Psychol.* 12: 671—684

Cronbach L, Snow R 1977 *Aptitudes and Instructional Methods: A Handbook for Research on Interactions.* Irvington, New York

Doyle W 1978 Paradigms for research on teacher effectiveness. *Rev. Res. Educ.* 5: 163—198

Dunkin M, Biddle B 1974 *The Study of Teaching.* Holt, Rinehart and Winston, New York

Gage N 1963 Paradigms for research on teaching. In: Gage N (ed.) 1963 *Handbook of Research on Teaching.* Rand McNally, Chicago, Illinois

Gage N 1978 *The Scientific Basis of the Art of Teaching.* Teachers College Press, New York

Gage N 1985 *Hard Gains in the Soft Sciences: The Case of Pedagogy.* Phi Delta Kappa, Bloomington, Indiana

Gage N 1989 The paradigm wars and their aftermath: A "historical" sketch of research on teaching since 1989. *Educ. Res.* 18(7): 4—10

Gump P 1987 School and classroom environments. In: Stokols D, Altman I (eds.) 1987 *Handbook of Environmental Psychology*, Vol. 1. Wiley, New York

Kuhn T 1962 *The Structure of Scientific Revolutions.* The University of Chicago Press, Chicago, Illinois

Kuhn T 1970 *The Structure of Scientific Revolutions*, 2nd edn. The University of Chicago Press, Chicago, Illinois

Kuhn T 1974 Second thoughts on paradigms. In: Suppe

F (ed.) 1974 *The Structure of Scientific Theories*. The University of Illinois Press, Urbana, Illinois

Lakatos I 1970 Falsification and the methodology of scientific research programmes. In: Lakatos I, Musgrave A (eds.) 1970 *Criticism and the Growth of Knowledge*. Cambridge University Press, Cambridge

Mitzel H 1960 Teacher effectiveness. In: Harris C (ed.) 1960 *Encyclopedia of Educational Research*, 3rd edn. Macmillan, New York

Shulman L 1986 Paradigms and research programs in the study of teaching: A contemporary perspective. In: Wittrock M (ed.) 1986 *Handbook of Research on Teaching* 3rd edn. Macmillan, New York

Winne P, Marx R 1977 Reconceptualizing research on teaching. *J. Educ. Psychol.* 69(6):668—678

教学:社会心理学理论(Teaching: Social Psychological Theories)

教育本质上是一种教师和学生之间的交互作用过程,目的是将知识、技能和文化一代一代地传播下去。所以,社会心理学(主要研究人际动力学、群体动力学和组织动力学)可能是与教育者关系最为密切的社会科学。教育的社会本质是本词条要阐述的第一个问题,然后会讨论社会心理学知识在教育实践中的应用。本词条中所涉及的理论和研究成果是根据它们与教育实践的相关程度而选择的。

1. 教育的社会本质

人类有一个明确的特征是,将知识和传统从上一代传递给下一代。在代际之间传递积累起来的知识、技能和文化,这个过程基本上是一个社会过程,需要人与人之间通过交往和互动来交换思想、技能、态度和情感。为了使这种传递得到提高和系统化,学校得以产生并发展。这种传递不是由计算机、教学设备、教科书、试验设备或录像带来操作的,而是人与人之间——教师和学生之间以及学生与学生之间——交互作用的直接结果。例如,中等年级的教师一般每小时要从事200次人际交流(Jackson 1968)。学生学习的成效和教师成功的程度都取决于这些课堂交互活动的本质特征和质量。

2. 教育的社会组织角色理论

文化的代代相传是在学校里组织进行的。学校是一种社会组织——为了实现特定的目标而有计划地组织起来的一整套人际交往关系。教师越能很好地理解学校作为一个社会组织是如何运转的,他们就越能有效地开展教学。所有的社会组织都是基于成员之间的合作来实现目标、维持有效的工作关系并适应变化的。学校的成功依赖于成员之间的合作关系,这种关系是通过安排角色和建立标准而建立起来的。

像所有社会组织一样,学校包含有各种各样的职位,如教师、学生和管理者。每个职位都有一个"角色"——有一套预设的行为,任何占据这个位置的人都应该执行。不同的角色确定了成人、儿童和青少年彼此之间将如何以重复的可信赖的方式来建立和发展关系,以实现学校的目标。各个角色是相互依赖、相互补充的。角色包括义务和权利,其中义务是在互补的关系中其他人对个体的期望,而权利则是在互补的关系中其他人对个体的给予。例如,一名教师有义务构建便于学生学习的教育情境,学生反过来则有权力期望教师那样做。

在特定角色中的人被期望以特定的方式来实施行为,这是他自己和其他角色中的人都期望的。当一个人在两个需求相互冲突的不同团体中都占据一定的位置时,就会出现"角色冲突"。例如,如果一个学生在科学课上被要求晚上写一份重要的报告,而在足球队又被期望回去休息以准备明天的比赛,那么在学生和足球队员这两个角色之间就存在冲突。当其他角色对某一特定角色抱有不能调和的期望时,"角色冲突"就会发生。例如,如果历史老师期望学生在今晚完成3小时的作业,而科学老师期望这些学生完成一份重要的报告,那么学生就要面临角色冲突。

"标准"代表了对学校中每个人的普遍期望。"不要在礼堂里面跑动"就是学校标准的一个例子。标准详细说明了什么行为在学校是适宜的,什么是不适宜的,他们带有具体的“应该”和“必须”的性质。角色和标准影响着教育者的行为,使学校里产生了劳动的调整划分。

因为学校是一种组织,所以包含在组织心理学和群体动力学领域的所有社会心理学知识都与教育实践密切相关。而且,学校教育持续的效果依赖于学校随着时间的流逝而改变和发展自身的能力。社会心理学家已经将组织发展和变化的理论应用到学校(Miles 1964)。基于这样的研究,人们鼓励学校变成以小组为基础的合作组织机构(Johnson D W and Johnson R 1989b)。

组织和角色理论帮助教育者理解学校内的各种动力学现象。通过重新设计角色,学校教育的效果可能会得到提高,通过发现和解决冲突,每个成员的能力也可能会得到提高。例如,在安排测试和报告时教师之间可以进行协调,这样学生就不会在某一天晚上面临相互冲突的任务;通过改变个体角色,可以改变他们的观点、态度和行为,例如,当学生面临教其他学生的任务时,他们对作业的态度可能会发生改变。

3. 人际之间的期望和行为

与角色理论关系非常密切的是期望理论。学生都有一种实现(或辜负)教师的期望的倾向。期望理论认为,教师和同学的期望往往影响学生的实际学习(Rosenthal and Jacobson 1968)。许多研究已经证实了这个判断。此外,有证据表明,人们会相信和实施有威望的人提出的建议。为了获得最大的成绩,教师和同学都应该期望学生实现现实而富有挑战性的学习目标。

4. 社会依赖理论

对教育实践最具影响力的社会心理学理论可能是社会依赖理论。教师每一节课都必须决定是建构合作的学习目标、竞争的学习目标还是建构个体的学习目标。最早的社会依赖实验研究是在20世纪90年代的英国、德国和美国进行的。杜茨彻(Deutsch 1949)在列文(Kurt Levin 1935)的场论的基础上,明确提出了它的基本理论。当个体的成果受到其他人行动的影响时,社会依赖就会存在。在任何一个社会情境中,个体可能会联合起来实现共同的目标,也可能会开展竞争看看谁是最好的,也可能会自己独自行动。

有两种类型的社会依赖:合作和竞争。缺乏社会依赖就会导致个人的努力。当一个人认识到,自己与他人是相互关联的,除非他人成功自己才会成功(反之亦然),并且(或者)自己的工作有利于他人而他人的工作也有利于自己,这时合作就会存在。当一个人认识到,只有他人失败自己才会成功(反之亦然),并且(或者)个人的工作会减少他人成功的机会而他人的工作会减少自己成功的机会,这时竞争就会存在。当一个人认识到,自己的成功与他人的成功或失败是不相关的,这时个人努力就会存在。

关于这个理论有550多个实验和100个相关研究(Johnson D W and Johnson R 1989a)。这些研究证明,与竞争和个人努力相比较,合作能带来更好的学生成绩,促成更为积极的学生关系(包括白人和少数民族学生之间、非残疾学生和残疾学生之间),产生更好的心理调整、社会能力和自尊。合作学习对教育成果有着如此一致的、强有力的、巨大的影响,以至于应该尽可能在学校生活的大部分时间里开展合作学习。许多社会心理学家与学校一起工作,实施课堂合作学习和建立学校合作教学小组(Johnson et al. 1990)。各个年级的教师都需要接受培训以了解如何组织合作教学。

5. 分配公正理论

与社会依赖理论紧密相关的是分配公正理论(Deutsch 1985)。分配公平解决的是如何将诸如等级这样的利益授予团体或组织成员。公平的(或功过的或竞争的)观点是,一个人的酬劳应该与他对团体工作的贡献成比例。平等的(或合作的)观点是,团体成员应该平等获益。需要的观点是团体成员的酬劳应该与他们的需要成比例。无论教师是利用公平机制或平等机制或是需要机制,学生都不得不把它视为“公正的”。当分配不公正时,团体的特征可能是低民心、高冲突和低创造性的。证据表明,在任务完成之前,公平机制被认为是最公正的,而在任务完成之后平等机制被认为是最公平的。在开始一个项目之前，学习团体的成员可能希望从好到坏进行排列，并给以相应的等级。项目完成之后，学生可能希望所有的成员等级一样，并相信按照从最大价值到最小价值的顺序对各种各样的贡献进行排列是不"公正"的。随着经验的丰富，学生往往在平等机制下会获得更好的成绩。此外，当一个小组成员遭遇生活危机（如父母离异）时，学生通常希望教师考虑"需要"机制。就给学生分数和酬劳教育者而言，平等机制或者是这三种机制在某种程度上的结合可能是最有效的。

6. 冲突理论

为了提高教学效能和维持课堂秩序，教师既要设置智力冲突以促进教学，又要教给学生如何协商和调停以减少纪律问题并改善学校生活。当一个人的思想、信息、结论、理论或观点与另一个人发生矛盾，而且双方都想努力达成一致时，争论就会存在。当在课堂上组织学术争论时，要求学生要开展研究，并准备一个立场；口头复述相关信息；拥护一个立场；向同伴传授他们的知识；分析、批判性地评价和反驳信息；演绎推理和归纳推理；综合和整合信息，以形成各方都能接受的真实的和判断性的结论（Johnson D W and Johnson R 1989a）。冲突理论是建立在皮亚杰（Piaget 1950）、伯纳恩（Berlyne 1965）、洪特（Hunt 1964）和其他人的发展理论基础上的，这些发展理论认为，与学习一样，认知发展、社会性发展都需要引发认知上的不均衡、观念冲突、认知的不确定和认识上的好奇。与个人化的学习和竞争性的学习、辩论和寻求合作相比较，争论能带来较高的成就、问题解决、批判思维、创造性、学习动机和任务参与。根据这个理论，教师不是应该通过说教、竞争和个人化的工作来抑制学生间的智力冲突，而是应该组织和鼓励智力冲突以促进学习。

有时学生的需要和目标相冲突，就需要有一个程序来协商出综合的意见（Johnson D W and Johnson R 1991）。社会心理学在协商综合意见的理论化和研究方面有一段长长的历史（Deutsch 1973）。家庭、邻里和社区教给儿童处理冲突的传统程序已被打破。学生来到学校时，对冲突应该如何解决有不同的观点，而教师需要教会所有的学生如何利用同一套程序和技能来协商出明智的解决冲突的办法。这样的培训项目包括两个步骤：（a）教会所有学生一个协商程序；（b）让学生参与到一个与同伴的协商活动中，在活动中帮助同班同学协商出一个解决其冲突的明智意见（Johnson D W and Johnson R 1991）。需要教会学生陈述他们的需要及其感受，提供他们的需要产生的理由，准确地了解他们的对手的观点，至少提出三个协议以供选择，最后达成一个相互满意的一致意见。教会学生如何建设性地解决冲突，可以减少纪律问题，让学生自己规范自己的行为，而不是依靠成年人的权威。

7. 成就动机理论

教师使用的教学方法会影响学生的成就动机。成就动机是个体为实现他们认为有意义和有价值的目标而付出努力的程度。人类可能天生就有提高自己能力的动机，但有意义的目标是什么以及个人决定付出多大的努力，基本上要取决于内化了的过去的关系、现在的关系或者正在进行的学习活动中交互作用的模式（Johnson D W and Johnson R 1989a）。成就动机最重要的两个理论是由阿特金森和费瑟（Atkinson and Feather 1965）及麦克克雷兰德（McClelland 1965）提出的。阿特金森声明，成就动机是获得成功的倾向和避免失败的倾向之间的一种平衡。他假定，获得成功的倾向是获得成功的一般动力、成功的主观可能性和对成功的激励三者的综合。麦克克雷兰德证明，通过培训，可以提高成人的成就动机。将二者的观点综合起来，他们的工作为教师确保学生发展高水平的成绩动机提供了一个基础。

成就动机在教育中的应用之一是德沙尔姆斯（DeCharms 1976）关于个人因果关系的研究。学生可能认为自己的行为是自发的（他们是起因）或是外部压力的结果（他们是被利用的人）。视自己为起因的学生往往喜欢学校任务，为完成任务而努力工作，而且比视自己为被利用者的学生更多地参与任务。此外，学生想要成为自身行为的起因，需要不断地为摆脱外因的束缚而奋斗。学生越是相信他们的学习是他们自由选择的结果，越是在他们自己的控制下开展活动，越是个人自主确定学习任务,他们的任务动机就越大。

8. 归因理论

归因分析回答的是"为什么"的问题,如"为什么这次考试我失败了?"人们通常是在否定的、不被期望的或非典型的结果出现之后提出"为什么"的问题。学生对自己失败的归因分析会影响他们在完成后续任务时的努力程度,归因理论关注的是人们对他们自己的和其他人的行为以及事件的原因的解释(Graham 1991, Heider 1958)。归因理论是从有关社会知觉的社会心理学理论中发展起来的,它集中研究:人们是将他们行为归因于情境还是个人,追究成功或失败的责任的方式,归因的结论如何影响后续行为。原因既可能是(人的)处理方式,也可能是(环境的)情形。学生可能声称他们的成功是由于他们的能力或他们努力的程度(处理方式的原因),或者是因为任务太容易或他们有运气(情形的原因)。在大多数情况下,应该训练学生将成功归因于自身,将失败归因于情形原因。

一般来说,处理方式的原因有 3 个维度:场所、稳定性和可控性(Weiner 1986)。场所维度决定了原因对个人而言是内在的还是外在的。稳定性维度指明了原因随时间的流失是持续的还是变化的。可控性维度是指原因是否受到个人意志的影响。能力是一种内在的、稳定的和不可控制的原因,而努力是一种外在的、不稳定的和可控制的原因。

教师应该确保学生认真思考他们为什么会成功或失败,引导他们得出这样的结论,即他们失败的原因是缺乏努力或使用了错误的策略。教师向学生表达的情感似乎会影响学生对他们成功或失败的归因。学生往往这样来理解教师的情感:教师对失败的同情表明失败的原因是能力低,而教师对失败的愤怒则表明失败的原因是不努力。

9. 自尊理论

那些对自己是谁感到困惑或对自己缺乏信心的学生常常不敢尝试困难的和富有挑战性的学习任务。教师通过帮助学生获得清晰的和积极的认同感和自尊,可以在各方面降低他们工作的难度。每个学生都需要获得积极的自我认同,这是一种无论生活和环境发生什么样的变化都会保持下去的自我感觉(Erikson 1968)。一个人出生时是没有自我感觉的,直到出生后两三年,一种不成熟的自我意识才发展起来,例如能够区分什么是他或她身体的一部分,什么其他事物的一部分。形成完善的成人自我意识,需要经过许多年的培育。发展自我意识,就是形成了一种自我概念、得出自我价值结论的过程。自尊和自我认同主要是在与他人的关系中得到发展的,包括:与他人一起工作实现具有挑战性的目标,被他人了解、喜欢和尊重,很好地了解他人以识别相似之处和区别之处。教师越是让学生参与能够使个人的和支持性的关系获得发展的综合项目,学生的自我认同和自尊就发展得越是积极。

社会学习的研究也关注自尊。社会学习的观点非常强调影响学生任务选择的学生的感知能力和自我效能、将努力投入到任务完成中去的愿望,以及面对困难时的持之以恒(Bandura 1986)。感知能力严重受到早期所遭遇的新奇任务或新学科的影响。在完成新任务时经历过成功或失败的个人往往推断他们在这个领域中拥有相对低或高的智能或能力。对个人能力的信念一旦形成,就会很难改变。在启示教学中,每节新课开始时,应该给学生成功的经验,以使他们相信自己在这个学科领域中是有能力的。

10. 学校文化

有相当多的证据表明,工作环境会影响工作对员工的意义。学校也不例外。学校管理的方式和学校实施的政策往往会影响职工和学生的动机。每所学校的文化必须建立在以下共同的观念的基础之上:(a)渴望的目标值得去奋斗实现;(b)如何实现这些目标。学校文化的差异可以帮助我们解释为什么一些学校比另一些学校要好。学校文化包括四个独立的内容(Maehr and Braskamp 1986):(a)目标结构(对全体学生和职工来说,合作努力比竞争或个人努力更富有成效);(b)角色和权力的关系(学生和职工应该视自己为自治的和自立的个体,视自己为努力工作或学习的"起因",而不是受控制的被动的人);(c)评估和反馈体系(与外在的、以教师为主宰的评估相比,内在的、以学生为中心的评估能够创生更强的任务定向和内在的动机);(d)学校的特点和目的的象征(有效的学校应该通过标语、海报、歌曲和角色模式等来表达目的、价值观以及对学生行为的期望)。当学生来自不同的文化时,清晰的强有力的学校文化尤为重要。

11. 教育社会心理学

几乎所有的社会心理学知识都有助于教育实践。为了帮助教师,社会心理学家做了以下两点努力:(a)特别地在教学实践和管理实践领域使社会心理学知识实现了操作化;(b)执行了改变组织的程序,以确保学校不断革新。

人与人之间的交互影响是由角色和标准建构起来的,其目的是实现学校的目标。正是通过这种交互影响教育得以发生。理解社会组织和角色理论的本质特征有助于教师澄清自己和学生的责任和义务。教师对学生的期望不仅有助于明确他们自己的角色,而且会影响学生的学习。单从组织特征来看,学校是一个合作单位,但在每节课上教师既可能为学生建构合作的学习目标,也可能为学生建构竞争的或个人的学习目标。与社会依赖理论相关的理论有两个,一个是分配公正理论,它可以帮助教师以"公正"的方式来进行奖惩;另一个是冲突理论,它与学校教育中改进教学(尤其是非较高水平的推理)和减少纪律问题密切相关。社会心理学还发展起来了几种成就动机理论,它们能够影响课程设计和教学指导。与所有组织一样,学校也需要围绕学校认为值得追求的目标和实现目标的方式来发展文化。

社会心理学有许多内容可以提供给教师。职前和在职教师教育都应该强调社会心理学知识。对教育感兴趣的社会科学家既要通过系统化的研究项目促进社会心理学理论的发展,也要将他们的成果操作化以使之成为更有效的教学程序。每一个被讨论过的理论都需要进行相当多的研究以最大化它们对教师的价值。合作性组织应该如何提供有利于其他理论最大限度发挥作用的情境,这是尤其需要研究的关键问题。此外,教育面临的主要问题从本质上来看是社会心理学的问题,这为新的社会心理学研究提供了肥沃的土壤。确保学生的多样性会产生相互理解、尊重、创造性和整合,是社会心理学内在的问题。减少破坏性的反社会行为,如滥用毒品、自杀、犯罪、乱性等等,也要求应用社会心理学知识。激发处于危险中的学生、降低辍学率、确保妇女和少数民族对数学和科学有兴趣,这些都要求社会心理学的介入。无论是把握教育的基本特征还是解决重要的教育问题,都严重依赖于社会心理学知识。

D. W. 约翰松(D. W. Johnson)
R. 约翰松(R. Johnson) 著
曾继耘 译

附录

Atkinson J, Feather N (eds.) 1966 *A Theory of Achievement Motivation*. Wiley, New York

Bandura A 1986 *Social Foundations of Thought and Action*. Prentice-Hall, Englewood Cliffs, New Jersey

Berlyne D 1965 Curiosity and education. In: Krumboltz J (ed.) 1965 *Learning and the Educational Process*. Rand-McNally, Chicago, Illinois

DeCharms R 1976 *Enhancing Motivation*. Irvington, New York

Deutsch M 1949 A theory of cooperation and competition. *Human Relations* 2(2): 129—152

Deutsch M 1973 *The Resolution of Conflict*. Yale University Press, New Haven, Connecticut

Deutsch M 1985 *Distributive Justice*. Yale University Press, New Haven, Connecticut

Erikson E 1968 *Identity: Youth and Crisis*. Norton, New York

Graham S 1991 A review of attribution theory in achievement contexts. *Educational Psychology Review* 3(1): 5—39

Heider F 1958 *The Psychology of Interpersonal Relations* Wiley, New York

Hunt J 1964 Introduction: Revisiting Montessori. In: Montessori M (ed.) 1964 *The Montessori Method*. Schocken Books, New York

Jackson P W 1968 *Life in Classrooms*. Holt, Rinehart and Winston, New York

Johnson D W, Johnson R 1989a *Cooperation and Competition: Theory and Research.* Interaction Book Company, Edina, Minnesota

Johnson D W, Johnson R 1989b *Leading the Cooperative School.* Interaction Book Company, Edina, Minnesota

Johnson D W, Johnson R 1991 *Teaching Students to be Peacemakers.* Interaction Book Company, Edina, Minnesota

Johnson D W, Johnson R, Holubec E 1993 *Circles of Learning.* Interaction Book Company, Edina, Minnesota

Lewin K 1935 *A Dynamic Theory of Personality.* McGraw-Hill, New York

Maehr M, Braskamp L 1986 *The Motivation Factor: A Theory of Personal Investment.* Lexington Press, Lexington, Massachusetts

McClelland D 1965 Toward a Theory of Motive Acquisition. *Am. Psychol.* 20(5):321—333

Milcs M 1964 *Innovation in Education.* Teachers College Press, New York

Piaget J 1950 *The Psychology of Intelligence.* Harcourt, New York

Rosenthal R, Jacobson L 1968 *Pygmalion in the Classroom.* Holt, Rinehart, and Winston, New York

Weiner B 1986 *An Attributional Theory of Motivation and Emotion.* Springer-Verlag, New York

其他参考文献

Bar-Tal D, Saxe L (eds.) 1978 *Social Psychology of Education.* Hemisphere, Washington, DC

Feldman R 1986 *The Social Psychology of Education*Cambridge University Press, Cambridge, Massachusetts

Johnson D W 1970 *The Social Psychology of Education.* Holt, Rinehart and Winston, New York

《教育大百科全书》专题名录及英文版主编

教育管理	主编	美国宾夕法尼亚大学教育学院　W. L. 博伊德(W L Boyd)教授
教育政策与规划	主编	加拿大安大略教育研究院国际教育和发展教育中心主任 J. P. 法雷利(J P Farrell)教授
教育评价	主编	美国伊利诺伊大学　H. J. 沃尔博格(H J Walberg)教授
教育人类学	主编	美国加利福尼亚大学伯克利分校　J. U. 奥布(J U Ogbu)教授
教育哲学	主编	美国斯坦福大学　D. C. 菲利普斯(D C Phillips)教授
教育社会学	主编	澳大利亚国立大学　L. J. 萨哈(L J Saha)教授
女性与教育	主编	澳大利亚墨尔本大学教育研究院 G. 拉可姆斯基(G Lakomski)教授
教育史	主编	瑞典斯德哥尔摩大学国际教育研究所 S. 马克隆德(S Marklund)教授
教育心理学	主编	比利时卢汶大学教育心理学和教育技术中心 E. 德·科尔特(E De Corte)教授
人的发展	主编	德国马克斯·普朗克心理学研究所主任 F. E. 韦纳特(F E Weinert)教授
特殊需要儿童教育	主编	美国坦普尔大学教育研究中心　M. C. 王(M C Wang)教授
学前教育	主编	美国伊利诺伊大学初级教育和儿童早期教育中心主任 L. G. 卡茨(L G Katz)教授
成人教育(上、下)	主编	荷兰图文特大学　A. 图季曼(A Tuijnman)教授
职业技术教育	主编	英国爱丁堡大学　K. 金(K King)教授
各国(地区)教育制度(上、下)	主编	德国汉堡大学　T. N. 波斯尔斯韦特(T N Postlethwaite)教授
比较教育与国际教育	主编	美国匹兹堡大学教育学院　D. 亚当斯(D Adams)教授
课程	主编	以色列特拉维夫大学　A. 莱维(A Lewy)教授
教育技术	主编	荷兰图文特大学　T. 普洛波(T Plomp)教授 美国锡拉丘兹大学教育学院　D. P. 埃利(D P Ely)教授
教学	主编	美国南加州大学　L. W. 安德森(L W Anderson)教授
教师教育	主编	美国南加州大学　L. W. 安德森(L W Anderson)教授
教育研究方法(上、下)	主编	澳大利亚富林德斯大学　J. P. 基夫斯(J P Keeves)教授
教育经济学	主编	美国斯坦福大学　M. 卡诺伊(M Carnoy)教授 美国斯坦福大学　H. M. 莱文(H M Levin)教授

《教育大百科全书》
《教学》翻译、译审及编辑工作人员

翻译及译审人员

郭　华　綦春霞　尤　秀　王文静　刘良华　李雨竹　杨旭东

郭玉峰　徐志芳　曾继耘　谭　斌

编辑人员

卢　旭　任志林　任建成　刘　平　刘江华　刘春卉　吴兆理

宋建勋　宋艳先　张红芳　张金花　张渝佳　李　红　李　玲

李远毅　李智勇　周安平　杨　萍　杨光明　郑持军　秦　路

黄　璜　曾　艳　程　晋　程　鹏　蓝　菊　满福玺　廖　伟

熊远梅